이성의 운명

The Fate of Reason:

German Philosophy from Kant to Fichte
by Frederick C. Beiser

이성의 운명

칸트에서 피히테까지의 독일 철학

프레더릭 바이저

이신철 옮김

도서출판 b

| 일러두기 |

1. 이 책은 프레더릭 바이저의 다음 논저를 옮긴 것이다.
   Frederick C. Beiser, *The Fate of Reason — German Philosophy from Kant to Fichte*, Harvard Uni. Press, 1987.
2. 본문에서 위첨자로 표시된 [100]과 같은 숫자들은 위 원본의 쪽수다.
3. 본문 아래의 각주는 모두 지은이의 것이다.

프레더릭 로버트 바이저에게

| 차 례 |

제8장 라인홀트의 근원 철학

제9장 슐체의 회의주의

제10장 마이몬의 비판 철학

[vii]서문

이 책은 영어권에서 철학사에 대한 우리의 지식에 심각한 빈틈이 존재한다는 확신에서 자라나왔다. 1781년에서 1793년까지의 사이 시기 ─ 칸트의 첫 번째 『비판』[『순수 이성 비판』]이 출간된 후부터 피히테의 1794년 『학문론^{Wissenschaftslehre}』이 출판되기 전까지의 시기 ─ 는 많은 이들에게 여전히 미지의 땅으로 남아 있다. 이는 중대한 공백인데, 왜냐하면 이 시기는 근대 철학의 역사에서 가장 혁명적이고 많은 열매를 맺은 시기들 가운데 하나였기 때문이다. 이 시기의 철학자들은 근대 데카르트주의 전통의 두 기둥, 즉 이성의 권위 및 인식론의 우위와 결별했다. 그들은 또한 계몽^{Aufklärung}의 퇴조와 칸트 철학의 완성 그리고 칸트 이후 관념론의 시작을 목격했다. 이 모든 것은 어떠한 철학사도 무시할 수 없고 나아가 아주 상세한 검토를 받을 만한 사건들이다. 하지만 개별 철학자들에 대한 몇 안 되는 연구들 외에는 영어권 독자는 자기를 안내해 줄 것을 거의 발견하지 못할 것이다. 전체로서의 이 시기에 집중하는 일반적 연구는 존재하지 않는다.

이 작업은 다만 칸트와 피히테 사이 시기의 가장 중요한 사상가들과 논쟁들에 대한 입문, 일반적 개관이고자 할 뿐이다. 나는 칸트 철학이나 스피노자 철학 수용의 사회사를 제공하고자 하지 않았으며, 더더군다나 18세기 후반 독일 철학의 사회적·정치적 맥락에 대한 연구를 수행하고자 하지도 않았다. 오히려 나는 철학적 교설들 자체에 초점을 맞췄으며, 스스로를 텍스트 해석과 비판의 예비적 과제들에 한정했다.

이 책의 정확한 주제는 어떤 임의적인 일련의 날짜들보다는 내가 설정한 목적들에 의해 좀 더 잘 정의될 수 있다. 내 목표는 이중적이었던바, 칸트 이후 관념론의 철학적 배경을 검토하는 것과 칸트 철학의 발전에 대한 그의 비판자들의 영향을 추적하는 것이었다. 그리하여 나는 1781년과 1793년의 사이 시기, 즉『순수 이성 비판』의 출간 이후 처음 십여 년에 초점을 맞췄다. 하지만 때때로 나의 목적들을 성취하기 위해서는 이 시간 범위를 넘어서서 그에 선행하는 텍스트들과 논쟁들에 대해 논의할 필요가 있었다. [viii]칸트와 칸트 이후 관념론에 결정적 영향을 미친 몇몇 텍스트나 논쟁들은『순수 이성 비판』의 출간 이전에 저술되거나 수행되었던바, 그것들을 무시하기는 불가능했다.

나는 출발점을 마련하는 데서는 자유주의적이었지만, 종착점을 1793년으로 정하는 데서는 보수주의적이었다. 이것은 칸트 이후 철학에 대한 어떠한 완전한 역사에도 필수적으로 속하는 중요 저작들을 잘라낸다는 것을 의미했다. 그리하여 나는 베크의『유일하게 가능한 입장』과 니콜라이의『셈프로니우스 그룬디베르트』또는 실러의『미적 교육』에 대해 논의하지 않았는데, 그 까닭은 그것들이 모두 1793년 이후에 출간되었기 때문이다. 몇몇 경우에 일정한 저작들과 논쟁들에 대해 논의하지 않는 것도 그것들의 내용에 대한 완전한 논의를 위해서는 1793년 이후의 발전을 고려할 필요가 있을 것이기 때문이다. 따라서 실러의 초기 논문들과 피히테의 최초의 저술들 또는 칸트의 이론-실천 논문은 검토되지 않았다.

이러한 일반적인 제한 내부에서도 나는 어떤 저자와 텍스트 또는 논쟁에 대해 논의할 것인지에 관해 어렵고도 부분적으로는 임의적인 결정을 내리지 않을 수 없었다. 이 점은 특히 6장과 7장의 경우에 적용되는데, 거기서는 칸트의 『순수 이성 비판』에 대한 많은 논쟁적인 저술들 가운데 몇 가지만이 검토되었다. 방대한 양의 자료로부터 소수의 텍스트를 선택함에 있어 나는 철학적 가치를 지니고 또한 어떠한 방식으로든 영향력이 있었던 텍스트나 논쟁에 대해서만 논의하기로 결정했다.

나로서는 이러한 선택들에도 불구하고 전체로서의 그 시기가 특히 약간의 칸트나 헤겔을 읽고서 그 사이 시기에 일어난 일들에 관해 좀 더 알고 싶어 하는 분들을 위해 충분히 조명되었기를 바란다.

다음의 분들께서 충고와 도움을 베풀어 주신 데 대해 감사드린다. 이사이어 벌린, 로버트 브랜덤, 대니얼 브루드니, 버튼 드레번, 레이몬드 지어스, 폴 가이어, 피터 힐튼, 찰스 루이스, 수전 니먼, 토머스 리케츠, 엘린 로즌데일, 사이먼 샤퍼, 해리엇 스트래천, 찰스 테일러, 미하엘 토이니센, 케네스 웨스트팔 그리고 앨런 우드 또한 버네타 버넘에게도 초고를 타이핑해 주신 데 대해 감사드린다.

독일 관념론의 역사에 대한 나의 관심은 1973-74년에 옥스퍼드에서 시작되었는데, 거기서 내게 동기를 부여해 주신 분이 빌 웨인스타인이었다. 그분께 감사드린다. 이 책은 1980년부터 1984년까지 베를린-노이쾰른의 한 힌터호프에서 저술되었다. 그 시기 동안 나는 다행스럽게도 프릿츠 티센 재단으로부터 관대한 재정적 후원을 받을 수 있었다.

약호에 대하여

[본문과 각주에서 언급되는] 모든 저작의 완전한 제목과 세부 사항들은 참고 문헌에 제시되어 있다. 전집 판들에 있어 로마 숫자는 권수를, 아라비아 숫자는 쪽수를 가리킨다. 한 권이나 하나의 판본 내에서의 하위 구분은 권수 다음의 아라비아 숫자로 나타낸다. 따라서 I/2는 I권의 2부나 2편을 가리킨다.

칸트의 『순수 이성 비판』의 인용들은 첫 번째 판과 두 번째 판의 쪽수를 지시하는데, 'A'는 첫 번째 판을, 'B'는 두 번째 판을 가리킨다. 칸트 저작들의 다른 모든 인용은 아카데미 판을 가리킨다. *KrV*는 『순수 이성 비판』을, *KpV*는 『실천 이성 비판』을 나타낸다.

다음의 약호들은 18세기 잡지들에 대해 사용된다.

AdB   *Allgemeine deutsche Bibliothek* (『일반 독일 문고』)

ALZ   *Allgemeine Literatur Zeitung* (『일반 문예 신문』)

BM   *Berlinische Monatsschrift* (『베를린 월보』)

DM   *Deutsches Museum* (『독일 박물관』)

GgZ   *Gothaische gelehrte Zeitung* (『고타 학술 신문』)

GgA   *Göttingen gelehrte Anzeige* (『괴팅겐 학술 공보』)

HB   *Hessische Beyträge zur Gelehrsamkeit und Kunst* (『헤센 학예 잡지』)

NAdB   *Neue Allgemeine deutsche Bibliothek* (『새로운 일반 독일 문고』)

NpM   *Neue philosophisches Magazin* (『새로운 철학 잡지』)

PA   *Philosophisches Archiv* (『철학 문서고』)

PM   *Philosophisches Magazin* (『철학 잡지』)

PB   *Philosophische Bibliothek* (『철학 문고』)

TM   *Teutsche Merkur* (『독일 메르쿠르』)

TgA   *Tübinger gelehrte Anzeige* (『튀빙겐 학술 공보』)

[1]서론

  칸트의 『순수 이성 비판』과 피히테의 첫 번째 『학문론』[『전체 학문론의 기초』]의 사이 시기 동안(1781-1794) 철학자들은 단 하나의 근본적인 문제에 몰두했다. 그들은 비록 이 문제가 다양한 외관을 지니고 또 그 존재가 언제나 명확하게 인식된 것은 아니었긴 하지만 거듭해서 이 문제로 되돌아 왔다. 만약 이 쟁점을 단일한 문구로 정식화할 수 있다면 우리는 그것을 '이성의 권위'라고 부를 수 있을 것이다. 그것은 우리가 이성에 대한 우리의 분명히 건강하고도 자연스러워 보이는 믿음에 물음을 던지기 시작하자마자 떠오른다. 왜 나는 이성에 귀 기울여야 하는가? 내가 이성을 따라야 할 이유는 무엇인가? 우리는 한 사람의 믿음과 행동이 이성적일 것을 요구한다. 그것들이 비이성적이라고 말하는 것은 그것들을 비난하는 것이다. 그러나 왜 우리는 그러한 요구를 하는 것인가? 그에 대한 정당화의 근거는 무엇인가? 또는 짧게 말해 이성의 권위는 어디서 오는가?

이러한 것들이 독일에서 18세기의 마지막 몇십 년 동안 철학자들이 스스로에게 묻기 시작한 물음들이었다.[1] 그들은 유럽 계몽주의Enlightenment의 기본적인 신조, 즉 이성의 권위를 비판적으로 바라보기 시작했다. 계몽주의에 충실한 철학자들은 이성에게 엄청난 권위를 부여했던바, 이성은 계몽주의의 최고 진리 기준, 그것의 지적 호소의 최종 법정이었다. 그들은 이성을 위해 많은 대담한 주장을 펼쳤다. 이성은 자명한 첫 번째 원리[원칙]들을 지닌다, 이성은 우리의 모든 믿음을 비판할 수 있다, 이성은 도덕과 종교 그리고 국가를 정당화할 수 있다, 이성은 보편적이고 불편부당하다, 그리고 이성은 최소한 이론적으로는 자연 안의 모든 것을 설명할 수 있다는 것이 그것들이다. 하지만 18세기가 끝나갈 무렵 이 모든 주장들은 의문에 붙여졌다. 만약 계몽주의가 '비판의 시대'였다면, 18세기의 마지막 몇십 년은 새로운 시대, 즉 '메타-비판의 시대'의 시작을 나타냈다. 지식인들은 양심의 위기를 겪으면서 비판의 힘에 대한 그들 자신의 신앙에 의문을 제기하기 시작했다.

18세기 후반의 철학자들은 이성의 권위에 물음을 던지기 위한 한 가지 매우 훌륭한 이유를 지녔다. 근대 과학과 철학이 도덕과 종교 그리고 국가의 기반을 훼손하고 있는 것으로 보였던 것이다. [2]계몽주의의 이성 통치는 죽음과 파괴의 통치가 되었는데, 왜냐하면 근대 과학의 기계론적 방법들과 근대 철학의 비판적 요구들은 곧바로 무신론과 숙명론 및 아나키즘으로 이어지고 있었기 때문이다. 과학이 진보하면 할수록 우주에서

••
1 이 물음들이 프랑스 혁명에 대한 독일의 반동의 결과로서 유발되었다고 가정하는 것은 올바르지 않을 것이다. 이성의 권위 문제를 처음으로 제기한, 칸트 철학과 스피노자 철학을 둘러싼 논란들은 1789년 7월에 혁명이 개시되기 이전에 벌어졌다. 범신론 논쟁은 1785년 여름에 그 정점에 도달했으며, 칸트 철학에 대한 공격은 1788년에 한창 진행 중이었다. 그렇지만 혁명에 대한 나중의 반동은 칸트 철학에 대한 적대적인 수용을 강화했다.

자유와 신을 위한 자리는 점점 더 적어지는 것으로 보였다. 그리고 철학이 그 비판적 힘을 더 많이 행사하면 할수록 성서의 권위 및 신과 섭리 그리고 불사성의 존재에 대한 오랜 증명들의 권위는 점점 더 주장될 수 없었다. 그리하여 18세기가 끝나갈 무렵 계몽주의의 진보는 다만 예술과 과학이 도덕을 개선하는 것이 아니라 타락시키고 있다는 루소의 첫 번째 『디스쿠르Discours』[『과학과 예술론』, 1750]에서의 신랄하기 짝이 없는 고발의 정당성을 증명하는 것으로 보였을 뿐이다.

1780년대의 독일에서 칸트 철학과 스피노자 철학을 둘러싼 활발한 논의는 루소의 우울한 결론을 지지하는 극적이고도 결정적인 증거를 제시하는 것으로 보였다. 칸트 철학과 스피노자 철학은 둘 다 일반적으로 계몽주의의 전형이자 이성의 권위의 보루로서 간주되었다.[2] 칸트 철학은 비타협적인 철학적 비판주의를 대표했다. 그리고 스피노자 철학은 철저한 과학적 자연주의를 나타냈다. 그러나 그들의 철학은 또한 이성적 탐구와 비판의 위험한 결과들을 분명히 보여주기도 했다. 칸트 철학의 결과는 만약 그 철학이 사물 자체라는 그것의 일관되지 못한 요청을 내던질 수 있다면 유아론이었다. 그리고 스피노자 철학의 결과는 만약 그 철학이 그것의 불필요한 종교적 언어를 삭제할 수 있다면 무신론과 숙명론이었다. 그리하여 두 철학은 무엇보다도 우선 대중의 마음에서 도덕과 종교 그리고 국가에 대해 파괴적인 것으로 보였다. 그러나 이것은 자연스럽게 많은 사람의 마음에 매우 당혹스러운 물음을 불러일으켰다. 만약 우리의 이성이 삶의 수행을 위해 필수적인 이 모든 믿음의 기반을 훼손한다면, 어째서 우리가 이성에 귀 기울여야 할 것인가?

---

2 독일에서 스피노자 철학에 대한 초기의 태도들에 관해서는 Mauthner, *Atheismus*, III, 170-173; Hettner, *Geschichte*, I, 34-38; 그리고 Grunwald, *Spinoza*, pp. 45-48을 참조. 이러한 스피노자 해석은 3.4절에서 좀 더 논의될 것이다.

이 물음은 특히 계몽주의의 철학자들에게 당혹스러운 것이었다. 왜냐하면 이성에 대한 그들의 믿음은 주로 이성이 도덕과 종교 그리고 국가를 정당화할 수 있다는 가정에 토대했기 때문이다. 이성이 이 제도들을 파괴할 거라고 생각했다면 그들은 결코 이성을 신뢰하고자 하지 않았을 것이다. 오히려 그들은 이성이 우리의 도덕적, 종교적, 정치적 믿음들의 신비적 외피(성서에 의한 그것들의 초자연적 승인)를 벗겨낼 수 있으며, 그것들의 진정한 핵심(인간 본성과 사회의 보편적이고 필연적인 원리들)을 있는 그대로 드러낼 수 있다고 확신했다. 철학자들은 바로 이성이 도덕적, 종교적, 정치적 믿음들을 위한 좀 더 효과적인 승인이라고 믿었기 때문에 이성의 권위가 결국 전통과 계시 그리고 성서의 권위를 대체하리라고 예견했다.

하지만 1780년대 후반에 칸트 철학과 스피노자 철학을 둘러싼 격렬한 논쟁들에 의해 의문에 붙여진 것은 바로 이 믿음이었다. 이성은 신앙을 뒷받침하기보다는 이제 그것을 파괴하는 데 열중하고 있는 것으로 보였다. 칸트 철학과 스피노자 철학은 이성성의 두 가지 매우 다른 모델을 대표했다. 그러나 그것들은 둘 다 [3]도덕과 종교 그리고 상식에 대해 재앙적인 결과를 갖는 것으로 보였다. 스피노자주의 모델은 이성을 충족이유율에 의해 정의했는데, 여기서 그 원리는 엄밀하게 기계론적인 방식으로 해석됨으로써 'A가 주어지면 필연적으로 B가 발생하도록 어떤 사건 B에 대해서는 어떤 선행하는 사건 A가 존재해야만 한다'로 이해되었다. 하지만 만약 이 원리가 보편화된다면 그것은 무신론과 숙명론으로 이어진다. 왜냐하면 신과 자유는 자기 원인적인 작용들, 즉 선행하는 원인 없이 작용하는 원인들이어야만 하기 때문이다. 칸트주의 모델은 이성을 그것의 선험적 활동에 의해 설명하고 이성은 자기가 창조하는 것이나 자기가 스스로의 활동 법칙들에 따르도록 하는 것만을 선험적으로 인식한다고 선언했다.[3] 만약 이 원리가 일반화되어 지식이 오직 이성에 의해서만 가능하다면, 그것은 유아론으로 귀결된다. 왜냐하면 그 경우 우리가 인식하는 모든 것은 우리 자신의 활동의 산물들이지 그것들로부터 독립적인 실재가 아니기 때문이다.

이러한 이성성 모델들은 철학자들로 하여금 매우 고통스러운 딜레마에 직면하게 했다. 그들은 이제 이성적 회의주의 아니면 비이성적 신앙주의를 선택해야 했다. 그들은 만약 계속해서 이성에 충실하게 머문다면 자신들의 모든 도덕적, 종교적, 정치적 믿음들을 의심해야 했다. 그러나 만약 이 믿음들을 고수한다면 그들은 이성을 포기해야 했다. 이 선택지들은 둘 다 분명히 용납될 수 없었다. 그들은 이성을 포기할 수 없었는데, 이성을 그들은 도덕적이고 지적인 자율성의 기초로서 그리고 신비주의와 교조주의라는 두려운 악에 대한 유일한 해독제로서 바라보았다. 그러나 그들은 또한 신앙을 저버릴 수도 없었는데, 신앙을 그들은 도덕적 행위와 사회적 삶을 위한 토대라고 알고 있었다. 이 선택지들이 받아들여질 수 없는 만큼이나 18세기의 마지막 몇십 년 동안 그것들 사이에는 더 이상 가운뎃길은 없어보였다.

18세기 말에서야 비로소 명백히 드러나게 된 이 위기는 약 50년 전에 데이비드 흄에 의해 그의 『인간 본성에 관한 논고』 제1부의 끝에서 예측된 바 있었다.[4] 여기서 흄은 이성과 신앙의, 철학과 삶의 주장들 사이에서 해결될 수 없는 갈등을 보았다. 그의 이성은 스스로가 자기 자신의 무상한 인상들 이외에 아무것도 알지 못한다는 회의주의적인 결론에로 그를 이끌었다. 그러나 실천적 삶의 요구들은 그로 하여금 이러한 '과도한 사변들'을 잊도록 강요했는데, 그러한 사변들의 힘은 다행히도 친구들과의 주사위 놀이 이후에 사라졌다. 흄이 제기한 갈등은 18세기 말 무렵에

• •
3   Kant, *KrV*, A, xx; B, xiii, xviii.
4   Hume, *Treatise*, pp. 263-274.

계몽주의가 부딪친 것과 동일한 것이었다. 실제로 칸트의 초기 비판자들 가운데 많은 이들—하만, 야코비, 비첸만, 슐체, 플라트너 및 마이몬—이 모두 칸트에 대항하여 흄을 옹호한 것은 우연이 아니었다. 그들은 칸트로 하여금 『논고』 말미에서의 흄의 딜레마, 즉 이성적 회의주의인가 아니면 비이성적인 신앙의 도약인가에 직면하게 했다. 칸트 철학에 대한 초기 비판의 역사는 실제로 그 대부분이 흄의 복수 이야기다. 선한 데이비드의 유령이 계몽주의의 황혼 위에 서서 "내가 네게 그렇게 말했다"고 한숨지을 뿐이었다.

우리가 [4]19세기 말 무렵에 철학을 괴롭힌 문제, 즉 니힐리즘[허무주의]의 최초의 희미한 빛을 발견하는 것은 18세기 말에 흄의 회의주의의 부활에서였다.[5] 일찍이 1780년대에 니힐리즘, 즉 "손님들 가운데 가장 으스스한 이"가 이미 문을 두드리고 있었다.[6] 근대 철학에 '니힐리즘'(Nihilismus)이라는 용어를 도입한 것은 F. H. 야코비였다. 야코비에게 니힐리스트의 전형적인 경우는 『논고』 끝에서의 흄과 같은 이였다. 니힐리스트는 그의 이성이 그에게 모든 것—외부 세계, 다른 정신들, 신 그리고 심지어는 그 자신의 자아의 영속적인 실재—의 존재를 의심해야 한다고 이야기하는 회의주의자였다. 그가 긍정할 수 있는 유일한 실재는 무 그 자체였다. 그러니까 본래적인 의미에서의 '니힐리즘'이라는 말은 모든 이성적 탐구와 비판의 이른바 유아론적 결과들을 가리키기 위해 사용되었던 것이다. 니힐리즘에 대한 두려움은 실제로 18세기 말 무렵에 매우 넓게 퍼져 있었다. 비록 많은 철학자들이 니힐리즘이 모든 이성적 탐구의 불가피한 결과라는 야코비의 논증에 저항했을지라도, 그들은 그것이 어떠

---

5   이 문제는 2.4절에서 좀 더 상세히 논의될 것이다.
6   니체를 인용한 것이다. 이에 대해서는 *Werke*, XII, 125를 참조. 독일어로부터의 모든 번역은 나 자신의 것이다.

한 철학이든 직면하고 있는 주된 위험이라는 데 대해 그에게 동의했다. 그리하여 흄적인 유아론이라는 비난은 칸트의 초기 반대자들─그들이 로크주의자들이든 볼프주의자들이든 아니면 **질풍노도주의자들**이든 간에─사이에서 가장 흔한 비판이었던바, 그것은 일반적으로 칸트의 철학에 대한 귀류법적인 논증으로서 간주되었다.

니힐리즘이 1780년대 후반 즈음에 긴급한 위험으로서 지각된 것은 부분적으로 라이프니츠-볼프학파의 이성주의 형이상학의 퇴조 때문이었다. 그 형이상학의 커다란 매력과 독일의 지적 무대에서 그것이 지속된 주된 이유는 그것이 흄의 딜레마의 극단들 사이에서 안전한 가운뎃길, 즉 신과 섭리 그리고 불사성의 존재에 대한 선험적 지식을 제공하는 것으로 보인다고 하는 점이었다. 하지만 1781년 5월에 『순수 이성 비판』이 출간되기 전에도 이러한 매력은 엷어지기 시작했다. 흄의 회의주의, 크루지우스의 경험주의, 대중 철학자들*Popularphilosophen*의 실용주의 그리고 프랑스 철학자들의 반이성주의는 모두 형이상학의 평판을 떨어뜨렸다. 『순수 이성 비판』에서 이성주의에 대한 칸트의 공격은 다만 라이프니츠-볼프학파의 쇠퇴하는 체계에 대한 최후의 일격일 뿐이었다. 이성주의 형이상학의 소멸은 매우 두려운 진공 상태를 만들어냈다. 신과 섭리 그리고 불사성에 대한 선험적 지식이 없다면 우리는 어떻게 우리의 도덕적, 종교적, 정치적 믿음들을 정당화할 수 있을 것인가?

1790년대 초에 칸트 철학이 거둔 보기 드문 성공의 주된 이유는 그것이 이러한 진공 상태를 메우는 것으로 보였다는 것이다.[7] 『순수 이성 비판』의 「규준」과 두 번째 『비판』[『실천 이성 비판』]의 「변증론」에서 그 개요가 제시된 칸트의 '실천적 신앙' 교설은 흄의 딜레마의 극단들 사이에서 좀 더 신뢰할 만한 가운뎃길을 약속했다. 신과 섭리 그리고

----

7 이 점에 대해서는 2.1절과 7.3절에서 좀 더 상세히 논의하게 될 것이다.

불사성에 대한 우리의 믿음을 위한 돈키호테적인, 요컨대 선험적인 증명들을 요구하는 것은 더 이상 필요하지 않았다. 이성은 비록 그러한 증명들을 제공할 수 없다 할지라도 이 믿음들을 위한 도덕적 정당화를 부여할 수 있었다. 그 믿음들은 [5]'최고선', 즉 행복과 덕이 완전한 조화를 이루는 이상적 상태를 성취해야 할 우리의 도덕적 의무를 위해 필수적인 유인들이라는 것이 제시될 수 있었다. 그리하여 우리의 도덕적·종교적 믿음들을 정당화하는 것은 형이상학의 이론 이성이 아니라 도덕 법칙의 실천 이성이었다. 칸트의 초기 제자들에게 있어 이 교설은 그저 나중에 덧붙여진 생각, 즉 『순수 이성 비판』의 회의주의적인 결론들을 가지고서는 살아갈 수 없었던, 칸트의 비탄에 빠진 하인 람페에게 제공된 가짜약이 아니었다.[8] 오히려 그것은 비판 철학의 바로 그 정신이었다. 피히테와 라인홀트와 같은 탁월한 칸트주의자들이 비판 철학으로 전향한 것은 바로 이 교설의 엄청난 호소력 때문이었다. 계몽주의의 위기는 이제 칸트의 실천적 신앙의 시의적절한 개입 덕분에 해결된 것으로 보였다.

그러나 그러한 안도감은 오래가지 못하는 것으로 입증되었다. 칸트의 실천적 신앙의 교설을 여전히 확신하지 못하고 그의 제자들로 하여금 그것을 옹호하기 매우 어렵게 압박하는 많은 철학자들이 있었다. 이 비판자들은 만약 사물 자체를 제거하고 정언 명령의 공허함을 인정하면, 칸트 철학은 흄적인 유아론으로 붕괴한다고 말했다. 정언 명령은 다름 아닌 일관성의 요구에 이를 뿐이다. 그리고 그것은 모든 종류의 믿음, 심지어는 신과 섭리 그리고 불사성의 비존재에 대한 믿음마저도 승인하기 위해 사용될 수 있다. 그리고 만약 칸트가 자신의 철학으로부터 — 그가 지식에 부과한 그 자신의 한계 내에 머무르고자 한다면 그렇게 해야만 하듯이 — 사물 자체를 제거한다면, 우리에게 남는 것은 다름 아닌 우리

··
8 하이네는 그의 *Geschichte*, Werke, VIII, 201-202에서 그렇게 말한다.

자신의 덧없는 감각들의 존재일 뿐이다. 칸트 철학이 모든 실재를 한갓된 꿈으로 전환시키기 때문에 그것이 정당화할 수 있는 것은 기껏해야 신과 섭리 그리고 불사성이 마치 존재하는 것처럼 행위하라는 명령일 뿐이다.

칸트의 실천적 신앙의 교설에 대한 공격은 가차 없었으며, 1790년대 중반에는 다만 그 강도가 점점 더 증가될 뿐이었다. 야코비, 피스토리우스, 슐체, 마이몬, 플라트, 에버하르트, 마스 그리고 슈밥과 같은 철학자들은 그에 대한 반대들을 쌓아올렸다. 결국 피히테와 같은 열광적인 칸트주의자마저도 그 반대들의 힘을 인정하지 않을 수 없었다. 그리하여 그는 비판 철학의 기초 전체가 철저히 다시 생각될 필요가 있다는 점을 시인했다. 그러나 1790년대 중반에 칸트의 실천적 신앙 교설의 붕괴는 다만 이전보다 더 소름끼치는 진공 상태를 남겼을 뿐이다. 모든 선택지가 다 고갈된 것으로 보였다. 형이상학의 이론 이성도 도덕 법칙의 실천 이성도 신앙을 정당화할 수 없었다. 이성적 회의주의 아니면 비이성적 신앙주의의 오랜 딜레마는 어느 때보다 더 커다란 힘을 가지고서 되돌아왔다. 그리하여 18세기 말의 많은 철학자들에게는 마치 이성이 심연을 향해 돌진하고 있으며 그것을 멈출 수 있는 수단은 없는 것처럼 보였다.

이성에 대한 계몽주의의 신뢰를 방해한 것은 이성과 신앙 사이의 이러한 갈등만이 아니었다. 철학자들은 [6]이성이 비록 신앙을 뒷받침한다 하더라도 그 자신을 뒷받침하지 못한다는 점을 깨닫기 시작하고 있었다. 18세기가 끝나갈 무렵에 이성은 그 자신을 파괴하는 일에, 헤겔의 나중의 표현을 빌리자면 "그 자신의 손으로 폭력을 겪는 일에" 열중하고 있는 것으로 보였다. 그러나 왜 그랬던 것일까?

이성에 대한 계몽주의의 신앙은 무엇보다도 우선 비판의 힘에 대한 믿음에 토대했다. 이성은 비판의 능력, 즉 우리가 우리의 믿음들을 위한 충분한 증거를 가지는지의 여부를 결정하는 힘과 동일시되었다.[9] 비판의 지침은 충족 이유율에 의해 정립되었다. 즉 모든 믿음은 충분한 이유를 가져야 하는바, 요컨대 그것은 참이라고 알려진 다른 믿음들로부터 필연적으로 따라 나와야 한다는 것이다.

계몽주의는 비판이라는 자기의 법정에 커다란 권위를 부여했다. 충족 이유율은 어떠한 예외도 허락하지 않았다. 모든 믿음은 그것의 요구에 복종해야 했다. 이성의 비판 앞에서는 그 어떤 것도, 심지어는 국가의 위엄이나 종교의 거룩함도 신성하지 않았다.[10] 다시 말하면 물론 어떻게든 성스럽고 거룩하며 숭고한 비판의 법정 그 자체를 제외하고서는 그 어떤 것도 신성하지 않았던 것이다.

그러나 그러한 눈에 띄는 의심스러운 예외는 다만 비판에 대한 계몽주의의 신앙에 관해 의혹을 자아낼 뿐이었다. 몇몇 철학자들은 비판에 대한 무제한적인 요구가 자기 재귀적이라는 것을, 즉 이성 그 자신에게 적용된다는 것을 인식하기 시작했다.[11] 만약 우리의 모든 믿음을 비판하는 것이 이성의 의무라면, 바로 그 사실에 의해 이성은 자기 자신을 비판해야만 한다. 왜냐하면 이성은 자기 자신에 관한 그 자신의 믿음들을 지니는바, 이것들은 비판을 벗어날 수 없기 때문이다. 이 믿음들을 검토하기를 거부하는 것은 '교조주의', 즉 믿음들을 신뢰에 기초해서 받아들이라는 요구를 승인하는 것이다. 그러나 이유들을 제시하길 거부하는 교조주의는 분명히 우리로 하여금 이유들을 제시할 것을 요구하는 비판의 주된 적이다. 그래서 만약 비판이 그 자신을 배반하지 않아야 한다면

9   Gay, *Enlightenment*, I, 130ff.를 참조.

10   Kant, *KrV*, A, 12를 참조.

11   예를 들어 Hamann, *Werke*, III, 189, 277; Herder, *Werke*, XXI, 18; Schlegel, *Werke*, II, 173; Schulze, *Aenesidemus*, p. 34; 그리고 Platner, *Aphorismen* (1793), 단락 706을 참조.

결국 그것은 메타-비판, 즉 비판 그 자신에 대한 비판적 검토가 되어야만 한다.

하지만 만약 이성의 메타-비판이 필연적이라면 이성도 역시 위험하지 않을까? 만약 이성이 자기 자신을 비판해야만 한다면, 그것은 스스로에게 '나는 이것을 어떻게 아는가?' 또는 '내가 이것을 믿어야 할 이유는 무엇인가?'라는 물음을 묻지 않으면 안 된다. 그러나 그 경우 우리는 매우 당혹스러운 딜레마에 직면하는 것으로 보인다. 우리는 이 물음을 무한히 묻고서 회의주의를 받아들여야만 하거나 아니면 그에 대답하길 거부하고 교조주의에 빠질 수밖에 없는 것이다.

그런데 칸트는 자기가 이러한 딜레마의 극단들 사이의 가운뎃길, 즉 이성을 절박한 자기 파괴로부터 구해주는 길을 발견했다고 생각했다. 이 가운뎃길은 다름 아닌 바로 순수 이성 비판을 위한 그의 기획이었다. 칸트는 자신의 비판주의를 회의주의 및 교조주의와 대비하는 가운데 『순수 이성 비판』의 마지막으로부터 둘째 단락에서 "오로지 비판의 길만이 여전히 열려 있다"고 썼다.[12] 비판은 이러한 위험한 극단들 사이에서 어떻게 이성을 조종해 나갈 것인가? 비판은 "이성의 모든 과제들 가운데 가장 어려운 것"을 수행할 것인바, 다시 말하면 그것은 이성을 자기의 "영원한 법칙들"에 대한 자기-인식에로 데려다줄 것이다.[13] 이 법칙들은 가능한 모든 경험의 필요조건들일 것이기 때문에 회의주의로부터 면제될 것이다. 만약 회의주의자가 그것들을 부정하고자 한다면, 그는 [7]그 자신의 무상한 감각 인상들마저도 기술할 수 없을 것이다. 그렇다면 이 법칙들에 대한 지식으로 무장한 비판 철학자는 '나는 이것을 어떻게 아는가?'라는 물음에 대한 절대적으로 확실한 대답, 즉 권위에

••
12   Kant, *KrV*, B, 884.
13   같은 책, A, xi.

대한 어떠한 호소도 포함하지 않고 또한 회의주의자의 무한 퇴행도 그 자리에서 완전히 중단시킬 수 있는 대답을 가질 것이다.

비록 단순하고 간단하긴 했지만 메타-비판적 문제에 대한 칸트의 해결책은 그 뒤에 대답되지 못한 하나의 물음을 남겨놓았다. 그것은 요컨대 우리가 가능한 모든 경험의 필요조건들을 어떻게 아는가 하는 물음이다. 이 물음은 정당하고 긴급하며 중요하다. 그러나 칸트는 그에 대한 어떤 명확하거나 명시적인 대답을 갖지 못했다.[14] 사태의 슬픈 진리는 그가 비판의 첫 번째 원칙들에 대한 지식을 획득하는 방법에 관해 일반적인 메타-비판적 이론을 결코 발전시키지 못했다는 것이다.[15] 자기 인식이 이성의 모든 과제들 가운데 가장 어려운 것임에도 불구하고 칸트는 이것이 어떻게 성취될 수 있는지에 관해 어떠한 조언도 내놓지 못했다. 그러나 메타-비판적 문제를 일관되고 명시적인 방식으로 다루는 데서 칸트가 실패한 것은 매우 심각한 결과를 낳았다. 그것은 이성의 권위를 극히 불안정한 상태에 남겨 놓았던 것이다. 비록 칸트가 비판의 가능성에 이성의 권위가 달려 있다고 가르쳤을지라도, 그는 비판의 가능성 그 자체에 대한 어떠한 명확한 설명이나 정당화도 지니지 못했다.

메타-비판적 문제가 칸트 철학이 끝나는 지점이라면, 그것은 또한 대부분의 칸트 이후 철학이 시작되는 지점이기도 하다. 칸트의 계승자들은 이성의 권위가 비판의 가능성에 달려 있다는 그의 주장을 기꺼이 받아들인다. 그러나 칸트와는 달리 그들은 비판의 가능성 그 자체를 비

· ·

14 칸트는 그의 『최후 유고*Opus Postumum*』의 만년의 메모 몇 군데서 이 물음에 대답하기 시작했다. Kant, *Werke*, XXI, 81-100 참조. 그러나 산발적이고 미성숙한 이 언급들은 명시적이고 일반적인 메타-비판적 이론에 이르지 못한다.

15 이 점은 L. W. 베크Beck에 의해 그의 「순수 이성의 메타-비판을 위하여*Toward a Meta-Critique of Pure Reason*」, in *Essays on Kant and Hume*, pp. 20-37에서 훌륭하게 논증되었다.

판적으로 바라보았다. 이 가능성에 의문을 제기하는 가운데 그들은 이성에 대한 비판을 칸트를 넘어서는 새롭고도 중요한 발걸음으로 받아들이고 있었다. 그들은 칸트가 그랬듯이 이성의 일차적 주장들——즉 자연의 법칙들을 안다는 물리학의 주장들이나 사물들 자체를 안다는 형이상학의 주장들을 검토하는 데 더 이상 만족하지 않았다. 오히려 그들은 이성의 이차적 주장들——즉 스스로가 진리의 충분한 기준이라거나 자명한 첫 번째 원칙들을 소유하고 있다는 이성의 주장들에 대해 집요하게 물음을 제기했다. 칸트 이전의 철학이 '형이상학은 어떻게 가능한가?'라는 물음에 관여했던 데 반해, 칸트 이후의 철학은 '인식의 비판은 어떻게 가능한가?'라는 물음에 초점을 맞추었다. 『정신 현상학』서론에서의 이 물음에 대한 헤겔의 관심은 한 시대의 시작이 아니라 끝이었다.

이 모든 것은 물론 칸트 이후 철학자들이 하나같이 다 비판의 가능성을 부정했다는 것을 의미하지 않는다. 그들 가운데 몇몇이 그 가능성을 공격했다면 다른 이들은 그것을 옹호했다. 몇몇은 일관된 비판이 회의주의로 끝난다고(슐체, 플라트너, 가르베, 야코비), 다른 이들은 그것이 교조주의로 귀결된다고(에버하르트, 마스, 슈밥) 논증한 반면, 또 다른 이들은 그것이야말로 사실상 그러한 악들 사이의 가운뎃길이라고 주장했다(라인홀트, 마이몬, 피히테). 그렇지만 이 모든 사상가들이 공통적으로 가지고 있는 것은 비판이 문제가 있으며 더 이상 당연한 것으로 여겨질 수 없다는 깨달음이다.

[8]중요한 것은 이러한 칸트 이후의 물음이 지닌 역사적 의의를 인식하는 것이다. 비판의 가능성을 검토하는 것은 인식론 그 자체의 가능성을 검토하는 것이었다. 다시 말하면 그것은 인식의 조건들과 한계에 대한 인식을 가지는 것이 과연 가능한가 하는 물음을 제기하는 것이었다. 그러므로 칸트 이후의 철학자들은 근대 데카르트적 전통의 기본적이고 특징적인 신조들 가운데 하나, 즉 인식론이 제일 철학이라고 하는 것에

의문을 제기하고 있었다. 데카르트, 로크, 버클리, 흄 그리고 칸트는 모두 인식론이 자신들에게 자명한 출발점을 제공해 줄 거라는 확신에 찬 믿음 속에서 자기들의 철학 프로그램에 착수했다. 이 믿음에 의문을 제기하는 가운데 칸트 이후 철학자들은 인식론적 전통 전체로 하여금 그 자신에 대해 설명하도록 강요하고 있었다. 그 전통은 결코 칸트 이후 철학과 더불어 끝나지 않았다. 그것은 사실 라인홀트와 피히테의 수중에서 다시 활성화되었다. 하지만 이제 그것은 자기비판적이고 자기반성적이게 되었다. 데카르트적 유산의 행복하고 의기양양한 날들은 지나갔다.

18세기 말의 확신의 위기는 계몽주의의 가장 소중한 확신들 가운데 또 다른 것—즉 이성이 보편적이고 불편부당하다는 확신이 의문에 붙여졌을 때 심화되었다. 비판의 법정이 그토록 경탄할 만한 권위를 지니고서 말할 수 있었던 것은 단지 그 원리들이 자명하기 때문만이 아니라 또한 그것들이 보편적이고 불편부당하기 때문이기도 했다. 그 원리들은 모든 지성적 존재에 대해 그의 문화와 교육 또는 철학과 관계없이 참이라는 의미에서 보편적이었다. 그리고 그것들은 이해관계 및 욕망에서 독립하여 그리고 심지어는 그에 대립하여 결론에 도달할 수 있다는 의미에서 불편부당했다.

이성의 보편성과 불편부당성에 대한 계몽주의의 신앙은 궁극적으로 그것의 훨씬 더 기본적인 믿음들 가운데 또 다른 것—즉 이성의 자율성에 토대했다. 이성은 자치적이라는 의미에서, 즉 정치적 이해관계와 문화적 전통 또는 잠재의식적 욕망으로부터 독립하여 그 자신의 규칙들을 확립하고 따른다는 의미에서 자율적인 능력이라고 생각되었다. 반대로 만약 이성이 정치적·문화적이거나 잠재의식적인 영향들에 종속되어 있다면, 이성은 자기의 결론들이 보편적이고 필연적이라는 어떠한 보증도 지니지 못할 것이다. 그 경우 그 결론들은 정치적, 문화적 또는 잠재의식적 관심의 위장된 표현들로 판명될 수 있을 것이다. 아마도 이성의 자율성에 대한 이러한 믿음의 가장 명확한 예는『순수 이성 비판』과『윤리 형이상학 정초』에서 정립된 칸트의 예지계-현상계 이원론이었을 것이다. 중요한 것은 칸트의 이원론의 목적이 자유의 가능성뿐만 아니라 또한 이성의 보편성과 불편부당성을 구제하는 것이었다는 점을 파악하는 것이다.

아마도 이 믿음에 대한 가장 독창적이고 강력하며 영향력 있는 비판자는 J. G. 하만이었을 것이다. 그의 논문「순수 이성의 순수주의에 대한 메타-비판」(1783)에서 [9]하만은 이성의 자율성에 대한 칸트의 믿음 배후의 주된 전제, 즉 그의 예지계-현상계 이원론을 공격했다. 자칭 아리스토텔레스주의자이자 칸트의 '플라톤주의'에 대한 비판자인 하만은 그가 '이성의 순수주의'라고 부른 것, 즉 언어와 문화 및 경험으로부터의 추상에 의한 이성의 실체화에 격렬하게 반대했다. 하만은 우리가 이성을 실체화하고자 하지 않는다면 '이성은 어디에 있는가?', '이성은 어떤 특수한 것들 안에 존재하는가?'라는 오랜 아리스토텔레스의 물음을 제기해야 한다고 논증했다. 그는 우리가 그러한 물음들에 대답할 수 있는 것은 오직 언어와 행위에서의 이성의 체현을 확인함으로써만 이루어진다고 주장했다. 그러므로 이성은 어떤 예지적이거나 정신적인 영역에 존재하는 특수한 종류의 능력이 아니다. 오히려 그것은 단지 말과 행위의 특정한 방식일 뿐이며, 좀 더 구체적으로는 다만 특정한 언어와 문화 속에서 말하고 행위하는 방식일 뿐이다. 따라서 하만은 계몽주의 내내 그토록 무시되어온 이성의 사회적·역사적 차원을 강조했다. 그가 자신의 입장을 요약했듯이 이성의 도구와 기준은 언어다. 그러나 언어는 민족의 관습과 전통 이외에 다른 어떠한 근거도 지니지 않는다.[16]

••
16   Hamann, *Werke*, III, 284를 참조.

이성의 사회적·역사적 차원에 대한 하만의 강조는 매우 명확한—그리고 매우 위협적인—상대주의적 함축들을 지녔다. 만약 한 문화의 언어와 관습이 이성의 기준들을 결정한다면 그리고 만약 언어들과 관습들이 서로 다르거나 심지어 대립한다면, 단일한 보편적 이성과 같은 것은 존재하지 않을 것이다. 이성은 이성의 기준들이 문화들 내부로부터 결정될 것이기 때문에 문화들 바깥에 서서 그것들을 판단할 수 없을 것이다. 그러한 상대주의적 함축들이 하만에 의해 명시적으로 도출되지는 않았다. 그러나 그 함축들은 그의 영향 하에 들어온 사람들, 그중에서도 특히 헤겔과 헤르더 그리고 F. 슐레겔에 의해 상세히 전개되었다. 예를 들어 『인류의 도야를 위한 또 하나의 역사 철학』(1774)에서 헤르더는 비판이라는 계몽주의의 법정이 다만 18세기 유럽의 가치와 관심을 보편화했을 뿐이라고 논증했다. 따라서 그 시대의 철학자들은 다른 문화(즉 중세)의 믿음과 전통을 비판할 권리를 지니지 못했는데, 왜냐하면 그러한 것은 계몽주의의 기준에 의해 다른 문화를 판단하는 것이었기 때문이다.

　이성의 자율성에 대한 믿음은 『스피노자에 관한 서한』에서 F. H. 야코비에 의해 또 다른 방향에서 비난받게 되었다.[17] 하만과 헤르더가 우리는 이성을 사회와 역사로부터 추상할 수 없다고 주장한 데 반해, 야코비는 우리가 이성을 욕망과 본능으로부터 분리할 수 없다고 강조했다. 그는 우리가 이성을 단일한 살아 있는 유기체가 자기의 모든 생명 기능을 조직하고 지도하는 곳에서 그 유기체의 부분으로서 바라보아야 한다고 논증했다. 그 경우 이성은 관조의 무관심한 힘이 아니라 환경을 통제하고 지배하기 위해 그것을 사용하는 의지의 도구이다. 야코비는 더 나아가 이성의 참과 거짓의 기준들마저도 의지에 의해 지시받을 정도로 이성

17　　Jacobi, *Werke*, IV/1, 230-253; IV/2, 125-162를 참조.

이 의지의 영향 하에 있다고 주장했다. 참이거나 거짓인 것은 [10]삶의 목적들을 성취하는 데서 성공적이거나 성공적이지 못한 것이 된다. 그러고 나서 야코비는 어떠한 상대주의적 함축도 회피하지 않은 채 이 목적들이 각각의 문화에 따라 다를 수 있을 거라고 암시했다.

이성이 의지에 종속되어 있다는 야코비의 논증은 하만과 헤르더의 선견지명이 있는 통찰, 즉 의식적이고 이성적인 활동이란 잠재의식적이고 비이성적인 충동의 표현일 뿐이라는 통찰에서 추가적인 뒷받침을 발견했다. 가령 하만은 성적 에너지를 창조성의 원천으로서 파악하여 추론마저도 단지 그 승화일 뿐이라고 생각했다.[18] 그리고 헤르더는 우리의 모든 활동의 원천이 "어두운 힘들"에 놓여 있는바, 우리는 이것들을 일상적 삶의 목적을 위해 억제해야 한다고 주장했다.[19] 이러한 시사적이고 이제 막 시작 단계에 있는 통찰들은 프로이트와 니체의 좀 더 명시적이고 복잡한 이론들로부터는 여전히 멀리 있었다. 그럼에도 불구하고 그 통찰들의 함축은 동일한 것이었다. 그것들은 이성의 자율성에 대한 계몽주의의 믿음에 의문을 던졌던 것이다.

18세기 말에 떠오른 이성의 자율성에 대한 많은 비판은 부분적으로는 다만 계몽주의 자신의 과학적 설명 프로그램의 쓰라린 결과일 뿐이었다. 만약 모든 것을 자연법칙에 따라 설명해야 한다는 언명을 받아들인다면, 우리는 이성을 자연에서 떨어져 존재하는 자기 충족적인 능력으로서 보기를 그치고 그것을 다른 모든 것과 마찬가지로 자연의 또 다른 부분으로서 설명하려고 해야 한다. 그렇다면 이성을 과학적 연구가 접근할 수 없는 특수한 예지적 영역 내부에 둠으로써 이성의 자율성을 구하고자 하는 시도는——칸트의 비판자들이 그의 예지계 요청에 적용한 용어들을

---

18   성에 대한 하만의 사상에 관해서는 O'Flaherty, *Hamann*, pp. 39-42를 참조.

19   Herder, *Werke*, VIII, 179, 185를 참조.

사용하자면—다름 아닌 '초자연주의', '신비주의' 또는 '몽매주의'일 뿐이다. 그리하여 결국 이성의 자율성에 대한 계몽주의의 믿음은 과학적 자연주의와 일치하기 어렵게 되었다. 여기서도 또다시 이성의 자기 재귀성이 발휘되어 자기의 권위를 훼손했다. 만약 이성이 모든 것을 자연법칙에 따라 설명해야 한다면, 이성은 바로 그 사실에 의해 **자기 자신도** 자연법칙에 따라 설명해야 한다. 자연을 설명하는 주체는 자신이 설명하는 자연에 대해 어떠한 특권적인 초월론적 관계에도 서 있지 않은 것이다. 그러나 그것은 이성이 (본능이나 욕망과 같은) 자연적 힘들의 영향에 종속되어 있으며 따라서 더 이상 자율적이지 않다는 것이 제시될 수 있음을 의미한다.

이성에 대한 계몽주의의 신앙은 마지막이지만 마찬가지로 중요한 것으로 자연주의에, 즉 이성이 단지 원리적으로만 그러할지라도 자연의 모든 것을 설명할 수 있다는 믿음에 토대했다. 이 믿음이 아무리 대담했을지라도 그것은 근대 과학의 모든 성공에 의해 지지받는 것으로 보였다. 많은 자유사상가들과 계몽주의자들 그리고 계몽 철학자들에게 갈릴레오와 뉴턴 그리고 호이겐스의 새로운 물리학은 자연의 모든 것이 이성에게 투명하게 보이고 또 이성에 의해 발견되는 수학적 법칙들의 체계에 따라 해명될 수 있음을 보여주었다. [11]사과의 낙하, 밀물과 썰물, 태양 주위의 행성 궤도와 같은 다양한 현상들이 모두 단일한 보편적 법칙, 즉 중력 법칙에 의해 설명될 수 있었다. 이 법칙은 다만 이성이 자연의 구조에 대한 통찰을 지닌다는 견해에 대한 인상적인 증거를 제공하는 것으로 보였을 뿐이다.

철학자들이 새로운 물리학을 열심히 받아들인 것은 그것이 그들의 가장 귀중한 신조들 가운데 하나, 즉 이성과 자연의 조화, 사유와 존재의 동형성을 입증해 주는 것으로 보였기 때문이다. 18세기는 17세기 이성주의의 이러한 원리를 물려받아 결코 의문시하지 않았다.[20] 사실 18세기는 이성주의와의 관계를 끊었다. 그러나 그 세기의 이성주의와의 싸움은 이러한 통일성이나 조화의 존재가 아니라 그것을 증명하거나 확립하는 방법에 관한 것이었다. 뉴턴주의자들과 계몽주의자들 그리고 계몽 철학자들은 경험주의의 귀납적 방법을 위해 이성주의의 연역적 방법을 포기했다. 그들은 자연 배후의 논리를 알기 위해 우리가 더 이상 자명한 원리들에서 시작하여 특정한 결론들로 내려갈 수 없다고 주장했다. 그것은 다만 우리의 자의적인 구성들을 자연에 강요할 뿐이다. 오히려 우리는 관찰과 실험에서 시작해야 했으며, 오직 그러고 나서만 일반 법칙으로 상승해야 했다. 하지만 우리의 방법이 귀납적이든 연역적이든 그 배후의 동기는 똑같은 것, 즉 이성과 자연 사이의 조화를 증명하는 것이었다.

이성과 자연의 조화에 대한 계몽주의의 믿음을 향한 가장 커다란 위협은 일찍이 1739년에 『인간 본성에 관한 논고』에서 인과성에 대한 흄의 공격과 함께 나타났다. 흄에 따르면 사건들 사이에 보편적이고 필연적인 연관성이 존재한다는 가정에 대한 어떠한 경험적 정당화도 존재하지 않는다. 우리의 감각 인상들을 검토해 보면 우리가 발견하는 모든 것은 필연적 연관성이 아니라 우연히 반복된 연속들인바, 필연적 연관성은 단지 우리의 상상력과 연상 습관의 산물일 따름이다. 필연적 연관성에 상응하는 감각 인상을 역설함으로써 흄은 계몽주의 철학자들 자신의 경험적 인식 기준에 의해 그들을 곤경에 빠뜨렸다. 경험에 대한 자세한 검토는 이성과 자연의 통일을 입증하기보다는 반증하는 것으로 보였다. 그리하여 이성의 보편적이고 필연적인 원리들이 경험의 특수성 및 우연성과 날카롭게 대조를 이루는 당혹스러운 이원론이 발생했다.

흄의 회의주의의 위협에 맞서 과학에 대한 계몽주의의 신앙을 구하는

20 Cassirer, *Enlightenment*, p. 22를 참조.

것이 칸트『순수 이성 비판』의 사명이었다.「초월론적 연역」과「두 번째 유추」에서 칸트는 인과율에 대한 방어에 착수했다. 여기서 그는 이 원리가 경험에 객관성을 귀속시키고 지각들의 주관적 질서와 사건들 자체의 객관적 질서를 구별하기 위한 필요조건이라고 논증했다. 그렇지만 이 객관적 질서는 우리에게 주어지는 것이 아니라 우리에 의해 창조된다. 이성이 경험의 구조를 인식하는 것은 다만 이성이 그것을 창조하여 자기의 선험적 형식들을 경험에 부과하기 때문이다. 그리고 이 [12]형식들 중에 인과율이 존재한다. 다시 말하면 이 원리가 경험에 적용되는 것은 다만 우리의 선험적 활동이 경험을 그것에 따르게 했기 때문일 뿐이다.[21]

그러나 인과율에 대한 칸트의 옹호는 이성과 자연의 조화에 대한 믿음에 이중적인 효과를 지녔다. 그것은 조화가 사물들 자체가 아니라 현상들에만 적용됨을 보여 주었다. 우리가 자연을 인식하는 것은 자연이 우리의 선험적 개념들에 따르는 한에서이지 그것이 개념들에서 떨어져 그것들에 선행하여 존재하는 한에서는 아니었다. 따라서 이성과 자연의 조화는 의식 그 자신의 영역 내에 한정되었다. 그것은 의식과 외적 실재 간의 상응이 아니라 의식 그 자신이 스스로 부과한 규칙들이나 선험적 개념들과 의식의 일치를 의미했다. 그래서 만약 흄의 회의주의의 도전이 충족되었다면, 그것은 다만 이성을 현상의 영역에 제한하는 대가를 치르고서 이루어졌을 뿐이다.

그 불명료함과 난해함에도 불구하고 칸트의「연역」과「유추」는 1790년대 초에 비판의 물결에 부딪혔다. 그것들은 빠르게 신-흄주의적인 반격의 과녁이 되었다. 마이몬과 플라트너, 하만과 슐체와 같은 철학자들

• •
21   이것은 물론 칸트의 논증에 대한 하나의, 그것도 매우 단순화된 독해일 뿐이다.
      내가 칸트의 논증을 이러한 형식으로 정리한 것은 다만 그의 동시대인들의 반응을
      좀 더 이해할 만한 것으로 만들기 위해서였을 뿐이다.

은 칸트가 흄에 대항하여 다만 선결 문제 미해결의 오류를 저질렀을 뿐이라고 논증했다. 비록 인과율이 경험의 객관성의 필요조건이라는 점에서 칸트가 옳다 하더라도, 만약 우리가 흄적인 회의주의자라면 그러한 객관성을 받아들일 이유가 존재하지 않는다. 어째서 경험이 흄이 생각했던 것처럼 단지 인상들의 광상곡이 아니란 말인가? 더 나아가 이성이 자연의 입법자라고 논의함에 있어 칸트는 그의 본래 목적이 그것을 옹호하는 것이었던 인과율을 단순히 전제했을 뿐이다. 왜냐하면 칸트는 우리의 선험적 활동이 일정한 의미에서 우리의 경험의 원인이라는 것을 의도했기 때문이다.

비록 칸트가 인과율을 경험이나 현상에 한정했다 할지라도 이러한 제한은 그의 비판자들을 만족시키지 못했다. 그들은 이성과 자연의 간격이 경험 영역 내에서도 다시 나타난다고 논증했다. 칸트가 이 간격을 메우는 데서 실패한 것에 대해서는 두 가지 이유가 들어진다. 첫째, 그의 예지계-현상계 이원론은 지성과 감성 간의 어떠한 상호 작용도 금지한다. 만약 지성이 예지적이고 공간과 시간을 넘어선다면, 어떻게 그것이 현상적이고 공간과 시간 내에 있는 현상들에게 자기의 질서를 부과할 수 있을 것인가? 그러한 이종적인 영역들이 상호 작용하는 것은 가능해 보이지 않는다. 둘째, 범주가 경험에 언제 적용되는지, 따라서 과연 적용되는지 아닌지를 규정하는 것이 불가능하다. 범주는 그 자체로 아주 일반적이어서 어떠한 가능한 경험에도 타당하다. 따라서 그것은 현실적 경험의 특수한 경우들에 그것이 어떻게 적용되는지 우리에게 말해주지 않는다. 예를 들어 인과성 범주는 불이 연기의 원인이라는 것과 연기가 불의 원인이라는 것 모두와 양립할 수 있다. 그러나 우리의 경험 안에는 하나의 범주가 언제 그것에 적용되는지 우리에게 말해주는 것이 아무것도 존재하지 않는다. 왜냐하면 흄이 말했듯이 경험이 드러내는 것은 다만 인상들의 항상적 연접일 뿐이기 때문이다. 그렇다면 만약 범주를 적용하기 위한 우리의 기준이 [13]범주들이나 경험 그 자체에 놓여 있지 않다면 그 기준은 어디에 있는가? 우리에게는 지성과 경험을 상호 관계시키기 위한 지침이 없는 것으로 보인다.[22]

칸트의 인과성 옹호에 관한 이 모든 신-흄주의적인 의심들은 이성과 자연의 조화에 대한 계몽주의의 신앙에 대해 매우 해로운 결과들을 낳았다. 이 조화는 이성과 사물들 자체 사이의 갈라진 틈뿐만 아니라 또한 이성과 현상들 사이의 간격에 의해서도 위협받았다. 경험 영역 내에서마저도 여전히 이성의 보편적이고 필연적인 원리들과 감각 인상들의 특수하고 우연적인 소여들 사이의 날카로운 이원론이 존재했다. 그리하여 18세기 말의 많은 철학자들에게는 이성이 자기 바깥의 실재와 어떠한 연관성도 지니지 못하는 그 자신의 직물을 짜고 있는 것처럼 보였다. 이 모든 신-흄주의적인 의심들에도 불구하고 이성과 자연의 통일을 옹호하고 회복하는 것은 어떻게 가능할 것인가? 이 물음은 곧 피히테와 셸링 그리고 헤겔을 사로잡았다.

하지만 18세기 말 무렵이 전적으로 우울하고 불길한 것만은 아니었다. 퇴조하는 이성의 권위에 무언가 희망을 제공하는 하나의 유망한 발전이 있었다. 그것은 18세기 후반부에 목적론적 설명 모델들의 점진적인 재탄생이었다. 이제 계몽주의가 기계론적이거나 작용인적인 인과성을 위해 목적론을 거부한 것은 너무 성급한 것처럼 여겨졌다. 자연 과학의 최신의 결과들 가운데 몇 가지는 목적론을 위한 유효한 증거를 제공하는 것으로 보였다. 할러의 자극 감수성 실험, 니덤과 모페르튀의 자연 발생론 그리고 볼프와 블루멘바흐의 **형성 충동** 개념은 물질 내에 유기체적 힘들이 존재한다는 것을 제시하는 것으로 보였다. 물질의 본질은 죽은

··
22 이 논증들은 10.2절에서 좀 더 상세히 논의될 것이다.

연장에 의해 남김없이 다 드러나지 않았다. 오히려 그것은 자기 조직하고 자기 활동하는 힘들에 존재했다. 물질은 살아 있는 것으로 보였는데, 왜냐하면 그것은 모든 생명체와 마찬가지로 어떤 명백해 보이는 원인이 그것을 활동하도록 밀어붙이지 않을 때도 스스로 운동하고 자기를 조직했기 때문이다. 따라서 비록 물질이 명시적으로 의식적인 것은 아닐지라도 목적이 물질에 돌려질 수 있었다. 이미 영국의 톨런드와 프리스틀리 그리고 프랑스의 디드로와 돌바크에 의해 발전되어 온 이러한 새로운 생기론적 유물론은 1770년대와 80년대의 독일에서는 헤르더와 포르스터에 의해 선전, 옹호되었다.

18세기 말에 목적론의 부활은 당혹스러운 딜레마의 뿔들로부터 계몽주의를 구해주는 것으로 여겨졌다. 계몽주의 사상가들은 기계론적 설명 모델을 가정했기 때문에 그들에게는 정신 철학에서 오직 두 가지 선택지만이, 즉 기계론 아니면 이원론만이 존재했다. 그러나 이 대안들은 둘 다 분명히 만족스럽지 못했다. 기계론은 자유를 파괴했으며 의도와 같은 독자적인 정신적 현상들을 설명할 수 없었다. 그리고 이원론은 초자연적인 정신적 영역을 요청함으로써 과학적 설명을 물질세계에 한정했다. 따라서 [14]정신적 현상들에 대한 비환원주의적이지만 과학적인 설명은 존재하지 않는 듯이 보였다. 하지만 새로운 생기론적 유물론은 이러한 딜레마를 해결하는 정신에 대한 설명을 제공했다. 우리는 이제 정신을 물체에 내재하는 힘들의 가장 높은 정도의 조직화와 발전으로서 설명할 수 있었다. 이것은 물체가 더 이상 기계가 아니라 유기체인 까닭에 기계론을 회피한다. 그리고 그것은 각각 동일한 살아 있는 힘의 상이한 정도의 조직화에 그 본질이 놓여 있는 정신적 세계와 물리적 세계 사이에 연속성이 존재하는 까닭에 이원론을 벗어난다. 정신은 물체에 내재하는 힘들의 고도로 조직되고 발전된 형식이며, 물체는 정신에 내재하는 힘들의 시작 단계의 형식이다.

비록 생기적 유물론이 유망해 보였긴 하지만 그것이 격심한 저항 없이 확립될 수는 없었다. 곧바로 목적론이 실제로 검증 가능한 자연법칙들을 제공할 수 있는지 또는 그것이 다름 아닌 낡은 스콜라주의로의 복귀일 뿐인 것은 아닌지 하는 의문이 발생했다. 1770년대 초에 하만이 헤르더의 언어 기원론 배후의 생기론적 가정들 가운데 몇 가지를 공격했을 때 그는 바로 이 물음을 제기했다.[23] 하만에 따르면 유기체적 힘들에 대한 헤르더의 요청은 다만 비의적인 성질들을 다시 도입했을 뿐인바, 그것들은 설명되어야 할 현상들을 그저 다시 기술할 뿐이다. 더 나아가 생기론은 여전히 인과성에 관한 흄의 회의주의에 대해 어떠한 대답도 갖고 있지 못했다. 우리가 원인을 목적으로 해석하든 선행하는 사건으로 해석하든 여전히 원인과 결과 사이에는 어떠한 필연적 연관성도 존재하지 않는다.

목적론의 과학적 지위라는 쟁점은 1780년대 중반에 헤르더와 포르스터에 대한 칸트의 공격과 더불어 곪아 터졌다. 헤르더의 『인류사의 철학에 대한 이념』에 대한 논평(1785)과 자신의 논문 「철학에서 목적론적 원리의 사용에 대하여」(1787)에서 칸트는 목적론의 설명들이 가능한 경험에서 검증될 수 없기 때문에 목적론은 필연적으로 형이상학이 된다고 논증했다. 우리는 비의식적인 행위자들이 목적에 따라 행동한다는 주장을 검증할 수 없는데, 왜냐하면 합목적적인 활동에 대한 우리의 유일한 경험은 우리 자신의 의식으로부터 취해지기 때문이다. 우리는 다만 우리의 의식적 활동과의 유추에 의해서만 자연의 사물들이 목적에 따라 행동한다고 가정한다. 그러나 우리는 그러한 유추를 결코 확증할 수 없는데, 왜냐하면 우리는 식물들과 결정체들 그리고 동물들의 내적 세계에 관해 아무것도 알지 못하기 때문이다. 그렇다면 우리가 안전하게 가정할 수

---

23 5.3절을 참조.

있는 것은 다만 자연이 마치 목적이 있는 것처럼 행동하는 것으로 보인다는 점뿐이다. 따라서 목적론은 과학들에서 구성적인 역할이 아닌 엄격하게 규제적인 역할을 지닌다.

헤르더의 생기론에 대한 하만과 칸트의 공격은 자연 과학에서 설명 모델로서의 목적론의 전망에 관한 심각한 물음들을 불러일으켰다. 만약 이성이 가능한 경험의 한계 내에 머물러야 한다면, 그것은 기계론적 설명 모델에 만족해야 하는 것으로 생각되었다. 그러나 이것도 만족스럽지 않았는데, 왜냐하면 그것은 다만 이원론 아니면 기계론이라는 오랜 딜레마를 다시 불러냈을 뿐이기 때문이다. 따라서 계몽주의의 철학자들은 막다른 골목에 이르게 되었다. 그들은 [15]그들이 이용할 수 있는 모든 선택지를 거부했다. 생기론은 검증 가능성에 대한 그들의 요구를 충족시키지 못했다. 이원론은 과학의 영역을 제한했다. 그리고 기계론은 정신적 현상들을 설명할 수 없었다. 이러한 막다른 골목에서 벗어나기 위해서는 목적론에 대한 칸트의 반대에 맞서 최신의 과학적 성과들에 의해 생기론을 입증하고자 시도하는 하나의 길밖에 존재하지 않았다. 이러한 도정은 1790년대 후반에 셸링과 헤겔의 자연 철학과 더불어 비로소 출현했다.

[16]제1장

칸트와 하만 그리고 질풍노도의 부상

1.1. 하만의 역사적 · 철학적 의의

때때로 "북방의 현자"라고 불리는 요한 게오르크 하만(1730-1788)은 비록 독일에서는 오래전부터 인지되어 왔을지라도 영미의 철학계에서는 거의 전적으로 무시되어 왔다. 하만에 대한 소홀함은 대부분의 철학자들이 그의 이름을 쓰는 법조차 알지 못할 정도로 널리 퍼져 있다. 하지만 만약 우리가 철학사에 대한 하만의 결정적이고도 지속적인 영향력을 고려한다면 그러한 무지는 한탄할 만한 것으로 나타난다. 하만은 **질풍노도**_Sturm und Drang_, 즉 **계몽**에 대한 반작용으로 1770년대에 독일에서 성장한 지적 운동의 아버지였다. 질풍노도에 대한 그의 영향은 논란의 여지가 없으며, 실제로 손쉽게 추적될 수 있다. 하만은 헤르더의 선생이었다. 그리고 이번에는 헤르더가 하만의 이념들을 젊은 괴테에게 소개했는데, 괴테 역시 그 이념들에 매료되었다. 나중에 괴테는 『시와 진실』의 제12장에서 하만의 이념들이 자신과 낭만주의 세대 전체에 끼친 충격을 회상했다.[1]

• •

1   Goethe, *Werke*, IX, 514ff.를 참조.

하만이 질풍노도와 궁극적으로 낭만주의 그 자체에 영향을 준 많은 측면들은 아무리 강조해도 지나치지 않다. 예술의 형이상학적 의의, 예술가의 개인적 비전의 중요성, 문화적 차이들의 환원 불가능성, 민중시의 가치, 이성성의 사회적·역사적 차원 및 사유에 대한 언어의 의의 — 이 모든 주제는 질풍노도와 낭만주의에 널리 퍼져 있었거나 그에 특징적이었다. 그러나 그것들은 하만에 의해 처음으로 그 윤곽이 그려졌으며, 그 후 헤르더와 괴테 그리고 야코비에 의해 다듬어져 널리 보급되었다.[2]

하지만 우리는 하만의 역사적 의의를 확립하기 위해서 질풍노도에서의 그의 역할에 대해 길게 논의할 필요가 없다. 하만은 19세기에 이르기까지도 계속해서 주요한 사상가들에게 영향을 끼쳤다. 하만의 한 사람의 헌신적 추종자가 F. W. J. 셸링이었는데, 그의 긍정 철학은 하만적인 주제들을 반영하고 있다.[3] F. 슐레겔은 하만의 또 다른 열성적인 학생이었는데, [17]그는 하만의 철학에 대한 최초의 안목 있는 논문들 가운데 하나를 썼다.[4] 하만의 또 다른 찬미자는 G. W. F. 헤겔인데, 그는 하만 저작들의 최초 편집본에 대해 한껏 치켜세우는 논평을 썼다.[5] 마지막이지만 마찬가지로 중요한 것으로 하만은 쇠렌 키르케고르에 대해 생산적인 영향을 미쳤는데, 키르케고르는 이 빚을 기꺼이 인정했다.[6] 키르케고르를 거쳐 하만은 20세기의 실존주의에 대해 중요하고도 지속적인 영향을 끼쳐 왔다.

••

2 헤르더에 대한 하만의 영향에 관해서는 Dobbek, *Herders Jugendzeit*, pp. 127-136; Adler, *Der junge Herder*, pp. 59-69; 그리고 Clark, *Herder*, pp. 2-4, 156-162를 참조.

3 셸링의 하만 수용에 관해서는 Gründer, *Hamann Forschung*, pp. 40-41을 참조.

4 Schlegel, "Hamann als Philosoph", *DM* 3 (1813), 35-52를 참조.

5 Hegel, "Hamanns Schriften", in *Werke*, XI, 275.

6 키르케고르에 대한 하만의 영향에 관해서는 Lowrie, *A Short Life of Kierkegaard*, pp. 108-109, 115-116을 참조. 또한 *Concluding Unscientific Postscript*, pp. 224에서의 키르케고르의 하만에 대한 찬사도 참조.

18세기와 19세기에 대한 하만의 영향을 무시한다 하더라도 우리는 사상가로서의 그의 위상을 인정해야만 한다. 20세기의 기준들로 판단할 때 하만의 사상은 종종 그것이 지니는 근대성, 즉 그것이 현대적 주제들을 예시한다는 점에서 두드러진다. 가령 많은 분석 철학자들처럼 하만은 언어가 다름 아닌 사유의 기준이며, 언어 철학이 인식론을 대체해야 한다고 주장한다. 프로이트를 선취하여 그는 우리의 지적인 삶에서 수행하는 잠재의식의 형성적 역할을 지시해 보여준다. 그리고 헤겔이나 비트겐슈타인보다 이미 오래전에 그는 이성성의 문화적·사회적 차원을 강조하고 있다.

 철학사에서 차지하는 하만의 의의를 요약하고자 한다면 우리는 루터 재생에서의 그의 역할을 강조해야 할 것이다. 계몽이 루터의 정신을 파괴할 조짐을 보였을 때 그것을 옹호하는 것이 하만의 사명이었다. 하만은 루터에게 진 자신의 커다란 빚을 결코 숨기지 않았으며, 스승의 교설이 부활하는 것을 보고 싶어 하는 자신의 소원을 명시적으로 인정했다.[7] 사실 하만의 저술들에서 다시 나타나는 많은 루터적인 주제들, 즉 성서의 권위, 신에 대한 인격적 관계의 중요성, 자유 의지의 부정, 신앙의 초이성성 그리고 은총의 필연성이 존재한다. 그러나 특히 중요한 것은 하만이 루터의 정신을 살아 있게 만드는 그 방식에 주목하는 것이다. 그 시대의 아주 많은 정통 경건주의자들처럼 그의 교설을 단순히 다시 주장하기보다는 하만은 근대 철학의 최신 관념들, 특히 데이비드 흄의 회의주의를 이용하여 루터를 옹호했다. 그러한 근대적 무기들을 사용하여 그는 루터주의가 낡아빠지고 미신적인 것이 아니라 근대적이고 반박할 수 없는 것으로 보이게 만들었다.

---

7   루터에 대한 하만의 관계에 관해서는 Blanke, "Hamann und Luther", in Wild, *Hamann*, pp. 146-172를 참조.

루터의 하나의 특수한 교의가 하만 사상의 특징이 되어 계몽에 대한 그의 숙명적인 공격을 고무했다. 그것은 바로 이성의 약함과 신앙의 초이성성의 교설이다. 루터가 일찍이 신에 대한 이성적인 앎을 주장하는 스콜라 철학자들을 비난했던 것처럼 하만도 이성의 권위를 믿는 계몽주의자들을 공격했다. 그 경우 하만은 루터와 마찬가지로 신앙이 이성의 비판과 증명을 초월한다는 오컴주의 전통 내에 있었다.

이러한 루터적인 교설을 하만이 부활시킨 것은 칸트 이후 철학사에 엄청난 영향을 끼쳤다. 비록 어떤 엄밀한 의미에서의 '비이성주의자'는 아니었지만, 하만은 질풍노도와 낭만주의에 존재하는 비이성주의 흐름들에 강력한 자극을 주었다. 그는 여러 가지 영향력 있는 방식들로 이성의 권위를 공격했다. [18]그리하여 그는, 이성은 자율적이 아니라 잠재의식에 의해 지배된다, 이성은 특수자를 파악하거나 삶을 설명할 수 없다, 이성은 언어와 분리될 수 없으며 언어의 유일한 기초는 관습과 사용이다, 이성은 보편적이 아니라 문화에 상대적이다, 라고 논증했다.

중요한 것은 하만의 이성 비판이 칸트의 그것에 대한 자연스러운 경쟁자이며, 사실 그에 대한 반작용으로서 자라나왔다는 점을 인식하는 것이다. 칸트의 비판의 목적이 이성의 자율성(즉 다른 능력들에서 독립하여 자기의 원리들을 규정할 수 있는 힘)을 확립하는 것인 데 반해, 하만의 비판의 과제는 이성을 맥락 안에 정립하는 것, 즉 이성을 사회적·문화적 힘들의 산물로서 파악하는 것이다. 하만의 비판 배후의 주된 원리는 이성이 오직 특수한 활동들에 체현된 형식으로만 존재한다는 그의 아리스토텔레스주의적인 논증이다. 하만에 따르면 계몽과 특수하게는 칸트 철학의 커다란 오류는 이성의 '순수주의' 내지 실체화이다. 우리는 존재의 어떤 특수한 예지적 내지 가지적 영역에 존재하는 자기 충족적인 능력을 요청하는 '플라톤주의자'가 될 때 이성을 실체화한다. 하만은 우리에게 이러한 오류를 회피하는 방법에 관해 매우 분별력 있는 방법론적 충고를 제공한다. 그는 우리에게 말하고 행위하고 쓰는 방식들에 그 본질이 있는 이성의 특수한 현현과 체현 또는 표현들을, 그리고 좀 더 특정하게는 특수한 문화에서 말하고 행위하고 쓰는 방식들을 검토할 것을 요구한다. 하만은 우리가 그러한 빛 속에서 이성을 보는 것이 정당하다고 생각하는데, 왜냐하면 이성은 다만 언어 속에 존재할 뿐이며, 언어는 다름 아닌 하나의 문화의 관습과 규약들일 뿐이기 때문이다.

비록 마찬가지로 잘 알려져 있지는 않을지라도 하만의 이성 비판은 칸트의 그것만큼이나 영향력이 있었다. 이성의 순수주의에 대한 그것의 비판은 칸트 이후의 사상에 대해 특히 중요한 것으로 입증되었다. 헤르더와 슐레겔 그리고 헤겔은 모두 이성을 그 체현에서, 즉 그것의 특정한 사회적·역사적 맥락 안에서 바라보라는 하만의 충고를 받아들였다. 사실 칸트 이후 사상에게 대단히 중요한 이성의 사회적·역사적 차원에 대한 강조는 그 기원을 하만으로까지 거슬러 올라갈 수 있다.

기묘하긴 하지만 사실인 것은 계몽의 가장 중요한 옹호자인 칸트와 질풍노도의 아버지인 하만이 서로를 개인적으로 알았고 프로이센의 지방 도시인 쾨니히스베르크에서 겨우 몇 마일 떨어져 살았다는 점이다. 더 나아가 1759년부터 1788년까지 거의 삼십 년에 걸친 시기에 그들 사이에는 잦은 철학적 논쟁들이 존재했다. 이 논쟁들은 대개 모순적인 세계관들Weltanschauungen 사이의 대결, 극적인 충돌이었다. 이러한 충돌을 통해 계몽과 질풍노도 사이의 갈등은 매우 인격적이고 피와 살을 지닌 형식을 취하게 되었다.

그러나 이것이 문제의 끝은 아니다. 칸트와 하만 사이의 논쟁들은 [19] 계몽과 질풍노도 사이의 충돌을 보여주는 데 그치지 않는다. 그 논쟁들은 또한 그 충돌을 창조하도록 도왔다. 하만은 자신의 철학을 칸트에 대한 반작용에서 발전시켰다. 그리고 그는 칸트를 자신에게 그러한 충격을 준 흄과 루소에게로 데려왔다. 이 장의 균형을 고려하여 나는 질풍노도와 칸트 이후 철학에 그러한 주요한 영향력을 지닌 하만의 세 가지 텍스트——『소크라테스 회상록』과 『미학 개요』, 그리고 「순수 이성의 순수주의에 대한 메타-비판」——를 해설하고 나아가 그와 관련된 하만과 칸트 사이의 의견 교환들에 주목하고자 한다.[8]

1.2. 런던 회심과 그 철학적 결과

하만 철학의 원천을 찾아내기 위해서는 1758년 런던에서의 그의 젊은 시절로 돌아가야 한다. 젊은 하만이 신비적 체험을 통해 보았던 것은 칸트와 계몽에 대한 그의 비판을 위한 토대는 말할 것도 없고 그의 후기 철학의 싹을 포함한다. 질풍노도에 대한 하만의 형성적 영향을 고려하면 그의 신비적 체험은 훨씬 더 광범위한 역사적 의의를 획득한다. 그것은 질풍노도와 계몽주의에 대한 반작용의 출발점들 가운데 하나를 나타낸다. 그것은 확실히 그 역사적 의의에서 불과 10년 전의 루소의 경험과 비교될 수 있는데, 루소는 1749년의 바로 그 뜨거운 여름날 오후에 수감되어 있는 디드로를 보러 뱅센느로 걸어가는 동안 예술과 학문이 도덕을 개선하기보다는 오히려 타락시켜 왔다는 놀랄 만한 결론에 도달했다. 질풍노도가 태어난 것은 이 두 경험——좀 더 적절하게는 통찰과 영감의 두 불꽃——에서였다.[9]

하만의 회심 뒷이야기는 극적이고 감동적이며 소설이나 연극의 소재

· ·
8   그들의 관계에 대한 유일한 완전하고도 상세한 설명이 Weber, *Hamann und Kant* (1908)이다. 그러나 이 설명은 하만의 저작들과 서한집의 비판본 이전에 나온 것으로서 지금은 시대에 뒤떨어져 있다.

9   질풍노도에 대한 루소의 영향에 관해서는 Hettner, *Geschichte*, II, 9ff.를 참조.

이다. 1757년, 그 당시 프랑스와 영국 계몽주의의 열광적인 학생이었던 28살의 하만은 리가에 있는 상사인 베렌스 상회의 외교적·사업적 임무를 띠고 런던에 갔다.[10] 그 자신의 잘못 때문은 아니었지만 그의 임무는 절망적인 실패로 판명되었다. 그가 미묘하고도 비밀스러운 협상을 하기로 되어 있던 러시아 대사관에 도착하자 그는 비웃음으로 맞아들여졌다. 이러한 무례한 대접은 수줍어하고 예민한 하만에게 굴욕감을 안겨주었으며, 그때 그는 절망에 빠졌다. 외교관으로서의 그의 미래의 경력은 망쳐졌고, 그는 외국 땅에서 고립무원이었다. 자신의 비참함에서 벗어나기 위해 그는 먹고 마시고 매춘하는 방탕한 생활을 하며 근심 걱정을 벗어던졌다. 그에게 맡겨진 모든 돈——그 당시에는 엄청난 액수인 베렌스 상회의 약 300파운드——을 빠르게 탕진한 후, 하만은 자신의 류트 연주자로서의 그다지 대단하지 않은 솜씨로 생활비를 벌고자 했다. 하지만 류트를 구하다가 곧바로 그는 평판이 나쁜 한 인물, 즉 어떤 '귀족'과 알게 되었는데, 그는 하만의 절친한 친구이자 동료가 되었다. 증거는 하만이 그와 동성애를 가졌다는 것을 강력히 암시한다. [20]거의 아홉 달에 걸친 완전한 탐닉 후에 하만은 몹시 비참한 발견을 했다. 그의 친구가 한 부자에게 생활을 기대고 있었던 것이다. 이 이야기를 듣고서 하만은 질투에 격노하게 되었고, 회유와 협박에 호소했다.[11] 그러나 그 모든 것은 아무 소용이 없었다.

이때쯤이면 사태가 충분히 진행되었다는 것이 명백했다. 하만의 수중

••
10 하만의 임무가 지닌 성격은 여전히 알려져 있지 않다. 일반적으로 수용되는 설명은 나들러Nadler에 의해 그의 *Hamann*, pp. 73-74에서 주어져 있다.

11 1758년 1월 14일자와 24일자의 세널Senel에게 보낸 편지들, Hamann, *Briefwechsel*, I, 234-241을 참조. 하만의 동성애에 대한 논거는 Salmony, *Hamanns metakritische Philosophie*, pp. 75-84에 잘 기록되어 있다. 그러나 그것에 이의를 제기하는 견해에 대해서는 Koep, "Hamann's Londoner Senelaffäre", *Zeitschrift für Theologie und Kirche*, 57 (1960), 92-108; 58 (1961), 68-85를 참조.

에는 거의 돈이 남아 있지 않았고, 그의 건강은 온갖 방탕에서 오는 고통을 겪고 있었다. 이제 정서적으로 처참한 사건을 잊을 시간이었다. 그래서 1758년 겨울에 그는 제대로 된 가정의 집에 방을 빌려 책들과 함께 틀어박혔으며 간소한 식사를 채택했다. 여기서 그는 자신의 몸과 영혼에 남겨진 것을 회복하기를 희망했다. 절망 속에서 그는 성서로 돌아왔고, 그것은 그의 유일한 위로가 되었다. 그는 성서를 마치 그것이 오직 자신에게만 보내온 신의 메시지이기나 하듯이 지극히 개인적인 방식으로 읽었다. 그는 유대 민족의 역사를 그 자신의 고통에 대한 비유로서 보았다. 런던에서 그에게 일어난 모든 일, 그의 모든 시련들이 성서에 미리 그려져 있는 것으로 보였다.

성서를 읽어가는 도중에 하만은 엄청나게 충격적인 신비적 체험을 하게 되었다. 1758년 3월 31일 저녁에 그는 모세의 다섯 번째 책에서 다음과 같은 것을 읽었다. "땅은 아벨의 피를 받아들이기 위해 카인의 입을 열었다."[이 구절은 실은 창세기 4장 11절을 가리키는 듯하다. "이제 네가 땅에서 저주를 받을 것이다. 땅이 그 입을 벌려서 너의 아우의 피를 너의 손에서 받아 마셨다."──옮긴이] 이 구절을 되새기는 가운데 하만은 자기의 가슴이 고동치고 손이 떨리는 것을 느꼈다. 갑작스럽게 흘러내리는 눈물 속에서 그는 자신이 "자기 형제의 살해자", 그리스도 그 자신인 "신의 외아들의 살해자"라는 것을 깨달았다. 그는 신의 영이 자기 주위에서 일하며 "사랑의 신비"와 "그리스도에 대한 신앙의 축복"을 드러내고 있다고 느끼기 시작했다.[12]

자기 자신 내부에서 신의 목소리를 들은 후 그리고 성서를 개인적이고 비유적인 방식으로 읽은 후, 하만은 만약 자기가 귀를 기울이기만 한다

──
12 이 설명은 *Gedanken über meinen Lebenslauf, Werke*, II, 40-41에서 하만 자신에 의해 주어져 있다.

면 신이 언제나 자신과 소통하고 있다고 믿게 되었다. 실제로 그는 자신에게 일어난 모든 것이 신으로부터의 비밀스러운 메시지를 담고 있으며, 그것은 성서의 그 밖의 모든 것과 마찬가지로 하나의 비유라고 확신하게 되었다. 그때 이러한 확신은 하만을 웅대하고 비범한 형이상학적 결론에로 이끌었다. 즉 창조는 신의 비밀스러운 언어, 신이 그것으로 자신의 메시지를 인간에게 전달하는 상징이라는 것이다. 따라서 모든 자연과 역사의 본질은 신성한 문자, 신적인 암호, 비밀스러운 상징과 수수께끼라는 데 있다. 일어나는 모든 것은 신적인 말씀에 대한 불가사의한 주석, 신적인 사상들의 물리적 체현과 표현이다. 하만의 은유적인 말로 하자면 "신은 저술가이며, 그의 창조는 그의 언어다."[13]

순수하게 개인적이고 상상적인 것으로 보일지라도 하만의 신비적 비전은 중요한 철학적 결과들을 지녔다. 계몽주의와의 단절은 이제 기정사실이었다. 그의 체험 이후 곧바로 쓰인 런던 저술들에서 하만은 계몽주의의 기본적인 신조들 가운데 몇 가지에 물음을 던지기 시작한다.[14] 무엇보다도 우선 그는 근대 과학의 '자연주의', 즉 모든 것을 [21]초자연적인 원인이나 목적인에 대한 관계없이 기계적 법칙에 따라 설명하고자 하는

13 하만의 *Biblische Betrachtungen, Werke*, I, 5, 9를 참조.
14 이 저술들은 「성서적 고찰*Biblische Betrachtungen*」과 「깨어진 것*Brocken*」, 「나의 인생행로에 관한 생각*Gedanken über meinen Lebenslauf*」 그리고 「찬송가에 대한 고찰*Betrachtungen zu Kirchenliedern*」을 포함한다. 강박적이고 매우 서둘러서 쓰인 이 모든 저술은 1758년 3월부터 5월까지 단 3개월 사이에 완성되었다. 그것들은 그 안에 하만의 성숙한 철학의 기본적인 주제들 가운데 많은 것의 개요를 담고 있다. 그리고 그것들은 실제로 그의 후기 저작들의 해석을 위해 필요 불가결하다. 비록 그것들이 하만의 생전에 결코 출간되지 않았긴 하지만, 주목할 만한 것은 헤르더와 야코비가 그것들을 하만이 죽기 전에 보았다는 점이다. 그것들의 유포에 관해서는 나들러가 편집한 『전집*Werke*』의 제1권에 붙인 「맺는 말*Schlusswort*」, pp. 323-324를 참조.

근대 과학의 시도에 의심을 제기한다.[15] 만약 모든 사건이 신적인 기호들이라면, 그것들은 자연적 원인에 따라 완전하게 설명될 수 없는 초자연적인 의의를 지닌다. 사건들을 이해하기 위해서는 우리는 또한 성서를 참조해야 할 것이다. 그는 "우리 모두는 예언자가 될 수 있다"고 쓰고 있다. "자연의 모든 현상은 숨겨진 의미, 비밀스러운 의의를 지니는 꿈들, 비전들, 수수께끼들이다. 자연과 역사라는 책들은 다름 아닌 성서라는 열쇠를 필요로 하는 암호들, 숨겨진 기호들이다."[16] 이것들과 같은 구절들에서 하만은 자연적인 것과 초자연적인 것의 구별, 즉 신학과 형이상학으로부터 자기 자신을 해방시키고자 하는 근대 과학의 시도에 필수적인 구별에 대해 이의를 제기한다. 만약 모든 자연적 사건이 신적인 상징들이라면, 초자연적인 것은 자연적인 것을 초월하는 것이 아니라 그 안에 체현되어 있을 것이다. 모든 참된 자연학은 종교일 것이며, 모든 참된 종교는 자연학일 것이다.

둘째, 하만은 인간의 자율성에 대한 계몽주의의 신앙, 즉 인간이 신의 은총이 아니라 그 자신의 노력에 의해 완전성을 획득한다는 믿음을 의심하게 된다.[17] 그의 신비적 비전에 따르면 신은 자연에서뿐만 아니라 또한 역사에서도 자기 자신을 체현한다. 인간이 사유하고 행하는 것은 또한 신이 그를 통해 사유하거나 행하는 것이기도 하며, 따라서 인간의 모든 행위는 신적인 현존을 증언한다. "가장 작은 풀잎은 신의 증거가 아닌가? 그렇다면 왜 인간의 가장 작은 행위들이 그보다 못한 것을 의미해야 할 것인가? …… 자연과 역사는 신적인 말씀에 대한 두 가지 커다란

●●
15 계몽주의 철학에 있어 자연주의의 중요성에 관해서는 Cassirer, *Enlightenment*, pp. 37-50을 참조.

16 Hamann, *Werke*, I, 308.

17 계몽주의에 있어 이 믿음의 중요성에 관해서는 Hampson, *Enlightenment*, pp. 35ff.와 Wolff, *Aufklärung*, pp. 10-11, 36-37, 114-115를 참조.

주석이다."[18] 그러나 이것은 다만 다음과 같은 물음을 제기할 뿐이다. 만약 신이 인간의 모든 생각과 행위에 함께 현존한다면, 어떻게 인간이 자기 자신의 운명의 형성자일 것인가? 그가 성취하는 것은 그 자신의 노력이 아니라 오로지 신의 은총에 기인할 것이다. 하만은 우리에게 다음과 같이 상기시키고 있다. "우리가 우리의 모든 살아 있는 힘과 활동을 위해 호흡을 필요로 하는 것과 마찬가지로, 우리는 우리의 모든 행위를 위해 신의 도움을 필요로 한다는 것을 잊지 말자. …… 우리 코에서의 삶의 호흡은 또한 신의 날숨이기도 하다."[19]

셋째, 하만은 데카르트 이후의 대부분의 심리학과 인식론에 공통된 가정, 즉 자기의식이 스스로 빛을 비추는바, 철학의 자명한 출발점이라는 가정을 비판한다. 그의 신비적 비전은 우리가 우리 자신에 대한 어떠한 특권을 지닌 접근도 갖고 있지 않다는 것을 의미한다. 신이 우리의 모든 생각과 행위의 원천인 까닭에 우리는 우리 내부의 불가해한 신만큼이나 우리 자신도 알 수 없다. 자기 인식은 스스로 빛을 비추기보다는 의심스러우며 신비하고 불명료하다. "우리의 자아는 우리의 창조자에 근거한다. 우리는 우리의 힘으로 우리 자신에 대한 앎을 갖지 못한다. 그리고 그 범위를 측정하기 위해 우리는 우리 존재의 신비 전체를 규정할 수 있는 유일한 존재인 신의 바로 그 마음 안으로 꿰뚫고 들어가야만 한다."[20] 만약 우리가 자기 인식을 획득하고자 한다면 우리는 먼저 자연과 역사 그리고 사회 내에서의 우리의 위치를 알아야 하는데, 왜냐하면 우리의 정체성은 그 밖의 모든 것에 대한 우리의 관계에 의존하기 때문이다.[21] 따라서 철학은 자기 인식이 아니라 존재에 대한 인식과 함께 시작해

· ·
18 Hamann, *Werke*, I, 303.
19 같은 책, I, 14-15.
20 같은 책, I, 301.

야 한다.[22]

[22]마지막이자 모든 것 중에 가장 중요한 것으로 하만은 이성의 주권
이라는 계몽주의의 원리, 즉 우리의 모든 믿음을 비판하는 이성의 권리
를 논박한다. 그는 자신의 비전이 신으로부터의 계시이며, 그것을 판단
할 권리를 지니지 않는 이성에게는 그것이 이해될 수 없다고 확신한다.
반드시 필요한 것은 사실들이 신의 은총을 통해 우리에게 주어지는 계시
의 영역과 우리가 오직 주어진 사실들로부터만 추론을 행할 수 있는
이성의 영역을 구별하는 것이다. 이성은 주어진 사실들로부터 연역하는
데서 완벽하게 자기의 권리를 지닌다. 그러나 사실들에 의문을 제기하거
나 사실들을 창조하려고 하는 데서 이성은 자기의 권리를 넘어선다. "이
성이 계시하길 원한다면 그것은 우리 이성의 가장 커다란 모순이자 오용
이다. 자기의 이성을 기쁘게 하기 위해 우리의 비전으로부터 신적인 말
씀을 제거하는 철학자는 신약을 완고하게 부인하면 부인할수록 더욱더
구약을 고집하게 된 유대인들과 마찬가지다."[23] 우리는 곧이어 하만이
어떻게 이와 같은 언급들을 이성에 대한 일반적 비판으로 발전시켰는지
를 보게 될 것이다.

21   같은 책, I, 300-301.
22   런던 저술들에서 하만은 데카르트 이후의 인식론을 명시적으로 비판하지 않는다.
     그러나 그의 입장이 지닌 함축들은 나중에 그에게 명확해졌다. 가령 야코비에게
     보낸 1785년 6월 2일자의 편지에서 하만은 칸트 철학에 관해 다음과 같이 언급한다.
     "'나는 생각한다, 그러므로 나는 존재한다'가 아니라 정반대의 좀 더 히브리적인
     '나는 존재한다, 그러므로 나는 생각한다.' 그러한 단순한 원리의 역전과 더불어
     아마도 체계 전체가 상이한 언어와 방향을 획득할 것이다." Hamann, *Briefwechsel*,
     V, 448을 참조.
23   Hamann, *Werke*, 1, 9.

1.3. 1759년 여름: 질풍노도의 분출

1758년 여름에 리가로 돌아간 후, 하만은 다시 베렌스 상회를 위해 일하기 시작했다. 그의 임무 실패와 막대한 빚에도 불구하고 베렌스 가문은 그를 오랫동안 잃어버린 아들로서 받아들였다. 그러나 사태가 정상으로 되돌아갈 수 없다는 것은 명백했다. 하만은 베렌스 상회의 이데올로기적인 견해들을 위한 대변인으로서 근무하기 위해 상회에 고용되었다. 그러나 회사의 젊은 이사이자 하만의 대학 친구인 크리스토프 베렌스는 확신을 지닌 계몽주의자였다. 놀랄 것도 없이 그는 하만의 새로운 믿음에 질겁했는데, 그는 그것을 계몽에 대한 배신으로서 그리고 계몽의 가장 나쁜 적인 광신*Schwärmerei* 또는 열광주의의 일원으로 일탈하는 것으로서 바라보았다. 하만과 베렌스의 관계는 점점 더 긴장되어 갔다. 그리고 베렌스가 자기의 누이인 카테리나 베렌스와 하만의 약혼을 파기했을 때, 하만은 베렌스 상회를 떠나는 것으로 대갚음했다. 홧김에 그는 1759년 3월, 쾨니히스베르크의 집으로 돌아갔다.

그러나 베렌스는 여전히 어떤 대가를 치르더라도 자기 친구를 다시 회심시키기로 결심했다. 만약 하만이 베렌스 상회를 위해 구제되어야 하는 것이 아니라면, 그는 최소한 계몽을 위해 구원되어야 했다. 하지만 그들의 서신 교환은 곧 중단되었는데, 그 까닭은 하만이 자신의 믿음에 홀로 남아있기를 고집했기 때문이다. 루터는 그에게 신앙이란 깊은 개인적 헌신의 문제, 돌이킬 수 없는 결정이라고 가르쳤다. 하만은 그 일에서 중재자로서 행동하고 있던 서로의 친구인 J. G. 린트너에게 다음과 같이 말했다. "만약 그[베렌스]가 내가 무얼 하고 있는지 알기를 원한다면, 그에게 내가 루터가 되고 있다고 말해 주게나. 다음은 친애하는 수도자가 아우크스부르크에서 말한 것이라네. '여기 제가 서 있습니다. 저는 달리 행할 수 없습니다. 주여 저를 도우소서. 아멘.'"[24]

서신 교환의 결렬에도 불구하고 베렌스는 흔들림이 없었다. 1759년 6월 중순, 그는 개인적으로 하만을 보기 위해 쾨니히스베르크로 여행했다. 7월쯤에는 마치 그들의 모든 차이가 중요하지 않은 것이라는 듯이 상황은 거의 예전과 같아졌다. [23]그러자 희망으로 가득 찬 베렌스는 자기 친구의 영혼을 되찾기 위한 계획을 생각해냈다. 그는 쾨니히스베르크 대학의 45세 사강사로 그 명성이 떠오르고 있던 유망한 젊은 철학자의 도움을 요청하기로 결심했다. 이 철학자도 역시 계몽의 대의에 헌신적이었다. 그리고 훨씬 더 좋은 것은 하만이 그를 많이 존경하는 까닭에 그에게 귀를 기울일 것 같다는 점이었다.[25] 이 젊은 철학자는 누구였던가? 다름 아닌 바로 임마누엘 칸트였다.

7월 초의 어느 날엔가 쾨니히스베르크 교외의 시골 여관인 빈트밀에서 하만과 칸트 그리고 베렌스의 극적인 만남이 이루어졌다. 여기서 하만과 베렌스 사이의 거리는 너무나도 명백하고 당혹스러운 것이 되었다. 분위기는 긴장되었는데, 그것은 특히 바로 그 제3자의 어색한 현존으로 인해서였다. 그 주말에 하만은 자기 형제에게 그날 저녁에 대해 다음과 같이 써 보냈다. "주초에 나는 빈트밀에서 베렌스 씨와 칸트 석사를 만났어. 거기서 우리는 함께 저녁 식사를 했지. …… 그 이후 나는 그들을 다시 보지 못했어. 바로 우리 사이에서 우리의 우정은 그 오랜 친밀성을 갖고 있지 않아. 그리고 우리는 이것이 어떻게든 나타나는 것을 피하기 위해 우리 자신에게 아주 커다란 제한을 부과하고 있지."[26]

••
24 1759년 3월 21일, 린트너Lindner에게 보낸 하만의 편지, Hamann, *Briefwechsel*, I, 307을 참조.
25 "칸트는 뛰어난 두뇌를 가지고 있다"고 하만은 1756년 4월 28일자의 자기의 형제에게 써 보냈다. 그는 칸트의 『새로운 해명Nova Dilucidatio』을 읽은 뒤 이러한 의견을 형성했다. Hamann, *Briefwechsel*, I, 191을 참조.
26 1759년 7월 12일, 자기 형제에게 보낸 하만의 편지, Hamann, *Briefwechsel*, I, 362를

7월 24일에 칸트는 베렌스와 함께 하만을 방문했다. 이제 하만이 디드로의 『백과전서』에서 몇 개의 항목을 번역할 것이 제안되었다. 칸트와 베렌스는 계몽주의의 이 고전에 대한 번역이 하만으로 하여금 제정신을 차리게 해주기를 희망했다. 칸트와 하만이 철학에 관해 논의할 또 다른 대화 모임에 대해서도 동의가 이루어졌다. 그러나 이것은 결코 이루어지지 않았다. 모임에 오는 대신 하만은 칸트에게 격렬한 편지를 보내 논쟁에서의 중재자를 거부했다. 그는 제3자가 그 자신과 베렌스 사이의 개인적 쟁점들을 이해할 수 없을 거라고 느꼈으며, 그가 비밀을 저버리게 될 것을 우려했다.[27]

　1759년 7월 27일자의 칸트에게 보낸 하만의 편지는 중요한 역사적 문서이다. 그것은 계몽과 질풍노도 사이의 최초의 충돌, 칸트와 그의 경건주의적인 반대자들 사이의 최초의 전투라고 적절하게 주장될 수 있다. 그 개인적 내용——칸트의 중재의 거부——과는 별도로 편지는 주로 이성의 전제에 대항한 신앙과 감정의 옹호로 이루어진다. 하만은 계몽의 '사제들'에 의해 박해받는 예언자의 역할을 자임한다.[28] 등장인물들은 이제 그에게 명확하다. 만약 칸트가 소크라테스이고 베렌스가 알키비아데스라면, 하만은 소크라테스를 통해 말하는 다이모니온이다. 이 다이모니온은 만약 "작은 소크라테스"가 "큰 알키비아데스"에게 "신앙의 신비"를 설명할 수 있으려면 그가 필요로 하는 바의 것인 신적인 영감, 예언의 목소리를 나타낸다. 그러나 하만은 단순한 철학자인 칸트가 가슴에 대한 이해를 지니지 못할 것을 두려워한다. 그리하여 그는 칸트에게 철학자는 감정의 언어를 이해할 수 없기 때문에 자신이 그에게 서정시가

• •
　참조.

27　1759년 8월 18일, 린트너에게 보낸 하만의 편지, Hamann, *Briefwechsel*, I, 398-399를 참조.

28　Hamann, *Briefwechsel*, I, 379.

아니라 서사시적인 문체로 쓰고 있다고 말한다. 그러고 나서 하만은 베렌스가 자신의 믿음을 변화시키기 위해 철학자를 이용하는 것을 비웃는다. "저는 [24]제 생각을 변화시키기 위해 철학자를 선택한 것에 대해 거의 웃지 않을 수 없습니다. 저는 감성적인 소녀가 연애편지를 보듯이 가장 좋은 논증을 보며, 바움가르텐의 정의를 작은 꽃 장식으로 바라봅니다."[29]

하지만 마지막 단락에서 하만은 신앙에 대한 필요를 이해하는 한 사람의 철학자, 즉 "고아한 철학자" 데이비드 흄을 인용한다. 만약 흄이 이성은 일상적 사물들의 존재를 증명하거나 부인할 수 없다고 한 것이 옳다면, 더 한층 강력한 이유로 이성은 '고차적 사물들'의 존재를 증명하거나 부인할 수 없다. 만약 우리가 탁자와 의자의 실존을 그저 믿을 수 있을 뿐이라면, 더 한층 강력한 이유로 우리는 신의 존재를 오로지 믿을 수 있을 뿐이다. 흄은 "예언자들 사이의 사울"인데, 왜냐하면 그는 이성이 우리를 지혜롭게 만들 수 없다는 것과 우리가 "달걀을 먹거나 한 잔의 물을 마시기 위해" 신앙을 필요로 한다는 것을 보기 때문이다.

여기서 하만이 흄에 호소하는 것은 기이하게도 그리고 아마도 의도적으로 아이러니적이다. 흄은 신앙을 공격하기 위해 신의 존재에 대한 믿음을 위한 어떠한 이성적 근거도 존재하지 않는다고 논증한다. 그러나 하만은 그의 논증을 역전시켜 그것을 신앙을 옹호하기 위해 사용한다. 논증은 동일하다. 그러나 그 사용은 상충된다. 하만에게 흄의 회의주의의 가치는 그것이 신앙에 도전하는 것이 아니라 신앙을 이성의 비판으로부터 안전하게 보호한다는 점이다.

하만의 해석이 지닌 가치들이 무엇이든지 간에 그가 7월 27일 편지에서 흄을 인용한 것은 운명적인 것임이 입증되었다. 그것은 칸트가 흄을

29   같은 책, I, 378.

알고 있다는 것에 대한 가장 초기의 증거이다.[30] 나중에 칸트를 그의 "교조적 선잠"으로부터 깨운 불꽃은 여기에 놓여 있었다. 흄은 또한 하만 철학의 발전, 특히 이성의 공격에 대항한 신앙의 옹호에서도 결정적인 역할을 수행했다.[31] 칸트에 대항하여 흄을 인용하는 가운데 하만은 또한 결국 칸트에 대한 흄적인 반격을 개시한 철학자들을 위한 선례를 정립하기도 했다.

1.4. 『소크라테스 회상록』

하지만 칸트에게 보낸 7월 27일자 편지는 단지 서곡일 뿐이었다. 하만은 세심히 배려하는 칸트와 베렌스가 접근하지 못하도록 하기 위해 자신의 신조에 대한 좀 더 공식적인 진술을 필요로 했다. 다시 회심시키고자

---

30 포어랜더는 칸트가 일찍이 1755년에 흄에 대해 강의했다고 주장하며, 그 증거로서 보로브스키의 칸트 전기를 인용한다. Vorländer, *Kant*, I, 151을 참조. 그러나 그 전기를 자세히 살펴보면, 보로브스키는 결코 칸트가 1755년에 흄에 대해 강의했다고 주장하거나 심지어 함축하지도 않는다. 포어랜더가 언급하는 단락은 극도로 모호하다. 보로브스키는 단지 "내가 그의 학생들에 속했던 해들에……"라고 말할 뿐이며, 특별히 어떤 해에 칸트가 흄에 대해 강의했는지는 열어 놓고 있다. 보로브스키가 1755년에 칸트의 강의들을 듣기 시작했다는 사실이 결정적인 것이 아니라는 점은 명백하다. 사실 칸트의 1755년 강의들을 논의함에 있어 의미심장한 것은 보로브스키가 흄에 대해 결코 언급하지 않는다는 점이다. Borowski, *Darstellung des Lebens und Charakters Kants*, pp. 18, 78을 참조.

31 하만은 자기 사상 형성에서의 흄의 역할을 공공연히 인정했다. 예를 들면 Hamann, *Briefwechsel*, VII, 167에서 야코비에게 보낸 1787년 4월 27일자의 편지를 참조. "나는 나의 『소크라테스 회상록』을 쓸 때 흄으로 가득 차 있었으며, 나의 작은 책의 49쪽은 그를 언급하고 있습니다. 우리 자신의 존재와 우리 외부의 사물들의 존재는 믿어져야만 하며, 어떤 방식으로도 증명될 수 없습니다." 하만이 언급하고 있는 구절은 *Werke*, II, 73에 있다.

하는 그들의 지겨운 캠페인을 멈추게 하기 위해 그는 그들에게 자신의 신앙이 열광주의나 미신이 아니라는 것을 보여주어야 했다. 그리고 그는 그들에게 자신의 신앙이 이성이 감히 판단할 수 없는 경험에 토대한다는 것을 확신시켜야 했다. 요컨대 칸트와 베렌스는 하늘과 땅에 그들의 계몽된 철학들에서 꿈꾼 적이 있었던 것보다 더 많은 것이 존재한다는 것을 배워야 했던 것이다. 그래서 하만은 단 두 주 만에, 즉 8월 18일부터 31일에 이르는 숨 가쁘고 영감으로 가득 찬 두 주 동안 자신의 신앙에 대한 짧은 변호인 『소크라테스 회상록』을 썼다. 그것은 1759년 12월 말에 출간되었다.

비록 독일 바깥에서는 거의 읽히고 있지 않을지라도 『소크라테스 회상록』은 근대 철학의 역사에서 영향력이 큰 저작이다. 그것은 질풍노도의 최초의 선언, 이성의 주권이라는 계몽의 원리에 대한 최초의 영향력 있는 공격이다. [25]그 경우 하만의 저작이 쾨니히스베르크의 "작은 소크라테스", 즉 임마누엘 칸트 그 자신에 대한 응답으로서 생각되었다는 것은 대단히 흥미롭다. 이것은 칸트가 질풍노도의 단순한 구경꾼이 결코 아니었다는 것을 보여준다. 오히려 그는 그것의 직접적인 촉매, 참된 소크라테스적인 등에였다.

『소크라테스 회상록』은 낯선 부제와 두 개의 헌정사를 갖고 있는데, 그것들은 그 저작의 목적과 내용에 대한 이해를 위해 중요하다. 부제는 다음과 같다. "권태의 애호가에 의해 엮인 대중의 권태를 위하여." 권태의 애호가는 물론 저자다. 자기 자신을 그렇게 묘사함으로써 하만은 계몽주의의 정치 경제학이 신봉하는 사업과 근면의 윤리에 대해 반응하고 있다. 권태를 애호한다는 것은 우리가 우리의 존재를 오로지 생산성을 통해서만 정당화한다고 믿는 노동 윤리에 대해 저항한다는 것이다. 초기에는 하만 자신도 이 윤리의 지지자였으며, 그것을 찬미하는 짧은 논문을 쓰기도 했다.[32] 그러나 그의 회심은 그에게 인간 자신의 노력에 의해 획득될 수 없는 좀 더 귀중한 어떤 것, 즉 은총에 의한 구원이 존재한다는 것을 가르쳤다. 루터와 마찬가지로 하만은 사람들이 은총을 발견하는 영의 세계와 그들이 여전히 이 세상에 사로잡혀 있는 노동의 세계 간의 대립을 제기한다.[33]

순수하게 아이러니적인 첫 번째 헌정사는 "대중 또는 아무도 아닌 자, 잘 알려진 자에게" 바쳐져 있다. 여기서 대중은 계몽의 궁극적인 진리 판정자, 즉 그것의 교육과 개혁 프로그램의 목적이다. 하만은 우상을 숭배하는, 즉 단순한 추상의 실재성을 믿는 계몽주의자를 고발한다. 따라서 대중을 위한 또 다른 이름은 아무도 아닌 자인데, 왜냐하면 추상들은 그 자체로 존재하지 않기 때문이다. 대중은 또한 잘 알려진 자라고도 불리는데, 왜냐하면 대중은 바로 우리가 아는 모두이지 우리가 알지 못할 수도 있는 어떤 특수한 사람이 아니기 때문이다. 대중에 대한 하만의 조롱 밑에는 계몽에 대한 미묘한 내재적 비판이 놓여 있다. 미신 및 신비주의와 싸운다고 자처하면서 계몽주의자는 추상들을 숭배함으로써 그것들의 희생물이 된다. 하만이 보기에 계몽의 공통의 오류는 실체화이다. 사실 하만이 루터와 마찬가지로 확신을 지닌 유명론자라는 것은 우연이 아니다. 루터가 이전에 유명론을 스콜라 철학을 공격하기 위해 사용했듯이 이제 하만은 그것을 계몽주의자를 비판하기 위해 사용한다.

하만이 계몽의 대중 숭배에서 특히 비난하는 것은 그것의 공리주의적인 진리 개념이다. 계몽주의자들은 철학이 대중에게 유용하고 이익을 가져다주어야만 한다고 믿는다. 그리고 그들은 철학을 사변의 구름에서 끌어내려 공적인 삶의 시장으로 데려오는 것을 자신들의 과제로 삼는다.

• •
32 "Beylage zu Dangeuil", in Hamann, *Werke*, IV, 225-242를 참조.
33 초기 독일 철학에 대한 이 대립의 의의에 관해서는 Wolff, *Aufklärung*, pp. 15-16을 참조.

"그러나 철학이 실천적이거나 유용할 수 있는가?"라고 하만은 묻는다. 그는 과연 진리에 대한 탐구와 대중의 이해관계가 일치하는가 하는 의문을 제기한다. 철학이 반드시 대중에게 이익을 가져다주는 것은 아니다. 철학은 심지어 대중의 이해관계에 해를 끼칠 수도 있다. 그가 보기에 철학의 역사는 진리 탐구와 대중의 이해관계 사이의 격렬한 투쟁이다. 그의 영웅, 소크라테스의 경우를 보라. 여기서 계몽에 대한 하만의 비판은 역사적으로 흥미로운데, [26]왜냐하면 그것은 야코비가 멘델스존과 벌인 논쟁의 주도 동기가 되었기 때문이다.[34]

두 번째 헌정사는 "두 사람에게" 바쳐진다. 그 두 사람은 비록 그들의 이름이 결코 언급되지 않지만 틀림없이 베렌스와 칸트다. 하만은 그들을 "지혜의 돌", 즉 이성의 능력을 찾아 헤매는 두 사람의 연금술사에 비유한다. 베렌스는 이 돌을 사업과 근면 그리고 번영을 창조하기 위해 추구한다. 그리고 칸트는 그것을 진리를 허위로부터 구별해 주는 자신의 비판의 기준을 확립하기 위해 찾는다. 하만은 칸트를 "조폐국 관리인"으로 묘사하는데, 왜냐하면 그의 비판 기준은 금 대 주화의 합금 함량을 규정하는 환산표와 마찬가지이기 때문이다. 이 흥미로운 은유는 젊은 칸트와 관련된 두 가지 사실, 즉 1755년의 『새로운 해명』에서 "인식의 첫 번째 원리[원칙]들"을 해명하고자 하는 그의 욕구와 한때 왕립 조폐국장이었던 뉴턴에 대한 그의 숭배를 이용하고 있다.

『소크라테스 회상록』은 하만의 견해들에 대한 대변자로서 이바지하는 소크라테스라는 인물에 초점을 맞춘다. 아테네 철학자와 하만의 동일시는 이해하기가 쉽다. 소크라테스의 게으름은 "권태의 애호가"로서의 그에게 호소력이 있었음에 틀림없다. 소크라테스의 순교는 계몽의 공리

---

34   2.4절을 참조.

주의에 대한 그의 비판의 정당성을 입증했다. 그리고 소크라테스의 동성애는 그 자신의 "죄"를 변명해 주었다. 실제로 하만은 우리에게 소크라테스의 악명 높은 특성에 대해 관대할 것을 요구한다. 그는 소크라테스의 "악덕"을 언급하면서 "우리는 관능 없이 거의 우정을 느낄 수 없다"고 쓰고 있다.[35]

하지만 다른 측면에서 하만의 소크라테스와의 동일시는 이해될 수 있기보다는 역설적인 것으로 나타난다. 하만은 철저하고 억제되지 않은 이성을 신앙에 대한 위협으로서 바라본다. 그러나 소크라테스는 그 스스로가 불경건하게 되고 "신을 부정"했을 정도까지 자신의 이성을 사용하지 않았던가? 소크라테스는 다름 아닌 이성의 상징, 음미된 삶의 모범이 아닌가? 이것은 실제로 계몽에서 널리 퍼져 있는 소크라테스 이미지였다.

이러한 견해를 약화시키는 것이야말로 바로 하만의 의도다. 하만은 소크라테스를 그리스도에 대한 대안, 종교에 대항한 이성의 투사로서 바라보는 것이 아니라 그를 그리스도의 선구자, 이성의 전제에 대항한 신앙의 이교도 사도로서 간주한다. 만약 하만이 소크라테스를 이렇게 해석해 낼 수 있다면 그는 계몽으로부터 그들이 좋아하는 수호성인을 빼앗게 될 것이다. 그 경우 소크라테스의 지혜는 이교적인 것이 아닌 그리스도교적인 가치들을 승인하기 위해 사용될 수 있었다.

계몽의 해석에 대항하여 하만이 인용하는 소크라테스에 관한 두 가지 사실이 있다. 첫 번째는 자신의 무지에 대한 소크라테스의 고백이다.[36] 이것은 단지 소피스트—계몽주의자의 이성에 대한 고대적 등가물—의 변증법에 대한 고발일 뿐만 아니라 또한 신앙에 대한 원초적인 이교적

35 Hamann, *Werke*, II, 68.
36 같은 책, II, 76.

공언이기도 하다. 소크라테스의 고백은 우리가 이성을 통해 알 수 없고 단적으로 믿어야만 하는 어떤 것들이 존재한다는 것을 말하는 그의 방식이다. [27]두 번째 사실은 소크라테스의 다이모니온 또는 수호신의 역할이다.[37] 하만에게 있어 소크라테스가 그의 이성이 자신을 도와주지 못할 때마다 다이모니온에게 의지하는 것은 우연이 아니다. 그것은 다이모니온의 신비적 정체에 접근하는 가장 필수적인 실마리다. 다이모니온은 우리의 이성이 부적합한 것으로 증명될 때마다 우리가 그리로 돌아가야만 하는 다름 아닌 신적인 영감, 예언의 목소리다.

『소크라테스 회상록』의 중심 개념은 신앙(*Glaube*)이라는 개념이며, 이것은 계몽의 이성에 대항한 하만의 주된 반대이다. 하지만 하만이 신앙으로 의미하는 것은 특히 불명료하며, 심지어 그는 스스로가 그 자신의 용법을 결코 완전하게 이해하지 못한다는 것을 인정하기까지 했다. 그렇지만 기본을 고수하면 우리는 하만의 개념을 두 가지 단순한 측면, 즉 하나의 적극적 측면과 다른 하나의 소극적 측면으로 분석할 수 있다. 소극적 측면은 무지의 인정, 즉 이성의 한계와 특히 어떤 것의 존재를 증명할 수 없는 그 무능력에 대한 묵인에 존재한다. 하만은 다음과 같이 쓸 때 신앙의 이 측면을 언급하고 있다. "우리 자신의 존재와 우리 외부의 모든 사물의 존재는 믿어져야만 하며 어떤 방식으로도 증명될 수 없다."[38] 신앙의 적극적 구성요소는 특수한 종류의 경험 또는 하만이 '감각'(*Empfindung*)이라 부르는 것에 존재한다. 감각은 말로 표현할 수 없는 느낌, 추상적 원리와 대비되는 경험이다. 그리하여 하만은 소크라테스의 무지를 다음과 같은 말로 묘사한다. "소크라테스의 무지는 감각

• •
37 같은 책, II, 69-70.
38 같은 책, II, 73.

이었다. 감각과 정리 사이에는 살아 있는 동물과 그것의 해부학적 뼈대 사이에서보다 더 커다란 차이가 존재한다."[39]

어떤 종류의 감각이 신앙을 특징짓는가? 무엇이 신앙을 다른 감각과 경험들로부터 구별하는가? 이것은 하만의 신앙 개념을 받아들이는 데서 결정적인 물음이다. 불행하게도 하만은 바로 이 점에서 모호해진다. 하지만 그의 예들을 상세히 고찰해 보면 하만은 죽음의 감각이 우리가 죽음의 이해 불가능성을 느낄 때 생겨난다고 생각한다는 것을 알 수 있다. 그는 볼테르와 클롭슈톡이 둘 다 갑작스럽고 비극적인 죽음에 직면하여 이 감각을 지녔다고 말한다.[40] 볼테르는 그로 하여금 "그의 이성을 포기하도록" 강요한 리스본 대지진 이후에 그것을 느꼈다. 그리고 클롭슈톡은 "그에게서 그의 뮤즈를 앗아간" 부인의 죽음 이후에 그것을 느꼈다. 그렇다면 이 예들은 신앙의 감각이 삶과 죽음의 이해 불가능성이나 부조리에 부딪쳐 생겨난다는 것을 암시한다. 따라서 우리가 신앙에서 감지하거나 느끼는 것은 존재 그 자체의 주어져 있음과 신비 그리고 부조리인 것으로 보인다.

신앙이 한갓된 믿음이 아니라 일정한 종류의 경험이라는 하만의 주장은 그에게 새롭고도 도발적인 결론을 가져다준다. 신앙은 특수한 종류의 앎이라는 것이다.[41] 그가 보기에 신앙의 반대는 종종 그렇게 가정되듯이 앎 그 자체가 아니라 특수한 종류의 앎, 요컨대 논증적이거나 이성적인 앎이다. 신앙의 감각은 우리에게 [28]논증적인 것으로 환원될 수 없는 일정한 종류의 직관적인 앎을 준다. 그것은 심지어 논증적인 앎보다 뛰어나기도 한데, 왜냐하면 그것은 우리에게 존재 그 자체에 대한 직접적

••
39   같은 책, II, 74.
40   같은 책, II, 74.
41   같은 책, II, 74.

인 통찰을 주는 데 반해, 이성은 어떤 것의 존재를 증명하거나 파악할 수 없기 때문이다.

하지만 신앙의 본질이 특수한 종류의 앎에 있다는 하만의 주장은 심각한 문제를 불러일으킨다. 요컨대 우리는 어떻게 신앙의 앎을 획득할 수 있는가? 실제로 만약 그것이 비논증적이라면, 우리는 어떻게 그것을 전달할 수 있는가? 하만은 『소크라테스 회상록』에서 이 어려움에 대한 명확한 대답을 가지고 있지 않다. 그의 주된 과제는 그러한 앎의 실재성이 아니라 다만 그 가능성을 확립하는 것일 뿐이다. 그렇지만 한 지점에서 그는 그러한 앎을 위한 매개체가 예술이라고 암시한다. "철학자는 시인과 마찬가지로 모방의 법칙에 종속해 있다."[42] 이것은 사실 유망한 제안인데, 왜냐하면 예술은 결국 의사소통의 비논증적인 형식이기 때문이다. 우리는 이 제안이 어떻게 하만을 예술의 형이상학적 의의에 관한 새롭고도 매우 흥미로운 이론으로 이끌었는지 보게 될 것이다.[43]

『소크라테스 회상록』의 일반적 테제는 신앙이 이성의 영역을 초월한다는 것이다. 다시 말하면 신앙은 이성에 의해 증명될 수도 반박될 수도 없다는 것이다. 이러한 테제 배후의 주된 전제는 신앙이 직접적 경험, 즉 그 내용이 사적이고 말로 표현될 수 없으며 단지 주어질 뿐인 그러한 경험이라는 것이다. 그 경우 하만에 따르면 신앙의 경험은 오렌지의 시큼한 맛, 바늘의 날카로움, 색깔의 밝음과 같은 단순한 감각 성질들에 대한 우리의 경험과 동등하다. 우리는 그러한 성질들을 완전하게 기술할 수 없으며, 또한 우리는 그것들의 존재를 증명하거나 부인할 수도 없다. 만약 그것들이 과연 존재하는지 또는 그것들이 어떠한 것인지를 알고자

42　같은 책, II, 74.
43　1.7절을 참조.

한다면, 우리는 다만 눈을 돌려 보기만 하면 된다. 하만은 다음과 같이 설명한다. "신앙은 이성의 일이 아니며, 따라서 이성의 공격에 굴복할 수 없다. 왜냐하면 신앙은 맛보고 감각하는 것이 그렇지 않은 것과 정확히 마찬가지로 이성적인 이유들로 인해 발생하지 않기 때문이다."[44] 이 구절과 그의 저작들의 그와 유사한 다른 구절들에서 하만은 충족 이유율, 즉 우리가 우리의 모든 믿음에 대해 이유를 제시하라는 요구의 보편적 적용 가능성에 의문을 제기한다. 그는 우리가 이 원리를 보편화할 수 없는데, 왜냐하면 우리는 오직 하나의 믿음이 그것을 위한 증거로서 작용할 수 있는 다른 믿음들로부터 추론되거나 연역될 수 있을 때만 그것을 위한 이유들을 제공할 수 있기 때문이라고 주장한다. 그러나 예를 들어 '비단은 부드럽다'거나 '노란색은 녹색보다 더 밝다'와 같이 그러한 조건이 정확히 적용되지 않는 많은 믿음들이 존재한다. 이 경우들에서 우리는 다른 믿음들을 증거로서 인용할 수 없으며 반드시 경험을 참조해야만 한다. 우리는 하만의 요점을 다음과 같이 요약할 수 있다. 즉 충족 이유율을 보편화하는 것은 어떠한 이유도 제시될 수 없는 경우들에서 이유를 요구하는 것이기 때문에 비이성적일 것이다. 그래서 만약 이성이 우리의 모든 믿음을 비판할 수 있는—즉 그 믿음들이 과연 충분한 이유를 지니는지를 규정할 수 있는—권리를 요구한다면, 그것은 자기의 적절한 한계를 넘어서서 자기의 대립물, 즉 비이성으로 전환된다.

[29]하만의 논증은 비록 언뜻 보기에 그럴듯함을 지닌다 할지라도 결정적이지는 않다. 우리는 원초적인 경험적 믿음들의 경우에 충족 이유율을 보편화할 수 없다는 그의 요점을 인정할 수 있을 것이다. 그러나 과연 종교적 믿음이 경험적 믿음과 같은가 하는 물음은 여전히 남아 있다. 회의주의자는 종교적 믿음이 경험을 단순히 기술하는 것이 아니라 그와

44 Hamann, *Werke*, II, 74.

마찬가지로 그것을 해석한다는 근거에서 이 비유를 논박할 것이다. 그리하여 불교도와 이슬람교도 그리고 그리스도교도는 모두 다 동일한 영감의 작열을 서로 다른 빛 가운데서 볼 것이다. 하지만 이 정도의 것을 인정하는 것만으로도 다시 충족 이유율이 역할을 수행하게 된다. 이성은 비록 경험 내용에 대한 단순한 보고와는 다툴 수 없을지라도 그 내용에 대한 해석을 위해서는 그렇게 할 수 있다. 왜냐하면 여기서 우리는 과연 그 내용이 그로부터 끌어낸 결론들을 보장하는지를 평가해야 하기 때문이다. (우리가 곧바로 보게 되듯이 칸트는 바로 이러한 노선 위에서 하만과 야코비를 압박했다.)[45]

중요한 것은 하만의 테제를 종종 그것과 혼동되는 두 가지 입장과 구별하는 것이다. 첫째, 하만은 신앙의 본질이 하나의 형식의 직접적 경험에 있다고 주장함에 있어 가령 식스센스와 같은 앎의 어떤 신비적인 능력의 존재를 요청하고 있지 않다. 이것은 그가 그러한 능력의 존재를 의심하는 까닭에 사실일 수 없다.[46] 그는 종교적인 것이든 아니든 우리의 모든 앎이 우리의 오감을 통해 온다고 명시적으로 단언한다.[47] 그럼에도 불구하고 하만은 비록 앎을 감각에 한정한다 할지라도 여전히 우리가 우리의 경험이 다름 아닌 일상적 대상들만을 포함한다고 가정한다면 그 경험의 본성을 진부하게 만든다고 생각한다. 만약 주어져 있는 것에 대해 정말로 민감하다면 우리는 경험의 근저에 놓여 있는 종교적 차원을 보게 될 것이다.

둘째, 하만은 또한 '비이성주의'나 '반이성주의'의 어떤 형식에 자신을

● ●
45 4.2절을 참조.

46 따라서 하만은 야코비의 지적 직관의 능력에 대해 회의적이다. 1784년 11월 14일자와 1785년 1월 22일자의 야코비에게 보낸 하만의 편지, Hamann, *Briefwechsel*, V, 265, 328-329를 참조.

47 예를 들어 *Brocken*, in Hamann, *Werke*, I, 298을 참조.

맡기고 있지도 않다. 이 용어들을 정확히 사용한다면 우리는 그것들을 신앙이 이성에 **모순된다고**, 다시 말하면 비록 우리의 이성이 신이 존재하지 않는다고 증명한다 할지라도 우리가 '신앙의 도약'을 행해야 한다고 진술하는 입장에 돌려야만 한다.[48] 하지만 이것은 이성이 신앙에 대한 재판권을 가진다고, 다시 말하면 이성이 신앙을 증명하거나 부인할 수 있다고 가정하는 것일 것이다. 그러나 이성이 그러한 재판권을 가지지 않는다는 것이야말로 『소크라테스 회상록』의 중심 테제이다. 사실 하만의 논증이 지니는 요점 전체는 신앙이 이성적이지도 비이성적이지도 않은바, 왜냐하면 이성은 그것을 증명하거나 부인할 수 없기 때문이라는 것이다. 그러므로 하만에 대한 모든 비이성주의적인 해석의 걸림돌은 다름 아닌 『소크라테스 회상록』의 중심 테제 그 자체다.

1.5. 칸트와 하만 그리고 낙관주의 논쟁

『소크라테스 회상록』이 크리스마스까지 출간되지 않을 것이기 때문에 하만은 자신의 공식적인 설명이 도착하기를 하릴없이 기다려야 했다. 그 사이에 베렌스는 여전히 쾨니히스베르크에 있었고 칸트는 여전히 그의 곁에 있었다. [30]요컨대 하만은 계속해서 포위당해 있었던 것이다. 비록 7월 27일자 편지가 각성시키는 효과를 지녔을지라도 칸트와 베렌스는 여전히 그들의 친구의 영혼에 대해 세심히 배려했다. 베렌스는 하만을 계속해서 방문했지만 철회의 희망은 점점 더 줄어들었다. 그리고

- -
48 이것은 실제로 이성이 무신론과 숙명론을 증명하기 때문에 **목숨을 건 도약**Salto mortale을 주창하는 야코비의 입장이다. 그러나 중요한 것은 하만이 야코비의 입장을 거부한다는 점이다. 1785년 2월 3일자의 헤르더에게 보낸 그의 편지, Hamann, *Briefwechsel*, V, 351을 참조.

칸트는 그 편지를 받은 후 중재자로서의 자신의 임무를 거두어들였긴 하지만 여전히 하만과 편지를 교환하며 그와 철학적 대화를 시작하고자 했다. 1759년 10월 초에 그는 하만에게 자신의 최근 저작, 즉 「낙관주의에 대한 몇 가지 고찰 시론Versuch einiger Betrachtungen über den Optimismus」이라는 짧은 논문의 사본을 보냈다. 예상대로 하만은 칸트의 논문에 응답하여 그것을 그야말로 혹독하게 비판했다. 그리하여 칸트-하만 드라마에서 전혀 새로운 장이 시작되었다. 칸트의 논문과 하만의 응답은 그 시대의 커다란 철학적 물음들 가운데 하나에 대한 두 가지 서로 대립하는 반응을 이룬다.

칸트와 하만 사이의 의견 교환은 18세기의 유명한 논쟁, 즉 라이프니츠의 낙관주의 또는 과연 이 세계가 가능한 모든 세계들 가운데 가장 좋은 세계인가에 관한 논란에 초점을 맞추고 있다. 그 논쟁은 베를린 과학 아카데미가 이 물음을 현상 논문의 주제로 내걸었을 때인 1753년에 시작되었다. 그리고 그것은 1755년의 리스본 대지진 후에, 즉 수천 명의 죄 없는 그리스도교도들의 갑작스러운 죽음이 라이프니츠 이론을 비웃음거리로 만들었을 때 학문적이기보다는 좀 더 살아 있는 쟁점이 되었다. 조만간에 거의 모든 주요한 18세기 사상가들이, 약간의 이름을 들자면 볼테르, 루소, 레싱 그리고 멘델스존이 이 논의에 참여하게 된다. 비록 언뜻 보기에는 논쟁이 다름 아닌 라이프니츠의 낙관주의에 관계되는 것으로 보이긴 하지만 그것은 훨씬 더 근본적인 쟁점, 요컨대 고전적인 악의 문제를 제기했다. 악과 고통이 존재한다면 어떻게 섭리, 즉 정의롭고 자비로운 신에 의해 통치되는 도덕적 세계 질서가 존재할 수 있는가? 아주 오래된 이 문제는 18세기 사람들의 정신을 계속해서 괴롭혔는데, 왜냐하면 그들은 섭리에 대한 그리스교적인 믿음을 포기할 수 없었기 때문이다. 섭리가 없는 세계는 의미나 가치가 없는 세계였다. 섭리가 없다면 우주는 부조리하거나 비도덕적일 것이고 삶과 죽음, 기쁨과 고통,

옳음과 그름과 같은 모든 도덕적 관심사에 대해 무관심할 것이다. 거기에는 태어나거나 죽을 아무 이유도 없을 것이며, 우리의 모든 분투와 고통에 아무런 목적도 없을 것이다. 그리고 거기에는 유덕한 것에 대한 보상이나 악덕에 대한 벌도 존재하지 않을 것이다. 그러한 무의미한 존재의 전망은 모든 것 가운데 가장 두려운 생각이었다. 젊은 칸트는 그것을 "검은 심연"이라고 불렀다.[49] 그리고 야코비가 그의 노트에 다음과 같이 썼을 때 그는 매우 공통된 감정을 요약해 놓았다. "그 어느 것도 신이 자연에서 사라질 때만큼, …… 더 이상 목적과 지혜 그리고 선이 아니라 오직 맹목적인 필연성이나 말 없는 우연만이 자연에서 통치하는 것으로 보일 때만큼 그렇게 많이 사람들을 소름끼치게 하지 않으며, 그 정도로 사람들의 마음을 어둡게 하지 않는다."[50]

그러나 섭리의 문제 배후에는 18세기 사상가들에게 있어 훨씬 더 당혹스러운 물음이 존재했다. 잠시 동안 페시미스트가 옳다고, 즉 섭리에 대한 믿음을 위한 어떠한 이성적 근거도 없다고 생각해 보라. 그리고 이성이 우리로 하여금 부조리한 것을 받아들이도록 강요한다고 생각해 보라. [31]그렇게 되면 어떻게 되는가? 이것은 이성 그 자체의 권위에 대해 심각한 의심을 불러일으킬 것이다. 만약 우리가 우리의 삶이 무의미하다는 것을 받아들일 수 없다면 그리고 만약 이성이 우리에게 이것이 사실이라고 말한다면, 어째서 우리가 우리의 이성에 계속해서 충실해야 할 것인가? 이와 같이 낙관주의 논쟁이 18세기에 그토록 광범위하고 지속적인 관심을 끌었던 것은 부분적으로 그것이 이성 그 자체에 대한 계몽주의의 믿음을 동요시켰기 때문이다.

· ·
49 *Werke*, II, 37-44에서의 칸트의 초기 논문 「풍크 씨의 요절을 애도하며Gedanken bei dem frühzeitigen Ableben des Herrn Friedrich von Funk」를 참조. 이 논문에서 칸트는 섭리가 없는 존재가 어떠할 것인지의 물음을 제기하고 나서 위의 은유를 사용한다.

50 야코비의 *Fliegender Blätter*, in *Werke*, VI, 155를 참조.

그러한 것이 1759년 가을에 하만과 칸트가 고심하고 있었던 걱정스러운 물음들이었다. 칸트의 초기 저술들 가운데 가장 교조적인 것들 가운데 하나인 「낙관주의 시론」에서 젊은 칸트는 명백히 라이프니츠의 낙관주의에 찬성하는 입장을 취한다. 이성에 대한 그의 신뢰는 흔들림 없는 것으로 나타난다. 그는 라이프니츠의 낙관주의가 유일한 이성적 입장이며, 리스본 대지진과 같은 비극적 사건들마저도 우리에게 섭리를 의심할 이유를 제공하지 않는다고 확신했다. 물론 벌 받지 않는 악과 비극적인 죽음 그리고 의미가 없는 고통이 존재한다는 것을 인정하는 것은 필요하다. 그러나 그러한 것은 다만 전체로서의 우주를 파악할 수 없는 우리의 유한한 관점으로부터일 뿐이다. 하지만 만약 우리가 신의 무한한 지성을 지닌다면, 우리는 사물들의 전체 배후에서 계획을 보게 될 것이며 모든 것이 궁극적으로 최선의 것을 위해 존재한다는 것을 깨닫게 될 것이다. 그 경우 우리는 모든 것 배후에 더 깊은 이성, 더 높은 계획이 존재하며, 따라서 모든 악이 처벌되고 모든 죽음이 회복되며 모든 고통이 보상된다는 것을 인정하게 될 것이다.

하만에게 자기 논문의 사본을 보냄으로써 칸트는 논의를 시작하는 데 성공할 수 있었다. 하만의 입장은 칸트의 정반대였다. 하만이 보기에 이성은 낙관주의가 아니라 페시미즘을 승인한다. 이성은 우리에게 삶이 의미 있는 것이 아니라 무의미하다는 것을 보여준다. 하만은 그의 초기 저술들 가운데 하나인 「성서적 고찰」에서 다음과 같이 설명하고 있다. "이성은 우리를 위해 욥이 보았던 것 — 즉 우리 탄생의 비참함 — 무덤의 이점 — 인간 삶의 무익함과 부적절함 — 이상의 것을 발견하지 못한다."[51]

칸트와 하만은 둘 다 섭리의 존재를 긍정하며, 그들 가운데 어느 누구

• •
51   Hamann, *Werke*, I, 147.

도 결코 부조리를 받아들이고자 하지 않는다. 그러나 그들은 섭리를 인식하고 부조리에서 벗어나는 방법에 관해서는 생각이 완전히 다르다. 칸트가 우리의 삶에 의미를 부여하는 것이 이성이라고 생각하는 데 반해, 하만은 그것이 신앙이라고 믿는다.

하만과 칸트의 차이는 하만이 1759년 12월의 편지에서 칸트의 논문에 대답했을 때 너무도 명백하고 명시적이게 되었다.[52] 여기서 하만은 칸트가 나중에 높이 평가하게 되는 이유들로 칸트의 변신론을 거부한다. 즉 그것은 이성의 한계들을 초월한다는 것이다. 우리는 이 세계가 가능한 모든 세계들 가운데 최선의 세계인지 증명할 수 없는데, 왜냐하면 우리는 신에 대해 아무것도 모르기 때문이라고 하만은 말한다. 우리는 또한 세계 내에 악과 고통이 존재하는 것처럼 보이는 것이 다만 우리가 전체로서의 실재를 알지 못하고 신의 무한한 관점을 획득하지 못하기 때문일 뿐이라고 논증할 수도 없다. 칸트의 형이상학적 주장들에 대해 그를 질책하면서 하만은 그에게 그야말로 명확하게 말한다. "만약 당신이 세계가 좋다는 것을 증명하고자 한다면, 전체로서의 세계에 호소하지 않아야 합니다. 왜냐하면 우리 인간은 그것을 알 수 없기 때문입니다. 그리고 신에 대해 언급하지 않아야 하는데, 왜냐하면 오직 [32]응시하는 눈을 지닌 눈먼 사람만이 그를 볼 수 있기 때문입니다."[53] 하만은 변신론의 기획 전체가 잘못 이해되어 있는데, 왜냐하면 그것은 신을 인간 이성의 규준들에 의해 판단함으로써 의인관에 따르기 때문이라고 주장한다. "세계의 창조주이자 통치자는 자부심이 강한 존재입니다. 그는 자신의 계획에서 자기 마음대로이며 우리의 판단에 관심을 갖지 않습니다."[54] 칸트가

• •
52   Hamann, *Briefwechsel*, I, 452. 1759년 10월 12일자의 린트너에게 보낸 하만의 편지, Hamann, *Briefwechsel*, I, 425-426도 참조.
53   Hamann, *Briefwechsel*, I, 452.
54   같은 책, I, 452. 또한 *Werke*, I, 10도 참조.

하만의 편지에 답신을 보냈는지 여부는 알려져 있지 않다. 그러나 최소한 한 가지는 확실하다. 하만은 젊은 칸트에게 스스로의 낙관주의적인 이성주의에 대해 다시 생각해 볼 이유를 제공했던 것이다.

1.6. 어린이-물리학 대실패

1759년 늦가을에 드라마는 끝에 가까워지기 시작했다. 베렌스는 10월 말에 쾨니히스베르크를 떠났고, 하만을 다시 회심시키고자 하는 그의 사명은 명백한 실패였다. 칸트는 학문적 의무에 짓눌려 무대 훨씬 뒤로 물러났다. 그러나 드라마는 그 쓰라린 클라이맥스, 즉 1759년 말의 칸트와 하만 사이의 최종적인 충돌 없이 끝나지 않았다.

다툼의 계기는 1759년 12월에 쓰인 것으로 추정되는 칸트의 편지였다.[55] 칸트는 하만에게 자기와 협력하여 어린이를 위한 물리학을 쓰자고 하는 기묘한 요청을 써 보냈다. 그러한 책의 목표는 최소한 칸트의 생각에는 어린이들에게 뉴턴의 기초를 가르침으로써 교실 안으로 계몽을 들여오는 것이었다.

하만은 세 개의 긴 "연애편지들"(하만은 그것들을 그렇게 불렀다)에서 칸트의 요청에 대답했는데, 그 편지들 모두는 1759년 12월 말에 쓰였다.[56] 물론 그는 칸트의 기획을 의혹을 지니고서 대했다. 그는 명백한 관심을 보였지만, 어떠한 이유로든 그 기획을 칸트의 방식대로 추구하고자 하지는 않았다. 하만은 그 스스로 칸트의 의도들과 갈등할 것으로 알고 있는

--

55 원본은 망실되었다. 하지만 그 대강의 내용은 1759년 12월의 하만의 편지들로부터 추론될 수 있다.

56 이 편지들은 결국 하만 자신에 의해 그의 『다섯 개의 목양 편지*Fünf Hirtenbriefe*』(1763)로 편집되어 출간되었다. Hamann, *Werke*, II, 371-374를 참조.

제안들과 권고들을 행했다. 사실 그 편지들의 어조는 아주 공격적이고 불평으로 가득 차 있으며 또 거만해서 그가 일부러 싸움을 걸고 있는 것으로 보일 정도이다. 하만은 마치 칸트의 동기를 꿰뚫어 본 것처럼— 그리고 그 책을 그 시작부터 파괴하기로 결심한 것처럼 보인다.

하만 편지들의 주된 과제는 그들의 기획에 영감을 불어넣어야 할 교육 철학을 정의하는 것이다. 하만 입장의 본질은 루소의 『에밀』로부터 곧바로 따라 나온다. 교육의 제대로 된 방법은 자기 자신을 어린이의 입장에 놓는 거라는 것이다. 교사가 어린이를 성인의 세계와 처음으로 접하게 하고자 한다면 그는 그 어린이의 언어와 영혼을 이해해야만 한다. 어린이에게 주인이 되기 위해서 그는 먼저 하인이 되어야만 하며, 지도자가 되기 위해서는 먼저 추종자가 되어야만 한다. 그러한 방법의 주된 어려움은 우리 자신을 어린이의 입장에 놓는 것인바, 우리는 먼저 모든 나이와 학식을 포기해야만 한다. "이것은 당신의 모든 학식과 관심을 고려할 때 특히 당신에게는 어려울 것입니다"라고 하만은 칸트에게 말한다.

어린이를 위한 물리학 책의 내용은 무엇이어야 하는가? 그것은 어떤 가르침을 담아야 하는가? 이 물음에 대한 하만의 대답은 그와 칸트의 차이들을 드러내 보인다. 그는 그 책이 창세기에 토대해야 하며, [33]해설의 순서는 창조의 여섯 날을 따라야 한다고 주장한다. 칸트는 "모세 역사의 목마를 타기를" 부끄러워해서는 안 된다. 하만은 칸트에게 자연에 대한 자신의 초자연주의적인 비전에 대해 말하기를 주저하지 않는다. 자연은 신에 의해 쓰인 "책, 우화 또는 편지"이다. 그것은 미지의 양들을 지닌 방정식, 모음 문자가 결여된 헤브라이어다. 비록 물리학의 과제가 자연의 알파벳을 하나하나 빠짐없이 써내는 것이라 할지라도, 그 지식은 알파벳을 아는 것이 우리로 하여금 책을 이해할 수 있게 해주지 못하는 것과 마찬가지로 우리로 하여금 그 메시지를 해독할 수 있게 해주지 않을 것이다. 자연 배후의 비유를 파악하기 위해 우리는 결국 그 궁극적

열쇠, 즉 성서를 참조해야만 한다. 바로 이러한 것이 칸트가 자연주의적 원리들에 기초하여 우주의 기원을 설명하고자 한 『천계의 일반 자연사와 이론』이 나온 지 겨우 4년 후에 칸트에게 행한 하만의 충고이다.

하만은 어린이-물리학 기획에서 커다란 위험을 보는데, 그것은 사실 모든 교육에 포함된 위험, 즉 타락이다. "학식 있는 자들이 설교하는 것은 그들이 속이는 것만큼이나 쉽다." 학식 있는 자들이 그들 자신을 위해 쓸 때는 아무 문제가 없다. 그들 대부분은 그들을 더욱더 타락시키기가 불가능한 정도로 비뚤어져 있다. 하지만 이것은 어린이들의 경우에는 사실이 아니다. 우리는 "그들의 순진무구함의 장엄함"을 훼손하지 않도록 조심해야만 하며, "유혹적인 문체"나 "퐁트넬의 위트"로 그들을 타락시키지 않아야만 한다고 하만은 경고한다. 루소와 마찬가지로 하만은 어린이의 순진무구함에서 철학자의 학식에서보다 더 많은 지혜를 본다. 여기서 칸트와 하만 사이의 갈등은 디드로와 루소 사이의 이전의 투쟁을 반영하고 있다. 루소가 예술과 학문에 의해 인류를 개선할 수 있다는 주제넘은 믿음을 이유로 디드로의 『백과전서』를 혐오했던 것과 마찬가지로, 하만은 뉴턴을 대중화함으로써 어린이를 교육하고자 하는 칸트의 기획에 대해 의혹을 품었다. 하만은 쾨니히스베르크의 루소였으며, 칸트는 그곳의 디드로였다.

하만의 편지들은 칸트에게 어떤 영향을 미쳤던가? 그 편지들의 도발적인 어조는 확실히 냉정하게 맞아들여졌다. 마치 신랄하게 비난하기라도 하듯이 칸트는 하만의 편지들에 응답하지 않았으며, 그 침묵은 하만에게 깊은 모욕감을 안겨주었다.[57] 칸트는 교훈을 얻었다. 그는 하만과

• •
57 1759년 12월의 세 개의 편지 후에 쓰인 칸트에게 보내는 편지 초고가 하나 존재한다. Hamann, *Briefwechsel*, I, 453-454를 참조. 이 초고는 만약 칸트가 하만의 마음에 상처를 주지 않고 예의바르게 그 기획을 취소하고자 했다면 하만에게 편지를 썼을 것임을 암시한다. 그럼에도 어쨌든 하만은 칸트의 늦어지고 냉정한 반응으로 인해

대화하고자 하는, 또는 실제로는 그를 다시 회심시키고자 하는 더 이상의 시도를 하지 않았다. 그러나 하만의 편지들의 또 다른 좀 더 중요한 결과가 있었다. 그 편지들은 젊은 칸트를 루소에게 안내했다. 1759년에 칸트는 여전히 루소를 읽지 않았으며, 쾨니히스베르크 주변에서 정중한 마기스터라는 명성을 얻고 있었다. 비록 아직은 그러한 새로운 이념들에 수용적이지 않았지만 칸트는 최소한 그 이념들을 알게 되었다. 그렇다면 아마도 칸트의 나중의 루소 수용을 위한 기초를 놓은 것은 사실상 하만이었을 것이다.[58]

1.7. 『미학 개요』와 18세기 미학

『소크라테스 회상록』 이후의 하만의 다음 주저는 『미학 개요』인데, 그것은 1762년에 출간되었다. 비록 『미학 개요』가 칸트와 논쟁을 벌이고 있지는 않을지라도 — 그것의 표적은 레싱과 멘델스존 그리고 바움가르텐이다 —, 그것은 여전히 칸트 이후 철학에 대해 제1의적인 중요성을 지닌다. [34]그것은 질풍노도의 미학을 위한 성서, 낭만주의자들의 인식론을 위한 거룩한 문서가 되었다. 사실 하만이 질풍노도의 주창자로서 알려지게 된 것은 주로 『미학 개요』에 기인한다.[59] 예술과 직관 그리고 천재에 대한 낭만주의적 신격화도 그 기원을 하만의 이 고전적 텍스트에

상처받았다.

58 하만이 칸트의 나중의 루소 수용을 위한 기초를 준비했다는 제안은 굴리가Gulyga의 것이다. 그의 *Kant*, pp. 61-62를 참조. 그렇지만 굴리가는 하만의 자극을 훨씬 뒤인 1762년의 『미학 개요』에서 찾는다. 하지만 1759년의 논증들이 좀 더 명시적으로 루소주의적이며 이 자극의 좀 더 그럴듯한 원천이다.

59 이 테제는 Unger, *Hamann und die Aufklärung*, I, 233ff에 의해 상세하게 논의된다.

서 발견한다.[60]

비록『미학 개요』가 표면적으로는 성서에 대한 자연주의적 해석들에 대한 논박일지라도, 좀 더 기본적으로 그것은 혁명적 미학 이론을 위한 선언문이다. 그것의 근본적인 목적들 가운데 하나는 예술을 고전적인 관습과 이성주의적인 규범의 옭죄기로부터 해방시키는 것이다.『미학 개요』는 예술적 창조성의 옹호, 그의 예술이 모든 규칙을 깨트리는 천재에 대한 찬가이다. 하만에 따르면 예술가는 도덕적 규칙들과 예술적 관습들 그리고 이성적 원리들에 순응해서는 안 된다. 더더군다나 예술가는 빙켈만이 제안했듯이 그리스인들을 모방하려고 애써서는 안 된다. 오히려 그는 자신의 정념을 표현하고 자신의 감정을 드러내며 자신의 개인적 비전을 발산해야 한다. 예술 작품을 아름답게 만드는 것은 그것이 예술가의 개성을 표현하고 드러낸다는 점이다. 따라서 모든 규칙과 관습을 철폐하는 것이 필요한데, 왜냐하면 그것들은 다만 개인적 표현을 억제할 뿐이기 때문이다.

고전주의와 이성주의에 반대하는 하만의 입장은 참으로 혁명적이었으며, 그로 하여금 18세기의 대부분의 미학자들에게 대항하게 했다. 그의 거의 모든 동시대인들은 천재의 정념과 요구의 중요성을 인정함에도 불구하고 여전히 예술이 도덕적 원리든 사회적 관습이든 아니면 논리적 법칙이든 예술적 기술이든 일정한 종류의 규범에 순응해야만 한다고

60 보통 낭만주의 철학에서 미학의 최고 지위는 칸트의『판단력 비판』과 실러의『인간의 미적 교육에 관한 서한』의 영향에 돌려진다. 예를 들면 Kroner, *Von Kant bis Hegel*, II, 46ff.를 참조. 그러나 칸트의 영향도 실러의 영향도 낭만주의 철학에서 예술에 부여된 중요성을 설명하기에는 충분하지 않다. 칸트와 실러는 둘 다 예술을 현상의 영역으로 강등시키며, 그것을 형이상학적 지식을 획득하기 위한 도구로서 바라보지 않는다. 하지만 낭만주의자들이 예술이 중요하다고 생각한 것은 바로 그들이 그것을 그러한 도구로서 바라보았기 때문이다. 예술의 형이상학적 가치에 대한 그들의 믿음 배후에 놓여 있는 결정적인 영향은 거의 확실하게 하만이다.

주장했다. 이 점은 부알로, 바토, 고트셰트와 같은 엄격한 고전주의자들 뿐만 아니라 볼테르와 디드로 그리고 레싱과 같은 진보적 사상가들에게 있어서도 사실이다. 1740년대의 고트셰트와 스위스 미학자들인 보드머와 브라이팅거 사이의 격렬한 논쟁은 실제로는 미적 규범의 신성함에 결코 의문을 제기하지 않았다. 이슈는 다만 그 규범들이 고트셰트가 말했듯이 의식적으로 적용되어야 하는가 아니면 보드머와 브라이팅거가 주장했듯이 잠재의식적으로 표현되어야 하는가 하는 것일 뿐이었다. 그러나 하만은 모든 규범을 전복시키라는 그의 근본적인 요구를 가지고서 이 모든 경향들로부터 벗어난다.

『미학 개요』의 또 다른 근본 목적은 예술의 형이상학적 의의를 재확립하는 것이다. 여기서도 또 다시 하만은 당대의 흐름에 맞서 싸운다. 18세기 미학의 우세한 경향은 진리와 미의 고전적 동일시를 부정한 주관주의를 향하고 있었다.[61] 미적 경험은 점점 덜 실재의 모방으로서 그리고 점점 더 가상의 형식으로서 간주되었다. 이 점은 우리가 프랑스와 영국의 경험주의 전통을 고려하든 아니면 독일의 이성주의 전통에 주의하든 사실이다. 경험주의 전통을 대표하는 뒤보스와 버크에 따르면 미적 경험은 도덕적 원리들을 배우거나 형이상학적 진리들을 지각하는 것이 아니라 유쾌한 감각들을 지니는 것에 존재한다. 그리고 이성주의 전통을 대표하는 볼프와 바움가르텐 그리고 멘델스존에 따르면 미적 경험은 실재의 혼란스러운 개념(볼프), [35]현상의 명확한 지각(바움가르텐) 또는 유쾌한 감각(멘델스존)이다. 두 전통 모두에서 예술은 형이상학적 통찰에 대한 요구와 실재에 대한 인식을 주는 능력을 상실했다. 그것은 교육이라기보다는 오락의 형식인 것이다.

『미학 개요』는 이러한 점증하는 주관주의에 대한 저항이다. 하만은

----

61   이 경향에 관해서는 Cassirer, *Enlightenment*, pp. 297ff.를 참조.

경험주의자와 이성주의자 모두가 예술의 형이상학적 소명을 저버렸다고 비난한다. 사실 그가 보기에 이들은 폰티우스 필라투스보다 더 낫지 않다. "그렇다, 너희 훌륭한 비판자들이여! 너희는 진리가 무엇인지를 묻고서는 대답을 기다릴 수 없는 까닭에 문에 손을 뻗는다."[62] 하만이 보기에 미적 경험은 실재의 혼란스러운 개념, 현상의 명확한 지각 또는 유쾌한 감각에 존재하지 않는다. 오히려 그것은 실재 그 자체에 대한 통찰들 가운데 가장 순수한 것이다. 예술은 실제로는 진리를 파악하는 유일한 도구, 실재 그 자체에 대한 인식을 제공하는 유일한 매체이다. 비록 부알로와 바토의 고전적 미학 역시 예술에 형이상학적 명예를 부여한다 할지라도, 예술은 여전히 논리학과 수학보다 열등하거나 기껏해야 동등한 인식의 원천이다. 그러나 하만에게 예술은 인식의 최상의 형식, 심지어 논리학과 수학보다도 훨씬 더 뛰어난 형식이다.

하지만 하만이 예술에 그러한 중요한 지위를 부여하는 것은 확실히 놀라운 일이 아니다. 이것은 그가 『소크라테스 회상록』에서 이미 정립한 입장을 완성한다. 그 초기 저작에서 하만은 존재에 대한 순수한 통찰을 제공하는 "인식의 좀 더 고차적인 형식"을 마음에 그렸다. 그러한 인식은 순수하게 직접적이어서 경험의 풍부함과 다양성 그리고 특수성을 파악할 수 없는 이성의 그 모든 창백한 추상들을 피할 것이다. 그러나 하만은 그러한 경험이 어떻게 획득될 수 있는지 설명하는 데 실패했다. 『미학 개요』는 이 빈틈을 메운다. 하만은 이제 우리에게 예술이, 그리고 오로지 예술만이 우리에게 직접적인 인식을 제공할 수 있다고 말하는데, 왜냐하면 예술은 본질적으로 비논증적인 매체이기 때문이다. 예술의 도구는 개념이 아니라 이미지다. 이 이미지들은 실재를 생명 없는 부분들로 해부하는 것이 아니라 경험의 전체성과 풍부함을 직접적으로 재산출한다.

62   Hamann, *Werke*, II, 206.

따라서 『미학 개요』는 한 가지 결정적인 측면에서 『소크라테스 회상록』을 보완한다. 즉 그것은 초기 저작에서 약속한 좀 더 고차적인 형식의 인식을 위한 기관과 기준을 제공하는 것이다.

『소크라테스 회상록』의 인식론을 염두에 두게 되면 우리는 하만이 『미학 개요』에서 어떻게 예술의 형이상학적 위상을 되살려내는지 더 잘 이해할 수 있다. 이 인식론은 하만에게 예술이 이성적 원리들로 환원될 수 없다는, 요컨대 고전적 전통에 대한 비판에서의 중심적인 통찰을 기반으로 삼으면서도 예술이 형이상학적 의의를 지닐 수 없다는 그것의 해로운 결론을 회피할 수 있게 해준다. 고전적 전통에 대한 경험주의와 이성주의의 비판자들이 예술의 형이상학적 의의를 부정한 것은 다만 그들이 스스로를 그 근저에 놓여 있는 인식의 기준으로부터 해방시키는 데 실패했기 때문일 뿐이다. 그들은 자연에 대한 인식을 이성의 인식과 동일시했던 것이다. [36]따라서 예술의 비이성적 내용에 대한 그들의 앎은 예술의 형이상학적 지위의 상실을 함축하는 것으로 보였다. 그러나 실재의 인식에 대한 이성의 배타적 요구에 의문을 제기하는 『소크라테스 회상록』의 인식론 덕분에 하만은 이성주의 전통에 대한 비판을 받아들이면서도 예술의 형이상학적 의의를 다시 확립할 수 있다.

그렇지만 궁극적으로 하만의 미학 이론의 토대는 런던에서의 그의 신비적 비전에서 유래한다. 하만에게 있어 예술은 무엇보다도 우선 종교적 소명, 즉 신의 말씀을 번역하고 해독하는 소명을 지닌다. 하지만 그러한 비관습적인 예술관은 놀라울 정도로 관습적인 전제, 즉 고전적인 모방 개념을 지닌다.[63] 하만은 아리스토텔레스의 개념을 받아들인다. 그러

----

63 Hamann, *Werke*, II, 198-199를 참조. 하지만 『미학 개요』의 그 밖의 다른 곳에서 하만은 모방 개념에 대해 경멸하는 것으로 보인다. 예를 들면 II, 205-206을 참조. 그럼에도 불구하고 이 구절들은 그 개념 자체가 아니라 다만 그에 대한 바토의 해석만을 거부한다.

나 그러고 나서는 그것을 자기의 일반적인 종교적 비전에 비추어 다시 해석한다. 만약 예술이 자연을 모방해야 한다면, 그리고 만약 자연의 본질이 신의 비밀 언어라는 데 있다면 그 언어를 번역하고 해독하는 것이야말로 예술의 과제이다. 하만은 그가 흔히 행하는 연설조 문체로 다음과 같이 표현하고 있다. "내가 그대를 볼 수 있도록 말하라!—이 원망은 자기의 피조물을 통해 피조물에게 말하기인 창조에 의해 성취되었다. …… 말하기는—천사의 언어로부터 인간의 언어로, 즉 사상으로부터 말로—사물로부터 이름으로—이미지로부터 기호로 번역하기다."[64]

비록 고대적인 모방 개념을 받아들인다 할지라도 하만은 예술가가 자연을 모방해야만 하는 방법에 관한 프랑스와 독일의 고전적 전통으로부터 근본적으로 벗어난다. 예술가는 바토와 부알로 그리고 고트셰트가 제시한 것과 같은 관습들과 적용 규칙을 따름으로써가 아니라 자기의 감정을 표현하고 자기의 감각을 그려냄으로써 자연을 모방한다. 이러한 새로운 모방 방법은 하만의 경험주의의 직접적인 결과다. 볼프와 데카르트의 이성주의에서 영향을 받은 바토와 부알로 그리고 고트셰트와 달리 하만은 철저한 경험주의자다.[65] 그는 우리가 이성에 의해서가 아니라 우리의 감각과 감정에 의해 자연에 대한 지식을 획득한다고 주장한다. 이성의 원리들이 자연으로부터의 한갓된 유령 같은 추상들인 데 반해, 우리의 감각과 감정은 자연이 지닌 그 모든 풍부함과 특수성 그리고 다양성을 직접적으로 재산출한다. 자연을 모방하기 위해 예술가는 계속해서 자기의 감각과 감정에 충실하고 모든 형식의 추상을 피해야만 한다. "오, 금세공인의 불과 같은, 세탁부의 비누와 같은 뮤즈를 위해! 그녀는

64 Hamann, *Werke*, II, 198-199.
65 같은 책, II, 198, 207.

감각들의 자연적 사용을 추상들의 비자연적 사용으로부터 순화시키고자 할 것인바, 그 비자연적 사용은 신의 이름을 어둡게 하고 훼손하는 만큼이나 사물들에 대한 우리의 앎을 불구화한다."[66]

『미학 개요』를 요약하고자 한다면 우리는 두 가지 교설, 즉 예술은 자연을 모방하고 신의 말씀을 드러내야 한다는 것과 예술은 예술가의 가장 내적인 개성을 표현해야 한다는 교설을 선정해야 할 것이다. 하지만 하만 미학에 중심적인 것은 정확히 이 교설들의 조합 내지 교차이다. 그것은 예술가가 자기의 가장 내적인 욕구와 감정을 표현한다고 주장하는 극단적 주관주의와 [37]예술가가 자연을 정확하게 모방하여 자신에 대한 그 영향에 굴복할 것을 요구하는 극단적 객관주의의 겉보기에 역설적인 융합이다.

그러나 그러한 극단적이고 명백히 갈등하는 것으로 보이는 교설들을 결합하는 것은 어떻게 가능한가? 예술가의 개인적 감정이 어떻게 또한 신의 말씀을 드러내는가? 예술가의 정념과 욕구가 어떻게 웅대한 형이상학적 의의를 획득하는가? 이 문제를 해결하기 위해 우리는 다시 런던에서의 하만의 신비적 경험과 특히 인간 속의 신의 임재라는 그의 비전으로 되돌아가야만 한다. 만약 신이 인간 내부에 존재하고 그 자신을 인간을 통해 드러낸다면, 그리고 만약 신이 그 자신을 (하만의 경험주의를 고려하면) 특히 인간의 감각과 정념을 통해 드러낸다면, 그로부터 따라 나오는 것은 예술가가 신을 드러내고자 한다면 자기의 감각과 정념을 표현해야만 한다는 것이다. 그러므로 예술가가 개인적으로 감각하고 느끼는 것은 또한 신이 그를 통해 감각하고 느끼는 것이기도 하며, 따라서 그의 감정의 가장 내적인 드러냄은 또한 신의 자기 드러냄이기도 하다. 그렇다면 예술적 창조성은 예술가의 활동일 뿐만 아니라 또한 이 활동을

66   같은 책, II, 207.

통해 자기 자신을 드러내는 신의 활동이기도 하다. 하만은 이 점을 다음과 같이 표현한다. "인간 속의 자연에 대한 모든 인상은 기본적 진리, 즉 주님이 누구인지에 대한 상기일 뿐만 아니라 그 증거이기도 하다. 인간의 창조에 있어 그의 모든 반응은 신적 자연에 대한 우리의 참여와 그것과 우리의 친밀감의 문자이자 인장이다."[67]

질풍노도의 사람들과 낭만주의 세대 전체에게 그토록 호소력 있는 것으로 증명된 것은 예술적 자기표현의 형이상학적 의의에 대한 하만의 믿음이었다. 그러한 믿음은 예술가에게 그의 마땅한 몫을 부여하고 또한 그가 그것을 차지하도록 허락했다. 예술가는 자기의 개인적 정념을 표현하는 동시에 실재 그 자체에 대한 형이상학적 통찰을 지닐 수 있었다. 슐라이어마허의 『종교에 관한 연설』, 횔덜린의 『휘페리온』, 셸링의 『초월론적 관념론의 체계』, 노발리스의 『사이스의 제자들』 그리고 F. 슐레겔의 『초월론 철학에 관한 강의』에서 나타나는 예술적 창조성의 형이상학적 의의에 대한 일반적인 낭만주의적 믿음은 하만의 『미학 개요』의 형이상학으로 되돌아간다. 이 사상가들은 모두 우주의 힘들이 예술가의 개인적 비전에서 드러나거나 현현한다고 믿는다. 사실 형이상학이 칸트적 비판의 맹공격 이후에 자기의 날개를 되찾는 것은 부분적으로 하만의 『미학 개요』에서 기인한다. 그러나 이 날개는 순수 이성의 그것이 아니라 예술적 영감의 날개이다. 예술은 칸트의 비판에서 그토록 무자비하게 폭로된 순수 이성의 위험을 피하면서 형이상학적 지식을 위한 새로운 기관과 기준이 되었다.

1.8. 「메타-비판」: 발생과 내용 그리고 결과

• •
67   같은 책, II, 207.

하만의 『미학 개요』(1762)와 칸트의 『순수 이성 비판』(1781)의 출간을 분리하는 20년 동안 두 철학자 사이의 관계는 특별히 파란만장하지 않았다. 비록 그들이 [38]종종 사교 행사들에서 만났긴 하지만 그들 사이에 중요한 의견 교환은 거의 없었다. 하만은 1764년에 칸트의 『미와 숭고의 감정에 관한 고찰』에 대한 비판적 논평을 썼다. 그리고 1774년에는 헤르더의 최신 저작인 『인류의 가장 오랜 기록』에 관한 간단한 서신 교환이 있었다. 그렇지만 이것 이외에 중요한 일은 거의 일어나지 않았다. 칸트와 하만은 마침내 그들 사이의 엄청난 거리를 인정하고 그것을 감수하게 된 것으로 보였다.[68]

그럼에도 불구하고 이 긴 시기 동안 하만은 칸트의 작업에 대한 생생한 관심을 유지하고 있었다. 그는 『순수 이성 비판』에서의 칸트의 진보에 관한 자신의 호기심을 억누를 수 없었다. 실제로 칸트의 대표작—하만은 그것을 "순수 이성의 도덕"이라고 불렀다—에 대한 하만의 관심은 그가 그 저작의 출판자, 즉 J. F. 하르트크노흐를 주선해 줄 정도였다. 그러고 나서 그는 하르트크노흐와의 관계를 통해 그리고 칸트의 동의 없이 교정쇄가 나오자마자 애써 그것을 입수했다. 이러한 은밀한 방식으로 하만은 칸트를 제외하고 『순수 이성 비판』을 읽은 최초의 사람이 되었다. 그는 그것을 정독했고, 1781년 5월 중순에 그것이 출판되기 이전에 이미 그것에 관한 자신의 판단을 형성했다.

하만은 칸트의 대작을 계몽의 악덕들 가운데 많은 것의 가장 뛰어난 예로서 바라보았다. 그리하여 그에 대한 논평은 매력적인 생각이 되었던

<hr />

68　최소한 하만은 이 시기 동안 그의 편지 교환에서 칸트에 관해 거의 이야기하지 않는다. 그리고 자신의 삶에서 일어나는 거의 모든 사건에 대해 보고하는 것은 그의 습관이었다. 이 시기의 칸트와 하만의 관계에 관한 좀 더 상세한 것들에 대해서는 Weber, *Kant und Hamann*, pp. 46-55를 참조.

바, 요컨대 계몽 일반과의 차이를 정립할 기회가 되었다. 1781년 7월 1일에, 그러니까 『순수 이성 비판』이 출간된 지 겨우 6주 후에 하만은 이미 그에 대한 짧은 평론의 초안을 작성했다. 제대로 된 논평이 되기에는 너무 짧았음에도 불구하고, 이 단평은 하만의 나중의 주제들 가운데 몇 가지의 개요를 담고 있다. 사실 그것은 칸트의 저작에 대해 최초로 쓰인 비평이다. 그러나 하만은 그것을 출판하지 않기로 결정했는데, 왜냐하면 그것의 조롱하는 어조가 매우 예민한 칸트에게 상처를 줄까 두려웠기 때문이다.

자신의 초기 논평을 옆으로 치워 놓은 후에도 하만은 여전히 "초월론 철학에 창을 겨누는 것"에 저항할 수 없었다. 조금 후인 1781년 여름에 그는 칸트에 대한 방대한 비판을 쓸 생각을 했는데, 이는 그를 고통에 시달리게 한 유혹이기도 했다. 왜냐하면 그는 자신이 그 과제에 부적합하다고 느꼈기 때문이다. "나의 가련한 머리는 칸트의 것과 비교하면 찌그러진 주전자—강철에 대한 찰흙이다."[69] 그로 하여금 자신의 기획에 착수하도록 만든 것은 헤르더의 끊임없는 잔소리였다. 그리고 1784년 1월이 되어서야 그는 마침내 그것을 완성했다. 마무리된 생산물은 「순수 이성의 순수주의에 대한 메타-비판」이라는 제목의 약 10쪽짜리 짧은 논문이었다.[70] 하만은 그것에 결코 만족하지 않았으며—그는 나중에 헤르더에게 "이념 전체는 유산된 것으로 입증되었다"고 말했다—, 생애 늦게까지 그것을 다시 써서 확대하고자 했다.[71] 불행하게도 이 계획은

••
69   1785년 1월 26일자 헤르더에게 보낸 하만의 편지, Hamann, *Briefwechsel*, V, 108.
70   하만의 '메타-비판Metakritik'이라는 용어는 의미심장하다. 그것은 '형이상학meta-physics'의 어원을 빗댄 것이다. 논문 「메타-비판」은 아리스토텔레스의 『형이상학』이 『자연학*Physics*』을 뒤따르는 것과 마찬가지로 『비판』을 뒤따라야 한다. 이 용어는 칸트에게 철학의 개념들이 순수 이성으로부터가 아니라 예측 불허의 사용에서 유래한다는 것을 상기시키는 것으로서 이바지해야 한다. *Werke*, III, 125에서 이 점에 대한 하만의 언급을 참조.

실현되지 못했다.

비록 「메타-비판」이 1800년까지 출판되지 않았다 할지라도 그것은 상당한 은밀한 영향력을 행사했다. 하만은 헤르더에게 사본을 보냈고, 헤르더는 다시 그것을 야코비에게 보냈다. 헤르더와 야코비를 통해 「메타-비판」의 이념들 가운데 몇 가지는 칸트 이후의 공통된 흐름이 되었다.

[39]하만의 「메타-비판」은 칸트 이후 철학의 출발점이라고 강력히 주장할 수 있다. 그것은 그 시기의 아주 특징적인 메타-비판적인 물음들을 제기하는 최초의 저술이다. 이성이란 무엇인가? 우리는 이성을 어떻게 비판할 수 있는가? 그리고 우리는 이성의 조건들과 한계들을 어떻게 아는가? 하만은 이 물음들이 비판 그 자체의 피할 수 없는 필연적 결과라고 생각한다.[72] 칸트가 말하듯이 만약 하늘과 땅의 모든 것이 비판에 복종해야만 한다면, 그 사실 자체에 의해 비판 그 자체도 비판에 또는 하만이 '메타-비판'이라 부르는 것에 복종해야만 한다.

「메타-비판」의 주된 주제는 그것의 온전한 제목이 보여주듯이 '이성의 순수주의'이다. 이것은 하만이 보기에 『비판』의 중심 오류, 즉 그것의 귀류법이다. '이성의 순수주의'라는 것으로 그가 의미하는 것은 이성의 실체화, 즉 이성을 언어와 전통 그리고 경험에서의 그것의 필연적 체현으로부터 추상하는 것이다. 하만에 따르면 칸트는 언어와 역사 그리고 경험의 현상계로부터 떨어져 존재하는 자기 충족적인 예지계를 요청함으로써 이성을 실체화한다. 칸트는 이성의 삼중의 실체화 또는 순수화를

71 1785년 9월 28일자 야코비에게 보낸 하만의 편지, Hamann, *Briefwechsel*, VI, 75를 참조.

72 예를 들어 *Werke*, III, 277에서 하만이 『순수 이성 비판』에 대한 논평을 여는 단락에서 칸트의 비판을 어떻게 그 자신에게로 향하게 하는지를 참조.

범한다. 그는 이성을 감각 경험과 전통이나 관습 그리고 — 가장 나쁜 것으로 — 언어로부터 추상한다. 이 모든 추상 후에 남는 것은 다름 아닌 순수하게 형식적인 초월론적 "주체=X", "온갖 사유물*ens rationis*을 믿는 초월론적 미신의 부적과 묵주"이다.[73]

하만은 이성의 순수주의가 오류인데, 왜냐하면 이성은 오직 특수한 활동들에서만 존재하기 때문이라고 생각한다. 이성의 특별한 능력이란 존재하지 않으며, 다만 사고하고 행동하는 이성적 방식들이 존재할 뿐이다. 이성을 확인하기 위해 우리는 사람들이 생각하고 행동하는 방식들을 참조해야만 한다. 그리고 그것은 좀 더 특정하게는 그들이 그들의 언어와 문화 속에서 행동하고 쓰고 말하는 방법을 의미한다. 따라서 순수주의에 대한 하만의 고발 배후의 주된 요점은 종종 생각되듯이[74] 이성이 다른 능력들로부터 분리될 수 없다는 것이 아니라 그것이 전혀 하나의 능력이 아니라는 것이다. 오히려 이성은 단지 하나의 기능, 즉 특정한 문화적·언어적 맥락에서 생각하고 행동하는 특정한 방식일 뿐이다.

「메타-비판」에서 하만의 칸트 비판의 기초는 그가 이미 「언어학적 착상과 의심」(1772)에서 정립한 그의 정신 철학이다. 여기서 하만은 영혼을 존재자의 종류로서보다는 활동의 형식으로서 정의하는 아리스토텔레스적인 정신 철학을 해설한다. 이 이전의 논문의 과녁은 헤르더인데, 그를 하만은 이성의 특징이 특수한 능력에 존재한다는 그의 믿음을 이유로 '플라톤주의자'라고 부른다. 나중의 칸트 비판은 단순히 이전의 헤르더 비판을 반복할 뿐이다. 하만은 이제 헤르더에게 그랬듯이 칸트를 플라톤주의라는 이유로 비난한다. 하만은 1781년 5월 10일에 헤르더에게

· ·
73 Hamann, *Werke*, III, 284-285.
74 *Dichtung und Wahrheit, Werke*, IX, 514에서 하만 철학에 대한 괴테의 자주 인용되는 요약을 참조.

다음과 같이 써 보냈다. "나는 칸트의 대작에 대한 당신의 견해를 듣고 싶습니다. …… 그는 프로이센의 흄이라는 칭호를 받을 만합니다. …… 그것을 깨닫지 못하고서 그는 플라톤보다 더 해롭게 공간과 시간을 넘어선 지적 세계에서 흥청댑니다."[75] [40]하만은 칸트가 플라톤주의자인데, 왜냐하면 그는 현상계에서 떨어져 존재하는 자기 충족적인 예지계를 실체화하기 때문이라고 생각한다. 그에 반해 하만은 자기 자신을 아리스토텔레스주의자로 바라보는데, 왜냐하면 그는 이성이 오직 사물들 안에, 즉 그것의 언어적·문화적 체현에만 존재한다고 주장하기 때문이다. 그렇다면 하만이 보기에 자기와 칸트의 갈등은 플라톤과 아리스토텔레스 사이의 오랜 갈등을 반복하고 있다.

칸트가 이성을 순수화하는 그 모든 것들 가운데 하만에게 가장 문제가 있는 것은 언어에 관련된 순수화이다. 하만에 따르면 언어는 바로 "이성의 도구와 기준"[76]이며, 따라서 언어에서의 그 체현을 언급하지 않고서 이성에 대해 이야기하는 것은 다만 추상을 물화하는 것일 뿐이다.[77] 칸트가 우리에게 명하듯이 만약 우리가 이성 비판을 가질 수 있으려면 우리는 언어 비판을 가져야 하는데, 왜냐하면 언어는 이성의 모든 혼란과 오류의 원천이기 때문이다.[78] 사실 그것이야말로 "이성의 자기 자신에 대한

••
75 Hamann, *Briefwechsel*, IV, 293-294. 또한 1781년 12월 9일자의 헤르더에게 보낸 하만의 편지, Hamann, *Briefwechsel*, IV, 355도 참조.
76 하만은 「메타-비판」이나 그 밖의 곳에서 매우 흥미로운 이 구절에 대한 설명을 제공하지 않는다. 이성과 언어의 정확한 연관은 그에게 있어 오래된 문제였다. 비록 그가 그것들의 동일성을 단도직입적으로 진술하는 것을 넘어서는 데 결코 성공하지 못했을지라도 말이다. 그는 그 문제 전체가 자신에게 불가사의하다고 인정했다. 1784년 8월 8일자의 헤르더에게 보낸 그의 편지, Hamann, *Briefwechsel*, V, 177을 참조.
77 Hamann, *Werke*, III, 285.
78 1784년 11월 14일자의 야코비에게 보낸 하만의 편지, Hamann, *Briefwechsel*, V, 264를 참조. "내게 있어 물음은 '이성이란 무엇인가?'가 아니라 '언어란 무엇인가?'입

오해의 중심점"이다.[79]

하만은 그럼에도 불구하고, 즉 언어의 중요성에도 불구하고 칸트가 그것을 무시하는 잘못을 범한다고 생각한다. 그는 언어를 도외시하는데, 왜냐하면 그는 다만 매우 오랜 잘못, 즉 사고가 언어에 선행한다거나 개념들이 단어들에 선행하며, 단어들은 단지 개념들의 없어도 되는 기호들일 뿐이라는 믿음의 또 다른 희생자일 뿐이기 때문이다. 그리하여 칸트 『비판』의 바로 그 구호는 "언어의 수용성과 개념들의 자발성"이어야 한다.[80]

그러나 칸트는 실제로 언어를 무시하는 잘못을 범하는가? 언뜻 보기에 하만의 비난은 부당해 보인다. 『순수 이성 비판』에서 「범주들의 형이상학적 연역」에 대한 간단한 일별은 칸트가 언어에 최고의 중요성을 부여한다는 것을 보여주는 것으로 보인다. 그 연역의 열쇠는 생각하는 힘을 판단하는 힘과 동일시하는 것이다. 지성의 다양한 형식들은 판단의 다양한 형식들로부터 연역되는데, 그 형식들은 언어의 구문론적 형식들이다.

하지만 「메타-비판」을 좀 더 상세히 살펴보면, 우리는 하만이 형이상학적 연역을 고찰하고 있다는 것과 그에 대해 여전히 불만스러워 하고 있다는 것을 알게 된다.[81] 그의 불만의 원천은 칸트의 예지계-현상계 이원론이다. 하만에 따르면 이 이원론은 칸트가 이성과 언어 사이에 친밀한 유대가 존재한다는 자기의 주장을 설명하거나 정당화할 수 없다는

••   니다. 여기서 나는 사람들이 이성에게 돌리는 그 모든 오류 추리와 이율배반을 위한 이유를 의심합니다. 문제는 사람들이 단어를 개념이라고, 개념을 사물이라고 생각한다는 것입니다."

79   Hamann, *Werke*, III, 286.

80   같은 책, III, 284-285.

81   같은 책, III, 286, 둘째 줄 이하.

것을 의미한다. 만약 예지계와 현상계, 이성적인 것과 감성적인 것 사이에 날카로운 이원론이 존재한다면, 바로 그 사실에 의해 이성의 영역은 언어의 영역으로부터 단절된다. 왜냐하면 언어의 영역은 본질적으로 현상적인바, 필연적으로 소리와 문자에 존재하기 때문이다. 그리하여 하만은 언어가 "이성의 가시적 요소", "모든 인간적 지식의 참된 감성적 요소"라고 말한다.

「메타-비판」에서 간단하게 그 개요가 제시되는 하만의 언어 철학은 칸트와 계몽 일반에 대항하는 그의 가장 강력한 무기들 가운데 하나이다. 그것은 그로 하여금 이성에 대한 계몽의 신앙 배후의 기본 전제, 즉 이성이 영속적·보편적이며 [41]모든 시간과 장소에서 모든 지성적 존재에 대해 동일한 것이라는 전제에 의문을 제기할 수 있게 해준다. 언어가 이성의 바로 그 도구이자 기준이라고 주장하는 가운데 하만은 또한 언어가 "그 유일한 보증이 관습과 전통 그리고 사용인" 규칙들에 존재한다고 주장한다. 그 경우 이성의 바로 그 기준은 문화적인바, 상이한 문화들의 상이한 전통들과 더불어 달라질 거라는 것이 따라 나온다. 이성은 이제 그 권위를 상실할 위험에 처해 있는데, 왜냐하면 이성의 원리들은 더 이상 보편적이고 불편부당하며 모든 지성적 존재에 대해 구속력이 있는 것이지 않을 것이기 때문이다. 오히려 그 원리들은 단적으로 하나의 문화의 가치와 전통 그리고 언어를 표현할 것이다.

「메타-비판」의 중심 과녁은 지성과 감성, 예지계와 현상계 사이에서든 아니면 선험적 개념과 직관 형식 사이에서든 그 모든 형식들로 나타나는 칸트의 이원론들이다. 하만은 그러한 모든 이원론들을 자의적이고 인위적인 추상으로서, 즉 순수하게 지적인 구별의 물화로서 비난한다. 그는 인간의 모든 기능이 불가분적인 통일, 즉 그 부분들의 한갓된 총계 이상인 단일한 전체를 형성한다고 주장한다. 우리는 각각의 기능을 오직 그것이 그 밖의 모든 것들과 맺는 복잡한 관계를 탐구함으로써만 이해할 수 있다. 그러나 칸트는 이러한 단순한 원리를 위반했다고 하만은 주장한다. 칸트는 나누어질 수 없는 것을 나눴고, 분리될 수 없는 것을 분리했다. 비록 칸트가 그의 모든 능력을 위한 단일한 원천이 존재한다고 말한다 할지라도,[82] 그는 그의 모든 날카로운 구별들을 가지고서 그것을 파괴했다. 그렇듯 철저하게 해부된 것은 그렇게 쉽사리 다시 합쳐질 수 없다. 하만은 다음과 같이 불평한다. "만약 인간 인식의 두 개의 가지로서의 감성과 지성이 하나의 공통의 뿌리에서 유래한다면, 자연이 합쳐놓은 것의 그렇듯 폭력적이고 승인되지 않았으며 고의적인 분리는 무슨 목적을 위해서인가! 두 가지는 그것들의 공통의 뿌리의 양분과 분할에 의해 시들어 죽어가지 않겠는가?"[83]

하만은 정신 철학이 칸트의 『비판』과는 정반대 방향으로 움직여야 한다고 믿는다. 우리는 지적 기능들을 정밀하게 구별하기보다 그것들을 통일하는 원리를 추구해야 한다. 우리가 그것들 사이의 상호 작용을 설명할 수 있게 될 것은 다만 우리가 상이한 모든 능력들의 공통의 원천을 발견할 때뿐이라고 하만은 주장한다. 하지만 만약 우리가 계속해서 이 능력들을 분할하여 각각에 자기 충족적인 지위를 부여한다면 그것들의 상호 작용은 신비하고 기적적인 것이 된다. 그러나 이것이 바로 칸트의 『비판』에서 벌어지는 일이라고 하만은 주장한다. 비록 칸트가 지식은 지성과 감성의 상호 작용에서 생겨난다고 말한다 할지라도, 그는 이 능력들 사이의 모든 상호 작용이 상상될 수조차 없게 될 정도로 그것들을 날카롭게 구분했다. 지성은 가지적이고 비시간적이며 비공간적이다. 그러나 감성은 현상적이고 시간적이며 공간적이다. 그렇다면 어떻게 그것들이 자기들의 작용을 통합시킬 것인가?

• •
82   예를 들어 *KrV*, B, 103, 180-181에서 초월론적 상상력에 대한 칸트의 언급을 참조.
83   Hamann, *Werke*, III, 286.

칸트의 이원론적 경향들은 전체로서의 『비판』에 대해 극단적으로 심각한 결과를 지닌다고 하만은 생각한다. 『비판』의 주된 문제 ── 선험적 종합 판단은 어떻게 가능한가? ── 는 해결될 수 없게 되는데, 왜냐하면 우리는 지성의 선험적 개념들이 어떻게 [42]감성의 완전히 이종적인 직관들에 적용되는지 설명할 수 없기 때문이다. 하만은 우리가 이 문제를 해결할 수 있으려면 훨씬 더 일반적인 물음, 즉 생각의 능력은 어떻게 가능한가 하는 물음을 제기할 필요가 있다고 논증한다. 하지만 『비판』의 제1판 서문에서 칸트는 이 물음을 너무나 사변적인 것이라고 하여 거부한다.[84] 그러나 하만은 우리가 『비판』의 중심 문제를 해결할 수 있게 될 것은 그 물음에 대답하고자 할 때뿐이라고 대응한다.

하만은 생각의 능력에 대한 탐구가 어디서 시작되어야 하는지 제안하기를 주저하지 않는다. 그는 인식론을 위한 가장 결실 있는 도정이 언어 철학의 방향에 놓여 있다고 확신했다. 언어가 칸트의 이종적인 능력들 배후의 공통의 뿌리, 지성과 감성의 통일점이라고 그는 제안한다.[85] 단어들은 가지적 영역과 감성적 영역을 합치는데, 왜냐하면 그것들은 귀를 때리는 소리와 눈앞에 나타나는 문자로서는 감성에 속하고, 의미를 지니는 기호로서는 지성에 속하기 때문이다. 따라서 만약 우리가 가지적인 것과 감성적인 것, 정신적인 것과 물리적인 것 사이의 신비해 보이는 연관을 탐구할 수 있으려면, 우리는 먼저 생각과 언어 사이의 연관을 매듭지어야 한다.

칸트의 이원론들과 언어에 대한 무시와 더불어 하만의 「메타-비판」의 또 다른 과녁은 칸트의 초월론적 방법이다. 하만은 칸트가 올바르게도 자기의 철학 전체의 기초로서 간주하는 그의 방법에 많은 주의를

84   *KrV*, A, xvii.
85   Hamann, *Werke*, III, 287.

기울인다. "칸트의 체계 전체는 형식의 힘으로부터의 게으른 신뢰에 토대한다"고 그는 헤르더에게 칸트의 방법을 언급하며 쓰고 있다.[86] 그리고 그는 「메타-비판」을 마무리하면서 다음과 같이 말한다. "비판적 관념론의 초석"은 "순수하고 공허한 정신"으로부터 "직관의 형식들"을 구성하는 것의 가능성이다.[87] 칸트의 방법론에 대한 하만의 언급들이 중요한 까닭은 그것들이 『비판』 배후의 함축적인 ── 그리고 종종 무시된 ── 메타-비판적인 이론에 대한 그의 반응을 드러내기 때문이다.

하만이 칸트의 방법에서 반대하는 것은 단순히 자기 자신에 대해 반성함으로써 선험적으로 이성의 완전한 체계를 구성하는 것이 가능하다는 가정이다. 비록 칸트가 '인식의 질료'(즉 주어진 직관들의 내용)를 구성하는 것이 가능하다고 가정하지는 않을지라도, 그는 그것의 '형식'(지성의 범주들의 수와 유형 그리고 체계적 질서와 이성의 이념들)을 구성하는 것은 가능하다고 생각한다. 그러나 이러한 조심스러운 주장마저도 하만은 받아들일 수 없다고 생각한다. 그는 그 주장을 단어의 '한갓된 개념'으로부터 '단어의 형식'(그것의 문자들과 음절들의 질서)을 발견할 수 있다는 것을 의미하는 것으로 해석한다. 단어의 개념으로부터 '단어의 질료'(문자들과 음절들 자체)를 발견하는 것이 가능한가 하는 물음에 대해 칸트주의자는 명확하고도 단호하게 "아니다"로 대답한다. 그러나 단어의 개념으로부터 그 형식을 발견하는 것이 가능한가 하는 물음에 대해서는 "그는 제단에서의 헨젤과 그레텔만큼이나 크게 '그렇다!'고 콧소리를 낸다." 다시 말하면 칸트는 언어의 구문론이나 문법을 선험적으로 구성하는 것이 가능하다고 가정한다. 그는 이상적인 철학적 언어가

..
86 1781년 12월 9일자의 헤르더에게 보낸 하만의 편지, Hamann, *Briefwechsel*, IV, 355.
87 Hamann, *Werke*, III, 289.

순수하게 생득적인바, 순전한 내성에 의해 발견되기를 기다린다고 생각한다.[88] [43]하만은 이러한 가정이 옳은지 아닌지에 대한 판단을 독자에게 맡긴다. 그러나 왜 그가 칸트의 방법이 철저하게 잘못된 것이라고 생각하는지는 그의 언어 철학으로부터 명확하지 않을 수 없다. 이성이 언어에, 특히 상이한 문화들에서 말해지는 자연 언어들에 선행하지 않기 때문에 칸트의 선험적 구성은 완전한 망상이다. 칸트는 이성의 형식들을 선험적으로─그러나 오직 자연 언어들로부터의 은밀한 추상에 의해서만 구성할 수 있다. 이성의 형식들을 발견할 수 있는 유일한 길은 자연 언어들을 비교하는 경험적 연구를 통해서일 뿐이라는 뜻을 하만은 내비친다.[89]

「메타-비판」은 칸트 이후 철학에 어떤 영향을 미쳤던가? 하만의 이성 비판이 지닌 일반적인 역사적 의의는 이미 언급된 바 있다. 그러나 하만의 논문은 또 다른 이유에서 영향력이 있다. 그것은 칸트 이후의 모든 철학의 중심 목표들 가운데 하나, 즉 칸트의 이원론들의 내적 통일성, 공통의 원천에 대한 탐구를 진술한다. 이러한 통일성이 발견되기까지는 선험적 종합 인식의 문제가 해결될 수 없다고 논의함에 있어 하만은 비판 철학의 좁은 경계들을 넘어서는 것을 필연적이게 만들었다. 칸트 이후 철학의 역사는 주로 칸트 이원론들 배후의 통일 원리에 대한 탐색에 존재한다. 그리고 거의 철학자들이 존재하는 만큼의 많은 원리들이 존재하는데, 하만에게서의 언어, 라인홀트에게서의 표상, 피히테에게서의 의지, 셸링에게서의 무차별점, 슐라이어마허에게서의 종교 그리고 헤겔에

---

88 같은 책, III, 289.
89 헤르더는 칸트에 대한 나중의 논박에서 하만의 비판이 지닌 이러한 함축들을 분명히 표현했다. 그의 *Metakritik* (1799), in Herder, *Werke*, XXI, 88, 197ff.를 참조.

게서의 정신이 그것들이다. 그러나 이러한 탐구는 하만에게서 시작된다.[90] 그는 칸트 이원론의 문제의 여지 있는 본성을 파악한 최초의 사람이다. 그리고 그는 만약 우리가 인식의 가능성을 설명할 수 있으려면 인간의 능력들을 하나의 전체로서 파악해야만 한다고 주장한 최초의 사람이다.

하지만 중요한 것은 하만이 이 문제를 새롭게 그리고 그를 뒤따르는 세대에 대해 결정적인 방식으로 제기한다는 점을 파악하는 것이다. 이제 라이프니츠의 이성주의나 로크의 경험주의라는 일면적인 극단들로 되돌아가는 것은 존재하지 않는다. 하만은 라이프니츠처럼 단지 "감각들을 지성화"하거나 로크처럼 단지 "지성을 감각화"하기를 원하지 않는다. 오히려 그는 그 둘을 한꺼번에 하기를 원한다. 그는 지성과 감성이 인식에서 평등하고 조화로운 역할을 수행한다는 점에서 칸트에게 동의한다. 그러나 그는 이 두 능력이 그로부터 유래하는 공통의 원천을 발견하기 위해 노력한다. 문제는 양자의 평등하고 조화로운 역할을 설명하는 **동시에** 지성과 감각의 통일 원리를 정식화하는 것이다. 요컨대 실러와 셸링 그리고 헤겔의 전문 용어를 사용해 이야기하자면, '차이 한가운데서의 통일', 즉 지성과 감성이 그것의 부분들일 뿐인 전체를 발견할 필요가 있다는 것이다.[91] 칸트 이후 철학에서 심-신 문제를 칸트 이전 철학과

••
90 이 탐구가 라인홀트와 함께 시작된다는 일반적 견해는 견지될 수 없다. 이것은 하만을 무시할 뿐만 아니라 또한 라인홀트의 철학적 발전에서 충분히 멀리까지 추적하지도 못한다. 8.2절에서 논의하게 되듯이 라인홀트는 칸트의 능력들이 지닌 공통의 원천을 탐구하는 데서 하만의 영향 아래 있었다.

91 하만 자신은 그러한 언어로 기울어지는 경향이 있었다. 나중의 편지 교환에서 그는 종종 브루노의 대립물의 일치 원리*principium coincidentiae oppositorum*를 언급하는데, 그는 그것을 "물질적이고 지적인 세계의 요소들에서의 모든 모순들"에 대한 해결책으로서 간주한다. 1785년 1월 16일자의 야코비에게 보낸 하만의 편지, Hamann, *Briefwechsel*, V, 327을 참조

구별해 주는 것은 차이-안의-통일에 대한 이러한 탐구이다. 칸트 이전 철학이 하나의 항을 또 다른 항으로 환원함으로써 환원주의적인 해결책을 추구하는 데 반해, 칸트 이후 철학은 두 항에 평등한 지위를 부여하는 비-환원주의적인 원리를 얻기 위해 노력한다.

야코비와 범신론 논쟁

2.1. 범신론 논쟁의 역사적 의의

1781년 5월의 『순수 이성 비판』 출간과 더불어 18세기 말 독일에서 가장 중요한 지적인 사건은 F. H. 야코비와 모제스 멘델스존 사이의 이른바 범신론 논쟁이었다.[1] 논쟁은 1783년 여름에[2] 처음에는 야코비와 멘델스존 사이의 사적인 다툼으로서 시작되었다. 그러나 2년 후에 논쟁은 세상에 알려지게 되었고, 18세기 말 독일의 거의 모든 최고의 정신들을 사로잡았다. 그에 참여한 유명 인사들 중에는 칸트와 헤르더, 괴테와 하만이 있었다. 더 나아가 논쟁의 각 당파에는 야코비를 옹호한 토마스 비첸만과 칸트를 대중화한 칼 레온하르트 라인홀트와 같은 나중의 스타

[1] 이것은 논쟁 배후의 주된 쟁점이 범신론에 관한 것이 아니기 때문에 부적절한 명칭이다. 하지만 나는 이 이름을 계속해서 사용할 것인데, 왜냐하면 그것이 아주 전통적이기 때문이다.

[2] 어떤 하나의 시간을 논쟁의 시작으로서 정립하는 것은 대체로 자의적인 문제이다. 야코비는 1783년 여름에 멘델스존에게 레싱의 스피노자주의에 대해 처음으로 이야기했다. 그러나 야코비와 멘델스존은 1784년 가을까지는 정식으로 논쟁에 들어가기로 결정하지 않았다. 논쟁은 1785년 가을에 야코비의 『서한』의 출판과 더불어 비로소 세상에 알려지게 되었다.

들을 포함하여 많은 조연들이 있었다.

　그 원인이 그토록 우연적이고—레싱의 스피노자주의에 대한 야코비의 폭로—그 결과가 그토록 엄청났던 논쟁을 상상하기는 어렵다. 범신론 논쟁은 18세기 독일의 지적인 지도를 완전히 변화시켰다. 그리고 그것은 계속해서 19세기에 이르기까지 사상가들을 사로잡았다. 논쟁에 의해 제기된 주된 문제—이성적 니힐리즘인가 아니면 비이성적 신앙주의인가의 딜레마—는 피히테, 셸링, 헤겔, 키르케고르 그리고 니체에게 있어 중심 쟁점이 되었다. 범신론 논쟁이 19세기 철학에 칸트의『순수 이성 비판』만큼이나 커다란 충격을 주었다고 말하는 것은 실제로 과장이 아니다.[3]

　논쟁의 첫 번째 가장 뚜렷한 결과는 독일에서 스피노자주의의 부침에 있어 주목할 만한 부상이었다. 고전적 괴테 시대의 거의 모든 주요한 인물들—괴테, 노발리스, 횔덜린, 헤르더, F. 슐레겔, 헤겔, 슐라이어마허 그리고 셸링—이 논쟁의 뒤를 쫓아 스피노자 열광자가 되었다. 언뜻 보아 하룻밤 사이에 스피노자의 평판은 악마에서 성인으로 바뀌었다. 18세기의 전반과 중반에 지적 편제의 희생양은 마지막 4반세기에 그 영웅이 되었다. [45]논쟁 덕분에 범신론은 나중에 하이네가 표현하듯이 "독일의 비공식적 종교"가 되었다.[4]

　논쟁의 두 번째 두드러진 결과는 칸트주의의 약진, 즉 독일의 공적 무대로의 그것의 최종적인 눈부신 등장이었다. 논쟁이 1786년 겨울에 그 절정에 다다르기 전에 칸트는 이미 명성을 획득하는 데서 일정한

3　이러한 연관에서 헤르만 팀은 올바르게도 다음과 같이 논평한다. "『순수 이성 비판』은 그 시대의 철학적 자기 이해에서 어떠한 단절도 만들어 내지 못했다. 레싱의 스피노자주의적인 유산의 경우는 달랐다. 그에 대한 찬반양론은 동시대인들로 하여금 시대의 변화를 의식하게 만들었다." Hermann Timm, *Gott und die Freiheit*, I, 6을 참조.

4　Heine, *Werke*, VIII, 175를 참조.

진보를 이루었었다. 그는 여러 대학에서 몇몇의 훌륭한 제자들, 예를 들면 라이프치히의 F. G. 보른, 할레의 L. H. 야콥, 그리고 예나의 C. G. 쉬츠를 얻었다. 그리고『예나 일반 문예 신문』은 그의 대의를 위해 싸우기 시작했다. 그러나 비판 철학은 여전히 철학적 무대를 지배하는 데서는 멀리 떨어져 있었으며, 대중적 눈길의 중심으로부터는 여전히 멀리 놓여 있었다. 그 영향력은 소수의 대학들에 그리고 사실상 오직 그 대학들 내부의 소수의 선택된 사람들에게만 한정되어 있었다. 하지만 범신론 논쟁은 곧바로 이 모든 것을 변화시켰다. 결정적 약진은 1786년 가을의 언젠가 라인홀트의『칸트 철학에 관한 서한』과 더불어 다가왔다. 우아하고 대중적이며 생생한 문체로 라인홀트는 칸트 철학을 좀 더 광범위한 대중에게 이해될 수 있는 것으로 만드는 데 성공했다.『서한』은— 칸트의 한 친구의 말을 인용하자면— "센세이션"을 만들어냈다.[5] 그러나 중요한 것은 라인홀트의 성공 배후의 비밀에 주목하는 것이다. 그는 무엇보다도 우선 대중의 눈에 비친 그 논란, 즉 범신론 논쟁에 대한 비판 철학의 관련성을 확립했다.

논쟁의 세 번째 결과는 그것이 계몽에서의 위기, 즉 계몽의 최종적 몰락을 가속화할 정도로 심각한 위기를 만들어 냈다는 점이었다. 계몽에 대한 반란은 이미 1770년대에 질풍노도와 함께 시작되었다. 괴테와 렌츠 그리고 클링거의 소설들과 희곡들, 하만과 헤르더 그리고 야코비의 철학적 논문들, 그리고 라바터와 융-슈틸링 그리고 클라우디우스의 종교적 저술들은 모두 독일에서 새로운 문학적 흐름과 정신을 확립했다. 이성의 차가운 규칙들에 맞서 감정의 권리가 선포되었으며, 사회의 억압적 규범들에 대항하여 자기표현의 권리가 주장되었다. 낭만주의의 여명은 계몽

··
5 1787년 5월 14일자의 칸트에게 보낸 예니쉬Jenisch의 편지, Kant, *Briefwechsel*, p. 315를 참조

의 어스름이 가까워진 만큼이나 이미 가시적이었다. 그러나 그 사이에 계몽은 여전히 사실상 지배적인 지적 힘으로서 계속해서 살아 있었다. 1770년대를 통해 자연 과학들은 좀 더 진보했다. 성서에 대한 문헌학적·역사적 비판은 가속화되었다. 그리고 볼프주의는 프로테스탄트 독일의 대부분의 대학들에서 보루를 구축했다. 같은 시기에 레싱과 멘델스존 그리고 니콜라이는 여전히 활동하고 있었다. 대중 철학*Popularphilosophie* 운동은 훨씬 더 대중적이 되었다. 그리고 프리메이슨과 일루미나티와 같은 단체들은 그 힘과 수에서 성장했다. 그렇다면 대체로 보아 계몽은 1770년대에 비록 최신 유행은 아니었을지라도 문학적·철학적 현 상태를 계속해서 대표하고 있었다.

범신론 논쟁은 계몽을 수세적인 처지로 밀어 넣어 그것으로 하여금 바로 자기의 생존을 위해 투쟁하지 않을 수 없도록 했다. 1785년, 즉 야코비가『스피노자의 학설에 관한 서한』을 출판한 해는 계몽의 헤게모니의 종언을 나타낸다. [46]야코비는 계몽의 가장 중요한 교의, 즉 이성에 대한 그것의 신앙에 의심을 제기하는 데 성공했다. 그가 이 교의를 공격한 극적인 방식은 당대의 지적 무대에 트라우마에 다름없는 것을 안겨주었다. 대중에 대한『서한』의 영향을 언급하며 괴테는 "폭발"이라고 말했으며,[6] 헤겔은 "마른하늘에 날벼락"이라고 썼다.[7]

이성에 대한 계몽의 신앙은 이성이 상식과 도덕 그리고 종교의 모든 본질적 진리를 정당화할 수 있을 거라는 믿음에 토대했다. 이성의 권위는 전통과 계시의 권위를 대체했는데, 왜냐하면 그것은 모든 도덕적·종교적·상식적 믿음들을 위한 좀 더 효과적인 승인이었기 때문이다. 지극히 중요하지만 취약한 이 전제가 야코비가 가한 공격의 주된 과녁이었다.

••
6   Goethe, *Werke*, X, 49.
7   Hegel, *Werke*, XX, 316-317.

그는 이성이 도덕과 종교 그리고 상식의 모든 본질적 진리를 뒷받침하는 것이 아니라 약화시키고 있다고 논증했다. 만약 우리가 일관되고 우리의 이성을 그 한계로까지 밀어붙인다면, 우리는 무신론과 숙명론 그리고 유아론을 받아들여야 할 것이다. 우리는 신과 자유, 다른 정신들과 외부 세계의 존재를, 그리고 심지어는 우리 자신의 자아의 영속적인 존재도 부정해야 할 것이다. 요컨대 우리는 모든 것의 존재를 부정해야 할 것이며, 야코비의 극적인 언어를 사용하자면 '니힐리스트'가 되어야 할 것이다. 그렇다면 우리 자신을 니힐리즘으로부터 구할 수 있는 길은 단 하나, 즉 '신앙의 도약', 목숨을 건 도약만이 존재했다.

중요한 것은 계몽을 그 기초에 이르기까지 뒤흔든 것은 칸트가 아니라 야코비였다는 것을 파악하는 것이다. 칸트는 이성과 신앙 사이의 조화에 대한 계몽의 근본적인 요청을 결코 의심하지 않은 한에서 전형적인 계몽주의자였다. 칸트는 이 믿음에 의문을 제기하기보다는 자신의 이성적 신앙 교설을 가지고서 그것에 새로운 기초를 부여하고자 했다. 실제로 범신론 논쟁 동안 칸트 철학의 성공을 위한 이유는 다름 아니라 칸트가 야코비의 도발적인 비판에 직면한 계몽의 지극히 중요한 이 믿음을 구출하는 것으로 보였다는 것이다. 이미 『순수 이성 비판』 제1판의 「규준」에서 조탁된 그의 이성적 신앙 교설은 야코비의 불안하게 만드는 모든 의심을 침묵하게 만드는 것으로 보였다. 의미심장하게도 라인홀트의 『서한』은 이 교설을 칸트 철학의 장점으로서 바라보았으며, 오직 그것만이 야코비와 멘델스존 사이의 논쟁에 대한 해결책을 지니고 있다고 강조했다.

그러나 칸트의 실천적 신앙은 기껏해야 임시방편의 해결책, 부풀어오르는 비합리주의라는 제방에 난 구멍을 막는 손가락일 뿐이었다. 칸트의 교설이 관심의 중심이 되자마자 야코비와 그의 동맹자들은 그것에 집중 포화를 쏟아 부었다. 이러한 반격들의 궁극적 결과는 크게 불안을 조성하는 것이었던바, 이성과 신앙 사이의 휴전은 전보다 더 허약해 보였다. 야코비와 친구들은 칸트의 실천적 신앙의 흔들리는 체계에서 결함을 찾아냈던 반면, 그들은 또한 형이상학에 대한 칸트의 파괴를 자신들의 비이성주의 불꽃에 주입되는 더 많은 연료로서 받아들였다. 18세기 말의 독일 정신에게 [47]이성은 심연을 향해 나아가고 있는 것으로 보였고, 어느 누구도 그것을 저지할 수단을 찾아낼 수 없었다.

독일에서 계몽에 대한 야코비의 공격이 프랑스에서 일뤼미나시옹 *Illumination*[계몽]에 대한 파스칼과 루소의 이전의 비판을 상기시키는 것은 우연이 아니다. 젊은 야코비는 파스칼과 루소의 학생이었으며, 그는 의도적으로 그들의 이념을 독일에 들여왔다.[8] 그는 계시의 도움을 받지 않는 이성은 회의주의로 이어진다는 파스칼의 도발적인 논증을 단순히 반복했을 뿐이다. 그리고 그는 인식론적 외피에도 불구하고 예술과 과학이 도덕을 개선하기보다는 오히려 타락시켜 왔다는 루소의 급진적 테제를 그저 되풀이해 이야기했을 뿐이다. 야코비는 이 논증들이 프랑스의 계몽 철학자들을 동요시켰다는 것을 알았다.[9] 그리고 그는 이제 그 논증들이 독일의 계몽주의자들도 전복시켜야 한다고 결심했다.

야코비의 이성 비판은 또한 또 다른 좀 더 토착적인 선구자, 즉 하만의 『소크라테스 회상록』의 노선을 따라 나아가는 것으로도 나타난다. 야코비는 사실 하만의 숭배자였으며, 논쟁 직전에 계몽에 대항한 다가오는 전투에 대한 그의 지지를 얻길 희망하면서 그와의 서신 교환에 들어갔다.[10] 하만은 야코비의 접근에 따뜻하게 응대했으며, 그에게 그가 필요로

• •
8   젊은 야코비에 대한 파스칼과 루소의 영향에 관해서는 Heraeus, *Jacobi und der Sturm und Drang*, pp. 117-118을 참조.

9   프랑스의 계몽 철학자들에 대한 파스칼의 중요성에 관해서는 Cassirer, *Enlightenment*, pp. 144-145를 참조.

10   1783년 6월 16일자의 하만에게 보낸 야코비의 편지, Hamann, *Briefwechsel*, V, 55를

하는 모든 충고와 정보 그리고 격려를 제공했다. 그들의 동맹에도 불구하고 하만의 입장과 야코비의 입장 사이에는 여전히 매우 중요한 차이가 존재했다. 진짜 비이성주의자는 하만이 아니라 야코비였다. 하만이 신앙과 이성은 서로 독립적이며 따라서 이성은 신앙을 증명하지도 반박하지도 않는다고 생각했던 데 반해, 야코비는 이성과 신앙이 갈등하고 있으며 따라서 이성은 신앙을 반박한다고 논증했다. 그리하여 그는 이성이 만약 일관적이라면 무신론으로 이어진다고 말했다. 그와 대조적으로 하만은 이성이 신의 존재를 부정하고자 한다면 그 한계를 넘어선다고 주장했다. 이러한 차이는 하만의 눈에 띄지 않을 수 없었으며, 그는 헤르더에게 자신은 결코 야코비의 **경건한 갈망**^{Pia desiderata}을 받아들일 수 없다고 고백했다.[11]

위의 결과들 가운데 단 하나만으로도 범신론 논쟁의 역사적·철학적 의의를 확립하기에 충분하지 않을 수 없을 것이다. 그러나 놀랍게도 그토록 중요한 지적 사건임에도 불구하고 그 논쟁은 대체로 무시되어 왔다.[12] 이러한 경시의 이유는 논쟁의 기만적인 겉모습이 그 근저에 놓여

••
참조

11 1785년 2월 3일자의 헤르더에게 보낸 하만의 편지, Hamann, *Briefwechsel*, V, 351을 참조. 또한 1785년 10월 23일자의 야코비에게 보낸 하만의 편지, Hamann, *Briefwechsel*, VI, 107-108도 참조. 여기서 하만은 야코비가 무신론의 필연성을 증명한다고 생각하는 스피노자의 형이상학에 대해 회의적이다.

12 1916년에 출판된 이래로 계속해서 이 논쟁에 대한 표준적인 텍스트는 Scholz, *Hauptschriften*이었다. 그러나 이 저작은 논쟁의 분석이라기보다는 선집이다.
    논쟁의 복잡한 배경을 매우 훌륭하게 다룬 것이 Altmann, *Mendelssohn*, pp. 593-652, 729-744와 멘델스존의 *Schriften*의 III/2권에 「서론」을 써 붙인 슈트라우스^{Strauss}에 의해 주어져 있다. 논쟁의 배경에 대한 나 자신의 설명은 알트만과 슈트라우스에게 크게 빚지고 있다. 레싱과 야코비 그리고 멘델스존에 대한 가장 철저하고도 체계적인 취급은 Timm, *Gott und die Freiheit*이다.

있는 의의를 가린다는 점에서 일차적으로 논쟁 그 자체에 놓여 있다. 논쟁은 겉껍데기— 즉 레싱의 스피노자주의라는 전기적 쟁점과, 내부 층—즉 스피노자에 대한 적절한 해석이라는 해석학적 물음, 그리고 숨겨진 내부 핵—즉 이성의 권위 문제를 지닌다. 논쟁을 이해하는 데서 주된 어려움은 이 바깥층들이 내부 핵을 어떻게 반영하는지, 즉 전기적 이고 해석적인 쟁점들이 어떻게 철학적 문제를 반영하고 또 그로부터 발생하는지를 파악하는 것이다. 종종 가정되어 온 것은 [48]주된 문제란 다만 레싱이 과연 스피노자주의자였는가,[13] 또는 우리가 스피노자의 범신론을 어떻게 해석해야 하는가 하는 것일 뿐이라는 것이었다.[14] 범신론 논쟁의 더 깊은 의의—그리고 사실상 참여자들 자신에 대해 지녔던 의의—를 이해하기 위해서 우리는 그 근저에 놓여 있는 철학적 차원을 인식해야만 한다. 우리는 레싱과 스피노자가 다만 훨씬 더 광범위한 문화적·철학적 의미를 지니는 상징들일 뿐이라는 점을 보아야 한다.

하지만 우리는 범신론 논쟁에 대한 우리의 무지에 대해 값비싼 대가를 치러왔다. 우리는 칸트 이후 철학의 사변적 체계들을 다루는 데서 우리의 철학적 방향을 상실했다. 이 체계들은 적지 않은 정도로 범신론 논쟁에 의해 제기된 근본적인 문제에 대한 응답으로서 성장했다. 피히테와 셸링 그리고 헤겔이 하려고 하고 있었던 것은 야코비의 도발적 비판에 직면하여 이성의 권위를 보존하는 것이었다.

범신론 논쟁에 대한 제대로 된 검토로 나아가기 전에 중요한 것은 독일에서 스피노자주의의 역사에 대해 어느 정도 이해하는 것이다. 이 역사는 논쟁의 본질적 배경의 한 부분을 형성한다. 그리고 18세기 말에 스피노자주의의 부상은 칸트주의 그 자체의 출현에 못지않게 중요한

••

13   예를 들어 Hettner, *Geschichte*, I, 761을 참조.

14   예를 들어 Scholz, *Hauptschriften*, pp. xi-xii를 참조.

현상이다. 19세기가 시작될 무렵 스피노자 철학은 칸트 철학에 대한 주된 경쟁자가 되었으며, 오직 스피노자만이 칸트만큼이나 많은 숭배자 또는 지지자를 획득했다.

2.2. 독일에서 스피노자주의의 부상, 1680-1786년

1785년에 야코비의 『스피노자의 학설에 관한 서한』이 출판되기까지 스피노자는 독일에서 악명 높은 인물이었다. 한 세기 이상 동안 대학과 교회의 기득권층은 그를 나중에 레싱이 표현했듯이 "죽은 개처럼" 취급했다. 독일에서 『에티카』는 1677년에, 『신학-정치론』은 1670년에 출판되었다(익명으로 출간되긴 했지만 스피노자가 저자임이 알려져 있었다). 18세기 중반까지 모든 교수와 성직자는 취임하기 전에 자신의 정통성을 입증할 필요가 있었는데, 자신의 정통성을 입증하는 것은 종종 스피노자를 이단으로 탄핵할 것을 요구했다. 스피노자에 대한 공격이 사실상의 의식 절차가 되었기 때문에 그를 중상하고 논박하는 아주 많은 책자들이 존재했다. 실제로 1710년 무렵에는 라이프치히에 『반스피노자 저술 목록Catalogus scriptorum Anti-Spinozanorum』이 존재할 정도로 많은 교수들과 성직자들이 스피노자를 공격했다. 그리고 1759년에 트리니우스Trinius는 그의 『자유사상가 사전Freydenkerlexicon』에서 스피노자의 적들을 아마도 너무 조심스럽게 129명으로 헤아렸다. 그렇듯 스피노자의 평판은 그가 종종 사탄 그 자신과 동일시될 정도의 것이었다. 스피노자주의는 단지 무신론의 하나의 형식으로서가 아니라 가장 나쁜 형식으로서 간주되었다. 그리하여 스피노자는 '무신론자 에우클레이데스', '무신론자들의 왕자'라는 별명으로 불렸다.[15]

초기 계몽의 위대한 선각자들——라이프니츠, 볼프, 토마지우스——에 의한 스피노자 수용도 [49]거의 좀 더 호의적이지 않았다. 그들은 그의 철학에 대한 치우치지 않는 비판을 쓰는 척했다. 그러나 스피노자의 비정통성이 그에 대한 저울눈을 무겁게 내리누른 것은 명백하다. 스피노자의 이단적 믿음들에 관한, 우리가 최악의 비방문들에서 발견하는 것과 동일한 무시무시한 경고들이, 그리고 그것과 동일한 과격한 논박들이 존재했다. 그들 모두는 스피노자를 탄핵하고 그에 대한 긴 반박문을 써야 할 의무가 있다고 느꼈다. 그리하여 1688년에 토마지우스는 일부러 그의 『월간 담화Monatsgespräche』에 스피노자에 대한 정교하고도 복잡한 비판을 썼다. 『에티카』를 위험한 책으로 간주하면서 토마지우스는 자기의 학생들에게 모든 종파 중에서 스피노자주의자들이 싸우기에 가장 어려운 자들이라고 경고했다. 다른 한편으로 볼프는 자기의 철학이 스피노자주의에 대한 방어벽이라고 자랑했다. 『자연 신학Theologica naturalis』 (1737)에서 그는 스피노자에 대한 총력을 기울인 반박을 제공했는데, 그것은 여러 세대에 걸쳐 볼프주의자들의 표준 노선이 되었다.[16] 라이프니츠 역시 스피노자주의의 악들에 대해 경고했는데, 그것을 그는 이단적 주장이라고 비난했다. 그는 『에티카』를 "그것을 익히기 위해 고생한 자들에 대해 위험한 책"이라고 생각했으며, 그에 대해 비판적 주해를 썼다.[17] 이 모든 사상가들은 참된 정통적 방식으로 스피노자를 무신론과 숙명론으로서 바라보았다. 철학적이기보다는 종교적인 이유들에서 그들은 섭리와 계시, 의지의 자유와 초자연적이고 인격적인 신에 대한 스피노자의 거부를 받아들일 수 없었다.

••

15 독일에서 스피노자주의의 초기 역사에 관해서는 Mauthner, *Atheismus*, III, 170-173; Hettner, *Geschichte*, 1,34-38; 그리고 Grunwald, *Spinoza in Deutschland*, pp. 45-48을 참조.

16 Wolff, *Werke*, VIII/2, 672-730을 참조.

17 Leibniz, *Schriften*, I, 139-150을 참조.

하지만 라이프니츠와 볼프는 스피노자로부터 거리를 취할 특별한 이유를 지녔다. '스피노자주의'는 경건주의자들이 라이프니츠-볼프학파에 반대하여 즐겨 제기하는 반대 이유가 되었다. 그들은 라이프니츠와 볼프의 철학이 엄밀한 논증적 방법을 고집함으로써 스피노자주의에 이르는 숙명적인 도정 위의 중간 거점에 지나지 않는다고 느꼈다. 토마지우스의 제자들 가운데 몇몇, 특히 요아힘 랑게와 요한 프란츠 부데는 볼프의 이성주의가 만약 일관적이라면 스피노자의 무신론과 숙명론으로 곧바로 이어진다고 논의했다.[18] 그들의 논의에 따르면 그러한 결과로부터 벗어나는 유일한 길은 이성에 대한 신앙의 또는 논증에 대한 계시의 주권을 인정하는 것이었다. 이러한 논의 노선은 야코비와 멘델스존 사이의 나중의 논쟁을 미리 보여주는데, 그 논쟁은 그저 여러 가지 방식으로 경건주의자들과 볼프주의자들 사이의 논쟁을 계속해 나갔을 뿐이다. 야코비와 멘델스존의 논쟁은 다만 부데와 랑게에 의한 볼프 비판의 좀 더 복잡한 버전일 뿐이었다.

그러나 왜 스피노자에 대한 그러한 격렬한 반응이 존재했던 것인가? 스피노자가 대학과 교회의 기득권층에 의해 다름 아닌 악의 화신으로서 간주되었다는 사실은 우리로 하여금 이러한 물음을 제기하지 않을 수 없도록 한다. 왜냐하면 우리는 특히 스피노자의 것에 못지않게 그 교설이 이단적인 다른 이단자들, 예를 들어 홉스나 브루노가 존재했을 때 왜 스피노자가 그러한 학대를 위해 뽑혔는지 물어볼 수 있기 때문이다. 물론 대답의 한 부분은 스피노자의 유대인 혈통에 놓여 있다. 스피노자가 "암스테르담의 저주받은 유대인"이라고 불린 것은 우연이 아니었다. 그러나 스피노자가 그토록 무시무시한 이단자로서 간주된 또 다른──좀 더 중요하고 흥미로운──이유가 존재했다. 요컨대 스피노자는 [50]17-18

••
18   Wolff, *Herrn D. Buddens Bedencken*, pp. 9-15, 35-37, 66-76, 134-135를 참조.

세기에 종교적·정치적 확신에서 극좌익을 표현했던 것이다. 스피노자의 정치적 견해는 독일에서 대학과 교회의 기득권층 전체에 대한 고발이었던바, 이러한 위협은 명확하게 느껴졌다.[19] 『신학-정치론』에서 스피노자는 성서——루터 교회 기득권층의 성우sacred cow——의 문헌학적·역사적 비판을 위한 토대를 정립했으며, 또한 관용, 언론과 양심의 자유, 민주주의, 보편 종교 그리고 교회와 국가의 분리와 같은 진보적 대의들을 옹호했다. 그러한 책이 17-18세기의 독일의 권력들에 미쳤을 영향을 생각해 보라. "아우크스부르크 종교화의"(1555) 이래로 독일의 군주들은 자신들의 공국의 종교를 결정할 권리를 지녔으며, 따라서 교회는 일반적 법체계의 부분이 되었다. 공식 종교의 준수는 단적인 법적 필요가 되었다. 따라서 공국들에서는 관용과 양심의 자유 그리고 교회의 독립과 같은 것——즉 스피노자에 의해 주창된 모든 대의는 존재하지 않았다. 영광에 빛나는 공무원에 지나지 않는 교수와 성직자들은 국가에 대한 자신들의 의존을 비판한 스피노자를 몰아내야 했다. 스피노자는 자기에게 먹이를 주고 있는 손을 물어뜯고 있었으며, 감사하는 마음이 있다면 그의 저주받은 머리 위에 적지 않은 불명예를 쌓을 필요가 있었다.

다행스럽게도 독일에서 스피노자 수용의 역사가 단지 악명과 비애의 이야기인 것만은 아니다. 스피노자가 만약 기득권층에 의해 열렬하게 탄핵되었다면 그는 그 반대자들에 의해서는 마찬가지로 열렬하게 받아들여졌다. 스피노자가 18세기 말 이전에 오랫동안 "죽은 개처럼" 다루어졌다는 것은 오랜 신화이다. 사태의 진리는 그가 독일에서 17세기 말과

19　그리하여 마우트너는 스피노자에 대한 최초의 공격들 가운데 대부분이 『신학-정치론』에 대한 것이었음을 지적한다. 『에티카』는 『신학-정치론』보다 훨씬 더 모호한 메시지를 담고 있었으며, 『신학-정치론』에 대한 최초의 논박 이후 10년이 지난 1692년까지 '반박'되지 않았다. Mauthner, *Geschichte*, III, 171을 참조.

18세기 초에 계몽의 바로 그 선봉에 서 있었으며, 사실상 그 극좌익의 수호성인이었다는 것이다. 그 시대의 거의 모든 급진적 자유사상가들 — 고트프리트 아르놀트, 요한 크리스티안 에델만, 프리드리히 빌헬름 슈토쉬, 테오도르 루트비히 라우, 요한 로렌츠 슈미트 — 은 또한 은밀하거나 공공연한 스피노자주의자들이기도 했다. 스피노자 편을 들지 않은 자들 — 콘라드 디펠과 앙겔루스 실레지우스 — 은 그럼에도 불구하고 그의 것과 유사한 형이상학적·정치적 견해를 지녔다.[20] 이 사상가들은 스피노자 『신학-정치론』의 그 모든 급진적 이상들, 즉 관용, 보편 종교, 양심의 자유, 교회와 국가의 분리 그리고 성서에 대한 역사적·문헌학적 비판 편에 섰다 — 그리고 고통을 겪었다 —. 그리하여 스피노자에 대한 기득권층의 가혹한 비난은 또한 좌익적인 반대파에 대한 상징적 탄핵이기도 했다.

독일의 거의 모든 초기 스피노자주의자들은 프로테스탄트 반종교개혁의 불행한 아이들이었다.[21] 그들 대부분은 경건주의자들이었거나 여전히 그랬으며, 그들 모두는 [51]종교개혁의 진행에 몹시 환멸을 느끼게 되었다. 그들은 종교개혁의 본래적 이상들, 즉 믿는 자들의 만인사제직, 양심의 자유, 신과의 직접적 관계에 대한 필요에 지독하게 충실했다. 그러나 그들이 보기에 종교개혁은 길을 잃어 버렸으며 그 자신의 원리들을 저버렸다. 루터 교회가 국가의 부분이 된 이래로 그것은 그 자신의 권위주의적 구조를 발전시켰으며, 따라서 로마 가톨릭교회와 다름없는

••
20 이 모든 사상가들에 대한 좀 더 상세한 정보를 위해서는 Mauthner, *Geschichte*, III, 170-272와 Grunwald, *Spinoza in Deutschland*, pp. 41-45, 67-83을 참조. 라우와 슈토쉬에 관해서는 Stiehler, *Materialisten*, pp. 7-35를 참조. 또한 Adler, *Der junge Herder*, pp. 233-270의 「스피노자」 장도 초기 스피노자주의자들에 대해 도움이 된다.
21 '프로테스탄트 반종교개혁'이라는 용어를 채용함에 있어 나는 베크[Beck], 『초기 독일 철학[Early German Philosophy]』, pp. 148-156을 따른다.

교조주의와 엘리트주의의 하나의 형식이 되었다. 그렇다면 루터의 이상들은 어떻게 되었는가?

이러한 불만을 품은 급진주의자들과 개혁가들에게 스피노자는 다름 아닌 저항의 정신을 대표했다. 성서에 대한 그의 비판, 민주주의에 대한 그의 지지, 그의 보편 종교의 이상, 그리고 교회와 국가의 분리에 대한 그의 요청은 바로 정치와 교회의 기득권층과 싸우기 위해 그들이 필요로 하는 무기였다. 그리하여 『신학-정치론』은 그들의 모든 급진적 견해들을 위한 선언문이 되었다.[22]

스피노자의 『신학-정치론』이 이들 초기 자유사상가들과 급진주의자들에게 중요했다면, 그의 『에티카』는 훨씬 더 그러했다. 그들은 열심히 스피노자의 범신론을 받아들였는데, 그것을 그들은 자신들의 모든 급진적인 정치적 확신을 위한 기초로서 바라보았다. 하이네가 19세기 초에 범신론에 대해 말한 것 — 범신론이 급진주의자들의 종교라는 것 — 은 사실상 여러 세기 전에 참이었다.[23] 16세기와 17세기 그리고 18세기 초에 급진주의자들 가운데 많은 이가 범신론자들이었다.[24]

••
22 비록 『에티카』가 독일에서 보기 드문 책이었을지라도 『신학-정치론』은 비밀스럽게 상당히 유포되었다. Beck, *Early German Philosophy*, p. 353을 참조.
23 Heine, *Geschichte*, *Werke*, VIII/1, 57ff.를 참조.
24 범신론과 정치적 급진주의 사이의 연관이 17세기 말에 스피노자가 도래하기 오래전에 독일의 정신 속에 이미 확고하게 확립되어 있었다는 것은 의미심장하다. 16세기 초에 프로테스탄트 반종교개혁의 주도적 사상가들 가운데 두 사람, 세바스티안 프랑크 Sebastian Franck와 발렌틴 바이겔Valentin Weigel은 종교개혁의 새로운 정통에 대한 투쟁에서 범신론을 사용했다. 프랑크와 바이겔은 또한 독일에서 계몽의 여명보다 한 세기 이상 전에 관용, 성서 비판, 자연 종교, 평등 그리고 교회와 국가의 분리와 같은 진보적 교설들의 주창자들이었다. 스피노자의 『신학-정치론』의 모든 급진적 교설들이 그들의 저술에 명확히 예시되어 있다. 따라서 바이겔과 프랑크는 독일에서 나중의 스피노자 수용을 위한 기반을 닦았다. 그들의 교설들은 경건주의 운동 — 초기 스피노자주의자들이 그로부터 나온 바로 그 운동 — 에 대해 깊은 영향을 끼쳤다. 프랑크와 바이겔의 경건주의에 관해서는 Franck, *Paradoxa*, no. 2, 48-49와, Weigel, *Nosce*

116

그러나 범신론과 정치적 급진주의 사이의 이러한 연관은 무엇에서 비롯된 것인가? 왜 범신론은 그토록 초기 급진주의자들에게 호소력이 있었던가? 그것은 어떻게 그들의 정치적 이상들을 뒷받침했던가? 이 쟁점은 우리가 18세기 말에 이루어진 스피노자주의의 부상을 이해하고자 한다면 극도로 중요하다. 왜냐하면 스피노자의 범신론에 대한 나중의 열광적인 수용은 부분적으로 자유주의적인 정치적 대의들의 점증하는 힘을 조건으로 하고 있었기 때문이다. 스피노자주의의 부상은 프로테스탄트 반종교개혁의 정치적 이상들을 다시 주장하는 것이었다.

물음에 대한 대답은 신에 대한 직접적인 관계라는 루터의 이상에 대한 초기의 급진적 해석에 놓여 있다. 루터의 이상에 따르면 모든 사람은 신에 대해 교회가 아니라 오로지 신에게만 직접 대답할 수 있는 개인적 관계를 지녀야 한다. 정통 루터주의에서 그러한 관계를 가능하게 만든 것은 성서였는데, 성서는 루터의 번역에 의해 대중이 이용할 수 있게 되었다. 루터가 알기 쉬운 독일어로 제공한 성서를 단순히 읽기만 한다면 우리는 혼자서 신의 메시지를 알 수 있을 것이며 성직자에게 자문을 구할 필요가 없을 것이다. 이제 초기의 자유사상가들은 자신들의 평등과 자유의 감각에 매력적이었던 신에 대한 직접적 관계라는 루터의 이상을 열심히 받아들였다. 그러나 스피노자의 『신학-정치론』 덕분에 그들은 더 이상 성서를 그러한 관계의 무오류의 보증으로서 바라보지 않았다. 스피노자는 그들에게 성서가 신적 영감이 아니라 다른 모든 인간적 기록과 마찬가지로 역사와 문화의 산물이라고 가르쳤다. 그렇다면 이제 [52] 만약 성서가 신에게 다가가는 확실한 수단이 아니라면 무엇이 신에 대한 직접적 관계를 보증할 수 있을 것인가? 우리 자신 내부에서의 신에 대한 우리 자신의 직접적 경험, 신에 대한 우리의 직접적 인식이라고 초기

••
teipsum, 제1부, 「다른 소책자」, 제13장을 참조.

급진주의자들은 말했다. 우리 모두는 만약 우리가 다만 우리 자신을 반성하고 우리 내부의 신에게 귀 기울이기만 한다면 그러한 경험을 가질 수 있다고 그들은 믿었다.

여기에 초기 자유사상가들에 대한 범신론의 매력이 놓여 있다. 즉 그것은 모두가 그러한 경험을 가질 수 있는 가능성, 모두가 신에게 직접 접근할 수 있는 가능성을 보장했던 것이다. 범신론의 신은 나와 그 밖의 모든 사람 내부에 존재하며, 따라서 그를 경험하기 위해 필요한 것은 오로지 내가 나 자신을 반성하는 것일 뿐이다. 하지만 유신론의 신은 거의 그렇게 접근될 수 없다. 그는 단지 이따금씩만 기이한 기적을 통해 자연 속에서 자신이 알려지게 하는 초자연적인 존재이다. 따라서 그는 오직 소수의 엘리트, 요컨대 그의 기적을 목격할 만큼 충분히 행운이 있는 자들에게만 다가갈 수 있다.

따라서 범신론의 매력은 궁극적으로 루터주의 그 자체에 깊이 놓여 있었다. 신에 대한 직접적 관계라는 루터의 이상을 고집하는 동시에 성서의 권위에 대해 의심을 지닌 자는 범신론을 매우 호소력 있는 교설이라고 생각할 것이다. 나중의 스피노자주의자들 대부분이 루터교적인 배경을 지녔고 성서의 권위를 받아들이지 않았으며 직접적인 신 경험에 대한 필요를 고집한 것은 우연이 아니다. 그리하여 범신론은 이단적 루터주의자의 비밀 신조였다.[25]

18세기에 스피노자의 좀 더 대중적인 인정을 향한 최초의 중요한 발걸음은──아이러니하게도──모제스 멘델스존에 의해 내딛어졌다.[26] 멘델

<hr />

25 그래서 흥미로운 것은 범신론을 거부하고 경건주의적인 배경을 지닌 루터주의자들이 성서에 대한 자신들의 신앙을 유지한 것에 주목하는 것이다. 이 점은 하만과 야코비 그리고 비첸만에 대해 참이다.
26 관례적인 견해는 야코비가 스피노자를 되살려냈다는 평가를 받을 만하다는 것이다.

스존은 보통 스피노자주의의 격렬한 반대자로서 그려지며, 그의 『아침 시간』(1785)에서는 실제로 그러했다. 그러나 그의 최초로 출판된 저작인 『철학적 담화』(1755)에서 멘델스존은 스피노자에 대한 용기 있는 옹호를 썼다. 비록 멘델스존 자신이 라이프니츠-볼프학파의 제자였을지라도 그는 스피노자에 대한 좀 더 진지하고 공명정대한 검토를 호소했다. 실제로 여기에 멘델스존의 작은 책의 역사적 중요성이 놓여 있다. 그것은 스피노자에 대한 객관적인 철학적 취급의 최초의 시도이다.[27] 18세기 초에 스피노자의 옹호자도 반대자도 객관성을 전혀 주장할 수 없었는데, 왜냐하면 그들은 그의 견해에 너무 기울어져 있었거나 아니면 그것에 너무 적대적이었기 때문이다.

스피노자에 대한 멘델스존의 공감을 위한 토대는 의심할 여지없이 그의 유대교적 유산이었다. 멘델스존과 스피노자는 둘 다 젊었을 적에 모제스 마이모니데스의 열렬한 학생들이었으며, 따라서 둘 다 철학과 신앙, 이성과 종교의 화해 가능성에 대한 믿음을 확신했다. 비록 박해 한가운데서도 고귀한 성격을 보여준 스피노자에 대해 깊이 존경하며 공감했긴 하지만, 멘델스존은 스피노자의 배교에 의해 불안해진 정통파 유대교도였다. 그는 레싱이 말했듯이 "제2의 스피노자"가 되기를 꿈꾸었을지도 모른다.[28] [53]그러나 그는 결코 스피노자의 것만큼이나 논쟁적인

• •

예를 들어 Scholz, *Hauptschriften*, p. xvii를 참조. 그러나 중요한 것은 스피노자주의의 부활에서 야코비의 정확한 역할을 분명하게 아는 것이다. 그의 『서한』이 일반적인 스피노자 수용을 위한 직접적인 자극이었긴 하지만, 그는 결코 스피노자의 견해에 대한 재평가를 요구한 최초의 사람이 아니었다.

27 볼프의 『자연 신학』은 비록 멘델스존이 너무도 관대하게 그 자신의 월계관을 볼프에게 헌정한다 할지라도 객관성에 대한 그러한 주장을 할 수 없다. Mendelssohn, *Schriften*, I, 15-16을 참조.

28 1754년 10월 16일자의 미헤알리스Michealis에게 보낸 레싱의 편지, Lessing, *Werke*, XVII, 401을 참조.

철학을 설교하거나 그의 조상들의 종교와 단절되기를 원하지 않았다. 그리하여 스피노자를 향한 멘델스존의 도정은 개인적인 것이었으며, 그는 그 대부분이 비순응주의 그리스도교도였던 초기 스피노자주의자들과 결코 동맹을 맺지 않았다. 전해오는 이야기에 따르면 멘델스존은 초기 스피노자주의자들 가운데 가장 악명 높은 이들 가운데 한 사람인 요한 크리스티안 에델만을 만났는데, 그의 조악함은 멘델스존으로 하여금 서둘러 문으로 달려가게 했다.[29]

『철학적 담화』는 제목에 충실하게 대화 형식으로 쓰여 있다. 대화의 인물들, 즉 네오필과 필로폰은 아마도 레싱과 멘델스존을 나타낼 것이다. 그리고 그 대화는 레싱과 멘델스존이 맺은 우정의 첫 해에 나눈 그들 사이의 대화를 재구성하고 있는 듯하다.[30] 아이러니한 것은 나중에, 즉 1785년에 레싱과 멘델스존이 취한 입장의 완전한 역전이 존재한다는 점이다. 『철학적 담화』에서 레싱은 회의적인 반-스피노자주의자의 역할을 맡으며, 그로 하여금 스피노자 철학의 그럴듯함에 대해 확신시키고자 하는 것은 멘델스존이다. 사실 레싱을 스피노자에게로 처음 이끈 것은 멘델스존이었다.

『담화』의 명시적 목표는 스피노자의 명예를 회복하는 것이다. 비록 멘델스존이 자신의 독자들을 스피노자주의로 전향시키고자 하지는 않는다 할지라도—그것은 그의 좀 더 자유주의적인 취향에 비추어서도 너무 멀리 가는 것일 터이다—, 그는 그들이 스피노자를 좀 더 냉정하고

• •
29 이 전설은 멘델스존이 베를린에 있는 에델만의 집을 방문하는 동안 정통파적인 이유들로 인해 한 잔의 와인을 마시기를 거부했다고 하는 것이다. 이 일은 멘델스존의 정통파 교설이 미신 이외에 아무것도 아니라고 느낀 에델만을 짜증나게 했다. 에델만은 멘델스존에게 자랑했다. "우리 강한 정신의 소유자들은 그러한 제한들을 인정하지 않으며 우리의 식욕을 따릅니다." 불쾌해진 멘델스존은 갑자기 떠났다. 이 이야기는 Mauthner, *Geschichte*, III, 228에 보고되어 있다.

30 Altmann, *Mendelssohn*, p. 37을 참조.

공평하게 생각하기를 원한다. 이러한 온건한 목표에서 멘델스존은 훌륭하게 성공한다. 그가 스피노자의 중요성을 확립하고 그의 명성을 회복하는 여러 방식이 존재한다. (1) 그는 베일Bayle의 『역사적·비판적 사전 Dictionaire historique et critique』에서 발견되는 스피노자의 대중적 이미지를 불신에 빠트린다. 베일의 스피노자 비판은 비록 그것이 베일의 심원함보다는 오히려 그의 기지에 토대함에도 불구하고 18세기에 폭넓게 수용되었다. 멘델스존은 베일의 비판 대부분이 오해에 기초하고 있다는 것을 보여주는 데서 거의 어려움을 겪지 않는다.[31] (2) 멘델스존은 라이프니츠와 스피노자 사이에 유사성을 지니는 많은 점들이 존재한다는 것을 드러내며, 라이프니츠가 그의 특징적인 교설들 가운데 몇 가지를 스피노자로부터 받아들였다고 논증한다. 예를 들어 라이프니츠의 예정 조화 개념은 그 원천을 정신과 육체가 하나이자 동일한 실체의 독립적인 속성들이라는 스피노자의 관념에서 지닌다고 말해진다.[32] (3) 멘델스존은 라이프니츠가 스피노자와 구별되는 측면들 가운데 몇 가지에서 취약한 근거들 위에 있으며, 따라서 라이프니츠의 체계를 개선하게 되면 그는 스피노자에 더 가까이 다가서게 된다고 주장한다. 예를 들어 세계가 신의 자유의지로부터 생겨난다는 라이프니츠의 이론은 신이 왜 세계를 더 일찍 창조하지 않았는가 하는 것에 대한 이유가 존재하지 않는다는 고전적인 이의제기에 시달린다. 멘델스존은 스피노자의 경우에는 이러한 어려움이 발생하지 않는데, 왜냐하면 그는 우주의 무한성을 인정하기 때문이라고 주장한다.[33] (4) 마지막이지만 가장 중요한 것으로 멘델스존은 스피노자 철학을 그것이 도덕과 종교와 일관되도록 해석한다. 우주에 대한 스피노

••
31   Mendelssohn, *Schriften*, I, 15.
32   같은 책, I, 7.
33   같은 책, I, 22.

자의 견해는 그것이 [54]신의 명령에 의해 실재적인 것이 되기에 앞서 신의 정신 속에 존재하는 대로의 세계에 적용된다면 완전히 수용 가능해진다고 멘델스존은 제시한다.[34] 라이프니츠주의자들은 세계에 이중적 존재를 돌리는데, 즉 세계의 창조 이전에 신의 정신 속에 가능성으로서 존재하는 대로의 세계와 신 외부에 신의 명령의 산물로서 실재적으로 존재하는 대로의 세계가 그것이다. 하지만 스피노자는 이러한 구별을 인식하는 데 실패하며, 멘델스존에 따르면 바로 그것이야말로 그가 잘못된 방향으로 가는 곳이다. 라이프니츠주의자들이 이념적 세계에 대해 주장하는 것 — 즉 그 세계가 신 안에 존재하며 신의 지성으로부터 분리될 수 없다는 것 — 은 스피노자도 역시 실재적 세계에 대해 말하는 바로 그것이다. 그러나 우리가 이러한 구별을 인정한다면 제한적인 스피노자주의자 — 즉 이념적 세계에서의 스피노자주의자이자 실재적 세계에서의 라이프니츠주의자 — 가 되는 것이 가능하다고 멘델스존은 주장한다. 신의 정신 안에서 세계의 이념적 존재를 강조하는, 스피노자에 대한 이러한 재해석은 멘델스존이 나중에 『아침 시간』에서 레싱에게 돌리는 '순화된 범신론'을 예시한다는 점에서 의미심장하다.[35]

비록 그가 때때로 라이프니츠에 맞서 스피노자를 지지하며 논증한다 할지라도 일반적으로 보아 멘델스존은 스피노자가 데카르트와 라이프니츠 사이를 매개하는 인물, 즉 필연적인 이행 단계라는 것을 보여줌으로써 스피노자를 되살리고자 한다. 그것은 라이프니츠가 다만 스피노자에 이르는 숙명적인 도정 위의 중간 거점일 뿐이라는 오랜 경건주의적인 논증의 깔끔한 역전이다. 나중에 『아침 시간』에서 멘델스존은 경건주의적인 논증을 다시 주장하는 야코비에 맞서 이러한 스피노자 해석을 옹호

••
34 같은 책, I, 17.
35 멘델스존의 순화된 범신론은 3.4절에서 논의될 것이다.

한다.

1763년에, 그러니까 멘델스존의 『담화』가 출판된 지 겨우 8년 후에 그 밖의 누군가가 스피노자에 대한 개인적 발견—즉 독일에서 나중의 스피노자 수용에 대해 운명적인 것으로 입증될 수 있었던 발견을 수행했다. 이 사람은 다름 아닌 F. H. 야코비였다. 야코비의 스피노자 발견 이야기는 아주 흥미로운 것으로 칸트에 대한 야코비의 초기 관계와 멘델스존과 그의 나중의 논쟁에 적지 않은 빛을 던져준다. 그러나 그 이야기는 기이하고도 놀라운 전개를 보여준다. 야코비로 하여금 스피노자 철학의 필연성에 대해 확신시킨 것은 칸트였던 것이다.

『데이비드 흄』 제1판에서 야코비는 그 스스로 우리에게 어떻게 자기가 스피노자에게 이르게 되었는지 전해준다. 그는 1763년에 존재론적 논증의 그 모든 오랜 주인공들을 연구하는 가운데 라이프니츠의 눈에 띄는 논평을 우연히 발견하게 되었다고 말한다. "스피노자주의는 과장된 데카르트주의 이외에 아무것도 아니다." 스피노자에 대한 그의 관심을 촉발한 것은 바로 이 논평이었다.[36] 야코비는 존재론적 논증의 데카르트 버전의 좀 더 명확한 정식화를 발견하길 희망하며 『에티카』로 향했다. 그리고 그는 실망하지 않았다. 스피노자는 그를 위해 데카르트의 증명을 명확히 해주었다. 그러나 훨씬 더 중요한 것은 스피노자가 또한 그에게 그 증명이 "어떤 신에 대해" 타당한지 가르쳐 주었다는 점이다. 생각건대 이 신은 다름 아닌 스피노자의 신, 즉 그 밖의 모든 것이 그것의 양태일 뿐인 단일한 보편적 실체였다. 불행하게도 야코비는 자신이 어떻게 이 점을 확신하게 되었는지 정확하게 설명하지 않는다. 그럼에도 불구하고

---

36 이 중요한 구절은 오직 『데이비드 흄』의 제1판(1787), pp. 79-81에서만 나타나며, 『저작집』의 나중의 판에서는 삭제되었다.

한 가지 중요한 점은 명확하다. 1763년 초에 야코비는 이미 이성이 스피노자주의 방향으로 향하고 있다고 주장했다.

[55]야코비는 자신이 칸트의 초기 저작 『신의 현존재 논증의 유일하게 가능한 증명 근거』를 읽고서 이 점을 전적으로 확신하게 되었다고 회상한다. 그의 나중의 고백에 따르면 이 저작은 그가 자신의 가슴이 그토록 거칠게 고동치는 것을 멈추게 하기 위해 이따금 그것을 내려놓지 않을 수 없을 만큼 그를 흥분시켰다. 야코비는 신의 존재에 대한 칸트의 새로운 증명을 열광적으로 지지했다. 그러나 그는 하나의 중요한 단서, 즉 칸트를 충격에 빠트렸을 단서를 가지고서 그것을 받아들였다. 요컨대 그것은 그 증명이 오직 스피노자의 신에 대해서만 참이라는 것이었다. 야코비가 보기에 칸트는 부지부식 중에 범신론의 필연성을 논증했다.

야코비는 어떻게 그렇듯 주목할 만한 결론에 도달할 수 있었을까? 우리가 일단 신의 존재에 대한 칸트의 새로운 증명의 취지를 이해한다면 그 요점을 파악하기는 어렵지 않다. 칸트의 증명에 따르면 신의 존재는 그의 가능성과 다른 모든 사물의 가능성에 선행한다. 다시 말하면 만약 신이 존재하지 않는다면 그 밖의 어떤 것도 존재하지 않을 뿐만 아니라 또한 그 밖의 어떤 것도 심지어 가능조차 하지 않을 것이다.[37] 신의 존재는 우리가 하나의 사물에 돌리는 모든 술어나 어떠한 가능한 속성도 제한되거나 규정되어야 할 어떤 존재를 전제한다는 의미에서 모든 사물의 가능성에 선행한다. 그렇지만 제한됨이나 규정됨에 선행하여 존재하는 것은 무엇인가? 그 대답은 순수하고 단순한 존재이거나 칸트가 '사물의 절대적 정립'이라고 부르는 바로 그것이다. 모든 사물의 이러한 절대적 존재, 즉 그것들이 이런저런 측면에서 규정되어 있는 것에 선행하여 존재하는 것을 칸트는 신 그 자신의 존재와 동일시한다.

• •
37   Kant, *Werke*, II, 155-163을 참조.

이제 야코비에게 칸트의 증명은 스피노자의 신의 존재에 대한 입증과 마찬가지였다. 왜냐하면 야코비는 다음과 같이 묻기 때문이다. 스피노자의 신이 존재 그 자체의 개념, 즉 그 밖의 모든 것이 오직 그것의 제한일 뿐인 바로 그러한 존재 이외에 무엇이란 말인가? 하지만 동일한 증명이 이신론의 신, 즉 자기에 의한 존재가 아니라 특정한 종류의 존재자이자 우리가 그로부터 결코 자동적으로 존재 그 자체를 추론할 수는 없는 일련의 속성들(전지와 전능)인 그러한 신에 대해서는 적용되지 않는다. 물론 칸트 그 자신은 신의 존재를 그의 본질과 동일시하는 데서 그렇게 성급하지 않을 것이다. 그가 보기에 신의 존재는 다른 모든 사물들의 가능성뿐만 아니라 자기의 가능성에 대해서도 선행했다. 신은 그를 특정한 종류의 존재자로 만드는 다른 속성들을 지녔던 것이다. 그러나 야코비는 그러한 주저함을 지니지 않았다. 칸트 저작에 대한 그의 편향적인 독해는 그에게 신의 존재에 대한 유일하게 가능한 증명이 스피노자의 신의 존재에 대한 증명이라는 것을 보여주었다. 그리하여 좋든 나쁘든 본래 야코비로 하여금 모든 사변 철학이 스피노자주의로 끝난다고 확신시킨 것은 칸트였다. 칸트의 책을 읽어나가는 동안 야코비는 그가 나중에 멘델스존에 대항하게 할 중심 이념을 생각해냈다.[38]

물론 그 모든 이들 가운데 가장 유명한 스피노자주의자는 레싱이었다. 1763년 무렵에, 그러니까 야코비가 스피노자를 발견하고 있던 것과 같은 시기에 레싱은 『에티카』와 『신학-정치론』에 대한 그의 최초의 진지한 연구를 시작했다. 멘델스존은 일찍이 1754년에 이미 레싱을 스피노자에

---

38 야코비는 나중에 이 이념을 위한 다른 토대를 제공했다. 1785년의 『서한』에서 그는 모든 철학이 스피노자주의로 끝난다는 자신의 요점을 납득시키기 위해 존재론적 증명이 아니라 충족 이유율에 초점을 맞춘다.

게 이끌었으며, [56]그 시기로 소급되는 초기 단편인 「이성의 그리스도교」는 레싱이 순전한 스피노자주의는 아닐지라도 범신론을 향해 움직이고 있었다는 것을 보여준다.[39] 하지만 이 초기에는 레싱이 스피노자를 깊이 연구한 것으로는 보이지 않는다.[40] 그의 연구가 본격적으로 시작된 것은 1763년까지는 아니었다. 그 해의 두 초기 단편, 즉 「신 이외의 사물들의 현실성에 대하여」와 「스피노자에 의해 라이프니츠는 비로소 예정조화의 단서에 도달했다」는 스피노자주의적인 주제들에 대한 레싱의 몰두를 보여준다.[41]

레싱은 독일에서 스피노자주의 전통의 본질적 부분이며, 멘델스존이나 야코비보다 훨씬 더하게 초기 스피노자주의자들을 직접 계승하고 있다. 거기에는 자유주의적인 정치적 견해와 손잡고 나아가는 범신론이 존재한다. 레싱은 다른 모든 초기 스피노자주의자들과 마찬가지로 성서비판, 자연 종교, 관용 그리고 평등의 가치를 믿었다. 그도 역시『신학-정치론』에 깊이 빚지고 있었는데, 그것은 아마도 스피노자에 대한 그의 관심에 처음으로 불을 붙였을 것이다.[42]『현자 나탄』은 사실 스피노자『신학-정치론』의 철학적 교설들을 극적으로 제시한 것에 지나지 않는다. 레싱과 스피노자주의 전통의 유대를 완성하는 것은 모든 개인이 스스로 생각할 권리를 지닌다는 자신의 확고한 신념 때문에 그가 자기 자신을— 단지 그 정신에서만일지라도— 루터교도로서 여겼다는 점이다.[43] 이러한 측면에서 레싱은 초기의 모든 스피노자주의자들이 그로부터 생겨난 전통인 프로테스탄트 반종교개혁의 유산을 보존한다.

• •
39 Lessing, *Werke*, XIV, 175-178을 참조.
40 Altmann, *Mendelssohn*, p. 37을 참조.
41 Lessing, *Werke*, XIV, 292-296을 참조.
42 Hettner, *Geschichte*, I, 758을 참조.
43 Lessing's *Anti-Goeze*, in *Werke*, XIII, 143을 참조.

독일의 스피노자주의 역사에서 결정적인 장은 1778년에 레싱과 함부르크의 정통 루터교 목사인 H. M. 괴체와의 격렬한 논쟁과 더불어 시작되었다. 비록 이 논쟁이 스피노자에 초점을 맞추거나 심지어는 스피노자를 포함하지도 않았다 할지라도, 그것이 제기한 쟁점은 야코비와 멘델스존의 나중의 논쟁에 대한 본질적 배경의 한 부분이다. 이 논쟁은 또한 약 10년 후의 스피노자 르네상스를 위한 기반을 닦았다.

레싱과 괴체의 논쟁을 위한 계기는 1774년부터 1778년까지 레싱의 『볼펜뷔텔 단편들』, 즉 H. S. 라이마루스Reimarus의 『신의 이성적 숭배자를 위한 변론 또는 옹호의 글Apologie oder Schützschrift für die vernünftige Verehrer Gottes』에 대한 주해 및 긴 발췌들로 이루어진 저작의 출간이었다. 이 논고는 라이마루스가 자신의 생애 내에 감히 출판하려고 할 수 없을 정도로 이단적이었다. 하지만 그의 죽음 후에 딸인 엘리제 라이마루스가 그 원고를 레싱에게 건네주었다. 그 후 레싱은 저자의 이름을 드러내지 않고 또 그것을 볼펜뷔텔 도서관에서 발견했다고 꾸며서 원고를 출판했다.

라이마루스의 『변론』은 본질적으로 실정 종교에 대한 비판이자 자연 종교에 대한 옹호이다. 종교는 오로지 이성에만 토대해야 하며 어떠한 이성적 인간도 성서에 포함된 역사적 기록을 받아들일 수 없을 거라고 하는 것이 그의 일반적 테제였다. 하지만 라이마루스는 자신의 비판을 가장 이단적인 극단으로까지 가져갔다. 그는 성서의 이야기들 가운데 많은 것이 의도적으로 날조된 것들이라고 주장했다. 그리고 그는 정통 그리스도교의 교의들 가운데 대부분, 요컨대 부활, [57]원죄, 삼위일체 그리고 영원한 형벌을 내던질 것을 주장했다.[44] 라이마루스가 스피노자

• •
44   라이마루스의 저작에 대한 좀 더 상세한 논의를 위해서는 Hettner, *Geschichte*, I, 360-372와 Beck, *Early German Philosophy*, pp. 293-296을 참조.

『신학-정치론』의 열렬한 학생이었고 그의『변론』의 많은 것이 스피노자주의적인 정신을 호흡하고 있다는 것은 전혀 놀랄 일이 아니다.[45] 그리하여 라이마루스의 저작을 출판함에 있어 레싱은 스피노자의 견해를 공표하고 있었다.

레싱은 라이마루스의 이단적인 저작을 출판함에 있어 그 자신의 복잡한 철학적 동기들을 지니고 있었다. 그는 라이마루스가 말한 모든 것에 동의하지는 않았고, 이 점을 명확히 하기 위해 그는 비판적 주해를 덧붙인 자신의 발췌를 출판했다. 그럼에도 불구하고 라이마루스의『변론』은 여전히 레싱에게 그 자신의 신학적 견해를 개진하기 위한 가장 좋은 기회를 제공했다. 그의 시대의 두 주요한 신학학파들이 극단적이고 믿기 어려운 견해들을 취하고 있다는 것은 레싱의 확고한 믿음이었다. 종교를 계시와 성서의 교조적 진리 위에 근거짓기를 원하는 정통파가 있었으며, 종교를 이성 위에 근거짓고 성서에 포함된 모든 진리를 논증하길 원하는 신해석 제창자들이 존재했다. 레싱에 따르면 정통파는 신앙의 영역을 이성적 비판을 견딜 수 없는 믿음들을 옹호하는 데로 지나치게 확대한 반면, 신해석 제창자들은 이성의 영역을 그 토대가 오직 역사적일 뿐인 믿음들을 정당화하고자 하는 데로 지나치게 확대했다. 이제 라이마루스의『변론』을 출판하는 것에 의해 레싱은 정통파와 신해석 제창자들 둘 다의 잘못된 믿음을 드러낼 수 있을 거라고 생각했다. 라이마루스의 계시 비판은 이성이 기적과 예언에 대해 비판적 관계에 서 있음을 보여주었다. 이것은 신해석 제창자들에게 계시에 포함된 모든 것을 논증하는 것이 부조리하다는 것을 가르쳐줄 것이다. 그리고 그것은 정통파에게 비판을 받기 쉬운 신앙을 명하는 것이 어리석다는 것을 보여줄 것이다.

『볼펜뷔텔 단편들』의 출판은 그 시대의 대중에게 선풍적인 영향을

• •
45   Hettner, *Geschichte*, I, 364.

미쳤다. 신해석 제창자들과 정통파 신학자들 모두 실정 종교에 대한 라이마루스의 공격에 충격을 받았으며, 그들은 그러한 위험한 책을 출판하는 데 놓여 있는 레싱의 동기를 의심했다. 그리스도교에 대한 그러한 노골적인 공격은 그들에게 공공질서를 위험에 빠트리는 것과 마찬가지였다. 그들은 그 책이 시민 복종의 주된 기둥인 보통 사람의 신앙을 약화시킬 것을 두려워했다. 한 논평자는 『일반 독일 문고』에서 다음과 같이 불평했다. "그러한 책이 그리스도교 대중의 관심에서 어떤 유용한 목적에 이바지할 수 있을까? …… 우리는 인간을 위해 그리스도교보다 더 좋은 종교를 결코 창안할 수 없을 것인바, 그리스도교는 그 내적인 이성성과는 별도로 또한 외적인 실정적 승인도 지닌다. 우리가 사람들에게서 후자를 빼앗고자 원할 수 있을까? 이것은 방향타와 돛대 또는 돛 없이 배를 툭 트인 바다에 내맡기는 것이 아닐까?"[46]

정통파의 소송은 곧바로 괴체 목사에 의해 착수되었다.[47] 그는 레싱이 그 저작을 출판함에 있어 오도되고 있을 뿐만 아니라 또한 의심스럽게도 그것을 비판함에 있어 느슨하다고 느꼈다. 레싱은 라이마루스의 성서 비판을 지지하는 것으로 보였다. 그리하여 레싱과 괴체 사이에 대격전이 이어졌으며, 그것은 독일 논박 문학의 걸작들 중의 하나인 레싱의 『반-괴체』를 산출했다.

레싱과 괴체 사이의 주된 쟁점은 [58]성서의 진리가 그리스도교에 대해 필연적인가 아닌가 하는 것에 관계되었다. 괴체는 성서가 그리스도교 신앙의 토대이자 신적인 영감 아래 쓰인 절대로 오류가 없는 문서라는 정통 루터교 입장을 옹호했다. 하지만 레싱은 성서의 진리가 신앙에 대해 필연적이지 않으며, 따라서 라이마루스의 것과 같은 비판은 그리스도

••
46   *AdB* 90 (1780), 385를 참조.
47   Goeze, *Etwas Vorläufiges*를 참조.

교의 본질을 약화시키지 않는다고 주장했다. 레싱은 자신의 입장을 다음과 같이 요약했다. "문자는 정신이 아니며 성서는 종교가 아니다. 따라서 문자나 성서에 대한 반대는 그 사실 자체에 의해 종교에 대한 반대가 아니다."[48] 레싱은 이 점을 증명하기 위해 라이프니츠의 사실 진리와 이성 진리의 구별을 사용했다. 성서 안의 모든 것이 참이라고 가정한다 하더라도 그리스도교의 어떠한 진리도 역시 참이라는 것이 따라 나오지 않는다고 그는 논증했다. 왜냐하면 성서는 오직 사실 진리만을 포함할 것을 의도하기 때문이다. 그리고 우연적인 사실 진리로부터는 결코 필연적인 이성 진리가 따라 나오지 않는다. 예를 들어 '예수는 죽은 자들로부터 살아났다'는 명제의 진리로부터 '예수는 신의 아들이다'가 따라 나오는 것은 아니다. 레싱은 역사적 진리와 형이상학적 진리 사이에 "넓고 추한 도랑"이 존재한다고 말했으며, 자기가 그것을 어떻게 건너야 할지 알지 못한다고 고백했다. 레싱은 이러한 논증으로부터 종교의 토대는 계시가 아니라 이성이어야 한다고 결론지었다.[49]

야코비와 멘델스존의 나중의 논쟁은 본질적으로 괴체와 레싱 논쟁의 연속이다.[50] 야코비는 레싱과 멘델스존에 대항하여 실정 종교를 찬성하는 주장을 옹호했다. 하지만 이것은 야코비가 괴체처럼 성서의 무오류성을 옹호하고자 했다거나 하물며 그가 『볼펜뷔텔 단편들』의 출판을 사회의 도덕에 대한 위험으로서 바라본 정치적 반동주의자였다는 것을 의미

••
48 Lessing, *Werke*, XII, 428.
49 하지만 레싱은 이로부터 계시 개념이 쓸모없다거나 종교로부터 추방되어야 한다고 결론짓지는 않았다. 괴체와의 논쟁에서 직접적으로 성립한 그의 『인류의 교육』에서 레싱은 계시를 신이 인류를 교육하는 수단으로서 바라보았다. Lessing, *Werke*, III, 416, 431-432를 참조.
50 그리하여 야코비와 하만은 모두 멘델스존과의 논쟁을 바로 이러한 빛 가운데서 바라보았다. 1784년 12월 5일자의 야코비에게 보낸 하만의 편지와 1784년 12월 30일자의 하만에게 보낸 야코비의 편지, Hamann, *Briefwechsel*, V, 274, 301을 참조.

130

하지 않는다.[51] 그럼에도 불구하고 야코비는 종교의 토대가 이성이 아니라 계시여야만 한다고 주장했다. 계시가 반드시 성서로부터 나오는 것은 아니었다. 그것은 또한 내적 경험으로부터도 나올 수 있었다. 종교는 현재 사건들의 경험이든 아니면 성서에 포함된 과거 사건들의 증언이든 역사적 사실에 토대해야 했다. 야코비가 레싱이 사실의 진리와 이성의 진리를 구별한 것을 결코 반박하지 않았다는 점에 주목하는 것은 흥미롭다. 그는 다만 그로부터 대립된 결론을 끌어냈을 뿐이다. 요컨대 이성은 어떤 것의 존재, 특히 신의 존재를 증명할 수 없으며, 따라서 신의 존재를 위한 모든 증거는 계시로부터 나와야 했다는 것이다.

괴체와의 레싱의 논전은 단지 야코비와 멘델스존의 논쟁을 위한 쟁점들을 제공한 것만이 아니다. 그것은 또한 나중의 스피노자 수용을 위한 길을 닦았다. 괴체에 대한 레싱의 통렬한 논박은 언제나 스피노자주의자들을 박해한 정통파의 입장을 크게 약화시켰다. 그러나 훨씬 더 중요한 것은 레싱이 성서의 권위를 받아들이지 않고서도 그 정신에서 루터교도일 수 있다는 것을 보여주었다는 점이다. 레싱의 『반-괴체』보다 프로테스탄트 반종교개혁의 정신을 더 훌륭하게 다시 진술하는 것은 있을 수 없었다. 그 작품에서 레싱은 공공연하게 루터의 비순응성 대의의 정당성을 입증했다. [59]우리가 성서의 권위를 떨쳐버리자마자 출현하는 루터주의 내의 모든 잠재적인 범신론적 요소들은 이제 자유롭게 자기 자신을 표현할 수 있었다.

1785년 이후 스피노자에 대한 대중의 의견은 거의 보편적인 경멸로부

51   중요한 것은 야코비가 극단적으로 자유주의적인 정치적 견해를 지녔다는 점에 주목하는 것인데, 그는 그것을 『레싱이 말한 것』에서 천명했다. Jacobi, *Werke*, II, 325-389를 참조. 야코비는 아마도 괴체와 같은 결함을 지닌다고 여겨지는 것을 피하기 위해 이 저작을 멘델스존과의 논쟁 직전에 출판했다.

터 거의 보편적인 찬양으로 변했는데, 그것은 주로 야코비가 레싱의 스피노자주의를 드러낸 『서한』의 출판 결과였다. 레싱은 계몽의 가장 존경받는 인물이었으며, 그의 신조는 자동적으로 모든 비밀스러운 스피노자주의자에게 정당성을 보증했다. 이제 스피노자주의자들은 잇따라 자신들의 밀실로부터 나와 레싱 뒤에 줄지어 설 수 있었다. 만약 레싱이 명예로운 사람이고 또 스피노자주의자라면 그들도 역시 그럴 수 있었다. 아이러니하게도 야코비의 『서한』은 멘델스존이 두려워했듯이 레싱의 명성을 파괴하지 않았다. 그것은 오히려 그 정반대의 일을 했던바, 레싱을 비순응주의자들의 눈에 영웅으로 보이게 만들었다. 레싱은 비정통파가되는 것을 유행으로 만들었으며, 유행에 따라 비정통파가 되는 것은 스피노자주의자가 되는 것이었다.

물론 레싱의 신조는 다만 스피노자주의가 어떻게 해서 존경할 만하게되었는지를 설명해 줄 뿐이다. 그것은 왜 스피노자주의자가 비밀을 공개할 수 있었는지에 대해 해명할 뿐, 왜 그가 일차적으로 스피노자주의자가 되었는지에 대해 밝혀주지 않는다. 스피노자주의가 어째서 그토록많은 다른 사상가들의 신조가 되었는지를 이해하기 위해 우리는 18세기가 끝나갈 무렵의 과학들의 새로운 상황을 고찰해야 한다.

스피노자주의의 부침에 있어 부상이 이루어지게 된 것은 부분적으로유신론과 이신론이 퇴조한 귀결이 낳은 결과였다. 18세기 중엽에 유신론은 과학들로 인해 고통을 겪고 있었다. 유신론의 기본적인 교의들 가운데 두 가지─기적에 대한 믿음과 성서의 권위─는 점점 더 그럴듯하지 않게 보이고 있었다. 근대 물리학은 18세기 중엽에 현 상태가 되었으며, 자연의 필연적 질서에 대한 그것의 그림은 기적의 가능성에 의구심을 제기했다. 같은 시기에 라이프치히의 J. A. 에르네스티와 괴팅겐의 J. D. 미하엘리스에 의해 이루어진 역사적·문헌학적 성서 비판은 성서의 권위를 약화시키기 시작했다.[52] 성서는 더 이상 초자연적 영감의 산물이 아니라 특정한 역사적·문화적 상황 하에서 쓰고 있는 인간 그 자신의 산물인 것으로 보였다. 스피노자의 성서 비판 배후의 주된 원리— 성서가 자연의 산물이라는 것—는 그 정당성이 입증되었다.

비록 이신론이 근대 물리학 및 성서 비판과 일관된 것으로 보였을지라도 그것 역시 퇴조하기 시작했다. 유신론이 과학의 희생물이었다면 이신론은 철학적 비판의 희생물이었다. 이신론의 대들보는 존재론적·우주론적 논증들이었다. 그러나 이 논증들은 1780년대에 불신 받게 되었다. 흄의 『자연 종교에 관한 대화』와 버틀러의 『종교의 유비』 그리고 디드로의 『맹인에 관한 서한』은 우주론적 논증을 심각하게 훼손했던 데 반해, 칸트의 『비판』은 존재론적 논증에 대해 치명적인 폭로를 제공하는 것으로 보였다.

유신론과 이신론이 과학의 진보와 철학적 비판에 의해 상처받기 쉬웠던 데 반해, [60]스피노자의 범신론은 그 둘 다로부터 면역된 것으로 보였다. 실제로 18세기 정신에게 스피노자는 근대 과학의 예언자였다. 『신학-정치론』에서 개진된 성서 비판의 학문은 분명히 획기적이었고 그 시대보다 훨씬 앞서 있었다. 그리고 『에티카』의 철저한 자연주의는 근대 과학의 바로 그 철학을 대표하는 것으로 보였다. 목적인과 섭리에 대한 스피노자의 부정, 결정론과 우주의 무한성에 대한 그의 긍정, 비인격적이고 우주적인 신에 대한 그의 믿음—이 모든 것은 근대 과학적인 자연주의의 결과들로 생각되었다. 물론 스피노자의 이성주의와 특히 형이상학에서 기하학적 방법의 사용은 1780년대에 대체로 불신 받았으며, 어느 누구도 그것의 무오류성을 믿을 만큼 순진하지 않았다. 그러나 18세기에 존경받은 것은 스피노자 체계의 형식(그것의 기하학적 방법)이라기보다

52 에르네스티와 미하엘리스의 성서 비판의 영향에 관해서는 Hettner, *Geschichte*, I, 354-355를 참조.

는 오히려 그 내용(그것의 자연주의)이었다. 스피노자의 우주적 신에 대한 믿음은 과학 그 자체의 종교인 것으로 보였다.

그리하여 18세기 말에 스피노자주의가 지닌 매력의 한 부분은 세계를 향한 그것의 종교적 태도, 즉 비록 근대 과학의 결과는 아닐지라도 여전히 근대 과학과 일관된 태도였다. 스피노자의 범신론은 한편에서의 불신받는 유신론 및 이신론과 다른 한편에서의 가차 없는 유물론 및 무신론 사이의 생존 가능한 가운뎃길인 것으로 보였다. 괴테 시대의 사상가들이 유신론으로 복귀하거나 이신론을 되살리고자 하지 않았다면, 그들은 또한 돌바크의 『자연의 체계』만큼이나 멀리 나아가 노골적인 무신론과 유물론을 주장하는 데로 기울어지지도 않았다.

18세기 말 독일에서 스피노자주의의 승리 배후에는 철학과 과학의 상태뿐만 아니라 또 다른 요인들이 존재했다. 아무리 높이 평가해도 지나칠 수 없는 이 요인들 가운데 하나는 루터주의 그 자체인데, 특히 평등과 신에 대한 직접적 관계라는 그것의 이상들이다. 우리는 일단 성서의 권위가 거부되게 될 때 어떻게 루터의 이상들이 범신론에 도움이 되는지를 이미 살펴보았다. 루터주의 내에 잠재적인 이러한 범신론적 경향이 실현되기 위해서는 두 가지 조건이 충족되어야 했다. 첫째, 성서의 권위가 불신 받아야 했다. 그리고 둘째, 루터의 이상들이 주장되어야 했다. 이 두 조건들이 모두 성취되었다. 첫 번째는 성서 비판의 성장과 괴체에 대한 레싱의 승리에 의해 만족되었다. 두 번째는 경건주의 운동에 의해 충족되었는데, 그 운동의 영향은 18세기 말에 이르기까지 계속해서 뚜렷이 알아볼 수 있었다. 괴테 시대의 적지 않은 범신론자들이 경건주의적인 배경을 지녔는데, 그것은 불가피하게 그들의 사유에 영향을 미쳤다.

18세기 말 독일에서 스피노자주의의 부상을 이해하기 위해 결정적인 것은 우리가 이러한 루터주의적인 차원을 고려해야 한다는 점이다.[53] 루터의 이상들은 초기 스피노자주의자들뿐만 아니라 후기 스피노자주의들에게 있어서도 배후의 지도 정신이었다. 실제로 17세기 말에서 18세기 말로 이어지는 단일한 스피노자주의 전통, 즉 끊임없이 [61]루터의 영감 아래 있었던 전통이 존재했다. 괴테 시대 범신론의 하나의 특징적이고 실제로 뚜렷이 보이는 면모는 루터의 지속적인 영향을 드러낸다. 그것은 바로 거의 모든 후기 스피노자주의자들이 신을 경험하는 것과 전체로서의 자연과 교감하는 것의 중요성을 견지한다는 것이다. 우리는 이것이 되풀이해서 괴테, 셸링, 슐라이어마허, 노발리스, 휠덜린 그리고 헤르더에게서 표현되는 것을 발견한다. 괴테 시대 범신론을 정통 스피노자주의의 이성주의로부터 구별하는 것은 그것의 바로 이러한 신비적 가닥이다. 마치 신에 대한 지적 사랑이 스피노자 체계의 끝이 아니라 시작인 것처럼 보인다. 하지만 괴테 시대 범신론의 이러한 면모가 신에 대한 직접적 관계라는 루터의 이상을 다시 주장하는 것 이외에 무엇이란 말인가? 17세기 말의 스피노자주의에 대해 참인 것은 18세기 말의 그것에 대해서도 참이기를 그치지 않았다. 그것은 성서 없는 루터주의였다.

2.3. 레싱의 스피노자주의에 대한 논란

1783년 3월 25일, 야코비와 레싱 그리고 멘델스존의 친구이자 헤르만 사무엘 라이마루스(『신의 이성적 숭배자를 위한 변론 또는 옹호의 글』의 저자)의 딸인 엘리제 라이마루스는 야코비에게 베를린의 최근 소식에 관해 써 보냈다.[54] 바로 그 전날 그녀는 멘델스존을 방문했는데, 그는

- ··
53 『초기 독일 철학』 p. 359에서 베크는 독일에서 이성주의의 영향이 퇴조하고 있었을 때 스피노자의 영향이 부상하고 있었던 것은 하나의 역설이라고 언급하고 있다. 하지만 이러한 역설은 우리가 괴테 시대 범신론의 루터주의적인 차원을 알아보자마자 사라진다.

그녀에게 자신의 최근 저술 계획에 대해 알려주었다. 멘델스존은 그녀에게 자신이 레싱이라는 인물에 관한 오래전부터 약속해 온 저작, 즉 1781년 2월의 레싱의 죽음 이후로 계속해서 쓰기로 계획해 온 저작을 여전히 마무리할 의도를 가지고 있다고 확언했다. 이 소책자는 그의 가장 가까운 친우, 즉 그가 30년 동안 알아온 사람이자 자신의 가장 은밀한 사상들을 공유해 온 사람의 인물됨에 대한 헌사이고자 했다. 라이마루스는 멘델스존의 새로운 결심을 듣고서 기뻤으며, 곧바로 그 행복한 소식을 야코비에게 전달했다.

멘델스존의 계획에 대해 듣게 된 후 야코비는 1783년 7월 21일에 라이마루스에게 답신하여 그녀에게 과연 멘델스존이 레싱의 최종적인 종교적 견해에 관해 알고 있는지 물었다.[55] 그는 그녀에게 말할 중요한 어떤 것, 즉 오직 "우정의 장미 아래서"만 털어놓을 수 있는 아주 중요한 어떤 것을 지니고 있었다. 그것은 사실 정통파에게는 충격적인 한 편의 소식이었다. 그러나 야코비는 그 모든 것에도 불구하고 그것을 말해야 한다고 느꼈다. "말년에 레싱은 헌신적인 스피노자주의자였다!" 그것이 아무리 경악스러운 것일지라도 야코비는 레싱이 자신에게 바로 그러한 고백을 행한 적이 있다고 암시했다. 그리고 확실히 이 사실은 멘델스존에게 전달되어야 했다. 멘델스존이 레싱이라는 인물에 관한 책을 써야 한다면 확실히 그는 레싱의 스피노자주의에 대해 알아야 할 필요가 있었다. 그러나 분명히 문제 전체는 매우 미묘했다. 정통파 대중에게 레싱의 비정통적인 견해를 드러내는 것이 어떻게 가능했을까? 18세기 독일에서 스피노자의 평판은 스피노자주의자라는 것이 또한 무신론자이기도 하다는 그런 것이었다. 멘델스존은 레싱의 최종적인 종교적 견해를 극단적으로

••
54   Jacobi, *Werke*, IV/1, 38n.
55   같은 책, IV/1, 39-40.

조심스럽게 다루어야 할 것이다. 만약 공개적으로 레싱의 스피노자주의를 드러낸다면 그는 대중에게 충격을 주고 레싱의 인물됨에 위엄을 부여하기보다는 오히려 그것을 훼손하지 않을 수 없을 것이다. [62]하지만 그 사실을 완전하게 억누른다면 그는 정직하거나 결정적인 전기와 같은 어떤 것을 쓴다고 주장할 수 없을 것이다. 야코비는 라이마루스에게 레싱이 자신의 견해를 타인들과 특히 멘델스존에게 전했는지 알지 못한다고 말했다. 레싱이 멘델스존에게 말했을 가능성은 있다. 그러나 또한 그렇게 하지 않았을 가능성도 있는데, 왜냐하면 레싱은 그의 사망 이전에 오랫동안 멘델스존을 보지 못했고 또 편지 쓰기를 좋아하지 않았기 때문이다. 그러고 나서 야코비는 멘델스존에게 레싱의 스피노자주의에 대해 말할 것인지 아닐지를 라이마루스의 신중한 결정에 맡겼다.

비록 더할 나위 없이 정직하고 선의를 지닌 것으로 보일지라도 라이마루스에게 보낸 야코비의 편지는 사실상 솔직하지 못했다. 야코비는 레싱이 자신의 스피노자주의를 멘델스존에게 고백하지 않았다는 것을 아주 잘 알고 있었다.[56] 그는 또한, 그가 레싱과 자신의 은밀한 대화를 겨우 2년 후에 출판하게 될 것을 고려하면, 레싱의 스피노자주의를 대중에게 드러내는 것과 관련한 신중함이나 그 결과에 관심을 지니고 있지도 않았다. 그리고 그 문제를 라이마루스의 신중한 결정에 맡기는 데서 보이는 무관심의 분위기에도 불구하고 야코비는 다름이 아니라 바로 그녀가 멘델스존에게 알리기를 원했다.

그렇다면 왜 속임수를 쓴 것일까? 야코비는 무슨 일을 하고 있었던가? 간단히 말하자면 그는 멘델스존을 위한 덫을 놓고 있었다. 그는 자신의 통지가 멘델스존을 불안하게 할 것임을 알았다. 그리고 그는 그것이 멘

---

56 야코비에 따르면 레싱은 멘델스존에게 자신의 최근의 견해를 결코 알린 적이 없었다는 것을 그에게 이미 말한 바 있었다. *Werke*, IV/1, 42를 참조.

델스존으로 하여금 자신의 가장 좋은 친구를 무신론자라고 부르는 것과 마찬가지 것인 레싱의 스피노자주의라는 주장을 의심하거나 부정하게 만들 거라고 계산했다. 멘델스존이 자신의 의심 내지 의혹을 나타낸 후 야코비는 싸움을 벌여 자신과 레싱의 개인적 대화의 내용을 폭로할 수 있을 것이었다. 그러한 전술은 레싱에 대한 자기의 더 밀접한 우정을 입증할 것이고, 그들의 오랜 친구의 가장 은밀한 의견에 대한 멘델스존 의 무지를 폭로할 것이었다. 그렇듯 언뜻 보기에도 확실한 것이지만, 문제가 되고 있었던 것은 레싱의 유일한 적통 후계자이자 그를 위한 대변인이라는 멘델스존의 주장이었다. 야코비는 그 칭호가 자신을 위한 것이기를 원했으며, 그것을 얻기 위해 기꺼이 공정치 못한 수단에 의지 하고자 했다.

멘델스존의 주장과 경쟁하고자 하는 야코비의 열망은 그가 겨우 1년 전에 멘델스존과 함께 성사시킨 것으로 나중 논쟁의 많은 것을 예시하는 작은 문학적 충돌로부터도 이미 분명했다. 『레싱이 말한 것』(1782)에서 야코비는 모든 형식의 정치적·종교적 권위에 대한 자신의 공격을 뒷받 침하기 위해 레싱의 진술을 인용했다. "페브로니우스와 그의 제자들이 말한 것은 군주들에 대한 파렴치한 아첨 이외에 아무것도 아니었다. 왜 냐하면 교황의 권리에 반대하는 그들의 모든 논증은 근거가 없거나 두세 배의 힘을 지니고서 군주들 자신에게 적용되었기 때문이다."[57] 야코비에 게 중요한 것은 레싱이 가톨릭 교회들뿐만 아니라 프로테스탄트 군주들 도 비판할 용기를 지녔다는 점이었다. 이것은 레싱이 도덕적·정치적 현 상태와 타협하기 위해 언제나 자신들의 지적 이상들을 포기할 준비가 되어 있던 베를린 계몽주의자들 가운데 하나가 아니라는 것을 의미했다. 레싱은 베를린 사람들과는 달리 하나의 문제를 도덕적·정치적 결과들에

57   Jacobi, *Werke*, II, 334.

도 불구하고 그 논리적 결론에 이르기까지 다루는 성실함을 지녔다. 그리하여 [63]야코비는 레싱이 모든 형식의 전제주의에 대한 투쟁에서 자신의 편에 서 있다고 느꼈으며 — 곧바로 명백해질 것이듯이 이것은 베를린에서의 "계몽의 전제주의"를 포함했다.

야코비의 책이 출간된 후 멘델스존은 그에 대해 몇 가지 비판적 논평들을 행했고, 그 가운데 몇몇은 레싱에 대한 야코비의 이해에 의문을 제기했다.[58] 이 논평들은 나중에 야코비에게 전달되었는데, 그 후 그는 그중에서도 특히 멘델스존의 언명들로 이루어진, 자기 자신에게 반대하는 논문을 조작하는 기이한 행보를 보였다. 그 후 그는 그 논문을 『독일 박물관』 1783년 1월호에 실었다. 이러한 주목할 만한 술책은 결국 야코비에게 그가 원하는 것, 즉 멘델스존과 공적인 토론을 할 수 있는 기회를 부여했다. 멘델스존의 비판에 대한 대응에서 야코비는 레싱의 아이러니에 대한 멘델스존의 해석에 이의를 제기했다.[59] 멘델스존은 군주들에 반대하는 레싱의 진술이 다만 역설에 대한 그의 사랑의 예일 뿐이며, 따라서 그것이 진지하게 그에게 돌려질 수 없다고 주장했다. 역설에 대한 이러한 사랑은 레싱으로 하여금 만약 어떤 하나의 과장이 널리 믿어진다면 그것에 또 다른 과장을 가지고서 대립하도록 하는 경향이 있었다. 그러나 야코비는 레싱에 대한 그의 특수한 지식에 호소함으로써 이러한 해석을 반박했다. 그는 레싱이 자기에게 개인적으로 자신은 결코 역설 그 자체에 탐닉하지 않을 것이며, 만약 참된 믿음이 빈곤한 논증들에 토대하지 않는다면 그것을 결코 공격하지 않을 것이라고 이야기했다고 말했다. 레싱의 아이러니에 대한 이러한 해석은 또한 다가올 논쟁을 위해서도 중요했다. 야코비에 따르면 그것은 레싱이 단순히 역설에 대한

· ·
58 Mendelssohn, *Schriften*, VI/1, 103-108.
59 Jacobi, *Werke*, II, 404-405.

사랑으로부터 그에게 자신의 스피노자주의를 고백하지 않았다는 것을 의미했다.

야코비의 필사적인 술책에도 불구하고 멘델스존은 논전에로 유혹될 수 없었다. 멘델스존은 다만 정중하게 야코비의 요점을 용인했을 뿐이다. 그는 야코비를 자신의 시간을 들일 만한 가치가 없는 그저 글줄이나 읽은 사람으로서 바라보았다. 말할 필요도 없이 야코비는 이것을 간파하고 그로 인해 모욕을 느끼고 좌절했다. 다음번에 그는 멘델스존이 그렇게 쉽게 빠져나가지 못하도록 해야 할 것이었다.

야코비가 기대했듯이 엘리제 라이마루스는 레싱의 스피노자주의에 관한 비밀을 충실하게 전했다. 1783년 8월 4일에 그녀는 멘델스존에게 편지를 써 야코비의 소식을 전하고 야코비의 7월 21자 편지를 동봉했다.[60] 그토록 충격적인 소식에 대한 멘델스존의 반응은 어떠했는가? 조심스럽게 말하자면 그것은 당혹스러움과 짜증의 반응이었다. 라이마루스에 대한 8월 16일자 답신에서 멘델스존은 약간의 당황스러움을 지니고서 물었다. "레싱이 스피노자주의자였다는 것은 무엇을 의미하나요?"[61] 야코비는 스스로를 해명해야 했다. 있는 그대로의 그의 주장은 너무 단도직입적이고 너무 모호해서 멘델스존은 그에 대한 진지한 판단을 내릴 수 없었다. "레싱이 정확히 뭐라고 말했던가요?" "어떻게 그리고 어떤 상황에서 그가 그렇게 말했던가요?" "레싱은 스피노자주의라는 것으로 무엇을 의미했던가요?" "그리고 그는 스피노자의 어떤 특수한 교설들을 염두에 두었던 건가요?" 이 모든 물음들과 또 다른 물음들이 멘델스존이 야코비의 주장을 평가하기 시작하기 전에 대답되어야 했다. 야코비가 뭐라고 말하든지 간에 멘델스존은 수상쩍어 했다. 그는 레싱이 순수하고

··
60   Mendelssohn, *Schriften*, XIII, 120ff.
61   같은 책, XIII, 123ff.

단순한 스피노자주의자일 가능성을 일축했다. 설사 레싱이 스피노자주의를 유일하게 가능한 체계로 생각한다고 말했다 할지라도, [64]그는 제정신이 아니었거나 단순히 논증을 위해 비대중적인 견해를 옹호하는 자신의 전투적이고 아이러니한 기분들의 또 다른 상태에 놓여 있었을 것이다. 하지만 레싱의 스피노자주의와 관련하여 야코비가 옳다고 가정한다면 이러한 사실을 억누를 아무런 이유도 알지 못한다고 멘델스존은 말했다. 야코비가 상상했듯이 위장이나 검열을 위한 아무런 이유도 존재하지 않았다. 진리에 대한 관심은 타협될 수 없으며, 그것에 이바지하는 것은 오직 솔직하게 레싱의 스피노자주의를 드러내는 것에 의해서일 뿐이다. "우리의 가장 좋은 친구의 이름마저도 그것이 마땅히 받을 만한 것보다 더 좋은 빛 가운데서 빛나서는 안 됩니다"라고 멘델스존은 라이마루스에게 말했다.

레싱의 스피노자주의를 기꺼이 인정하고 공표하고자 하는 가운데, 만약 야코비가 자신의 주장을 확증해낼 수 있다고 한다면 멘델스존은 야코비와의 투쟁을 포기할 것으로 보였다. 사실 그는 다만 자신의 카드를 만지작거리고 있을 뿐이었다. 멘델스존은 라이마루스가 자신의 편지를 야코비에게 전달하거나 그 개요를 전할 것임을 알았으며, 그래서 그는 자신의 반응을 조심스럽게 저울질할 수밖에 없었다. 멘델스존의 대응에는 야코비의 본래의 편지에서와 꼭 마찬가지로 솔직하지 못한 요소가 존재했다. 그가 그렇게 기꺼이 인정하고자 하는 것으로 보였던 것은 바로 그가 가장 두려워하는 것이었다. 만약 레싱의 스피노자주의라는 단적인 주장이 이루어진다면, 그것은 그의 친구의 명성을 돌이킬 수 없이 손상시킬 것이다. 따라서 멘델스존은 야코비가 그의 정보를 출판해야 한다고 제안하지 않았던바, 실제로 그는 자신이 먼저 출판하려고 애를 쓰고자 했다. 그렇다면 야코비 주장의 단도직입적인 진리를 인정하고자 하는 그의 겉보기의 기꺼움은 어째서인가? 이를 위한 최소한 두 가지 동기가 존재했다. 첫째, 멘델스존은 자기가 사실들을 억누르고 정직한 묘비명보다 못한 것을 쓰길 원한다고 하는 그의 암시에 대해 항의하고자 했다. 그러한 암시는 자기의 성실성에 의문을 붙였으며, 그는 그것을 일축하는 것 이외에 다른 선택의 여지가 없었다. 둘째, 멘델스존의 겉보기의 기꺼움은 또한 만약 야코비가 자신의 주장을 정당화해야 한다면, 그는 레싱의 스피노자주의를 자연 종교와 도덕의 진리들과 완전히 일관된 무해한 방식으로 해석할 수밖에 없다는 그의 확신을 나타내는 표지이기도 했다. 약 2년 후 논쟁의 바로 그 정점에서 저술된 『레싱의 친구들에게』에서 멘델스존은 스피노자주의에 대한 레싱의 공감을 자신들의 우정의 아주 이른 시절부터 언제나 알고 있었다고 주장했다. 그러나 그는 레싱의 스피노자주의를 초기 단편 「이성의 그리스도교」에서 상세히 개진된 이념들과 관련시켜 생각했다. 그 단편에서 발견되는 스피노자주의의 특징들은 최소한 멘델스존이 보기에는 도덕과 종교의 모든 본질적 진리들과 완전히 양립할 수 있었다. 따라서 만약 멘델스존이 레싱의 스피노자주의에 대한 해명을 야코비보다 먼저 출판할 수 있다면, 그것은 야코비에 의한 레싱의 스피노자주의에 대한 어떤 노골적인 선언이 지닐 수 있는 혹독함을 완화시킬 수 있을 것이었다. 그러한 방식으로 레싱의 명성은 쉽게 구제될 수 있었다. 그렇다면 대체로 보아 멘델스존의 솔직하지 못함은 한 가지 사실, 즉 그가 야코비의 함정을 명확히 파악했으며—그것을 교묘하게 피했다는 것을 보여준다.[62]

[65]이제 야코비와 멘델스존 사이의 논전이 임박했다는 것은 매우 명확

..
62 멘델스존이 야코비보다 선수를 쳐 레싱의 명성을 구하고자 했다는 것은 멘델스존의 나중의 두 개의 편지에서 분명히 나타난다. 1785년 10월 8일자의 니콜라이에게 보낸 편지와 1785년 10월 21일자의 라이마루스에게 보낸 편지, *Schriften*, XIII, 309, 320을 참조

했다. 그것은 다만 사건들이 자연스러운 과정을 걷도록 하는 문제일 뿐이었다. 1783년 9월 1일에 라이마루스는 예상대로 멘델스존의 8월 16일 자 편지의 개요를 야코비에게 보냈다.[63] 그것을 받자마자 야코비는 레싱의 스피노자주의에 관한 더 많은 정보에 대한 멘델스존의 요청에 의무적으로 응하는 수밖에 없다고 느꼈다.[64] 그래서 겨우 두 달 후인 1783년 11월 4일에 야코비는 그의 주장에 따르면 레싱이 스스로의 스피노자주의를 고백했다고 하는 자신과 레싱과의 대화를 기술하는 (4절지로 약 36쪽에 달하는) 긴 편지를 썼다. 18세기 말 독일의 문화적 무대에 그토록 엄청난 충격을 줄 수 있었던 것은 바로 이 레싱과 그의 대화 기록이었다.

야코비에 따르면 그들의 운명적인 대화는 야코비가 볼펜뷔텔에 있는 레싱을 방문하기 위한 '위대한 여행'에 나섰을 때인 1780년 여름에 이루어졌다. 야코비는 7월 5일 오후에 레싱과 처음 만났다. 다음날 아침 레싱은 유명한 볼펜뷔텔 도서관 방문을 위한 준비로 야코비의 방에 들어섰다. 야코비는 그때 막 자신의 서신을 마무리하고 있었다. 그 사이에 레싱이 무료함을 달랠 수 있도록 하기 위해 야코비는 그에게 읽을거리를 몇 개 주었는데, 그 가운데는 젊은 괴테의 그때는 출판되지 않은 시 「프로메테우스」가 있었다. 그 시에 대해 논평하는 가운데 레싱은 자신의 극적인 고백을 행했다. 야코비가 회상하는 대로 하자면 그 대화는 다음과 같이 진행됐다.

레싱: 저는 이 시가 좋다고 생각합니다. …… 그것의 관점은 제 자신의 것이기도 합니다. 신성에 대한 정통적인 개념은 더 이상 제게는 없습니다. "하나이자 모두(hen kai pan)", 저는 그 이외의 것을 알지

63 Jacobi, *Werke*, IV/1, 43-46.
64 같은 책, IV/1, 46-47.

못합니다. 그것이야말로 이 시의 요점입니다. 그래서 저는 이 시가 대단히 마음에 든다고 고백하지 않을 수 없습니다.

야코비: 그렇다면 당신은 스피노자와 상당히 일치할 것입니다.

레싱: 만약 제가 누군가를 따라 제 자신을 불러야 한다면, 저는 더 좋은 이를 알지 못합니다.

야코비: 스피노자라면 제게도 아주 좋습니다. 하지만 우리는 그의 이름에서 은총이자 저주인 것을 발견하게 됩니다!

레싱: 그렇습니다, 당신이 그렇게 생각하고 싶다면 말입니다! …… 그러나 당신은 더 좋은 어떤 이를 아십니까?

이 지점에서 대화는 도서관장의 도착으로 인해 중단되었다. 그러나 다음날 아침 레싱은 다시 야코비를 만나러 와 자신이 야코비에게 충격을 주지 않았을까 두려워하며 "하나이자 모두"라는 표현으로 자신이 의미하는 것을 그에게 설명하고자 했다.

레싱: 저는 저의 "하나이자 모두"에 관해 당신에게 이야기하기 위해 왔습니다. 당신은 어제 충격을 받았습니까?

야코비: 당신은 저를 놀라게 했고, 저는 약간의 당혹스러움을 느꼈습니다. 그러나 당신은 제게 충격을 주지는 않았습니다. 당신이 스피노자주의자 또는 범신론자라는 것을 발견하는 것은 확실히 제가 기대한 것이 아니었습니다. [66]더군다나 저는 당신이 그토록 빠르고 직설적으로 그리고 그토록 분명하게 당신의 카드를 내놓을 거라고는 생각하지 못했습니다. 저는 대체로 스피노자에 맞서 당신의 도움을 얻고자 하는 의도로 왔습니다.

레싱: 그렇다면 당신은 스피노자를 알고 있습니까?

야코비: 저로서는 제가 극소수의 다른 사람들과 마찬가지로 그를

알고 있다고 믿고 있습니다.

레싱: 그렇다면 당신을 도울 필요가 없겠군요. 당신도 역시 그의 친구가 될 것입니다. 스피노자 철학 이외에 다른 철학은 없습니다.

야코비: 그럴 수도 있을 것입니다. 왜냐하면 결정론자는 만약 그가 일관적이고자 한다면 또한 숙명론자가 될 수밖에 없기 때문입니다. 그 밖의 모든 것은 그로부터 따라 나옵니다.

대화는 야코비가 스피노자 철학에 대한 자신의 해석을 설명할 때 중단되었다. 그의 독해는 자유 의지와 섭리 그리고 인격적 신에 대한 스피노자의 부정을 강조했다. 야코비의 보고로부터 판단할 때 레싱은 그의 해석의 핵심적인 점들을 지지하는 것으로 보였다. 야코비의 간결한 해설 뒤에 대화가 다시 시작되었다.

레싱: 그러니까 우리는 당신의 신조[스피노자]에 관해서는 나누어져 있지 않은 것이겠죠?

야코비: 우리는 어떤 이유에서도 그것을 원하지 않습니다. 그러나 저의 신조는 스피노자에 달려 있지 않습니다. 저는 세계의 지성적이고 인격적인 원인을 믿습니다.

레싱: 오, 그렇다면 더욱 좋겠군요! 이제 저는 완전히 새로운 어떤 것을 듣게 될 것입니다.

야코비: 저는 그에 관해 그렇게 흥분하지 않을 것입니다. 저는 목숨을 건 도약으로 그 일에서 벗어납니다. 그러나 보통 당신은 물구나무 서는 데서 어떤 특별한 기쁨을 발견하지 않습니까?

레싱: 제가 그것을 모방해야 하지 않는 한에서 그렇게 말씀하지 마십시오. 그리고 당신은 다시 똑바로 서게 될 것입니다. 그렇지 않습니까? 따라서 만약 그것이 신비가 아니라면, 저는 그것에 무엇이 존재

하는지 보아야 할 것입니다.

그러고 나서 대화는 자유의 문제에 관한 논란으로 전환되었다. 야코비
는 자신에게 가장 중요한 개념이 목적인의 그것이라고 고백했다. 만약
목적인이 존재하지 않는다면 우리는 자유를 부정하고 완전한 숙명론을
받아들여야만 한다고 그는 설명했다. 그러나 숙명론의 전망은 야코비에
게 끔찍했다. 만약 숙명론이 참이라면 우리의 사고는 행동을 지휘하는
것이 아니라 그것을 지켜본다. 우리는 우리가 생각하는 것을 행하는 것
이 아니라 다만 우리가 행하는 것에 관해 생각할 뿐이다. 야코비의 열정
과 확신에도 불구하고 레싱은 계속해서 냉정했고 감동받지 않았다. 그는
자유 의지 개념이 자기에게는 아무것도 의미하지 않는다고 퉁명스럽게
대답했다. 참된 스피노자주의적인 방식으로 그는 목적인과 자유 의지를
의인화된 것으로서 거부했다. 그는 우리가 우리의 사상을 사물들의 첫
번째 원리로서 간주하는 것은 다만 인간적 자부심의 산물일 뿐이라고
말했다. 그러고 나서 레싱은 야코비에게 신의 인격성을 어떻게 생각하는
지 물음으로써 그를 비웃었다. 그는 야코비가 신의 인격성을 라이프니츠
철학의 노선을 따라 파악할 수 있다는 것을 의심했는데, 왜냐하면 라이
프니츠 철학의 핵심은 결국 스피노자 철학이기 때문이다.[65] 야코비는
라이프니츠 철학과 스피노자 철학 사이에 실제로 일치가 존재한다고
인정했다. 라이프니츠가 결정론자이기 때문에, 그도 역시 스피노자와
마찬가지로 숙명론자가 될 수밖에 없다.

[67]여기서 대화는 결정적인 지점에 도달했다. 스피노자 철학과 라이프

••
65 이것은 야코비의 보고 가운데 조금은 사실이 아닌 것으로 들리는 부분이다. 초기
    단편 「스피노자에 의해 라이프니츠는 비로소 예정조화의 단서에 도달했다」에서
    레싱은 라이프니츠와 스피노자의 동일성을 의심한다. Lessing, *Werke*, XIV, 294-296을
    참조.

니츠 철학의 동일성을 인정하고 나아가 그것들에 내재하는 숙명론을 거부한 야코비는 모든 철학에 등을 돌리고 있는 것으로 보였으며, 또는 그렇다고 레싱은 암시했다. 야코비의 응답은 다가올 논쟁에 대해 결정적이었다.

레싱: 당신의 철학으로 당신은 모든 철학에 등을 돌려야 할 것입니다.

야코비: 왜 모든 철학이죠?

레싱: 왜냐하면 당신은 완전한 회의주의자니까요.

야코비: 그와는 반대입니다. 저는 회의주의를 필연적으로 만드는 철학에서 물러섭니다.

레싱: 물러선다고요—어디로?

야코비: 빛으로죠, 스피노자가 그 자신과 어둠을 비춘다고 말할 때 이야기하는 바로 그 빛으로 말이죠. 저는 스피노자를 사랑합니다. 왜냐하면 그는 다른 어떤 철학자 이상으로 일정한 것들은 설명될 수 없으며, 우리는 그것들 앞에서 눈을 감고 단순히 그것들을 우리가 발견하는 그대로 받아들여야만 한다고 저를 확신시켰기 때문입니다. …… 가장 위대한 정신조차도 모든 것을 설명하고 그것을 명확한 개념들에 따라 이해하고자 할 때는 부조리한 것들에 부딪칠 것입니다.

레싱: 사물들을 설명하고자 하지 않는 자란 누군가요?

야코비: 파악할 수 없는 것을 설명하길 원하는 것이 아니라 다만 그것이 시작되는 경계선을 알기를 원하는 자라면 누구나인 것이죠. 그는 인간적 진리를 위한 가장 커다란 공간을 획득할 것입니다.

레싱: 친애하는 야코비여, 그것은 말일 뿐입니다, 한갓된 말일 뿐이죠! 당신이 고정하기를 원하는 경계선은 규정될 수 없습니다. 그리고 그 다른 한편에서 당신은 꿈과 난센스 그리고 맹목에 완전한 자유를

부여하고 있습니다.

야코비: 저로서는 경계선이 규정될 수 있다고 믿습니다. 저는 그것을 긋고자 하는 것이 아니라 다만 이미 거기 존재하는 것을 인식하기를 바랄 뿐입니다. 그리고 꿈과 난센스 그리고 맹목에 관한 한······.

레싱: 그것들은 혼란된 관념들이 발견되는 곳에서는 어디에나 만연해 있습니다.

야코비: 거짓된 관념들이 발견되는 곳에서는 더 그렇지요. 특정한 설명들과 사랑에 빠진 사람은 맹목적으로 모든 결론을 받아들일 것입니다.

이 지점에서 야코비는 자신의 철학을 다음과 같은 유명한 짧은 구절로 요약했다.

야코비: 제가 보기에 철학자의 첫 번째 과제는 존재를 드러내는 (*Daseyn zu enthüllen*) 것입니다. 설명은 다만 이 목표에 이르는 수단, 방법일 뿐입니다. 그것은 첫 번째 과제이지 결코 최종 과제가 아닙니다. 최종 과제는 설명될 수 없는 것, 즉 해결될 수 없고 직접적이며 단순한 것입니다.

여기서 야코비의 보고는 서둘러 끝을 맺었다. 우리에게는 야코비 철학에 대한 레싱의 즐겁고도 아이러니적인 언명들이 남겨져 있다.

레싱: 좋아요, 아주 좋습니다. 저는 그 모든 것을 사용할 수 있습니다. 그러나 저는 그것을 같은 방식으로 따라갈 수는 없습니다. 일반적으로 당신의 목숨을 건 도약은 저를 불쾌하게 만들지 않습니다. 그리고 저는 어깨 위에 머리를 지닌 사람이 어딘가에 도달하기 위해 어떻게

물구나무서기를 하길 원하는지 볼 수 있습니다. 그게 효과가 있다면 당신과 함께 저도 데려가 주세요.

[68]**야코비**: 만약 당신이 제가 그로부터 도약하는 탄력 있는 지점을 디디고자만 한다면 그 밖의 모든 것은 그로부터 따라 나올 것입니다.

레싱: 그것마저도 제가 저의 늙은 다리와 무거운 머리에 대해 요청할 수 없는 도약을 요구하겠지요.

야코비의 주목할 만한 보고에 대한 멘델스존의 반응은 어떠한 것이었는가? 그가 1783년 11월 18일에 엘리제와 요한 라이마루스에게 쓴 편지로부터 판단하면 그것은 명백히 항복으로 보이는 반응이었다.[66] 멘델스존은 야코비의 보고가 자신의 물음들에 대해, 비록 "당분간"(vor der Hand)이라는 중요한 단서를 달긴 했지만, "완전히 만족스럽게" 대답했다고 인정했다. 그는 야코비를 칭찬했으며 심지어는 그에게 자신의 이전의 퉁명스러움에 대해 변명하기까지 했다. 처음에 그는 야코비를 그저 글줄이나 읽은 사람으로 생각했다. 그러나 이제 그는 야코비가 사유를 자신의 주된 과업으로 삼고 있는 매우 적은 사람들 가운데 하나라는 것을 알 수 있었다. 그리고 나서 멘델스존은 중요한 양보를 했다. 야코비의 장점은 레싱이 왜 그에게 속마음을 털어놓길 원했는지 이해할 수 있는 그런 것이라는 것이다. 이 양보는 오로지 자신만이 레싱이라는 인물에 접근할 수 있는 특권을 지니는 것은 아니라고 하는 것을 인정하는 것과 마찬가지였다. 자기의 적수의 강함을 인정한 멘델스존은 싸움에서 물러서기로 결정했다. 그는 다음과 같이 설명했다. "그가 싸움을 건 기사는 그의 투구를 벗겼다. 자신의 훌륭한 적수를 보자 이제 그는 도전에 응했다."[67]

• •
66 Mendelssohn, *Schriften*, XIII, 156-160.

하지만 멘델스존의 11월 18일자 편지에서 훨씬 더 두드러진 것은 레싱이 도덕과 종교에 위험한 조야한 형식의 스피노자주의에 빠져들었다는 것을 그가 명백하게도 기꺼이 인정하고자 한다는 점이다. 그는 엘리제와 요한 라이마루스에게 인상적인 예—요컨대 레싱—에 의해 철학자들에게 어떤 지침들 없이 사변에 빠지는 것에 포함된 위험에 대해 경고하는 것이 필요하다고 말했다. 그는 또한 레싱의 스피노자주의에 대한 요한 라이마루스의 진단에 동의했다. 요컨대 악마의 **변론인** 역할을 함에 있어 극단적인 입장을 취하는 성향과 결합된 레싱의 역설과 아이러니에 대한 사랑이 결국 그를 이겼다고 하는 것이다. 어쨌든 레싱이라는 인물에 관한 에세이를 씀에 있어 레싱으로부터 성자나 예언자를 만들어내는 것은 결코 그의 의도가 아니었다. 그의 주된 의무는 진리, 즉 순수하고 단순한 진리에 대한 것이었으며, 그것은 레싱을 그의 모든 어리석음과 약함을 포함하여 있는 그대로 그려낸다는 것을 의미했다. 레싱의 스피노자주의에 대한 고백을 깎아내리려 시도하면서 멘델스존은 자신이 어떤 위대한 사람, 특히 레싱처럼 '도약'을 좋아하는 사람이 그의 마지막 날들에 말한 것에 결코 그리 많은 중요성을 부여하지 않는다고 주장했다. 멘델스존은 최소한 레싱의 스피노자주의가 그의 청년기의 스피노자주의, 즉 레싱이 그의 「이성의 그리스도교」에서 지지한 스피노자주의와 같은 것이 아닐 가능성을 인정하고 있는 것으로 보였다.

멘델스존의 타협적인 11월 18일자 편지와 더불어 야코비와 멘델스존 사이의 논쟁 전체는 그 뇌관이 제거된 것으로 보였다. 야코비에게 사과하고 도전을 거두어들인 후 멘델스존은 언뜻 보기에 싸움을 포기한 듯이 보였다. [69]평화와 호의라는 일반적 겉모습은 멘델스존에 대한 야코비의 응답에 의해 강화되었다. 1783년 12월 24일에 엘리제 라이마루스는 멘델스존에게 야코비가 그의 편지에 "완전히 만족해" 했다고 써 보냈다.[68] 사실 그에게는 멘델스존이 분명히 항복한 것으로 보였기 때문에 만족해 할 모든 이유가 있었다. 호의의 감정들을 교환한 후 야코비는 멘델스존 이 사과할 필요가 없으며, 자기는 "사변의 귀의자들"에게 경고할 필요가 있다는 그의 견해에서 "커다란 기쁨"을 발견했다고 말했다. 야코비에게 있어 이 언급은 실제로 그 모든 것들 가운데 가장 커다란 양보였다. 그것 은 멘델스존이 기꺼이 철학에서 타협하겠으며, 만약 이성이 도덕과 종교 를 위협한다면 기꺼이 이성을 포기하겠다는 증거였다. 멘델스존은 만약 이성이 도덕적·종교적 지침들에 의해 통제되지 않는다면 스피노자주의 의 무신론과 숙명론으로 끝날 것이라는 것을 인정하고 있는 것으로 보였 다. 그리고 그것이야말로 본질적으로 야코비가 말하고자 했던 모든 것이 었다.

야코비와 멘델스존 사이의 겉보기의 정전은 다음 일곱 달 동안 지속되 었다. 그러나 11월 18일자 편지에서의 항복과 동의의 일반적 어조에도 불구하고 멘델스존은 다만 다가올 싸움을 위해 숨을 고르고 있을 뿐이었 다. 그의 편지는 사실상 영리한 지연 전술, 시간을 벌기 위한 방법이었다. 멘델스존은 엘리제와 요한 라이마루스에게 자기가 야코비의 입장을 검 토할 더 많은 시간을 필요로 한다고 말했다. 그가 항복한 것처럼 보였다 면 그것은 다만 그가 너무 성급하게 야코비에게 싸움을 걸어 자극함으로 써 그가 자기의 보고를 출판하도록 하길 원하지 않았기 때문일 뿐이었다. 멘델스존이 그 무엇보다도 원한 것은 레싱의 스피노자주의에 대한 그 자신의 해석, 즉 그것을 도덕 및 종교와 일관되게 할 해석을 준비할 시간 이었다. 그는 레싱에게 스피노자주의를 돌림으로써 그의 명성을 훼손할

••
68   같은 책, XIII, 165-166.

것이 확실한 야코비의 보고, 즉 레싱의 스피노자주의에 대한 그 나름의 해석을 지닌 야코비의 보고가 출판되는 것에 앞서 조처를 취해야 했다.

이제 주사위는 던져졌고, 유일한 문제는 멘델스존이 언제 야코비에 대한 공격을 시작해야 하는가 하는 것이었다. 최초의 불길한 징조가 엘리제 라이마루스가 야코비에게 뭔가 자극적인 소식을 써 보낸 1784년 7월 4일에 나타났다. 아마도 1784년 4월에 쓰인, 그녀에게 보낸 멘델스존의 지난 번 편지를 언급하면서[69] 라이마루스는 말했다. "그는 제게 만약 자기에게 이번 여름에 건강과 시간이 허락된다면 스피노자주의자들과의 논전을 벌이기 위해 레싱의 인물됨에 관한 책을 한쪽으로 치워 놓을 거라고 말했습니다."[70]

멘델스존의 동의를 받지 않고서 엘리제 라이마루스는 순진하게도 야코비에 대한 멘델스존의 전투 계획을 누설했다. "스피노자주의자들에 대항한 논전"이란 다만 한 가지, 즉 모든 철학이 스피노자주의로 끝난다고 주장한 야코비 그 자신에 대한 공격을 의미할 수 있을 뿐이었다. 그렇다면 싸움은 분명히 바로 앞에 다가와 있었으며, 야코비는 라이마루스에게 그 소식에 "기뻤다"고 말했다.

한 달 후 마침내 공식적인 선전 포고가 이루어졌다. [70]1784년 8월 1일에 멘델스존은 처음으로 야코비에게 직접(라이마루스의 매개 없이) 편지를 써서 레싱의 대화에 관한 보고에 대한 자신의 반론을 보냈다.[71] 그때 멘델스존은 극적인 몇 마디로 자신의 도전장을 내밀었다. "당신은 기사적인 정중한 방식으로 도전해 오셨습니다. 저는 도전에 응할 것입니

••
69 원본은 상실되었다. Mendelssohn, *Schriften*, XIII, 398에서의 그에 관한 믿을 만한 언급에 대한 알트만의 주해를 참조.

70 Mendelssohn, *Schriften*, XIII, 398.

71 Mendelssohn, *Schriften*, III/2, 200-207에서 멘델스존의 「야코비 씨에 대한 상기 Erinnerungen an Herrn Jacobi」를 참조.

다. 자, 우리 모두가 존중하는 처녀가 내려다보는 참된 기사적인 관습으로 우리의 형이상학적 시합을 겨뤄보십시다."[72]

야코비는 9월 5일에 직접 멘델스존에게 대답했다. 그는 자신의 미묘한 건강 상태로 인해 그의 반론에 대해 어떠한 종류의 대답도 하지 못하는 것을 아쉬워했다. 그러나 그는 건강이 회복되자마자 멘델스존에게 상세한 대답을 보낼 것을 약속했다. 그 사이에 그는 스피노자와 자기 자신 사이의 모의 대화로 스피노자에 대한 자신의 해석을 개진하고 있는 「헴스테르휴이스에게 보내는 편지」의 사본을 멘델스존에게 보냈다. 좋지 않은 건강에도 불구하고 야코비는 한 가지 중요한 점을 분명히 하고자 했다. 그는 멘델스존에게 자신의 철학이 스피노자의 그것이 아니라고 경고했다. 오히려 그것은 파스칼의 유명한 구절로 요약되었다. "자연은 퓌론주의자들을 침묵시키며, 이성은 교조주의자들을 침묵시킨다La nature confond les Pyrrhoniens, et la raison confond les Dogmatistes."

야코비는 또 다시 정직하지 못하게도 자기는 도전장을 던지는 것에 관해서는 아무것도 알지 못한다고 주장했다. 그러나 만약 멘델스존이 도전장이 던져졌다고 생각한다면, 그는 자기 등을 보일 만큼 비겁하지 않았다. 야코비는 도전 — 자기가 그것을 불러일으키기 위해 그토록 많은 것을 행한 도전 — 을 받아들였으며, 자기 자신을 하늘과 우리의 숙녀(엘리제 라이마루스) 그리고 그의 적수의 고결한 정신에 내맡겼다. 기사도적인 시합이라는 낭만적 이미지와 함께 논전이 시작되었다. 그러나 그것은 곧바로 결코 낭만적이지 않은 것으로 드러날 것이다. 그것은 사악해졌으며, 그러고 나서는 비극적이 되었는데, 그 이유들에 대해서는 곧바로 살펴보게 될 것이다.

• •
72 Mendelssohn, *Schriften*, XIII, 216-217.

논전은 그 출발이 느렸다. 1784-85년 가을과 겨울에는 거의 아무 일도 일어나지 않았다. 멘델스존은 자기 책을 느릿느릿 천천히 써나갔다. 야코비의 건강은 악화되었다. 그리고 건강이 마침내 호전되었을 때, 그는 쓰라린 불행을 당했다. 그의 셋째 아들이 죽었고, 다음에는 부인이 사망했다.[73] 멘델스존의 반론에 대답하겠다는 그 모든 생각은 이제 문제가 되지 않았다.

멘델스존의 반론을 받아본 지 여덟 달 후인 1785년 4월 말에야 겨우 야코비는 멘델스존에게 써 보낼 수 있는 힘을 되찾았다. 4월 26일에 그는 멘델스존에게 또 다른 긴 초고, 자신의 스피노자 해석의 요약을 보냈다.[74] 그러나 야코비는 자신의 입장을 되풀이하는 것 이상을 하지 않았다. 멘델스존의 반론에 대응하는 대신에 그는 멘델스존에게 자기가 요점을 잃어버렸다고 분명히 말했다. 이것은 대화를 위한 토대가 아니었다. 훨씬 더 불길한 것으로 야코비는 동봉한 편지에서 불길한 예언을 행했다. "아마도 우리는 모세의 시체 위에서 일어난 대천사와 사탄 사이의 그것과 같은 논쟁이 스피노자의 시체 위에서 벌어지는 날을 살아 보게 될 것이다."[75] 레싱이 말했듯이 스피노자가 죽은 개 취급당하는 날들이 지나간 것은 분명했다.

[71]멘델스존에게 써 보내는 데서의 야코비의 지체는 변명할 수 있는 만큼이나 숙명적이었다. 야코비가 멘델스존의 반론에 대답할 수 있는 힘을 불러 모으고 있을 때 멘델스존은 점점 더 조급해지고 있었다. 야코비의 답신이 베를린에 도착하기 전에 멘델스존은 극적인 결정을 했다. 그는 1785년 4월 29일에 엘리제 라이마루스에게 야코비에게 자문을 구

• •
73   1784년 10월 18일, 하만에게 보낸 야코비의 편지, Hamann, *Briefwechsel*, V, 239-242를 참조.
74   Jacobi, *Werke*, IV/1, 210-214.
75   같은 책, IV/1, 167.

하거나 자기의 반론에 대한 대답을 기다리지 않고서 자기 책의 제1부를 출간하려고 한다고 써 보냈다.[76] 멘델스존은 야코비의 대답을 기다리는 데 지쳤으며, 그것이 결코 올 수 없는 게 아닌가 생각했다. 그는 또한 만약 자신이 스스로의 견해를 공식적이고 명확하게 진술한다면 논쟁 전체를 좀 더 실질적인 발판 위에 놓을 수 있을 거라고 느꼈다.

이것은 비록 더할 나위 없이 분별 있는 결정인 것으로 보였을지라도, 멘델스존과 야코비의 미묘한 관계를 고려하면 의심스러운 움직임이었다. 그것은 그들 사이의 이미 약화된 신뢰를 위태롭게 할 수밖에 없었다. 한편으로 비록 멘델스존이 야코비의 보고를 인용할 수 있는 허락을 받았다 할지라도, 여전히 그가 야코비의 의견을 구하기 전에는 그것을 사용하지 않을 것이라고 이해되고 있었다. 결국 레싱의 고백의 목격자는 야코비였으며, 처음으로 그 정보를 제공한 것도 그였다. 그러나 다른 한편으로 멘델스존은 자신의 결정이 이러한 암묵적인 동의를 깨트리지 않을 것이라고 생각했다. 그는 엘리제 라이마루스에게 자신의 책의 제1권에서는 야코비의 대화를 언급하지 않을 거라고 설명했다. 오직 제2권에서만 그 대화를 고려할 것이다. 그러나 그에 관해서는 야코비에게 의견을 구할 충분한 시간이 여전히 존재했다. 이러한 방식으로 멘델스존은 라이마루스에게 자기가 여전히 야코비에 대한 약속을 지키면서 자신의 입장을 공식적으로 진술할 수 있을 거라고 이야기했다.

이것이 멘델스존이 엘리제 라이마루스에게 자신의 입장을 설명한 방식이다. 그러나 사태의 진실은 훨씬 더 복잡했다. 멘델스존은 사실상 그의 오랜 전략에 따라서 행동하고 있었다.[77] 그는 야코비를 때려눕히고

76   Mendelssohn, *Schriften*, XIII, 281.

77   멘델스존이 이러한 전략에 따라 행동하고 있었다는 것은 엘리제 라이마루스에게 보낸 1785년 4월 29일자 편지에서 명확히 드러난다. Mendelssohn, *Schriften*, XIII, 281을 참조. 여기서 멘델스존은 라이마루스가 곧 나오게 되는 자기 책의 초고를

먼저 사태에 대한 자신의 해석을 받아들이도록 하고 싶었다. 오직 그러한 방식으로만 그는 야코비가 레싱의 스피노자주의에 관해 행할 수 있는 어떤 해로운 주장들에 맞서 레싱의 명성을 보호할 수 있었다. 물론 자신의 말에 충실하게 멘델스존은 자기 책의 제1권에서 야코비의 대화에 관한 아무것도 언급하지 않았다. 그러나 그는 레싱의 범신론에 관한 장을 포함시켰는데, 거기서 그는 "순화된 범신론", 즉 도덕 및 종교의 진리들과 일관된 것으로 생각되는 범신론을 레싱에게 돌렸다. 그러한 장은 명백히 야코비보다 선수를 쳐서 그에게서 레싱의 스피노자주의에 관한 폭로가 지닐 충격적인 가치를 박탈하고자 고안되었다.

마침내 자기의 반론에 대한 야코비의 대답을 받은 후 멘델스존은 다만 자기 책의 출판을 추진하겠다는 결심을 강화시켰을 뿐이다. 멘델스존이 5월 24일자 편지에서 라이마루스에게 설명했듯이 야코비와 논쟁하는 것은 불가능한 것으로 입증되고 있었다.[78] 야코비는 그의 모든 반론을 오해라고 일축했다. 그가 사태에 대해 설명하면 할수록 그것은 더욱더 모호해졌다. 그들이 서로 다른 철학적 언어를 이야기하고 있었기 때문에 토론을 위한 공동의 술어는 존재하지 않았다. 그래서 [72]야코비에게 자문을 구하지 않고서 자기의 책을 출간하는 것이 더욱더 분별 있는 것으로 보였다. 야코비가 그 초고를 본다한들 무슨 차이가 있을 것인가? 그의 모든 비판은 어쨌든 이해할 수 없는 것들일 것이다.

1785년 7월 21일에 멘델스존은 마침내 마음에 내키지 않음을 극복하고 야코비에게 보내는, 한참 전에 마무리했어야 할 편지를 썼다.[79] 그것은

• •

야코비가 보게 해서는 안 된다고 강조한다. 오직 출간된 것만을 야코비가 보아야 한다는 것이었다. 그러나 물론 그때쯤이면 야코비가 효과적인 행동을 취하기에는 너무 늦을 것이다.

78 Mendelssohn, *Schriften*, XIII, 282.
79 같은 책, XIII, 292.

미묘한 일이었지만, 그는 그것을 관철해야 했다. 요컨대 그는 자신의 책을 출간하고자 하는 결정을 야코비에게 알려야 했던 것인데, 그 책의 제목은 이제 그의 마음속에서 확고했다. 그것은 『아침 시간』이었다. 신중함에도 불구하고 멘델스존은 모든 일을 어설프게 처리했다. 그는 야코비에게 정직하고도 무뚝뚝하게 그가 쓴 모든 것이 이해할 수 없는 것임을 발견했다고 말했다. 그리고 나서 그는 자신의 책을 출판함으로써 논쟁의 상태*statum controversiae*를 확립할 수 있을 거라고 진술했다. 이 라틴어 표현은 모호하고 잘못 선택된 것이었다. 멘델스존은 자기가 어떻게 논쟁의 상태를 규정하기를 원하는지 설명하지 않았고, 그래서 야코비로 하여금 자신이 과연 레싱과 나눈 그의 대화를 언급할 것인지 여부를 추측하도록 했다. 그는 그 대화에 대해서는 다만 계획된 제2권에서만 언급하겠다는 자신의 의도를 거론하지 않았는데, 왜냐하면 엘리제 라이마루스가 이미 야코비에게 그의 상세한 계획을 전달했다고 — 올바르게 — 판단했기 때문이다. 그러나 그녀는 몇 달 전에 그렇게 했었다. 자신의 계획을 그렇게 모호하게 놓아둠으로써 멘델스존은 야코비의 열광적이고 의심 많은 상상력에 기름을 쏟아 부었다.

멘델스존의 편지에 대한 야코비의 반응을 상상하기는 어렵지 않다. 야코비는 조심스럽게 말하자면 분개했다. 멘델스존은 자기에게 의견을 묻지도 않고서 자기의 정보를 출간함으로써 극악무도하게도 신뢰를 무너뜨린 것으로 보였다. 그는 멘델스존이 자신을 악마의 **변론**인으로서, 즉 모든 철학을 초월하는 신앙의 입장에 관해 아무것도 알지 못하는 단순한 스피노자주의자로서 그릴지도 모른다고 생각했다.[80] 요컨대 야코비는 멘델스존이 자기보다 선수를 치려고 하고 있다는 것을 알 수 있었으며, 그래서 격분했다. 그는 무엇을 할 수 있었을까? 야코비는 출판

· ·
80   Jacobi, *Werke*, IV/l, 226-227.

하는 수밖에, 아니 곧바로 출판하는 수밖에 다른 방도가 없다고 느꼈다. 그는 멘델스존이 레싱의 스피노자주의를 둘러싼 모든 이슈를 얼버무리는 동안 게으르게 방관할 수 없었다. 그래서 미친 듯이 서둘러 야코비는 그 자신의 책을 얼기설기 엮었는데, 그것은 엘리제 라이마루스와 멘델스존에게 보낸 자신의 편지들과, 그와 라이마루스에게 보낸 멘델스존의 편지들, 그리고 레싱과 자신의 대화에 대한 보고를 끌어 모아 담고, 그 모든 것을 하만과 헤르더, 라바터와 성서로부터의 인용들로 아름답게 꾸민 혼성모방 작품이었다. 야코비는 한 달 만에 서둘러 책을 준비했으며, 그것에 『스피노자의 학설에 관하여. 모제스 멘델스존 씨에게 보내는 서한들 *Ueber die Lehre von Spinoza in Briefen an Herrn Moses Mendelssohn*』이라는 제목을 붙였다. 멘델스존이 자기의 계획을 눈치채기를 원하지 않았기 때문에 야코비는 그에게 서로 교환한 편지들을 출간할 수 있는 허락을 구하지 않았다. 그는 이러한 일이 비윤리적이라는 것을 알았다. 그러나 그는 멘델스존이 레싱과 자신의 대화를 승인받지 않고서 사용했다는 것을 고려하면 그것이 공정하다고, 즉 대갚음이라고 느꼈다. 비록 서둘러 출판하는 것이 될 대로 되라는 식의 도박이었을지라도 야코비의 전략은 성공했다. 그의 『서한』은 일치감치 9월 초에 출간된 반면, 멘델스존의 『아침 시간』은 출판이 지연된 탓에 10월 초까지 나오지 못했다. 간발의 차이로 야코비는 출판 경주에서 이겼다.

[73]멘델스존의 책이 야코비를 화나게 했다면, 야코비의 책은 멘델스존이 그것의 존재를 믿기를 거부할 만큼 그에게 충격을 주었다. 멘델스존은 당황할 많은 이유를 지녔다. 무엇보다도 우선 야코비는 그보다 앞서 서둘러 출판함으로써 그 자신의 게임에서 그를 때려눕혔다. 이것은 심각한 결과를 지녔다. 그것은 그가 『아침 시간』이 레싱의 명성을 보호할 거라고 더 이상 확신할 수 없다는 것을 의미했다. 왜냐하면 『아침 시간』은 야코비의 『서한』과는 달리 스피노자주의에 대한 레싱의 고백을

드러내 놓고 논의하지 않았기 때문이다. 멘델스존은 또한 야코비가 자신의 동의 없이 사적인 서신 교환을 출판한 데 대해 분노했다.[81] 그렇지만 멘델스존에게 무엇보다도 가장 상처를 입힌 것은 그와 레싱 사이에 아무런 철학적 관계도 존재하지 않았다는 야코비의 암시였다. 교활하게도 야코비는 가장 잔혹한 방식으로 이 점을 납득하게 만들었다. 『서한』의 시작 부분에서 그는 언젠가 레싱에게 스스로의 참된 철학적 확신(그의 스피노자주의)을 멘델스존에게 밝힌 적이 있는지 물어본 적이 있다고 말했다. 레싱의 대답은 "결코 그런 적이 없다"였다고 야코비는 주장했다.[82] 그러한 폭로는 멘델스존과 레싱의 삼십 년간의 우정에서 신뢰의 정도를 의심스럽게 만듦으로써 그에게 상처를 주지 않을 수 없었다. 그러나 야코비는 주저하지 않았다. 이것은 멘델스존에 대한 그의 최후의 일격, 즉 레싱에 대한 정통 상속인이자 대변인이라고 주장하는 그의 최종적인 비장의 카드였다.

논쟁은 쓰라린 클라이맥스에 — 그리고 비극적인 종결에 도달했다. 스피노자주의라는 야코비의 고발에 의해 창조된, 레싱의 이름에 덧씌워진 오점을 쓸어버리길 간절히 바라고, 나아가 레싱과 자신의 우정의 온전함을 방어하기로 결심한 멘델스존은 야코비의 『서한』에 대한 반격을 쓰기로 결정했다. 그래서 1785년 10월과 11월 동안 냉엄하고도 제대로 쉬지 못하는 분위기에서 멘델스존은 논쟁에 대한 자신의 최종적인 진술인 『레싱의 친구들에게』를 썼다. 이 짧은 논고는 『아침 시간』의 부록이자 멘델스존이 계획해 온 제2권에 대한 대체물로서 의도되었다.

멘델스존의 논고의 핵심은 레싱과의 대화를 출간하는 데 놓여 있는

· ·
81 칸트에게 보낸 멘델스존의 1785년 10월 16일자 편지와 라이마루스에게 보낸 1785년 10월 21일자 편지, Mendelssohn, *Schriften*, XIII, 312-313, 320-321을 참조.
82 Jacobi, *Werke*, IV/l, 42.

야코비의 의도에 대한 분석이다. 멘델스존에 따르면 야코비의 목적은 사람들에게 모든 이성적 사변 ─ 스피노자주의의 무신론과 숙명론 ─ 에 포함된 위험에 대해 경고하고 그들을 다시 "신앙의 길"로 이끄는 것이었다. 야코비는 어떻게 이성이 우리를 미혹하여 무신론의 심연으로 이끄는지를 보여주기 위한 예로서 레싱을 제시했다. 야코비가 레싱과의 대화를 시작한 이유는 무엇보다도 우선 그를 자신의 정통적이고 신비적인 버전의 그리스도교로 전향시키기를 원한 것이라고 멘델스존은 가정했다. 야코비는 레싱을 "스피노자주의의 가시 많은 수풀"로 이끌어 그로 하여금 자신의 길의 오류를 인정하고 자기의 이성을 포기하며 신앙의 도약을 수행하도록 만들기를 원했다. 멘델스존은 레싱이 야코비의 개종시키려는 열정을 꿰뚫어보았지만, 아주 짓궂고 장난기가 많아서 동의하는 척했다고 확신했다. 레싱은 언제나 무능하게 옹호되는 참된 믿음보다 유능하게 옹호되는 잘못된 믿음을 보는 데서 더 많은 기쁨을 얻었다. 야코비가 스피노자의 그러한 현혹시키는 옹호자임을 입증하고 있었던 까닭에, 레싱은 다만 이따금씩 고개를 끄덕여 동의를 표하고 그를 격려하여 불꽃놀이 같은 현란한 말솜씨를 지켜보았을 뿐이다. [74]따라서 레싱은 야코비에게 자신의 스피노자주의를 이야기하는 데서 어떤 깊은 비밀을 털어놓은 것이 아니라 다만 그를 부추겨 그의 변증법적인 쇼를 계속하도록 했을 뿐이다. 이러한 해석의 요지는 명백했다. 야코비는 아이러니와 역설에 대한 레싱의 사랑에 의해 이끌렸다는 것이다. 야코비가 속임을 당했다고 암시함으로써 멘델스존은 야코비와 레싱의 우정의 깊이에 의문을 제기했을 뿐만 아니라 또한 레싱에 대한 자신의 더 나은 이해를 확립하기를 희망했다. 동시에 멘델스존은 자신이 레싱의 누명을 벗겼다고 생각했다. 비록 레싱이 아마도 변증법적인 불꽃놀이를 즐긴 잘못이 있을지라도, 그는 최소한 야코비에게 자신의 스피노자주의에 관해 이야기했을 때 진지한 인격적 고백을 한 것은 아니었다. 대체로 보아

『레싱의 친구들에게』는 야코비의 의도에 대한 능란한 폭로였다. 그러나 멘델스존의 레싱 옹호는 비록 좋은 취지라 할지라도 매우 취약했다. 그것은 논쟁이 시작되기 전에 야코비가 그 신빙성을 없앴던 레싱의 아이러니에 대한 바로 그 견해를 전제했다.

멘델스존은『레싱의 친구들에게』를 1785년 12월 말에 완성했다. 그에 관한 한 그것은 그 문제에 대한 그의 마지막 말이었으며, 그는 더 이상 "야코비 씨"와 아무런 관계도 맺고 싶지 않았다.[83] 멘델스존은 그야말로 간절히 사태 전체를 마무리하고 싶어서 초고가 완성되는 대로 그것을 전달하기로 결정했다. 그래서 1785년 12월 31일, 베를린의 지독하게 추운 날에 멘델스존은 포스 & 존 출판사에 초고를 건네주기 위해 집을 나섰다. 그는 외투를 잊기까지 할 정도로 서둘렀으며, 그것은 문자 그대로 치명적인 실수로 판명되었다. 집에 돌아오자 그는 병이 났다. 몸 상태는 급속하게 나빠졌고, 1786년 1월 4일 아침에 그는 사망했다.

멘델스존의 사망 소식은 독일에 널리 퍼져 나갔고, 거의 보편적인 통한과 낙담으로 맞아들여졌다. 그러나 비극 뒤에 익살극이 다가왔다. 멘델스존의 죽음은 거대한 스캔들의 주제가 되었으며, 그것은 범신론 논쟁이 그토록 많은 공적인 관심을 끌어들인 하나의 이유이다. 스캔들은 야코비가 멘델스존의 죽음에 대해 직접적으로 책임이 있다고 멘델스존의 몇몇 친구들이 암시하고,[84] 반면에 다른 이들은 노골적으로 주장했을[85]

• •
83 1785년 10월 21일에 라이마루스에게 보낸 멘델스존의 편지, *Schriften*, XIII, 320-321을 참조.
84 예를 들면 Mendelssohn, *Schriften*, III/2, 179-184에서『레싱의 친구들에게』에 붙인 엥겔Engel의 서문을 참조. 엥겔은 멘델스존의 최후의 병에 대한 마르쿠스 헤르츠Marcus Herz의 보고를 인용했다.
85 칼 필립 모리츠Karl Phillip Moritz는 1786년 1월 24일, *Berlinische privilegirte Zeitung*에서 명시적으로 비난했다.

때 일어났다. 신뢰할 만한 보고에 따르면 멘델스존은 야코비의 『서한』에 큰 충격을 받았으며, 그로 인해 그의 건강이 악화되기 시작했다. 그는 20년 전에 라바터와의 상처 깊은 논쟁 이래로 계속해서 신경쇠약의 고통을 겪었다. 그러나 그의 상태는 야코비의 책이 출간된 이래로 훨씬 더 나빠졌다. 그의 건강은 그저 아주 가벼운 좌절, 아주 작은 불균형만이라도 죽음을 의미할 정도로 무너지기 쉬웠다. 바로 이러한 이유 때문에 멘델스존의 찬 기운은 치명적인 것으로 입증되었다. 비록 야코비가 멘델스존 죽음의 우발적인 원인은 아니었을지라도, 그는 확실히 그 본질적인 전제조건을 만들어냈다. 한 보고는 아마도 너무나 극적으로 다음과 같이 말하고 있다. "그는 레싱과의 우정의 희생자가 되었으며, 광신과 미신에 맞선 이성의 억압받는 특권을 옹호하는 순교자로서 죽었다. 라바터의 끈질긴 재촉은 그의 삶에 첫 번째 타격을 가했다. 야코비는 그 일을 완성했다."[86] 그리고 나서 뜨거운 논쟁이 발생하여 [75]과연 야코비가 멘델스존의 죽음에 대해 책임이 있는지 그리고 어느 정도까지 그러한지 논란을 벌였다.[87]

멘델스존의 죽음에서 야코비의 가혹한 처사를 둘러싼 이 모든 이야기의 진실이 무엇이든 그 이야기는 최소한 훌륭한 신화다. 야코비가 문자 그대로 멘델스존을 죽이지는 않았다 할지라도 그는 비유적인 의미에서 그렇게 했다. 그는 칸트가 이미 『순수 이성 비판』에서 뒤흔든 멘델스존의 비틀거리는 철학에 최후의 일격을 가했다. 사실 죽은 것은 단지 멘델스존만이 아니라 계몽 그 자체였다. 멘델스존은 계몽의 고전적 단계의 지도적 대표자였으며, 그의 철학이 붕괴되었을 때 그 시기 역시 종언에 도달했다. 그리하여 야코비의 멘델스존 '살해'는 계몽 그 자체에 대한

86 Altmann, *Mendelssohn*, p. 745에서 인용.
87 이 논쟁에 관해서는 Altmann, *Mendelssohn*, pp. 744-745를 참조.

그의 파괴에 어울리는 은유이다.

2.4. 논쟁의 철학적 의의

　단지 그 개요만을 제시한 것이긴 하지만 위와 같은 것이 레싱의 스피노자주의를 둘러싼 야코비와 멘델스존의 토론이었다. 그러나 그 모든 것의 철학적 의의는 무엇인가? 그것은 어떤 철학적 문제를 제기하는가? 언뜻 보기에 그 논란은 다만 레싱의 스피노자주의라는 물음 주위를 돌고 있을 뿐이다. 하지만 단지 이러한 전기적인 쟁점만이 문제였다고 결론짓는 것은 성급할 것이다. 그러한 결론은 왜 레싱의 스피노자주의에 논쟁자들 자신에 의해 그토록 엄청난 철학적 의의가 주어졌는지를 설명하지 못할 것이다. 만약 그 논쟁의 철학적 의의——그리고 사실상 그것이 참여자들에 대해 지녔던 의의——를 평가하고자 한다면, 우리는 먼저 그 근저에 놓여 있는 상징적 의미를 탐구해야 한다. 우리는 그 논쟁에 참여한 당파들이 서로에 대해 무엇을 상징했는지를 고려해야 한다.

　레싱은 야코비에게 있어 매우 상징적인 인물이었던바, 실제로 중요한 철학적 요점들을 기록하기 위해 사용할 수 있었던 상징이었다. 레싱은 본질적으로 베를린 계몽주의자들과 특히 멘델스존에 대한 야코비의 비판에 있어 장애물이었는데, 멘델스존을 그는 올바르게도 그들의 지도자로서 간주했다. 자신의 초기 이래로 야코비는 베를린 계몽주의자들, 즉 엥겔, 니콜라이, 에버하르트, 슈팔딩, 촐너, 그리고 비스터로 이루어진 서클에 대해 경멸해 왔다.[88] 그가 보기에 이 그룹은 가톨릭교회와 다름없

88　우리는 이 점을 알기 위해 몇 줄 뒤를 조금 더 읽어야 한다. 그러나 그것은 명백히 사실이다. Jacobi, *Werke*, II, 410-411과 IV/2, 248-249, 272-273을 참조. 또한 1783년

는 형식의 지적인 전제 정치와 교조주의를 나타냈다. 그것은 위장된 '예수회주의와 철학적 교황 제도'에 지나지 않았다. 베를린의 오만함^{morgue} $berlinoise$은 자기 자신을 최고의 진리 기준, 지적 호소의 최종 법정으로서 정립했다.[89] 그 자신의 것과 다른 모든 견해는 경멸적으로 보편적 이성의 기준에 미치지 못하는 것으로서 일축되었다. 결과는 계몽주의자들이 옹호할 것을 서약한 바로 그 가치들, 즉 관용과 사상의 자유에 대한 배신이었다.

베를린 사람들의 또 다른 치명적인 죄는 야코비가 보기에 그들의 위선이었다. 그들은 도덕적, 종교적, 정치적 현 상태에 순종하기 위해 자신들의 지적 이상을 기꺼이 몰수당하고자 하고 있었다.[90] 비록 철저한 비판과 자유로운 탐구의 이상을 고백했을지라도, 그들은 [76]그것들이 비정통적이거나 위험한 결과로 이어지는 것으로 보이자마자 그 이상들을 포기했다. 그들은 자신들의 비판과 탐구가 도덕과 종교 그리고 국가의 기초를 위협하는 것으로 보일 때마다 갑자기 멈춰 섰다.

야코비는 이러한 위선의 원인을 흥미롭게 진단했다. 그는 베를린 사람들이 탐구와 비판을 그 한계까지 끌고 갈 수 없었던 까닭은 그들이 '공리주의자들'이기 때문이라고 고발했다.[91] 그들은 철학의 가치를 그 자체를 위해서가 아니라 오직 목적을 위한 수단으로서만 평가했다. 이 목적은 더도 덜도 아닌 계몽, 즉 대중의 교육과 일반적 복지의 증진 그리고 일반 문화의 성취였다.[92] 베를린 사람들 거의 모두는 대중 철학자들이었으며,

* *

6월 16일자의 하만에게 보낸 야코비의 편지와 1786년 5월 19일자의 부흐홀츠^{Buchholtz}에게 보낸 야코비의 편지, *Jacobi's Nachlass*, I, 55-59, 80을 참조.

89   Jacobi, *Werke*, IV/2, 250, 268-270.

90   같은 책, IV/2, 244-246, 272.

91   같은 책, IV/2, 244-246.

92   멘델스존의 논문 「계몽이란 무엇인가?$^{Was\ heisst\ aufklären?}$」, in *Schriften*, VI/1, 115-119

164

철학을 실천적으로 만드는 것, 즉 철학을 대중의 삶 안으로 가져오는 것이야말로 그들의 명시적인 목표였던바, 철학은 엘리트의 비의적인 소유가 아니라 대중 전체의 공유 재산이어야 했다. 하지만 계몽 프로그램에 대한 베를린 사람들의 헌신은 자유로운 탐구와 비판의 이상을 그것을 위해 기꺼이 희생하고자 하는 그런 것이었다.

그러나 철학이 두 주인을 섬길 수 있는가? 이성과 대중을? 철학이 비판적인 동시에 실천적이고, 이성적인 동시에 책임 있으며, 정직한 동시에 유용할 수 있는가? 실제로 철학의 목적은 무엇인가? 진리인가 아니면 행복인가? 탐구 그 자체를 위해서인가 아니면 대중의 계몽인가? 그것은 『변론』에서의 플라톤의 물음이었던 것과 마찬가지로 야코비의 물음이기도 했다. 그리고 소크라테스와 마찬가지로 야코비도 이 물음이 비극적 갈등을 위한 모든 자료를 담고 있다고 확신했다. 그가 보기에 철학은 내재적으로 무책임하며, 소크라테스나 하만과 같은 사회적 골칫덩어리들을 위한 소일거리였다. 철학이 도덕과 종교 그리고 국가를 뒷받침한다고 생각하는 것은 환상이다. 오히려 철학은 바로 그 정반대다. 철학은 그것들을 훼손하는 것이다. 어떠한 지침도 부과함이 없이 자유로운 탐구를 그 한계까지 추구하게 되면 우리는 필연적으로 결국 회의주의에 처하게 된다. 그러나 회의주의는 도덕과 종교 그리고 국가의 바로 그 기초를 좀먹는다. 그것은 우리에게 무신론, 숙명론, 아나키즘이라는 무시무시한 유령을 선사한다.

그리하여 야코비가 보았듯이 베를린 사람들은 딜레마에 사로잡혀 있었다. 만약 그들이 자유로운 탐구와 비판이라는 그들의 이상에 계속해서 충실하다면, 그들은 자신들의 계몽 프로그램을 포기해야 할 것이다. 그러나 만약 자신들의 계몽 프로그램을 고수한다면, 그들은 자유로운 탐구

●●
　를 참조.

와 비판을 제한해야 할 것이다. 철학은 진리와 대중 둘 다에게 이바지할 수 없었다. 그 두 가지를 모두 다 하려고 한 것은 소크라테스의 비극이었다. 야코비는 베를린 사람들이 소크라테스의 가르침을 처음부터 다시 배워야 할 것이라고 느꼈으며, 그는 그들을 위해 18세기의 헴록에 상당하는 것, 요컨대 레싱의 스피노자주의라는 쓰디쓴 환약을 준비하고 있었다.

야코비에게 있어 레싱은 매우 상징적인 인물이 되었는데, 왜냐하면 그는 바로 베를린 정신의 반정립을 나타냈기 때문이다. 야코비는 레싱이 계몽의 유일하게 용기 있고 정직한 사상가라고 생각했다. 오로지 그만이 탐구를 그 결과에도 불구하고 그 자체를 위해 추구할 용기를 지녔다. 그리고 오로지 그만이 비판을 도덕적이거나 종교적인 망설임 없이 그 비극적인 결론에로 이끌어갈 정직함을 지녔다. [77]대중적인 의견과는 반대로 그의 시대의 참된 소크라테스는 멘델스존이 아니라 레싱이었다.

야코비는 자신이 레싱을 그러한 빛 가운데서 보기 위한 훌륭한 이유를 지닌다고 느꼈다. 진리의 영역과 유용성의 영역을 구분할 것을 주장한 것은 레싱이 아니었던가?[93] 철학과 종교를 매개하려는 천박한 시도를 경멸하고 이성주의 신학을 조잡한 철학과 영혼 없는 종교로서 멀리한 것은 레싱이 아니었던가?[94] 비록 그것이 도덕적·종교적 현 상태를 위협한다 할지라도 감연히 『볼펜뷔텔 단편들』을 출판하고자 한 것은 레싱이 아니었던가?[95] 그리고 이성의 차갑고 죽은 지식보다 심정의 단순한 신앙

---

93 레싱의 『에른스트와 팔크*Ernst und Falk*』의 「다섯 번째 대화」, in Lessing, *Werke*, XIII, 400-410을 참조. 야코비는 이 저작을 *Werke*, IV/2, 182에서 인용한다.

94 Lessing, *Werke*, XII, 431ff.에서 레싱의 「편집자의 반대명제Gegensatze des Herausgebers」를 참조. 또한 1773년 4월 8일자와 1774년 2월 2일자의 그의 형제 칼에게 보낸 편지들, Lessing, *Werke*, XIX, 83, 102를 참조.

95 실제로 레싱의 스피노자주의를 대중에게 공표하고자 하는 야코비의 나중의 결정을

166

의 가치를 더 높이 평가한 것은 레싱이 아니었던가? 이 모든 이유 때문에 야코비는 비록 레싱이 계몽, 즉 자신이 경멸한 이데올로기의 바로 그 대의를 대표했을지라도 그토록 기꺼이 그와 일체감을 지닐 수 있었다. 베를린 기득권층을 비판하기 위해 레싱이라는 인물을 사용함에 있어 야코비는 사실상 매우 설득력 있는 무기를 생각해냈다. 왜냐하면 베를린 사람들의 존경을 받는 그 모든 인물들 중에서 레싱은 가장 두드러지기 때문이다. 만약 계몽의 가장 존경받는 사상가인 레싱이 도덕적·종교적 현 상태와 불화하고 있는 것으로 밝혀진다면, 그것은 베를린 사람들로 하여금 이성이 자신들을 어디로 데려가고 있는지를 다시금 생각하게 만들 것이다.

그러나 야코비에게 레싱에 관한 가장 중요한 사실은 그의 스피노자주의였다. 레싱은 계몽의 가장 철저하고 정직한 사상가였지만 또한 스피노자주의자이기도 했다. 이러한 연관은 확실히 야코비에게 우연이 아니었다. 그것은 레싱이 모든 탐구와 비판의 결과, 즉 무신론과 숙명론을 인정할 정직함을 지닌 유일한 사람이라는 것을 의미했다. 야코비에 따르면 모든 이성적 사변은 만약 그것이 레싱의 경우에서처럼 일관되고 정직하기만 하다면 스피노자주의로 끝나지 않을 수 없다. 그러나 스피노자주의는 다름 아닌 무신론과 숙명론에 이르렀다.[96] 따라서 레싱의 스피노자주의는 모든 이성적 탐구와 비판의 위험한 결과들에 대한 상징 — 경고 표시 — 이었다.

<hr />

승인한 것은 라이마루스의 이 이교적인 저작을 출판했던 레싱의 전례였다. 야코비는 그것이 아무리 불편하다 할지라도 진리를 진술할 의무에 관한 레싱의 가르침을 받아들였다. 그의 『멘델스존의 고발에 반대하여*Wider Mendelssohns Beschuldigungen*』, in *Werke*, IV/2, 181-182를 참조

96 Jacobi, *Werke*, IV/1, 216-223.

그런데 실제로 멘델스존과 베를린 기득권층 전체에게 충격을 준 것은 단지 레싱의 스피노자주의에 대한 전기적인 평판이 아니라 이성의 주장들에 대한 이러한 공격이었다. 이러한 비난은 멘델스존이 전 생애에 걸쳐 헌신한 이성주의 형이상학이 궁극적으로 스피노자주의적이며 따라서 도덕과 종교에 위험하다는 고발과 마찬가지였다. 그렇다면 위험에 처한 것은 단지 레싱에 대한 멘델스존의 앎뿐만 아니라 좀 더 중요한 것으로 형이상학에 대한 그의 평생의 헌신이었다. 그러한 형이상학 배후의 고무적인 희망――신과 불사성 그리고 섭리에 대한 믿음을 우리가 이성적으로 증명할 수 있다는 가정――은 이제 의문에 처하게 되었다.

맨 처음부터 멘델스존은 레싱에 대한 자신의 앎뿐만 아니라 자신의 철학이 위태롭게 되었다는 것을 너무도 잘 알고 있었다. [78]『아침 시간』을 쓰고자 하는 결정 이전에도 멘델스존은 자신과 야코비의 갈등을 철학적 관점에서 바라보았다. 그는 계몽과 질풍노도, "이성의 깃발"과 "신앙의 당파" 사이에서 또 다른 논전이 들끓고 있다는 것을 알아차렸다. 야코비의 레싱과의 대화 보고를 읽은 후 멘델스존은 1783년 11월 8일에 엘리제와 요한 라이마루스에게 써 보냈다. "저는 여전히 사변의 귀의자들에게 경고하여 그들에게 지침 없이 사변에 종사할 때 그들이 어떤 위험에 노출되게 되는지를 충격적인 예에 의해 보여주는 것이 필요하고 유용하다고 확고하게 믿고 있습니다. …… 우리는 확실히 우리 스스로 하나의 당파를 형성하길 원하지 않습니다. 우리는 당파를 형성하고 당원을 모집하려고 하자마자 우리가 맹세한 깃발에 대한 배신자가 될 것입니다."[97] 여기서 멘델스존은 야코비가 개종시키는 잘못, 즉 레싱을 전향시켜 신앙의 당파로 끌어들이려고 하는 죄를 범하고 있다고 빗대어 말하고 있다. 그리고 그는 동시에 야코비의 개종시키는 철학과 그 자신의 좀

••
97   Mendelssohn, *Schriften*, XIII, 157-158.

더 자유주의적이고 관용적인 철학을 대조시키고 있다. 멘델스존이 여기서 행하고 있는 요점은 『레싱의 친구들에게』에서 야코비의 의도에 대한 그의 나중의 분석을 선취한다.[98] 이 나중의 저작에서 멘델스존은 레싱과의 대화를 출판하는 데서 야코비의 의도는 자기(멘델스존)로 하여금 모든 철학의 위험한 결과에 대해 확신하게 하여 자기를 신앙의 당파(그리스도교)로 회심시키고자 하는 것이라고 주장한다. 야코비는 레싱이라는 인물을 모든 이성적 탐구에 내재하는 무신론과 숙명론에 대한 경고로서 사용하고 있다고 멘델스존은 암시한다. 다시 말하면 멘델스존은 재앙의 조짐을 정확히 읽었으며, 레싱의 스피노자주의가 지니는 상징적 의의를 올바르게 평가했던 것이다.

『아침 시간』을 쓰고자 하는 바로 그 결정은 사실 전기적인 것에 대한 철학적인 것의 승리였다. 비록 최소한 그 책의 한 장이 레싱의 스피노자주의 문제에 바쳐져 있을지라도 그것의 일차적인 목표는 확실히 철학적이다. 이 점은 책을 쓰겠다는 멘델스존의 결정을 설명하는, 1785년 7월 4일에 야코비에게 보낸 라이마루스의 편지로부터 명백하다. 1784년에 쓰인 그녀에게 보낸 멘델스존의 마지막 편지를 언급하면서 라이마루스는 야코비에게 멘델스존이 스피노자주의자들과의 전투를 위해 레싱의 인물됨에 관한 책을 지연시키고 있다고 이야기했다.[99] 비록 멘델스존이 명백히 철학적 쟁점에 우선권을 부여하고 있다 할지라도, 중요한 것은 편지 그 자체가 처음에 시사하듯이 그것이 단지 스피노자주의의 진리나 허위를 함의하지 않았다는 점에 주목하는 것이다. 오히려 멘델스존에게 있어 위태롭게 된 것은 바로 형이상학 그 자체의 가능성과 한계, 그리고 과연 이성이 본질적인 도덕적·종교적 믿음들을 위한 어떤 정당화를 제공할 수 있는가 아닌가 하는 것이었다. "스피노자주의자들과의 경쟁을 무릅쓰고자 하는" 멘델스존의 결정은 모든 사변철학이 스피노자주의로 끝난다고 하는 야코비의 논쟁적인 주장에 대해 그가 이의를 제기하고자 한다는 것을 의미했다. 그러한 주장은 볼프-라이프니츠 철학에 대한 그의 충성에 대한 심각한 도전을 나타냈다.

만약 멘델스존이 야코비에게 계몽의 모든 악덕을 나타냈다면, 야코비는 멘델스존에게 질풍노도의 모든 위험을 상징했다. 처음부터 멘델스존은 야코비가 다만 [79]이성을 헐뜯고 종교의 기초를 오로지 계시와 성서에만 두는 비합리적 형식의 그리스도교로 자신을 전향시키기를 원하는 또 다른 광신주의자, 또 다른 경건주의적인 신비주의자일 뿐이라고 확신했다. 멘델스존은 야코비를 자신의 삶에서 약 15년 전에 일어난 또 다른 상처 깊은 사건의 맥락에서 바라보지 않을 수 없었다. 1769년에 멘델스존은 스위스의 목사 J. C. 라바터, 즉 그 모든 이들 중에 가장 악명 높은 광신주의자와의 가차 없는 논쟁에 휘말리게 되었다. 라바터는 멘델스존이 보네Bonnet의 『철학적 재생La Palingenesie philosophique』에서의 그리스도교의 옹호를 논박하거나 공개적으로 전향할 것을 요구했다.[100] 라바터와의 논쟁은 멘델스존의 인생에서 가장 극적이고 괴로운 사건이었는데, 왜냐하면 그것은 유대교에 대한 그의 깊은 개인적인 충성을 위태롭게 했기 때문이다. 멘델스존은 라바터 일을 결코 잊을 수 없었다. 그리고 그의 지치고 의심에 찬 눈에 야코비는 라바터의 앞잡이였다. 그는 야코비와의 다가올 전투가 라바터 사건의 쓰라린 반복일 것이라고 확신했다.

그렇지만 중요한 것은 야코비의 전도자적인 열정이 멘델스존에게 개인적일 뿐만 아니라 또한 철학적인 도전을 부과했다는 점을 파악하는 것이다. 그가 유대교에 충실해야 하는가 아닌가 하는 것은 그에 관한

••
100 이 논쟁의 세부적인 것에 관해서는 Altmann, *Mendelssohn*, pp. 201-263을 참조.

한 그가 이성 그 자체에 진실해야 하는가 아닌가 하는 것과 동일한 물음이었다. 왜냐하면 멘델스존은 유대교에 대한 자신의 신앙을 이성에 대한 자신의 신앙의 본질적인 부분으로서 보았기 때문이다. 야코비와 마찬가지로 멘델스존도 그리스도교를 그 유일한 토대가 계시와 성서인 본질적으로 초자연적인 종교로서 간주했다. 그러나 유대교는 그가 보기에 한갓된 신앙 조항들을 포함하는 것이 아니라 모든 믿음의 이성적 정당화를 요구한 본래적으로 이성적인 종교였다. 멘델스존은 그의 「상기」에서 야코비에게 다음과 같이 설명했다. "나의 종교는 이성적 수단들을 통하는 것 이외에 의심을 해소할 어떠한 의무도 인정하지 않는다. 그리고 그것은 영원한 진리들에 대한 한갓된 신앙을 명령하지 않는다."[101] 따라서 멘델스존이 그리스도교로 개종해야 한다는 야코비의 요구는 그가 자신의 이성을 포기하고 신앙의 도약을 행할 것을 요구하는 것과 마찬가지였다. 그러나 그것은 멘델스존이 단적으로 취하려고 하지 않는 발걸음이었다. 그는 야코비의 **목숨을 건 도약**이 개인적으로뿐만 아니라 개념적으로도 무의미한 행위라고 논증했다. 그리하여 그는 야코비에게 너무도 분명하게 이야기했다. "우리의 개념 영역을 초월할 뿐만 아니라 완전히 그밖에 놓여 있는 어떤 것이 존재하는지를 의심하는 것은 내가 나 자신 너머로의 도약이라 부르는 것이다. 나의 신조는 다음과 같다. 내가 파악할 수 없는 것에 관해 의심하는 것은 나를 전혀 불안하게 하지 못한다. 내가 대답할 수 없는 물음은 내게 전혀 물음이 아닌 것과 다름없다."[102] 이성주의자의 신조가 그토록 솔직하고 명확하게 표현된 적은 거의 없었다. 그 신조를 옹호하는 것, 즉 그가 『아침 시간』에서 열정적으로 몰두한 과제

..

101 Mendelssohn, *Schriften*, III/2, 205. 멘델스존은 유대교와 그리스도교에 대한 이러한 견해를 『예루살렘』에서 옹호했다. Mendelssohn, *Schriften zur Aesthetik und Politik*, II, 419-425를 참조.

102 Mendelssohn, *Schriften*, III/2, 303.

는 이제 멘델스존에게 의무로 부과되었다.

이제 야코비와 멘델스존 사이의 주된 쟁점이 왜 단순히 전기적인 것이
아닌가 하는 것은 명확할 것이다. 레싱이 자신의 스피노자주의를 야코비
에게 고백했는가 아닌가 하는 엄밀하게 사실적인 물음은 거의 문제가
되지 않았다.[103] [80]레싱이 그러한 고백을 했다는 것은 모두에 의해 기정
사실로서 받아들여졌다. 멘델스존조차도 야코비의 정직성을 문제 삼지
않았다. 물론 레싱이 어떤 의미에서 스피노자주의자인가 하는 것을 규정
하는 것은 좀 더 심각한 문제였다. 그러나 이 쟁점마저도 거의 논쟁적인
열정을 불러일으키지 못했다. 사실 야코비는 레싱의 정신을 조사하거나
그의 스피노자주의에 대한 멘델스존의 해석과 다투는 것에 대해서는
거의 아무런 관심도 없었다.[104] 우리는 레싱의 스피노자주의가 단지 하나
의 상징 — 즉 모든 이성적 탐구와 비판의 결과들에 대한 상징이라는
것을 인지할 때만 그것이 지닌 의의를 이해할 수 있다. 만약 레싱이 스피
노자주의자인 것으로 제시된다면, 모든 자존감을 지닌 계몽주의자들은
이성이 무신론과 숙명론에로, 즉 결국 계몽의 가장 중요한 교의인 이성
의 권위를 위협하게 될 고백에로 향하고 있다는 것을 시인해야 할 것이
다. 야코비는 만약 이성이 우리를 심연으로 밀어붙인다면 왜 우리가 이
성에게 충실해야 하는가 하는 매우 불안하게 만드는 물음을 제기하고
있었다. 따라서 레싱의 스피노자주의라는 전기적인 물음은 이성 그 자체

103 좀 더 절망적인 순간에 『레싱의 친구들에게』에서 멘델스존은 이 물음을 제기한다.
    예를 들면 *Schriften*, III/2, 191-192를 참조. 하지만 전체적으로 보아 멘델스존의
    전략은 레싱의 고백의 실재성을 받아들이고 나서 그것을 무언가 무해한 방식으로
    해석하는 것이었다.
104 예를 들면 『멘델스존의 고발에 반대하여』, in *Werke*, IV/2, 181을 참조. 거기서 야코비는
    멘델스존의 '순화된 범신론'을 사실상 배제한다.

의 권위라는 훨씬 더 커다란 물음과 더불어 더욱더 무게를 지니게 되었다. 역사적 레싱이 말하거나 생각한 것은 그것이 모든 이성적 탐구의 일반적 결과들에 관해 무언가를 예증하는 한에서만 의의를 지녔다.

이 지점에서 또한 왜 논쟁의 중심 문제가 해석적인 것이 아니었는지도 명백할 것이다. 논쟁은 스피노자 철학의 적절한 해석, 즉 그것이 무신론 적이거나 숙명론적인지 아닌지에 대해서는 사실상 관계하지 않았다. 더더군다나 논쟁은 마치 스피노자 체계의 진리나 오류가 논쟁의 유일한 철학적 차원이거나 한 것처럼 그것을 다루지도 않았다. 이것들은 실제로 논쟁에 의해 제기된 문제들이긴 하다. 그러나 그것들은 오직 이성이 필연적으로 무신론과 숙명론으로 이어진다는 야코비의 일반적 테제에 비추어서만 중요했다. 야코비와 멘델스존에게 관건이 되는 것은 스피노자의 형이상학이 과연 무신론이나 숙명론으로 끝나는가 하는 특정한 물음이 아니라 모든 형이상학이 과연 그것으로 끝나는가 하는 좀 더 일반적인 물음이다. 야코비는 자신의 요점을 예증하기 위해 어떤 다른 형이상학 체계(예를 들어 라이프니츠의 체계)를 취할 수도 있었을 것인데, 왜냐하면 그는 모든 형이상학 체계가 (만약 그것들이 단지 일관적이기만 하다면) 궁극적으로 동일하며, 그것들 모두는 도덕과 종교에 대해 해로운 결과를 지닌다고 믿었기 때문이다.[105]

그렇다면 만약 범신론 논쟁 배후의 근본적인 철학적 문제 — 그리고 사실상 야코비와 멘델스존 그 자신들에 의해 파악된 대로의 근본적인 문제 — 를 추출해야 한다면, 우리는 우리의 주의의 초점을 야코비의

••
105 이 점에서 흥미로운 것은 『피히테에게 보내는 서한*Brief an Fichte*』(1799)에서 야코비가 스피노자 철학이 아니라 피히테 철학을 모든 사변의 패러다임으로서 바라본 것에 주목하는 것이다. 그러나 그는 이것이 자신의 견해에서 어떤 근본적인 변화를 포함하는 것은 아닌데, 왜냐하면 자신은 피히테의 체계가 스피노자의 그것과 꼭 마찬가지로 숙명론적이라고 생각하기 때문이라고 주장한다. Jacobi, *Werke*, III, 9-11을 참조.

이성 비판에 맞추어야만 한다. 우리는 이 비판을 딜레마, 즉 야코비가 레싱과의 대화가 진행되는 도중에 여러 지점에서 암시하고[106] 나중에 명시적으로 진술하는[107] 딜레마의 형태로 요약할 수 있을 것이다. 우리는 어렵고 극적인 선택에 직면해 있다. 요컨대 우리는 우리의 이성을 따라 무신론자와 숙명론자가 되거나 아니면 우리의 이성을 포기하고 신과 자유에로 신앙의 도약을 행하거나 해야 하는 것이다. 좀 더 일반적인 용어로 이야기하자면 우리는 이성적 회의주의 아니면 비이성적 신앙을 선택해야 한다. 단적으로 이 선택지들 사이의 위안을 주는 가운뎃길은 없는바, 도덕과 종교를 이성에 의해 정당화할 수 있는 방법은 없다.

[81]언뜻 보기에 야코비의 딜레마는 이성과 신앙, 철학과 종교 간의 오랜 갈등을 고쳐 말한 것에 지나지 않는 것처럼 보인다. 비록 이것이 확실히 야코비의 출발점이라 할지라도 그는 여기서 멈추지 않았다. 그는 이 갈등을 '신앙'이 단지 종교적인 것뿐만 아니라 또한 도덕적, 정치적, 상식적 믿음들도 포함하도록 확대했다. 목숨을 건 도약은 단지 신에 대한 믿음뿐만 아니라 또한 자유, 다른 정신들, 외부 세계 그리고 인간 영혼의 영속적 존재에 대한 믿음들에 관해서도 이루어져야 했다.

그렇다면 좀 더 넓은 관점에서 파악된 야코비의 딜레마는 영원한 딜레마이자 철학 그 자체만큼이나 오래된 것이다. 우리의 가장 근본적인 원리들과 믿음들, 즉 과학과 종교, 도덕과 상식의 필수적인 전제들인 원리들과 믿음들을 검토하고 비판하며, 가능하다면 정당화하는 것은 철학의 과업이다. 그러나 이러한 과제를 추구함에 있어 철학은 거의 불가피하게 회의주의, 즉 귀납과 자유 그리고 신과 다른 정신들 및 외부 세계의 존재에 관한 의심으로 이어진다. 순수하게 비판적인 이성과, 종교와 도덕,

106 Jacobi, *Werke*, IV/I, 59, 70-72.
107 같은 책, III, 49.

과학과 상식의 요구들 사이에서 갈등이 일어난다. 우리가 우리의 세계 내에서 행위하기 위해 필연적으로 믿어야 한다고 생각하는 것이 우리가 그것을 우리의 비판적 이성에 따라서 검토할 때 종종 받아들일 수 없는 것으로 입증된다. 세계 바깥에 서 있는 순수하게 이성적인 철학자로서 우리는 우리의 일상적 믿음들 가운데 많은 것을 거부할 필요가 있다고 이해한다. 그러나 세계 속에서 살고 행위하는 단순한 인간으로서 우리는 그것들을 고수할 필요가 있다고 생각한다. 그런데 야코비의 딜레마는 단지 철학과 일상적 믿음 사이의 이러한 영원한 갈등의 본질적 부분일 뿐이다. 야코비가 말하고자 하는 것은 이 갈등이 원리적으로 해소될 수 없다는 것이다. 그는 우리로 하여금 철학을 추구하도록 동기 부여하는 바로 그 희망—우리가 종교와 도덕 그리고 상식의 믿음들을 이성적으로 정당화할 수 있다는 희망—이 환상에 지나지 않는다고 주장하고 있다 따라서 이성에 대한 야코비의 공격은 우리로 하여금 애초에 철학을 하기 위한 우리의 동기를 재검토하도록 강요한다.

야코비는 모든 철학적 탐구의 회의적인 결과들을 가리키기 위한 '니힐리즘'(*Nihilismus*)이라는 인상적인 단어를 가지고 있다. 사실 그는 이 말이 근대 철학에서 일반적으로 사용되게 된 데 책임이 있다.[108] 사실 단적으로 무엇보다 선행하는 무게를 지닌 이 용어를 야코비가 사용하는 데서 주목할 만한 것은 그것이 니힐리즘을 모든 철학의 근본적인 문제로 만든다는 점이다. 만약 '니힐리즘'이 모든 철학적 탐구의 회의적 결과들을 가리키기 위해 적절한 말이라면, 그리고 만약 철학이 회의주의의 결과들을 회피하려고 하고 있다면, 철학은 사실상 니힐리즘에 대항한 절망적인

••
108 이 용어를 야코비는 1799년에 『피히테에게 보내는 서한』에서 처음으로 사용한다.
      Jacobi, *Werke*, III, 44를 참조.

투쟁이다. 만약 철학자가 회의주의를 벗어날 수 없다면, 야코비의 기준에 따라 그는 그 사실 자체에 의해 니힐리즘을 피할 수 없다. 따라서 니힐리즘은 모든 철학에 대한 야코비의 최종적인 기소이자 주된 비판이다.

야코비는 '니힐리즘'으로 좀 더 정확하게는 무엇을 의미하는가? 왜 그는 [82]그 말을 스스로가 사용하는 의미에서 사용하는가? 야코비의 그 용어 사용이 중요한 까닭은 단지 그가 그것을 근대 철학에 도입한 최초의 사람이기 때문일 뿐이다. 야코비의 용법에 대한 이해가 우리로 하여금 모호하기로 악명 높은 이 단어를 바로 그 원천에서 정의할 수 있도록 해주어야 할 것이다. 그러나 야코비와 같은 반-체계적인 사상가에 대해 기대할 수 있듯이 그는 결코 명확하거나 일반적인 정의를 제공하지 않는다. 그럼에도 불구하고 그 말에 대한 그의 용법은 언뜻 보아 생각될 수 있는 것보다 훨씬 더 기술적이고 철학적이며 문자 그대로이다. 야코비의 그 용어 사용에 있어 가장 중요한 점은 그가 그것을 특정한 인식론적 입장을 가리키기 위해 사용한다는 것이다. 이 용어는 야코비의 또 다른 용어인 '에고이즘'(Egoismus)과 비록 그것보다 조금 더 넓긴 하지만 사실상 같은 뜻이다. 초기 야코비에 따르면 에고이스트는 그 자신의 감각들로부터 독립적인 모든 실재의 존재를 부인하는 철저한 관념론자다.[109] 그는 실제로 유아론자이지만, 외부 세계와 다른 정신들만큼이나 그 자신의 자아의 영속적 실재도 논박하는 유아론자이다. 하지만 후기 저술들에서 야코비는 '에고이스트'라는 용어를 '니힐리스트'로 대체하는 경향이 있다.[110] 에고이스트와 마찬가지로 니힐리스트도 외적 대상들과 다른 정신들이든 신 또는 심지어 그 자신의 자아이든 그 자신의 의식의 직접적인

• •
109 예를 들면 『데이비드 흄』에 붙인 「부록」, Werke, II, 310을 참조.
110 Brief an Fichte, Werke, III, 22-23, 44를 참조.

내용들로부터 독립적인 모든 것의 존재를 부정하는 사람이다. 그러므로 니힐리스트에게 존재하는 모든 것은 그 자신의 순간적인 의식 상태들, 그의 잠깐 동안의 인상들이나 표상들이다. 그러나 더할 필요가 있는 것은 이 표상들이 아무것도 나타내지 않는다는 것이다. 따라서 니힐리스트는 라틴어 어원에 충실하게 모든 것의 존재를 부정하는 사람, 무를 긍정하는 사람이다. 또는 야코비가 말하는 대로 하자면, 니힐리스트는 세계 속에서 "무로부터, 무에게로, 무를 위해 무 안에서"[111] 살고 있다.

야코비의 의미에서 니힐리즘의 안티테제는 실재론[realism]인데, 여기서 '실재론'이란 넓은 의미에서 물질적 사물이든 다른 정신이든 또는 신이든 모든 종류의 존재자의 독립적인 존재에 대한 믿음으로서 정의된다. 야코비에 따르면 니힐리즘으로부터의 유일한 탈출구와 실제로 실재론을 위한 유일한 토대는 외적 실재에 대한 직접적인 지각이다. 이 직접적 지각은 존재에 대한 직관적 파악, 즉 그 확실성이 논증될 수 없고 단순한 신앙 조항으로서 받아들여져야 하는 직관이다. 야코비는 이러한 직관들의 진리를 논증하기 위해 시도하는 것은 니힐리즘의 위험을 다시 불러들이는 것이라고 주장한다.

그러나 중요한 것은 '니힐리즘'이 야코비에게 있어 엄밀하게 인식론적인 의미를 지니지 않는다는 점에 유의하는 것이다.[112] 그것은 또한 윤리적 의미 —즉 우연히 그 말의 현대적 의미와 관계되는 것이 아닌 의미를 지닌다. 야코비의 그 말의 사용은 도스토옙스키의 소설이나 슈티르너의 아나키즘의 모든 것들을 제공한다. 야코비의 용법의 윤리적 요소는 니힐

· ·
111   Jacobi, *Werke*, III, 22.

112   그리하여 Baum, *Die Philosophie Jacobis*, pp. 37ff.는 올바르게 야코비에게서 '니힐리즘'의 인식론적 의미를 강조한다. 그러나 그 경우 그는 그것의 윤리적 의미를 소홀히 취급한다. 나는 야코비가 이전의 '에고이즘'을 '니힐리즘'으로 대체한 것이 정확히 에고이즘의 윤리적 귀결을 강조하기 위해서라는 것을 제안하고자 한다.

리스트가 사물뿐만 아니라 또한 가치의 존재도 부인한다고 그가 말할 때 완전히 명확해진다.[113] 외부 세계, 다른 정신들, 영혼 그리고 신의 존재를 부인하는 까닭에 니힐리스트는 그러한 의사-존재자들에 대한 모든 의무로부터 벗어난다. 존재하는 모든 것이 그 자신의 [83]의식의 순간적인 상태들인 까닭에 그는 단지 그것들에 대해서만 염려한다. 그는 가치의 유일한 원천을 자기 자신 안에서 발견하며, 자기가 옳기를 의욕하는 것이 옳다고— 그것도 바로 자기가 그것을 의욕하기 때문에 옳다고 믿는다. 니힐리스트는 실제로 자기가 신이라고 확신할 만큼 병적인 자기중심주의자다.[114]

2.5. 야코비의 첫 번째 이성 비판

범신론 논쟁 배후의 주된 철학적 문제를 추출했지만, 우리에게는 여전히 야코비가 왜 그것이 문제라고 생각하는지를 설명하는 어려운 과제가 남아 있다. 또는 그 물음을 좀 더 정확하게 제기하자면, 왜 야코비는 자신의 딜레마가 피할 수 없다고 생각하는 것일까? 왜 그는 우리가 이성적 니힐리즘 아니면 비이성적 신앙이라는 두 가지 선택지를 갖는다고 믿는 것일까?

야코비의 입장을 제대로 이해하기 위해서 우리는 먼저 그의 스피노자 해석을 다루어야 한다. 우리는 스피노자 철학에 대한 그의 과장되어 보이는 몇 가지 주장들 배후의 이유를 드러내야 한다. 특히 우리의 주의를 끌 만한 두 가지 주장이 있다. (1) 스피노자 철학은 형이상학의 패러다임,

• •
113 Jacobi, *Werke*, III, 36-37.
114 같은 책, III, 49.

사변의 모델이다. 그리고 (2) 스피노자주의는 무신론과 숙명론이다. 이 두 주장은 그것들이 야코비의 딜레마 배후의 주된 전제, 즉 이성은 필연적으로 니힐리즘으로 끝난다고 하는 것을 뒷받침하는 까닭에 중요하다.

야코비의 나중의 스피노자 해석——『서한』의 제1판과 제2판에서 발견되는 해석——에 접근하는 열쇠는 야코비가 스피노자를 근대 과학의 예언자로서 바라본다는 점이다.[115] 스피노자는 죽어가는 형이상학적 이성주의의 절정이 아니라 떠오르는 과학적 자연주의의 최전선을 나타낸다. 야코비의 「헴스테르후이스 씨에게 보내는 서한」과 『서한』의 일곱 번째 「첨부」에 따르면 스피노자 철학의 목표는 우주의 기원에 대한 기계론적 설명을 발견하는 것이다.[116] 스피노자 철학은 고대 에피쿠로스와 근대 데카르트 전통을 이어가고 있는데, 그 둘은 우주의 기원을 엄밀하게 기계론적이고 자연주의적인 용어들로 설명하려고 한다. 야코비가 이성성의 패러다임으로서 바라보는 것은 볼프와 라이프니츠 또는 심지어 스피노자 형이상학의 삼단논법적인 추론이 아니라 근대 과학의 기계론적 원리들이다.

야코비는 우리에게 스피노자 철학 배후의 지도 원리가 모든 기계론적이거나 자연주의적인 철학 배후의 지배적인 원리, 즉 충족 이유율이라고 말한다. 이 원리는 최소한 야코비의 독해에서는[117] 어떤 조건이나 일련의 조건들이 주어지면 그 사물이 필연적으로 발생하도록 일어나는 모든 것에 대해 그 조건 또는 일련의 조건이 존재해야만 한다고 진술한다. 야코비가 스피노자 철학의 다름 아닌 핵심으로서 바라보는 것은 이 단순

----

115 야코비가 자신의 스피노자 발견에 대해 설명한 것으로부터 판단하면, 그는 일찍부터, 즉 그가 형이상학자로서의 스피노자의 엄격함을 강조할 때부터 다른 해석을 지니고 있었다. 『데이비드 흄』의 제1판, pp. 79-81을 참조.

116 Jacobi, *Werke*, IV/1, 124-125; IV/2, 133-139.

117 같은 책, IV/2, 145-146, 153-155, 159.

한 원리다. 그리하여 레싱과의 대화에서 야코비는 "스피노자주의의 정신"을 무에서는 아무것도 생기지 않는다*ex nihilo nihil fit*는 오랜 스콜라 철학의 준칙을 가지고서 요약한다.[118] 이 준칙은 다만 [84]대강 말하자면 어떤 것이 언제나 다른 어떤 것으로부터 나온다고 이야기하는 충족 이유율을 위한 슬로건일 뿐이다. 물론 야코비는 이 원리를 고수하는 다른 많은 철학자가 있다는 것을 인정한다. 그러나 스피노자를 그들로부터 구별하는 것은 그가 그것을 아주 일관되고 가차 없이 적용하는 점이라고 야코비는 생각한다.[119] 따라서 대부분의 철학자들과는 달리 스피노자는 세계의 무한성과 완전한 필연성의 체계를 긍정한다.

그런데 야코비에게 스피노자 철학이 형이상학의 패러다임, 사변의 모델인 까닭은 바로 그것이 모든 이성성과 논증적 사상의 기초인 충족 이유율을 일관되고 보편적으로 적용하기 때문이다. 그는 우리가 어떤 것의 존재의 조건을 파악하는 한에서만 그것을 인식하거나 이해한다고 말한다. 만약 어떤 것을 설명하기를 원한다면 우리는 그것의 조건들, 그것 배후의 '기계 장치'를 알아야 한다. 야코비가 설명하는 대로 하자면, "우리는 하나의 사물을 그것의 최근 원인들로부터 도출할 수 있거나 아니면 우리가 그것의 일련의 직접적 조건들을 파악할 수 있다면 그것을 인식한다. 우리가 이런 방식으로 파악하거나 도출하는 것은 우리에게 기계적 연관을 제공한다."[120] 그렇다면 우리가 충족 이유율을 일관되고 보편적으로 적용한다면, 우리는 또한 존재하는 모든 것이 이성에 따라 해명될 수 있거나 파악될 수 있다고 가정한다. 다시 말하면 우리는 철저한 형이상학자이거나 사변적 철학자이다. 그러므로 야코비는 철저한 이

• •
118 같은 책, IV/1, 56.
119 같은 책, IV/1, 125-126.
120 같은 책, IV/2, 149, 154.

성주의를 완전하고 일관된 자연주의나 기계론과 동일시한다.

야코비가 스피노자의 무신론과 숙명론의 원천으로서 여기는 것은 이러한 철저한 자연주의, 이러한 비타협적인 기계론이다. 야코비에 따르면 만약 우리가 신의 존재를 믿는다면 우리는 신이 그 자신의 존재와 존재하는 그 밖의 모든 것의 원인이라고 가정해야만 한다.[121] 마찬가지로 만약 자유를 믿는다면 우리는 의지가 자발적이라고, 즉 그것으로 하여금 작용하도록 강제하는 어떤 선행하는 원인 없이 원인으로서 작용한다고 생각해야만 한다.[122] 그렇다면 두 경우 모두에서 어떤 무조건적이거나 자발적인 원인, 즉 그것으로 하여금 작용하도록 강제하는 어떤 선행하는 원인 없이 작용하는 원인의 존재를 가정하는 것은 필연적이다. 그러나 이것은 물론 우리가 충족 이유율을 보편적으로 적용하게 되면 만들 수 없는 가정일 뿐이다. 만약 그것이 보편적으로 적용된다면, 이 원리는 모든 원인에 대해 그것으로 하여금 작용하도록 강제하는 어떤 선행하는 원인이 존재한다고 말한다.

그 경우 충족 이유율에 대한 이러한 독해를 자유와 신 개념에 대한 야코비의 해석과 함께 가정하게 되면 우리는 다시 딜레마에 사로잡힌다. 만약 우리가 충족 이유율을 보편적으로 적용하여 철저한 자연주의를 가정하게 된다면, 우리는 무신론과 숙명론을 받아들여야 한다. 하지만 만약 신과 자유가 존재하며 우리 자신을 무조건적인 원인의 존재에 맡긴다고 가정하면, 우리는 그것들이 완전히 해명될 수 없고 이해될 수 없다는 것을 인정해야 한다. 우리는 그것들을 설명하거나 파악할 수 없는데, 왜냐하면 그러한 것은 무조건적인 것에 대한 어떤 조건이 있다고 가정하는 것과 마찬가지이기 때문인바, 그것은 부조리하다. 만약 우리가 [85]신

• •
121 같은 책, IV/2, 153-157.
122 같은 책, IV/2, 157.

과 자유를 믿는다면, 우리는 그것들이 하나의 신비라는 것을 인정하지 않을 수 없다.[123]

이제 야코비의 이성의 니힐리즘 이론이 단순히 교조적인 칸트 이전 형이상학의 방법에 대한 공격이 아니라는 것은 명확할 것이다.[124] 야코비는 스피노자 철학이 그것의 기하학적 방법이나 선험적 추론 때문이 아니라 그것의 충족 이유율의 엄격한 사용 때문에 이성의 패러다임이라고 생각한다. 그렇다면 이것이 의미하는 것은 야코비의 딜레마가 칸트의 손에 의한 형이상학적 이성주의의 사망에도 불구하고 여전히 그 힘을 유지한다는 것이다. 칸트가 마침내 야코비에 맞서 스피노자주의가 모든 교조적 형이상학과 같은 길을 걸어갔다고 주장하지만,[125] 그의 논증은 야코비의 요점에 영향을 미치지 않는다. 그의 요점은 충족 이유율의 철저한 적용이 신과 자유에 대한 믿음과 양립할 수 없다는 점인바—칸트 자신도 이 점을 전적으로 보증할 것이다.

야코비의 스피노자 해석에 대한 이러한 스케치는 또한 이성에 대한 그의 공격을 바라보는 또 다른 일반적 관점을 제공한다. 야코비의 테제들 가운데 두 가지 — 즉 이성은 니힐리즘으로 이어진다, 자연 과학은 이성의 패러다임이다 — 를 받아들이면 우리는 자연 과학이 니힐리즘의 원천이라고 결론을 내릴 수밖에 없다. 그러므로 이성에 대한 야코비의 공격 과녁은 자연 과학 그 자체이다. 이성의 기반을 약화시키기 위해 야코비는 과학적 진보의 결과에 대해 무언가 불안하게 만드는 의심들을 제기하고 있다. 그는 18세기에 많은 철학자들이 지니기 시작했고 20세기에도 많은 철학자들이 계속해서 지니고 있는 우려, 요컨대 과학의 진보

• •
123 같은 책, IV/1, 155.
124 이것은 베크에 의해 그의 *Early German Philosophy*, p. 335에서 가정되었다.
125 Kant, *Werke*, VIII, 143n.

가 우리의 본질적인 도덕적·종교적 믿음들의 파괴로 이어지고 있다는 우려를 먹이로 하고 있다. 이런 일이 일어나는 메커니즘은 놀라운 만큼 이나 친숙하다. 과학이 진보하면 할수록 그것은 더욱더 생명과 인간 행동의 원인들 및 우주의 기원을 발견한다. 그러나 과학이 이 원인들을 발견하면 할수록 그것은 더욱더 유물론과 결정론 그리고 무신론을 뒷받침한다. 이성을 공격함에 있어 야코비가 염두에 두고 있었던 것은 특히 이러한 시나리오다.[126] 그의 보기 드문 성공에 대한 한 가지 설명은 18세기 후반의 적지 않은 사람들이 과학이 바로 이 방향으로 향하고 있다는 것을 두려워했다는 것이다.

2.6. 야코비의 두 번째 이성 비판

야코비의 스피노자 해석은 그가 그것을 정교화하고 방어하는 데 들인 그 모든 시간과 노력에도 불구하고 계몽에 대항한 전투에서 그의 유일한 무기가 아니다. 그는 이성의 헤게모니에 대항한 다른 논증들을 가지고 있는데, 그것들도 못지않게 도전적이다. 『서한』 초판의 결론 부분에서 야코비는 이성을 또 다른 — 그리고 훨씬 더 취약한 — 방향으로부터 공격하기 시작한다.[127] 여기서 야코비의 접근 노선은 이성적 탐구와 비판의 결과가 아니라 그 배후의 동기를 고려하는 것이다. 그의 관심을 끄는

---

126 Jacobi, *Werke*, IV/2, 149; IV/I, 147-148을 참조. 일찍이 제네바에서 체류하는 몇 년 동안 야코비는 프랑스 백과전서파 가운데 일부의 무신론과 결정론에 대해 반발했다. Levy-Bruhl, *Philosophie Jacobi*, pp. 29-50을 참조.

127 Jacobi, *Werke*, IV/1, 230-253을 참조. 이 구절들로부터는 야코비의 의도가 완전히 분명해지는 않다. 그는 자신이 계몽의 이 믿음을 비판하고자 한다는 것을 명시적으로는 진술하지 않는다. 그러나 그의 *Fliegende Blätter*, in *Werke*, VI, 167-168을 참조.

것은 단지 이성의 **도달점**─스피노자의 무신론과 숙명론─이 아니라 [86]그것의 **출발점**이다. 그 내용은 불명확하지만 그 취지는 명백한 길고 두서없는 논고에서 야코비는 계몽의 가장 근본적인 믿음들 가운데 하나, 즉 우리의 모든 이해관계로부터 떨어져 그에 의해 참과 거짓을 규정할 수 있는 순수하게 객관적인 탐구와 같은 것이 존재한다는 믿음에 의심을 던진다. 만약 그가 이 믿음이 거짓이라고 증명할 수 있다면, 계몽은 정말로 자기의 종언을 만나게 될 것이다. 기득권(교회와 귀족 계층)을 보호하는 선입견과 미신 그리고 무지를 파괴할 수 있는 불편부당하고 보편적인 이성은 더 이상 존재하지 않을 것이다. 왜냐하면 이성에게 동기를 부여하는 것은 다름 아닌 그 자신의 선입견과 기득권으로 입증될 것이기 때문이다.

야코비는 이 믿음이 환상인 까닭은 그것이 이성과 의지 사이에 거짓된 관계를 전제하기 때문이라고 논증한다. 이성이 우리의 이해관계와 욕망을 지배한다는 것은 사실이 아니라고 그는 말한다. 오히려 우리의 이해관계와 욕망이 우리의 이성을 지배한다는 것이다.[128] 오랜 격언이 말하듯이 "이성은 의지의 주인이 아니라 종이다." 그러한 교설은 물론 결코 새로운 것이 아니며, 심지어 흄과 엘베시우스와 같은 계몽주의의 사도들에게서도 발견될 수 있다. 그러나 야코비는 이 교설을 새롭고 위험한 방향으로 확장한다. 이성은 실천 영역뿐만 아니라 이론 영역에서도 의지에 종속된다고 그는 말한다. 의지는 행위의 목적─무엇이 선이고 무엇이 악인가─뿐만 아니라 탐구의 목표와 기준─무엇이 참이고 무엇이 거짓인가─을 결정한다. 지식은 올바른 행위의 결과이고 진리는 적절한 이해관계의 결과이기 때문에 우리는 이론과 실천의 영역을 분리할 수 없다는 것이 야코비의 주된 주장이다.

••
128 Jacobi, *Werke*, IV/1, 234-235, 248.

그러나 왜 이것이 사실인가? 도대체 무엇이 야코비가 그렇듯 급진적이고 명백히 무모해 보이는 주장을 하는 것을 정당화할 수 있을 것인가? 우리는 『서한』의 초판에서 이 물음에 대해 어떠한 만족스러운 대답도 발견할 수 없다. 야코비가 자기의 입장 배후의 일반 이론을 진술하는 것은 다만 『데이비드 흄』과 『서한』의 훨씬 확대된 재판에서이다.[129] 야코비로 하여금 이러한 급진적인 결론에 도달하게 하는 두 가지 중요한 점이 존재한다. 첫째, 이성은 오직 그것이 창조하는 것만을 또는 오직 그 자신의 활동의 법칙들에 따르는 것만을 안다. 그러한 주장은 이성에 대한 비판으로서가 아니라 다만 계몽에서 종종 발견되는 이성에 대한 정의를 다시 진술하는 것으로서만 의도된 것이다. 그것은 예를 들어 칸트에게서 발견되는데, 여기서도 야코비가 칸트를 염두에 두고 있을 가능성이 있다.[130] 둘째, 이성의 창조적 활동은 순수하게 무관심하거나 그 자체에서의 목적이 아니다. 이성은 좀 더 기본적인 이해관계와 욕망, 즉 자기의 통제를 넘어서 있는 것, 심지어 자기로서는 이해하지 못하는 것, 요컨대 생존을 위한 단적인 필요에 의해 지배된다.[131] 이성의 과제는 종의 생존을 위해 우리의 환경을 통제하고 조직하고 지배하는 것이다. 야코비는 이성이 언어와 서로 손잡고 발전하며, 언어의 목적은 생존을 위한 수단에 관해 한 세대로부터 다음 세대로 정보를 전달하는 것이라고 주장한다.[132]

- -
129 Jacobi, *Werke*, IV/2, 125-162와 *Werke*, II, 222-225를 참조.
130 예를 들어 명시적으로 칸트를 염두에 두고서 이성에 대한 이 정의를 다시 진술하고 있는 야코비의 「피히테에게 보내는 서한」, *Werke*, III, 3-16을 참조.
131 Jacobi, *Werke*, IV/2, 130-131.
132 같은 책, IV/2, 131. 야코비는 아마도 헤르더의 영향 아래 쓰고 있을 것이다. 헤르더의 『언어의 기원에 대하여*Ueber den Ursprung der Sprache*』에 관한 그의 초기 논문, in *Werke*, VI, 243-264를 참조.

이 요점들은 함께 합쳐지면 [87]멘델스존과 계몽주의자에 의해 가정된 의미에서의 객관적 탐구의 가능성을 심각하게 훼손한다.[133] 그것들은 우리로 하여금 진리의 순수하게 '객관적인' 기준에 관해 이야기할 수 있게 해주는 어떠한 의미에 대해서도 의문을 제기한다. 첫 번째 요점은 우리의 모든 지식이 어떻게든 그에 상응하는 자연 안의 외적 대상이라는 의미에서의 객관적 진리와 같은 것이 없다는 것을 함의한다. 이성이 자연을 따르는 것이 아니라 자연이 이성을 따른다. 다시 말하면 이성은 진리의 주어진 기준에 따르는 것이 아니라 그것을 창조한다. 하지만 이 요점은 여전히 객관성이 보편적이고 필연적인 규칙들에 순응하는 데 존재한다는 칸트적인 객관성 개념의 가능성을 열어 놓는다. 그렇다면 유일한 물음은 그러한 규칙들이 있을 수 있는가 없는가 하는 것이다. 야코비는 이 물음에 대해 매우 확고하게 "있을 수 없다"고 대답한다. 그의 두 번째 요점은 이러한 칸트적 입장에 맞서 그것의 좀 더 온건한 객관성 개념마저도 의문시한다. 야코비는 무관심하고 불편부당하며 자율적인 이성적 기준에 대한 순응이라는 칸트적인 의미에서의 객관성과 같은 어떤 것이 존재한다는 것을 부인한다. 문제는 이성이 완전히 자율적인 능력이 아니라는 것이다. 그것은 살아 있는 존재로서의 우리의 필요와 욕망에 의해 통제된다. 우리는 살아 있는 존재로서의 우리의 필요와 기능들로부터 이성을 분리할 수 없는데, 왜냐하면 이성의 과제는 다름 아닌 그것들을 조직하고 충족하는 것일 뿐이기 때문이다. 물론 야코비는 법칙들을 창조하는 것이 이성의 과업이라고 기꺼이 칸트에게 양보한다. 그러나 그러고 나서 그는 다음과 같이 덧붙인다. 요컨대 그렇게 함에 있어 이성은 결국 이성적인 통제와 평가에 종속되어 있지 않는 살아 있는 존재로서의 우리의 이해관계들에 의해 지배된다. 오히려 그것

133 객관적 탐구의 가능성에 대한 멘델스존의 믿음은 3.2절과 3.3절에서 논의될 것이다.

들이 이성적 평가의 바로 그 기준을 결정한다.

언뜻 보기에 이 입장은 위험하게 상대주의적인 것으로는 보이지 않는다. 비록 우리가 야코비의 전제를 인정한다 할지라도 여전히 그에게 대답하는 그럴듯한 반상대주의적인 노선이 있는 것으로 보인다. 우리는 우리의 진리 기준을 결정하는 것이 우리의 이해관계라고 그에게 인정할 수 있을 것이다. 그러나 그 경우 우리는 우리의 이해관계가 보편적이라고 논증할 수 있을 것이다. 이것은 실제로 자기 보존과 같은 생물학적 이해관계에 있어 사실이다. 따라서 모든 담론 배후의 단일한 목표, 요컨대 자기 보존이 존재한다는 의미에서 여전히 객관성이 있을 수 있을 것이다. 그 경우 우리는 진리의 모든 상이한 기준들을 하나의 기준을 채택하는 것이 과연 생존을 위한 효율적인 수단인지를 묻는 하나의 좀 더 일반적인 기준에 의해 평가할 수 있다.

하지만 본질적으로 야코비의 입장은 언뜻 보기보다 훨씬 더 상대주의적이다. 좀 더 자세히 살펴보면 우리는 야코비가 이해관계에 대한 단지 생물학적일 뿐인 개념을 가지고 있지 않다는 것을 발견한다. 그는 또한 이해관계의 형성에 있어 문화의 역할을 인정하기도 하며, 그리고——한층 더 불길하게는——문화적 기준들이 자주 서로 비교될 수 없다고 지적한다. 예를 들어 초기 논문에서 야코비는 한 시대의 철학과 종교가 또 다른 시대의 기준들에 의해 판단될 때는 그것들은 종종 완전한 난센스라고 쓰고 있다.[134] 그리하여 비록 대담한 일일 수도 있겠지만 야코비는 갑자기 상대주의로 떨어져 내려간다. 그는 우리의 이성을 결정하는 이해관계들이 서로 충돌하고 있으며 서로 간에 비교될 수 없다고 주장한다. [88]그것들을 매개해 줄 어떠한 이성적 기준도 존재하지 않는데, 왜냐하

----

134   야코비의 『철학적 탐구에 관한 서한*Briefe über Recherches philosophiques*』(1773)에서의 「네 번째 서한」, in *Werke*, VI, 325-344를 참조.

면 이성성이 각각의 용어들 범위 내에서 정의되기 때문이다.

야코비가 이러한 논증으로부터 우리가 우리의 어휘로부터 진리라는 개념을 버려야 한다고 결론짓는 것은 아니다. 그러나 그는 우리가 최소한 진리가 어떻게 획득되는지에 대한 우리의 생각을 수정해야 한다고 생각한다. 우리는 무관심한 명상을 통해서가 아니라 올바른 성향을 지니고 올바른 행위를 함으로써 지식을 획득한다고 그는 주장한다. 야코비는 "영원한 것에 대한 지식은 오직 그것을 추구하는 마음에만 주어진다"고 주장한다. 그가 『서한』에서 자신의 일반적 입장을 요약하는 대로 하자면, "우리는 우리 자신이 이 땅 위에 놓여 있음을 발견한다. 거기서 우리의 행위들이 그것으로 되는 바의 것이 또한 우리의 지식을 결정한다. 우리의 도덕적 성향에 일어나는 바의 것이 또한 사물에 대한 우리의 통찰도 결정한다."[135]

그러나 야코비의 어렵게 얻은 입장은 불가피하게 우리가 어떻게 행위해야 할 것인지 어떻게 아는가 하는 물음을 제기한다. 우리는 우리의 성향이 어때야 하는지 어떻게 아는 것인가? 이용할 수 있는 모든 선택지 가운데서 올바른 선택을 하기 위해서는 행위하기 전에 일정한 지식이 있어야만 하는 것으로 보인다. 야코비는 이 물음을 회피하지 않는다. 그러나 그는 또한 어떤 선행하는 지식을 가져야 할 필연성에 관해 어떠한 양보도 하지 않는다. 만약 우리가 어떻게 행위해야 하는지 알아야 한다면, 우리가 필요로 하는 모든 것은 신앙, 그리스도의 약속에 대한 신앙이라고 그는 말한다.[136] 그렇지만 그리스도에 대한 신앙을 지니는 것이 그의 계명에 따라 행위하고자 하는 것 이외에 무엇을 의미할 것인가? 우리가 일단 그의 계명에 순종하면 우리는 확신할 수 있다. 그 경우 우리는 올바

••
135 Jacobi, *Werke*, IV/1, 232.
136 같은 책, IV/1, 212-213, 240-244.

른 방식으로 행위하고 그 결과 영원한 것에 대한 지식을 획득할 것이다. 하지만 우리가 행위하기 전에 그리스도의 말씀을 검토하고 비판하고자 하는 것은 무의미한데, 왜냐하면 우리는 오직 행위의 끝에서만 지식을 지니기 때문이다. 우리가 신앙을 지닌다면 우리는 행위할 것이다. 그리고 우리가 행위하면 지식을 지니게 될 것이다. 그러나 행위하기 전의 모든 비판은 다름 아닌 선결 문제 미해결의 오류일 뿐이다. 그것은 색깔이 존재한다는 것을 부인하는 눈먼 사람과 같다.

야코비는 자신의 행위의 인식론이 그리스도교의 정신을 표현한다고 주장한다. 그는 자신의 그리스도교와 멘델스존의 유대교를 대조하면서 멘델스존에게 "제 종교의 정신은 인간이 신의 삶을 누림으로써 신을 알게 된다는 것입니다"라고 말한다.[137] 그러고 나서 야코비는 이 진술을 요한복음의 맥락에서 자세히 설명한다. 그리스도교의 신은 사랑의 신이며, 그러한 신은 그 자신을 그를 사랑하고 그의 정신 속에서 행위하는 사람들에게만 드러낸다.[138] 신앙을 가지는 것은 신과 자신의 이웃을 사랑하는 것이다. 그리고 그러한 삶에 대한 보상은 신에 대한 지식이다.

이 새로운 인식론에 토대하여 야코비는 철학 그 자체의 본성과 한계에 관한 일반 이론을 발전시킨다. 우리의 행위가 우리의 지식을 결정하고 더 나아가 우리의 행위는 우리가 살고 있는 일반적 문화에 의해 결정되기 때문에, 철학은 다름 아닌 그 시대의 산물일 뿐이라는 것이 따라 나온다. "철학은 역사 이상의 어떤 것일 수 있는가?"라고 야코비는 묻는다. 그리고 그는 부정적으로 대답한다. 철학은 다름 아닌 시대의 자기반성일 뿐이다. 헤겔의 『정신 현상학』보다 약 20년 전에 그리고 슐레겔의 『초월론 철학에 관한 강의』보다 약 15년 전에 [89]야코비는 다음과 같이 쓰고

••
137 같은 책, IV/1, 212-213.
138 같은 책, IV/1, 212.

있다. "모든 시대는 진보하는 가운데 시대 속에서 활동하는 지배적인 방식을 기술하는 그 자신의 살아 있는 철학을 가지는 것과 마찬가지로 그 자신의 진리를 가지고 있다."[139]

야코비는 이 모든 것으로부터 명백히 급진적으로 보이는 정치적 결론을 끌어내기를 주저하지 않는다. 그는 "우리가 시대의 철학을 개선할 수 있으려면 먼저 그 역사, 그 행위 방식, 그 삶의 방식을 바꾸어야만 한다"[140]고 논증한다. 그러나 그 결론은 다만 급진적이고 정치적인 것으로 보일 뿐이다. 야코비는 맑스만큼이나 혁명적인 어떤 것을 상상하지 않는다. 현시대의 문제는 오직 그 도덕의 개혁을 통해서만 해결될 수 있다고 그는 생각한다. 현시대의 커다란 문제는 점증하는 물질주의, 부와 그 밖의 모든 것을 둘러싼 안락에 대한 선호인바, 그것은 애국심과 정의 그리고 공동체와 같은 도덕적 가치들에서의 퇴조로 이어지고 있다. 이러한 유감스러운 사태를 치유하는 유일한 길은 도덕성을 되살리는 것이며, 이것은 다만 종교, 즉 우리 조상의 훌륭한 오랜 그리스도교로 돌아감으로써만 성취될 수 있다. 야코비에게 그것은 오래되고 입증된 진리다. "종교는 인간의 비참한 곤경을 구할 수 있는 유일한 수단이다."[141]

2.7. 야코비의 신앙 옹호

이성에 대한 야코비의 공격이 지니는 핵심 과제는 우리에게 신앙의 필연성과 편재성을 확신시키는 것이다. 야코비에게 신앙은 멘델스존에

· ·
139 같은 책, IV/1, 237.
140 같은 책, IV/1, 238.
141 같은 책, IV/1, 240.

게 이성이 그것인 바의 것, 즉 진리의 궁극적 시금석이다. 멘델스존이 우리는 모든 믿음을 이성에 따라서 검토해야만 한다고 주장한다면, 야코비는 그러한 검토가 결국 **목숨을 건 도약**에 달려 있다고 대답한다. 신앙은 피할 수 없는바, 헌신의 필연적인 행위다. 야코비가 멘델스존에게 그의 이성주의 신조에 대해 응답하여 맹세했듯이, "친애하는 멘델스존이여, 우리는 모두, 우리 모두가 사회 속에서 태어나 그 안에 머물러야만 하듯이, 신앙 속에서 태어났으며 신앙 안에 머물러야만 하는 것입니다."[142]

신앙은 왜 피할 수 없는가? 야코비는 『서한』에서 우리가 신앙을 피할 수 없는 것은 이성에 대한 우리의 충성마저도 신앙의 행위이기 때문이라고 우리에게 이야기한다.[143] 모든 논증은 어딘가에서 멈춰야 하는데, 왜냐하면 논증의 첫 번째 원리들 그 자체가 논증 가능하지 않기 때문이다. 그렇다면 이 원리들의 확실성에 대한 우리의 믿음은 신앙 이외의 다른 무엇이겠는가? 논증될 수 없는 모든 믿음은 신앙이다. 그러나 이 원리들은 논증될 수 없다. 따라서 그것들에 대한 믿음은 신앙에 이른다. 그리하여 멘델스존의 신조에 대한 야코비의 대답은 그것이 바로 그러한 것, 즉 신앙의 단순한 행위라는 것이다. 멘델스존은 이성에 대한 자신의 신앙을 전제하지 않고서는 그것을 논증할 수 없다.

하지만 멘델스존은 야코비 자신이 인정하는 단순한 요점, 즉 이성의 첫 번째 원리들은 자명하며 직관적이거나 직접적인 확실성을 지닌다는 것을 이용함으로써 이러한 논증에 대답할 수 있었다. 그것들이 자명하다면 우리는 그저 그것들이 참이라고 **믿는** 것이 아니다. 우리는 그것들이 참임을 안다. 그러나 우리가 아는 것은 단지 우리가 믿는 것이 아니다.

• •

142 같은 책, IV/1, 210.

143 같은 책, IV/1, 210-211, 223.

그렇다면 [90]첫 번째 원리들에 대한 믿음이 어떻게 단순한 신앙의 행동이겠는가? 야코비의 논증은 자기의 그럴듯함을 두 가지 매우 다른 종류의 입증될 수 없는 믿음, 즉 자명하고 공리적이기 때문에 입증될 수 없는 것과 불확실하거나 검증 불가능하기 때문에 입증될 수 없는 것을 하나로 합치는 것으로부터 끌어낸다. 그렇다면 멘델스존은 이성의 첫 번째 원리들에 대한 자신의 믿음이 두 번째 종류의 믿음이 아니라 첫 번째 것에 속한다고 대답함으로써 야코비의 반대를 무장 해제시킬 수 있었다.

야코비로 하여금 이러한 두 가지 매우 다른 종류의 믿음을 하나로 합치도록 허락하는 것은 그가 '신앙'이라는 단어를 기술적으로 사용하는 것이다. 보통의 의미에서 신앙은 자명하든 아니면 논증될 수 있든 모든 형식의 지식에 대립한다. 그러나 하만과 마찬가지로 야코비는 의도적으로 그 말의 사용을 모든 지식이 아니라 오로지 논증될 수 있는 지식에만 대립하도록 확장한다. 이성적 정당화나 논증을 허용하지 않는 모든 믿음이 신앙이며, 그것은 자명하게 참인 믿음들을 포함한다고 그는 주장한다.[144] 따라서 야코비는 논증의 첫 번째 원리들에 대한 믿음이 신의 존재에 대한 믿음과 꼭 마찬가지로 신앙의 행위라고 생각한다.

'신앙'이라는 말을 야코비가 폭넓게 사용하는 것은 분명히 편향적이어서 종교적·도덕적 믿음을 정당화하는 데 이바지한다. 그것은 위와 같은 두 종류의 입증될 수 없는 믿음을 하나로 합치기 때문에, 종교적·도덕적 믿음들을 산술의 공리들만큼이나 확실하게 보이게 하며 산술의 공리들을 종교적 믿음들만큼이나 불확실하게 보이게 만든다. 그리고 이 두 종류의 믿음 사이의 명백한 차이는 야코비의 용법을 받아들이기보다는 거부하기 위한 이유이다. 실제로 괴테와 헤르더는 바로 이러한 근거들에서 야코비의 신앙 개념을 일축했다.[145]

●●
144 같은 책, II, 144-146.

언뜻 보기에는 야코비가 '신앙'이라는 말을 폭넓게 사용하는 것은 완벽하게 방어될 수 있는 것으로 보이는바, 그것은 지식을 정당화될 수 있는 참된 믿음이라고 하는 공통된 정의의 엄밀한 결과다. 만약 우리가 이 정의를 고수한다면, 우리가 확실한 것으로서 간주하지만 여전히 정당화할 수 없는 믿음들은 지식에 해당될 수 없다. 따라서 이성의 첫 번째 원리들에 대한 우리의 믿음조차도 오직 신앙의 행위일 수 있을 뿐이다. 그러한 해석은 야코비가 두 종류의 논증될 수 없는 믿음을 혼동하는 것에 대해 용서해 주지 않는다. 그러나 적어도 그것은 그의 용법을 좀 더 이해할 수 있게 해준다. 이 독해의 유일한 문제는 야코비가 언제나 이 정의를 따르는 것은 아니라는 것이다. 그리하여 그는 때때로 논증될 수 없는 믿음들을 지식이라고 부른다. 공통된 정의가 신앙을 모든 형식의 지식과 대조하는 반면, 야코비는 그것을 다만 추론적이거나 논증될 수 있는 지식과만 대조한다.

우리에게 신앙의 필연성을 설득하고자 하는 야코비의 시도가 의심스럽게도 '신앙'이라는 말의 편향적인 사용에 의지하고 있다면, 그것의 편재성을 설득하고자 하는 그의 시도는 그럴듯하다. 하만과 마찬가지로 야코비는 우리가 충족 이유율을 제한해야만 하며, 그리하여 우리는 우리의 모든 믿음에 대한 정당화와 입증을 요구할 수 없다고 생각한다. 그는 우리의 상식적 믿음 대부분이 증명될 수 없다는 것은 단적으로 사실이라고 주장한다.[146] 외부 세계의 존재에 대한 믿음을 취해 보자. 우리 감각의 모든 증거로부터는 [91] 우리가 대상들을 지각하지 못할 때 그것들이 계속해서 존재한다는 것을 추론할 수 없기 때문에 그 믿음은 증명될 수 없다.

145 1785년 10월 21일자의 야코비에게 보낸 괴테의 편지, *Briefwechsel zwischen Goethe und Jacobi*, pp. 94-95를 참조. 또한 1785년 6월 6일자의 야코비에게 보낸 헤르더의 편지, Herder, *Briefe*, V, 128-129를 참조.

146 Jacobi, *Werke*, II, 142ff.

비슷한 이유들로 우리는 다른 정신들의 존재나 귀납의 신뢰성에 대한 우리의 믿음을 증명할 수 없다. 그렇다면 우리가 입증될 수 없는 모든 믿음을 거부하고 회의주의에 빠지지 않아야 한다면 이성적 정당화에 대한 요구를 제한해야 한다. 우리는 신앙의 영역이 우리가 처음 생각한 것보다 훨씬 넓다는 것을 인정해야 한다. 그것은 엄밀하게 논증될 수 없고 우리의 도덕적·종교적 믿음들뿐만 아니라 또한 상식의 가장 기본적인 믿음들도 포함하는 모든 믿음을 포괄한다.

신앙의 편재성에 대해 논증하는 가운데 야코비는 그가 대단히 존경하는 또 다른 철학자, 즉 데이비드 흄의 논증들에 호소한다. 하만과 마찬가지로 그도 자신이 스코틀랜드 회의주의자에게 커다란 빚을 지고 있음을 인정한다.[147] 그에게 상식의 믿음들이 이성에 의해 입증될 수 없고 신앙의 영역이 삶의 모든 부분으로 확장된다는 것을 가르쳐 준 것은 흄이다. 감사의 마음으로 야코비는 그의 가장 중요한 작품들 가운데 하나에 『데이비드 흄』이라는 제목을 붙였다.

그러나 흄의 회의주의에 대한 야코비의 사용은 하만의 사용과 마찬가지로 자급자족적이었다. 비록 야코비가 이성의 영역을 제한하기 위해 흄의 회의주의를 기꺼이 원용했지만, 그는 모든 일상적 믿음이 근거가 없다는 흄의 회의적 결론을 받아들이고자 하지 않았다. 사실 그는 흄의 논증들을 그 의도와 대립되는 목적을 위해 사용했다. 흄이 상식적 믿음들에 의심을 던지기 위해 그것들이 입증될 수 없다고 주장했던 데 반해, 야코비는 같은 요점을 그것들이 입증을 필요로 하지 않는 직접적 확실성을 향유하고 있다는 것을 보여주기 위해 사용했다. 이것은 바로 야코비가 흄의 정통 계승자라고 하는 자신의 주장을 저버리는 곳이다. 그는 신앙의 영역에 직접적인 확실성을 부여함으로써 흄의 회의주의의 도전

147 같은 책, II, 128-129, 156-157, 164-165.

으로부터 물러섰다. 이 확실성이 말해질 수 없고 설명될 수 없다고 주장함으로써 야코비는 내가 이것을 어떻게 아는가라는 흄의 회의주의적인 물음에 대답하기를 거부했다. 그렇다면 흄이 자신의 경건주의적인 추종자를 '열광주의자'라고 불렀을 것이라는 결론에 저항하기는 어렵다.

제3장

멘델스존과 범신론 논쟁

3.1. 철학사에서 멘델스존의 위치

모제스 멘델스존이 지금 그저 칸트에 의해 『순수 이성 비판』의 「오류 추리」 장에서 '논박된' 철학자로서만 기억되는 것은 우리의 비역사적 시대의 슬픈 유산이다. 이것은 "그의 시대의 소크라테스"라고 불렸고 베를린에서 계몽의 지도적인 빛으로서 여겨졌던 사상가에 대한 올바른 평판이 아니다. 계몽에서의 멘델스존의 중추적 역할은 논란의 여지가 없다. 레싱 및 니콜라이와의 그의 유명한 우정, 그의 영향력 있는 논문 「계몽이란 무엇인가?」, 『일반 독일 문고』에서 문학 비평에 대한 그의 선구자적인 공헌, 그리고 종교적 자유와 관용에 대한 그의 고전적인 옹호인 『예루살렘』을 생각해 보라. 레싱에게는 멘델스존을 자신의 유명한 희곡 『현자 나탄』에서 나탄이라는 인물의 모델로서 사용하기 위한 훌륭한 이유가 있었다. 멘델스존은 실제로 그의 시대 전체에 딱 들어맞는 상징이었다.

우리 현대의 멘델스존 이미지가 부당하다는 것은 유대교와 근대 세속 문화 사이의 매개자로서의 멘델스존의 영향력 있는 역할을 고려하게 되면 더욱더 두드러진다. 그 이전의 어느 누구보다도 더 멘델스존은 유대인을 게토로부터 끌어내 근대 문화의 주류로 데려 왔다는 평가를 받을 만하다.[1] 이 점에서 유대인의 삶에 미친 멘델스존의 영향은 독일인에 대한 루터의 영향과 비교되어 왔다.[2] 멘델스존과 루터는 둘 다 자신의 민중들을 전통과 권위의 멍에로부터 자유롭게 했다고 말해져 왔다. 루터 가 로마 가톨릭교회와 관련하여 독일인들을 위해 행한 것을 멘델스존은 탈무드주의와 관련하여 유대인들을 위해 행했다. 그 자신이 정통 유대인 인 멘델스존은 동화의 사도가 아니었다. 그는 유대인들이 자신들의 정체 성을 보존하고 전통을 유지하며 자신들의 종교에 계속해서 충실하기를 원했다. 그럼에도 불구하고 그는 독일인과 유대인이 서로로부터 배울 수 있는 그들 사이의 대화와 공생을 지지했다. 멘델스존은 이 목표를 향해 두 개의 중요한 발걸음을 내디뎠다. 첫째, 그는 그의 『예루살렘』에 서 종교적 관용과 자유를 옹호했는데, 이 책은 [93]광범위한 인정을 성취 했다.[3] 그리고 둘째, 그는 히브리어 성서의 독일어 번역을 통해 유대인들 이 독일어에 좀 더 접근할 수 있도록 했다. 유대인의 삶에 있어 멘델스존 의 번역은 그 결과에서 2세기 전의 루터의 번역에 필적할 만한 성취다.[4]

멘델스존의 역사적 중요성을 승인하는 경우에도 우리는 왜 멘델스존 이 그 자체로 철학사에서 중요한지 물을 수 있을 것이다. 어떤 이들은 문학 비평과 성서 번역 그리고 정치적 대의의 옹호가 엄밀한 의미에서의 철학에 해당하지 않으며, 한 국민의 문화에 대한 공헌이 반드시 철학사

••

1   멘델스존과 비교할 수 있는 유일한 인물은 스피노자다. 그러나 스피노자는 유대인의 삶에 등을 돌렸으며, 그리하여 화해에 대한 어떠한 시도도 포기했다.

2   『독일의 종교와 철학의 역사에 대하여Zur Geschichte der Religion und Philosophie in Deutschland』 에서 하인리히 하이네가 그렇게 한다. Heine, *Werke*, VIII, 185를 참조.

3   『예루살렘』의 영향에 관해서는 Altmann, *Mendelssohn*, pp. 530-531, 533-535, 550, 593을 참조.

4   멘델스존의 번역이 지니는 의의에 관해서는 Schoeps, *Mendelssohn*, pp. 131ff.를 참조.

에 대한 공헌에 해당하는 것은 아니라고 말할 수 있을 것이다. 멘델스존에게 칸트에 의해 망쳐진 불운한 사상가로서가 아니라 고유한 철학사에서의 좀 더 고귀한 자리를 승인할 어떤 이유가 실제로 존재하는가?

우리가 오로지 미학과 정치 철학 분야만을 고려한다면 멘델스존은 철학사에서 작지만 안전한 자리를 받을 만하다. 종종 철학에 대한 그의 가장 중요한 공헌으로서 여겨지는 멘델스존의 미학[5]은 바움가르텐으로부터 칸트와 실러로 향한 하나의 중요한 발걸음이었다.[6] 그리고 멘델스존의 정치 이론은 계몽의 자유주의적 가치들에 대한 옹호로서 그 수준에서 칸트의 그것에 필적할 만하다. 종교적 관용에 대한 변론으로서 멘델스존의 『예루살렘』은 실제로 로크의 『관용에 관한 서한』과 스피노자의 『신학-정치론』과 동등하다.[7]

하지만 역설적이게도 멘델스존은 그가 본래 거기서 명성을 얻었고 또 그에게 가장 중요했던 분야, 즉 형이상학에서 가장 적게 기억되고 있다. 그의 시간과 정력의 대부분은 형이상학에 바쳐졌으며, 그의 주된 철학적 저작들의 거의 모두가 이 분야에 있었다. 멘델스존은 실제로 이성주의 형이상학 전통, 즉 데카르트, 스피노자, 라이프니츠, 볼프 전통에서 최후의 인물이다. 그의 형이상학적 저술들은 그 전통에서 가장 훌륭한 것들 가운데 놓여 있다. 그것들은 문체론적으로 인상적이어서 명확성과 엄밀함 그리고 우아함을 보여주고 있으며——칸트는 멘델스존의 저작들을 "철학적 정확성의 모델"로 생각했다——, 나아가 그것들은 철학적

---

5 Beck, *Early German Philosophy*, p. 326에서 베크가 그렇게 여긴다.

6 미학의 역사에서 멘델스존의 위치에 대한 유용한 요약을 위해서는 Beck, *Early German Philosophy*, pp. 326-332와, 멘델스존의 *Aesthetische Schriften*에 대한 베스트Best의 「서론」, pp. 3-24를 참조.

7 멘델스존의 정치 이론에 관해서는 Altmann, *Mendelssohn*, pp. 514ff.와 Schoeps, *Mendelssohn*, pp. 126-149를 참조.

으로 계발적이어서 이성주의 전통의 근본적인 관념들 가운데 많은 것을 설명하고 있다.[8] 라이프니츠나 볼프에 의해 말해지지 않거나 모호하게 남아 있는 것이 종종 멘델스존에 의해 분명하게 표현되고 옹호된다.[9] 하지만 너무도 종종 멘델스존은 라이프니츠-볼프학파의 중요하지 않은 신봉자로, 즉 라이프니츠의 비교秘敎적 철학과 볼프의 학문적 철학을 단순히 대중화한 한갓된 대중 철학자로 축소되어 왔다.[10]

그러나 멘델스존은 그저 또 다른 이성주의자, 사상의 공통된 학파에 속한 다른 이들 가운데 하나의 인물이 아니었다. 오히려 그는 이성주의 전통 내부에서 특별한 자리를 차지할 만하다. 그는 모든 이성주의자들 가운데 가장 근대적인 존재였는데, 왜냐하면 그는 '형이상학의 위기', 즉 스스로의 학문으로서의 자격을 유지하려는 형이상학의 투쟁을 인식하고 그에 응답했기 때문이다. 데카르트와 스피노자, 라이프니츠와 볼프는 주로 스콜라 철학 전통의 지속적인 영향에 기인하여 형이상학이 여전히 권위를 지니는 시대에 저술하고 있었다. [94]그러나 멘델스존은 형이상학에 대한 믿음을 상실한 나중 세대를 위해 저술해야 했다. 18세기의 3/4분기 무렵, 즉 칸트의 『비판』이 출현하기도 전에 형이상학은 여러 진영, 즉 흄과 프랑스 계몽 철학자의 회의주의, 독일에서의 크루지우스와 로크 추종자들의 경험주의, 단적으로 이성주의적인 **철저함**Gründlichkeit

---

8   1785년 11월 말에 C. G. 쉬츠Schütz에게 보낸 칸트의 편지, *Briefwechsel*, 280-281을 참조. 또한 *Prolegomena, Werke*, IV, 262에서 멘델스존의 문체에 대한 칸트의 찬사도 참조.

9   그리하여 베크는 멘델스존의 「현상 논문」에 대해 다음과 같이 쓰고 있다. "다른 어떤 단일 작품도 그토록 명쾌하게 라이프니츠-볼프의 인식론을 제시하지 못한다. 그 전통의 모든 힘이 설득력 있게 제시되며, 모든 잘못이 무심코 드러난다." Beck, *Early German Philosophy*, pp. 332, 335를 참조.

10 예를 들어 헤겔의 *Geschichte der Philosophie, Werke*, XX, 264에서의 멘델스존에 대한 견해를 참조.

을 위한 시간을 갖지 못했던 대중 철학자들의 전체 무리로부터 증대되는 비판 하에 들어가고 있었다. 이 비판들에 대한 멘델스존의 반응은 흥미롭고 중요한데, 왜냐하면 그것들은 형이상학적 전통 자체에 대한 소송을 개진하기 때문이다. 사실 멘델스존은 형이상학의 문제를 단지 의식하고 있었던 것만이 아니다. 그것은 그의 평생을 사로잡았다. 그의 「현상 논문」(1763)의 주된 목표는 바로 형이상학이 수학의 학문적 지위를 획득할 수 있다는 것을 보여주는 것이었다. 멘델스존의 최후의 형이상학적 저작인 『아침 시간』(1785)은 그의 초기 관심사의 연속, 즉 그 목적이 형이상학 전통에 대한 두 가지 새로운 위협인 칸트와 야코비에 맞서는 것이었던 되살린 「현상 논문」이었다.

이 장의 과제는 물론 멘델스존의 성취의 깊이와 넓이를 검토하는 것이 아니라 그것의 한 국면과 측면, 즉 『아침 시간』에서의 이성과 형이상학 전통에 대한 그의 옹호에 초점을 맞추는 것이다. 비록 철학사가 대개 멘델스존을 칸트 이전 전통 아래로 분류하고 그를 라이프니츠에서 볼프를 거쳐 바움가르텐에 이르는 연쇄에서의 마지막 이성주의자로 바라본다 할지라도, 그의 『아침 시간』은 칸트 이후 철학사에서 필연적인 한 장을 형성한다. 역사 그 자체가 우리로 하여금 이렇게 분류하도록 강요한다. 『아침 시간』은 『순수 이성 비판』 이후에 출간되었다. 그리고 그것은 이성주의 전통에 대한 칸트와 야코비의 비판에 대한 반응이었다. 그렇지만 더욱더 중요한 것은 철학적 정의가 우리에게 요구하는 것은 옹호뿐만 아니라 기소를 위해서도 소송을 제기해야 한다는 점이다. 그런데 이성주의 전통이 어떻게 옹호되었는지 먼저 살펴보지 않으면 우리는 칸트와 야코비의 비판을 공정하게 평가할 수 없다. 그렇다면 역사적으로뿐만 아니라 철학적으로도 우리에게는 멘델스존의 『아침 시간』을 칸트 이후 사상의 역사 속에서 다루어야 할 의무가 있다.

3.2. 이성을 옹호하여

『아침 시간』의 일차적인 목표는 멘델스존의 신조, 즉 철학에서의 진리의 최종 기준으로서의 이성에 대한 그의 충성을 옹호하는 것이다. 『아침 시간』은 좀 더 표면적으로는 라이프니츠와 볼프의 형이상학적 전통에 대한 해명과 옹호이다. 그러나 중요한 것은 이 쟁점들이 멘델스존에게 있어 분리될 수 없다는 것을 파악하는 것이다. 이성에 대한 옹호는 그에게 있어 라이프니츠-볼프 형이상학의 가능성에 대한 옹호와 마찬가지였다. 신, 영혼, 섭리 그리고 불사성에 대한 논증적인 지식이 없다면 이성을 위한 논거가 붕괴될 것이다. 야코비가 옳을 것이다. 요컨대 우리는 신앙을 지키기 위해 이성에 등을 돌려야 할 것이다.

[95]멘델스존의 이성 신앙의 기초, 진리의 기준으로서의 이성에 대한 그의 확신의 토대는 다름 아닌 그의 판단 이론이다.[11] 라이프니츠 및 볼프와 마찬가지로 멘델스존도 모든 판단이 원리적으로 동일하며, 그래서 그것들의 참 또는 거짓은 궁극적으로 모순율에 달려 있다는 이론을 지지한다. 이 이론에 따르면 판단의 술어는 다만 이미 '주어의 개념' 안에 포함되어 있는 것을 명시적으로 만들 뿐이다. 비록 대부분의 판단이 우리가 다만 사물들에 대한 혼란된 앎만을 지니는 우리의 일상적인 지식의 관점에서는 비동일적인 것으로 보일지라도, 그것들은 우리가 주어의 개념 안에 포함되어 있는 것을 충분히 분석할 수 있다면 동일한 것으로

----

11 이 이론과 멘델스존의 일반적 인식론은 『아침 시간』의 처음 일곱 강의들, 즉 「예비 인식Vorerkenntnis」이라는 제목이 붙은 부에서 자세히 설명되고 있다. *Schriften*, III/2, 10-67을 참조. 여기서 멘델스존의 논증은 대체로 「현상 논문」(1763)에서의 그의 초기 입장의 반복이다. 그러므로 나는 이 초기 작품에 비추어 『아침 시간』을 읽었다. 「현상 논문」으로부터의 관련 구절들은 *Schriften*, II, 273-275, 277-278, 302-303 및 307-308에 있다.

증명될 것이다. 만약 우리가 모든 것에 대해 명확하고 완전한 앎을 지니는 신의 무한한 지성을 가지고 있다면, 우리는 모든 것을 필연적이고 영원한 진리로서 알 것이다. 그리하여 멘델스존은 판단에 대한 분석을 돋보기 사용에 비유한다. 그것은 불명료하고 혼란된 것을 명석하고 판명하게 만든다. 그러나 그것은 어떠한 새로운 것도 덧붙이지 않는다.

이러한 판단 이론은 일반적인 인식 이론에 대해 극히 중요한 결과를 지닌다. 요컨대 적어도 원리적으로는 이성이 모든 형이상학적 판단의 참이나 거짓을 결정하는 것이 가능한 것이다. 그렇게 결정하기 위해 이성은 다만 술어가 주어로부터 따라 나오는지를 보기 위해 주어의 개념만을 분석하기만 하면 된다. 이러한 단순한 절차를 통해 이성은 형이상학에서 진리의 충분한 기준을 제공할 것이다.

단순하고 아름답긴 하지만 멘델스존의 판단 이론은 또한 문제가 있기도 하다. 『아침 시간』에 대한 대답인 『데이비드 흄』(1787)에서 야코비는 멘델스존의 이론에 대한 고전적인 반대들 가운데 하나를 제기했다. 그것은 개념적 연관과 실재적 연관을 구별하지 못한다는 것이다.[12] 그것은 주어와 술어 사이의 연관이 자연 안의 원인과 결과 사이의 연관이기도 하다고 가정하며, 그리하여 마치 이성이 우리에게 사물들의 실재적 연관들에 대한 통찰을 주는 것처럼 보인다. 그러나 이러한 가정은 기만인데, 왜냐하면 그것은 이러한 두 종류의 연관 사이의 근본적 차이를 은폐하기 때문이라고 야코비는 주장한다. 주어와 술어 간의 개념적 연관은 주어가 술어보다 논리적으로 선행하기 때문에 비시간적이다. 그러나 원인과 결과 사이의 모든 실재적 연관은 원인이 결과보다 시간적으로 선행하기 때문에 시간적이다. 야코비는 더 나아가 우리가 원인과 결과 사이의 연관이 주어와 술어 사이의 연관과 일치한다고 가정할 수 없는데, 왜냐하

· ·
12   Jacobi, *Werke*, II, 193-199.

면 원인을 긍정하고 결과를 부정하는 것이 논리적으로 가능하기 때문이다. 따라서 야코비는 실재적 계기성, 즉 시간 속에서의 사물들 사이의 연관성은 이성에게 이해될 수 없다고 결론을 내린다. 모든 것이 이성에 따라 이해될 수 있다고 가정하기 위해서 우리는 스피노자가 『에티카』에서 그렇게 하듯이 시간의 실재성을 전적으로 부인해야 한다.

멘델스존의 이론에 대한 야코비의 이의 제기에는 그 배후에 고귀한 조상이 놓여 있었다. 동일한 요점이 볼프에 맞서 크루지우스의 『이성 진리들』(1745)과 [96]칸트의 『부정량의 개념을 세계지에 도입하려는 시도』(1763)에서 제기된 바 있었다.[13] 인과성 문제는 실제로 흄이 1739년에 그의 『논고』에서 처음으로 문제를 제기한 이래로 계속해서 이성주의 전통에 대한 강력한 도전이 되었다. '어떤 것이 있으면, 왜 그 밖의 어떤 것이 있어야 하는가?' — 이것은 칸트가 1763년에 1781년의 『순수 이성 비판』의 완성에 이르기까지 그를 계속해서 사로잡게 될 문제를 정식화한 것이다. 그 문제가 오래되고 중대함에도 불구하고 멘델스존은 『아침 시간』에서 그것을 다루지 못한다. 여기서 그는 고전적 판단 이론을 옹호하기보다 다시 진술할 뿐이다. 그가 이 문제를 다루지 못한 것은 실제로 『아침 시간』에서의 그의 이성 옹호의 심각한 약점이다.

인과성 문제에 더하여 멘델스존의 판단 이론에는 또 다른 어려움, 즉 레싱이 "가능성과 현실성, 개념과 존재 사이의 넓고 추한 도랑"이라고 부르는 것이 존재한다. 판단에 대한 분석을 통해 발견되는 모든 진리는 그 형식에서 다만 가언적일 뿐이며, 그래서 그것들은 우리에게 존재 자체에 관해 아무것도 말해주지 않는다고 멘델스존은 인정한다.[14] 그것들

••
13 Crusius, *Werke*, II, 52-53, 123-124와, Kant, *Werke*, II, 52-53, 123-124를 참조. 하지만 중요한 것은 칸트가 논리적 연관과 실재적 연관 사이의 구별에 대한 크루지우스의 정식화를 수정한다는 점에 주목하는 것이다. Kant, *Werke*, II, 203을 참조.
14 Mendelssohn, *Schriften*, II, 283, 293, 299.

은 'S이면, P이다'의 형식의 것들인데, 거기서는 S가 존재하는가는 여전히 열린 물음이다. 멘델스존은 수학자와 달리 철학자는 개념들 사이의 관계들뿐만 아니라 또한 이 개념들이 대상들을 지니는지 여부도 결정해야 한다는 것을 인정한다. 개념에서 실재로의 이행은 실제로 "철학자가 풀어야 하는 가장 어려운 매듭"이다. 그것을 풀지 않으면 그는 실재와 아무런 관계도 없는 개념들을 가지고 놀 위험이 있다.

레싱의 도랑을 본 멘델스존은 여전히 그것을 뛰어넘으려고 시도한다. 그는 이성이 단지 일정한 점들에서긴 하지만, 요컨대 개념이 자기를 타당화하거나 그것의 지시 대상을 거부하는 것이 불합리한 곳들에서긴 하지만 그 도랑을 건널 수 있다고 생각한다.[15] 우리는 그러한 개념이 두 가지 밖에 없다는 말을 듣는다. 첫 번째 개념은 사유하는 존재의 개념이다. 두 번째 것은 가장 완전한 존재, 즉 신의 개념이다. 여기서 멘델스존은 데카르트의 코기토와 안셀무스의 존재론적 논증을 염두에 두고 있다. 볼프와 마찬가지로 그도 이 두 논증의 수정된 버전을 고수한다.

이 어려움에 대한 멘델스존의 대응은 그의 입장을 강화하기보다는 그 근저에 놓여 있는 약점을 드러낼 뿐이다. 멘델스존의 이성 옹호는 특히 이성이 존재적 의미를 지닌 결론들을 제공한다는 주장에 의존한다. 그러나 그 주장은 결국 두 가지의 매우 논란의 여지가 있는 논증, 즉 코기토와 존재론적 논증에 의존한다. 칸트와 야코비가 이 논증들을 공격할 때, 멘델스존은 자신의 입장을 스콜라 철학적인 사항들에 관여하는 것에 의해 옹호하지 않을 수 없다. 하지만 그러한 세부 사항들은 애초에 모든 논증의 권위에 대해 의문을 제기하는 질풍노도주의자를 납득시킬 수 있을 것 같지 않다.

----

15 같은 책, II, 293-294.

멘델스존의 이성 옹호의 하나의 필수적인 부분이 『아침 시간』의 제7장이다. 멘델스존이 계몽의 [97]객관적 탐구의 이상—즉 이해관계와 상관없이 그리고 그 결과에도 불구하고 진리를 탐구할 필요를 옹호하는 것은 여기에서이다.

객관적 탐구에 대한 멘델스존의 옹호는 18세기의 영향력 있는 교육 이론가인 J. B. 바제도우에 대한 공격의 형태를 취하는데, 바제도우의 유명해진 철학적 주장은 '믿어야 할 의무'(Glaubenspflicht)라는 개념이었다. 바제도우에 따르면 하나의 원리가 도덕적 행위나 인간의 행복에 필요하다면, 우리는 비록 우리가 순수하게 이성적 수단들에 의해 그 진리를 확립할 수 없다 할지라도 그것을 믿어야 할 의무를 지닌다.[16] 바제도우의 입장과 칸트 및 야코비의 입장 사이에는 명백한 유사성이 존재한다. 따라서 바제도우를 비판함에 있어 멘델스존은 아마도 칸트와 야코비를 마찬가지로 비판하고 있었을 것이다.[17]

멘델스존은 바제도우의 것과 같은 모든 관념들에 대해 표준적인 대답을 행한다. 즉 그것들은 도덕적 기준과 지적 기준을 구분하지 못한다는 것이다.[18] 그는 그러한 모든 관념들이 도덕적 동의와 지적 동의, 즉 하나의 믿음을 참인 것으로서 받아들이기 위한 이유들(Erkenntnisgründe, 인

· ·
16 Basedow, "Vorbericht", in *System der gesunden Vernunft*, 특히 pp. 5, 76, 144를 참조.
17 비록 멘델스존이 『아침 시간』의 서문에서 자신이 철학에서의 모든 새로운 진전, 특히 "모든 것을 으스러뜨리는 칸트"의 작품들을 따라 잡을 수 없었다고 불평했음에도 불구하고, 그는 『비판』을 읽었고 그 내용을 잘 알고 있었다. 1783년 4월 10일자의 칸트에게 보낸 그의 편지, Mendelssohn, *Schriften*, XIII, 99-100을 참조. 그는 또한 『순수 이성 비판』에 대한 가르베의 논평을 읽었으며, 니콜라이와 함께 비판 철학에 대해 논의했다. 『순수 이성 비판』에 대한 멘델스존의 지식에 관해서는 Altmann, *Mendelssohn*, pp. 673-675를 참조.
18 Mendelssohn, *Schriften*, III/2, 69-72.

식 근거들)과 그것을 도덕적으로 시인하고 그에 따라 행위하기 위한 이유들(*Billigungsgründe*, 시인 근거들)을 혼동한다고 논증한다. 사실 이것들은 서로 완전히 구별된다. 우리는 신과 불사성 그리고 섭리를 믿어야 할 도덕적 의무를 지닐 수 없는데, 왜냐하면 우리는 이 믿음들의 참이나 거짓에 대해 책임질 수 없기 때문이다. 그것들은 우리의 의지와는 별개로 참이거나 거짓이며, 그래서 도덕적 결과들에도 불구하고 그것들의 거짓을 인정하는 것이 필요할 수 있을 것이다. 하나의 믿음에 동의할 필요성은 멘델스존의 용어로는 '도덕적'(*sittlich*)이 아니라 '물리적'(*physisch*)인데, 왜냐하면 우리는 그것의 진리 또는 거짓에 관해 선택할 여지가 없기 때문이다. 믿음과 관련하여 철학자의 유일한 의무는 탐구해야 할 의무라고 멘델스존은 선언한다.

이 논증은 형이상학에 대한 멘델스존의 옹호이며, 또는 형이상학이 필수적이라는 것을 이야기하는 그의 방식이다. 이 논증에 따르면 우리의 도덕적·종교적 믿음들을 정당화하기 위해 우리는 그것들이 참임을 확립해야 하거나 그것들이 실재에 상응한다는 지식을 획득해야 한다. 그것들이 도덕적으로 좋거나 행복에 도움이 된다는 것을 확립하는 것으로는 충분하지 않다. 그러나 우리의 도덕적·종교적 믿음들을 증명하는——신과 섭리 그리고 불사성에 대한 지식을 획득하는——일을 하는 것은 형이상학이다. 물론 칸트는 형이상학을 너무나 사변적이라고 하여 거부한다. 그러나 멘델스존은 만약 형이상학이 사변적이라면 그것은 반드시 회피될 수 있는 것인가라고 되물을 것이다. 믿어야 할 의무라는 개념은 다만 탐구의 고된 과제로부터 도망치는 것일 뿐이다.

멘델스존은 우리의 탐구가 어떤 명확한 결론에 도달하지 못할 수도 있다는 것을 인정한다. 그러나 그는 여전히 믿음들을 탐구함이 없이 참된 믿음들을 고수하는 것보다 지식을 획득하는 것 없이 진리를 탐구하는 것에 더 많은 이점이 있다고 생각한다.[19] 믿음들의 진리에 대한 이유들을 탐구하지 않고서 믿음들―참된 것들도 포함하여―에 완고하게 매달리는 것의 문제는 그것이 결국 미신과 불관용 그리고 광신으로 이어진다는 것이다. 사물의 자연적 순환에 따르면 지식은 만족으로, 만족은 게으름으로 그리고 게으름은 탐구하는 데서의 실패로 이어진다고 멘델스존은 말한다. [98]그러나 탐구를 도외시하는 것은 궁극적으로 미신과 불관용 그리고 광신을 낳는다. 그렇다면 우리가 이러한 악덕들로부터 치유되어야 한다면, 우리는 의심과 자유로운 탐구의 정신을 되살려야 한다.

그렇다면 멘델스존에게 중요한 것은 우리가 무엇을 믿는가 하는 것이 아니라 우리가 어떻게 믿는가 하는 것―즉 우리가 우리의 믿음을 위해 제공하는 이유들, 오류를 기꺼이 인정하는 것, 비록 우리가 옳다는 것을 확신한다 할지라도 대립된 관점을 고려하고 탐구를 계속하는 것이다. 이것은 물론 계몽의, 특히 레싱과 니콜라이 그리고 멘델스존을 중심으로 한 베를린 서클의 기본적인 원칙이다. 레싱은 유명한 구절에서 그것에 고전적 표현을 부여했다. "신께서 모든 진리를 그의 오른손에 그리고 진리에 대한 잘못된 탐구를 그의 왼손에 잡고서 '선택하라!'고 말씀하신다면, 나는 겸손히 왼손을 잡고서는 '아버지여 주소서! 순수한 진리는 오직 당신만을 위한 것입니다'라고 말할 것이다."[20] 멘델스존이 보기에 야코비의 것과 같은 철학의 문제는 그것이 우리가 어떻게 믿는가 하는 것보다 우리가 무엇을 믿는가 하는 것을 더 소중하게 생각하고, 그리하여 불관용과 전제주의 그리고 교조주의의 모든 위험에로 이어진다고 하는 것이다. 사상의 자유보다 도그마를 더 중시하는 정부는 도덕적·종교적 현 상태를 유지하기 위해 강압을 사용하게 될 가능성이 있을 것이다.[21]

19 같은 책, III/2, 72.

20 Lessing, *Werke*, XIII, 24.

21 멘델스존의 『예루살렘』, in *Schriften zur Aesthetik und Politik*, n, 275ff.를 참조.

하지만 객관적 탐구에 대한 멘델스존의 옹호에는 명백한 순환이 존재한다. 멘델스존은 다만 일정한 도덕적·정치적 가치들, 요컨대 자유주의의 그것들을 사용함으로써만 가치중립적인 탐구를 정당화할 수 있다. 따라서 마치 그는 객관적 탐구를 정당화하기 위해 그것을 그만둔 것처럼, 또는 이성을 옹호하기 위해 그것을 포기한 것처럼 보인다. 이것은 물론 바로 야코비가 원하는 것, 즉 멘델스존이 이성에 대한 자신의 믿음이 결국 그 나름의 **목숨을 건 도약**이라는 것을 인정해야 한다고 하는 것이다.

그러나 문제는 이 순환이 과연 악순환인가 하는 것이다. 그리고 여기서 대답은 명확하지 않다. 문제는 다시 또 다른 단계로 던져졌다. 그것은 이제 우리가 멘델스존의 정치적 가치들의 옳고 그름, 좋음과 나쁨을 단적인 이성적 논증과 객관적 탐구에 의해 결정할 수 있는지 여부에 달려 있다. 만약 그럴 수 없다면 멘델스존은 객관적 탐구에 대한 자신의 옹호가 결코 객관적이지 않다는 것을 인정해야 한다. 그러나 그럴 수 있다면 객관적 탐구에 대한 옹호 전체는 지금까지 예기치 못한 새로운 분야, 즉 정치 철학 분야로 옮겨 간다. 이 경우『아침 시간』에서의 멘델스존의 이성 옹호는 궁극적으로『예루살렘』에서의 그의 자유주의 옹호에 달려 있다.

3.3. 멘델스존의 악몽 또는 정위의 방법

비록 이성과 신앙 사이의 야코비의 딜레마가 지닌 타당성을 반박한다 할지라도, 멘델스존은 철학과 일상적 믿음 사이에 언뜻 보아도 확실한 갈등이 존재한다는 것을 인정한다. 하지만 그는 이것을 '상식'(*Gemeinsinn*)과 '사변'(*Spekulation*) 사이의 갈등으로 바라보며, '신앙'(*Glaube*)이나 '이성'(*Vernunft*)이라는 용어를 사용하지 않는다.[22] 그럼에도 불구하고

[99]용어가 다르긴 하지만 갈등은 동일하다. 멘델스존은 사변이 상식에 대해 이성이 신앙에 대해 맺는 것과 동일한 비판적 관계에 있다고 생각한다. 멘델스존의 '상식'과 야코비의 '신앙'의 외연도 동일하다. 두 용어는 모두 넓은 의미에서 사용되며, 그리하여 그것들은 도덕과 종교 및 일상생활의 모든 근본적인 믿음들을 가리킨다.[23]

야코비와 멘델스존이 갈라지는 곳은 물론 철학과 일상적 믿음 사이의 갈등이 해결될 수 있는지의 여부에 대해서이다. 갈등이 원칙적으로 해결될 수 있다는 것을 멘델스존은 긍정하고 야코비는 부정한다. 철학이 회의주의로 이어진다면, 그것이 멘델스존에게 의미하는 것은 철학이 그 사변의 어딘가에서 잘못되었다는 것이다. 그에 따르면 상식과 사변은 단일한 원천에서 유래하는바, 그것들은 다만 단일한 능력, 즉 이성(Vernunft)의 능력의 두 가지 형식일 뿐이다. 상식이 이성의 직관적 형식인 데 반해, 사변은 그것의 논증적 형식이다. 상식이 한눈에 보는 것을 사변은 전제와 결론으로의 삼단 논법적인 분석을 통해 단계적으로 설명한다. 비록 상식이 본질적으로 이성적이라 할지라도, 그것은 자기의 믿음들에 대한 이유들을 자기의식하고 있지 않다. 이러한 이유들을 자기의식화 하고 상식의 직관들에 대한 논증적인 정당화를 산출하는 것은 사변의 과제이다.

하지만 상식과 사변의 주장들이 서로 모순되는 일이 일어나면 어떻게 되는가? 철학이 상식의 믿음을 위한 근거를 발견하지 못하고 우리에게 삶의 행위를 위해 필요한 믿음에 관해 회의적일 것을 말하게 된다면 어찌 되는가? 멘델스존은 이 물음에 대해 깊이 우려하는바, 그는 『아침

· ·
22   Mendelssohn, *Schriften*, III/2, 81ff.
23   그리하여 멘델스존은 도덕과 종교의 근본적 믿음들이 상식일 뿐이라고 주장한다. 그의 『레싱의 친구들에게』, in *Schriften*, III/2, 197ff.를 참조.

시간』의 한 장 전체를 그에 바칠 정도로 우려한다.[24] 그의 대답은 우화 형식을 취한다.

멘델스존은 우리에게 어느 날 저녁 알프스 여행에 관한 이야기를 들은 후 자기가 이상한 꿈을 꾸었다고 이야기한다. 그는 자신도 알프스를 여행하고 있고 두 명의 안내자의 도움을 받는 꿈을 꾸었다. 한 안내자는 강하고 강인하지만 예리한 지성을 지니지 않는 스위스 시골 사람이었다. 다른 안내자는 야위고 섬세하며 내성적이고 병적인 천사였다. 안내자들은 교차로에 와서 반대 방향으로 가버림으로써 가련한 모제스를 완전히 혼란스러운 상태에 빠트렸다. 그러나 그는 곧바로 나이 지긋한 부인의 도착으로 구조되었는데, 그녀는 그에게 그가 곧 길을 알게 될 거라고 확언했다. 노부인은 그의 두 안내자의 정체를 밝혀주었다. 시골 사람은 '상식'(*Gemeinsinn*)이라는 이름으로, 천사는 '명상'(*Beschauung*)이라는 이름으로 불렸다. 그러고 나서 그녀는 이 두 인물이 서로 의견이 달라 반대 방향으로 가버리는 일이 종종 일어난다고 그에게 말했다. 그러나 그녀는 그들이 결국 자신들의 갈등을 그녀에 의해 해결하기 위해 교차로로 돌아온다고 그를 위로했다. "그러면 당신은 누구십니까?"라고 멘델스존이 노부인에게 물었다. 그녀는 다음과 같이 말했다. 자기는 이 지상에서는 '이성'(*Vernunft*)이라는 이름으로 불리는 데 반해 천상에서는……. 이 시점에서 그들의 대화는 [100]명상의 천사 주위에 몰려든 광신적인 무리의 도착으로 인해 중단되었는데, 그 무리는 상식과 이성을 압도할 조짐을 보이고 있었다. 그들은 끔찍한 괴성을 지르며 공격했다. 멘델스존은 그때 공포에 떨며 깨어났다.

멘델스존은 자기의 꿈이 철학자에게 무언가 유용한 조언을 포함한다고 생각한다. 만약 그가 상식의 경로로부터 너무 멀리 떠돈다면, 철학자

----

24   「제10강의」와 「우화적 꿈Allegorischer Traum」, in *Schriften*, III/2, 81ff.를 참조.

는 자기 자신의 방향을 다시 잡아야 한다. 그는 상식과 사변이 갈라지는 교차로로 돌아와 그것들의 서로 갈등하는 주장들을 이성의 빛에 비추어 비교해야 한다. 경험은 철학자에게 옳음이 보통 상식 편에 있으며, 사변이 그것과 모순되는 것은 다만 사변의 추론에서의 무언가 오류 때문일 뿐이라고 가르친다. 따라서 철학자는 자기의 발걸음을 되짚어 보아야 하며, 그리하여 상식과 사변 사이에 동의가 존재하게 된다. 이것은 멘델스존의 유명한 '정위의 방법'으로, 이는 나중에 칸트에 의해 전유되었다.

비록 정위의 방법이 철학자에게 증명의 부담을 지운다 할지라도, 멘델스존은 사변이 자기편에 옳음을 지닐 때가 있다는 것을 인정한다. 이성이 사변의 증명에서 그것의 발걸음들을 아무리 조심스럽게 되짚어 보더라도 어떠한 오류도 발견할 수 없을 때, 그리고 사변이 상식의 오류가 어떻게 발생하게 되었는지를 설명할 수 있을 때, 멘델스존은 기꺼이 사변에게 논증을 양보하고자 한다. 그는 상식이 그 판단에서 너무 성급하거나 부주의한 까닭에 잘못을 범할 때가 있다는 것을 인정한다. 비록 상식이 이성의 잠재의식적이고 직관적인 형식이라 할지라도, 그것이 결코 틀림이 없다는 것은 따라 나오지 않는다. 실제로 상식이 빗나가기 쉬운 것은 바로 그것이 직관적이고 잠재의식적인 방식으로 추론하기 때문이다.

멘델스존의 꿈을 보다 자세히 살펴보면 우리는 그것이 혼란스러운 악몽이자 이성의 무력함에 관한 멘델스존의 깊은 불안을 숨기고 있다는 것을 알게 된다. 멘델스존의 꿈의 명시적인 내용, 즉 정위의 방법은 그것의 잠재적인 내용에 대한 공포, 즉 철학과 일상적 믿음 사이의 깨지기 쉬운 휴전을 숨기고 있다. 사태의 진리는 멘델스존이 잠재의식적으로 야코비에게 많은 것을 양보한다는 것이다. 이성이 사변 편에 있는 곳에서 상식과 사변 사이에 갈등이 있을 수 있다는 것을 인정함으로써 멘델스존은 비록 몇몇 경우들에서만일지라도 야코비의 딜레마가 타당하다는 것을 승인한다.[25] 그리하여 야코비와 멘델스존 사이의 유일한 차이는 야코비가 이성은 언제나 니힐리즘으로 이어진다고 말하는 데 반해, 멘델스존은 이성이 때때로 니힐리즘을 야기한다고 인정한다는 점이다. 그렇지만 이성이 우리에게 상식의 믿음을, 그리고 실제로 도덕과 종교에 필수 불가결한 믿음을 포기하라고 명령하는 경우들에서 우리는 어떻게 해야 하는가? 예를 들어 이성이 다른 정신들의 존재에 대한 믿음을 위한 근거가 없다는 사변에 동의한다면 나는 어떻게 해야 하는가? 만약 내가 나의 이성에 따라 행위한다면 나는 내가 나 자신을 대하는 것과 동일한 존중을 지니고서 다른 존재들을 대해야 할 필요가 없다. 그러나 상식과 실제로 도덕은 이러한 방침에 격렬하게 항의한다. 그러나 만약 멘델스존이 [101]기꺼이 사변의 니힐리즘적인 결과들——그리고 이성에 의해 검토되고 증명된 결과들——가운데 몇 가지를 받아들이고자 하지 않는다면, 그것은 상식에 대한 그의 헌신이 야코비의 방식에서의 비이성적인 신앙의 도약 이외에 다른 것이 아니라는 것을 보여주는 것이 아닌가? 그리고 실제로 이성의 더 나은 판단에 맞서 상식 곁에 머무는 것은 멘델스존이 야코비에 대해 겨누고 있는 광신과 교조주의 그리고 미신이라는 바로 그 비난을 불러들이는 것이 아닌가?

하지만 멘델스존의 악몽에는 또 다른 측면이 존재하는데, 그것은 우리가 사변과 상식 사이의 갈등을 그렇게 태평스럽게 해결하는 이성의 이러한 면모는 무엇인가라는 물음을 제기하자마자 분명해진다. 만약 그것이 비판의 능력, 즉 우리 믿음들을 위한 이유들을 알기를 요구하는 능력이라면, 그것은 다름 아닌 사변에 해당된다. 하지만 만약 그것이 직관적 능력, 즉 모든 쟁점들을 "자연적 빛"에 따라 판단하는 능력이라면, 그것은 상식에 지나지 않는다. 그러므로 우리는 이 신비스러운 능력의 정체

25 Mendelssohn, *Schriften*, III/2, 82.

를 위한 어떤 기준, 즉 그것들 사이의 논쟁이 해결되어야 하는 바로 그 능력들 가운데 결국 어느 하나로 귀결되지 않는 기준을 지니지 않는 것으로 보인다. 그렇다면 우리의 손에는 어려운 물음이 남겨져 있다. 이성은 어느 편에 있는가? 상식 편인가 아니면 사변 편인가? 이것은 이성이 이 능력들 사이의 논쟁을 중재하는 것으로 생각된다고 한다면 특별히 당혹스러운 물음이다.

상식과 사변을 매개할 제3의 능력이 존재하지 않는다고 가정하면 우리는 갈등이 있는 경우에 어떤 능력을 따라야 하는지 결정해야 한다. 그러나 여기서 멘델스존은 우리에게 다만 너무도 혼란스러운 조언을 제공할 뿐이다. 그는 어느 능력이 우선권을 지녀야 하는지 결정할 수 없다. 때때로 그는 우리가 우리의 상식을 신뢰해야만 하며, 이성이 우리의 일상적 믿음들의 영역에로 돌아올 때까지 우리의 이성을 침묵시켜야만 한다고 말한다.[26] 자연 종교의 진리들은 비록 신의 존재에 대한 모든 증명이 실패한다 하더라도 자신에게 여전히 확고부동하다고 그는 『레싱의 친구들에게』에서 고백한다.[27] 그는 우리가 도덕과 종교의 믿음들이 사변이나 형이상학적 논증에 의존하도록 해서는 안 되는데, 왜냐하면 그것은 그 믿음들을 위험하게도 실들 가운데 가장 가느다란 것에 매달리게 하는 것이기 때문이라고 주장한다. 그러나 상식에 대한 이러한 신앙과, 이성의 증명들에 대한 이러한 불신은 멘델스존의 신조에 대한 배신이 아닌가? 다른 때에 멘델스존은 이성의 과제가 상식을 '바로잡는 것'이라고 말하는데,[28] 그는 상식이 자기의 믿음들을 위한 이유들을 충분히 탐구하지 않음으로써 잘못을 범할 수 있는 가능성을 인정한다.[29] 실제로

••
26   같은 책, III/2, 79-80.
27   같은 책, III/2, 197-198.
28   같은 책, III/2, 198.

바제도우에 맞서 논증하는 가운데 멘델스존은 도덕적·종교적 결과에도 불구하고 탐구를 추구할 필요성을 확고히 주장하면서 분명히 사변의 편에 선다.

여기서 멘델스존의 양면성은 다만 다른 능력을 희생하여 하나의 능력을 따르는 것의 심각한 결과에 대한 그의 인식을 반영할 뿐이다. 그는 교조주의 아니면 회의주의의 오랜 딜레마에 사로잡혀 있다. 만약 그가 오로지 자신의 사변만을 따른다면, 그는 [102]상식과 도덕 그리고 종교의 본질적 믿음들 가운데 몇 가지를 거부하면서 회의주의에 도달할 수 있다. 그러나 오로지 상식만을 따르게 되면, 그는 교조주의에 빠져 모든 탐구와 비판을 궤변으로서 일축할 수도 있을 것이다. 사변과 상식이 지속적으로 충돌하는 경우 멘델스존 정위의 방법은 우리에게 이 두 가지 위험한 극단들 사이를 헤쳐 나갈 아무런 수단도 남기지 않는다.

예상할 수 있듯이 멘델스존의 양면성은 논쟁에 대해 그가 대처하는 것에 대한 광범위한 불만의 원천이 되었다. 좋든 싫든 멘델스존이 이성의 주권을 분명하게 뒷받침하지 못했다는 일반적 느낌이 존재했다. 칸트는 멘델스존이 때때로 사변에 맞서 상식의 편에 섬으로써 스스로가 공언한 이성에 대한 충성을 배신했다고 주장했다. 그리고 비첸만은 상식에 대한 멘델스존의 믿음은 야코비의 신앙의 도약과 다르지 않다고 지적했다. 그리하여 자신의 운명을 이성과 함께 한 사람들에게 있어서는 상식에게 치명적인 양보를 하지 않으면서도 어떻게 이성의 주권을 옹호할 수 있을 것인가 하는 문제가 여전히 남아 있었다. 우리는 곧이어 칸트가 문제들 가운데 가장 골치 아픈 이 문제를 어떻게 해결하고자 했는지 보게 될 것이다.

••
29   같은 책, III/2, 82.

3.4. 스피노자주의 비판과 순화된 범신론

『아침 시간』의 본질적인 부분은 스피노자주의자들에 대한 멘델스존의 반박, 즉 제12, 14, 15강의에서의 전일자*Alleiner*에 대한 그의 공격이다. 스피노자주의자들에 대한 비판은 야코비가 이성의 권위를 위협하기 위해 스피노자주의를 사용하기 때문에 멘델스존에게 있어 대단히 중요하다. 야코비가 스피노자주의를 무신론 및 숙명론과 등치시키기 때문에, 모든 이성이 스피노자주의로 이어진다는 그의 주장은 모든 이성이 무신론과 숙명론으로 끝난다는 주장과 마찬가지다. 멘델스존은 스피노자주의가 숙명론과 무신론에 이른다는 야코비의 요점을 논박하지 않는다. 따라서 그가 이성의 권위를 유지할 수 있으려면 스피노자주의를 논박하는 것이 훨씬 더 절실하다. 오로지 그것만이 이성이 무신론과 숙명론으로 이어지지 않는다는 것을 보여줄 것이다.

멘델스존은 스피노자주의를 정의하고 라이프니츠와 볼프의 이신론과 그것의 차이점을 찾아내는 것으로써 자신의 반박을 시작한다. 스피노자주의를 범신론의 하나의 형식으로서 보면서 멘델스존은 그것을 신이 유일하게 가능하고 필연적인 실체이며, 그 밖의 모든 것은 그의 단순한 양태라는 교설이라고 정의한다.[30] 그러므로 스피노자주의자는 우리와 우리 외부의 세계는 실체적 실재성을 지니지 않으며, 우리는 다만 단일한 무한한 실체, 즉 신의 변양들일 뿐이라고 믿는다. 따라서 멘델스존은 스피노자주의를 레싱이 야코비와의 대화에서 사용한 범신론적인 슬로건인 헨 카이 판*Hen kai pan*, 즉 '하나이자 모두'를 가지고서 요약한다.

그리고 나서 멘델스존은 이전 강의에서 그 개요를 서술한 정위의 방법을 사용하여 "우리는 어디서 출발했는가?"라는 물음을 제기한다.[31] 범신

••
30 같은 책, III/2, 104.

론자와 이신론자는 어디서 출발했으며, 그들은 어디서 갈라지는가? 그들은 어디서 서로 동의하며, 그들 사이의 갈등의 원천은 무엇인가? [103]멘델스존에 따르면 범신론자와 이신론자는 둘 다 다음과 같은 몇 가지 명제에 동의한다. (1) 필연적 존재는 자기-인식을 지닌다, 즉 그것은 자기 자신을 필연적 존재로서 안다. (2) 유한한 것들은 시작이나 끝이 없는 무한한 연속을 형성한다. 그리고 (3) 유한한 존재들은 자기들의 존재를 위해 신에게 의존하며, 그것들의 본질은 그와 별개로 파악될 수 없다. 그러나 멘델스존은 범신론자와 이신론자가 헤어지는 곳은 유한한 것들이 과연 신으로부터 따로 떨어진 실체적 존재를 지니는가 하는 물음에 대해서라고 말한다. 유한한 것들이 신으로부터 따로 떨어진 별개의 실체들이라는 것을 이신론자는 긍정하고 범신론자는 부정한다. 이신론자가 별개의 실체들로서 바라보는 것을 범신론자는 단일한 실체의 양태들로서 간주한다. 따라서 멘델스존은 이신론자와 범신론자 사이의 쟁점을 일원론과 다원론 사이의 갈등으로서 바라본다.

그러므로 스피노자주의자에 대항한 멘델스존의 첫 번째 전략은 일원론의 필연성에 대한 스피노자의 논증을 검토하는 것이다.[32] 볼프의 스피노자 비판으로부터 한 가지 요점을 빌려[33] 멘델스존은 이 논증이 실체에 대한 자의적인 정의에 의존한다고 주장한다. 우리는 자립적 존재가 실체의 필요조건이라면 오로지 하나의 실체, 즉 무한한 존재 그 자체만이 존재할 수 있다는 스피노자의 생각에 기꺼이 동의할 수 있다고 그는 말한다. 왜냐하면 오직 무한한 것만이 존재하기 위해 그 밖의 어떤 것에 의존할 수 없기 때문이다. 그러나 그러고 나서 멘델스존은 자립을 실체의

..
31 같은 책, III/2, 105-106.
32 같은 책, III/2, 106-107.
33 Wolff, *Theologica naturalis*, *Werke*, VIII/2, 686, 단락 683을 참조.

필요조건으로서 생각하는 것은 자의적이라고 주장한다. 우리가 일반적으로 실체라는 것으로 의미하는 것은 단순히 그 성질들에서의 변화에도 불구하고 동일한 것으로 머무는 영속적인 본질이나 본성을 지닌 어떤 존재일 뿐이다. 그것은 존재하기 위해 여전히 사물들에 의존하는 그러한 존재의 영속적인 본성과 일관된다. 그러므로 자립적인 것(das Selbständige)과 그 자체로 존립하는 것(das Fürsichbestehende)을 구별하는 것이 필요하다. 비록 오직 무한자만이 존재하기 위해 그 밖의 어떤 것에 의존하지 않는 까닭에 자립적인 단 하나의 존재자만이 있을 수 있을지라도, 그 자체로 존립하는 많은 존재자들이 있을 수 있다.

멘델스존은 이러한 반대가 여전히 스피노자에 대한 반박에 미치지 못한다는 것을 인정한다. 그것은 단지 스피노자의 증명들에 영향을 미칠 뿐, 그의 주된 교설들 가운데 어느 것에도 영향을 미치지 못한다.[34] 이 교설들을 논박하기 위해서 우리는 우리의 보통의 경험이 지니는 몇 가지 반론의 여지가 없는 특징들을 그것들이 설명할 수 없다는 것을 보여주어야만 한다. 그러나 멘델스존은 자기가 바로 그것을 확증하는 논증을 갖고 있다고 생각한다.[35] 그는 독자들에게 다음과 같은 점들을 생각해 볼 것을 요청한다. 스피노자는 사유와 연장을 신적 실체의 두 가지 속성으로 삼는다. 그는 연장을 물질의 본질로서 그리고 사유를 정신의 본질로서 바라본다. 그러나 멘델스존은 물질에게는 연장보다 더 많은 것이 존재하며, 정신에게는 사유보다 더 많은 것이 존재한다고 응수한다. 물질은 또한 운동에도 존재한다. 그리고 정신은 또한 의지와 판단에도 존재한다.[36] 이제 스피노자는 정신과 육체의 이러한 추가적 특징들을 설명할

34 Mendelssohn, *Schriften*, III/2, 107.
35 같은 책, III/2, 107-110.
36 여기서 멘델스존은 그의 세 가지 능력 이론을 언급하고 있는데, 그에 따르면 정신은 사유와 욕망 그리고 판단의 능력들에 존재한다. 그는 이 이론을 『아침 시간』 제7강의,

수 없는데, 왜냐하면 그것들은 그의 단일한 무한한 실체에서 그 기원을 지닐 수 없기 때문이라고 멘델스존은 논증한다. 이 실체는 운동의 원천일 수 없는데, 왜냐하면 그것은 전체로서의 우주이고 [104]전체로서의 우주는 자기의 위치를 변화시킬 수 없으며 그러므로 운동할 수 없기 때문이다. 그와 마찬가지로 이 실체는 욕망이나 판단의 원천일 수 없는데, 왜냐하면 스피노자는 우리가 의지와 욕망 그리고 판단과 같은 인간적 특성들을 신에게 돌릴 수 있다는 것을 명시적으로 부정하기 때문이다. 따라서 멘델스존은 스피노자주의가 경험의 두 가지 기본적인 특징, 즉 물질의 운동과 정신에서의 욕망과 판단 능력의 현존에 대해 설명하는 데 실패하기 때문에 우리는 스피노자주의를 거부해야 한다고 결론을 맺는다. 우리는 스피노자가 그렇게 하길 바라듯이 우리 경험의 이 측면들을 상상력의 가상들로서 간단히 일축할 수 없는데, 왜냐하면 우리는 여전히 그러한 가상들의 기원을 설명해야 할 것이기 때문이다.

그야말로 이신론자가 반대 의견들을 가지고서 범신론자를 압도하고 있는 것으로 보이는 바로 이 지점에서 멘델스존은 그 논증이 놀랍게도 그 자신에 대해 등을 돌리도록 허락한다. 제14강의의 서두에서 그는 범신론의 새롭고도 좀 더 강력한 버전 또는 자기가 '순화된 범신론'이라고 부르는 것을 옹호하는 자신의 친구 레싱을 소개한다. "당신이 기껏 논박한 것은 스피노자이지 스피노자주의가 아닙니다"라고 멘델스존은 레싱으로 하여금 말하게 한다. 레싱과 멘델스존 사이의 뒤따르는 상상의 대화에서 레싱은 멘델스존의 이전의 반대들 모두에 대해 기꺼이 인정한다. 그러나 그는 스피노자주의자가 이 점들을 인정하면서도 여전히 자기의 본질적 테제, 즉 모든 것이 신 안에 존재한다는 테제를 유지할 수 있다고

••
    in *Schriften*, III/2, 61ff.에서 상세히 설명한다.

주장한다. 순화된 범신론은 스피노자의 실수들 가운데 두 가지를 피한다. 그것은 신에게 자유 의지를 부인하지 않으며, 그에게 연장을 돌리지 않는다. 순화된 범신론자의 신은 지성과 의지 둘 다를 지니지만 연장은 지니지 않는 엄격하게 정신적인 존재다. 그는 실제로 라이프니츠와 볼프의 신과 극도로 유사하다. 그는 모든 가능한 세계를 가능한 가장 명석한 방식으로 파악하는 무한한 지성을 지닌다. 그리고 그는 가능한 최선의 것인 세상을 선택한다. 이러한 유사성에도 불구하고 이신론자와 범신론자 사이에는 여전히 심각한 의견의 불일치점이 존재한다. 이신론자들이 신은 모든 가능한 세계들 가운데 최선의 것을 택하고서는 그것에 신적 정신 바깥의 자립적인 존재를 부여한다고 주장하는 데 반해, 범신론자는 그 세계에 대해 그러한 존재를 부인한다. 순화된 범신론자에 따르면 모든 것은 오직 신의 무한한 지성 속에만 존재하며, 그의 관념들의 대상 이외의 어떠한 존재도 지니지 않는다. 멘델스존은 레싱에게 묻는다. "만약 제가 당신을 올바르게 이해하고 있다면, 당신은 세계 바깥의 신을 인정하지만 신 바깥의 세계를 부정하며, 신을 이를테면 무한한 에고이스트로 만들고 있습니다." 레싱은 이것이 실제로 자신의 견해라고 인정한다.

비록 멘델스존이 레싱의 순화된 범신론이 스피노자주의의 도덕적으로 해로운 결과를 지니지 않는다고 믿을지라도, 그는 그것을 받아들일 준비가 되어 있지 않다.[37] 그는 제14강의의 나머지를 그에 대한 자신의 반대 의견을 설명하는 데 들인다. 멘델스존은 순화된 범신론의 치명적 약점이 사물에 대한 신의 개념과 그 사물 자체를 구별하지 못하는 것이라

· ·
37   때때로 멘델스존이 순화된 범신론을 받아들인다고 가정된다. 예를 들어 Beck, *Early German Philosophy*, pp. 354, 339를 참조. 그러나 이러한 가정은 제14강의의 후반부 텍스트와 단적으로 모순되는데, 거기서 멘델스존은 레싱을 논박한다.

고 논증한다. 하지만 그러한 구별을 행하는 것이 필요한데, 왜냐하면 유한한 것에 대한 신의 개념은 무한하고 완전한 데 반해 사물 자체는 유한하고 [105]불완전하기 때문이다. 이러한 구별을 행하기를 거부하는 것은 유한하고 불완전한 것들을 신의 정신 내부에 둠으로써 그의 완전함을 부인하는 것이다. 멘델스존이 자신의 요점을 요약하는 대로 하자면, "제한을 지니는 것, 제한되어 있는 것이 하나라면, 우리와 구별된 존재가 소유하는 제한을 아는 것은 또 다른 것이다. 가장 완전한 존재는 나의 약점들을 안다. 그러나 그는 그것들을 가지고 있지 않다."[38]

멘델스존이 여기서 염두에 두고 있는 더 넓은 문제는 범신론의 어떠한 형식에 대해서든 기본적이다. 요컨대 만약 신이 완전하고 무한하다면 그리고 만약 세계가 불완전하고 유한하다면, 어떻게 신이 세계 안에 존재할 수 있거나 세계가 신 안에 존재할 수 있는 것인가? 이 문제는 멘델스존 이후의 범신론적 세대를 괴롭히는 것이었다. 헤르더와 셸링 그리고 헤겔은 모두 그에 대한 해결책을 찾기 위해 몸부림쳤다.[39] 범신론자들 가운데 가장 순화된 사람마저도 자기의 철학적 양심에 대한 어떤 없어지지 않는 의심들 없이는 『아침 시간』으로부터 떠날 수 없었다.

3.5. 멘델스존의 은밀한 칸트 비판

---

38 Mendelssohn, *Schriften*, III/2, 118.
39 멘델스존이 이 문제에 대한 헤겔과 셸링의 나중의 해결책을 명시적으로 거부한다는 점에 주목하는 것은 흥미롭다. 그는 자신의 본성을 '외화하는' 신 ─ 자기 자신을 유한자 속에서 체현하는 무한한 지성 ─ 의 가능성을 부정하는데, 왜냐하면 이것은 신의 무한성과 양립할 수 없을 것이기 때문이다. 『아침 시간』, *Schriften*, III/2, 120을 참조.

『아침 시간』에서의 멘델스존의 범신론 비판은 물론 야코비에 대한 위장된 공격이다. 그러나 『아침 시간』의 행간에는 그 밖의 누군가, 즉 비록 그의 이름이 결코 언급되어 있진 않지만 멘델스존에게 야코비와 꼭 마찬가지로 중요한 누군가가 존재한다. 이 인물은 다름 아닌 칸트다. 비록 멘델스존이 서문에서 자기는 『비판』을 연구할 수 없었다고 인정한다 할지라도,[40] 그가 칸트를 염두에 두고 있다는 것은 여전히 많은 구절들로부터—즉 칸트적인 언어를 사용하는 것으로부터나 입장의 칸트적인 본성으로부터—명백하다.[41] 멘델스존이 왜 칸트를 논의하고자 하는지 이해하는 것은 어렵지 않은데, 칸트는 멘델스존의 형이상학에 대해 야코비만큼이나 위협인 것이다. 실제로 멘델스존에게 칸트와 야코비는 각각 딜레마의 두 뿔, 즉 교조주의 대 회의주의 또는 신비주의 대 니힐리즘을 나타낸다. 야코비는 교조주의자 또는 신비주의자인데, 왜냐하면 그의 목숨을 건 도약은 비판의 요구들을 회피하기 때문이다. 칸트는 회의주의자 또는 니힐리스트인데, 왜냐하면 그는 도덕적·종교적 믿음을 정당화하기 위해 필요한 형이상학을 파괴하기 때문이다.[42] 자신의 이성주의 형이상학의 정당성을 입증하기 위해 멘델스존은 그것이 이 극단들 사이의 유일한 가운뎃길임을 보여 주어야 한다. 그러나 그것은 그가 야

• •
40 Mendelssohn, *Schriften*, III/2, 3.

41 예를 들어 *Schriften*, III/2, 10, 60ff., 152ff., 170-171에서의 구절들을 참조.

42 위험한 회의주의자로서의 칸트에 대한 멘델스존의 이미지는 『비판』이 출간되기 오래전에 형성되었다. 칸트의 『시령자의 꿈』(1766)에 대한 논평에서 멘델스존은 칸트 소책자의 회의적이고 조롱하는 어조에 대한 자신의 실망을 표현했다. *AdB* 4/2 (1767)에 있는 멘델스존의 글, 281을 참조. 이러한 이미지는 멘델스존에게 있어 그 힘을 전혀 상실하지 않았다. 『아침 시간』에서 그는 모든 것을 으스러뜨리는 칸트의 작품들에 대해 언급한다. 멘델스존이 칸트에 관한 자신의 정보 대부분을 얻은 대중철학자들은 아마도 그의 마음속에서 이 이미지를 강화했을 것이다. 가르베, 니콜라이, 페더 그리고 플라트너는 모두 멘델스존에게 칸트에 대한 자신들의 견해를 이야기했다. 그러나 그들은 모두 칸트를 회의주의자로서 바라보았다.

코비뿐만 아니라 칸트와도 자신의 빚을 청산해야만 한다는 것을 의미한다. 하지만 칸트와의 투쟁은 조용한 것이어야 할 것인데, 왜냐하면 멘델스존은 칸트와 같은 무시무시한 반대자는 말할 것도 없고 야코비와 겨루기에도 이미 너무 늙고 노쇠했기 때문이다.

멘델스존의 칸트와의 숨겨진 싸움은 『아침 시간』에서 중심적으로 중요한 자리, 즉 그 책의 다름 아닌 핵심인 처음 일곱 장에서의 관념론에 대한 논의를 차지한다.[43] 멘델스존이 보기에 칸트의 관념론은 자신의 철학에 대한 주요한 위험이다. 그것은 상식에 대한 모욕이며 도덕과 종교에 대한 위협이다. 만약 우리가 모든 것이 오직 표상들에 존재한다고 생각한다면, 우리가 어떻게 세계 속에서 행위할 수 있겠으며, 어떻게 우리의 의무를 수행할 수 있고, 어떻게 신을 예배할 수 있을 것인가? [106]칸트의 관념론에 대한 멘델스존의 해석은 그 시대의 대중 철학에 있어 전형적이다.[44] 가르베와 페더 그리고 바이스하우프트와 마찬가지로 멘델스존은 칸트의 관념론과 버클리의 관념론 사이에서 어떠한 본질적 차이도 보지 못한다. 칸트적이든 버클리적이든 관념론자는 정신적인 실체 이외에 아무것도 존재하지 않는다고 주장한다. 그리고 그는 자신의 표상들에 상응하는 외부 대상의 존재를 부정한다.[45] 멘델스존은 또한—다시 가르베, 페더, 바이스하우프트와 함께—칸트가 사물들 자체의 존재를 긍정하지 않고 부정한다고 잘못 가정한다.

관념론에 반대하는 멘델스존의 논거는 대체로 외부 세계의 실재에

••
43   Mendelssohn, *Schriften*, III/2, 10-67, 특히 35-67.
44   멘델스존은 『일반 독일 문고』에 실린 가르베의 논평에서의 칸트 해석을 받아들였다. 1784년 1월 5일자 라이마루스에게 보낸 멘델스존의 편지, *Schriften*, XIII, 168-169를 참조. 페더의 편집에 따라 가르베의 논평은 칸트의 관념론과 버클리의 관념론을 동일시했다.
45   Mendelssohn, *Schriften*, III/2, 56-57, 59.

대한 귀납적 논증들로 이루어진다. 멘델스존은 감각의 모든 증거로부터 외부 세계의 존재로 나아가는 논리적으로 확실한 추론은 있을 수 없다는 것을 깨닫고 있지만, 그러한 추론들이 "높은 정도의 개연성"을 지닐 수 있다고 생각한다.[46] 외부 세계의 존재에 관한 우리의 모든 귀납적 추론은 지각들의 일치나 동의로부터의 증거에 의존한다. 만약 모든 감각이 서로 일치한다면, 그리고 만약 여러 관찰자의 경험들이 서로 일치한다면, 그리고 마지막으로 만약 서로 다른 감각 기관을 지닌 관찰자들이 서로 동의한다면, 지각들의 대상이 계속해서 존재한다는 것은 비록 논리적으로는 확실하지 않을지라도 개연적이다. 우리가 어떤 것을 더 자주 지각하면 할수록 그것이 실제로 사실일 가능성은 그만큼 더 많다.

비록 칸트가 초기의 계획에도 불구하고 『아침 시간』에 대한 대답을 쓰지 않았다 할지라도, 멘델스존의 주장들에 대한 그의 반응은 상상하기 어렵지 않다.[47] 귀납 추론의 정당성에 의거함으로써 그것들은 흄의 회의주의에 맞서 선결 문제 미해결의 오류를 범한다. 흄에 따르면 우리가 과거에 어떤 것을 언제나 지각했다는 사실은 우리가 그것을 미래에도 계속해서 지각할 것이라고 가정할 어떠한 이유도 우리에게 주지 않는다.[48] 비록 칸트가 『순수 이성 비판』의 초월론적 연역에서 이 점에 대해 대답하려고 시도한다 할지라도, 멘델스존은 『아침 시간』에서 그것을 단적으로 무시한다. 칸트가 흄에게 대답할 준비가 되어 있는 것은 멘델스

••
46 같은 책, III/2, 47, 15-17, 53-55.
47 칸트의 계획에 관해서는 1785년 9월 28일자와 10월 28일자의 야코비에게 보낸 하만의 편지들, Hamann, *Briefwechsel*, VI, 77, 107을 참조. 우연하게도 칸트는 결국 『아침 시간』을 공격했지만 결코 논쟁적으로 상세한 것은 아니었다. 그의 「멘델스존의 "아침 시간"에 관한 야콥의 시론에 대한 몇 가지 소견」, in *Werke*, VIII, 151-155를 참조.
48 Hume, *Treatise on Human Nature*, bk. I, sec. 2, pp. 187-218을 참조.

존 철학과 비교한 그의 철학의 주된 강점들 가운데 하나이다.[49]

『아침 시간』의 마지막 강의인 제17강의도 조용히 칸트에게 문제를 제기한다. 여기서 멘델스존은『순수 이성 비판』에서 칸트가 존재론적 논증을 공격한 이후 그것을 구제하기 위한 용감한 시도를 한다. 1763년의「현상 논문」에서 멘델스존은 존재 개념을 피하고 그 대신 그 정도로 난점들로 가득 차 있는 것이 아니라고 느낀 비존재와 의존이라는 개념들을 사용함으로써 존재론적 논증의 새로운 버전을 제시했다.[50] 비록 그의 동시대인들 가운데 많은 이가, 특히 칸트와 야코비가 1763년에 확신하지 못했다 할지라도, 멘델스존은 1785년에도 여전히 자신의 논증이 전과 마찬가지로 [107]타당하다고 생각한다. 그 논증에 대한 그의 확신은 흔들리지 않고 남아 있는데, 왜냐하면 그는 그것이 존재 개념에 대한 칸트의 이의 제기들을 회피한다고 생각하기 때문이다.[51]

하지만 멘델스존은 단순히 자신의 오랜 논증을 다시 진술하지 않는다. 그는 또한 칸트의 비판에 대해 두 가지 대답을 한다. 그의 첫 번째 대답은 가능성으로부터 실재로의, 본질로부터 존재로의 추론은 오직 한 경우에만 타당한바, 그것은 하나의 유일하게 무한한 존재, 즉 신의 경우라는 것이다.[52] 유한한 존재와 무한한 존재의 본성 사이에는 종적인 차이가 존재하는바, 완전하고 무한한 존재의 본질에는 존재가 필연적이지만 불

49　『아침 시간』에서의 개연성 개념에 대한 멘델스존의 해명은 그의 이전의『개연성에 관한 사상Gedanken von der Wahrscheinlichkeit』(1756)에 토대하고 있다. Mendelssohn, *Schriften*, I, 147-164를 참조. 그러나 베크가 이 작품에 대해 말한 대로 하자면, "멘델스존은 흄의 문제의 어려움을 완전히 놓쳤다." 그의 *Early German Philosophy*, p. 321을 참조.

50　Mendelssohn, *Schriften*, II, 300.

51　같은 책, III/2, 153.

52　같은 책, III/2, 148-149.

완전하고 유한한 존재의 본질에는 그것이 필연적이지 않다. 그런데 칸트는 존재론적 논증에 대한 그의 비판에서 이 점을 무시한다고 멘델스존은 시사하고 있는데, 왜냐하면 그는 유한한 존재의 경우에서의 가능성과 실재 간의 구별이 무한한 존재의 경우에 약간의 수정을 거쳐 적용된다고 슬그머니 가정하기 때문이다. 따라서 본질과 존재 사이의 구별을 증명해야 하는 그의 모든 예들은 유한한 존재들로부터, 예를 들어 백 탈러라는 악명 높은 경우로부터 취해진다. 그러나 칸트가 주장하듯이 쥐꼬리만한 백 탈러의 본질이 그 존재를 포함하지 않는 데 반해 신의 본질은 그의 존재를 포함하는바, 왜냐하면 그의 본질은 백 탈러의 그것보다 비교할 수 없을 만큼 더 완전하기 때문이다.

칸트의 비판에 대한 멘델스존의 두 번째 대답은 존재가 술어가 아니라는 칸트의 논증에 의해 존재론적 논증이 영향 받지 않는다고 주장한다. 존재가 술어가 아니라 다만 사물의 모든 속성에 대한 긍정이나 정립일 뿐이라고 가정하면, 무한한 존재의 모든 속성을 정립하거나 긍정함이 없이 그 무한한 존재의 본질에 대해 생각하는 것은 불가능하다. 실제로 유한자의 우연한 존재와 무한자의 필연적 존재 사이에는 여전히 차이가 있다. 요컨대 무한자는 필연적으로 자기의 모든 속성을 정립하는 것인데 반해, 유한자는 자기의 모든 속성을 정립할 수 없는 것이다.[53] 그렇다면 멘델스존이 보기에 무한하거나 가장 완전한 존재로부터 존재로의 추론은 우리가 존재 개념을 어떻게 분석하는가에 의해 영향 받지 않는다.

범신론 논쟁에 대한 멘델스존의 공헌을 되돌아보면, 그는 자신의 고귀한 의도에도 불구하고 이성을 위한 논거를 강화시켰다기보다는 오히려 약화시켰다는 결론에 저항하기가 어렵다. 그는 이성을 위한 논거를 이성

53   같은 책, III/2, 152-153.

주의 형이상학의 주장들에 의존하게 만들었다. 그러나 이 주장들은 전혀 과장하지 않더라도 매우 논란의 여지가 있었다. 그는 이성주의 판단 이론이 옳기만 하다면 이성이 형이상학에서 진리의 충분한 기준일 수 있을 것이라고 가정했다. 그러나 그 이론은 심각한 약점을 지니고 있었는데, 요컨대 그것은 실재적 연관을 설명하거나 존재적 의미를 지닌 결론들을 보증할 수 없었다. 멘델스존은 또한 몇 가지 중심적인 도덕적·종교적 믿음들——신과 섭리 [108]그리고 불사성에 대한 믿음들——을 선험적 증명들에 토대하게 했다. 그러나 이 증명들은 『순수 이성 비판』에서 칸트에 의해 신랄하게 비판되었다. 그리고 멘델스존이 어떤 철저하고도 엄격한 방식으로 칸트에게 대답하는 데서 실패한 것은 그의 입장 전체의 문제를 폭로했다. 그래서 결국 멘델스존은 이성의 두 가지 근본적 주장, 즉 형이상학에서 진리의 충분한 기준이라는 이성의 주장과 우리의 본질적인 도덕적·종교적 믿음들을 정당화한다는 이성의 주장을 옹호하기보다는 오히려 위험에 빠트렸다.

멘델스존의 이성 옹호의 또 다른 심각한 약점은 실제로는 그것이 야코비가 제기한 더 깊은 문제를 다루지 못한다는 점이었다. 스피노자의 유령을 소환하는 가운데 야코비는 근대 과학의 명백한 숙명론적이고 무신론적인 결과들을 암시하고 있었다. 실제로 18세기 후반의 사상가들을 그토록 깊이 불안하게 만든 것은 근대 과학의 이러한 결과들이었다. 하지만 멘델스존은 스피노자에 대한 그의 고답적인 볼프적 유형의 반박을 가지고서는 이러한 두려움을 거의 누그러뜨리지 못했다. 왜냐하면 그 성패가 달려 있었던 것은 스피노자 체계의 기하학적 증명이 아니라 그 배후의 자연주의적 정신이었기 때문이다.

또한 멘델스존이 스스로가 옹호하고자 한 바로 그 신조를 배신했다는 지속적인 의혹도 존재했다. 그의 도덕적·종교적 믿음들은 그에게 그의 이성보다 더 많은 것을 의미했으며, 그는 이성이 계속해서 그 믿음들에 모순된다면 그것을 기꺼이 포기하고자 하고 있었다. 그것은 어쨌든 그의 정위의 방법으로부터 배운 슬픈 교훈이었다. 상황이 어려워지면 멘델스존은 실제로 야코비 편에 있는 것으로 보였다. 그렇다면 누가 이성의 대의를 옹호하고자 했을 것인가?

멘델스존의 저조한 성과를 고려하면, 그 밖의 누군가가 이성의 무너지는 권위를 옹호하기 위한 싸움에 들어서는 것이 중요했다. 멘델스존의 실수를 되풀이하지 않는 새로운 옹호가 필요했다. 그것은 이성을 위한 논거를 형이상학의 주장들로부터 분리해야 할 것이다. 그것은 야코비의 스피노자주의 배후의 더 깊은 도전에 응답해야 할 것이다. 그리고 그것은 이성을 지지하는 분명한 입장을 취해야 할 것이다. 바로 그러한 옹호에 착수하는 것은 칸트의 운명이었다. 우리는 곧 그의 옹호가 야코비와 그의 협력자들의 손에서 어떻게 되었는지를 보게 될 것이다.

칸트와 야코비 그리고 비첸만의 논전

4.1. 토마스 비첸만의 『결론들』

1786년 5월, 멘델스존의 『아침 시간』과 야코비의 『서한』이 출간된 지 6개월 후에 범신론 논쟁의 과정에 중요한 영향을 미치게 될 기이한 익명의 소책자가 출판되었다. 그 제목은 굉장히 매력적이고 수수께끼 같았다. 『자원 봉사자로부터의 야코비와 멘델스존의 철학의 결론들』. 이 소책자는 그것의 열정적이고 도발적인 음조에 의해 동요를 불러일으 켰고, 더 광범위한 대중이 그 논쟁의 중요성에 대해 확신할 수 있게 해주 었다.[1] 그렇지만 이 '자원 봉사자'(Freywilligen)는 누구였을까? 그의 정체 에 관해 많은 추측이 있었고, 얼마 동안 그가 다름 아닌 헤르더라는 소문 이 있었다.[2] 그러나 얼마 안 가서 진실이 밝혀졌다. 저자는 거의 알려지지 않았지만 대단한 재능을 지닌 야코비의 친구, 토마스 비첸만이었다.

- -
1　『결론들』의 충격에 관해서는 1787년 5월 14일자의 칸트에게 보낸 예니쉬의 편지, Kant, *Briefwechsel*, p. 315와 Goltz, *Wizenmann*, II, 158-159, 164, 166-167, 186-187을 참조.
2　1786년 5월 13일에 야코비에게 보낸 하만의 편지, Hamann, *Briefwechsel*, VI, 390을 참조.

확실히 모든 점에서는 아니지만 많은 점에서 비첸만은 범신론 논쟁에서 야코비 편에 섰다. 그는 모든 철학이 스피노자주의로 끝나며, 우리는 오직 목숨을 건 도약에 의해서만 무신론과 숙명론을 피할 수 있다는 데 대해 야코비에게 동의했다.[3] 그럼에도 불구하고 비첸만은 여전히 자신이 야코비의 단순한 제자가 아니며 독립적인 반성을 통해 자신의 입장에 도달했다고 — 올바르게 — 주장했다.[4] 이것은 확실히 그의 제목에 나타나는 '자원 봉사자'라는 용어의 실마리다. 비첸만은 이 용어를 자신이 야코비가 모집한 사람이 아니라는 것을 강조하기 위해 선택했다.[5] 그리고 실제로 독립성에 대한 그의 주장은 그의 작품에서 거듭해서 스스로의 정당성을 입증한다. 비첸만은 종종 새로운 관념들을 가지고서 나섰고, 자주 신선한 논증들을 가지고서 야코비를 옹호했다. 더 나아가 때때로 그는 우리가 곧 보게 되듯이 몇 가지 점에서 야코비에 대해 날카롭게 비판적이었다.

비첸만은 범신론 논쟁에 몇 가지 중요한 공헌을 했다. 첫째, 그는 야코비와 멘델스존의 유사성과 차이점들을 설명함으로써 논쟁의 상태를 명확히 했다. 그가 멘델스존의 입장에 숨겨진 비이성주의를 지적한 것은 특히 도움이 되었다. 둘째, 그는 야코비의 입장에 좀 더 공정하게 귀

---

3 하지만 스피노자에 대한 비첸만의 태도는 그의 후년에 변화했다. 그는 스피노자주의보다 회의주의를 선호하기 시작했다. Glotz, *Wizenmann*, II, 169를 참조.

4 비첸만은 야코비에게조차 말하지 않고 『결론들』을 썼다고 주장한다. 1785년 9월 8일자의 하우스로이트너Hausleutner에게 보낸 편지, Goltz, *Wizenmann*, II, 116-117을 참조. 같은 편지에서 비첸만은 야코비의 최근에 출간된 『서한』을 비판하기까지 한다. 야코비로서는 비첸만의 독립성 주장에 이의를 제기하지 않는다. 『멘델스존의 고발에 반대하여Wider Mendelssohns Beschuldigungen』의 초판 서문을 참조.

5 비첸만의 빚은 야코비에게만큼이나 헤르더와 하만에게도 많았다. 1786년 7월 4일자의 하만에게 보낸 편지, Hamann, *Briefwechsel*, VI, 454-456을 참조. 비첸만은 자신이 그 모든 사람들 중에서 헤르더에게 가장 충실했다고 말한다. 그러나 여기서도 그는 강조한다. "나는 내가 아는 한 언제나 판단에서 자유로웠다."

기울이게 하는 데 크게 기여했다. 이것이 [110]필요했던 것은 베를린 사람들이 야코비를 라바터의 노선에 따르는 단순한 광신주의자로서 일축하기를 간절히 바라고 있었기 때문이다. 셋째, 그는 개인적, 전기적, 해석적 문제들을 무시하고 철학적 문제들에 집중함으로써 논쟁의 전체적 기풍을 높였다. 이것도 역시 시의적절한 행동이었는데, 왜냐하면 1786년 봄에 야코비와 멘델스존의 친구들은 급속도로 서로에게 비난을 퍼붓고 있어 그들의 본래적인 모든 철학적 관심사에 대한 시점을 잃고 있었기 때문이다.

다른 어느 것보다도 더 비첸만에게 철학사에서의 짧지만 안전한 장소를 보장해 주는 것은 칸트에 대한 그의 충격이다. 『결론들』은 범신론 논쟁에 대한 칸트의 반성을 위한 출발점이었다. 야코비와 멘델스존이 모두 비이성주의라는 위험한 방향으로 향하고 있으며, 그와 관련해 무언가가 행해져야 한다고 칸트를 확신시킨 것은 실제로 비첸만이었다.[6] 비첸만의 나중의 칸트와의 논쟁도 칸트에게 중요했는데, 왜냐하면 그것은 칸트로 하여금 『실천 이성 비판』을 위한 자신의 실천적 신앙 교설을 명확히 하도록 강요했기 때문이다.[7] 누군가가 만약 『실천 이성 비판』의 구절들 배후를 읽고자 애쓴다면, 그것의 결론 절들 가운데 몇 가지가 비첸만에 대항한 은밀한 논박이라는 것이 명확해진다. 칸트 자신은 비첸만의 장점들, 즉 그의 정직함과 명확함 및 철학적 깊이의 보기 드문 결합을 인정했다. 비첸만이 27세의 나이에, 즉 논쟁이 바로 그 최고조에 있을 때 비극적으로 사망했을 때, 칸트는 그에게 관대하고도 마땅한 헌사를 바쳤다. "그렇듯 섬세하고 명확한 정신의 죽음은 애석하지 않을 수 없다"고 그는 『실천 이성 비판』에서 썼다.[8] 비첸만의 때 이른 죽음은 "독일

6   Kant, *Werke*, VIII, 134를 참조.
7   이 논쟁에 대한 상세한 논의를 위해서는 4.3절을 참조.

철학에 심각한 손실"이라고 말해지기까지 했다.[9]

  『결론들』의 중심적인 논의의 결론은 궁극적으로 이성의 권위에 대한
야코비와 멘델스존의 견해 사이에 본질적인 차이가 없다는 것이다.[10]
비첸만은 이 철학자들이 서로 동의하지 못하게 막는 것은 멘델스존의
입장에서의 심각한 비일관성일 뿐이라고 주장한다. 비록 멘델스존이 자
신이 이성 이외의 어떠한 진리 기준도 인정하지 않는다고 선언한다 할지
라도, 그는 또한 이성이 자기의 방향을 상식에 따라 맞춰야만 한다고
말하기도 한다. 그러나 비첸만은 어떻게 이성이 형이상학에서의 최고
권위인 동시에 상식이 그것의 안내자인 것이 가능한가? 라고 묻는다.
  비첸만에 따르면 상식과 이성의 관계에 관한 멘델스존의 입장에는
치명적인 모호함이 존재한다.[11] 때때로 멘델스존은 상식의 앎이 이성과
동일하며 그래서 그것은 다만 이성의 직관적 형식일 뿐이라고 가정한다.
그러나 다른 때에 그는 그것이 이성과 구별되며 그래서 그것이 이성의
사변을 인도하고 수정한다고 생각한다. 그러나 이 두 선택지 모두 불만
족스럽다. 첫 번째 경우에 우리는 더 이상 이성이 사변에서 잘못할 때
이성을 지도하고 규율하기 위해 상식을 사용할 수 없다. 왜냐하면 정의
에 의해 이성은 [111]다만 상식의 직관들을 설명하고 증명할 뿐이기 때문
이다. 두 번째 경우에 우리는 이성을 인도하고 수정하기 위해 계속해서
상식을 사용할 수 있다. 그러나 그 경우 우리는 이성의 주권을 박탈한다.
우리는 사변이 상식과 모순되는 경우들에서 이성에 반대되는 믿음들을

• •
8   Kant, *Werke*, V, 143.
9   가령 *Early German Philosophy*, p. 372에서 베크가 그렇게 말한다.
10   Wizenmann, *Resultate*, pp. 35-36, 39ff.
11   같은 책, pp. 35-36.

지지하지 않을 수 없을 것이다. 멘델스존이 『아침 시간』에서 그렇게 하는 것으로 보이듯이 이 불편한 선택지들 가운데 후자를 선택한다고 가정한다면, 그의 상식 개념과 야코비의 신앙 개념 사이에는 실제로 거의 차이가 없다. 야코비의 신앙과 멘델스존의 상식은 둘 다 이성의 해명과 증명을 초월하고 이성이 그에 모순될 때조차 동의를 요구하는 직관적 통찰들을 제공한다.

멘델스존 입장에서의 비일관성을 보인 후 비첸만은 멘델스존의 정위의 방법을 공격하는 데로 나아간다. 그는 이 방법을 거부하는데, 왜냐하면 칸트와 마찬가지로 그도 그것의 근저에 놓여 있는 진리 기준, 즉 상식을 받아들일 수 없기 때문이다. 비첸만은 상식에 대항하는 모든 통상적인 반대 의견을 제시한다. 즉 그것은 모순으로 가득 차 있으며, 종종 잘못되었고, 사물들의 원인을 설명하기 위해 한갓된 겉모습을 넘어서지 못한다는 것이다.[12] 비록 그가 일반적으로 특히 종교와 관련하여 이성의 힘을 제한하기를 간절히 바라지만, 비첸만은 여전히 이성에 대해 상식에 대한 주권을 승인할 것을 주장한다. 이 점에서 그는 자신이 멘델스존보다 더 이성에 충실하다고 느낀다. 비첸만은 멘델스존이 상식에 의해 이성을 인도하기보다 이성으로 하여금 상식을 인도할 수 있도록 해야 한다고 주장하는데,[13] 왜냐하면 그는 이성보다 더 높은 어떠한 진리 기준도 인정하지 않는다고 주장하기 때문이다. 그러나 상식에 우선권을 부여함으로써 멘델스존은 자기가 야코비에 대해 행하는 것과 동일한 비난, 즉 모든 비판을 넘어서는 '맹목적 신앙'을 인정한다는 비난에 자기 자신을 열어 놓는다. 상식에 대한 이러한 비판적 태도는 비첸만과 야코비의 좀 더 중요한 차이점들 가운데 중 하나인데, 야코비는 언제나 상식의 믿음

••
12   같은 책, pp. 132-134.
13   같은 책, pp. 172-173.

들을 신앙의 확실성들과 동격으로 정립한다.

비첸만의 상식 비판은 멘델스존에 대한 그의 일반적인 논박에 대해 심각한 문제를 제기한다. 요컨대, 만약 이성이 상식을 비판할 권리를 지닌다면 그리고 만약 멘델스존의 상식과 야코비의 신앙이 본질적으로 동일하다면, 왜 이성이 또한 신앙을 비판할 권리를 지니지 않아야 한단 말인가? 상식이 비판에서 면제되어 있지 않을 때 왜 신앙은 비판에서 면제되어야 하는가? 이 모든 것은 훨씬 더 기본적인 물음을 제기한다. 이성이 신앙을 비판할 권리를 지닌다는 멘델스존의 주장에 무엇이 잘못된 것인가?

비첸만이 이 어려움에 정면으로 부딪친 것은 그의 명예로운 일인바, 그에 대한 그의 대답이 흥미로운 것은 그것이 범신론 논쟁에서의 칸트의 입장과 유사하기 때문이다. 비첸만은 도덕적·종교적 믿음에 대한 정당화와 관련하여 야코비와 멘델스존 사이에 중요한 차이가 있다고 주장한다.[14] 멘델스존이 [112]상식에 직접적인 앎을 돌림으로써 믿음에 대한 이론적 정당화를 제공하고자 시도하는 데 반해, 야코비는 의지에서의 믿음의 발생을 보여줌으로써 실천적 정당화를 입증하고자 한다. 비첸만은 신앙이 지식에 대한 주장이 아니라 심정의 요구라고 하는 것이 야코비 입장의 본질이라고 주장한다.[15] 야코비에 따르면 우리는 지식을 얻는 것에 의해서가 아니라 올바른 성향을 지니고 올바른 행위를 수행하는 것에 의해 신앙을 획득한다.

이제 비첸만은 이러한 실천적 신앙 개념이 신앙이 아니라 상식에 대한 비판을 요구하는 데 포함되어 있는 비일관성으로 보이는 것을 제거함으

• •
14   같은 책, pp. 162-163, 166.
15   비첸만은 『스피노자에 관한 서한』, *Werke*, IV/1, 230ff.에서 그 개요가 제시된 야코비의 입장을 염두에 두고 있다.

로써 머지않아 문제를 해결할 것이라고 생각한다. 상식이 아니라 신앙을 비판하는 것은 불공정하다고 비첸만은 주장하는데, 왜냐하면 지식에 대한 주장을 비판하는 것은 이성의 과제인 데 반해, 의지의 요구들을 비판하는 것은 확실히 이성의 영역이 아니기 때문이다. 무엇이 이루어져야 하는 것에 관한 실천적 요구는 바로 무엇이 사실인가에 관한 이론적 주장들처럼 검증이나 반증에 종속해 있지 않다.[16]

비첸만이 실정 종교에 우호적인 단순하고 강력한 논증을 개진하는 것은 『결론들』의 장점들 가운데 하나다. 야코비가 모호하고 그저 암시적일 뿐인 곳에서 비첸만은 명확하고 직설적으로 논쟁적이다. 그의 논증은 특히 그것이 칸트적인 전제들에서 시작하여 그것들로부터 신앙주의적인 결론들을 끌어내는 까닭에 흥미롭다. 경건주의자들의 손에서는 본질적으로 칸트적인 유형의 인식론이 이성의 주장들을 겸손하게 하고 신앙의 그것들을 고양시키는 데서 강력한 무기가 된다.

비첸만 논증의 주요 전제는 이성에 대한 그의 정의인데, 그는 그것을 서두에서 명시적으로 진술한다. 그 정신에서 참으로 칸트적인 이 정의에 따르면 이성의 과제는 사실들을 관계시키는 것, 다시 말하자면 사실들을 비교하고 대조하거나 그것들을 서로로부터 추론하는 것이다. 그러나 이성은 그것에 주어져야만 하는 사실들을 창조하거나 계시할 수 없다. 존재론적 논증에 대한 칸트의 비판에 호소하여[17] 비첸만은 이성이 어떤

---

16 물론 칸트는 동의하지 않을 것이다. 그는 행위의 요구들을 비판하는 것이 바로 이성의 영역이라고 주장할 것이다. 그리하여 그가 보기에는 비일관성이 여전히 남아 있다.

17 비첸만은 『결론들』에서 기꺼이 칸트에게 호소하고자 했는데, 왜냐하면 칸트가 멘델스존 편에 서서 논쟁에 참여할 것인지의 여부가 여전히 명확하지 않았기 때문이다. 실제로 이 시점에서 야코비는 칸트가 자기편에 서서 참여하기를 바라고 있었다. 그럼에도 불구하고 비첸만은 야코비와 달리 처음부터 칸트에 대해 비판적으로 반응했다. 하우스로이트너에게 보낸 1786년 6월 9일자와 7월 15일자의 편지들, Glotz,

것의 존재를 증명하는 것은 불가능하다는 일반적 테제를 개진한다. 우리가 어떤 것이 존재한다는 것을 알아야 한다면 그것은 경험에서 우리에게 주어져야 한다. 물론 어떤 것의 존재를 **추론하는 것**은 가능하지만, 그것은 오직 다른 어떤 것의 존재가 이미 알려져 있는 경우에만 가능하다. 비첸만은 모든 추론이 그 형식에서 다만 가언적일 뿐인바, 우리는 한 사물의 존재를 오직 다른 사물이 이미 주어져 있을 때만 추론할 수 있다고 설명한다. 따라서 비첸만은 칸트의 방식으로 이중적인 인식 원천, 즉 우리에게 사실 문제들에 대한 인식을 주는 경험과, 추론에 의해 이 사실들을 관계시키는 이성이 있다고 결론을 맺는다.[18]

이러한 칸트적인 정의와 구별에 토대하여 비첸만은 실정 종교에 대한 자신의 옹호론을 쌓아올린다. 만약 우리가 신이 존재한다는 것을 안다면, 우리는 그것을 어느 것의 존재를 증명할 수 없는 이성에 의해 알 수 없다. 오히려 우리는 그것을 경험에 의해 알아야만 한다. 그러나 어떤 종류의 경험이 [113]우리에게 신에 대한 앎을 주는가? 비첸만은 그러한 앎을 우리에게 주는 것은 오직 한 종류뿐이라고 주장하는데, 그것은 계시다. 그러므로 모든 종교의 토대는 실정적인바, 신의 계시에 대한 믿음에 의지한다.[19] 그리하여 비첸만은 실정 종교가 있거나 아니면 아무런 종교도 없다는 극적인 결론에 도달한다. 그는 이것을 다음과 같은 감동적인 구절로 표현하고 있다. "아무런 종교도 없거나 실정 종교가 존재한다. 독일의 남자들이여! 나는 당신들에게 이성에 대한 좀 더 올바르고

• •
　　Wizenmann, II, 156, 169를 참조. 우리는 일찍이 1783년에, 즉 야코비보다 오래전에 비첸만이 칸트에 대해 비판적인 입장을 피력하고 있음을 발견한다. 예를 들어 1783년 8월 30일자의 하우스로이트너에게 보낸 편지, 같은 책, I, 347을 참조. 이 모든 것은 야코비로부터의 비첸만의 독립성을 보여준다.

18　Wizenmann, *Resultate*, 20ff.
19　같은 책, p. 185.

불편부당한 판단을 발견하도록 도전한다. 내 편에서 신앙과 신뢰 그리고 순종에 의한 것 이외에 신에 대한 또 다른 관계가 가능한가? 그리고 신의 편에서 계시와 명령 그리고 약속에 의한 것 이외에 나에 대한 또 다른 관계가 가능할 수 있는가?"[20]

　『결론들』이 특히 흥미로운 까닭은 그것이 범신론 논쟁에 회의주의의 새로운 분위기를 도입하기 때문이다. 멘델스존이 자신의 논거를 이성에 맡기고 야코비가 자신의 입장을 직관을 가지고서 지지하는 데 반해, 비첸만은 이 진리 기준들 가운데 아무것도 받아들이지 않는다. 그는 멘델스존의 이성에 대한 신뢰뿐만 아니라 야코비의 직관에 대한 신앙도 의문시한다. 『결론들』에서의 두드러지게 솔직한 구절에서 비첸만은 우리에게 신의 존재에 대한 직접적인 앎을 주는 어떤 직관들이나 감정들이 있는지 의심한다.[21] 그러한 직관들의 가능성을 인정하긴 하지만 그는 그것들이 신의 존재에 대한 충분한 증거를 결코 제공하지 못할 것이라고 논증한다. 그것들은 신의 본성을 결코 완전하게 드러내지 못할 것이라고 그는 주장하는데, 왜냐하면 인간의 어떠한 경험도 유한하고 그러므로 신의 무한함에 부적합하기 때문이라는 것이다.[22] 야코비처럼 신앙을 직접적인 앎의 특유한 형식으로서 정당화하고자 시도하는 것이 아니라 비첸만은 우리가 단순한 믿음과 특히 역사에서의 신의 계시에 대한 믿음에 만족해야 한다고 주장한다.[23] 이것은 신뢰, 즉 그러한 초자연적 사건들

· ·
20　같은 책, pp. 196-197.
21　같은 책, pp. 159-160.
22　Kant, *Werke*, VIII, 142에서의 신비주의에 반대하는 칸트의 논증을 참조.
23　1785년 9월 19일자의 하우스로이트너에게 보낸 비첸만의 편지, Glotz, *Wizenmann*, II, 169를 참조. 여기서 비첸만은 자기 철학의 모든 것이 "감각적-역사적 경험"에 의거한다고 말한다.

을 처음으로 목격한 사람들에 대한 신뢰 위에서 받아들여져야 하는 믿음
이다.

안타깝게도 비첸만 철학에서의 이러한 회의주의적인 가닥은 1787년
2월의 그의 때 이른 죽음으로 인해 대체로 탐구되지 못한 채 남았다.
그럼에도 불구하고 비첸만은 자신의 사상의 회의주의적 방향을 명확히
표현하기에 충분할 만큼 오래 살았다. 비첸만은 그의 죽음보다 정확히
6개월 전에 쓰인 야코비에게 보낸 편지에서 최선의 철학은 스피노자주
의가 아니라 회의주의라고 분명히 선언했다. "스피노자의 철학은 우리가
신에 대한 자연주의적 철학을 가져야만 한다면 유일하게 일관된 철학입
니다. 그러나 그러한 인식에 대한 어떠한 주장도 하지 않는 회의주의가
훨씬 더 좋습니다. 회의주의는 나의 고유하고도 명시적인 입장입니다."[24]

4.2. 범신론 논쟁에 대한 칸트의 기여

칸트가 범신론 논쟁에 관여하지 않기는 쉽지 않았다. 논쟁의 양측은
칸트를 자신들의 동맹자로서 보았고, 양편 모두 [114]그를 자신들의 대의
를 위한 싸움에 끌어들이기 위해 최선을 다했다. 하만과 야코비는 특히
자신들의 '신앙의 당파'를 위해 칸트를 얻기를 열망했다. 야코비는 그의
『멘델스존의 고발에 반대하여』에서 이미 칸트를 신앙의 또 다른 철학자
로서 인용함으로써 슬그머니 그를 자기편에 끌어들이고자 시도했다.[25]
그리고 1785년 가을 동안 하만은 멘델스존의 『아침 시간』에 대한 공격에
착수하고자 하는 칸트의 계획을 북돋웠다.[26] 그러나 멘델스존과 그의

••
24   Glotz, *Wizenmann*, II, 169를 참조.
25   Jacobi, *Werke*, IV/2, 256-257.

동조자들도 그의 지지를 간청하는 데 못지않게 적극적이었다. 1785년 10월 16일에 멘델스존 그 자신이 칸트에게 편지를 써 사건들에 대한 자신의 생각을 요약하고, 넌지시 자신이 "불관용과 광신"에 대항한 투쟁에서 칸트의 편에 서 있다고 말했다.[27] 그러고 나서 1786년 2월에, 그러니까 멘델스존이 사망한 지 겨우 한 달 만에 그의 동맹자들 가운데 둘, 즉 마르쿠스 헤르츠와 요한 비스터는 칸트로 하여금 야코비에 대항한 싸움에 참여하여 가련한 모제스의 죽음에 대해 복수하도록 밀어붙였다. 마치 이것이 충분한 압력이 아니었다는 듯이 칸트의 젊은 제자들 가운데 둘, 즉 C. G. 쉬츠와 L. H. 야콥도 1786년 봄에 칸트에게 전투에 참여할 것을 촉구했다.[28] 대단히 흥미롭게도 그들은 야코비가 아니라 멘델스존을 칸트의 위대한 적으로 바라보았다. 그들은 칸트에게 볼프주의자들이 멘델스존 주위에 등급 매기기를 하고 있으며 비판주의의 패배에 대해 '승리의 노래를 부르고 있다'고 경고했다.

자기 주위에서 격렬히 벌어지고 있는 논쟁에 대한 칸트의 태도는 무엇이었는가? 처음에 그것은 멘델스존과 야코비 모두를 지지하고 반박하고자 하는 칸트의 욕구를 반영하여 양면적인 것이었다. 멘델스존에 대해 칸트는 양면적인 감정을 느끼기에 훌륭한 이유를 지녔다. 그는 멘델스존의 교조적 형이상학을 받아들일 수도 없었고 이성에 대한 그의 옹호를 거부할 수도 없었다. 그때 멘델스존에 대한 이러한 혼합된 감정은 그의 계획에서의 어떤 동요로 이어졌다. 1785년 11월에 칸트는 자신이 "교조적 형이상학의 걸작"으로서 간주하는 『아침 시간』을 공격하려고 생각했다.[29] 그러나 1786년 4월에 칸트의 계획은 멘델스존을 매장하는 것이

26   Hamann, *Briefwechsel*, VI, 119.
27   Mendelssohn, *Schriften*, XIII, 312-313.
28   1786년 2월의 칸트에게 보낸 쉬츠의 편지와 1786년 3월 26일자의 칸트에게 보낸 야콥의 편지, Kant, *Briefwechsel*, pp. 282, 287을 참조.

아니라 칭찬하는 것이었다. 칸트는 멘델스존과 그의 『예루살렘』에 경의를 표하여 『베를린 월보』를 위한 단편을 쓰기로 결정했다.[30] 『예루살렘』에 대한 헌사는 단 한 가지만을 의미할 수 있었다. 칸트는 이성이 형이상학과 종교에서의 진리의 궁극적 심판자라는 요점에서 멘델스존 편을 들고 있었던 것이다.

야코비에 대해서도 칸트의 태도는 못지않게 양면적이었다. 그는 야코비에게 일정한 친밀감을 느꼈는데, 그것은 자기들 둘 모두가 형이상학의 미몽으로부터 깨어난 것을 고려한 것이었다. 그는 예를 들어 하만에게 자신이 야코비의 『서한』에 "완전히 만족"하고 있으며, 『멘델스존의 고발에 반대하여』에서 야코비가 자기의 이름을 사용한 것에 반대할 아무런 이유도 갖고 있지 않다고 말했다.[31] 그러나 칸트는 여전히 야코비의 '침묵의 찬미자'가 아니었고, 그가 멘델스존에게 했던 것과 마찬가지로 그를 공격할 계획을 가지고 있었다.[32] 그리하여 그는 1786년 4월 7일에 헤르츠에게 자신이 『베를린 월보』를 위해 야코비의 '교묘한 속임수'를 폭로하는 글을 쓸 것이라고 써 보냈다.[33]

칸트는 1786년 6월 11일에 비스터가 그에게 자신의 또 다른 간청의 글을 써 보냈을 때 마침내 행동하게 되었다.[34] 표면적으로는 비스터의 6월 11일자의 호소에 새로운 것은 별로 없거니와, 그것은 또다시 새로운

29 1785년 11월에 쉬츠에게 보낸 칸트의 편지, *Briefwechsel*, pp. 280ff.를 참조.

30 1786년 4월 9일자의 야코비에게 보낸 하만의 편지, Hamann, *Briefwechsel*, VI, 349-350을 참조.

31 1786년 9월 28일자와 10월 28일자의 야코비에게 보낸 하만의 편지들, Hamann, *Briefwechsel*, VI, 71, 107을 참조.

32 이 점에 주목하는 것은 중요한데, 왜냐하면 때때로 칸트가 은밀히 야코비 편에 섰다고 가정되기 때문이다. 예를 들면 Altmann, *Mendelssohn*, p. 707을 참조.

33 1786년 4월 7일자의 헤르츠에게 보낸 칸트의 편지, *Briefwechsel*, pp. 292-293.

34 Kant, *Briefwechsel*, pp. 299-304를 참조.

광신의 위험에 대해 경고하고 또다시 그에게 그에 대항하는 말을 해줄 것을 간청하고 있다. [115]칸트는 이 후렴구를 이전에도 들었던바, 실제로 오로지 비스터로부터만 두 경우에 들었었다.[35] 그러나 이번에 비스터는 새로운 전술을 생각해냈다. 그는 칸트가 논쟁에 들어가기 위한 엄중한 정치적 책임이 있다고 암시했다. 비스터는 프리드리히 2세의 애석한 건강 상태와 프리드리히 빌헬름 2세의 임박한 계승에 대해 언급하면서 '변화'가 곧 일어날 것 같다고 말했다. 이 시점에 베를린과 프로이센의 자유주의 서클들에서는 과연 언론의 자유가 유지될 것인지 아니면 새로운 검열이 부과될 것인지에 관해 상당한 우려가 존재했다. 칸트는 이러한 우려를 공유했다. 그는 언제나 프리드리히 2세의 자유주의 정책을 높이 평가했으며 — 그의 생각에 계몽주의의 시대는 프리드리히의 시대였다 —, 검열을 다시 부과하는 것은 어느 것이든 공직으로 유지되고 있던 철학 교수에게 영향을 줄 수밖에 없을 것이었다. 이제 비스터는 칸트의 우려에 대해 알았고 그것을 이용했다. 만약 '나라의 제1의 철학자'가 '교조적인 광신적 무신론'을 지지한다고 비난받는다면 대중은 — 더욱 중요하게는 프리드리히 2세와 그의 장관들은 — 어떻게 생각할 것인가? 그것은 베를린 사람들이 야코비에 대해 던지고 있는 비난이었고, 많은 사람들은 야코비가 『멘델스존의 고발에 반대하여』에서 칸트를 인용한 후에 그가 야코비 편에 서 있다고 생각했다. 그래서 만약 칸트가 곧바로 무언가를 말하지 않는다면 그는 야코비와 똑같은 결함을 지니는 것으로 여겨질 것이었다. 훨씬 더 나쁜 것은 계속해서 침묵을 지키는 것이 확실히 새로운 군주에게 자유 언론의 결과에 대한 좋은 견해를 주지 않을 것이라는 점이다. 이제 주사위는 던져졌다. 칸트는 자유 언론,

---

35 1785년 11월 8일자와 1786년 3월 7일자의 칸트에게 보낸 비스터의 편지들, *Briefe*, X, 417-418, 433을 참조

즉 "모든 시민적 책임들 가운데 우리를 위해 남아 있는 유일한 보물"의 존엄성을 지키기 위해 논쟁에 참여해야 했다.[36]

1786년 10월에 『베를린 월보』가 마침내 범신론 논쟁에 대한 칸트의 기고문인 「사유에서 방위를 정한다는 것은 무엇을 의미하는가?」라는 짧은 논문을 담고서 출간되었다. 거의 읽히지 않고 있을지라도 이 논문은 칸트 철학에 대한 일반적 이해를 위해 대단히 중요하다. 그것은 우리가 칸트 저술들의 그 밖의 어디에서도 거의 발견하지 못하는 것, 즉 신비주의와 상식의 철학에 대한 정산을 제공한다. 경쟁하는 동시대의 체계들에 대한 관계 속에서 칸트 철학의 정확한 위치를 찾아내기 위해서는 그것을 흄의 회의주의와 라이프니츠의 이성주의뿐만 아니라 또한 야코비의 신비주의와 멘델스존의 상식의 철학에 대한 대안으로서 고려할 필요가 있다. 칸트가 흄과 라이프니츠에게 도전했을 때 그는 언제나 한 가지 중요한 가정, 즉 이성이 철학에서 진리의 최종적 기준이라고 하는 것을 당연시할 수 있었다. 그러나 야코비와 멘델스존에게 이의를 제기했을 때 그는 바로 이 가정을 검토하고 정당화하지 않을 수 없었다. 따라서 칸트 논문의 중요성은 그것이 이성에 대한 그의 충성 배후의 동기와 정당화를 드러낸다는 점이다.

이 논문에서 칸트는 야코비와 멘델스존 사이의 중간 입장을 취한다. 그는 그들의 원리들 가운데 몇 가지를 받아들이지만, 그것들로부터 그러한 극적인 결론을 끌어내리기를 거부한다. 한편으로 그는 앎이 [116]신앙을 정당화할 수 없다는 것에 대해 야코비에게 동의한다. 그러나 그는

<hr />

36 의미심장하게도 칸트는 이 표현을 그의 논문 「사유에서 방위를 정한다는 것은 무엇을 의미하는가?Was heisst: Sich im Denken orientiren?」의 끝에서 사용한다. Kant, *Werke*, VIII, 144를 참조.

이성이 그것을 정당화할 수 없다는 그의 결론에 동의하지 않는다. 다른 한편 그는 신앙을 이성에 의해 정당화할 필요가 있다는 것에 대해 멘델스존과 의견을 같이한다. 그러나 그는 이성에 의해 신앙을 정당화하는 것이 앎을 요구한다는 결론을 받아들이지 않는다.

칸트로 하여금 야코비와 멘델스존 사이의 가운뎃길을 걸어갈 수 있게 하는 것은 그들의 공통된 전제들 가운데 하나, 요컨대 이성이 앎의 능력, 즉 그 목적이 사물들 자체나 무조건적인 것을 인식하는 것인 이론적 능력이라는 전제에 대한 그의 거부이다. 칸트는 겨우 14개월 후인 1788년 1월에 출간되게 될 『실천 이성 비판』의 중심 테제에 자신의 논거를 놓고서는 이성이 실천적 능력이라고 가정한다. 이성은 무조건적인 것을 기술하는 것이 아니라 그것을 행위의 목적으로서 규정한다. 이성은 무조건적인 것을 두 가지 의미 가운데 어느 것으로든 규정한다. 즉 이성이 우리에게 자연에서의 일련의 조건들을 위한 최종 조건을 찾도록 명령할 때의 의미에서나 또는 이성이 우리에게 우리의 관심과 상황에 관계없이 일정한 행위를 수행하도록 정언적으로 명령할 때의 의미에서이다. 이 두 경우 모두에서 무조건적인 것은 우리가 인식하는 존재자가 아니라 과학적 탐구이든 아니면 도덕적 행동이든 우리의 행위를 위한 이상이다. 그렇게 앎으로부터 이성을 분리함으로써 칸트는 형이상학과는 독립적으로 신앙을 이성적으로 정당화할 수 있는 기회를 창조한다.

칸트 논문의 바로 그 핵심에는 그의 '이성적 신앙'(*Vernunftglaube*) 개념이 놓여 있다. 이것을 그는 오로지 이성에만 토대한 신앙으로서 정의한다.[37] 모든 신앙은 그것이 이성과 모순되어서는 안 된다는 최소한의 의미에서 이성적이지만, 이성적 신앙은 그것이 오직 (전통이나 계시에 대립된 것으로서의) 이성에만 토대한다는 점에서 특유하다고 칸트는 진

••
37   Kant, *Werke*, VIII, 140-141.

술한다. 그것은 오로지 이성에만 토대하는데, 왜냐하면 그것은 자기의 승인을 위해 정언 명령, 즉 보편적 법칙으로서의 준칙의 논리적 일관성 이외에 다른 아무것도 요구하지 않기 때문이다. 여기서 칸트는 정언 명령이 신과 섭리 및 불사성에 대한 우리의 믿음을 위한 충분한 기초를 제공한다고 내비치고 있다. 물론 그가 실제로 그러한 연역의 세부 사항들에 관여하는 것은 다만 『실천 이성 비판』에 이르러서일 뿐이다.[38]

비록 칸트가 야코비와 마찬가지로 신앙이 앎에 의해 정당화되어야만 한다는 것을 부정한다 할지라도, 중요한 것은 그의 이성적 신앙이 야코비의 **목숨을 건 도약**의 정반대라는 것을 파악하는 것이다. 칸트의 이성적 신앙이 오로지 이성에만 토대하는 데 반해, 야코비의 **목숨을 건 도약**은 이성에 반대된다. 바로 이 점에 주목하여 칸트는 야코비의 **목숨을 건 도약**을 단호히 일축한다.[39] 그는 이성이 not-P를 증명할 때 P를 믿는 것은 변태적인 것은 아니라 하더라도 불합리하다고 논증한다.

비록 오로지 이성에만 토대한다 할지라도 칸트는 여전히 이성적 신앙이 앎이 아니라 오직 믿음(*Fürwahrhalten*)에만 이른다고 주장한다. 그는 이 점을 '신앙'이 '주관적으로는' 충분하지만 '객관적으로는' 불충분한 믿음이라고 말함으로써 표현한다.[40] 그것은 그것이 모든 이성적 존재에 대해 타당한 정언 명령의 보편성과 필연성에 토대한다는 의미에서 '주관적으로' 충분하다. [117]그러나 그것은 그것이 사물들 자체에 대한 인식에 토대하지 않는다는 의미에서 '객관적으로' 불충분하다.

----

38 칸트가 이 믿음들을 정언 명령으로부터 정확히 어떻게 도출하는가 하는 것은 여기서 우리를 너무 멀리까지 데려갈 복잡한 문제이다. 「사유에서 방위를 정한다는 것은 무엇을 의미하는가?」에서 칸트 자신은 그러한 도출에 관여하지 않는다. 독자는 『실천 이성 비판』, *Werke*, V, 110-118에서의 칸트의 논증들을 참조할 수 있을 것이다.

39 Kant, *Werke*, VIII, 143-144.

40 같은 책, VIII, 141.

이러한 이성적 신앙 개념으로 무장한 칸트는 멘델스존의 교조주의와 야코비의 신비주의 사이의 자신의 가운뎃길을 따라 걸어간다. 이성적 신앙은 사물들 자체에 대한 인식을 전제하지 않는 까닭에 멘델스존의 교조주의를 회피한다. 그리고 그것은 정언 명령의 이성성에 토대하는 까닭에 야코비의 비이성적 신비주의를 벗어난다.

칸트의 논문은 야코비와 멘델스존의 입장과 관련하여 자기 입장의 개요를 서술할 뿐만 아니라 또한 그들의 입장을 혹독하게 비판한다. 칸트는 야코비와 멘델스존 둘 다에 대해 한 가지 기본적인 점, 즉 그들이 모두 철학에서 진리의 최종 기준으로 남아 있어야만 하는 이성을 훼손하는 죄를 범한다는 점을 지적한다. 야코비가 이성에 대항해 의도적으로 행하는 것을 멘델스존은 비의도적으로 행한다. 그러나 그 효과는 동일하다. 그들은 그 통찰이 이성에 대한 모든 비판 위에 서는 앎의 능력을 옹호한다. 그러므로 야코비와 멘델스존 사이의 선택은 비이성주의의 두 가지 종, 즉 상식의 그것과 신앙의 그것 사이의 선택이다. 그리하여 칸트는 오로지 비판 철학만이 이성의 권위를 떠받친다고 암시한다.

칸트가 보기에 야코비가 비이성주의에 대해 책임이 있다는 것에 대해서는 어떠한 의문도 있을 수 없다.[41] 야코비는 우리에게 스피노자주의가 유일하게 일관된 철학이라고 말한다. 그러나 그러고 나서 그는 그것의 무신론과 숙명론을 피하기 위해 **목숨을 건 도약**을 옹호한다. 하지만 멘델스존이 이러한 비난에 대해 책임이 있는지는 그렇게 분명하지 않다. 실제로 이성을 방어하는 것이 그의 의도가 아닌가? 칸트는 멘델스존의 의도에 주목하고 예상대로 그것을 칭찬한다.[42] 그러나 비첸만과 마찬가

41 같은 책, VIII, 143-144.
42 같은 책, VIII, 140.

지로 그도 멘델스존이 부지불식간에 그 자신의 이상을 배반한다고 생각한다. 그의 상식 개념의 모호함은 그를 잘못 이끌며, 그래서 그는 때때로 상식을 이성을 바로잡을 수 있는 힘을 지니는 특수한 앎의 능력으로서 바라본다. 그러나 직관의 힘을 상식에게 돌리고, 그러고 나서는 갈등의 경우들에서 그것에 이성에 대한 우선권을 부여하는 것은 비이성주의를 승인하는 것이다.

하지만 칸트가 야코비와 멘델스존을 비이성주의의 죄로 기소하는 데서 옳다고 가정한다 하더라도 물음은 여전히 남는다. 비이성주의에서 무엇이 잘못인가? 왜 상식이나 직관은 철학에서 진리의 기준일 수 없는가? 왜 이성이 우리의 안내자이어야만 하는가?

그의 논문의 전개 과정에서 칸트는 이성을 위해 두 개의 논증을 개진한다. 그의 첫 번째 논증은 단순하지만 기본적인 점을 지적한다. 그것은 이성이 불가피하다는 것이다.[43] 단순히 우리가 이성을 따라야 한다는 것이 아니다. 우리는 그것을 따르지 않을 수 없는 것이다. 칸트에 따르면 이성의 일반적 규칙들이나 추상적 개념들은 모든 인식의 필요조건이다. 직접적인 직관 그 자체만으로는 인식의 충분한 원천일 수 없는데, 왜냐하면 그로부터 끌어낸 결론들을 정당화할 필요가 있고, 그러한 정당화는 [118]개념들의 적용을 요구하기 때문이다. 예를 들어 만약 우리가 신을 직관한다는 것을 알기를 원한다면, 우리는 그에 대해 어떤 일반적 개념을 적용해야 한다. 그렇지 않으면 어떻게 우리가 직관하는 것이 그 밖의 어떤 것이 아니라 신이라는 것을 안단 말인가? 따라서 우리가 우리의 직관들을 정당화하라는 단순한 요구는 우리로 하여금 이성이 적어도 진리의 필요조건이라는 것을 인정하지 않을 수 없도록 한다.

칸트의 두 번째 논증은 자유주의적인 정치적 근거들 위에서 이성을

• •
43 같은 책, VIII, 142-143.

옹호한다. 우리는 사상의 자유를 보장할 수 있으려면 이성을 우리의 진리 기준으로 삼아야만 한다고 그는 논증한다.[44] 이성은 교조주의—우리가 믿음을 단순한 권위에 기대어 받아들여야 한다는 요구—에 반대하는 보루인데, 왜냐하면 그것은 우리가 모든 믿음에 물음을 제기하고 우리의 비판적 반성과 일치하는 것들만을 받아들일 것을 요구하기 때문이다. 이성을 가지고서는 어느 누구도 다른 이보다 위에 서지 않을 것인데, 왜냐하면 모든 이가 물음을 던지고 추론을 행하며 증거를 평가할 수 있는 힘을 지니기 때문이다. 하지만 똑같은 것이 직관에 대해서는 말해질 수 없다. 만약 우리가 그것을 우리의 진리 기준으로 삼는다면, 우리는 교조주의를 승인하게 된다. 오직 소수의 엘리트만이 신에 대한 직관을 가질 수 있으며, 그리하여 그러한 직관을 지닐 수 없는 사람들은 그에 대한 엘리트의 말을 받아들여야 할 것이다. 다시 말하면 그들은 지적 권위에 굴복해야 하리라는 것이다.

칸트는 야코비와 비첸만의 비이성주의에 반대하는 자신의 논거를 요약하는 눈에 띄는 방식을 가지고 있다. 요컨대 완전한 지적 자유는 그 자신을 파괴한다는 것이다.[45] 야코비와 비첸만은 그러한 자유를 원하는데, 왜냐하면 그들은 자신들의 직관과 감정을 탐구하기 위해 이성의 제약을 타도하기 때문이다. 그러나 그렇게 함으로써 그들은 또한 전제주의를 승인하는데, 왜냐하면 오직 소수의 엘리트만이 그러한 직관과 감정을 가질 수 있기 때문이다. 여기서 칸트는 그의 철학 전체의 일반적 주제, 즉 자유는 법의 제한을 요구한다는 것을 적용하고 있다. 지적 자유는 도덕적 자유가 도덕 법칙을 요구하는 것과 꼭 마찬가지로 이성의 통치를 필요로 한다.

●●
44 같은 책, VIII, 144-146.
45 같은 책, VIII, 144f.

칸트는 야코비와 비첸만에 대한 엄중한 경고로 자신의 논문을 끝맺는다. 그들은 그들의 철학을 위해 필요한 바로 그 자유를 훼손하고 있다는 것이다. 칸트는 "독일의 젊은이들"을 향한 비첸만의 연설에 대한 직접적 응답인 짧은 감동적인 구절에서 그들에게 자신들의 비이성주의의 이러한 결과를 생각해 보기를 간청한다. "지성과 관대한 성향을 지닌 이들이여! 나는 당신들의 재능을 존중하고 인류에 대한 당신들의 느낌을 사랑한다. 그러나 당신들은 이성에 대한 당신들의 공격이 어디로 향하고 있는지 생각해 보았는가? 확실히 당신들도 사상의 자유가 침해당하지 않고 유지되기를 바란다. 왜냐하면 이것이 없으면 당신들의 상상력의 자유로운 상상들마저도 곧바로 끝장날 것이기 때문이다."[46] 의심할 바 없이 이것은 프리드리히 빌헬름 2세의 임박한 승계를 고려할 때 시의적절한 간청이었다.

4.3. 칸트에 대한 비첸만의 응답

『베를린 월보』 논문에서 칸트는 야코비의 견해와 멘델스존의 견해에서의 유사성을 그토록 명확하게 지적한 데 대해 자기에게 그 정체가 여전히 알려져 있지 않은 "『결론들』의 명쾌한 저자"를 칭찬했다. 그러나 그는 또한 비첸만이 광신과 [119]"이성의 완전한 폐위"로 이어지는 "위험한 과정"에 착수했다고 시사했다.

비첸만은 칸트의 암시에 대단히 분격해서 무너지고 있는 건강에도 불구하고 칸트에게 응답을 쓰기로 결심했다. 그의 응답, 즉 「『결론들』의 저자로부터 칸트 교수에게」는 칸트의 논문이 출간된 지 겨우 네 달 후인

••
46 같은 책, VIII, 144.

1787년 2월의『독일 박물관』에 실렸다. 비첸만의 글은 칸트에게 보내는 공개서한의 형식을 취했는데, 그것은 마침내 그 저자를 대중 일반에게 드러냈다. 이 길고도 밀도 있으며 모호한 글에서 비첸만은 스스로 두 개의 목적을 정립한다. 첫째, 비이성주의라는 칸트의 비난을 반박하는 것, 그리고 둘째, 칸트의 실천적 신앙 개념의 비정합성을 증명하는 것이 그것이다.

비이성주의라는 비난에서 벗어나기 위해 비첸만은 칸트가 자신에게 돌리는 야코비적인 입장을 자기가 지닌 적이 있다는 것을 부인한다.[47] 그는 만약 이성이 신의 비존재를 증명할 수 있다면 신앙의 도약을 명하는 것은 비이성주의적일 것이라는 데 대해 칸트에게 동의한다. 그러나 비첸만은 자기가 이성이 그러한 힘을 지닌다고 결코 말한 적이 없다고 항의한다. 오히려 그가 말한 것은 다만 이성이 신의 존재를 증명도 반증도 하지 못한다는 것일 뿐이다. 그 경우 신에 대한 믿음은 '비이성적'이 아니라 다만 '초-이성적extra-rational'이나 '이성적인 것이 아닌nonrational' 것으로서만 기술될 수 있다.

하지만 정직함은 비첸만으로 하여금 이러한 부인에 단서를 달도록 강요한다. 그는 자신이 언젠가 이성이 신의 비존재를 증명한다고 말했다는 것을 인정한다. 그러나 그러고 나서 재빨리 그는 이것이 이신론자들의 신, 즉 추상적이고 비인격적이며 초월적인 존재라고 덧붙인다. 그러나 그는 여전히 자신은 이성이 유신론자들의 신, 즉 역사 속에서 인간에게 자기 자신을 계시하는 인격적 신의 비존재를 증명한다고는 말하지 않았다고 주장한다. 다시 말하면 이신론적 신에 대한 신앙은 비이성적인 데 반해, 유신론적 신에 대한 신앙은 그렇지 않다는 것이다. 이러한 구별을 가지고서 비첸만은 교묘하게 비이성주의라는 칸트의 비난을 회피하

••
47   Wizenmann, "An Kant", in Hausius, *Materialien*, II, 108-109.

고 그것을 그 모두가 이신론자들인 베를린 사람들의 문 앞에 놓는다.

아무리 영리할지라도 비첸만의 응답은 오직 『결론들』의 본래 관점을 포기함으로써만 칸트의 고발을 벗어난다. 거기서 비첸만의 입장은 그의 모든 부인에도 불구하고 실제로는 완전히 야코비적이었다. 그리하여 그는 스피노자의 철학이 유일하게 일관된 것이며, 그것은 바로 인격적 존재라는 유신론자의 의미에서의 신의 비존재를 입증한다고 말했다.[48] 하지만 동시에 비첸만은 우리에게 이러한 유신론적인 신에 대한 신앙을 갖도록 명령했다. 이것은 확실히 비이성주의인바, 단지 칸트의 기준에 의해서뿐만 아니라 또한 비첸만 자신의 기준에 의해서도 그러하다. 그렇다면 최소한 『결론들』에서 비첸만은 비난받을 만큼의 책임이 있다.

그러나 비첸만의 자기 방어가 실패한다면, 칸트에 대한 그의 반격은 좀 더 성공적이다. 그는 칸트의 면전에 광신이라는 비난을 던짐으로써 칸트에 대해 공세를 취한다. 그는 칸트가 신앙을 "실천 이성의 필요"로서 옹호하는 것이 그 자체로 모든 종류의 광신에로 이어진다고 주장하는데, 왜냐하면 그것은 필요의 현존으로부터 그것을 만족시킬 대상의 존재로 움직여가기 때문이다. 그러나 비첸만은 [120]소망을 실재로 오인하는 것이 바로 광신의 본질이 아닌가라고 묻는다. 칸트의 추론에 따르면 사랑에 빠진 남자가 자신이 욕망하는 여자도 그를 사랑한다고 꿈꾸는 것은 적절한데, 그 이유는 다만 그가 사랑받을 필요를 지니기 때문일 뿐이다.[49]

『실천 이성 비판』에서 칸트는 비첸만의 이름을 언급하면서 명시적으로 이 반론을 다룬다.[50] 그는 사랑에 빠진 남자의 경우에서처럼 필요가 감성에서 발생할 때 그 필요로부터 어떤 것의 존재를 추론하는 것은

• •
48   Wizenmann, *Resultate*, pp. 233-234, 140-141.
49   Wizenmann, "An Kant", in Hausius, *Materialien*, II, 124.
50   Kant, *Werke*, V, 142-146.

부당하다는 데 대해 비첸만에게 동의한다. 그러나 필요가 이성으로부터 발생하고 보편적이고 필연적인 법칙에 의해 정당화될 때는 또 다른 문제다. 다시 말하면 사람이 그렇게 하길 원하기 때문에 어떤 것을 믿는 것과 그렇게 해야 하기 때문에 믿는 것 사이에는 차이가 존재하는 것이다.

비록 칸트의 응답이 자의성이라는 비난에 맞서서는 효과적이라 할지라도 ── 그것은 신앙을 정당화하는 종류의 필요에 대해 엄격한 제한을 가한다 ──, 그것은 여전히 비첸만의 주요 요점, 즉 감성의 것이든 아니면 이성의 것이든 어떤 필요로부터 어떤 것의 존재를 추론하는 것은 부당하다는 요점에 대해서는 대답하지 않는다. 비첸만에 따르면 사람이 믿기를 원하는가 아니면 믿어야 하는가 하는 것은 아무런 차이도 없다. 어느 경우이든 거기에는 필요로부터 그것을 만족시키는 대상의 존재로의 부당한 추론이 존재한다.

광신이라는 비난에 대해 자기 자신을 방어한 후, 비첸만은 칸트의 '이성적 신앙' 개념에 대한 정교하고도 미묘한 논박에 관여한다.[51] 그의 논박은 역사적으로뿐만 아니라 철학적으로도 흥미롭다. 그것은 칸트의 개념에 대한 최초의 비판적 반응이자 그에 대한 몇 가지 고전적인 이의 제기들을 행한다. 비첸만의 논증들은 다음과 같이 요약될 수 있다. (1) 칸트는 신이 존재한다는 것을 이성의 필요로부터 추론할 수 없다. 그가 추론할 수 있는 것은 다만 우리가 신이 존재하는 것처럼 생각하고 행위해야 한다는 것뿐이다. 좀 더 칸트적인 용어들로 하자면 이성의 필요는 구성적 원리가 아니라 규제적 원리를 정당화한다. 그것은 구성적 원리를 정당화할 수 없는데, 왜냐하면 단순히 우리가 신의 존재를 믿을 도덕적 의무를 지니는 까닭에 신이 존재한다고 추론하는 것은 확연히 잘못된

---

51 Wizenmann, "An Kant", in Hausius, *Materialien*, II, 122-130.

추론이기 때문이다. (2) 만약 칸트가 구성적 원리를 정당화하려고 시도한다면, 그는 이론적 근거들 위에서 믿음의 참과 거짓을 결정할 필요가 있는 사변의 영역으로 다시 들어가게 된다. 그러나 이것은 지식에 대한 칸트적인 한계를 넘어설 것이다. (3) 칸트는 악순환에 사로잡혀 있다. 요컨대 그는 우리가 신을 믿을 도덕적 의무가 있다고 말한다는 점에서 신앙을 도덕 위에 근거짓고 있지만, 그는 또한 도덕이 신앙 없이는 가능하지 않을 거라고 주장한다는 점에서 도덕 법칙을 신앙 위에 근거짓고 있는 것이다. (4) 칸트가 주장하듯이 만약 도덕이 종교로부터 독립적이고 그래서 도덕을 위한 유인이나 이유가 신과 섭리 또는 불사성에 대한 믿음을 필요로 하지 않는다면, 어떻게 그러한 믿음을 가질 필요가 있을 것인가? (5) '이성의 필요'라는 개념은 형용 모순이다. 만약 믿음이 필요에 의해 정당화되면 모든 이성적 논증은 멈추게 되는데, 왜냐하면 이성의 유일한 과제는 하나의 믿음이 좋은가 나쁜가가 아니라 그것이 참인가 거짓인가를 고려하는 것이기 때문이다. 이 쟁점에 관해 비첸만은 [121]멘델스존에게서 예기치 못한 동맹자를 발견하는데, 그 역시 믿음에 대한 유일한 이성적 정당화는 이론적이어야만 한다고 생각한다.

칸트는 『실천 이성 비판』「변증론」에서의 여러 곳에서 비첸만의 이의 제기들에 대답하고자 시도한다. 비록 칸트가 하나의 각주를 제외하고서는 비첸만을 직접 언급하고 있지 않지만, 표면 밑에서 반대 논증을 알아내기는 어렵지 않다. 『실천 이성 비판』은 실제로 자신의 비판자들에 대한 논박을 쓰고자 하는 칸트의 초기 의도를 드러내는 다층적 문서다.[52]

칸트는 비첸만의 모든 이의 제기들 가운데 특히 첫 번째와 두 번째를

52 칸트의 초기 의도들과 『실천 이성 비판』의 과녁이었던 비판자들에 대해서는 Beck, *Commentary*, pp. 56-61과 Vorländer, "Einleitung" to *Kritik der praktischen Vernunft*, pp. xvff.를 참조

우려하여 그것들에 대답하는 데 두 개의 장 전체를 들이고 있다.[53] 세 번째와 네 번째 반대는 약간의 특이한 단락들에서 다루어지는 데 반해, 다섯 번째 것은 명시적인 대답을 발견하지 못한다. 그러면 처음 네 개의 이의 제기들을 각각 차례대로 취하여 그것들에 대한 칸트의 대답들을 살펴보자. (1) 규제적 원리는 이성의 필요를 충족시키지 못하는데, 왜냐하면 이성은 자연과 자유, 행복과 덕 사이에 가언적인 것이 아닌 현실적인 조화가 존재하기를 요구하기 때문이다. 하지만 그러한 조화의 조건은 신이 존재한다는 것이지, 단지 우리가 그가 존재하는 것처럼 생각하고 행위한다는 것이 아니다. 따라서 우리는 이성의 필요로부터 구성적 원리를 추론하는 데서 정당화된다.[54] (2) 실천 이성에게 이론 이성이 소유하지 못하는 구성적 원리들에 대한 권리를 부여함에 있어 우리는 모든 종류의 사변에 다시 문을 열고 있는 것이 아니다. 왜냐하면 실천 이성이 가정할 권리를 가지는 것은 다만 신이 존재한다는 사실뿐이다. 그것은 신이 어떻게 존재하는지에 관한 그 이상의 판단들을 행할 권한을 지니지 않는다.[55] (3) 비록 도덕 법칙이 신앙을 정당화하기 위해 필요하다 할지라도 그역은 타당하지 않으며, 따라서 악순환은 존재하지 않는다. 신과 불사성에 대한 믿음들은 도덕 법칙을 정당화하기 위해서도 그에 따라 행위하기 위해서도 필요하지 않다. 오히려 그것들은 다만 최고선의 이상, 즉 행복이 덕에 정비례하여 주어진다는 이상에 따라 행위하는 유인으로서만 필요하다. 비첸만이 순환이 있다고 생각하는 까닭은 다만 그가 '최고선'이라는 용어의 두 가지 의미, 즉 무조건적인 선 또는 선의 절대적 기준인 '지상선' 즉 도덕 법칙과, 선의 가장 커다란 가능한 정도인 '최상의 선',

53 Kant, *Werke*, V, 134-146을 참조.
54 같은 책, V, 122-124, 134ff.
55 같은 책, V, 134-146.

즉 행복과 덕의 조화를 혼동하기 때문일 뿐이다. 이 용어들에서 신앙은 지상선의 정당화나 실현의 필요조건이 아니다. 그러나 그것은 최상의 선의 실현을 위한 필요조건이다.[56] (4) 비록 지상선을 향한 의무라는 의미에서의 도덕이 신앙으로부터 독립적이라 할지라도, 최상의 선을 향한 의무라는 의미에서의 도덕은 그렇지 않다. 그러나 최상의 선을 향한 의무는 그것의 규범적 근거가 아닌 그 실현을 위해서만 신앙에 의존한다. 다시 말하면 신앙은 다만 유한한 존재에게 최상의 선을 향한 그의 의무에 따라 행위할 유인을 제공할 뿐이다.[57]

슬프게도 유망한 시작에도 불구하고 칸트의 비첸만과의 논쟁은 1787년 초에 때 이른 비극적인 종결에 도달했다. 칸트에 대한 비첸만의 응답은 그의 마지막 힘의 분출이자 실제로 그의 비문으로 입증되었다. [122]비첸만은 여러 해 동안 결핵에 시달리고 있었으며, 조그마한 무리도 언제나 그의 건강에 심각한 차질을 빚었다. 『결론들』에 대한 작업은 그를 심각하게 약화시켰다. 그리고 칸트에 대한 응답을 쓰는 것은 문자 그대로 그를 죽였다.[58] 비첸만이 응답을 마무리한 후 곧바로 그의 건강은 극적으로 악화되었다. 2월 21일에, 즉 그것이 인쇄되어 출간된 바로 그 달에 그는 사망했다. 그리하여 범신론 논쟁은 그것의 두 번째 희생자를 낳았던바, 그것도 비극적으로 그것의 가장 유망한 참가자를 희생시켰다.

• •

56 같은 책, V, 110-111.

57 같은 책, V, 125.

58 Glotz, *Wizenmann*, II, 156-157, 205를 참조. 1787년 3월 10일자의 야코비에게 보낸 하만의 편지, *Briefwechsel*, VII, 114ff.에서 그는 비첸만이 범신론 논쟁에서의 그의 투쟁에 의해 "순교자가 되었다"고 말한다.

4.4. 칸트에 대한 야코비의 공격

1786년 봄, 범신론 논쟁이 그 최고조에 달했던 시기에 야코비는 여전히 멘델스존과 베를린 사람들에 대한 자신의 투쟁에서 칸트의 지원을 바라고 있었다. 그 해 4월에 출간된 『멘델스존의 고발에 반대하여』에서 그는 광신이라는 비난에 대해 자기 자신을 방어하기 위해 칸트의 이름을 들먹였다.[59] "사상가들 가운데 그 헤라클레스"인 칸트는 대체로 그 자신과 것과 유사한 입장을 가지고 있다고 야코비는 주장했다. 그도 역시 신의 존재의 증명 가능성을 부인했으며, 그도 역시 지식이 신앙을 정당화할 수 없다고 생각했다. 야코비는 물었다. "그렇듯 어느 누구도 감히 칸트를 '광신주의자'라고 부르지 않는다면 왜 그들이 감히 나를 그렇게 불러야 한단 말인가?" 그는 칸트 철학을 자기 철학의 수준으로 낮추거나 자기 철학을 칸트 철학의 수준으로 높이려고 하지 않는다는 점을 덧붙이기에 충분할 만큼 겸손하고 조심스러웠다. 그러나 야코비가 칸트의 지원을 위해 노력하고 있는 것은 여전히 명백했고, 그것은 확실히 멘델스존의 친구들을 불안하게 만들었다.

1786년 가을에 이르러 야코비는 칸트의 지원에 대한 희망을 키웠다. 그의 기대는 쾨니히스베르크로부터의 몇 가지 유망한 소식에 의해 높여졌다. 하만은 그에게 칸트가 『서한』에 만족해했으며 멘델스존을 공격할 계획이라고 말했다.[60] 그래서 칸트의 논문이 마침내 10월에 출간되었을 때 야코비는 당연히 실망했다. 이제 그에게는 칸트가 자신과 멘델스존 사이의 중간 입장을 취함으로써 그 자신의 '종파'를 창설하기를 원한다

• •
59   Jacobi, *Werke*, IV/2, 256ff.
60   1785년 9월 28일자와 10월 28일자의 야코비에게 보낸 하만의 편지들, Hamann, *Briefwechsel*, VI, 77, 107을 참조

는 것이 분명했다. 싸움을 열망하여 야코비는 즉시 자신의 전투 계획을 작성했다. 1786년 10월 31일에 쓰인 하만에게 보내는 편지,[61] 즉 칸트의 논문에 대한 그의 실망을 표현하는 바로 그 편지에서 야코비는 칸트에 대한 비판의 개요를 제시했는데, 그는 그것을 나중에 자신의 『데이비드 흄』에 덧붙이게 된다. 칸트 이후 철학의 역사에서 유명해지게 되어 있었던 이 비판은 특히 칸트 이후 관념론의 발전에 대한 그것의 영향을 고려할 때 지금까지 쓰인 가장 영향력 있는 칸트 비판들 가운데 하나다. 그러면 야코비가 무엇을 말해야 했는지 살펴보자.

야코비의 칸트 비판은 멘델스존과의 논쟁에서 자라났거니와, 그것은 실제로 계몽에 대한 그의 일반적 비판의 핵심적인 부분이다. 칸트 철학에 대한 그의 주된 반대는 모든 [123]철학에 대한 그의 반대와 동일한 것, 즉 그것이 니힐리즘의 심연에로 이어진다는 것이다. 칸트 철학은 만약 그것이 일관되게 만들어진다면 "무의 철학"이라는 것이 입증된다. 더 나아가 칸트는 야코비에 대해 특별한 상징적 의미를 획득하기 시작한다. 그는 그저 라이프니츠나 스피노자처럼 그 철학이 우연히 니힐리즘으로 끝나게 되는 또 다른 철학자인 것이 아니다. 오히려 야코비는 1799년에 『피히테에게 보내는 서한』[62]에서부터 특히 피히테에 의해 일관되

61 Hamann, *Briefwechsel*, VII, 36.
62 야코비가 『피히테에게 보내는 서한』(1799)에서 칸트 철학에 부여하는 중요성은 『서한』(1785)에서 표현된 것과 같은 그의 입장의 확연한 변화를 나타낸다. 『서한』이 스피노자의 형이상학을 철학의 패러다임으로서 바라보는 데 반해, 『피히테에게 보내는 서한』은 칸트 철학을, 즉 근본적이고도 체계적인 피히테적 형식에서의 칸트 철학을 이성의 유일한 참된 체계로서 간주한다. "…… 이성의 참된 체계는 오직 피히테적인 방식에서만 가능하다." Jacobi, *Werke*, III, 19를 참조. 야코비가 한때 스피노자의 무신론과 숙명론에서 발견한 니힐리즘의 모든 위험을 이제 그는 피히테의 관념론에서 발견한다. 그가 피히테의 체계를 이성의 하나의 유일한 패러다임으로서 간주하게

고 체계적으로 전개된 대로의 칸트 철학을 모든 철학의 패러다임으로서 — 따라서 니힐리즘의 바로 그 전형으로서 바라본다. 철학에 대한 야코비의 공격은 이제 무엇보다도 우선 칸트에 대한 공격, 특히 야코비가 다름 아닌 철저한 칸트주의자로서 바라보는 피히테에 대한 공격이 되었다.

칸트의 최고의 중요성, 즉 철학사에서의 중추적인 위치는 야코비가 보기에는 하나의 사실에 의거한다. 요컨대 칸트는 모든 인식의 원리 또는 야코비가 "주-객 동일성의 원리"라고 부르는 것을 발견한 최초의 사상가인 것이다. 비록 명시적인 것은 아닐지라도 야코비가 언급하고 있는 것은 다름 아닌 칸트의 '사유의 새로운 방법' 배후의 원리, 즉『순수 이성 비판』의 서문에서 설명된 그의 코페르니쿠스적 전회의 초석이다.[63]

• •
되었던 까닭에 야코비의 견해에는 분명한 변화가 존재했다.

비록 야코비가 이러한 변화에 대해 스스로 의식하고 있을지라도, 그는 그것을 최소화하여 설명하기 위해 최선을 다한다.『피히테에게 보내는 서한』에서 그는 자신이 의미하는 것이 마치 피히테 철학이 이성성의 니힐리즘적인 귀결들을 일관되게 끌어내는 데서 스피노자 철학보다 어떻게든 우월하다는 듯이 피히테 철학이 사변의 패러다임으로서의 스피노자 철학을 대체한다는 것이 아니라고 설명한다. 오히려 그가 의미하는 것은 다만 피히테 철학과 스피노자 철학이 하나의 기본 원리, 즉 그것들이 상호 보완적으로 정식화하고 있는 원리를 공유한다는 것일 뿐이다. 이것은 다름 아닌 모든 앎과 사변의 첫 번째 원리, 즉 이른바 '주-객 동일성'의 원리다. Jacobi, *Werke*, III, 10-11을 참조.

야코비에 따르면 모든 철학은 주체와 객체, 정신과 육체, 자아와 자연의 동일성을 증명하고자 시도한다. 피히테와 스피노자는 이 동일성을 증명하는 두 가지 상호 보완적인 방법을 표현한다. 피히테가 자아에서 시작하여 자연의 실재성을 연역하는 데 반해, 스피노자는 자연에서 출발하여 자아의 실재성을 도출한다. 피히테 철학은 다름 아닌 '전도된 스피노자주의'일 뿐이다. 피히테는 자신의 출발점을 정신과 육체가 다만 하나의 동일한 실체의 속성들일 뿐이라는 스피노자의 원리로부터 취한다. 그는 스피노자가 하듯이 이 단일한 실체를 자기 자신 바깥의 우주 안에 놓는 대신 그것을 그 자신 내부의 절대 자아 안에 정립한다. Jacobi, *Werke*, III, 10-11을 참조.

63 *KrV*, A, xx; B, xviii, xiii를 참조.

이 원리는 이성이 오직 그 자신의 법칙에 따라 창조하는 것만을 선험적으로 인식한다고 진술한다. 그것은 자아가 오직 그 자신의 활동의 산물만을 인식한다는 것을 함축하기 때문에 자기-인식을 모든 인식의 패러다임으로 만든다. 야코비의 '주-객 동일성'이라는 용어는 주체가 객체를 그 자신의 활동의 거울로 만드는 그러한 자기-인식을 지칭한다.

칸트에 대한 야코비의 주된 이의 제기는 이러한 원리가 니힐리즘을 낳는다는 것이다. 만약 그것이 (피히테가 그렇게 하듯이) 보편화되어 이성에 의한 인식이 모든 인식의 패러다임으로 만들어진다면, 그것은 곧바로 '사변적 에고이즘', 즉 모든 실재를 나 자신의 표상들로 해소하는 유아론으로 이어진다. 이러한 유아론은 칸트의 원리의 직접적인 귀결이라고 야코비는 주장하는데, 왜냐하면 그것은 우리가 인식하는 모든 것이 우리 자신의 표상들, 우리의 지적 활동의 산물들이라는 것을 함축하기 때문이다.[64] 우리는 이 활동과 따로 떨어져 그에 선행하여 존재하는 어떤 한 실재도, 즉 자연이든 다른 정신들이든 신이든 또는 이 활동의 원천인 바로 그 자아이든 그 활동에 의해 창조되지 않은 어떤 것도 알지 못한다. 따라서 우리는 우리 자신의 의식의 원, 즉 아무것도 표상하지 않는 표상들 이외의 다른 어느 것으로도 이루어지지 않은 원 내부에 사로잡혀 있다.

야코비는 이제 우리로 하여금 그의 딜레마들 가운데 또 다른 것에 직면하게 한다. 나는 인식이 원리적으로 무한하다고—그래서 모든 실재를 무로 해소한다고—가정하거나 아니면 나는 그것이 제한되어 있다고—그래서 나의 의식 외부의 실재가 내게 인식될 수 없다고—상정한다. 그래서 나는 나 자신을 알거나 아무것도 알지 못한다. 그렇지만 내가 나로부터 떨어져 존재하는 어떤 것을 인식하는 중간의 선택지는 존재하

64   Jacobi, *Werke*, III, 15ff.

지 않는다. 이러한 딜레마는 곧 셸링과 헤겔에게 어마어마한 도전이 되었는데, 그들의 객관적 관념론은 그것을 벗어나기 위해 고안되었다.[65]

[124]사물 자체에 반대하는 야코비의 유명한 논증은 그의 일반적인 칸트 비판에 비추어 이해되어야 한다. 야코비는 사물 자체를 자신의 철학이 니힐리즘으로 붕괴되는 것을 막기 위한 칸트의 최종적인 절망적 조처로 간주한다. 만약 이 방책이 실패한다면 — 그리고 그것은 필연적으로 실패한다고 야코비는 주장한다 —, 칸트는 자신이 모든 실재를 우리 의식의 내용으로 환원한다는 것을 인정해야 한다. 야코비는 칸트 철학을 바로 이 방향으로 발전시키는 것이야말로 피히테의 슬픈 운명이었다고 말한다. 피히테는 칸트 철학으로부터 사물 자체를 제거한다. 그러나 그렇게 함으로써 그는 칸트 철학의 참된 경향과 내적 정신, 즉 니힐리즘을 드러냈다.

사물 자체에 반대하는 야코비의 논증은 두 단계로 진행된다.[66] 첫 번째 단계는 칸트를 대상들이 표상의 원인들이라고 가정하는 데서의 비일관

<hr/>

65 Schelling, 『철학 체계로부터 더 나아간 서술Fernere Darstellungen aus dem System der Philosophie』, in *Werke*, I/2, 405-413과 Hegel, 『정신 현상학』, *Werke*, II, 137f.를 참조. 피히테도 그의 1794년『학문론』에서 바로 이 딜레마를 두고 고투한다. Fichte, *Werke*, 1, 280-282를 참조.

66 이 논증을 위한 고전적 장소는 야코비의『데이비드 흄』에 덧붙인 「부록」, *Werke*, II, 291ff.이다. 야코비 논증의 바로 그대로의 어구에 주목할 만한 가치가 있는데, 그것은 그에 대한 여러 해석들과는 다르다. 야코비가 원래 자신의 논증을 정식화하는 대로 하자면, 그는 그것을 명시적으로 사물 자체가 아니라 자신이 '초월론적 대상들'과 동일시하는 표상들의 원인들인 사물들에 반대하도록 한다. 야코비는 또한 종종 그에게 돌려지는 비판, 즉 사물 자체를 요청하는 것이 존재와 인과성 범주들을 부당하게 경험 너머로 확장한다는 비판을 행하지 않는다. 「부록」에서 그는 특별히 범주들의 한계에 관한 칸트의 가르침을 결코 언급하지 않는다. 이 비판은 야코비의 논증의 함축이다. 그러나 그것은 결코 그에 의해 명시적으로 진술되지 않는다.

성을 이유로 비난한다. 야코비에 따르면 칸트는 경험적 대상들이 표상들의 원인이라고 가정할 수 없다. 왜냐하면 그는 그 대상들이 표상들에 지나지 않으며, 그래서 그것들은 표상들의 원인일 수 없다고 명시적으로 진술하기 때문이다. 그러나 칸트는 또한 초월론적 대상이 표상들의 원인이라고 주장할 수도 없다. 왜냐하면 그는 분명히 우리가 그것에 대해 어떠한 앎도 가질 수 없다고 가르치기 때문이다. 그리고 만약 우리가 그것을 알 수 없다면, 더더군다나 우리는 그것이 우리의 표상들의 원인이라는 것도 알 수 없다.

야코비 논증의 두 번째 단계는 이러한 비일관성이 불가피하다는 추가적 주장을 행한다. 다시 말하면 만약 칸트가 표상의 원인들인 대상들을 요청하는 것이 모순적이라면, 또한 그가 그렇게 하는 것은 필요하다는 것이다. 야코비는 그것이 필요한바, 왜냐하면 칸트는 우리가 수동적 감성을 가진다고 가정하는데, 수동적 감성에 대해 이야기하는 것은 그것에 대해 작용하는 어떤 것이 존재한다는 것을 함축하기 때문이라고 논증한다. 칸트는 일차적으로 수동적 감성을 상정하는데, 왜냐하면 그는 자신의 체계에서 실재론의 겉모습을 유지하길 원하기 때문이다.

따라서 사물들 자체의 가정은 칸트의 체계와 양립할 수는 없지만 그것에 필요하다. 야코비는 유명한 경구에서 칸트의 곤경을 다음과 같이 요약한다. "나는 칸트의 체계에 들어가기 위해 사물들 자체의 가정을 필요로 한다. 그러나 이 가정을 가지고서 내가 그 체계 내부에 머무르는 것은 가능하지 않다."[67]

야코비가 『데이비드 흄』에서 처음으로 칸트에 대해 니힐리즘이라고 비난한 1787년에 그는 1년 후에야 출간되는 칸트의 『실천 이성 비판』에

67   Jacobi, *Werke*, II, 304.

대해 아직 알지 못하고 있었다. 그는 칸트가 곧 자신의 두 번째 『비판』을 자유와 신 그리고 불사성에 대한 자신의 실천적 신앙에 대한 설명과 옹호에 바칠 것이라는 것을 거의 알지 못했다. 언뜻 보기에 실천적 신앙 개념은 칸트를 니힐리즘으로부터 구출했는데, 왜냐하면 그것은 자기 자신의 의식을 넘어선 것들(요컨대 신과 섭리 그리고 불사성)에 대한 믿음을 정당화했기 때문이다.

[125]하지만 『실천 이성 비판』이 출판된 후에도 야코비는 니힐리즘이라는 자신의 비난을 철회하지 않았다. 오히려 그는 자신의 요점을 밀어붙였다. 그는 칸트의 실천적 신앙을 다름 아닌 니힐리즘을 모면하기 위한 또 다른 임시방편으로서 바라보았다. 그의 후기 저술들에서 야코비는 칸트의 실천적 신앙 개념에 대해 두 가지 이의를 제기한다.[68] (1) 칸트가 신앙이 앎의 하나의 형식이라는 것을 부인하고 또한 사물들 자체에 대한 지적 직관의 가능성을 금지하는 까닭에, 그의 신앙은 여전히 '주관주의적'인바, 다시 말하면 그것은 우리에게 우리의 표상들로부터 독립적인 실재에 대한 어떠한 앎도 주지 않는다. 우리가 우리의 실천적 신앙으로부터 아는 것은 다만 우리가 이성의 몇 가지 관념을 요청해야만 한다는 것과 우리가 그것들이 마치 참인 것처럼 생각하고 행위해야만 한다는 것뿐이다. 다시 말하면 우리는 단지 우리 자신에 관해 좀 더 많은 것을 알게 될 뿐, 실재 그 자체에 관해서는 아무것도 모르는 것이다. (2) 신앙을 실천 이성의 토대 위에서 수립하고자 하는 칸트의 시도는 실패하는데, 왜냐하면 그의 정언 명령은 준칙의 도덕성의 단지 필요할 뿐 충분하지는 않은 조건을 제공하기 때문이다. 그러나 만약 정언 명령이 공허하다면

68 Jacobi, "Vorrede zugleich Einleitung", in *Werke*, II, 34-37; *Ueber das Unternehmen des Kriticismus die Vernunft zu Verstande zu bringen*, III, 100-103; 그리고 *Brief an Fichte*, III, 40-41을 참조.

신과 섭리 그리고 불사성에 대한 신앙이 도덕적이라고 믿을 아무런 이유도 존재하지 않는다.

이 비판들은 야코비가 자신의 신앙 개념과 칸트의 그것 사이의 매우 중요한 차이들을 인식하게 되었음을 보여준다. 실제로 야코비는 칸트의 개념을 그 자신의 것에 알맞지 않은 것으로 비교하기 시작했다. 1799년의 『피히테에게 보내는 서한』에서 야코비는 심정에서 생겨나는 자신의 '자연적 신앙'을 순수 이성으로부터 유래한다고 하는 칸트의 '이성적 신앙'에 대한 해독제로서 바라본다.[69] 그는 "이성을 도덕성 내로 끌어들이려는 칸트의 시도보다 더 나를 혐오감으로 채우는 것은 아무것도 없다"고 쓰고 있다. 이 시도가 파산한다는 것은 그에게 정언 명령의 공허함으로부터 명확하다. 야코비가 보기에 칸트는 이성과 이해관계 사이의 적절한 관계를 파악하는 데 실패한다. 그는 이해관계가 믿음을 규정한다는 것을 올바르게 보고 있지만——그 점에 관해 야코비와 칸트는 동의한다——, 이성이 어떤 방식으로든 이 이해관계들을 규정하거나 제한할 수 있다고 가정하는 데서 잘못을 범한다. 정언 명령의 공허함은 우리에게 바로 그 반대가 사실이라는 것을, 즉 이해관계가 이성성을 규정하지 그 역이 아니라는 것을 보여준다.

야코비와 비첸만의 칸트에 대한 반격은 분명히 계몽에 대항한 전투에서 그들로 하여금 우위를 차지하게 했다. 범신론 논쟁이 진행되는 동안 명백히 이성 편에 섰던 것은 오로지 칸트 철학뿐이었다. 그러나 칸트 철학은 곧장 심연을 향해 나아가고 있는 것으로 보였다. 일관적이기 위해서는 그것은 사물 자체를 버리고 의식의 순간적 상태들을 넘어서는 어떤 것의 존재를 부인하는 철저한 니힐리즘이 되어야 했다. 칸트의 도

---

69   Jacobi, *Werke*, III, 40-41.

덕적 신앙은 이러한 유아론적 악몽으로부터 벗어날 수 없었는데, 왜냐하면 그것은 비록 일관적이라 하더라도 기껏해야 우리로 하여금 마치 신과 섭리 그리고 불사성이 존재하는 것처럼 생각하고 행위하도록 할 수 있을 뿐이기 때문이다.

[126]야코비와 비첸만의 반격 이후 증명의 부담은 이성의 거룩한 이름을 옹호하고자 하는 계몽주의자에게 놓였다. 이성의 권위를 유지하기 위해 계몽주의자는——어떻게든——이성이 신앙을 정당화할 수 있다는 것을 보여주어야 했다. 하지만 전망은 암울해 보였으며, 실제로도 매우 암울했다. 멘델스존이 그랬듯이 신앙에 대한 이론적 정당화를 부여하는 것은 분명히 더 이상 실현 가능하지 않았다. 이성주의에 대한 칸트의 비판은 그러한 선택지를 막는 것으로 보였다. 그러나 동시에 신앙에 대한 칸트의 실천적 정당화가 극도로 문제가 있다는 것도 명백했다. 그것은 공허한 정언 명령에 의거했다. 그리고 그것은 기껏해야 믿음을 만족시키기에 충분하지 않은 규제적 이념들을 확보할 수 있었을 뿐이다. 그리하여 결국 이성은 아무런 결과도 얻지 못한 것처럼 보였다. 야코비의 딜레마에 대한 어떠한 해결책도 없는 것으로 보였다. 우리는 우리의 신앙을 구하기 위해 우리의 이성을 저버렸거나 우리의 이성을 지키기 위해 우리의 신앙을 포기했다.

제5장

헤르더의 정신 철학

5.1. 헤르더와 18세기 정신 철학

18세기의 처음부터 중후반까지 정신 철학자들은 딜레마에 사로잡혀 있었다. 그들은 데카르트의 심-신 문제를 숙고할 때마다 똑같은 오랜 물음들에 의해 계속해서 괴롭힘을 당했다. '정신은 그것이 물리적 법칙들에 따라 해명될 수 있기 때문에 자연의 부분인가?' '아니면 정신은 그것이 물리적 법칙들에 따라 해명될 수 없기 때문에 자연 외부에 있는가?' 버클리의 관념론이나 말브랑슈의 기회 원인론을 위해 자신의 상식을 포기하려고 하지 않았던 정통 계몽주의자나 계몽 철학자에게 이 물음들은 선택지들을 남김없이 다 드러내는 것으로 보였다. 그에게는 자신이 유물론이나 이원론──즉 정신을 기계로 환원함으로써 정신을 설명한 유물론이나 정신을 과학적 연구가 접근할 수 없는 초자연적인 영역에 놓았던 이원론 사이에서 선택해야 하는 것처럼 보였다. 그는 이 극단들 사이에서 어떤 가운뎃길을, 즉 환원주의적이지도 유물론적이지도 않은 정신에 대한 자연주의적인 설명을 보지 못했다.

18세기 정신 철학자들은 이 딜레마로 인해 고통을 겪었는데, 왜냐하면 그들은 오랜 데카르트의 가정──즉 자연주의적 설명의 패러다임은 기계론이라는 것의 영향을 따돌릴 수 없었기 때문이다. 그들은 현상을 설명하는 것이란 그것을 인과 법칙 하에 포섭하는 것이라고 계속해서 믿었다. 이것은 물리적 우주에 대한 설명에서 근대 과학에 의해 그토록 성공적으로 사용되어 온 절차였다. 그리고 근대 과학의 명백히 불가피해 보이는 진보는 모든 자연적 사건들이 비슷한 방식으로 설명될 수 있다는 약속을 내걸었다. 그러나 물리학에서 그토록 성공적인 것으로 증명된 바로 그 방법은 철학자들을 딜레마의 뿔들에 부딪혀 오도 가도 못하게 했다. 만약 정신을 자연법칙들에 따라 설명하게 되면 그들은 그것을 기계로 환원했다. 그러나 정신의 독자적인 특성들을 고집하게 되면 그들은 정신을 신비한 초자연적 영역에 숨겼다. 따라서 그들은 정신을 기계 아니면 유령으로 전환시키는 것으로 보였다.

이러한 곤경은 실제로 [128]범신론 논쟁 그 자체 배후의 근저에 놓여 있는 쟁점들 가운데 하나였다. 만약 우리가 기계론이 자연주의적이고 과학적인 설명의 패러다임이라는 전제를 받아들이게 되면 이성의 권위가 의심의 대상이 된다. 왜냐하면 그 경우에는 단지 기계론이 아니라 이성 그 자체가 유물론과 결정론으로 이어지는 것처럼 보이기 때문이다. 그 경우 이러한 악들로부터의 유일한 탈출구는 이성의 힘을 축소하고 초자연적인 정신적 영역을 상정하는 것이다. 우리가 이미 보았듯이 그러한 추론은 범신론 논쟁 동안 특히 명백히 드러났다.[1] 그 논쟁의 바로 그 핵심에 놓여 있는 지식 대 신앙의 딜레마는 암묵적으로 기계론이 설명이나 앎의 유일한 형식이라는 것을 전제한다. 야코비와 비첸만 그리고 칸트는 이 딜레마를 타당한 것으로 생각했는데, 왜냐하면 그들은 모두 바로 이 전제에 몸을 맡겼기 때문이다. 그들은 기계론이 앎의 패러다임이라고 가정했기 때문에 "신앙에 자리를 주기 위해 지식을 폐기하지"

----

1   2.4절을 참조.

않을 수 없었다. 따라서 그들은 자연 과학의 침해로부터 자유와 불사성을 보존하기 위해 인식할 수 없는 초자연적 영역을 요청했다.

18세기 독일에서 정신 철학을 되살렸다는 평가를 가장 크게 받을 자격이 있는 철학자는 요한 고트프리트 헤르더이다. 기계론의 헤게모니에 의문을 제기함으로써 그의 생기론적인 정신 이론은 환원주의적 유물론과 초자연적 이원론이라는 극단들 사이의 가운뎃길을 약속했다. 기계론을 설명의 유일한 패러다임으로서 보는 것이 아니라 헤르더는 오랜 아리스토텔레스적인 패러다임, 즉 목적론과 전체론을 복귀시켰다. 헤르더의 생기론에 따르면 정신은 기계나 유령이 아니라 살아 있는 유기체다. 정신을 설명한다는 것은 그것을 인과 법칙 하에 포섭하는 것이 아니라 그것이 행위하는 목적과 그것이 그 한 부분을 이루는 전체를 아는 것이다.

그렇지만 중요한 것은 헤르더가 오랜 아리스토텔레스적인 설명 모델들을 단순히 다시 주장한 것이 아니라는 것을 인식하는 것이다. 오히려 그는 그것들을 성장하는 생물학적 과학들에 비추어 재해석했는데, 그 과학들은 그 설명 모델들에 새로운 생명을 주는 것으로 보였다. 18세기 중반 무렵의 생물학적 과학들의 전진은 생기론적 정신 철학의 원리들을 확인하는 것으로 보였다. 할러의 자극 이론, 전성설에 대한 니덤과 모페르튀의 비판 그리고 보어하브의 활력*vis viva* 개념의 부활은 모두 생기론을 위한 강력한 증거를 제공하는 것으로 보였다.[2] 그것들은 정신적 영역과 물리적 영역들 사이에 연속성이 존재하며 살아 있는 힘이 그 둘 다의 본질이라는 생기론적 주장의 정당성을 입증하는 것으로 보였다. 따라서

---

2   헤르더의 정신 철학에 대한 보어하브와 할러의 중요성에 관해서는 Clark, *Herder*, pp. 233ff.를 참조. 그리고 전성설에 대한 니덤과 모페르튀의 비판의 중요성에 관해서는 Hampson, *Enlightenment*, pp. 88, 222-223을 참조.

언제나 최신의 생물학적 발전들에 대해 예리한 시각을 갖고 있었던 헤르더는 자신의 이론을 엄밀하게 근대적이고 과학적인 것으로 바라보았다. 그리하여 생물학적 과학들에 의해 기계론의 조종이 울리고 있었던 까닭에 더 이상 기계론에 대항한 힘겨운 전투를 수행할 필요가 없었다.

헤르더의 정신 이론은 범신론 논쟁에서의 상황을 극적으로 변화시켜 그것을 새롭고 유망한 방향으로 밀어붙였다. 이성의 권위 문제는 [129]설명 모델들로서의 목적론과 전체론의 정당성이라는 골치 아픈 쟁점을 포함하는 것으로서 여겨지게 되었다. 여기에는 사실 칸트와 야코비, 비첸만과 멘델스존이 모두 고려하지 못한 쟁점이 놓여 있었다. 만약 이것들이 똑같이 정당한 패러다임이라면, 만약 그것들도 역시 과학적 지위를 획득할 수 있다면, 그것들은 무너지고 있는 이성의 권위를 뒷받침할 수 있을 것이다. 거기에는 이성이 결정론과 유물론으로 이어질 위험이 없을 것이며, 초자연적인 정신적 영역을 상정할 필요가 없을 것이다. 그 경우 우리는 정신의 독자적인 특성들을 정당하게 평가하는 정신에 대한 자연주의적인 설명들을 가지게 될 것이다. 신앙과 앎의 딜레마 사이의 가운뎃길, 즉 생기론적 정신 이론이 마침내 분명해질 것이다.

헤르더는 보통 그의 역사 철학으로 기억되지만 정신 철학이야말로 궁극적으로 그의 중심 관심사였다. 역사에 대한 그의 관심은 정신에 대한 몰두에서 비롯되었는데, 왜냐하면 그는 역사를 정신에 이르는 열쇠로서 보았기 때문이다. 그는 역사를 통해서만 추적될 수 있는 정신의 성장과 발전을 관찰하는 것에 의해서만 그 정신을 이해할 수 있다고 확신했다.

그의 철학적 경력을 통틀어 헤르더의 포부는 특징적인 인간적 활동들—예술, 언어, 과학, 종교 및 철학—의 발생을 자연법칙들에 따라 설명하는 것이었다. 그리하여 환원주의적이지도 초자연주의적이지도 않은 정신 철학에 대한 필요가 발생했다. (환원주의적인 이론은 정신의 독자적인 특징을 설명하지 못할 것이며, 초자연주의적인 이론은 그것을 전혀 설명하지 않을 것이다.) 헤르더의 초기 철학적 저술들은 그러한 정신 철학의 발전을 향한 몇 개의 진보적인 단계들을 나타낸다. 『단편들』(1767-68)은 그것의 방법을 묘사하고 목표를 제시한다. 『언어의 기원에 대하여』(1772)는 좀 더 일반적인 차원에서 그 목표를 정의하고 옹호한다. 『인류의 도야를 위한 또 하나의 역사 철학』(1774)은 그 방법론을 정식화한다. 그리고 『인간 영혼의 인식과 감각에 관하여』(1778)는 그 일반적 원리들을 분명히 하고 있다. 헤르더의 대표작인 『인류사의 철학에 대한 이념』(1784)은 헤르더가 초기 작품들에서 구상한 철학적 프로그램의 최종적인 실현과 정교화이다.

하지만 헤르더는 길고 어려운 투쟁 끝에서야 자신의 포부를 성취했다. 모든 사람들 중에서 누가 그의 가장 지독하고 노골적인 반대자이어야 했던가? 그의 이전의 두 선생들인 칸트와 하만 이외에 어느 누구도 아니었다. 비록 칸트와 하만이 정신 철학을 두고서 본질적으로 대립하고 있음에도 불구하고 ─ 하만의 전체론은 칸트의 이원론의 정반대이다 ─, 그들은 한 가지 기본적인 점, 즉 그들의 반자연주의와 관련해서는 예상 밖의 동지였다. 그들은 둘 다 자연법칙에 따라 정신의 독자적인 특성들을 설명할 수 있는 가능성을 부인했다. [130]하만으로 하여금 헤르더의 『언어의 기원에 대하여』에 대한 가혹한 논평을 쓰도록 한 것은 바로 이 믿음이었다. 그리고 칸트로 하여금 헤르더의 『인류사의 철학에 대한 이념』에 대한 적대적인 논평을 쓰게 한 것도 동일한 믿음이었다. 하만과 칸트와의 헤르더의 이어지는 논쟁들이 상당한 철학적 관심거리인 것은 그것들이 자연주의적이지만 비환원주의적인 정신 철학의 가능성이라는 결정적인 쟁점에 관한 것이기 때문이다.

이 장은 세 가지 과제를 지니는데, 그것들 모두는 위의 주제들에 관련되어 있다. 첫 번째 목표는 헤르더의 정신 이론의 발전, 즉 그것의 목표 (5.2절), 원리들(5.5절) 및 방법들(5.4절)을 추적하는 것이다. 두 번째 목표 는 헤르더의 이론에 대한 칸트와 하만의 반응을 분석하고, 칸트와 하만 그리고 헤르더가 어떻게 스스로의 이념들을 자신들의 논쟁에 비추어 다시 정식화했는지를 규정하는 것이다(5.3절, 5.6-5.8절). 세 번째이자 마 지막 목표는 범신론 논쟁에 대한 헤르더의 공헌을 좀 더 상세하게 기술하 는 것이다.

5.2. 헤르더의 언어 기원론

1769년에 베를린의 과학 아카데미는 "인간에게 자연적 능력들이 맡겨 져 있다면, 그들은 언어를 발명할 수 있을 것인가? 그리고 그들은 어떤 수단으로 그것을 발명할 수 있을 것인가?"라는 물음에 대한 최고 논문 수상 경연을 공고했다. 이 물음들은 경쟁자들로 하여금 고인이 된 아카 데미 회원의 최근 작품, 즉 J. P. 쉬스밀히의 『최초의 언어가 그 원천을 인간이 아니라 오로지 창조주로부터만 획득했다는 증명의 시도』에 동의 하지 못하게 했다. 바로 이 물음들에 관해 여러 해 동안 생각해 오고 있던 헤르더는 경연에 참가할 수 있는 기회에 뛰어 들었다.[3] "정말로 멋지고 위대하며 참으로 철학적인 물음", "나를 위해 작성된 물음"이라 고 그는 1770년 12월에 친구인 하르트크노흐에게 써 보냈다.[4] 그래서

- -
3   『단편들』(1767)의 초판, *Werke*, I, 151ff.와 재판(1768), *Werke*, II, 1-111을 참조. 『단편들』은 헤르더의 나중의 논고에 포함된 언어 철학을 이미 개략적으로 작업해냈다. 그러나 그 논고는 일반적인 철학적 프로그램을 분명히 표현하고 옹호하는 데서 『단편들』보다 더 나아갔다.
4   Haym, *Herder*, I, 401.

12월의 마지막 날들에 헤르더는 1월 1일의 마감일을 맞추기 위해 서둘러 자신의 기고문을 썼다. 그는 도발적이고 독창적인 기고문인 『언어의 기원에 대하여』로 예상대로 그리고 정당하게 1등상을 수상했는데, 그것은 결국 1772년에 아카데미의 후원 하에 출판되었다. 이 소책자는 헤르더의 발전에서 하나의 이정표인바, 그의 철학적 프로그램의 출발점을 나타낸다. 여기서 헤르더는 자신의 자연주의적이지만 비환원주의적인 정신 철학을 처음으로 명시적으로 정의하고 옹호한다.

헤르더의 논문이 그에 바쳐져 있는 문제 —— 언어의 기원이 신적인지 인간적인지의 물음 —— 는 지금은 절망적으로 낡은 것으로, 한갓 역사적인 관심거리인 것으로 보인다. 그러나 중요한 것은 이 문제가 단지 표면적인 쟁점일 뿐이며, 그것이 여전히 우리의 관심을 끄는 좀 더 일반적인 쟁점, 즉 자연주의적 또는 과학적 설명의 한계 문제를 제기한다는 점을 파악하는 것이다. 헤르더와 아카데미에게 분명했던 것은 만약 우리가 언어의 기원에 대한 자연주의적 설명을 전개할 수 있다면 그것은 정신 그 자체를 자연주의적 세계관 내부로 가져오는 것을 향한 중요한 발걸음일 것이라는 것이었다. [131]언어는 일반적으로 이성의 필수적 도구라고 여겨졌고, 그리하여 언어의 기원에 대한 자연주의적 설명은 이성의 발생에 대한 그러한 설명에 해당했다. 그렇다면 이성, 즉 우리의 가장 내밀한 사고 과정을 피사의 사탑에서 떨어뜨린 공의 속도와 정확히 마찬가지로 자연적 현상으로서 바라보는 것이 가능할 것이다.

이 일반적 문제에 관해 헤르더는 자연주의에 비타협적으로 찬성하는 입장을 취한다. 그의 논고의 기본적인 목표는 언어의 기원에 대한 자연주의적 이론의 개요를 그리는 것이다. 이 이론은 두 가지 테제로 구성되는데, 그것들 각각은 완전하고 설득력 있는 자연주의를 위해 필요한 것들이다. 첫 번째 테제는 인간 이성이 스스로 언어를 창조할 수 있는 힘을 지니기 때문에 언어의 초자연적 원인을 상정할 필요가 없다고 진술한다.

또는 헤르더가 표현하는 대로 하자면, "이성 사용이 인간에게 자연스럽다면 그리고 이성 사용이 언어를 필요로 한다면 언어의 창조도 인간에게 자연스러울 것이다"[5] 하지만 이 테제는 완전한 자연주의를 위해서는 여전히 불충분한데, 왜냐하면 그것은 이성 그 자체의 존재를 전제하는바, 말할 것도 없이 이성 그 자체의 존재는 이성의, 따라서 궁극적으로 언어 그 자체의 초자연적 발생에 관한 모든 종류의 사변에 문을 열기 때문이다. 두 번째 테제는 이성 그 자체의 기원에 대한 설명을 제공함으로써 이 빈틈을 메꾼다.[6] 대략적으로 말해 그것은 인간이 이성 능력을 발전시키는 까닭은 본능에 의해 인도되는 동물들과 달리 인간은 생존하기 위해 일반적 사실들을 배워야 하기 때문이라고 진술한다. 그리고 언어는 이러한 사실들을 저장하는 수단인바, 그리하여 한 세대에서 학습된 것이 생존을 위한 교훈으로서 다음 세대로 건네질 수 있다.

자신의 자연주의를 위한 길을 닦은 헤르더는 자기의 논고를 언어의 기원에 관한 초자연주의적인 이론에 대한 논박으로 시작한다. 그의 주된 과녁은 쥐스밀히의 이론이다. 쥐스밀히에 따르면 인간은 그 스스로 언어를 창조할 수 있는 힘을 지니는 것이 아니라 인간을 위해 이것을 행하는 신에게 의지한다. 비록 그러한 이론이 명백히 종교적 동기를 지닌다 하더라도 쥐스밀히는 그것이 성서가 아니라 오로지 이성과 경험에만 토대한다고 주장한다.[7] 실제로 그의 주된 논증은 완전히 그럴듯하며, 두 개의

. .
5   Herder, *Werke*, V, 38.

6   그의 논고의 한 지점에서 헤르더는 이성의 기원에 대한 어떠한 사변도 포기하겠다고 맹세한다. *Werke*, V, 95를 참조. 그러나 이 발언은 맥락에서 파악되어야 한다. 그것은 이성의 기원에 대한 경험적 이론이 아니라 형이상학적 사변의 포기 선언이다. 헤르더 책의 후반부가 다름 아니라 이성의 기원에 대한 경험적 이론을 전개하고 있다는 사실은 그대로 남는다.

7   Süssmilch, "Einleitung", in *Beweis*, 단락 3, 16.

결함 없어 보이는 전제들에 근거한다. 첫 번째 전제는 언어가 이성의 필수 도구이며, 그것이 없으면 이성은 초기의 휴면 상태로 남아 있을 것이라는 것이다. 두 번째 전제는 언어가 동물이 아니라 이성적 본성의 산물이라는 것이다. 쥐스밀히는 오로지 이 두 개의 전제로부터 인간이 언어를 창조할 수 없다는 것이 따라 나온다고 생각한다. 왜냐하면 만약 인간 이성이 언어가 없는 초기의 비활성 상태라고 한다면 어떻게 인간이 언어를 창조할 수 있는가라고 물을 수 있기 때문이다. 우리는 인간이 아마도 자신의 이성에 의해 그 이성을 가능하게 하는 바로 그 도구를 창조한다는 악순환으로 내몰린다. 그렇다면 이 악순환을 피하기 위해서는 우리는 기계 장치의 신*deus ex machina*, 즉 전능한 지성을 지닌 초인간적인 원인을 불러내야 한다. 그러나 그러한 지성은 말할 것도 없이 오로지 신의 소유일 뿐이다.

요약하자면 이러한 것이 쥐스밀히의 악명 높고 불행한 운명을 지닌 논고의 논증이다. 그러나 헤르더에게 깊은 인상을 주는 것은 추론이 아닌바, 그는 그것을 엄청난 경멸을 지니고서 일축한다. 헤르더는 쥐스밀히의 논증을 교묘하게 그에게로 돌리며, [132]그리하여 그것은 그가 의도하는 것과는 정반대의 것을 증명한다. 헤르더는 다음과 같은 물음을 제기한다. 만약 쥐스밀히가 주장하듯이 언어가 이성의 발전을 위해 필요하다면 그리고 만약 이성 사용이 쥐스밀히도 인정하듯이 인간에게 자연적이라면, 언어의 창조도 역시 인간에게 자연적이어야 하지 않겠는가?[8] 헤르더에 따르면 쥐스밀히는 그 자신의 악순환에 사로잡혀 있는바, 그것은 실제로는 그의 이론 전체의 귀류법이다. 만약 인간 이성이 오직 언어를 통해서만 발전된다면, 신이 인간에게 언어를 사용하여 주는 가르침을 인간이 이해하는 것이 어떻게 가능할 것인가? 신의 가르침을 이해하기

••
8   Herder, *Werke*, V, 39-40.

위해 인간은 이미 잘 발전된 이성을 소유하고 있어야만 하는바, 다시 말하면 그는 이미 언어를 가지고 있어야만 하는 것이다.

아무리 기민하다 할지라도 헤르더의 논박은 여전히 쥐스밀히에 대해 결정적이지는 않은데, 그가 다음과 같이 대답하는 것도 당연한 일이다. "만약 이성이 단지 하나의 가능성, 단순한 잠재적 능력일 뿐이라면, 그것은 비록 인간이 언어를 창조하기에는 충분하지 않다 하더라도 신을 이해하기에는 충분하다." 단순한 가능성으로서의 이러한 이성 개념은 헤르더에게 그의 논고에서 상당한 어려움을 제공하거니와, 그는 그에 대한 분명한 대답을 결코 정식화하지 못한다. 그리하여 그는 이성이 처음에는 단순한 가능성이라는 것을 인정한다. 그러나 그는 또한 그것이 자발적인 자기 활성화하는 '경향'(*Tendenz*)이라고 주장한다.[9] 헤르더로 하여금 쥐스밀히의 악순환으로부터 벗어나게 하는 것은 오직 이러한 덧붙여진 가정일 뿐이다——그러나 말할 것도 없이 쥐스밀히가 거부하는 것은 바로 이 가정이다. 그리하여 헤르더의 논박은 쥐스밀히를 반박하기는커녕 선결 문제 미해결의 오류를 범한다. 이것은 헤르더 그 자신이 나중에, 그것도 너무도 당황스럽게도 받아들여야 했던 요점이다.[10]

그렇지만 결국 헤르더의 자연주의의 타당성은 그의 논박에 의존하지 않는다. 궁극적으로 결정적인 것은 언어 문제에 대한 그의 새로운 접근이다. 헤르더는 언어의 기원에 대한 '발생적' 탐구의 필요를 강조한다. 그러한 탐구 배후의 주된 원리는 언어가 자연 안의 모든 것들과 마찬가지로 역사를 지니며 점진적인 변화와 발전을 겪고 단순한 것으로부터 복잡한 것으로, 초기의 것으로부터 분화된 것으로 진화한다는 것이다. 헤르더가 마침내 쥐스밀히와의 관계를 청산하는 것은 이 원리를 논증하는

9   같은 책, V, 32-33.
10   Herder, *Werke*, VI, 299-300을 참조.

가운데서이다. 그는 쥐스밀히의 기본적 전제들 가운데 하나, 즉 언어는 주어져 있고 영원하며, 태곳적부터의 복잡하고 체계적이며 완전히 이성적인 구조라는 전제에 의문을 제기할 수 있다.[11] 물론 형편이 이러하다면 언어의 신적인 기원에 대한 쥐스밀히의 논증은 완전히 그럴듯해질 것이다. 신은 언어를 창조해야 할 것인데, 왜냐하면 유한한 지성을 지니는 인간은 완전히 이성적인 구조를 한꺼번에 창조할 수 없었을 것이기 때문이다. 그러나 헤르더는 언어에 대한 그러한 그림이 사실과 완전히 상반된다고 우리에게 확언하는데, 왜냐하면 우리는 언어가 변화와 발전을 겪는다는 것을 경험으로부터 알 수 있기 때문이다. 예를 들면 우리는 얼마나 많은 추상어들이 은유로서 시작되었는지를 목격할 수 있다. 그리하여 쥐스밀히 이론의 참된 아킬레스건은 어떤 선험적 논증이 아니라 단적으로 그것이 경험적 사실들을 정당하게 다루지 못한다는 점이다.

[133]언어의 기원에 대한 자연주의적 이론을 전개하는 것은 단지 헤르더 논고의 일반적 목표일 뿐이다. 그것은 결코 헤르더의 특정한 목표가 아니며, 더더군다나 본래적인 노력의 대상도 아니다. 자연주의적 이론들은 그 이전에, 그리고 실제로 루소와 콩디야크와 같은 걸출한 사상가들에 의해 정식화되어 왔었다. 그들의 이론들은 이미 격렬한 논쟁을 불러일으켰으며, 쥐스밀히의 소책자는 사실상 그것들에 대한 하나의 반응이었다. 하지만 중요한 것은 헤르더가 쥐스밀히의 초자연주의만큼이나 루소와 콩디야크의 자연주의에도 동의하지 않는다는 점을 파악하는 것이다. 그의 논고의 특정한 목표는 새로운 종류의 자연주의적 이론, 즉 루소와 콩디야크의 모든 위험을 피하는 자연주의적 이론을 정식화하는 것이다.

11   Süssmilch, *Beweis*에서의 「서론」과 「결론」을 참조.

좀 더 정확히 하자면, 헤르더가 반발하고 있던 이러한 자연주의 이론들은 무엇이었는가? 그리고 그것들에게 있어 잘못된 것은 무엇이었는가? 그것들 둘 다 원리적으로 자연주의적이라 할지라도 루소의 이론과 콩디야크의 이론은 완전히 다르다. 루소에 따르면 언어는 먼저 감정의 자발적인 표현과 더불어 존재하게 되었다. 인간은 자기의 감정(예를 들어 사랑과 분노 그리고 공포)을 표현할 필요가 있었으며, 따라서 그는 소리들을 냈다. 이 소리들은 물론 울부짖음에 다름 아니었다. 그러나 그것들은 또한 최초의 단어들이었다. 그러므로 언어는 감정의 원초적인 표현으로 시작된다.[12] 하지만 콩디야크에 따르면 언어는 자연적인 울부짖음이 아닌 임의적인 관습에서 비롯한다. 언어의 목적은 의사소통하는 것이다. 그러나 이렇게 하기 위해서는 우선 소리들의 의미에 대해 동의하는 것이 필요하다. 사람들이 동일한 자극에 대해 동일한 방식으로 반응하기 때문에, 그들은 자신들이 소리에 갖다 붙이는 의미에 대해 동의하는 데서 어려움을 지니지 않는다.[13]

헤르더에 따르면 루소의 이론과 콩디야크의 이론은 대립되는 약점들, 즉 어떠한 만족스러운 자연주의적 이론도 피해야만 하는 두 극단을 분명히 보여준다. 그는 두 이론의 난점들을 단일한 문장으로 요약한다. "루소가 인간을 동물로 환원한다면, 콩디야크는 동물을 인간으로 승격시킨다."[14] 루소는 인간을 동물로 환원하는데, 왜냐하면 그는 인간의 언어가 모든 동물의 언어와 마찬가지로 오로지 울부짖음에 존재한다고 가정하기 때문이다. 그러나 그는 인간 언어의 두드러진 특징, 즉 그것의 인지적

..
12   Rousseau, *Sur l'inégalité parmi les hommes*, in *Œuvres Complètes*, I, 175ff.를 참조. 헤르더는 또한 그 이론이 루소의 것과 유사한 모페르튀도 비판한다. Maupertuis, *Dissertation*, p. 349를 참조.
13   Condillac, *Essai sur l'origene des connaissances humaines*, pt. 2, sect. 1, pars. 1-12.
14   Herder, *Werke*, V, 21.

내용을 인식하는 데 실패한다. 대다수의 단어는 감정을 표현하는 것이 아니라 사물들을 기술한다. 하지만 우리가 오직 인간의 동물적 본성만을 고려한다면 이 단어들의 기원을 설명할 수 없다. 역으로 콩디야크는 동물을 인간으로 승격시키는데, 왜냐하면 그는 인간이 이미 자연 상태에서 언어의 관념을 소유해야만 한다고 가정하기 때문이다. 사물을 가리키는 소리의 관념을 가지기 위해서나 관습의 목적을 이해하기 위해 우리는 이미 언어의 복잡한 관념을 지녀야만 한다. 그러므로 콩디야크는 자기가 설명하고자 하는 것, 즉 언어의 기원을 전제한다.

[134]비록 그것들이 서로 대립하는 오류들을 보여준다 할지라도, 헤르더는 루소의 이론과 콩디야크의 이론이 하나의 단일한 잘못으로 인한 고통을 겪고 있다고 생각한다. 그것들은 둘 다 인간의 특징적인 본성을 보지 못한다. 그것들은 루소의 경우에서처럼 인간의 이성성을 그의 동물적 본성에로 환원하거나, 콩디야크의 경우에서처럼 그것을 설명함이 없이 전제한다. 하지만 언어의 기원에 대한 열쇠를 쥐고 있는 것은 이성성이라고 헤르더는 주장한다. 인간이 언어를 소유한 유일한 존재인 까닭에, 우리는 인간의 특징적인 본성에서 언어의 기원을 찾는 것이 정당하지 않을까? 그것은 헤르더의 탐구 전체 배후에 놓여 있는 지도적 가정이다.[15]

자신의 방법론적 지침들에 충실하게 헤르더는 이성 개념에 대한 검토와 더불어 자신의 탐구를 시작한다. 그는 이성의 통합적이고 통일하는 기능을 강조한다. 마치 인간이 이성이라는 가외의 힘을 지니는 주로는 동물이라는 듯이, 이성은 다른 능력들에 더해진 하나의 능력이 아니다. 오히려 이성은 인간의 다른 모든 능력들을 지휘하고 조직하고 통제하는 힘이다. 인간의 모든 힘은 이성에 의해 그것들에게 주어진 방향 덕분에 특유하게 인간적이다. 실제로 이성이 이 힘들에 부여하는 통일은 그러한

15   같은 책 V, 21.

것인바, 만약 인간이 그 힘들 가운데 하나에서 동물이라면 그는 그것들 모두에서 동물일 것이다.

로크로부터 하나의 용어를 빌려 헤르더는 때때로 이성을 '반성' (*Besonnenheit*)이라고 부른다.[16] 그는 인간의 특징적인 자기의식을 가리키기 위해 이 용어를 선택한다. 하지만 이성과 자기의식 사이의 이러한 연관은 무슨 까닭에서인가? 대답은 헤르더가 그의 논고에서 전제하지만 나중에야 명백히 하는 이성에 대한 그의 일반적 정의에 놓여 있다.[17] 『이념』에서 그는 이성을 본능과 대조하고 그것을 배우고 일반적 사실들에 대한 앎을 획득할 수 있는 힘으로서 정의한다. 자기의식은 이러한 의미에서 분명히 이성에 본질적인데, 왜냐하면 그것은 모든 학습의 전제 조건이기 때문이다. 예를 들어 만약 우리가 우리의 경험들을 의식할 수 없다면 우리는 심지어 그것들을 기억하거나 검증할 수조차 없을 것이다.

왜 이성은 언어를 낳아야만 하는 것인가? 언어의 창조는 왜 그렇게 이성에 자연스러운 것인가? 비록 이 물음들이 그의 이론에 결정적이라 할지라도 헤르더는 단지 모호하고 개략적인 대답들만을 준다.[18] 그의 논증의 핵심 부분은 이성이 오직 언어 덕분에만 우리의 경험을 통제하고 조직한다는 것이다. 우리의 경험을 정리하고 분류하기 위해 이성은 그것의 정확한 측면들의 정체를 다시 확인하고 그것들을 다른 측면들로부터 구별할 수 있어야만 한다. 그러나 이 측면들의 정체를 다시 확인하기 위해서는 그것들에게 기호들, 즉 다른 어떤 것이 아닌 바로 그것들을

••
16 Locke, *Essay*, bk. 2, chap. 1, 단락 4를 참조. "그 경우 **반성**에 의해…… 나는 마음이 그 자신의 활동들과 그것들의 방식에 대해 알게 되는 것을 의미한다고 이해하는바, 그에 근거하여 지성의 이러한 활동들에 대한 관념들이 존재하게 된다."
17 Herder, *Ideen zur Philosophie der Geschichte der Menschheit* (1785), in *Werke*, XIII, 144-145를 참조.
18 Herder, *Werke*, V, 28-34.

가리키는 기호들을 부여하는 것이 필요하다. 기호가 필요한 까닭은 그것이 없으면 우리가 이것이 동일한 측면임을 기억하거나 검증할 수 없을 것이기 때문이다. 그러나 우리 경험의 뚜렷이 구별되는 측면들에 기호들을 부여하는 데서 우리는 이미 언어를 사용하고 있다. 그리하여 헤르더는 다음과 같이 외친다. "우리의 반성의 첫 번째 구별적인 특징은 영혼의 말이었다. 이 말과 더불어 인간 언어가 발견되었다!"[19]

그렇다면 이성이 언어를 낳는다고 가정한다면, 이성 그 자체는 어떻게 존재하게 되는가? 이제 우리는 헤르더 이론의 두 번째 테제에 도달하는데, [135]그것은 그의 논고 후반부의 거의 모두를 차지한다. 여기서 헤르더는 왜 이성이 그리고 실제로는 언어가 인간의 생존을 위해 필요한지에 대한 흥미로운 원原-다윈주의적인 설명을 전개한다. 헤르더는 동물이나 곤충과는 달리 인간은 그를 인도할 본능과 생득적인 기술을 거의 지니지 않는다는 것에 주목한다. 본능이나 생득적인 기술은 제한된 환경을 지니고 생존하기 위해 오직 제한된 숫자의 활동만을 수행할 필요가 있는 동물과 곤충에게 유용하다. 그러나 그것들은 사막에서 북극 지방까지 모든 종류의 환경에서 살아야만 할 뿐만 아니라 또한 생존하기 위해 거의 모든 종류의 활동에 관여해야 하는 인간에게는 쓸모가 없다. 하지만 이것이 의미하는 것은 인간은 살아남는 법을 배워야 한다는 것이다. 이제 모든 세대가 생존의 기회를 위협하는 과거 세대의 위험에 노출되지 않아야 한다면, 인간은 자신의 환경에 관한 사실들(이런 종류의 식물은 이런 식으로 재배할 수 있다, 이런 종류의 동물은 위험하다)을 일반화하여 기억할 필요가 있다. 다시 말하면 인간이 생존할 수 있는 방법을 배울 수 있으려면 그는 이성을 지녀야만 하는 것이다. 그러나 더 중요한 것은 인간이 언어를 가져야만 한다는 것인데, 왜냐하면 이 사실들을 기억하여

19 같은 책, V, 35.

미래 세대에게 전달하는 유일한 수단은 언어이기 때문이다. 언어가 없다면 각각의 새로운 세대는 과거의 세대들과 똑같은 실수를 저지를 것이고 그 자신을 똑같은 위험에 노출시킴으로써 생존을 위한 기회를 감소시킬 것이다. 그러므로 언어는 나이든 세대가 젊은 세대에게 생존을 위한 수단에 관해 가르치는 매개체다.

5.3. 하만과 헤르더의 언어 기원 논쟁

언어의 본성에 대해 오랫동안 깊은 관심을 지녀온 하만은 언어의 기원 문제에 결코 무관심하지 않았다.[20] 1771년 12월 27일자 『쾨니히스베르크 학술·정치 신문』에서 그는 아카데미 경연에 대한 기고문들 가운데 하나인 디트리히 티데만Dietrich Tiedemann의 『언어의 기원에 대한 설명 시론 Versuch einer Erklärung des Ursprungs der Sprache』을 논평했다.

티데만의 논고는 언어 기원 논쟁에 대한 무시되고 있지만 주목할 만한 기고문이다.[21] 티데만은 여러 가지 점에서 헤르더의 것과 눈에 띄게 유사

••
20 실제로 하만은 이미 1759년에 개최된 아카데미의 초기 경연에 응하여 언어에 관한 논문을 쓴 적이 있었다. 이것이 그의 "Versuch über eine akademische Frage", in Hamann, *Werke*, II, 121-126이다. 그 경연은 "의견에 대한 언어의 그리고 언어에 대한 의견의 상호적 영향" 문제에 초점을 맞추었다. 이 논문에서 하만은 고트셰트와 미하엘리스의 지배적인 이성주의적 견해들에 대항하여 자연 언어의 관용어적인 특성들을 옹호한다.
21 티데만의 작업에 대한 무지로 인해 최고의 주석자들도 잘못을 범했다. 그리하여 엘프리데 뷔흐셀Elfriede Büchsel은 언어에 관한 하만의 저술들에 대한 그녀의 해설에서 (1) 티데만이 정통 이성주의의 범위 내에 머물고, (2) 언어 문제에 대한 발생적 접근을 예상하지 못하고 있다고 가정한다. *Hamanns Hauptschriften erklärt*, IV, 131을 참조. 그러나 첫 번째 가정은 티데만의 경험주의와 상충된다. 두 번째 가정은 단적으로 그의 텍스트와 일관되지 않는다. Tiedemann, *Versuch*, pp. 173-174를 참조.

한 입장을 취하고 있다. 헤르더와 마찬가지로 그도 환원주의와 초자연주의라는 극단들 사이의 가운뎃길을 찾으려고 시도한다. 그도 역시 쥐스밀히와 루소에 대항하여 논증하며, 그도 역시 언어의 기원 문제에 대한 역사적 접근을 주창한다. 티데만과 헤르더의 주된 차이는 전-언어적인 앎의 가능성을 티데만은 긍정하고 헤르더는 부정한다는 점이다. 확신에 찬 경험주의자인 티데만에 따르면 우리는 먼저 표상들을 지니며 나중에서야 그것들에 이름을 부여한다.[22]

티데만의 작업이 지닌 장점이 무엇이든 하만은 그것을 비판적으로 혹평했다. 그는 열정적으로 티데만의 자연주의를 거부했는데, 그는 그것이 언어의 신적 요소를 무시한다고 느꼈다. 그리고 그는 티데만의 [136]경험주의를 격렬하게 비난했는데, 그는 그것을 환원주의적인 것으로서 바라보았다. 어떤 철학적 작업에 대한 그보다 더 혹독한 고발을 상상하기는 어렵다. "우리는 저자의 철학이 얼마나 천박하고 공허한지 판단하는 것을 단순한 영장류 이상이고 실제로 타락한 논평자들 이상인 그러한 독자들에게 남겨두어야 할 것이다."[23]

그러한 악담에도 불구하고 하만은 티데만의 논고에 대해 몇 가지 실질적인 반대 의견을 가지고 있었다. 그는 언어를 문법적 부분들의 집합체 이상의 아무것도 아닌 것으로 바라보는 언어에 대한 티데만의 기계론적 견해를 비판했다. 하만에 따르면 우리는 언어의 기원을 단순히 말의 다양한 부분들의 기원을 해명함으로써 설명할 수 없는데, 왜냐하면 언어가 말의 부분들*partium orationis*로 환원될 수 없는 것은 이성이 삼단 논법의 형식들로 환원될 수 없는 것과 마찬가지이기 때문이다. 하만은 또한 기호와 표상 사이의 연관을 설명하지 않았다고 티데만을 질책했다. 이 연

22 Tiedemann, *Versuch*, pp. 163-167.
23 Hamann, *Werke*, III, 16.

관에 대한 해명은 언어의 기원에 대한 모종의 통찰을 제공하기 위해 필요하다. 무엇보다도 우선 하만은 티데만의 전-언어적인 앎의 테제를 받아들이고자 하지 않았는데, 그것은 언어가 이성의 필수적 도구라는 그 자신의 견해와 부딪쳤다.

아직 그것을 보지 못했을지라도 하만은 아카데미 경연에 대한 헤르더의 기고문을 선호하지 않을 수 없었다. 헤르더는 상을 수상했을 뿐만 아니라 또한 하만의 제자, 즉 그의 대학 시절 동안의 그의 나이든 학생이기도 했다.[24] 그리하여 하만은 자신의 논평을 마치면서 대중에게 "헤르더의 수상 논문"이 그들에게 목전의 문제들에 관해 생각할 더 많은 기회를 제공할 것이라고 약속한다. 그러나 하만의 낙관주의는 그릇된 전제에 토대했다. 그는 헤르더의 논문이 티데만의 자연주의에 대한 해독제를 제공할 것이라고 확신하고 있었다. 그러므로 티데만의 논고에 대한 그의 가혹한 판단은 다가올 폭풍의 예언이었다.

헤르더의 수상 논문이 마침내 출간되었을 때 하만은 놀라울 것도 없이 깊이 실망했다. 그는 그것을 자신들의 공통의 원리들에 대한 배신으로서 보았고, 심지어 그의 이전 학생과 의절하겠다고 위협하기까지 했다.[25] 그가 기대한 것은 자연주의에 대한 반박과 쥐스밀히의 그것보다 더 정교한 신적 기원론이었다. 그러나 그 대신에 그가 얻은 것은 자연주의에 대한 옹호와 신적 기원론을 "가장 끔찍한 난센스"라고 선언한 그 이론에 대한 공격이었다. 1772년 3월 20일자 『쾨니히스베르크 신문』에 실린 헤르더 논고에 대한 간단한 논평에서 하만은 자신의 실망을 알렸고 "더

• •
24 헤르더의 하만과의 초기 관계에 관해서는 Haym, *Herder*, 1, 31-51, Dobbek, *Herders jugendzeit*, pp. 116-137 그리고 Adler, *Der junge Herder*, pp. 59-67을 참조.
25 1772년 6월 14일자의 헤르더에게 보낸 하만의 편지, Hamann, *Briefwechsel*, III, 7-8을 참조.

높은 가설을 위한 복수"를 맹세했다.[26]

이것은 하릴없는 위협이 아니었다. 이후의 세 편의 논문, 즉 최초의 논평에 대한 「부록」과 「언어의 신적·인간적 기원에 관한 장미 십자가 기사의 최종적 의향」 그리고 「언어학적 착상과 의심」에서 헤르더와 프리드리히 2세가 책임지고 있는 과학 아카데미 전체에 대한 혹독한 논박에 착수했다.[27] 비록 이 논문들이 종종 신비주의자의 작품으로서 일축되어 왔을지라도,[28] [137]그것들은 우리의 아주 자세한 주목을 받을 만하다. 그것들은 헤르더와 계몽에 대한 흥미로운 비판을 행할 뿐만 아니라 또한 언어 철학 일반에 대한 중요한 물음들을 제기하기도 한다.

하만이 보기에 헤르더의 수상 논문의 치명적인 결함은 어디에 놓여 있었는가? 여러 달 동안 이 물음에 대해 반성한 후 하만은 「언어학적 착상과 의심」에서 우리에게 헤르더가 아카데미의 물음에 대답하는 것에 관해 결코 진지하지 않다고 하는 혼란스러운 결론에 도달했다고 말한다.[29] 그의 이론은 설명이라기보다는 농담이다. 왜? 왜냐하면 그것은 너무도 절망적으로 순환적이고 동어 반복적이어서 아무것도 전혀 설명하려고 시작하지 않기 때문이다. 하만에 따르면 헤르더의 이른바 언어의 인간적 기원에 대한 증명은 그가 모호한 용어인 '반성'(*Besonnenheit*)을 도입한 것에 달려 있다. 하지만 이 신비한 능력은 이성에 대한 또 다른 이름 이외에 무엇이겠는가? 그러므로 헤르더의 이론 전체는 결국 이성이

••

26 Hamann, *Werke*, III, 19.

27 또한 헤르더와의 하만의 논쟁에 대해서는 다음과 같은 저술들이 중요하다. "Au Solomon de Prusse", "Selbstgespräch eines Autors" 그리고 "An die Hexe zu Kadmonbor", 이 모두는 *Werke*, III, 55-60, 67-79 그리고 81-87에 실려 있다.

28 그리하여 파스칼은 하만이 단순히 쥐스밀히의 신적 기원론으로 '되돌아 왔다'고 주장한다. Pascal, *Sturm und Drang*, p. 176을 참조. 하임은 그의 *Herder*, I, 494-495에서 유사한 태도를 채택한다.

29 Hamann, *Werke*, III, 41ff.

언어를 창조한다는 단순한 단언으로 귀결된다. 그러나 하만은 이렇게 묻는다. 이것은 설명되어야 할 바로 그 현상이 아닌가? 이성은 왜 언어를 창조하는가? 헤르더가 이 물음에 대답하기 위해 말하는 것은 다만 이성이 자기 자신을 언어로 표현하는 것이 '자연적'이라는 것뿐이다. 그러나 그것은 단지 그 물음을 또 다른 단계로 밀어 넣을 뿐이다. 무엇이 자연적인가?

그러나 하만은 이러한 이유들로 헤르더의 이론 전체를 비난하는 데서 공정한가? 틀림없이 헤르더는 반성이라는 모호한 반성 개념을 도입함으로써 자신이 해결하는 것보다 더 많은 문제를 만들어낸다. 하지만 그의 이론은 오로지 이 개념에만 의거하지 않는다. 헤르더 이론의 핵심은 그가 언어의 기원을 생존을 위한 필요로부터 설명하는 논고의 후반부에 나온다. 아무리 이 설명이 사변적일지라도 그것은 순환적이지도 동어 반복적이지도 않다.

비록 헤르더에 대한 그의 논박이 공정하지 않을지라도 하만은 인간적 기원론에 대한 몇 가지 흥미로운 일반적 비판을 행한다. 그는 바로 자연주의의 바로 그 가능성 그 자체를, 그리하여 함축적으로는 헤르더의 논고 후반부에서 주어진 것과 같은 설명을 공격한다. 「장미 십자가 기사」에서 하만은 라메트리와 돌바크와 같은 인물들과 실제로는 칸트 그 자신의 손에 의한 에피쿠로스 교설의 부활을 한탄한다.[30] "습지나 점액"으로부터의 정신의 발생은 그에게 불가능해 보인다. 그것은 기껏해야 "예쁜 가면"을 산출할 수 있었겠지만 "불같은 정신"이나 "숨 쉬는 에너지"와 같은 것은 산출할 수 없었다. 볼테르와 흄의 의심들은 그로 하여금 뉴턴

··
30 여기서 하만이 또한 칸트도 공격하고 있다는 것은 그럴듯하다. 칸트가 자신의 이론과 에피쿠로스 이론의 유사성을 인정하고 있는 "Vorrede", in *Allgemeine Naturgeschichte*, in *Werke*, I, 226-227을 참조.

과 갈릴레오 그리고 케플러의 "복음적 확실성"을 의심하게 만들었다. 볼테르는 그에게 정신과 육체의 본질이 알려질 수 없다는 것을 보여주었다. 그리고 흄은 그에게 원인과 결과 사이에 필연적 연관이 존재하지 않는 까닭에 자연법칙의 바로 그 가능성이 의심스럽다는 것을 가르쳐 주었다.

흄과 볼테르를 인용하는 것에 더하여 하만은 어떠한 형식의 자연주의에 대해서도 반대하는 그 자신의 강력한 논증을 개진한다. 생명이나 이성의 발생에 대한 자연주의적 설명의 커다란 걸림돌은 심-신 문제다.[31] 정신과 육체 간의 연관은 본질적으로 신비하며, 그리하여 [138]정신의 발생을 자연법칙들에 따라 설명하는 것은 불가능하다. 그 연관이 신비스럽다는 것을 의심하는 사람은 그 누구든 다만 인과성에 대한 흄의 거리낌을 상기하기만 하면 된다. 흄이 어떤 사건들 사이에 필연적 연관이 존재할 수 없다는 것을 보여 주었던 까닭에, 더 한층 강력한 이유로 정신적 의도와 물리적 운동과 같은 이질적인 사건들 사이에 필연적 연관이 존재할 수 없다는 것이 따라 나온다. 여기서 심-신 문제라는 유령을 떠들어대는 가운데 하만은 문제의 바로 그 핵심으로 다가가 자연주의에 대한 엄청난 도전을 제기한다. 하지만 우리는 곧 헤르더가 이 도전에 대한 대답을 가지고 있음을 보게 될 것이다.

언어의 기원에 대한 자신의 논문에서 하만은 자연주의적 이론들을 비판할 뿐만 아니라 그 자신의 초자연주의적 이론의 개요를 서술한다. 하만 이론의 기초는 신적인 것과 인간적인 것의 합일에 대한 그의 신비적 비전이다. 그가 「장미 십자가 기사」의 바로 그 첫 단락에서 설명하는 대로 하자면, "신적 언어와 인간적 언어의 이 성찬식은 우리의 모든 지식

••
31   Hamann, *Werke*, III, 29, 40.

과 그것의 가시적 살림살이 전체의 첫 번째 원리이자 그에 이르는 주된 열쇠다.'[32] 하만에 따르면 이 원리는 언어의 기원이 배타적으로 신적이거나 인간적일 수 없다는 것을 의미한다. 오히려 그것은 신적인 동시에 인간적이어야만 하며, 초자연적인 동시에 자연적이어야만 한다. 신은 인간을 통해 행위하는 까닭에, 인간이 그의 자연적 능력들을 통해 창조하는 것은 또한 신이 그를 통해 창조하는 것이기도 하다.

하만의 신적인 것과 인간적인 것의 공존 원리는 그로 하여금 언어의 기원에 대한 이중 양상 이론을 주장하게 한다. 이 이론은 언어의 두 가지 원인이 존재하는데, 하나는 신적이고 다른 하나는 인간적인바, 그 각각은 언어의 기원을 설명하기에 충분하다고 가정한다. 그것들은 둘 다 하나의 동일한 창조 과정에 대한 똑같이 타당한 설명들 내지 기술들이다. 그래서 비록 우리가 헤르더와 함께 인간의 자연적 힘들이 언어를 창조하기에 충분하다고 가정한다 할지라도 우리는 신적인 기원을 배제할 수 없다. 오히려 신적인 기원, 요컨대 신이 인간의 자연적 능력들을 통해 언어를 창조하는 그러한 기원이 존재하는 것이 여전히 가능하다. 이것은 하만이 옹호하고자 하는 신적 기원론의 최소한 하나의 버전인 것으로 보인다. 그가 「장미 십자가 기사」에서 쓰고 있듯이, "만약 더 높은 존재나 천사가 발람의 나귀의 경우에서처럼 우리의 혀를 통해 행위할 수 있다면, 그러한 모든 행위들은 이솝 우화의 말하는 동물들처럼 인간 본성의 유비에 따라 나타날 것이다. 이런 측면에서조차 언어의 기원은⋯⋯ 단순히 인간적인 것 이외의 어떤 것으로 보일 수 있고 또 그런 것일 수 있다."[33]

신적 기원론의 이 버전에 따르면 쥐스밀히의 초자연주의로 후퇴하여

• •
32   같은 책, III, 27.
33   같은 책, III, 27.

언어의 기원이 자연의 정상적 과정에 반대되는 어떤 기적을 요구한다고 가정할 필요가 없다.[34] 우리는 단적으로 언어가 자연적 수단들을 통해 창조되었긴 하지만 [139]신이 이 수단들을 통해 공동 작용하고 있다고 가정해야 한다. 여기에는 실제로 헤르더나 티데만과 같은 자연주의자에 대한 쓰라린 교훈이 존재한다. 하나의 현상이 자연적 법칙들을 통해 발생한다는 것을 아무리 설득력 있게 증명한다 할지라도, 그것은 여전히 이 법칙들의 작용에 함께 현재할 수 있는 초자연적인 것의 존재를 부인하지 않는다.

하지만 중요한 것은 하만이 언제나 자신의 이중 양상 이론에 충실하지 않았다는 것을 파악하는 것이다. 언어의 기원에 대한 자신의 해석을 설명하는 가운데 그는 때때로 쥐스밀히와 성서적 전통으로부터 일정한 관념들—즉 자연주의적 관용어로의 모든 번역에 저항하는 관념들을 빌린다. 예를 들어 헤르더에 대한 자신의 논평에 붙인 「부록」에서 그는 언어가 신적인 교훈으로부터 학습된다는 쥐스밀히의 생각을 되살린다.[35] 그리고 나서 「장미 십자가 기사」의 맨 끝에서 그는 극도로 초자연주의적인 언어의 기원에 대한 설명의 개요를 제시한다. 그것은 본질적으로 그 자신의 신비한 비전에 따라 해석된 창세기의 재구성이다. 하만은 창조 직후의 언어의 발생을 다음과 같이 기술한다. "자연의 모든 현상은 말—즉 신적인 에너지와 관념들의 새로운 비밀스럽고 표현할 수 없는 공유의 기호, 이미지, 서약이었다. 사람이 처음에 듣고 보고 그의 손으로 만진 모든 것은 살아 있는 말이었다. 그의 입과 마음속의 이 말과 더불어 언어의 기원은 어린이의 놀이만큼이나 자연스럽고 분명하고 쉬웠다."[36]

••
34 하만이 쥐스밀히의 이론에 똑같이 불만스러워하는 것으로 보이는 Hamann, *Werke*, III, 17, Ⅱ. 20-26을 참조.
35 Hamann, *Werke*, III, 20-21.
36 같은 책, III, 32.

결국 하만이 단일하고 일관된 언어 기원론을 가지고 있는지는 의심스럽다. 그는 자연주의에 대한 몇 가지 양립 불가능한 입장들을 채택하고 있으며, 그리하여 그의 이론이 어느 정도까지 초자연주의적인지 아니면 자연주의적인지를 규정하기가 불가능해진다. 처음에 하만은 자연주의에 대해 순수하게 방어적인 입장을 취한다.[37] 그는 자연주의가 언어의 기원에 대한 충분한 설명을 제공할 수 있다는 것을 인정하는 듯이 보인다. 그러나 그는 단지 자연주의적 설명이 초자연주의적인 것을 배제하지 않는다고 논증하길 원할 뿐이다. 이것은 이중 양상 이론의 입장이다. 하지만 나중에 하만은 좀 더 약한 입장을 취한다.[38] 그는 자연주의적 설명이 충분하지 않고 단지 필요할 뿐이라고 주장하는 것으로 보인다. 그것은 충분하지 않은데, 왜냐하면 신이 말하는 능력을 창조하는 것과 같은 초자연적인 요소들을 고려하는 것이 필요하기 때문이다. 마지막으로 하만은 공세에 나서 자연주의가 언어의 기원에 대한 필요한 설명도 충분한 설명도 제공하지 못한다고 논증하면서 자연주의의 바로 그 가능성을 공격한다.[39] 따라서 그는 창세기에 대한 그 자신의 신비적 해석에 호소하는 것이 안전하다고 느낀다.

이 모든 비일관성과 신비적 사변들은 별도로 하여 하만의 언어 기원론은 여전히 커다란 철학적 가치를 지닌다. 그 이론의 가장 중요한 측면은 하만이 자신의 이론 배후의 철학적 인간학을 설명하는 「언어학적 착상과 의심」의 맨 처음에 나온다. [140]하만은 헤르더와 동일한 출발점으로부터 시작한다. 즉 인간의 특징적인 본성은 자유와 이성에 존재하며,

37   같은 책, III, 27, II, 1-14.
38   같은 책, III, 27, II, 15-21.
39   같은 책, III, 28-29, 39-40.

이성은 본능이나 생득 관념이 아니라 배울 수 있는 인간의 힘에 존재한다는 것이다.[40] 그러나 그는 자유와 이성이라는 개념들에 헤르더와는 완전히 다른 독해를 부여한다. 헤르더가 그의 논고에서 인간 본성을 비사회적이고 비역사적인 용어들로 바라보는 데 반해,[41] 하만은 그것을 사회적이고 역사적인 맥락에 놓을 것을 주장한다. 하만에 따르면 철학적 인간학의 첫 번째 원리는 이미 『정치학』에서 아리스토텔레스에 의해 정립되었다. "인간은 정치적 동물이다. 오직 짐승이나 신만이 폴리스 바깥에서 살 수 있다." 하만은 우리가 만약 이 원리를 진지하게 받아들인다면 자유와 이성 개념을 사회적·역사적 용어들로 해석해야 한다고 생각한다. 그것은 자유가 오로지 개인에게만 내재적인 어떤 특수한 능력이 아니라 개인이 자신의 삶을 공동체 속에서 지도하는 독특한 방식에 존재한다는 것을 의미한다. 좀 더 정확하게 하자면 자유란 다른 사람들을 통치하고 그들에 의해 통치되는 "공화주의적인 특권"이다. 이와 비슷하게 아리스토텔레스의 원리는 이성이 배울 수 있는 일반적 능력이나 개인이 자신의 경험에 반응하는 방식보다 훨씬 더한 것이라는 것을 함의한다. 오히려 우리는 학습을 사회적·역사적 환경에서 보아야 한다. 그것은 누군가가 문화적 전통을 동화하는 방식이다. 하만은 우리의 이성성 형성을 위해 결정적인 것은 하나의 문화 전통의 내면화라고 주장한다. "우리 이성의 체력과 용매는 계시와 전통인바, 우리는 그것을 우리 자신의 재산으로 만들고 우리의 힘과 생명에 필수적인 체액으로 변형시킨다."[42]

● ●

40 같은 책, III, 38.
41 이것은 어쨌든 헤르더의 논고에 대한 하만의 독해다. 그러나 그러한 독해가 전적으로 정확하거나 공정한 것은 아니다. 예를 들어 그의 「두 번째 자연법칙Zweites Naturgesetz」에서 헤르더는 인간이 "사회의 창조물"이라는 것을 강조한다. Herder, *Werke*, V, 112를 참조. 그럼에도 불구하고 콩디야크의 관습주의에 대한 논박에서 헤르더는 그만 흥분하여 인간이 고립되어 언어를 개발할 수 있었다고 극단적인 주장을 행한다. *Werke*, V, 38을 참조. 이것은 그 논고에 대한 하만의 독해를 결정한 구절이다.

하만의 아리스토텔레스적인 인간학은 언어에 대한 그의 사회적·역사적 견해의 토대다. 하만은 우리가 언어를 의사소통의 수단으로서 이해하지 않는다면 언어를 이해하는 데 완전히 실패한다고 주장한다. 언어는 본질적으로 인간적인 모든 창조물과 마찬가지로 그 사회적·역사적 맥락에서 이해되어야 한다. 그것은 분리된 개인들이 아니라 전체 민족의 산물이다. 언어란 구술 관습, 즉 말들에 체현된 문화적 전통 이외에 무엇이란 말인가? 그것은 한 민족의 모든 특징적인 사고방식의 저장고인바, 그 민족의 사상을 형성하는 동시에 역으로 그에 의해 형성된다.

「언어학적 착상과 의심」의 처음 몇 페이지에 포함되어 있는 「인간학 개요」는 커다란 역사적 의미를 지닌다. 그것은 계몽주의의 개인주의적 인간학에 대한 최초의 반응들 가운데 하나이며, 결국 칸트 이후의 철학에서 우위를 획득한 자유와 이성의 사회적·역사적 개념들의 시작이다. 역설적이게도 하만의 가르침을 칸트 이후 세대에게 전하는 것은 하만의 본래의 과녁이었던 헤르더의 운명이었다. 『인류사의 철학에 대한 이념』에서 헤르더는 하만의 비판 배후에 놓여 있는 요점을 인정하고 하만의 가르침을 [141]그 자신의 역사 철학에 동화시켰다. 이 작업을 통해 하만의 생각들이 다음 세대에게로 건네졌다.[43]

5.4. 헤르더의 발생적 방법

비록 헤르더가 언어의 기원에 대한 논고에서 자신의 철학적 프로그램

42 Hamann, *Werke*, III, 39.
43 『이념』의 영향에 관해서는 Haym, *Herder*, II, 260-264와 *Die romantische Schule*, pp. 582ff.를 참조.

의 일반적 목표들을 정식화한다 할지라도, 그는 그것들이 어떻게 성취되어야 하는지를 설명하지 않는다. 우리는 철학이 특징적인 인간적 활동들에 대한 자연주의적이지만 비환원주의적인 설명을 추구해야만 한다는 이야기를 듣는다. 그러나 우리는 여전히 그러한 설명들을 어떻게 획득할 것인지에 관해서는 어둠 속에 남아 있다. 다시 말하면 헤르더는 지극히 중요한 방법 문제를 고려하지 못하고 있는 것이다.

하지만 헤르더가 이 문제를 의식하지 못했다고 추론하는 것은 잘못일 것이다. 비록 언어에 대한 논고에서 그가 그것을 무시한다 할지라도 헤르더는 일찍이 자신의 논고를 쓰기 3년 전인 1767년에 그 문제에 관해 생각하기 시작했다. 그의 『단편들』의 첫 번째 「모음」에 대한 서론과 두 번째 「모음」에 대한 예비적 논의에서 이미 그는 자신의 철학적 방법, 즉 그가 나중에 그것으로 유명하게 된 이른바 발생적 방법의 개요를 묘사했다.[44]

『단편들』에서 헤르더의 반성을 위한 출발점은 문학 비평의 몇 가지 문제들이다. 헤르더는 문학 작품을 이해하고 평가하기 위한 적절한 방법의 문제를 제기한다. 그는 참된 비평가가 미리 형성된 원리들이나 기준들을 작품에 적용하는 것이 아니라 작품을 내부로부터, 즉 저자의 의도에 따라 이해한다고 주장한다. 그러나 저자의 의도를 이해하는 것은 단순한 과업이 아니라는 것을 헤르더는 깨닫는다. 그것은 비평가에게 어려운 요구를 부과하는바, 비평가는 작품의 창조에 들어가는 모든 요소, 특히 그 작품의 구성을 위해 필요한 사회적·역사적 조건들, 즉 언어, 관습, 종교 및 문화의 정치적 제도들과 같은 요소를 고려해야만 한다. 그러므로 비평가의 근본적 과제는 자기 자신을 저자의 위치에 놓고 그의 목적에 공감하고 그의 문화적 배경을 찾아내는 것이다. 그러고 나서 그

· ·
44 Herder, *Werke*, I, 141-143, 247-250.

는 작품을 내부적으로, 즉 저자 자신의 목적과 가치에 따라 비평해야
한다. 저자는 자신의 계획들에서 성공하는가? 그는 자신의 문화의 특징
적인 삶을 표현하는가? 그리고 그는 그 자신의 언어의 자연적 풍부함을
이용하는가? 이것들은 헤르더가 보기에 비평가가 물어야만 할 종류의
물음들이다. 비평가가 그 자신의 미리 형성된 기준들을 적용하기를 고집
한다면 그의 비판은 결국 선결 문제 미해결의 오류를 범한다. 그는 불편
부당한 판정자가 되기를 그치고 저자의 문화적 기준에 대항하여 다름
아닌 그 자신의 문화적 기준들을 새기는 것이다.

    1768년에 출간된 『단편들』의 개정 재판에서 헤르더는 그의 방법론을
발전시키는 데서 또 다른 발걸음을 내디뎠다.[45] 여기서 그는 자신이 칸트
의 [142]『천계의 일반 자연사와 이론』으로부터 배운 교훈, 즉 모든 자연적
인 것들은 역사를 지닌다는 것을 적용하기 시작했다.[46] 의미 있는 것은
헤르더가 칸트의 원리를 곧바로 일반화한다는 점인데, 그리하여 그것은
모든 자연적 사물들에 대해서뿐만 아니라 모든 인간적 창조물들에 대해
서도 마찬가지로 참이게 된다. 언어, 예술, 과학 그리고 종교는 모두 자연
적 사물들과 동일한 성장 및 쇠퇴 과정에 종속되어 있는 것으로서 간주된
다. 헤르더는 인간의 창조물들을 이해하기 위해서 우리는 그것들을 영원
하거나 비자연적인 것들로서 바라보고자 하는 유혹에 저항해야만 한다
고 논증한다. 오히려 우리는 그것들을 역사의 산물로서 간주해야만 한다.
그것들은 '발생적으로' 설명될 필요가 있는데, 왜냐하면 그것들의 발생
이 그것들을 바로 그것들인 바의 것으로 만들기 때문이다. 헤르더는 한
함축적인 구절에서 다음과 같이 설명한다. "한 사물의 기원과 함께 그

45 같은 책, II, 1-110.
46 젊은 헤르더에 대한 이 텍스트의 중요성에 관해서는 Adler, *Der junge Herder*, pp.
    56-59를 참조.

사물의 그토록 많은 것을 설명할 수 있는 그 사물의 역사의 한 부분, 실제로는 그것의 가장 중요한 부분이 우리로부터 벗어난다. 나무가 그 뿌리로부터 자라나듯이 예술과 언어 및 과학도 그것들의 기원으로부터 성장한다. 씨앗에는 그 모든 지절들을 갖춘 생명체가 놓여 있다. 그리고 하나의 현상의 기원에는 그에 대한 해석의 모든 보물이 놓여 있는바, 그것을 통해 그에 대한 우리의 설명은 발생적이게 된다.'[47]

약 7년 후『인류의 도야를 위한 또 하나의 역사 철학』(1774)에서 헤르더는 방법 문제로 되돌아와 그것을 자기의 관심사의 맨 앞에 놓는다. 이 열정적이고 열변을 토하는 소책자의 목적은 계몽의 역사적 방법론의 남용들 가운데 몇 가지를 폭로하는 것이다. 헤르더의 주요 과녁은 볼테르와 레싱 그리고 흄과 같은 역사가들이다. 이 작품을 헤르더의 **방법 서설**이라고 부르는 것은 실제로 적절하다. 제목의 아이러니는 그저 또 다른 역사 철학이 아니라 어떤 미래의 역사 철학에 대한 방법론적 서설일 것이 의도되고 있다는 사실에서 유래한다.

『또 하나의 역사 철학』에서 헤르더는『단편들』의 발생적 방법을 단적으로 역사와 인간학 분야로 확장한다. 그는 내재적 이해에 대한 요구를 일반화함으로써 그것이 문학뿐만 아니라 모든 인간 활동에 적용되도록 한다. 우리는 아마존 인디언과 고대 그리스인 또는 중세 수도사의 행동을 어떻게 이해할 수 있는가? 여기서도 다시 동일한 방법론적 규칙이 적용된다. 관찰자는 자신의 선험적 원리들과 도덕적 기준들을 유보할 필요가 있다. 비평가가 하나의 작품을 저자의 목적에 따라 판단해야만 하듯이 역사가는 하나의 행위를 행위자의 의도에 따라 이해해야만 한다. 그는 행위의 원인(자연법칙에 따라 그것을 필연적인 것으로 만드는 조

• •
47 Herder, *Werke*, II, 62.

건)뿐만 아니라 그 행위를 위한 이유(행위자 그 자신이 보기에 그것을 정당화하는 가치와 신념)도 알아야만 한다. 그 경우 비평가에 못지않게 역사가도 행위자와 공감하고 그의 문화의 언어와 관습 및 가치에 대해 동질감을 느껴야만 한다. 비평가의 근본 수칙은 이제 역사가의 그것이 된다. "…… 시대 안으로, [143]지역 안으로, 역사 전체 안으로 들어가고, 너 자신을 모든 것 안으로 넣어 느끼라─오직 이때만 당신은 하나의 발언에 대한 이해를 향해 나아가고 있다."[48]

그렇지만 문화에 대한 그러한 내재적 이해를 가지는 것이 왜 필요한가? 왜 선험적 원리들이나 절대적 기준들을 적용해서는 안 되는 것인가? 헤르더는 이 물음에 대한 단순한 대답─그러나 계몽의 바로 그 기초를 뒤흔드는 대답을 지니고 있다. 보편적이거나 절대적인 원리들을 적용하는 것은 오도하는 것인데, 왜냐하면 실제로는 결국 그러한 것이 존재하지 않기 때문이라고 그는 논증한다. 계몽의 철학적 역사가들에 의해 적용되는 기준들은 단지 보편적·자연적이거나 이성적으로 보일 뿐이다. 그러나 궁극적으로 그것들은 그들 자신의 문화와 시대의 기준들에 지나지 않거니와, 마치 그것들이 모든 문화와 시대에 대해 적용되었던 것처럼 부당하게 보편화되어 있는 것이다. 따라서 절대적이거나 보편적인 것으로 보이는 기준으로부터 하나의 문화를 판단하는 것은 근본적 오류인 자민족 중심주의를 범하는 것이다.[49] 그것은 암암리에 하나의 문화를 다른 문화에 의해 판단하는 것이다. 헤르더가 계몽의 역사 철학의 주된 단점으로서 간주하는 것은 바로 이 오류다. 계몽주의자들은 다른 문화들을 그들 자신의 독자적인 가치를 지니는 그 자체에서의 목적들로 바라보

48 같은 책, V, 503.
49 비록 헤르더가 이 용어를 사용하는 것은 아닐지라도 그것은 그의 입장에 대한 정확한 요약으로서 이바지한다.

는 대신, 18세기 유럽의 가치들을 역사 그 자체의 목적이라고 생각한다. 그리고 나서 그들은 다른 모든 문화를 그것들이 이 목적에 기여하는 정도에 따라 평가한다. 나중에, 즉 1785년에 헤르더는 칸트의 역사 철학을 이러한 오용의 전형적인 경우로서 바라보기 시작한다.

그리하여 헤르더의 발생적 방법을 위한 근거는 역사적·문화적 상대성에 관한 그의 교설이다. 헤르더가 최초로 그러한 대담한 일반적 용어들로 분명히 표현하고 있는[50] 이 새롭고 급진적인 이론은 『또 하나의 역사 철학』에서 완전히 명시적이다. 여러 군데서 헤르더는 상이한 문화들의 가치들이 통약 불가능하며, 그것들 사이에서 판단할 수 있는 절대적 기준이 존재하지 않는다고 공공연히 진술한다.[51] 그는 자신의 교설을 종종 인용되는 다음의 은유로 요약한다. "모든 공이 그 자신의 무게 중심을 가지고 있듯이 모든 민족은 그 자신 안에 자기의 행복 중심을 지닌다."[52]

하지만 헤르더의 방법과 실제로는 문화적 상대성의 교설 그 자체에 대한 더 깊은 근거가 존재한다. 이것은 다름 아닌 하만의 철학적 인간학인데, 그것을 헤르더는 하만으로부터 획득했다. 이 인간학에 따르면 모든 시대와 문화에 대해 동일한 것으로 머무는 단일하고 영구적인 인간 본질은 존재하지 않는다. 오히려 인간의 본질은 그의 문화에 달려 있으며, 그리하여 서로 다른 문화들이 있는 만큼의 인간성의 여러 형식이 존재한다. 인간의 유일한 자연적 본질은 그의 가소성, 즉 그의 기후와 지형이든 아니면 그의 문화적 조건이든 너무도 다양한 상황에 적용할 수 있는 그의 능력이다. 그렇다면 모든 사회적·정치적 제도들을 평가하기 위한 기준을 제공하는 자연 상태에서의 몇 가지 고정된 필요를 지니고

• •
50 이 점에 관한 헤르더의 독창성에 관해서는 Berlin, *Vico and Herder*, pp. 209ff.를 참조.
51 Herder, *Werke*, V, 502-503, 507-508, 509-510.
52 같은 책, V, 509.

있는 홉스적인 자연적 인간은 존재하지 않는다. 반대로 인간의 본성은 이러한 제도들에 의해 형성되며, 그리하여 그로부터 [144]그 제도들이 판단될 수 있는 그 제도들 외부의 절대적인 관점은 존재하지 않는다. 따라서 사회와 역사의 형성적 역할을 고려할 때 발생적 방법은 단적으로 필요한 것이 된다. 문화가 인간의 바로 그 정체성을 결정하기 때문에 철학자는 인간을 내부로부터, 즉 그의 문화의 규범과 믿음 그리고 전통에 따라 이해하는 것 이외에 다른 선택지를 지니지 않는다.

　헤르더의 발생적 방법의 본질을 요약하기 위해서는 두 가지 기본적 지침을 강조하는 것이 필요하다. 첫 번째 지침은 특징적인 인간적 활동들(언어, 종교, 예술, 철학, 과학)이 생득적이고 영원하거나 초자연적인 것이 아니라 사회적, 역사적, 문화적 힘의 산물이라는 것이다. 따라서 이 활동들을 설명하는 것은 그것들의 사회-역사적 발생을 기술하는 것인데, 왜냐하면 이 발생이 그것들을 바로 그것들인 바의 것으로 만들어 주기 때문이다. 더 나아가 두 번째 지침에 따르면 행위를 단지 인과 법칙들에 대한 그것의 적합성뿐만 아니라 행위자의 의도에 따라 이해하는 것이 필요하다. 그러므로 행위를 이해하는 것은 그 원인뿐만 아니라 또한 그 이유도 아는 것이다. 첫 번째 지침을 가지고서 헤르더는 이 활동들이 신이 부여해 준 것이라고 믿는 초자연주의자뿐만 아니라 또한 그것들이 생득적이고 보편적이거나 영원하다고 생각하는 이성주의자도 배제한다. 두 번째 지침을 가지고서 그는 유물론자의 기계론적 패러다임에 대항하여 새로운 목적론적 설명 패러다임을 제안한다. 다시 말하면 첫 번째 지침은 자연주의적 설명의 준칙이다. 그것은 두 번째 것은 비환원주의적인 설명의 준칙이다. 그 경우 이 지침들은 함께 합쳐져서 헤르더의 목적, 즉 특징적인 인간적 활동들에 대한 자연주의적이지만 비환원주의적인 설명을 확보해 준다.

물론 헤르더의 방법은 실행하기보다 설명하기가 더 쉽다. 다른 문화에 대한 내재적 이해를 성취하는 데는 명백한 난점들이 존재한다. 어떻게 우리가 우리 자신의 문화의 가치와 믿음이 우리의 지각과 판단에 영향을 미치도록 암암리에 허락하지 않고서 다른 문화의 관점을 채택할 수 있겠는가? 헤르더는 여기에 문제가 있다는 것을 파악한다.[53] 그러나 그의 해결책은 여전히 취약한 것인바, 사실들을 좀 더 철저히 연구하는 것, 다른 문화의 언어와 관습 그리고 전통에 관한 모든 자료를 더 커다란 인내와 정밀함을 가지고서 검토하는 것이다. 그는 우리가 이 자료들을 더 많이 검토하면 할수록 그만큼 더 우리 자신의 문화적-인식론적 껍데기 바깥으로 벗어날 것이라고 논증한다.

하지만 그러한 낙관주의는 회의주의자에게 아무런 인상도 주지 못할 수밖에 없다. 왜냐하면 다음과 같은 물음들이 제기될 수 있기 때문이다. 이 사실들은 무엇인가? 그리고 특히 우리 자신의 판단이 문화적으로 조건지어져 있을 때 우리가 어떻게 그것들을 아는 것인가? 헤르더는 단순히 객관성에 대한 필요를 다시 진술하고 있을 뿐이다——바로 그 가능성이 문제가 되고 있을 때 말이다. 사실 헤르더의 문화적 상대성의 교설에 대한 강한 해석은 모든 객관성의 가능성을 훼손한다. 만약 우리의 지각과 판단이 우리의 문화에 의해 완전히 조건지어져 있다면, 그 바깥으로 나가 [145]다른 문화를 이해하는 것은 가능하지 않다. 그러므로 근본적인 상대성의 결론은 다른 문화에 대한 앎의 가능성에 관한 총체적인 회의주의인 것으로 보인다. 그래서 만약 헤르더가 자신의 교설을 조심스럽게 정의하고 한정하지 않는다면, 그것은 그의 방법론을 뒷받침하는 것이 아니라 훼손할 것이다.

그 난점들이 무엇이든 헤르더의 방법은 역사적인 성공인 것으로 입증되었다. 그것은 칸트 이후의 세대, 특히 피히테와 셸링 그리고 헤겔에게 눈에 띄는 영향을 미쳤다. 이 방법은 피히테에 의해 『학문론』(1794)의 「실용적 역사」 절에서, 셸링에 의해 『초월론적 관념론의 체계』(1807)에서 그리고 헤겔에 의해 『정신 현상학』(1807)에서 적용되었다. 세 사람은 모두 특징적인 인간적 활동들이 문화의 산물이며, 그것들을 이해하는 것은 역사에서 그것들의 발생을 추적하는 것이라는 데 대해 헤르더에게 동의했다.

5.5. 헤르더의 생기론의 원리들

1774년 12월에 헤르더는 아카데미 수상을 위한 또 다른 논고, 즉 『인간 영혼의 인식과 감각에 관하여』를 제출했다. 이 작품은 여러 차례 다시 쓰여 결국 1778년에 출간되었다.[54] 아카데미에 의해 제기된 물음은 "영혼의 두 가지 기본 능력, 즉 인식(erkennen)과 감각(empfinden)의 본성과 그것들의 관계는 무엇인가?"이었다. 하지만 이번에 헤르더는 상을 받지 못했다. 그 이유는 그가 아카데미의 물음 배후의 주된 가정, 즉 어떻게든 서로 상호 작용하는 영혼의 두 개의 분리된 능력이 있다는 것에 대해 동의할 수 없다는 것이었다. 자신의 이전 선생인 하만의 편에 서서 헤르더는 영혼의 모든 능력들을 분리될 수 없는 것으로서, 즉 단일한 살아 있는 전체 속에 나눌 수 없게 통합되어 있는 것으로서 바라보았다. 그의 논고의 하나의 목적은 바로 이 오랜 하만적인 주제를 해명하는 것이었다. 헤르더는 자신과 아카데미의 의견 차이로 인해 자신이 상을 타지 못하게

----

54 그 논고의 작성 배후에 놓여 있는 복잡한 역사와 그 버전들 사이의 중요한 차이들에 관해서는 Haym, *Herder*, I, 669-670을 참조.

되리라는 것을 너무도 잘 알고 있었다. 그러나 그것은 그 작품에 대한 그 자신의 평가를 깎아내리지 못했다. 헤르더는『인식과 감각에 관하여』를 자신의 가장 좋은 책으로 간주했다. 그리고 그는 그 주제가 모든 철학이 그것에 달려 있을 정도로 중요하다고 생각했다.[55]

『인식과 감각에 관하여』는 헤르더의 사상 발전에서 중요한 단계를 나타낸다.『언어의 기원에 대하여』가 그의 철학적 프로그램을 개시하는 데 반해 그리고『단편들』과『또 하나의 역사 철학』이 그것의 방법론을 정식화하는 데 반해,『인식과 감각에 관하여』는 그것의 일반적인 형이상학적 원리들을 개진한다. 헤르더가 유기체적 힘에 관한 이론을 처음으로 상술하는 것은 여기에서인데, 그것을 그는 후기의 거의 모든 철학적 저작들에서 적용한다. 이 이론의 목적은 여전히 헤르더가 직면하고 있는 하나의 엄청난 문제, 즉 심-신 문제를 해결하는 것이다. 정신과 육체가 이질적인 존재자들로 보일 때 그것들이 상호 작용하는 것은 어떻게 가능한가? 헤르더가 특징적인 인간적 활동들에 대한 자연주의적 설명을 찾는다고 하는 자신의 목표를 성취할 수 있으려면 분명히 이 물음에 대한 어떤 대답이 필요하다. [146]만약 정신과 육체 사이의 관계가 본질적으로 신비롭거나 아니면 정신이 육체와 전체로서의 자연으로부터 독립적이라면, 분명히 그러한 설명은 논의의 여지가 없을 것이다.

헤르더에게 심-신 문제의 중요성을 경고한 것은 아마 하만이었을 것이다. 심-신 관계가 본질적으로 신비스럽다는 「장미 십자가 기사」와 「언어학적 착상과 의심」에서의 하만의 주장은 헤르더에게 강력한 도전을 제기했음에 틀림없다.『인식과 감각에 관하여』는 그 도전에 대한 헤르더의 응답, 하만의 반대에 맞서 자신의 자연주의를 옹호하려는 그의 시도다.

• •
55 Haym, *Herder*, I, 671.

헤르더의 논고는 또한 계몽의 심리학에 대한 비판이기도 하다. 영혼을 구획들로 나누는 능력 심리학, 정신을 기계로 환원하는 조야한 유물론 그리고 지성을 영혼의 지배적인 힘으로서 바라보는 협소한 지성주의— 18세기 심리학의 이 모든 경향들이 집중 포화의 대상이 된다. 헤르더는 이 모든 이론을 두 가지 이유로 인해 거부한다. 그것들은 너무 환원주의적이거나 너무 이원론적이라는 것이다. 환원주의와 이원론의 문제는 그것들이 몇 가지 기본적 사실들을 정당하게 다루지 못하는 점이라고 헤르더는 주장한다. 만약 우리가 정신을 기계로 환원하는 환원주의자라면 우리는 정신의 독자적인 특징들을 설명할 수 없다. 그리고 만약 우리가 정신을 육체로부터 그리고 정신의 모든 능력들을 서로로부터 나누는 이원론자라면 우리는 그것들이 상호 작용한다는 사실에 대해 설명할 수 없다. 그렇다면 우리가 필요로 하는 것은 환원주의적이지도 이원론적이지도 않은 어떤 새로운 정신 이론이다. 이 이론은 정신과 육체의 의존성과 동시에 독립성을 설명해야 할 것이다. 『인식과 감각에 관하여』의 중심 과제는 바로 그러한 이론의 개요를 그리는 것이다.

헤르더의 정신 이론 배후의 지도적 가정은 정신과 육체가 실체의 구별되는 종류들이 아니라 단일한 살아 있는 힘의 조직화와 발전의 상이한 정도들이라는 것이다. 이 이론에 따르면 육체는 한갓된 기계, 즉 어떤 외적인 힘이 가해질 때만 작용하는 체계가 아니다. 오히려 그것은 유기체, 즉 자발적으로 자기의 활동을 만들어내고 자기 자신을 조직하는 체계다. 역으로 정신은 육체로부터 분리된 정신이 아니라 다만 육체의 물리적 힘들의 조직화와 발전의 가장 높은 정도이다. 중요한 것은 이 이론이 정신을 어떤 종류의 사물이나 존재자인지에 의해 정의하는 것이 아니라 단지 육체의 다양한 모든 기능을 통합하고 통제하며 조직할 수 있는 그것의 독특한 목적이나 기능에 의해서만 정의한다는 것을 파악하는 것이다.[56]

헤르더의 이론은 정신과 육체라는 우리의 개념들을 통합하는 단일한 원리, 단일한 개념, 즉 힘(*Kraft*)의 개념을 요청한다. 힘의 본질은 자기 발생적이고 자기 조직화하는 활동, 즉 좀 더 단순한 정도의 조직화로부터 좀 더 고차적인 정도의 조직화로 점진적으로 발전하는 활동으로서 정의된다. 그 경우 정신과 육체 사이의 차이는 종류에서의 차이가 아니라 다만 정도에서의 차이인바, 육체는 무정형의 힘이고 정신은 조직화된 힘이다. 이 이론으로부터 따라 나오는 것은 또한 우리가 정신과 육체 모두를 [147]정신적인 용어들로도 물리적인 용어들로도 다룰 수 있다는 것이다. 요컨대 우리의 관점에 의거해서는 정신은 육체의 더 고차적인 정도의 조직화이며 또는 육체는 정신의 더 저급한 정도의 조직화인 것이다.

헤르더는 이 이론의 커다란 장점이 그것이 이원론과 환원주의의 위험을 피하는 것이라고 주장한다. 그 이론은 분명히 이원론적이지 않은데, 왜냐하면 그것은 정신을 그것의 목적, 즉 육체의 다양한 기능들의 통제와 조직화에 의해 정의하기 때문이다.[57] 그러나 그것은 또한 환원주의적이지도 않은데, 왜냐하면 그것은 정신이 육체의 다양한 기능의 통일이며, 그러한 통일은 그 부분들의 단순한 합계로 환원될 수없는 전체로서 파악된다고 진술하기 때문이다. 그러나 훨씬 더 중요한 것은 환원 가능성 문제 전체가 이제 아무 상관도 없다는 점인데, 왜냐하면 헤르더는 유물론 배후의 중심 원리, 즉 육체가 기계라는 것과 관계를 끊기 때문이다. 헤르더에 따르면 육체는 죽은 기계가 아니라 살아 있는 유기체다. 따라서 유물론자와 기계론자는 그들의 환원적인 설명의 용어들을 박탈당한

---

56 하만은 「언어학적 착상과 의심」에서 정신에 대한 그러한 아리스토텔레스적인 정의를 위한 근거를 준비했다. Hamann, *Werke*, III, 37-41을 참조. 이것이 헤르더 자신의 이론을 위한 하나의 자극이었다는 것은 그럴듯한 이야기다.

57 Herder, *Werke*, VIII, 176-177.

다. 그들은 정신은 말할 것도 없고 육체도 설명할 수 없다.

　헤르더는 그 이론의 또 다른 중요한 이점은 그것이 정신과 육체의 상호 작용을 쉽게 설명한다는 점이라고 논증한다.[58] 그것들은 이종적인 실체들이 아니라 그 대신에 다만 단일한 살아 있는 힘의 다른 양상들일 뿐이기 때문에 그것들 사이의 상호 작용을 설명하는 데 아무런 문제도 존재하지 않는다. 사실 그 이론은 정신적-물리적 상호 작용의 가능성뿐만 아니라 필연성까지도 설명한다. 정신은 육체와 상호 작용할 수 있을 뿐만 아니라 또한 상호 작용해야만 하는데, 왜냐하면 정신의 바로 그 본성이야말로 육체의 다양한 기능들을 조직하고 제어하는 것이기 때문이다. 역으로 만약 육체가 정신에 의해 조직되고 지시받지 않는다면 그것은 기능하고 살아가기를 그칠 것이다.

　헤르더는 새로운 생물학적인 과학들에서, 특히 알브레히트 폰 할러의 생리학적 연구에서 자신의 이론을 위한 추가적인 확증을 발견한다. 실제로『인식과 감각에 관하여』의 최종적인 초안은 할러의 작품들의 함의에 대한 논의에 중요한 자리를 제공한다.[59] 헤르더가 할러의 발견들에 대해 왜 그렇게 열광적인지를 파악하기는 어렵지 않다. 헤르더에 따르면 할러의 '자극 반응성'(*Reizbarkeit*) 현상에 대한 관찰—자극을 가했을 때 근육 조직의 수축과 자극을 제거했을 때의 그것의 이완—은 정신적인 것과 물리적인 것 안에 하나의 동일한 살아 있는 힘이 존재한다는 것을 보여준다. 물질의 분명한 한 부분(근육 조직)이 살아 있어 자극에 대해 그 자신의 힘을 가지고서 반응하는 것으로 보인다. 이러한 관찰에 토대하여 헤르더는 자극 반응성이 물질적인 것과 정신적인 것 사이의 잃어버린 고리, 물질에서 정신으로 이어지는 **연속율**의 본질적인 이행이라고

..
58　같은 책, VIII, 178.
59　Herder, *Werke*, VIII, 171ff.에서 최종 판본의 「자극」 장을 참조.

결론을 맺는 것이 정당하다고 느꼈다. 만약 생각이 감각을 조직하고 제어하는 힘이라면, 감각은 결국 다름 아닌 자극에 존재한다.[60] 따라서 생각 그 자체는 자극 반응성에서 작용하는 물리적-생리적 힘들의 기능인 것으로 나타난다. 할러 덕분에 헤르더는 생리학을 [148]정신적인 것과 물리적인 것 사이의 연속성을 탐구할 새로운 정신 철학을 위한 토대로서 바라본다. 헤르더는 한 곳에서 다음과 같이 선언한다. "나의 변변치 않은 의견으로는 모든 단계에서 생리학이 아닌 어떠한 심리학도 가능하지 않다."[61]

그 장점들이 무엇이든 헤르더의 이론은 또한 몇 가지 심각한 반대에도 열려 있다. 이러한 반대들을 의식한 헤르더는 그것들에 대해서도 대답하려고 한다.

'이 유기체적 힘들은 그것들이 설명해야 하는 것을 단순히 다시 기술하는 숨겨진 성질들*qualitates occultae* 이외에 무엇인가?' 이것은 칸트가 1785년에 헤르더에 대해 제기한 주된 이의 제기들 가운데 하나다. 그러나 헤르더는 10년 전에 그 자신이 그것을 제기했다. 그의 대답은 무엇인가? 헤르더는 우리가 힘의 내적 본질을 알지 못한다는 것을 시인하며, 그는 또한 우리가 단지 어떤 일반적인 힘을 요청하는 것에 의해서는 아무것도 설명하지 못한다는 것을 인정한다. 그럼에도 불구하고 그는 우리가 경험으로부터 하나의 힘의 결과를 안다고 주장하며, 그러므로 우리가 이러한 결과들의 원인으로서 어떤 유기체적인 힘을 가정하는 것은 정당하다고 주장한다. 헤르더는 힘의 개념에 결코 규제적인 것은 아니지만 엄밀하게 잠정적이거나 가언적인 지위를 부여하는 데 여념이

• •
60   Herder, *Werke*, VIII, 171.
61   같은 책, VIII, 177.

없다. 그는 힘의 본성에 관한 문제를 형이상학적이 아니라 경험적인 쟁점으로서 다룬다. 그리고 그는 언제나 육체에서 새로운 힘들(요컨대 동물 자기)을 발견하고 있는 성장하는 생물학적 과학들이 점차로 이 문제를 해결하는 데 더 가까이 다가설 것으로 기대한다. 하지만 문제는 여전히 남아 있다. 힘의 개념이 그러한 경험적이거나 과학적인 지위를 부여받을 수 있는가? 헤르더는 그러한 힘을 요청함에 있어 경험의 한계를 초월하고 있지 않은가? 그것이 문제다. 그리고 곧 보게 되듯이 칸트는 바로 이 노선을 따라 헤르더를 추적해 나가는 데서 결코 지치지 않았다.

'우리는 오직 우리 자신의 활동과의 유비에 의해서만 외적인 대상들에 목적을 돌리며, 그리하여 어떠한 유기체적인 이론도 의인관적이다.' 이것은 헤르더에 대한 칸트의 나중의 이의 제기들 가운데 또 다른 것이다. 그러나 또다시 헤르더는 이미 1778년에 그에 대한 대답을 가지고 있다. 헤르더는 유기체적 대상들에 대한 우리의 지식이 유비적인바, 우리 외부의 것들을 우리 자신에게 비유하는 것으로부터 도출된다는 것을 공공연히 인정한다. 사물들 자체에 대한 순수한 통찰은 우리에게 불가능하다. 따라서 우리는 사물들이 우리에게 어떻게 나타나는지 또는 그것들이 우리와 얼마나 비슷한지에 대한 지식에 만족해야 한다. 다시 말하면 우리는 어쩔 수 없이 유비를 받아들여야 하는 것이다. 그리하여 헤르더는 고백한다. "나는 나 자신을 부끄러워하지 않는다…… 나는 이미지를, 유비를 따라 간다…… 왜냐하면 나는 나의 생각하는 힘을 위한 어떤 다른 놀이를 알지 못하기 때문이다."[62]

유비의 역할에 대한 이러한 인정은 헤르더를 문학의 중요성에 대한 눈에 띄는 결론에로 데려간다. 문학은 삶의 이해를 위해 철학보다 더 중요하다고 그는 논증한다. 문학이 삶을 유비에 의해 파악할 수 있는

••
62   같은 책, VIII, 171.

것은 그것의 커다란 장점이다. 호메로스나 소포클레스, 단테나 셰익스피어는 아리스토텔레스나 라이프니츠, 로크나 샤프츠베리보다 삶의 이해를 위해 더 도움이 된다.

[149]그러나 유비적 설명에 관한 헤르더의 솔직하고도 대담한 입장은 누구의 지지도 받지 못하는 것이 아닌가? 자기 이론의 문학적 질을 인정하는 가운데 그는 또한 그것의 과학적 지위에 대한 주장을 박탈당하지 않는가? 그는 단순히 초자연주의적인 설명을 의인관적인 설명과 맞바꾼 것이 아닌가? 이것들 역시 칸트가 나중의 헤르더와의 논쟁에서 제기하지 않을 수 없었던 물음들이다.

5.6. 칸트와 헤르더의 다툼

헤르더는 1762년부터 1764년까지 쾨니히스베르크에서의 형성적인 대학 시기 동안 칸트의 가장 재능 있고 헌신적인 학생들 가운데 하나였다.[63] 그는 칸트에게 커다란 빚을 지고 있으며, 그를 자신의 최고의 선생이라고 생각했다. 그리고 칸트도 마찬가지로 자기의 젊은 학생의 재능에 깊은 인상을 받았다. 그는 그가 자신이 강의에 무상으로 참석할 수 있도록 허용하고 그의 경력을 관심과 감탄을 지니고서 뒤쫓았다. 그러나 해가 지나갈수록 선생과 학생 사이의 거리도 마찬가지로 멀어졌다. 칸트는 하만과 헤르더의 친밀한 관계에 대해 의혹을 지니게 되었는데, 그 관계는 언어의 기원에 관한 논쟁 이후 빠르게 회복되었다.[64] 그는 헤르더의

63 헤르더의 칸트와의 초기 관계에 관해서는 Haym, *Herder*, I, 31-51; Dobbek, *Herders jugendzeit*, pp. 96-116; 그리고 Adler, *Der junge Herder*, pp. 53-59를 참조.

64 1772년 8월 1일자의 하만에게 보낸 헤르더의 편지와 1772년 10월 6일자의 헤르더에게 보낸 하만의 편지, Hamann, *Briefwechsel*, III, 10, 16-17을 참조. 또한 1773년 1월

『인류의 가장 오래된 기록』, 즉 하만이 그에게 설명한 작품[65]을 하만적인 신비주의로 되돌아가는 것으로서 바라보았다. 헤르더로서도 스스로가 "씹기에 딱딱한 뼈"로 여기고 그 자신의 사유 방식과 반대된다고 인정한 『비판』을 연구할 의향을 거의 지니고 있지 않았다.[66] 이러한 긴장에도 불구하고 칸트와 헤르더는 우정의 겉모습을 유지했다. 적어도 칸트는 결코 자신의 의구심이 알려지지 않도록 했다. 그리고 하만을 통해 헤르더는 자신의 이전의 선생에게 안부를 전했다.

1783년 여름의 언젠가 먹구름이 몰려들었다. 한 살롱에서 헤르더는 매우 충격적인 어떤 소식을 들었다. 칸트가 자신이 『비판』의 보잘것없는 수용에 대해 책임이 있다고 생각한다는 것이다. 헤르더는 자기 귀를 거의 믿을 수 없었다. 그러나 그것은 어쨌든 칸트와 헤르더의 출판자인 J. F. 하르트크노흐가 속삭인 것이다.[67] 헤르더는 그 소식에 충격을 받았다. 어떻게 그의 최고의 선생인 칸트가 자신의 최고의 학생들 가운데 하나인 그에 대해 그러한 것을 기대할 수 있었을까? 헤르더는 『비판』이 자신의 취향이 아니라는 것을 인정했다. 그러나 그는 자신이 결코 그것에 대항해 아무것도 말하거나 쓰지 않았다고 항의했다.

이러한 부인이 아마도 천진난만한 것일지라도 칸트의 의혹의 출처를 알기는 어렵지 않다. 그는 『비판』이 1781년 5월에 출간된 이래로 보잘것없이 수용되는 것에 대해 괴로워했다. 만약 『비판』이 충격을 줄 수 있으려면, 그것이 급속하게 독일의 문화적 중심이 되고 있던 바이마르와 예나에서 공감적인 청자를 발견하는 것이 중요했다. 그러나 헤르더는 바이

2일자의 하만에게 보낸 헤르더의 편지, Hamann, *Briefwechsel*, III, 28-29도 참조.
65   1774년 4월에 칸트에게 보낸 편지와 1774년 4월 6일자와 8일자의 하만에게 보낸 칸트의 편지, Kant, *Briefwechsel*, pp. 118-129를 참조.
66   1782년 3월 초에 하만에게 보낸 헤르더의 편지, Herder, *Briefe*, IV, 209를 참조.
67   Caroline Herder, *Erinnerungen*, *Gesammelte Werke* (Cotta ed.), LIXLX, 123을 참조.

마르에 있었는데, 거기서 그는 각광을 받으며 문학계의 거의 모든 사람과 긴밀한 유대 관계를 맺고 있었다. 그리고 칸트는 이미 헤르더가 계몽과 질풍노도의 이데올로기적 투쟁에서 하만의 편에 서 있다고 확신했다. 따라서 헤르더는 『비판』의 수용에 대한 심각한 장애물로 보였음에 틀림없다.[68]

[150]그렇다면 헤르더와의 다툼은 분명히 목전에 닥쳐 있었다. 칸트는 아마도 자신이 『비판』을 위해 대중을 확보할 수 있으려면 헤르더의 영향력과 싸워야 할 것이라고 느꼈을 것이다. 그렇다면 유일한 문제는 '어떻게?'였다. 그 물음에 대한 대답은 마침내 1784년 7월 10일에, 즉 『일반 문예 신문』의 편집자인 C. G. 쉬츠가 칸트에게 헤르더의 최신 작품인 『인류사의 철학에 대한 이념』을 논평해 줄 것을 요청했을 때 이루어졌다. 칸트는 심지어 인세를 포기하면서까지 그 기회에 뛰어 들었다. 여기에는 헤르더와의 관계를 청산하고 『비판』의 수용을 억제하는 힘을 확인할 수 있는 기회가 놓여 있었다. 『이념』의 제1부에 대한 칸트의 논평은 때맞춰 1785년 1월에 출간되었다. 제2부에 대한 논평은 같은 해 11월에 뒤따라 나왔다.

68 이것은 헤르더의 『이념』에 대한 칸트의 적대적인 논평에 대한 그럴듯한 설명이다. 하지만 칸트의 논평을 위한 동기는 종종 추측의 주제였다. 하나의 공통된 설명은 칸트가 헤르더의 『이념』을 그가 이제는 비난하고 싶어 하는 그 자신의 전-비판기 사상들 가운데 몇 가지의 재연으로서 바라보았다는 것이다. 예를 들어 Clark, *Herder*, p. 317과 Haym, *Herder*, II, 246을 참조. 하지만 이 이론이 어떻게 설명에 해당하는지를 파악하기는 어렵다. 왜 칸트는 자신의 오랜 교설을 고수한다고 해서 헤르더를 그렇게 날카롭게 공격해야 했던가? 그러한 충성은 그저 아첨하는 것일 수 있었을 뿐이며, 혹독한 비난보다는 차라리 부드러운 항변의 이유이다. 칸트의 동기에 관한 이전의 모든 추측은 한 가지 심각한 결점을 보여준다. 그것은 카롤린 헤르더의 증언을 무시한다. 헤르더가 『비판』의 보잘것없는 수용에 대해 책임 있다고 칸트가 생각한다고 말한 것은 그녀였다. 만약 이것이 사실이라면 — 그리고 우리는 그러한 증언을 의심할 이유가 없다 — 그것은 칸트의 적대감을 쉽게 설명해 준다.

헤르더의 『이념』에 대한 칸트의 논평은 "객관성의 겉모습 하에 가려진 개인적 공격의 걸작"으로서 정확하게 기술되어 왔다.[69] 그것은 아이러니한 칭찬과 신랄한 비판 그리고 학교 선생다운 충고로 가득 차 있는데—그 모든 것은 건조하고 적절한 학문적 스타일로 가려져 있다. 헤르더의 성직자적인 소명에 관한 칸트의 폄하하는 언급들과 그의 책이 관례적인 기준들에 의해 판단될 수 없다는 그의 불공정한 주장은 그가 저자를 겨냥하고 있다는 것을 보여준다.

그러한 독설에도 불구하고 칸트의 논평은 여전히 커다란 철학적 중요성을 지닌다. 그것은 단지 그 개요에서긴 하지만 헤르더 철학의 거의 모든 주요 측면에 대한 칸트의 반응을 담고 있다. 헤르더의 자연주의, 역사주의, 생기론 및 방법론이 모두 간단하지만 잔인한 공격을 위해 들어온다. 만약 우리가 헤르더 철학이 칸트 철학에 대한 가장 중요한 대안이라는 견해를 취한다면,[70] 칸트의 논평은 그 대안에 대한 그의 반응을 진술하기 위해 훨씬 더 중요해진다. 그렇다면 칸트의 논평 배후의 쟁점들과 논증들에 대한 짧은 검토는 우리에게 왜 칸트가 자신이 취한 바로 그 입장을 취했는지에 대한 조금 더 많은 통찰을 제공해 줄 것이다.

『이념』에 대한 칸트의 논평은 주로 형이상학을 자연 과학에 의해 정당화하려는 시도에 대한 비판이다. 그것은 그 정신에서 참으로 놀라울 정도로 근대적이고 실증주의적이며 '사이비 과학'에 대한 전면적인 공격이다. 논평에서 제기된 주요 쟁점들과 그것을 둘러싼 그 이후의 논쟁은 과학적 설명의 방법과 한계에 관련된다. 과학의 적절한 방법은 무엇인가? 실제로 설명이란 무엇인가? 그리고 자연적인 것과 형이상학적인

69 Clark, *Herder*, p. 317.
70 이것은 흔한 견해다. 예를 들어 Beck, *Early German Philosophy*, p. 382를 참조.

것의 경계선은 무엇인가? 그러한 것들이 논란되는 물음들이다.

하지만 논쟁은 우리가 칸트와 헤르더가 과학에 대해 대체로 유사한 이상을 공유하고 있다는 것을 상기하자마자 곧바로 좀 더 복잡해진다. 그들은 둘 다 자연주의의 필요성에 동의하며, 그들은 둘 다 과학과 형이상학을 구별하기 위한 동일한 기준, 요컨대 가능한 경험을 사용한다. 그럼에도 불구하고 그들은 자연주의의 한계나 자연적인 것과 형이상학적인 것 사이에 어디에서 경계선을 그어야 할 것인지에 관해 서로 동의하지 않는다. [151]이 선은 확실히 '가능한 경험'이다. 그러나 그것은 무엇인가? 경험은 어디서 시작하며 어디서 끝나는가? 실제로 여기에는 매우 심각한 문제가 존재한다. 만약 우리가 경험의 경계를 너무 크게 만든다면 온갖 종류의 형이상학이 허용되게 된다. 그러나 그것을 너무 작게 만들면 우리는 해명될 수 있는 것을 해명 불가능하게 만들고 과학의 한계를 지나치게 제한하게 된다. 이 문제는 칸트와 헤르더 사이의 논쟁에서 곧 발목을 잡는 쟁점이 되었다. 칸트는 헤르더가 경험의 한계를 넘어선다고 고발하는 데 반해, 헤르더는 칸트가 자의적으로 영역을 제한함으로써 이해될 수 있는 것을 이해될 수 없는 것으로 만든다고 비난한다. 그렇다면 형이상학에 대해 책임 있는 것은 누구인가 ─ 칸트인가 헤르더인가?

칸트가 『이념』에서 부딪치는 것은 새로운 유형의 형이상학 ─ 즉 그가 『비판』에서 고려조차 하지 않고 있는 그러한 것이다. 이 형이상학은 선험적으로, 즉 『비판』에서 그토록 가차 없이 폭로된 볼프적인 삼단 논법 장치를 적용하여 진행되지 않는다. 오히려 그것은 후험적으로, 즉 자연 과학의 방법과 결과를 사용하여 작동된다. 그것은 형이상학을 다름 아닌 다양한 모든 과학의 일반적 체계로서 바라본다. 대체로 보아 그것은 1763년의 칸트의 「현상 논문」 모델에 따른 형이상학, 요컨대 뉴턴 방식의 존재론이다. 헤르더는 칸트의 초기 작업의 영향을 받아 자기의 나중의 철학에서 그 방법론을 계속해서 적용했다.[71] 그래서 아이러니하게도 칸트는 헤르더의 『이념』의 형이상학을 비판하는 가운데 그 자신의 비판기 이전의 그림자와 씨름하고 있다.

『이념』에 대한 칸트의 논평은 헤르더의 새로운 형이상학에 대한 날카로운 공격이다. 칸트는 이 형이상학을 사이비 과학, 즉 경험적으로 검증할 수 없는 것을 경험적으로 검증하고자 하는 잘못 파악된 노력으로 간주한다. 그는 반복해서 헤르더가 자연 과학의 뒷문을 통해 형이상학을 몰래 들여오려고 한다고 비난한다. 그리하여 그는 헤르더를 약한 경험적 전제들로부터 거대한 형이상학적 결론들을 이끌어낸다고 되풀이해서 비판한다. 그리고 한 지점에서 그는 완전히 노골적이다. "헤르더가 형이상학을 보통의 유행하는 방식으로 비난하지만 그는 여전히 그것을 줄곧 실천한다."[72] 그래서 칸트는 『이념』에 대한 적대적인 논평을 쓰기 위한 개인적인 동기뿐만 아니라 또한 철학적인 동기도 가지고 있었다. 『비판』의 부정적 가르침이 헛되지 않아야 한다면 칸트는 이 새로운 형이상학을 미연에 방지하기 위해 타격 — 그것도 세게 타격 — 해야 했다. 그 자신의 「현상 논문」에서 태어난 용은 그것이 『비판』을 먹어치우기 전에 살해되어야 했다.

칸트가 보기에 헤르더의 은밀한 형이상학의 가장 주된 예는 그의 유기체적 힘 개념이다. 그는 묻는다. 이 개념은 조금 알려진 것을 전적으로 알려지지 않은 것에 의해 설명하려는 시도 이외에 무엇에 이르게 되는가? 우리가 경험으로부터 아는 모든 것은 유기체적 힘의 결과이기 때문

••
71 예를 들어 『여행 일지』에서 헤르더는 "칸트의 정신"에서의 형이상학 — 즉 "공허한 사변"이 아니라 "모든 경험 과학들의 결과를 포괄하는" 형이상학을 갖고자 하는 소망을 표현한다. *Werke*, IV, 383-384를 참조. 「현상 논문」은 그러한 정서의 명백한 원천이다.

72 Kant, *Werke*, VIII, 54.

에, 힘 그 자체에 대한 지식은 가능한 경험에서 주어질 수 없다. 그래서 헤르더가 그것을 인정하든지 않든지 간에, 유기체적인 힘을 요청하는 데서 그는 가능한 경험의 한계를 초월하고 있으며 그리하여 형이상학에 탐닉하고 있다.[73] [152]이러한 반대를 제기함에 있어 칸트는 말할 것도 없이 다만 데카르트와 베이컨 그리고 홉스가 모두 숨겨진 성질들로서 거부한 스콜라 철학적인 실체적 형식들에 대한 오랜 비판을 반복하고 있을 뿐이다.

앞 절에서 논의되었듯이 헤르더는 이 오랜 비판에 대해 선수를 치고자 한다. 그는 유기체적 힘의 가정은 그것의 결과가 경험으로부터 알려져 있기 때문에 숨겨진 성질들을 요청하지 않는다고 논증한다. 그러나 이 대답은 단지 다음과 같은 칸트의 물음을 부를 뿐이다. 만약 우리가 힘 그 자체를 알지 못한다면 어떻게 우리가 경험에서 보는 것이 그것의 결과라는 것을 아는 것인가?

칸트가 보기에는 이성의 기원에 대한 헤르더의 자연주의적 설명도 못지않게 형이상학적이다. 『이념』의 제4부에서 헤르더는 이성성의 해부학적이고 생리학적인 전제 조건에 대해 사변적으로 사유하면서 인간의 뇌의 구조와 직립 자세와 같은 요인들의 중요성을 강조한다.[74] 아이러니하게도 이러한 사변들 가운데 몇 가지는 헤르더에 의해 많은 감탄의 대상이 된 젊은 칸트의 또 다른 작품인 『천계의 일반 자연사와 이론』[75]의 맨 끝에서 칸트가 이론화하고 있는 것에서 영감을 받았다. 그러나 이제 칸트는 그러한 사변들을 형이상학적인 것으로서 단호하게 일축한다. 그러한 중대한 물질적 요인들이 인간의 이성성에 어떠한 영향을 미치는가

---

73 같은 책, VIII, 53.
74 Herder, *Werke*, XIII, 119-126.
75 Kant, *Werke*, I, 355-356.

하는 것은 분명히 이성의 한계를 초월한다고 그는— 어떠한 정당화도 제시하지 않긴 하지만— 말한다.[76] 그리고 나서 칸트는 묻는다. 만약 우리가 이성의 기원을 설명하기 위해 힘의 개념을 사용해야 한다면, 왜 바로 이성 그 자체를 위한 구별된 종류의 힘을 불러내지 않는 것인가? 뭐 하러 마치 이성이 물질에 내재적인 힘들의 결과인 것처럼 좀 더 단순한 힘들에 토대하여 이성을 설명하려고 애쓰는 것인가? 그리하여 실체적 형식들의 식별에 관한 오랜 문제가 그 추악한 머리를 들어올린다.

『이념』에서의 모든 숨겨진 형이상학과 함께 칸트는 또한 헤르더의 철학적 방법에 대해 강력한 이의를 제기한다. 그는 헤르더의 방법이 그의 형이상학에 못지않게 사이비-과학적이라고 생각한다. 『이념』에서 헤르더는 유비의 방법을 사용하여 알려지지 않은 것에 관해 그것이 알려진 것과 유사하다는 가정 위에서 추론을 행한다. 이 방법을 사용함에 있어 그는 또다시 『천계의 일반 자연사와 이론』에서 우리의 태양계와 우주의 나머지 부분 사이에서 유사성을 끌어낸 젊은 칸트를 따르고 있다.[77] 그러나 칸트는 이 방법이 자연 과학에서 아무리 유용하다 할지라도 고유한 철학적 방법의 정반대라고 항의한다. 오히려 그것은 철학과 시 사이의 경계를 혼란스럽게 하고 상상력의 모호함과 변덕을 위해 지성의 명확성과 엄격함을 희생시킨다. 그러한 방법은 설명을 대체하는 은유, 관찰을 대신하는 비유 및 논증을 축출하는 사변을 허용한다. 역사 철학이 무엇보다도 요구하는 것은 "개념 규정에서의 논리적 정확성", "원리들에 대한 세심한 분석과 검증"이라고 칸트는 주장한다.[78] 논평의 끝에서 칸트는 심지어 헤르더가 그의 작품의 다음 부분을 쓰기 전에 "그의 천재성에

••
76   같은 책, VIII, 53-54.
77   Kant, *Werke*, I, 250, 255, 306-307, 특히 228.
78   같은 책, VIII, 45.

일정한 제한을 가할" 것을 제안하기까지 한다. 그는 "그의 이성의 신중한 사용"을 위해 그의 "대담한 상상력"을 훈련해야 한다.

[153]비록 헤르더가 의심할 여지없이 몇 가지 성급한 유비를 행한다 할지라도, 그의 방법론에 대한 칸트의 비판이 전적으로 공정한 것은 아니다. 칸트가 추천한 방법은 사실상 헤르더에 의해 명백히 거부된다.[79] 칸트가 요구하는 엄격함과 명확성 및 정확성의 기준은 삶과 역사를 연구하는 데서는 달성될 수 없다고 헤르더는 주장한다. 그러나 훨씬 더 중요한 것은 그가 칸트의 스콜라 철학적인 정의와 증명 절차가 삶을 내부로부터, 즉 행위자의 목적에 따라 파악하지 못한다고 말하리라는 점이다. 헤르더는 또한 유비에 대해 칸트가 가정하는 것보다 훨씬 더 정교한 옹호론을 가지고 있다. 『인식과 감각에 관하여』에서 그는 역사에서 우리의 유일한 안내자는 유비인데, 왜냐하면 우리는 우리 자신의 행위와의 유비에 의해서말고는 다른 사람들의 행위를 이해할 수 없기 때문이라고 논증한다. 그래서 헤르더는 칸트가 비난하듯이 저도 모르게 철학을 문학과 혼동하고 있는 것이 아니라 철학을 의도적으로 문학 방향으로 밀어붙이고 있다. 아마도 그 모든 이미지와 은유를 가지고서 우리에게 삶에 대한 가장 깊은 이해를 제공하는 것은 문학일 것이다. 셰익스피어가 라이프니츠보다 더 훌륭하며 ── 같은 이유에서 헤르더가 칸트보다 더 훌륭하다.

5.7. 칸트-헤르더 논쟁과 『판단력 비판』의 기원

『이념』의 제2부에 대한 그의 논평이 출간된 후, 칸트의 헤르더와의

79 빌란트에게 보낸 헤르더의 편지, Herder, *Briefe*, V, 102-103을 참조.

다툼은 갑자기 끝난 것으로 보였다. C. G. 쉬츠에게 보낸 1787년 6월 25일자 편지에서 칸트는 공식적으로 더 이상의 모든 적대 행위를 철회했다.[80] 칸트는 더 이상 시간이 없다고 답하면서 『이념』의 제3부를 논평하자는 쉬츠의 제안을 거절했다. 이제 논쟁을 한쪽으로 치워 놓고 비판 철학을 마무리하는 긴급한 과제로 돌아갈 시간이었다. 그리하여 칸트는 쉬츠에게 자기가 "취미 비판의 기초"에 전념할 계획이라고 알렸는데, 그것은 나중에 『판단력 비판』의 제1부, 즉 「미학적 판단력 비판」으로서 알려지게 되었다.

그의 공식적인 적대 행위 중지에도 불구하고 칸트와 헤르더의 투쟁은 실제로는 단지 시작일 뿐이었다. 헤르더의 동맹자들은 이제 역습을 준비하고 있었고, 그것은 칸트로 하여금 대답하도록 강제할 것이었다.[81] 그러나 훨씬 더 중요하고 훨씬 더 불길한 것은 헤르더와의 논쟁이 몇 가지 심각한 물음들——비판 철학에 대해 가공할 만한 도전을 행하는 물음들을 제기했다는 점이다. 칸트는 이러한 도전을 파악했고 그것을 무시할 수 없다는 것을 알았다. "취미 비판"에 관해 작업하고자 하는 그의 결정은 다만 헤르더와의 논쟁을 명백히 종결짓는 것일 뿐이다. 그것은 더 나아가 논쟁에 의해 제기된 더 깊은 물음들에 대해 반성하고자 하는 결단이다.

칸트가 직면한 이 물음들은 무엇이었는가? 그것들은 모두 목적론이라는 곤란한 쟁점 주위를 돌았다. 자연의 사물들에 목적인을 돌리는 것이 가능한가? 목적인이 작용인으로 환원될 수 있는가? 그리고 그렇지 않다면 그것은 똑같이 과학적 법칙으로 정식화될 수 있는가? 이 물음들은

<hr/>

80 Kant, *Briefwechsel*, p. 319.
81 헤르더의 동맹자들 가운데는 칸트의 나중의 제자 K. L. 라인홀트가 있었는데, 헤르더에 대한 그의 기백에 찬 옹호는 칸트로부터의 날카로운 응수를 불러일으켰다. Kant, *Werke*, VIII, 56-58을 참조.

언제나 헤르더와의 논쟁의 표면 아래 놓여 있었다. [154]논쟁에 의해 제기된 쟁점들 가운데 하나인 헤르더의 힘 개념의 정당성은 궁극적으로 목적론이라는 쟁점에 달려 있다. 만약 자연의 사물들에 목적인을 돌리는 것이 가능하다면, 그리고 만약 이것이 기계적 원인으로 환원될 수 없다면 힘 개념은 그 자신의 독자적인 설명적 가치를 지닌다. 하지만 『이념』에 대한 논평에서 칸트는 이 더 깊은 문제를 숙고하지 못한다. 그는 단순히 헤르더의 개념을 숨겨진 성질, 즉 설명되어야 할 것이 무엇인지를 그저 다시 기술할 뿐인 무지의 피난처로서 일축할 뿐이다. 하지만 라이프니츠가 오래전에 지적했듯이 활력*vis viva* 관념에 대한 이러한 이의 제기는 중요한 선결 문제 미해결의 오류를 범하는 것인바, 기계적 인과성이 자연적 설명의 유일한 형식이라고 근거 없이 상정하고 있다.[82]

그래서 이제 목적론이라는 곤란한 문제를 검토하는 것은 칸트에게 지워진 의무였다. 그러나 위태로운 것은 힘 개념에 대한 그의 비판보다 훨씬 더한 것이었다. 비판 철학 그 자체의 운명이 위기에 처해 있었다. 만약 목적론적 설명들이 자연법칙들이 될 수 있다면 인간 이성성의 기원에 대한 새로운 종류의 자연주의적 설명, 즉 기계론적 법칙들이 아니라 목적론적 법칙들에 토대한 설명에 문이 열려 있다. 그렇다면 우리의 모든 이성성은 다름 아닌 유기체적 힘의 발현에 해당할 뿐이며, 그리하여 이성은 더 이상 자율적인 예지적 영역에 속하지 않는다. 그 경우 그러한 설명이 가능하다고 가정하면 『순수 이성 비판』의 예지계-현상계 이원론과 그에 의거하는 『실천 이성 비판』의 도덕 철학 전체가 붕괴될 위험에 처해 있다. 설명의 이 형식은 실제로 칸트가 『순수 이성 비판』에서 전적으로 고려하지 않는 가능성이다.[83] 거기서 칸트는 인과성 범주를 현상계

· ·
82 Leibniz, *Discours de Metaphysique*, 단락 x-xi, xix-xxii, in *Schriften*, IV, 434-435, 444-447을 참조.

로 제한한다. 그러나 그는 여전히 목적론에 대한 일관되거나 상세한 이론을 가지고 있지 않다. 그리고 어찌됐든 인과성 범주에 대한 그의 제한은 헤르더를 괴롭히지 않을 것인데, 그는 이성이 기계론적 법칙들에 따라 설명될 수 없다는 데 동의하지만 목적론적 법칙들을 제안함에 있어 또 다른 가능성을 제기한다.

그것의 중요성에도 불구하고 목적론은 만약 그것이 『독일 메르쿠르』 1786년 10-11월호에 실린 도발적인 글, 「인종에 관한 다른 어떤 것: 비스터 박사에게」를 위한 것이 아니었다면 칸트에게는 여전히 진부한 주제였을 것이다.[84] 이 기이한 작품은 하필이면 칸트의 인종 이론, 특히 『베를린 월보』 1785년 11월호에 게재된 칸트의 최근 논문 「인종 개념의 규정」에 대한 비판이었다. 그것의 저자는 저명한 생물학자이자 인류학자인 게오르크 포르스터였다.[85] 이 모든 것은 당면한 문제에 대해 거의 관계가 없는 것으로 보이며, 실제로 그것은 무시되어 왔다.[86] 우리도 역시 만약

• •
83 『순수 이성 비판』에서 칸트는 여러 차례 목적론의 규제적 지위를 주장한다. *KrV*, B, 718-721을 참조. 그러나 의미심장하게도 그는 여전히 목적론을 예지적 영역의 설명을 위한 또 다른 경쟁자로 고려하지 않는다. 오히려 그는 목적론적 설명들을 마치 그것들이 궁극적으로 기계론적 설명들로 환원될 수 있는 것처럼 다루는 경향이 있다. *KrV*, B, 720-721을 참조. 『판단력 비판』에서 개진된 목적론의 이론은 칸트의 초기 저술들에서는 결코 선취되어 있지 않다. 목적론적 설명들을 기계론적 설명들로 환원하는 데서 『순수 이성 비판』은 『판단력 비판』과 불화하고 있다. 더 나아가 『판단력 비판』 이전에 칸트는 때때로 목적론적 원리들을 마치 그것들이 경험에서 검증될 수 있는 것처럼 다룬다. 예를 들어 세계사 논문의 「여덟 번째 명제」, in *Werke*, VIII, 27을 참조. 그러나 이것은 그러한 원리들에 엄격하게 규제적인 지위를 부여하는 『판단력 비판』과 상충된다.
84 TM 4 (October-December 1786), 57-86, 150-166을 참조.
85 18세기 말 독일에서의 포르스터의 중요성에 관해서는 Hettner, *Geschichte*, II, 579-594를 참조.
86 이 논문에 대한 일반적 경시에 대한 하나의 중요한 예외는 Riedel, "Historizismus und Kritizismus", *Kant-Studien* 72 (1981), 41-57이다.

다루기 힘든 조그만 사실 하나가 우리 눈을 사로잡지 않았다면 그것을 행복하게 잊을 수 있었을 것이다. 포르스터는 헤르더의 『이념』에 대한 찬미자였고, 더더군다나 이제 막 헤르더와의 동맹을 형성했다.[87] 예나와 바이마르의 많은 사람들처럼 포르스터는 『이념』에 대한 칸트의 논평이 헤르더를 정당하게 평가하지 않았다고 생각했다. 그래서 우리가 기대할 수 있듯이 그의 『독일 메르쿠르』 글은 [155]칸트와의 헤르더의 논쟁을 계속하고 있다. 비록 그 글에서 포르스터의 주된 목적이 칸트의 인종 이론을 공격하는 것일지라도, 그는 가끔 명백히 헤르더적인 관념들을 옹호하기 위해 몇 가지 발언을 행하고 있다. 포르스터의 헤르더 옹호는 대체로 은밀하며, 결코 헤르더의 이름을 언급하고 있지 않다. 그러나 칸트는 의혹을 가졌고, 쉽사리 포르스터의 정체를 밝혔으며, 몇몇 강력한 구절들에서의 그의 논쟁적인 의도를 몇 개의 말로 표현했다.[88]

인종에 관한 칸트와 포르스터 논쟁의 상세한 내용이 여기서 우리의 관심사가 아닐지라도,[89] 그것의 철학적 중요성을 고려할 때 우리의 주목을 받을 만한 논쟁의 근저에 놓여 있는 한 가지 주요한 쟁점이 존재한다. 이것은 칸트와 포르스터가 생명의 기원에 관해 대립하는 이론들을 갖고 있다는 사실인데, 그 각각은 18세기 생물학의 두 가지 주된 경쟁 이론을 대표한다. 칸트는 '전성'설의 옹호자인데, 그것은 생명의 기원을 미리 형성된 유전 요인들의 현존으로부터 설명한다. 이 요인들의 기원은 보통

87 Haym, *Herder*, II, 455-456을 참조

88 힘 개념에 대한 포르스터의 옹호를 언급하면서 칸트는 다음과 같이 쓰고 있다. "아마도 이런 식으로 포르스터 씨는 어떤 초형이상학자에게 호의를 베풀어 그에게 그가 나중에 스스로 즐길 수 있는 환상을 위한 약간의 자료를 제공하기를 원했던 듯하다." 칸트가 여기서 언급하고 있는 "초형이상학자"는 오직 헤르더일 뿐이다. 이 구절은 *Werke*, VIII, 180에서 나온 것이다.

89 좀 더 상세한 것들에 대해서는 Riedel, "Historizismus und Kritizismus", pp. 43-51을 참조

신적인 창조물에 돌려진다. 그러나 칸트는 그러한 모든 사변을 형이상학으로서 일축한다. 그는 자연 과학이 설명할 수 있는 모든 것은 미리 형성된 요인의 한 세대로부터 다음 세대로의 전달이라고 논증한다. 그러나 그것은 이 요인들 그 자체의 기원을 설명할 수 없다. 대조적으로 포르스터는 헤르더와 마찬가지로 자연 발생설의 지지자다. 이 이론은 생명의 기원을 자기의 환경(기후, 지형 등등)에 적응하고 반응하는 물질 내의 자발적 힘들의 현존으로부터 설명한다. 칸트와 달리 포르스터는 만약 우리가 물질 내의 유기체적 힘들이 있다고 가정한다면 원리적으로 생명의 기원을 설명하는 것이 가능하다고 단언한다. 포르스터에 따르면 유기체적 힘의 개념은 칸트가 비난하듯이 형이상학적이 아니라 경험적 사실들로부터의 타당한 추론이다. 그의 『독일 메르쿠르』 논문의 특히 도발적인 구절에서 포르스터는 칸트를 그러한 추론을 허용하지 않는 데서의 "남자답지 못한 공포"를 이유로 비난한다.[90]

이용 가능한 적은 역사적 증거로부터 판단할 때 포르스터의 논문은 목적론 문제에 대한 칸트의 반성을 위한 촉매였던 것으로 보인다. 최소한 주목할 만한 것은 포르스터의 글이 출간되기 전에 『판단력 비판』에 관한 그의 많지 않은 언급들에서 칸트는 결코 목적론 비판을 언급하지 않으며 오직 "취미 비판"에 대해서만 이야기한다는 점이다. 그러나 포르스터의 글이 출간된 지 겨우 1년 후에, 그리고 실제로는 칸트가 그에 대한 자신의 대답을 준비하고 있는 것과 동시에, 칸트는 자신의 체계의 필수적인 부분으로서 '목적론'에 대해 언급한다. 1787년 12월 27일자의 라인홀트에게 보낸 편지에서 칸트는 자신의 철학 체계의 최종적인 구조를 알리면서 '목적론'이 자기 체계의 중간점, 즉 『순수 이성 비판』의 이론 철학과 『실천 이성 비판』의 실천 철학 사이의 연결 고리라고 명시

• •
90   Forster, "Menschenrassen", p. 75.

적으로 진술한다.[91]

칸트는 마침내 『독일 메르쿠르』의 1788년 1-2월호에 게재된 논문으로 포르스터에게 대답했다. 그의 대답의 바로 그 제목, 즉 「철학에서 목적론적 원리들의 사용에 대하여」가 목적론 문제에 대한 그의 새로운 몰두를 드러낸다. [156]이 논문은 실제로 『판단력 비판』의 「목적론적 판단력 비판」을 위한 예비적 연구다. 그것의 끝맺는 단락들에서 칸트는 목적론의 문제와 씨름하고 '자연적 목적론'을 선언하는데, 그것은 곧 『판단력 비판』의 후반부가 되었다.

포르스터에 대한 칸트의 대답은 목적론 문제에 대한 그의 취급 배후의 동기를 드러낸다. 포르스터가 칸트를 유기체적 힘의 존재에 대한 추론을 허용하지 않는 데서의 "남자답지 못한 공포"를 이유로 비난할 때, 칸트는 목적론에 반대하는 자기의 논증을 가지고서 앙갚음한다.[92] 그러므로 칸트의 논증 배후의 동기는 분명하다. 그것은 헤르더의 유기체적 힘 개념의 과학적 지위를 밝히고, 그렇게 함으로써 『순수 이성 비판』의 예지계-현상계 이원론에 대한 위협을 막는 것이다. 포르스터—그리고 궁극적으로 헤르더—에 대항한 칸트의 전략은 모든 목적론적 판단에 내재한 형이상학적 차원을 드러냄으로써 유기체적 힘 개념의 사이비 과학적 상태를 폭로하는 것이다. 칸트는 이제 목적론이라는 더 깊은 쟁점을 고려함으로써만 헤르더의 개념에 대항해 성공적으로 논증할 수 있다는 것을 파악한다. 포르스터가 유기체적 힘을 경험적 개념으로서 옹호하는 것에 직면하여 단순히 숨겨진 성질들이라는 오랜 비난을 되풀이하는

91 Kant, *Briefwechsel*, pp. 333-334를 참조. 이것은 비판 철학의 새로운 구조화인데, 왜냐하면 다양한 철학 분야들에 대한 그의 초기 분류들 가운데 몇 가지에서 칸트는 목적론에 대해 언급하지 않기 때문이다. 예를 들어 『정초』에 붙인 머리말, *Werke*, IV, 387-388을 참조.

92 Kant, *Werke*, VIII, 180-181.

것은 효과가 없을 것이다.

그렇다면 이 지점에서 우리의 탐구는 놀라운 결론에 이른다.『판단력 비판』에서의 칸트의 목적론 이론의 기원은 우리의 모든 기대와 통상적인 설명에 어긋난다.[93] 칸트의 이론을 위한 촉매는 예지계와 현상계 사이의 간격을 메우는 문제가 아니다. 오히려 그 정반대가 사실이다. 자극은 그 이원론을 어떻게 옹호하고 보존할 것인가 하는 문제다.

물론 칸트는『판단력 비판』에서 이 두 관심사 모두를 가지고 있다. 그의 목표는 예지계-현상계 이원론을 보존하는 것뿐만 아니라 또한 극복하는 것이기도 하다.[94] 만약 목적론이 그러한 이원론의 파괴를 위협한다면, 그것은 또한 그것에 다리를 놓을 것을 약속하기도 한다. 따라서 칸트는『판단력 비판』에서 목적론을 제한하는 동시에 보존하는 미묘한 과제에 직면한다. 이 문제에 대한 그의 해결책은 목적론의 필연성과 동시에 규제적 지위를 확립하는 목적론적 판단에 대한 그의 규제적 이론이다.

칸트가 확실히 이 두 문제 모두에 직면했다 할지라도, 그의 이론을 위한 직접적인 유인과 동기가 포르스터의 논문으로부터 나왔다는 사실은 여전히 남는다. 그리고 포르스터에 대한 칸트의 공격을 위한 동기는 그 이원론에 다리를 놓는 것이 아니라 그것을 옹호하는 것이었다. 생명의 기원을 설명하기 위해 헤르더의 힘 개념을 사용하는 가운데 포르스터는 칸트의 이원론에 대한 헤르더의 위협을 재개한다. 칸트는 그 위협을 보았고, 자기가 그것을 단순한 게리맨더링에 의해, 즉 생명의 기원에 대한 설명이 현상적 영역에 속하며 예지적 영역에 대한 어떠한 위험도

---

93   예를 들어 Cassirer, *Kants Leben*, pp. 294ff.를 참조.

94   이것만큼은『판단력 비판』에 대한 서론으로부터 분명하다. 제2서론의 2절과 9절, in Kant, *Werke*, V, 174-176, 176-179, 195-197을 참조.

제기하지 않는다고 대답하는 것에 의해 막을 수 없다는 것을 알았다. 그는 현상계-예지계 경계선의 바로 그 정당성이 이성성 그 자체의 발생을 설명하기 원하는 포르스터와 헤르더에 의해 의문에 던져지고 있다는 것을 너무도 분명히 인식했다. 따라서 만약 그 이원론을 보호할 수 있으려면 [157]칸트는 유기체적 힘 개념에 함축된 목적론적 주장들을 제한해야 했다. 이것은 『판단력 비판』후반부의 중심 과제가 되었다.

「목적론」에서 포르스터에 대항한 칸트의 논증은 『판단력 비판』에서의 그의 비판적 판단 이론을 위한 기초다. 칸트는 자신의 논증을 그것의 전제로서 이바지하는 기본 원리를 정의하는 것으로 시작한다. 이 원리에 따르면 자연 과학에서의 모든 것은 자연주의적으로, 다시 말하면 형이상학적 원리들이나 초자연적 원인들에 호소하지 않고서 설명되어야만 한다.[95] 포르스터와 헤르더도 이 원리를 지지하기 때문에 칸트는 자신의 논증이 공통의 전제로부터 시작된다고 확신한다. 그렇다면 다음 문제는 자연주의적 설명의 한계를 정의하는 것이다. 칸트에게는 이 한계가 분명하다. 그것은 가능한 경험의 경계다. 만약 우리가 경험에서 검증될 수 없는 기본적인 힘들을 요청한다면, "우리는 자연적 탐구의 많은 열매를 맺는 분야를 떠나 형이상학의 사막에서 헤맨다." 이러한 경계에 관해 칸트는 또다시 포르스터와 헤르더가 둘 다 형이상학에 맞서 관찰의 옹호자라는 점을 고려하면 자기가 그들의 동의에 의지할 수 있다고 생각한다. 그래서 헤르더와 포르스터가 자연주의의 원리에 동의한다는 점을 고려하면, 그리고 그들도 가능한 경험에서의 그것의 한계에 관해 의견 일치를 보인다는 점을 고려하면, 그들과 칸트의 갈등의 근원은 다만 그들이 과연 이 원리를 고수하는지의 여부와 그들이 과연 계속해서 이 한계

· ·
95　Kant, *Werke*, VIII, 178-179.

내에 머무르는지의 여부에만 관계된다. 다시 말하면 칸트는 포르스터와 헤르더가 그들의 자연주의적 이상에 충실한가라는 물음을 제기하고 있는 것이다.

예상할 수 있듯이 이 물음에 대한 칸트의 대답은 단호한 "아니다"이다. 그는 헤르더와 포르스터가 그들의 자연주의적 이상을 침해하는데, 왜냐하면 그들은 그 존재가 어떠한 가능한 경험에 의해서도 확인될 수 없는 물질 내부의 유기체적 힘을 요청하기 때문이라고 논증한다. 유기체적 힘의 개념은 전적으로 형이상학적인데, 왜냐하면 그것은 자연 속의 사물들에 목적을 돌리기 때문이라고 칸트는 주장한다.[96] 그러나 목적의 개념은 왜 형이상학적인 것인가? 그것은 목적론적 설명의 정당성에 관한 결정적인 물음이다. 그러나 칸트는 그에 대한 분명한 대답을 가지고서 앞으로 나선다. 칸트에 따르면 우리가 자연의 사물들에 목적을 돌리는 경우 우리는 가능한 경험의 한계를 넘어서고 있는데, 왜냐하면 우리는 합목적적인 활동을 오직 우리가 목적에 따라서 이념들이나 원리들을 위해 행위하는 우리 자신의 경험을 통해서만 이해할 수 있기 때문이다. 그러나 우리가 아는 한, 자연의 어떤 것도 그 자체로 그러한 합목적적으로나 이념들을 위해 행위하지 않는데, 왜냐하면 우리는 자연 안의 어떤 것이 인간이 그렇듯이 이성성을 소유한다는 아무런 증거도 갖고 있지 않기 때문이다. 비록 식물들과 동물들 모두 합목적적으로 행위하는 것으로 나타날지라도, 그것들은 또한 의식적인 의도나 이성적인 목적을 갖고 있는 것으로 보이지 않는다. 역설적으로 표현하자면 그것들은 합목적적이지만 목적 없이(*zweckmässig ohne Zweck*) 행위한다. 그러므로 우리는 오직 우리 자신의 활동과의 유비에 의해서만 자연적 사물들에 목적을 돌린다. [158]그렇지만 우리가 그러한 유비를 검증할 수 있는 가능한 경우

96   같은 책, VIII, 178-182.

는 존재하지 않는다. 우리가 그 유비를 확인할 수 없는 것은 우리가 우리 자신 바깥으로 뛰어나가 식물이나 동물이 되는 것이 불가능한 것과 마찬가지다. 따라서 자연에 목적을 돌리는 것은 가능한 경험의 한계를 넘어선다. 그러므로 그것은 자연주의적 설명의 일반적 기준에 따라서는 완전히 형이상학적이다.

목적론적 판단의 유비적 지위를 지적함에 있어 칸트는 물론 단지 헤르더의 『인식과 감각에 관하여』의 오랜 테제를 반복하고 있을 뿐이다. 그러므로 헤르더는 칸트에게 전적으로 동의해야 할 것이다. 칸트와 마찬가지로 그도 역시 자연주의의 필요성을 긍정한다. 그도 역시 자연주의의 한계가 경험의 한계라고 주장한다. 그리고 그도 역시 목적론적 설명이 유비적이라고 강조한다. 그렇다면 헤르더에 대항한 칸트의 논증은 단순한 비일관성에 대한 비난이다. 칸트에 따르면 헤르더는 비일관적인데, 왜냐하면 그는 목적론적 설명들이 유비적이라고 인정하지만, 그러고 나서 또한 그것들이 (구성적 원리들로서) 자연주의적이거나 과학적인 지위를 지닌다고 가정하기 때문이다. 이것은 명백한 비일관성인데, 왜냐하면 헤르더는 유비적 판단이 가능한 경험의 한계를 초월하며, 가능한 경험의 한계는 자연주의적 설명의 한계라고 인정하기 때문이다.

물론 칸트는 삶에 대한 최선의 이해가 문학에서 발견될 수 있다는 『인식과 감각에 관하여』에서의 헤르더의 주장을 논박하지 않을 것이다. 헤르더에 대한 논박의 그의 유일한 뼈대는 목적론적 설명이 유비적인 동시에 과학적일 수 있다는 그의 주장이다. 헤르더가 때때로 인정하듯이 유비의 고유한 영역은 문학이다. 그러나 칸트가 보기에 우리는 좋은 자연 과학과 좋은 문학을 동시에 할 수 없다. 그 둘 다를 하고자 하는 것이야말로 헤르더 철학의 치명적인 결함이다.

5.8. 헤르더와 범신론 논쟁

범신론 논쟁으로의 헤르더의 진입은 어느 누구에게도, 특히 헤르더 그 자신에게는 놀랄 일이 아니었다. 스피노자의 유령은 그것이 레싱과 멘델스존 그리고 야코비에게 그랬던 만큼이나 오랫동안 그의 뇌리를 떠나지 않았다.[97] 일찍이 1775년에 헤르더는 라이프니츠와 샤프츠베리 그리고 스피노자라는 삼총사에 관한 작품, 즉 각 철학자의 견해들을 옹호하고 그들 사이의 유사점을 설명하는 저작을 쓸 것을 계획했었다. 또한 스피노자적인 주제들이 헤르더의 초기 저술들 곳곳에 흩어져 있었으며, 그 빚을 그는 절실하게 인식하고 간절히 인정하고 싶어 했다. 그러나 이런저런 이유로 스피노자에 관한 저작은 언제나 연기되었다.[98]

하지만 1783년 11월 22일, 야코비가 그에게 레싱과의 대화에 대한 설명을 보내왔을 때 마침내 헤르더가 스피노자에 대한 자신의 생각들을 모아 명확히 할 수 있는 기회가 다가왔다. 야코비는 멘델스존과의 다가오는 전투를 위해 헤르더의 지원을 얻으려고 열심이었다. 그리고 [159]동맹이 되기를 희망하여 그는 『스피노자에 관한 서한』에서 헤르더를 찬성하며 인용하기까지 했다.[99] 그러나 야코비는 실망하지 않을 수 없었다. 헤르더는 레싱과 같은 걸출한 인물도 스피노자주의적인 공감을 지닌다

• •
97 헤르더가 정확히 언제 스피노자를 연구하기 시작했는가는 논란의 대상이다. 하임은 헤르더의 몇 가지 발언에서의 날짜에 토대하여 1775년으로 생각한다. Haym, *Herder*, II, 269를 참조. 그러나 아들러는 일찍이 1767년에 헤르더의 스피노자 연구의 흔적이 존재한다고 논증한다. Adler, *Der junge Herder*, pp. 164, 272를 참조. "Grundsätze der Philosophie", in *Werke*, XXXII, 227-231에는 아들러의 견해를 위한 무언가 훌륭한 증거가 존재하는데, 그것은 스피노자주의의 요소들을 보여주며 1767년경에 쓰였다. 이 초고의 날짜에 관해서는 *Werke*, XIV, 669에서의 수판Suphan의 주석을 참조.
98 1784년 2월 6일자의 야코비에게 보낸 헤르더의 편지, Herder, *Briefe*, V, 28을 참조.
99 Jacobi, *Werke*, IV/1, 246-247.

는 것을 발견하고서 기뻐했다. 그것은 그 자신의 확신을 뒷받침했으며 그에게 그 자신의 견해를 표현할 용기를 주었다. 그래서 헤르더가 마침 내 1784년 2월 6일에 야코비에게 응답했을 때, 그도 역시 자신의 스피노 자주의를 선언하고 레싱의 것에 못지않게 극적이고 놀라운 고백을 행했다. "너무도 진지하게, 친애하는 야코비여, 제가 철학의 영역으로 움직여 들어온 이래로 저는 실제로는 오직 스피노자의 철학만이 그 자신과 어울린다는 레싱 명제의 진리를 계속해서 의식하게 됩니다."[100]

그러한 선언 이후에 범신론 논쟁에서의 헤르더의 역할은 분명히 그에게 적합했다. 스피노자의 대변인이 되는 것이 그의 임무였다. 멘델스존과 칸트, 야코비와 비첸만이 모두 스피노자에게 등을 돌렸기 때문에 헤르더는 그를 지키라는 부름을 받았다고 느꼈다.[101] 1787년 4월에 그는 예상대로 논쟁에 대한 그의 공헌인 『신, 몇 개의 대화』를 완성했다. 이 작품과 더불어 논쟁은 새롭고 흥미로운 차원을 획득했다.

범신론 논쟁에 대한 『신, 몇 개의 대화』의 중요성은 주로 스피노자에 대한 헤르더의 창조적인 재해석에 놓여 있다. 헤르더는 스피노자주의에 대한 야코비와 멘델스존 그리고 비첸만의 그림을 완전히 뒤집는다. 그것을 도덕과 종교에 대한 위험으로서 바라보는 대신 헤르더는 그것을 그것들의 유일한 기초로서 간주한다. 스피노자주의는 무신론이나 숙명론이 아니라 우리에게 신과 자유의 옹호 가능한 개념을 제공하는 유일한 철학이다. 헤르더가 보기에 스피노자 철학의 커다란 장점은 그것이 우리의 도덕적·종교적 신념을 이성 및 과학적 자연주의와 일관되게 만든다는

• •
100 Herder, *Briefe*, V, 27.
101 1784년 2월 6일자의 야코비에게 보낸 헤르더의 편지, Herder, *Briefe*, V, 28을 참조. "저는 스피노자의 죽음 이후 어느 누구도 하나이자 모두의 체계를 공정하게 다루지 않았다는 생각을 갖고 있습니다."

점이다.

물론 스피노자 철학의 도덕적·종교적 차원에 대한 그러한 재평가는 도덕과 종교에 대한 다소 비정통적인 개념들과 손잡고 나아간다. 그러나 헤르더는 레싱과 더불어 솔직하게 고백한다. "신성의 정통적 개념은 더이상 나를 위한 것이 아니다." 헤르더에 따르면 신은 초월적이지도 인격적이지도 않지만 편재적이고 비인격적이다. 그리고 자유는 자의적인 선택이 아니라 자기 자신의 본성의 필연성과 섭리의 은혜로운 계획에 따라 행위하는 것이다. 하지만 헤르더는 이러한 덜 정통적 개념들을 받아들이는 것이 그리스도교를 포기하는 것을 의미하지 않는다고 주장한다. 반대로 그것은 다만 우리의 신앙을 새롭고 심원한 방식으로 재해석하는 것을 의미할 뿐이다. 요한의 복음과 스피노자의 도덕 철학, 그리스도교의 아가페와 신에 대한 지적 사랑은 헤르더에게 있어 하나의 동일한 것이다.[102] 따라서 우리는 우리의 신앙과 우리의 철학을 동시에 가질 수 있다. 야코비의 딜레마는 오직 우리가 신과 자유에 관한 그의 정통적인 개념들을 받아들일 때만 타당하다. 하지만 만약 우리가 그것들을 덜 정통적인 방식으로 재해석한다면, 우리는 스피노자 [160]철학이 도덕과 종교를 훼손하는 것이 아니라 뒷받침한다는 것을 알게 된다. 그러므로 야코비의 신앙의 도약은 불필요하다. 헤르더가 야코비에게 설명한 대로 하자면, "목숨을 건 도약을 행할 필요가 없다면, 왜 우리가 애를 써야 합니까? 확실히 우리는 그것을 행할 필요가 없습니다. 왜냐하면 우리는 대등하게 신의 창조 위에 있기 때문입니다."[103]

스피노자 철학의 도덕적·종교적 함축들에 대한 헤르더의 재평가 배후

• •
102 1784년 2월 6일자와 12월 20일자의 야코비에게 보낸 헤르더의 편지들, Herder, *Briefe*, V, 29, 90-91을 참조.
103 같은 책, V, 90.

에는 스피노자의 자연주의에 대한 그의 재해석이 놓여 있다. 야코비와 마찬가지로 헤르더도 스피노자 철학을 형이상학적 교조주의의 유물로서가 아니라 과학적 자연주의의 패러다임으로서 바라본다. 그러나 헤르더는 이 자연주의를 완전히 다른 용어들로 해석한다. 그것은 야코비에게서 그렇듯이 유물론이나 기계론이 아니라 전적으로 다른 어떤 것, 즉 생기론을 의미한다. 헤르더의 눈에 스피노자의 우주는 기계가 아니라 유기체다.

언뜻 보기에 특히 스피노자가 목적인을 부인할 때 그를 생기론자로서 독해하는 것은 불합리한 것으로 보인다. 그리고 실제로 한 곳에서 헤르더는 스피노자에 대한 자신의 독해가 그에 대한 해석이라기보다는 차라리 수정이라고 사실상 인정한다.[104] 하지만 헤르더는 자기가 다만 스피노자의 자연주의를 업데이트하여 생물학적 과학들에서의 새로운 모든 발전과 일관되도록 하고 있을 뿐이라고 생각한다. 과학이 유물론을 향해 나아가고 있다고 믿는 야코비와 달리 헤르더는 그것이 생기론을 향해 움직이고 있다고 주장한다. 자신의 요점을 증명하기 위해 헤르더는 육체가 다양한 힘들(예를 들어 전기와 자기)로 이루어져 있다는 것을 보여주는 물리학과 생물학에서의 새로운 발견들을 언급한다.[105] 만약 스피노자가 단 1세기만 뒤에 살아 데카르트 자연학의 기계론적 선입견들로부터 자유로웠더라면, 그는 실체가 아니라 힘을 자신의 첫 번째 원리로 삼았을 것이다.

스피노자에 대한 이러한 생기론적인 독해를 가지고서 헤르더는 그의 철학의 도덕적·종교적 함축들을 재평가할 수 있다. 이제 스피노자의 그렇지 않으면 황량하고 암울한 우주에 생명과 섭리를 위한 여지가 존재한

104 Herder, *Werke*, XVI, 492-493.
105 같은 책, XVI, 418, 438.

다. 헤르더의 독해에서 스피노자의 신은 죽은 정태적인 실체가 아니라 살아 있는 활동적인 힘이다. 그리고 그것은 맹목적 필연성에 따라서가 아니라 지적인 목적들을 가지고서 행위한다.

스피노자 철학의 도덕적·종교적 차원을 회복하려는 캠페인의 일환으로서 헤르더는 스피노자를 무신론과 숙명론의 비난으로부터 벗어나게 하고자 시도한다. 그는 무신론의 혐의가 부당하다는 것을 보여주는 데 거의 어려움을 겪지 않는다. 우리는 스피노자가 무신론자라고 말할 수 없는데, 왜냐하면 무신론자란 신이 어떻게 파악되는가에 상관없이 그 신의 존재를 부정하는 자이기 때문이라고 헤르더는 논증한다.[106] 신의 존재를 부인하는 것이 아니라 스피노자는 그를 자기의 첫 번째 원리, 즉 자기의 가장 실재적인 존재자$^{ens\ realisimum}$로 만든다. 그러한 입장은 '무신론'이 아니라 '범신론'이라고 불릴 만하다.

범신론 논쟁에 대한 헤르더의 공헌들 가운데 하나는 그가 스피노자의 범신론에 대해 야코비나 멘델스존보다 좀 더 정교한 해석을 개진한다는 점이다. 그는 올바르게도 능산적 자연과 소산적 자연 간의 스피노자의 구분을 회복한다.[107] 헤르더에 따르면 야코비와 [161]멘델스존은 스피노자를 무신론이라고 고발하는데, 왜냐하면 그들은 잘못되게도 그의 신을 유한한 사물들의 총계와 등치시키기 때문이다. 당연히 그들은 신에 대한 믿음이 다름 아닌 사물들의 총체성에 대한 믿음에 이를 뿐이라는 제안에 대해 망설인다. 그러나 그 경우 헤르더는 스피노자의 신이 단순히 모든 사물의 총계가 아니라는 것을 지적한다. 오히려 그는 그것들 모두가 그 속에 존재하는 자기 충족적인 실체다. 그래서 비록 스피노자의 신이 세

• •
106 1784년 2월 6일자와 12월 20일자의 야코비에게 보낸 헤르더의 편지들, Herder, *Briefe*, V, 28-29, 90을 참조.
107 Herder, *Werke*, XVI, 444-445.

계 없이 존재할 수 없다 할지라도, 또한 그는 세계와 동일하지도 않다.

숙명론이라는 비난은 헤르더에게 있어 무신론의 그것보다 더 많은 문제를 불러일으킨다. 이 비난으로부터 스피노자를 벗어나게 하기 위해서 헤르더는 스스로 인정하듯이 스피노자 체계의 '문자'로부터 벗어나야만 한다. 그러나 그는 이것이 그 '정신'에서의 변화를 포함하는 것은 아니라고 주장한다. 헤르더에 따르면 스피노자 체계의 정신은 숙명론적이지 않은데(즉 그것은 모든 것이 목적이나 지적인 원인을 지니지 않는 맹목적인 필연성에 의해 결정되어 있다고 주장하지 않는데), 왜냐하면 스피노자가 의지와 지성을 신에게 돌리는 것은 필요하기 때문이다.[108] 물론 『에티카』에는 스피노자가 신에 대해 의지와 지성을 부인하는 것으로 보이는 구절들이 존재한다.[109] 그러나 헤르더는 이 구절들을 전체로서의 그의 체계와 일관되지 않거나 그에 필요하지 않은 것으로서 설명해낸다. 그의 일반적 원리들을 고려할 때 스피노자는 신에게 지성을 돌릴 수 있을 뿐만 아니라 또한 그렇게 해야만 한다고 헤르더는 말한다. 왜냐하면 그가 말하듯이 만약 신이 모든 완전성을 소유한다면 확실히 그는 완전성들 가운데 가장 커다란 것인 사유를 소유해야만 하기 때문이다. 그리고 또한 스피노자가 신에게 의지를 돌리지 못하게 하는 것, 즉 신이 특정한 목적을 위해 행위한다고 가정하지 못하게 하는 것은 아무것도 없다. 비록 스피노자가 목적인을 부정한다 할지라도, 그가 그렇게 하는 까닭은 다만 그것이 신의 행위에 자의성을 전가하는 것으로 보이기 때문일 뿐이다. 그러나 이것은 우리가 신의 활동에 목적이나 계획을 돌릴 수 없다는 것을 의미하지 않는다고 헤르더는 주장한다.[110] 왜냐하면 비록

<hr>

108 같은 책, XVI, 474-476.
109 Spinoza, *Ethica*, par. I, app., *Opera*, II, 71.
110 Herder, *Werke*, XVI, 478-481.

신이 오로지 그 자신의 본성의 필연성으로부터만 행위한다 할지라도, 그가 어떤 목적을 위해 행위하는 것은 여전히 가능하기 때문이다. 필연적으로 행위하는 것과 어떤 목적을 위해 행위하는 것은 최소한 헤르더가 보기에는 완전히 양립할 수 있다. 그러므로 우리는 스피노자의 체계에 자의성이나 우연성을 도입함이 없이 신의 활동을 합목적적인 것으로서 간주할 수 있다.

범신론 논쟁으로의 헤르더의 진입은 그로 하여금 야코비와 멘델스존에 대한 자신의 입장을 명확히 하도록 강요했다. 야코비에 대해 헤르더는 신랄하게 비판적이다. 그는 무신론과 숙명론이라는 야코비의 비난에 맞서 스피노자를 옹호할 뿐만 아니라 또한 야코비의 인격적이고 초자연적인 신 개념을 공격하기도 한다. 우리는 신에게 인격성을 돌릴 수 없는데, 왜냐하면 그것은 명백히 의인적이기 때문이라고 헤르더는 야코비에게 이야기한다.[111] 인격성을 지니는 것은 소망과 욕망 그리고 태도를 갖는 것이며, 이것들은 오로지 유한한 존재나 인간에 대해서만 특징적이다. 우리는 또한 신을 세계 '위'와 '너머'에 있는 초자연적인 존재로서 파악할 수 없는데, 왜냐하면 그러한 초자연적인 신은 인식될 수 없고 따라서 우리와 무관하기 때문이다.

야코비의 신 개념에 대한 헤르더의 비판은 비록 그저 [162]논쟁적인 가치만을 지니는 것으로 보일지라도 범신론 논쟁 전체에 대해 중요하다. 왜냐하면 그것은 신앙이 초자연적이고 인격적인 신에 대한 믿음을 요구한다는 야코비의 너무도 의심스러운 가정에 의문을 던지기 때문이다. 신앙에 대해 이러한 엄격한 요구를 제기함으로써 야코비는 분명히 신앙

111 Herder, *Werke*, XVI, 495-496을 참조. 또한 1784년 12월 20일자의 야코비에게 보낸 헤르더의 편지, Herder, *Briefe*, V, 90을 참조.

을 이성에 대해 약한 입장에 정립하며, 신앙의 비이성성에 관한 자기의 결론을 쉽게 이끌어낸다. 그러나 이러한 임의적인 요구 사항들에 의문을 제기함으로써 헤르더는 이성과 신앙 사이의 간격을 좁히는 데 도움을 준다.

멘델스존 편에 서서 헤르더는 종교적 믿음을 비판하는 이성의 권리를 옹호한다.[112] 그는 신앙이 비판을 초월한다고 가정하는 데 대해 야코비를 훈계한다.[113] 종교적 믿음은 역사적 증언에 토대하며, 그러한 증언은 이용 가능한 증거에 비추어 저울질되어야 한다. 멘델스존과 마찬가지로 헤르더도 이성은 종교적 믿음을 비판할 뿐만 아니라 또한 입증할 수 있는 힘을 지닌다고 주장한다. 그러나 중요한 것은 이성이 어떻게 신앙을 정당화할 수 있는지에 대한 그들의 견해에서 상당한 차이들에 주목하는 것이다. 멘델스존과는 달리 헤르더는 이성이 우리에게 신의 존재에 대한 선험적 증명을 제공할 수 있다고 생각하지 않는바, 그는 이미 오래전에 『아침 시간』에서 발견되는 스콜라 철학적인 유형의 증명을 거부했었다.[114] 그가 보기에 신의 존재에 대한 유일하게 가능한 증명은 후험적이지 선험적이 아니다. 이성은 우주의 질서와 조화에 관한 사실들을 알아낼 수 있는 힘을 가진다. 그리고 이 사실들은 선험적으로 확실하지는 않을지라도 지혜롭고 자비로운 창조자가 존재한다는 것을 개연적으로 만든다.

헤르더의 『신, 몇 개의 대화』의 목표는 스피노자 철학을 재해석하는 것일 뿐만 아니라 또한 그것을 변화시키는 것이기도 하다. 헤르더는 두

---

112 Herder, *Werke*, XVI, 511.
113 같은 책, XVI, 508, 511.
114 Herder, *Werke*, IV, 383-384를 참조.

가지 본질적인 스피노자주의 교설, 즉 범신론과 자연주의에 계속해서 충실하다. 그러나 그는 자유롭게 이 교설들을 다른 철학자들의 그것들과 결합하여 그 자신의 절충적인 혼합물을 창조한다. 그리하여 헤르더는 결코 엄밀한 스피노자주의자가 아니며, 심지어 그는 자기 자신을 스피노자주의자라고 부르는 것을 거부하기까지 한다.[115] 실제로 그는 스피노자의 철학에 중대한 약점들이 존재하며, 이것들은 그것의 내적인 변형을 요구한다고 논증한다.

헤르더에 따르면 스피노자 철학에서 가장 심각한 문제들은 신적 속성에 대한 그의 이론에서 생겨난다.[116] 그가 보기에 이 이론은 두 가지 주요한 결함을 지닌다. 첫째, 스피노자는 연장을 신적인 실체의 속성으로 삼는다. 이것은 마치 신이 물질 덩어리이기나 한 것처럼 신을 공간 속에 존재하게 할 뿐만 아니라 또한 스피노자를 비일관성에 빠트린다. 요컨대 스피노자는 영원성과 시간을 날카롭게 구분하지만, 연장은 시간과 마찬가지로 단일한 영원한 실체의 속성일 수 없는 것이다. 왜냐하면 시간과 연장은 둘 다 복합적이고 가분적이며 파괴적인 것의 본질적 속성들을 공유하기 때문이다. 둘째, 스피노자는 사유와 연장을 신의 유일한 속성들로 삼는다. 이것은 무한한 신이 그 자신을 무한한 방식으로 드러낸다는 스피노자 자신의 진술과 모순된다.[117] 그러나 훨씬 더 [163]심각한 것은 그것이 정신과 육체 사이에 화해 불가능한 이원론을 창조한다는 점이다. 헤르더에 따르면 스피노자 이론에서의 이러한 난점들은 둘 다 그의 데카르트적인 유산으로부터 발생한다. 그것들이 그 자신의 사유에 낯설긴 하지만, 스피노자는 육체의 본질이 연장이며 정신과 육체가 이종적이라

115 Herder, *Werke*, XVI, 420. 1784년 2월 6일자의 야코비에게 보낸 헤르더의 편지, Herder, *Briefe*, V, 27을 참조

116 Herder, *Werke*, XVI, 447-448.

117 Spinoza, *Ethica*, par. I, prop. XVI, *Opera*, II, 16.

는 데카르트적인 교설들로부터 그 자신을 결코 자유롭게 하지 못했다.

스피노자 철학에서의 이러한 약점들을 감안할 때 우리는 그것들을 어떻게 극복할 것인가? 우리는 스피노자의 체계를 어떻게 변화시켜 그것이 결여하는 내적 통일을 그것에 부여할 수 있는 것인가? 결정적인 이 지점에서 스피노자를 구출하기 위해 라이프니츠가 다가온다고 헤르더는 주장한다.[118] 라이프니츠의 힘 개념, 즉 유기체적 또는 실체적 힘 개념은 스피노자 체계에서의 이 문제들을 해결한다. 스피노자의 신을 두 가지 이종적인 속성(사유와 연장)을 가진 실체로서 보는 대신 우리는 그것을 발현의 무한성을 지닌 힘으로서 간주해야 한다. 그 경우 스피노자의 죽은 물질은 활동적인 살아 있는 힘이 되고, 그의 신은 모나드들의 모나드, 모든 힘들의 근원적 힘*Urkraft aller Kräfte*이 된다. 이러한 힘 개념은 물질의 본질로서의 연장을 대체할 뿐만 아니라 또한 정신과 육체를 매개하기도 하며, 그리하여 그것들은 더 이상 구별되는 속성들이 아니라 하나의 동일한 근원적 힘의 상이한 정도의 조직화들이다.

라이프니츠와 스피노자의 이러한 종합——범신론적 생기론 또는 생기론적 범신론——은 헤르더의『신, 몇 개의 대화』의 핵심적 성취로 남아 있다. 스피노자의 정태적 우주에 생명을 주입함으로써 헤르더는 스피노자주의를 칸트 이후 세대를 위해 호소력 있는 교설로 만들었다. 그리하여 한편의 과학적 자연주의와 다른 한편의 도덕적·종교적 믿음들을 결합하는 것이 가능해 보였다. 헤르더의 생기론적 범신론이 셸링과 헤겔의 자연 철학을 위한 영감이 된 것은 대체로 이 이유 때문이었다. 18세기 말 독일에서의 스피노자주의의 부활은 사실 고유한 스피노자주의보다는 오히려 헤르더의 생기론적 범신론의 개화이다. 그리고 그 생기론적 범신론은 궁극적으로 그 뿌리를『신, 몇 개의 대화』에서 지닌다.[119]

• •

118 Herder, *Werke*, XVI, 451-452.

범신론 논쟁에 대한 그것의 공헌들—생기론적 범신론, 스피노자의 범신론에 대한 좀 더 정교한 해석, 무신론과 숙명론의 비난에 맞서 요구되는 스피노자 옹호—에도 불구하고 헤르더의 『신, 몇 개의 대화』는 여전히 실패로 판단되어야 한다. 그것은 그 논쟁에 대한 헤르더의 좀 더 독창적이고 심오한 공헌, 즉 이성의 위기를 해결할 것을 약속하는 그의 생기론적 정신 이론을 거의나 전혀 정당하게 평가하지 못한다. 만약 자연주의적이지만 비환원주의적인 정신 이론을 가지는 것이 가능하다면, 우리는 도덕적 결과들, 요컨대 기계론의 무신론과 숙명론에 대해 전혀 두려워하지 않고서 이성의 영역을 확장할 수 있다. 그러나 헤르더 책의 치명적인 결함은 그것이 그의 이론 배후에 놓여 있는 결정적 전제, 즉 목적론이 기계론에 못지않게 자연주의적이거나 과학적인 설명을 제공할 수 있다는 것의 정당성을 입증하지 못한다는 점이다. 칸트는 [164]그의 논문 「목적론」에서 어떠한 목적론적 설명도 자연주의적인 지위를 주장할 수 없다는 취지의 강력한 논증들을 전개하여 바로 이 전제를 강력하게 비판했다. 그러나 헤르더는 『신, 몇 개의 대화』에서 그것들에 대답하기 위해 아무것도 하지 않는다. 그렇다면 우리는 헤르더의 정신 이론이 멘델스존의 것보다 더 많이 옹호될 수 없는 형이상학에 의존해 있다는 불안감을 느끼지 않을 수 없다.

헤르더의 정신 이론이 취약한 입장으로 좌초하면서 이성의 권위 문제 전체는 전보다 더 해결될 수 없는 것으로 나타난다. 야코비의 딜레마에 대한 세 가지 가능한 해결책은 성공적인 결과로 이어지지 않는 것으로

· ·
119 자연 철학에 대한 헤르더의 영향에 관해서는 Haym, *Die romantische Schule*, pp. 582-583과, Hoffmeister, *Goethe und der deutsche Idealismus*, pp. 1-2, 12ff., 33-34, 39-40을 참조.

보인다. 멘델스존의 형이상학은 칸트의 비판에 의해 불구화된다. 칸트의 도덕 신학은 야코비와 비첸만의 반격에 의해 약화된다. 그리고 헤르더의 정신 이론은 목적론에 대한 칸트의 이의 제기에 취약하다. 그렇다면 이성에 의해 도덕적·종교적 믿음들을 정당화하는 어떠한 전망도 여전히 존재하지 않는 것으로 보인다.

로크주의자들의 공격

6.1. 대중 철학: 운동에 대한 스케치

18세기 중후반 무렵, 특히 프리드리히 2세의 계몽 전제주의 하의 베를린에서, 그러나 또한 첫 번째 총장인 A. 뮌히하우센의 자유주의 정책 하의 괴팅겐 대학에서 새로운 철학 운동이 번성하기 시작했다. 이 운동은 독일 계몽주의의 대중적인 철학을 대표했으며, 따라서 대중 철학 *Popularphilosophie*이라는 이름으로 불렸다. 그것의 지도적인 구성원들 가운데는 J. A. 비스터, J. A. 에버하르트, J. 엥겔, J. F. 페더, C. 가르베, F. 니콜라이, E. 플라트너 그리고 A. 바이스하우프트가 있었다. 이 인물들 가운데 대부분이 지금은 잘 알려져 있지 않지만, 그들은 그 당시에는 모두 유명했다. 대중 철학자들은 프랑스 계몽 철학자들의 독일에서의 상대였으며, 그들은 볼테르, 디드로, 달랑베르가 프랑스에 대해 중요했던 만큼 독일에 대해 중요했다.

대중 철학자들은 계몽 철학자들과 동일한 목표, 즉 계몽(*Aufklärung*)의 확산을 공유했다. 계몽주의는 일반 대중의 교육으로서, 즉 미신과 무지 및 노예 상태로부터의 대중의 해방 그리고 대중의 취미와 예의 및 이성의 함양으로서 이해되었다.[1] 그러므로 대중 철학은 지적인 운동일 뿐만 아

니라 정치적인 운동이기도 했다. 그것의 주된 목적은 실천적이었다. 요
컨대 철학과 삶, 사변과 행위 사이의 경계를 무너뜨림으로써 이성의 원
리들이 상아탑에 갇히지 않고 교회와 국가에 의해 실천되는 것이었다.[2]

비록 프랑스와 영국의 계몽주의를 모델로 하고 있을지라도 대중 철학
은 또한 독일 그 자신 내에서의 경향에 대한 반응이었다. 프랑스와 영국
의 계몽주의가 그 영감을 로크와 뉴턴의 철학에서 얻었던 데 반해, 독일
계몽주의는 그 자신의 자원을 라이프니츠와 볼프의 철학에서 끌어냈다.
대중 철학자들은 계몽 철학자들이 뉴턴과 로크를 위해 행한 것을 라이프
니츠와 볼프를 위해 행했다. [166]그들은 그들의 교설들을 대중화하여
그것들을 대중적 의식의 부분으로 만들었다. 비록 대중 철학자들 가운데
많은 이가 라이프니츠와 볼프에 충실했을지라도, 그들은 여전히 라이프
니츠-볼프학파에서의 한 가지 혼란스러운 경향, 즉 그것의 점증하는 스
콜라주의에 반항했다. 대중 철학자들이 보기에 그 모든 현학적인 정의들
과 엄밀한 증명 그리고 공들인 체계 형성을 지니는 볼프의 방법론은
철학을 엘리트적이고 비교秘敎적인 분과로 전환시키고 있었다. 그리고
이러한 엘리트주의와 비교주의는 그들로 하여금 계몽의 주된 적들 가운
데 하나인 중세의 스콜라 철학을 상기하게 했다. 따라서 대중 철학자들
은 라이프니츠-볼프 철학의 공교적 내용을 긍정하면서 비교적 형식을
거부했다.

가장 효과적인 수단으로 계몽을 확산시키려고 시도하면서 대중 철학
자들은 철학적 활동뿐만 아니라 문학적 활동에도 헌신했다. 번호가 매겨
진 볼프의 단락들에 따라 기술적인 논고들을 쏟아내는 것이 아니라 그들

<hr />

1   계몽에 대한 교육 개념의 중요성에 관해서는 Mendelssohn, "Ueber die Frage was
     heisst aufklären?" in *Schriften*, VI, 113-121을 참조.
2   이 목표는 젊은 라인홀트에 의해 그의 초기 논문, "Gedanken über Aufklärung",
     Deutsche Merkur, July/August (1784), 5-8에 의해 명시적이고 확고하게 진술된다.

은 기사와 경구 그리고 대중적인 교과서를 썼다. 대중을 교육하는 모든 것이 그들의 목적을 위한 수단이었다. 그들은 실제로 문학적 논평을 편집하는 데서 매우 성공적이었다. 니콜라이의 『일반 독일 문고』, 비스터의 『베를린 월보』, 빌란트의 『독일 메르쿠르』 그리고 하이네의 『괴팅겐 학술 공보』가 있었다. 이러한 저널들 덕분에 문학 비평은 높은 기준을 획득했으며, 많은 철학 작품들이 훨씬 더 광범위한 대중을 발견했다. 대중 철학자들은 또한 프랑스와 영국의 계몽주의 철학을 독일에 도입하는 데서도 효과적이었다. 그들은 루소와 콩디야크, 볼테르와 디드로는 말할 것도 없고 흄과 로크, 비티와 리드도 번역했다.[3]

비록 그들 가운데 많은 사람이 라이프니츠와 볼프의 영향을 받았을지라도, 대중 철학자들은 어떤 특정 철학자의 제자들이 아니었다. 그들은 실제로는 자기 의식적인 절충주의자들이었다. 대부분의 대립적인 철학자들에게서 나온 관념들이 일관성을 희생시키면서까지 그들에 의해 결합되었다. 예를 들어 로크의 경험주의가 라이프니츠의 형이상학과 섞여 있는 것을 발견하는 것은 드문 일이 아니었다. 하지만 대중 철학자들에 따르면 그러한 절충주의는 비판적이고 독립적인 사유의 배신이 아니라 바로 그에 대한 긍정이었다. 철학자는 학파들의 종파적 정신으로부터 스스로를 해방시켜야만 하고 그 자신의 개인적 철학을 발전시켜야만 한다는 것은 그들의 확고한 믿음이었다. 이성적 인간은 각각의 체계를 그 장점에 따라 판단하고, 자신의 비판적 평가의 결과에 따라 각각으로부터 취했다.

대중 철학자들의 정치학은 자유주의적이고 개혁주의적이었지만 혁명적이거나 급진적이지는 않았다. 그들은 사상의 자유와 종교적 관용 그리

---

3   대중 철학자들에 의해 번역된 작품들의 완전한 목록이 Wundt, *Schulphilosophie*, pp. 270-271에 주어져 있다.

고 교육 개혁을 호소했다. 그러나 그들은 민주주의에 찬성하지 않았다. 그들은 법 앞에서의 평등과 자연권을 믿었다. 그러나 그들은 엘리트 통치의 필요성을 결코 의문시하지 않았다. 비록 대중을 계몽하기 원했다 할지라도 그들은 대중이 국가에 의문을 제기하기를 원하지 않았다. 실제로 대중 철학자들의 대부분은 프리드리히 2세의 자비로운 전제 정치를 환영했으며, [167]그들의 지적·정치적 활동의 많은 것이 —— 왕립 아카데미에서나 프리메이슨과 같은 비밀스런 협회에서 —— 왕실의 후원 하에 진행되었다. 그렇다면 계몽 철학자들과는 달리 대중 철학자들은 그들의 정부에 대한 비판자들이기보다는 대리인들이었다.

헌신적인 계몽주의자로서 대중 철학자들은 자연스럽게 어떤 대가를 치르고서라도 이성의 권위를 유지하기를 원했다. 그들은 이성을 도덕적·종교적 믿음에 대한 유일하게 효과적인 승인으로서 바라보았으며, 이성을 미신과 무지에 대한 가장 강력한 무기라고 생각했다. 따라서 범신론 논쟁이 진행되는 동안 그들은 하만과 야코비에게 적대적인 만큼이나 칸트와 멘델스존에게 공감적이었다. 야코비의 이성 비판은 그들을 깊이 불안하게 만들었는데, 왜냐하면 그것은 그들의 계몽 프로그램 전체의 가치에 의문을 제기했기 때문이다. 만약 이성이 야코비가 가르쳤듯이 무신론과 숙명론으로 이어진다면, 계몽은 도덕을 개선하기보다는 타락시키지 않을 수 없을 것이다.

비록 대중 철학자들이 범신론 논쟁이 진행되는 동안 칸트 편에 섰을지라도, 그들은 일반적으로 그의 가장 격렬한 반대자들 사이에 서 있었다. 20년이 넘는 세월 동안 그들은 그의 철학을 수많은 소책자와 논평 및 논문들에서 공격했다. 심지어 페더의 『철학 문고』와 에버하르트의 『철학 잡지』와 같이 칸트에 대한 비판에 바쳐진 저널들도 있었다. 하지만 왜 칸트에 대한 그러한 적대감이 존재했던가? 대중 철학자들은 칸트의 의도가 고귀한 만큼이나 그의 철학이 위험하다고 생각했다. 비록 칸트가 이성의 권위를 지키려고 의도했을지라도, 그의 철학은 그것을 훼손할 조짐을 보였다. 대중 철학자들의 칸트에 반대하는 캠페인의 일반적 주제는 그의 철학이 우리의 무상한 인상들 너머의 것에 대한 지식을 부정한 흄의 회의주의로 끝난다는 것이었다. 그들이 보기에 칸트의 실천적 신앙은 단지 이러한 회의적 결과들을 은폐하려는 책략일 뿐이었다. 그것은 기껏해야 우리가 마치 신과 불사성 그리고 섭리가 존재하는 것처럼 생각하고 행위해야 한다는 규제적 준칙을 정당화할 뿐이었다. 그러나 사실 우리가 알 수 있는 모든 것은 우리 의식의 범위였다. 그렇다면 대중 철학자들은 멘델스존과 마찬가지로 신앙에 대한 이론적 옹호를 요구한 셈인데, 왜냐하면 오직 그러한 옹호만이 신과 불사성 그리고 섭리의 존재에 대한 믿음을 충족시킬 수 있기 때문이다.

칸트를 이렇게 비판함에 있어 대중 철학자들은 그들 자신을 그렇지 않았다면 그들이 격렬하게 대립했던 야코비와 비첸만의 부지불식간의 동맹자임을 증명했다. 1780년대와 1790년대에 대중 철학자들과 신앙 철학자들*Glaubensphilosophen*은 칸트를 단일한 혐의, 즉 흄의 유아론 또는 니힐리즘으로 고발하는 데서 연합하여 하나의 합창단을 구성했다. 하지만 이 합창단에는 한 가지 매우 중요한 불협화음이 존재했다. 신앙 철학자들은 칸트 철학이 이성의 패러다임이며 따라서 모든 이성적 탐구의 위험한 결과들을 분명히 보여준다고 간주했지만, 대중 철학자들은 [168]칸트 철학이 이성의 본성을 잘못 해석했다고 생각했다. 이성은 야코비가 정식화했듯이 "주-객 동일성의 원리"가 아니라 상식(*der gesunde Menschenverstand*)이었다.

비록 대중 철학자들이 계몽을 옹호하기 위해 필사적이었을지라도 결국 그들은 그것의 생존보다 퇴조에 더 기여했다. 칸트에 대한 그들의 비판은 증명의 부담을 스스로에게로 옮겨 놓았다. 이성의 권위를 유지하기 위해 그들은 도덕적, 종교적, 상식적 믿음들에 대한 새로운 이론적 옹호를 가지고 나서야 했다. 하지만 그들이 보통 제공해야했던 것은 흄과 칸트의 비판에 취약한 닳아빠진 라이프니츠-볼프의 주장들 이외에 아무것도 아니었다. 그렇지 않으면 대중 철학자들은 도덕과 종교의 최종적 승인으로서의 상식에 호소하는 데 만족했다. 그러나 그렇게 함에 있어 그들은 이성의 대의에 이바지하기보다는 그것을 배신했다. 왜냐하면 칸트와 비첸만이 논증했듯이 만약 상식이 흄의 회의주의에 아무런 대답을 갖고 있지 않다면 그것은 다름 아닌 무지의 피난처와 야코비의 목숨을 건 비약일 뿐이기 때문이다.

증명의 부담이 그들에게 있었지만 대중 철학자들은 이성에 대한 새로운 옹호를 제공할 준비가 되어 있지 않았다. 그러한 옹호는 이성의 원리들을 발견하는 것이 아니라 단지 그것들을 구현하는 것이었던 그들의 운동 목표를 넘어 섰다. 하지만 스스로를 이 목표로 제한함에 있어 대중 철학자들은 이미 과연 이성이 그러한 구현의 가치를 지니는가 하는 주요한 철학적 물음에 대한 대답을 전제하는 오류를 범했다. 그들은 기본적인 물음이 실제로 실천적인 것 — 우리는 어떻게 이성에 따라 행동할 것인가?— 이 아니라는 것을 보지 못했다. 오히려 그것은 철학적이었다 — 우리는 이성에 따라 행위해야 하는가? 이 물음을 다루는 데 실패함으로써 대중 철학자들은 그들의 운동의 소멸과 계몽 그 자체의 퇴조에 기여했다.

비록 대중 철학자들이 이성에 대한 독창적이거나 심원한 옹호를 하지 못했을지라도, 그들은 18세기 말의 이성의 권위에 대한 논의에 한 가지 중요한 공헌을 했다. 그것은 바로 그들의 칸트 비판이다. 그들은 종종 이성의 권위를 유지한다는 칸트의 주장에 의문을 제기하는 날카로운 반대들을 제기했다. 이 이의 제기들은 또한 영향력이 있었는데, 왜냐하면 그들은 때때로 칸트로 하여금 자신의 입장을 다시 생각하고 재정식화하도록 이끌었기 때문이다. 실제로『순수 이성 비판』이후의 어떠한 칸트 철학의 역사도 대중 철학자들을 무시할 수 없다. 그들은 칸트의 초기 반대자들의 대다수를 형성했고, 그의 초기 논박의 대부분은 그들에게로 향했다.

하지만 대중 철학자들의 논전에 대한 어떠한 취급도 곧바로 하나의 장애물에 부딪친다. 그것은 요컨대 방대한 양의 자료(논쟁과 논문 및 논평)를 어떻게 조직하고 분류할 것인가 하는 것이다. 아주 많은 사람들이 있었기 때문에 그리고 그들이 절충주의자였기 때문에, 대중 철학자들은 그룹이나 범주로 묶기가 특히 어렵다.

이러한 다양성에도 불구하고 우리는 대중 철학자들 사이에서 어떤 대강의 그룹들을 구별할 수 있다. 그들의 저술과 관심 그리고 교육적 배경을 검토하면 [169]우리는 그들의 모두는 아니라 하더라도 대부분 사이에 최소한 하나의 기본적인 구분선이 있다는 것을 발견한다. 비록 대중 철학자들의 거의 모두가 라이프니츠와 볼프의 영향을 받았다 할지라도, 그들 가운데 일부는 경험주의자이자 로크의 전통에 좀 더 충실했던 데 반해, 다른 이들은 이성주의자이자 볼프의 전통에 더욱더 신실했다.[4] 전자에는 J. G. 페더, C. 가르베, J. F. 로시우스, C. 마이너스, F. 니콜라이, H. A. 피스토리우스, C. G. 셀레, D. 티데만, G. 티텔 그리고 A. 바이스하우프트가 속했다. 후자에는 J. A. 에버하르트, J. F. 플라트, J. G. E. 마스, E. 플라트너, J. G. 슈밥 그리고 J. A. 울리히가 있었다. 이 두 그룹은 자연스럽게 동일한 관심사와 믿음들 가운데 많은 것을 공유했지만, 그들 사이에는 여전히 하나의 기본적인 차이가 존재했다. 경험주의자들 또는 로크주의자들은 선험적 관념들의 가능성을 부인했던 데 반해, 이성주의

----

4 다른 구분선들이 존재한다. 예를 들어 Erdmann, *Kants Kriticismus*, pp. 8-9에서의 분류를 참조.

자들 또는 볼프주의자들은 그러한 가능성을 긍정했다.

경험주의적인 대중 철학자와 이성주의적인 대중 철학자 사이의 이러한 차이는 불가피하게 칸트에 대한 그들의 반응에서 기본적인 갈라짐으로 이어졌다. 두 당파는 이성주의와 경험주의를 종합하고자 하는 칸트의 시도를 빠르게 알아차렸다. 그러나 우리가 예상할 수 있듯이 경험주의자들은 칸트가 너무나 이성주의 쪽으로 기울어졌다고 생각했던 데 반해, 이성주의자들은 그가 경험주의에 너무 많이 굴복했다고 여겼다. 경험주의자들에 따르면 칸트는 선험적 지식의 존재를 가정하고 경험에서 떨어져 있는 예지적 영역을 요청함에 있어 과도하게 이성주의적이었다. 하지만 이성주의자들에 따르면 칸트는 관념들이 경험에서 검증될 것을 요구하고 순수 이성을 통한 지식의 가능성을 부인하는 데서 지나치게 경험주의적이었다. 다음의 논의에서는 이러한 차이점들이 거듭해서 나타날 것이다.

6.2. 칸트에 반대하는 로크주의 캠페인의 주요 장면들

로크주의자들은『순수 이성 비판』의 출간을 틀림없이 즐거워하지 않았다. 칸트의 인상적인 두꺼운 책에 대한 그들의 최초의 반응은 실망의 그것이었다. 그들 가운데 적지 않은 사람들이 초기의 전-비판기 칸트의 숭배자들이었다.[5] 그들은『시령자의 꿈』의 회의적인 어조를 사랑했다. 그들은『미와 숭고의 감정에 관한 고찰』의 장난스러운 관찰을 즐겼다.

---

5 칸트에 대한 로크주의자들의 초기 태도에 관해서는 Feder, *Leben*, p. 117과 1787년 12월에 칸트에게 보낸 셀레의 편지, Kant, *Werke*, X, 516-517, 그리고 1783년 8월 7일자의 칸트에게 보낸 가르베의 편지, Kant, *Briefwechsel*, p. 225를 참조.

그들은『신의 현존재 논증의 유일하게 가능한 증명 근거』의 미묘한 변증법을 칭찬했다. 칸트는 자신들 가운데 하나인 것으로 보였다. 그는 동일한 경험주의적 경향과 동일한 형이상학적 관심 그리고 대중성에 대한 동일한 욕망을 갖고 있는 것으로 보였다. 그러나『비판』은 잔인하게도 이러한 환상들, 이러한 피상적인 친밀감을 산산조각 냈다. 이제 양의 탈을 쓴 늑대가 마침내 나타났으며 ── 모든 이빨을 드러냈다.

그러므로『비판』에 대한 로크주의자들의 두 번째 반응은 놀람과 실제로는 반발의 그것이었다.『비판』은 그들이 대표했던 거의 모든 것을 공격했고, 그들이 공격한 거의 모든 것을 대표했다. 칸트의 관념론은 그들의 상식에 대한 모욕이었다. 형이상학에 대한 그의 비판은 그들의 자연종교에 대한 위협이었다. 그의 선험적 관념들은 로크 이전의 [170]인식론을 상기시켰다. 그리고 그의 기술적 용어법과 교조적 방법은 새로운 스콜라주의의 기미를 보였다. 거의 하룻밤 사이에 칸트는 로크주의자들의 가장 무시무시한 적, 그것도 그들이 거의 이해할 수 없는 적이 되었다. 그들은 칸트에 대해 혼란스럽고 상충되는 이미지를 가지고 있었다. 그들의 눈에 칸트는 위험한 회의주의자와 교조적인 형이상학자 ── 종교와 상식을 비난한 회의주의자와 선험적 관념들과 교조적 방법을 부활시킨 형이상학자 둘 다였다.

비록 로크주의자들이『비판』에 대해 날카롭게 비판적이었을지라도, 그들은 그것의 위상과 중요성을 인식한 최초의 사람들이었으며, 실제로 그것이 제기한 도전에 응답한 최초의 사람들이었다. 칸트에 반대하는 그들의 캠페인은 1782년 1월에『비판』에 대한 가르베의 악명 높은 논평으로 시작되었다. 이 논평은『프롤레고메나』에서의 칸트의 적대적인 응답을 불러일으켰던바 ── 그 응답은 너무도 효과적이어서 다가올 몇 년간 논평자가 되고자 하는 모든 이들을 겁먹게 만들었다. 1782년 초부터 1784년 초까지 거의 2년 동안 소강상태가 지속된 후, 로크주의 캠페인은

『비판』에 대한 디트리히 티데만의 주의 깊고 냉철한 논평에 의해 재개되었다. 그것을 같은 해에 C. G. 셀레에 의한 논문과『프롤레고메나』에 대한 H. A. 피스토리우스의 논평이 뒤따랐다. 1786년쯤에는 로크주의의 공세가 광범위한 전선으로 확대되었다. 칸트는 여러 논평과 논문 및 책들에서 공격당하고 있었다. 1787-1788년은 이 캠페인의 정점을 나타낸다. 이 2년 사이에만 해도 로크주의자들은 오로지 칸트에 대한 비판에만 바쳐진 10권 이상의 책을 출판했다. 로크주의의 공세는 티데만의『테아이테토스』와 함께 1790년대까지 계속되었다. 그리고 그것은 니콜라이의 가차 없는 패러디들과 장황한 비난들과 더불어 1800년대까지도 지속되었다.

비록 이러한 엄청난 규모의 지속적이고 다양한 논쟁적인 캠페인을 요약하기는 어려울지라도, 칸트에 반대하는 로크주의 캠페인에서의 일반적 주제들과 되풀이되는 주도 동기들을 식별하는 것은 가능하다. 이 주제들은 볼프주의자들보다 로크주의자들 사이에서 좀 더 자주 발견되거나 아니면 그것들은 어떠한 볼프주의자도 원리적으로 결코 그것들을 주장하지 않으리라는 의미에서 로크주의 캠페인에 대해 특징적이다. 그러면 이 주제들 각각을 간단히 살펴보자.

(1) 칸트와 그의 경험주의적인 반대자들 사이의 중심적인 쟁점들 가운데 하나는 선험적 지식의 가능성에 관한 것이다. 모든 로크주의자는 모든 종합적인 지식이 후험적인바, 경험으로부터 유래되고 경험에 의해 정당화된다고 주장했다. 하지만 그들 가운데 일부는 분석적 지식조차도 후험적이라고 논증할 만큼 대담했다.[6]

----

6   예를 들어 Feder, *Raum und Causalität*, p. 8ff.; Tittel, *Kantische Denkformen*, pp. 51-52, 36-37, 27-28; Weishaupt, *Zweifel*, pp. 6-7; 그리고 Tiedemann, *Theäet*, pp. xii, 120-121을 참조.

(2) 또 다른 기본적 갈등은 인식론의 고유한 방법에 관련되었다. 로크주의자들은 순수하게 자연주의적인 인식론, 즉 지식의 기원과 조건을 오로지 자연법칙들에 따라 설명하는 인식론을 주창했다. 그러한 인식론은 분명히 자연 과학을 모델로 했다. 그것의 원형은 로크의 『인간 지성론』의 "있는 그대로의 역사적 방법" 또는 흄의 『인간 본성에 관한 논고』의 "관찰과 실험의 원리들"이었다. 그러므로 로크주의자들은 칸트의 선험적 방법을 거부했다. 그들은 그것을 형이상학적인 것으로서 바라보았고 [171]과학적 인식론의 이상을 상실했다고 비난했다.[7]

(3) 하지만 또 다른 논쟁은 이성과 감각들 사이의 칸트의 날카로운 이원론, 예지적 인간과 현상적 인간 사이의 그의 철저한 이분법의 정당성을 둘러싼 것이었다. 로크주의자들은 이 구별을 자의적이고 인위적인 것으로서, 순수하게 지적인 구별의 물화로서 간주했다. 이성과 감성은 그들이 보기에 분리될 수 없게 결합되어 있었고, 종류에서가 아니라 오직 정도에서만 차이가 있었다. 물론 볼프주의자들도 칸트의 이원론을 공격했다. 그러나 이 점에서 로크주의자들과 볼프주의자들 사이에는 여전히 중요한 차이가 있었다. 볼프주의자들이 감성을 지성의 혼란스러운 형식으로 보았던 데 반해, 로크주의자들은 지성을 감성의 파생적인 형식으로서 간주했다.[8]

로크주의자들은 너무도 자주 칸트의 이원론이 반자연주의적이라는 이유에서 그것에 반대했다. 그것은 자연법칙들에 따라 설명할 수 없는

----

7 예를 들어 Feder, *Raum und Causalität*, pp. viii-ix; Tittel, *Kantische Denkformen*, pp. 94ff., 그리고 *Kants Moralreform*, pp. 4-6, 20-21; Weishaupt, *Zweifel*, pp. 6-7; 그리고 Nicolai, *Beschreibung*, XI, 186, 206, 182를 참조.

8 예를 들어 Tittel, *Kants Moralreform*, pp. 20-21; Selle, *Grundsätze*, pp. 26-28; 그리고 Pistorius, "Ueber den Kantischen Purismus und Sellischen Empirismus", in Hausius, *Materialien*, I, 210-211을 참조.

제6장 로크주의자들의 공격 355

신비한 플라톤적 영역, 예지계를 요청한다. 칸트의 예지계는 우리의 관념과 의도의 기원을 우리에게 모호하게 만든다. 그리고 그것은 이성과 감성 사이의 상호 교환을 이해할 수 없게 만든다. 따라서 로크주의자들은 자주 칸트를 '신비주의', '몽매주의' 또는 '미신'이라고 비난했다.[9]

(4) 칸트와 로크주의자들 사이의 가장 악명 높고 논쟁적인 쟁점은 과연 칸트의 관념론과 버클리의 관념론 사이에 어떤 본질적인 차이가 있는지에 관한 것이었다. 페더는 그러한 차이를 부정한 최초의 사람이었다. 그리고 모든 로크주의자들과 대부분의 볼프주의자들이 그에게 동의했다.[10] 버클리의 관념론이라는 비난은 유아론이라는 비난과 마찬가지였는데, 그것은 일반적으로 비판 철학의 귀류법으로서 간주되었다.[11]

(5) 로크주의자들은 「감성론」과 특히 공간과 시간이 선험적이라는 칸트의 이론에 대한 날카로운 비판자들이었다. 그들은 공간과 시간이 선험적 직관들이 아니라 특수한 거리와 간격으로부터 추상된 후험적 개념들이라고 논증했다.[12] 『비판』에 대한 그들의 초기 검토의 거의 모두는 「감성론」에 초점을 맞췄는데, 왜냐하면 그것은 칸트의 관념론과 선험적 종합의 이론에 대한 시험 사례로서 여겨졌기 때문이다. 전체적으로 로크주

---

9 예를 들어 Tittel, *Kants Moralreform*, pp. 4-6; 그리고 Nicolai, *Abhandlungen*, III, 12ff.를 참조.

10 비록 볼프주의자들도 이 테제를 논증했긴 하지만 그들은 로크주의자들의 발자국을 따라갔다. 실제로 칸트를 유아론으로 비난할 때 끊임없이 버클리를 언급한 것은 로크주의자들이었다.

11 예를 들어 Feder, *Raum und Causalität*, pp. 48-51, 56-57, 107-108; Pistorius, "Kritik der reinen Vernunft", *AdB* 81/2 (1788), 343ff.; 그리고 Weishaupt, *Gründe und Gewissheit*, pp. 65-66을 참조.

12 칸트의 공간·시간론에 대한 로크주의적인 공격을 위한 표준 전거들은 Feder, *Raum und Causalität*, pp. 17-42; Weishaupt, *Zweifel*, 여러 곳; Tiedemann, *Theäet*, pp. 59-81; 그리고 Pistorius, "Schultz's Erläuterung", in Hausius, *Materialien*, I, 165-166이다.

의자들은 볼프주의자들과 마찬가지로「분석론」을 무시하고 조용히 지나쳤다.[13]

(6) 로크주의자들은 칸트가 지성의 개념들을 분류한 방식을 완전히 자의적이고 인위적이라고 비판했다. 볼프주의자들도 칸트에게 그러한 반대를 제기했다. 그러나 로크주의자들은 볼프주의자들과는 달리 그러한 어떠한 분류도 원리적으로 잘못된 것으로서 간주했다. 모든 개념이 경험으로부터의 추상이라고 주장하면서 그들은 지성의 모든 가능한 개념의 어떤 완전한 목록이 있을 수 있다는 것을 부인했다.[14]

(7) 로크주의자들은 정언 명령이 공허하고, 의무를 위한 의무가 인간 본성과 충돌한다고 논증한 최초의 사람들이었다. [172]칸트에 반대하여 그들은 도덕에 대한 충분한 기준을 제공하고 인간의 필요와 조화될 수 있는 유일한 도덕 철학으로서 행복주의를 옹호했다.[15]

6.3. 가르베 사건

『순수 이성 비판』은 무관심한 세계에 태어났다. 출판된 후 처음 7개월 동안 그것은 흄의『논고』와 같은 운명, 즉 "인쇄기로부터 사산되다"를

---

13 일반적으로「분석론」은 마이몬의『초월론 철학의 시도』(1790)에 이르기까지 칸트의 비판자들로부터 공정한 주목을 받지 못했다.「연역」은 1796년에서야 베크의『유일하게 가능한 입장』과 더불어 주목의 중심이 되었다.

14 이러한 비판을 위한 표준 전거들은 Tittel, *Kantische Denkformen*, pp. 10-17; Garve, "Kritik der reinen Vernunft", *AdB*, supp. to 37-52 (1783), 842ff.; 그리고 Weishaupt, *Gründe und Gewissheit*, pp. 48-49이다.

15 예를 들어 Tittel, *Kants Moralreform*, pp. 14-15, 33-36; Pistorius, "Grundlegung zur Metaphysik der Sitten", in Hausius, *Materialien*, III, 221-223; Nicolai, *Abhandlungen*, III, 6ff.; 그리고 Garve, *Versuch*, pp. 373-374를 참조.

겪는 것으로 보였다. 『비판』이 1781년 5월에 출간되었음에도 불구하고 그 해의 나머지 시기에 그에 대한 논평이 없었다. 훨씬 더 나쁜 것은 칸트가 그것을 평가할 자격이 있는 사람의 의견을 듣기를 기대할 수 없다는 것을 알고 있었다는 점이다. 칸트가 자신의 최고의 비판자였을 것이라고 말한 람베르트는 이미 사망했다.[16] 칸트가 언제나 그의 판단을 존경했던 멘델스존은 너무 늙고 허약했다.[17] 그리고 1777년에, 즉 『인간 본성과 그 발전에 관한 철학적 시도들』의 출판 후에 철학 분야에서 은퇴한 테텐스는 아무것도 말하지 않았다.[18] 설상가상으로 칸트의 가장 충성스러운 학생인 마르쿠스 헤르츠도 역시 반응을 보이는 데에 더뎠고, 어쨌든 여전히 전-비판기의 「취직 논문」(『감성계와 예지계의 형식과 원리』)에 헌신적이었다. 칸트가 들었던 것은 다만 난해함과 불명료함에 대한 불평들이었다. 그리하여 『비판』의 최초의 해설자인 요한 슐츠는 그 당시 대중들은 『비판』을 단지 "상형 문자"로만 이루어져 있는 "봉인된 책"으로서 바라보았다고 썼다.[19] 칸트가 『비판』이 "침묵에 의해 명예를 얻었다"고 넋두리한 것은 이러한 우울한 상황에서였다.[20]

하지만 이러한 실망스러운 침묵은 1782년 초에 마침내 깨졌다. 그해 1월 19일에 『비판』에 대한 익명의 논평이 『괴팅겐 학술 공보』의 추가판에 게재되었다.[21] 그러한 모호한 저널은 극도로 중요한 논문을 위한

• •
16 1781년 11월 16일자의 베르누이에게 보낸 칸트의 편지, Kant, *Briefwechsel*, p. 203.
17 1783년 4월 10일자의 칸트에게 보낸 멘델스존의 편지, Kant, *Briefwechsel*, pp. 212-213 을 참조.
18 페더는 그의 자서전에서 테텐스로부터 『비판』에 대한 그의 의견을 드러내는 편지를 받았다고 주장한다. 그는 넌지시 테텐스의 반응이 주로 부정적이었다고 내비친다. Feder, *Leben*, p. 108을 참조.
19 Schultz, "Vorrede", in *Erläuterung*.
20 Kant, *Prolegomena*, *Werke*, IV, 380.
21 *GgA* 3 (January 19, 1782), 40-48을 참조.

무대인 것으로 드러났다. 이것은 『비판』에 대한 최초의 논평이며, 그것은 가장 악명 높은 것이 되었다. 어떠한 논평도 칸트의 분노를 불러일으키는 데서 그렇게 성공하지 못했다. 그리고 어느 누구도 그로 하여금 자신의 입장을 다시 논증하고 재정식화하도록 하는 데서 그에게 더 커다란 영향을 끼치지 못했다. 칸트가 『프롤레고메나』와 『비판』의 두 번째 판에서 자신의 초월론적 관념론을 다시 정의한 것은 주로 「괴팅겐 논평」 덕분이었다. 칸트에 대한 충격에 더하여 그 논평은 칸트의 경험주의적인 반대자들 사이에서 화두가 되었는데, 그들은 칸트가 그것을 비난한 만큼의 열정을 지니고서 그것을 옹호했다. 돌이켜 생각해 보면 대체로 그것은 나쁜 출발이 아니었다. 이 논평은 『비판』에 대한 주목을 끌어들인 논쟁을 창조했다. 칸트는 ── 확실히 자신이 원한 방식으로는 아니지만 ── 자기가 바라고 있던 대중성을 조금이나마 얻었다.

논평에 의해 창조된 논쟁은 무엇이었는가? 그러한 스캔들을 유발한 그것은 무엇을 말했던가? 그 논평에서 제기된 주요 쟁점은 [173]칸트의 관념론의 본성에 관련된다. 여기서 처음으로 칸트의 관념론과 버클리의 관념론 사이의 구별이라는 고전적 문제가 제기된다. 논평은 단호하게 그러한 구별이 존재한다는 것을 부정하는데 ── 이 테제는 곧바로 칸트에 반대하는 경험주의적 캠페인의 슬로건이 되었다.

이 테제 배후에 놓여 있는 전략은 실제로 칸트에게 매우 위협적이었다. 만약 경험주의자들이 칸트의 관념론을 다름 아닌 18세기 독일에서 어느 누구도 진지하게 받아들이지 않는 버클리의 관념론일 뿐인 것으로서 호도할 수 있다면, 그들은 『비판』의 위협 전체를 전에 그 모든 것을 다 보았던 지시문에 따라 안전하게 무장 해제시킬 수 있을 것이다. 따라서 칸트는 자신의 관념론을 명확히 하여 그것을 버클리의 것과 구별하는 수밖에 다른 선택의 여지가 없었다. 간단히 말하자면 그것은 생존의 문제였다.

괴팅겐 논평은 『비판』을 "좀 더 고차적인 또는 초월론적인 관념론의 체계"로서 요약한다.[22] 이것은 물질뿐만 아니라 정신도 한갓된 표상들로 환원하는 관념론으로서 정의된다. 그렇다면 칸트의 관념론의 주요 원리는 버클리와 흄의 원리와 동일한 것, 즉 지각은 오직 "우리 자신의 변양"일 뿐인 표상들 이외의 다른 것에 존재하지 않는다는 것이다. 이 원리를 칸트에게 돌리는 데서 논평자는 칸트의 관념론을 토머스 리드의 눈을 통해 보고 있는데, 리드의 상식 철학은 괴팅겐 대중 철학자들 사이에 아주 인기가 있었다.[23] 리드가 버클리를 지각 대상을 지각 행위와 혼동한다고 비난하는 것과 정확히 마찬가지로 논평자는 칸트가 똑같은 잘못을 범했다고 암시한다.

논평에 따르면 칸트의 관념론은 버클리의 것과 동일한 난점을 지닌다. 즉 그것은 경험을 꿈이나 가상으로 환원한다는 것이다.[24] 칸트가 우리가 듣고 있는 이러한 곤경에 사로잡혀 있는 것은 그가 실재와 가상을 구별할 수 있는 충분한 기준을 갖고 있지 않기 때문이다. 칸트는 실재의 기준이 다름 아닌 지성의 규칙들에 대한 적합성에 있다고 생각한다. 그러나 이것은 꿈도 역시 규칙에 의해 지배되는 경험의 질서와 규칙성을 가질 수 있다는 것을 고려하면 실재를 가상으로부터 구별하기에 충분하지 않다. 그러므로 실재의 기준은 지성의 규칙들이 아니라 감각 그 자체의 어떤 특성에서 발견되어야 한다.[25] 그리고 나서 논평자는 『비판』이 회의

22　『프롤레고메나』의 포어랜더 판의 「부록 II」, p. 167을 참조. 이것은 그 논평의 페더 판의 복각판이다. 모든 지시는 좀 더 이용하기 쉬운 이 판을 가리킬 것이다.

23　예를 들어 리드의 *Essays on the Intellectual Powers of Man*에 대한 페더의 지나치게 찬양하는 논평, *PB* I, 43ff.를 참조.

24　Vorländer, p. 169.

25　같은 책, p. 173.

360

주의와 교조주의 사이의 가운뎃길을 고안하는 데 실패한다고 말함으로써 칸트에 반대하는 자신의 주장을 끝맺는다. 이 가운뎃길은 "공통의 인간 지성"(*der gemeine Menschenverstand*), "가장 자연스러운 사유 방식"(*das natürlichste Denkart*), 즉 대중 철학자들에 의해 선호되는 상식과 동일시된다. 『비판』은 그것이 외부 세계의 실재에 대한 우리의 믿음을 파괴하기 때문에 이 길을 훼손하고 회의주의로 기울어지고 있다고 고발된다.

예상할 수 있듯이 그리고 정당하게 괴팅겐 논평에 대한 칸트의 반응은 순전히 적대적인 것은 말할 것도 없이 분노하는 것이었다. 칸트는 그 논평이 완전히 [174]편파적이고 자신이 의도적으로 잘못 이해되었다고 느꼈다. 따라서 『프롤레고메나』에서 칸트는 부록 전체와 몇 개의 설명적인 부분들을 논평에 대한 반박에 바쳤다.[26] 『비판』 제2판의 「관념론 논박」도 그것에 대한 대답으로서 파악될 수 있다.

『프롤레고메나』에 붙인 부록은 논평의 기준과 절차에 대한 격렬한 비난이다. 칸트는 논평자가 그 자신의 형이상학의 기준들에 따라 『비판』을 판단한다고——즉 『비판』의 주요 과제가 형이상학의 가능성을 조사하는 것이기 때문에 선결 문제 미해결의 오류를 범하는 접근법이라고 고발한다.[27] 논평자는 『비판』의 원리들을 불편부당하게 검토하기보다 그 결과들에 대해 단순히 반작용할 뿐인바, 우리에게 그 이유를 말하지

<hr />

26 괴팅겐 논평에 대답하는 『프롤레고메나』의 부분들은 부록에 더하여 다음과 같다. "첫 번째 주요 물음"에 대한 두 번째와 세 번째 "주해", in *Werke*, IV, 288-294; 단락 39, in *Werke*, IV, 332; 그리고 단락 46, 48 및 49에 대한 "주해", in *Werke*, IV, 333-334. 『프롤레고메나』의 일반적 계획에 대한 논평의 영향은 논란의 대상이 되는 문제다. 1878-79년에 에르트만과 아르놀트는 『프롤레고메나』가 어느 정도나 논평의 결과인지를 두고서 다투었다. 이 논쟁에 대한 유용한 요약을 위해서는 Vorländer, *Prolegomena*, pp. xiv-xix를 참조.

27 Kant, *Werke*, IV, 372.

않고서 그것들을 불합리한 것들로서 일축한다. 가장 나쁜 것은 논평자가 『비판』에서 다루어진 주된 문제, 즉 선험적 종합 판단의 가능성을 이해하지 못했거나 심지어 진술하지도 못했다는 점이다.[28] 그는 『비판』이 자기의 문제를 해결하지 못했다거나 그것이 참된 것이 아니라는 것을 결코 보여주고자 하지 않았다. 하지만 만약 논평자가 이 쟁점에 비추어 『비판』을 보았다면 그는 초월론적 관념론이 첫 번째 원리가 아니라 선험적 종합 인식의 문제에 대한 『비판』의 해결 결과라는 것을 깨달았을 것이다.[29]

논평에 대한 칸트의 대답의 요지는 초월론적 관념론과 버클리적인 관념론 간의 그의 구별이다. 『프롤레고메나』의 부록과 두 개의 설명적인 부분에서 칸트는 자기의 관념론과 버클리의 그것 사이에는 두 가지 근본적인 차이점이 존재한다고 진술한다.[30]

(1) 사물들 자체의 존재를 버클리의 관념론은 부정하는 데 반해, 초월론적 관념론은 긍정한다. 달리 말하자면, 버클리의 관념론은 경험이 오로지 지각이나 관념으로만 이루어진다고 생각하지만, 초월론적 관념론은 그것이 사물들 자체의 현상들로 이루어진다고 주장한다. 이렇게 구별함에 있어 칸트는 자기의 관념론의 원리가 지각의 대상들이 관념들이라는 것이라고 하는 주장을 논박한다. 그것들은 단지 관념들이 아니라 사물들 자체의 현상들이다.

(2) 초월론적 관념론이 경험이 실재적이라고 주장하는 입장에 있는 데 반해, 버클리의 관념론은 경험이 환상적이라고 여겨야 한다. 비록 칸트가 이 구별을 마치 그것이 기본적인 것처럼 개진한다 할지라도, 중

----

28 같은 책, IV, 377.
29 같은 책, IV, 377.
30 같은 책, IV, 288-290, 374-375.

요한 것은 그것이 충분히 탐구되지는 않은 훨씬 더 근본적인 차이의 결과라는 것을 파악하는 것이다. 더 근본적인 차이는 다음의 것, 즉 선험적 종합 원리들이 존재한다는 것을 칸트는 긍정하고 버클리는 부정한다는 것이다.[31] 그런데 선험적 종합 원리들이 경험의 객관성의 필요조건이라는 칸트의 논증을 고려하면, 버클리가 경험을 가상으로 변형시키는 죄를 범하고 있다는 것이 따라 나온다. 왜냐하면 버클리의 경험주의는 그로 하여금 경험의 객관성의 필요조건들 가운데 하나, 즉 선험적으로 종합적인 것을 부정하게끔 하기 때문이다. 그래서 비록 칸트가 경험이 환상적이라는 것이 버클리 관념론의 원리라고 진술한다 할지라도, 그는 사실 [175]그것이 버클리의 경험주의의 결과라고 논증해야 한다. 그러므로 초월론적 관념론과 버클리적인 관념론 간의 차이는 이성주의적 관념론과 경험주의적 관념론 사이의 차이로 밝혀진다.

『비판』의 제1판에서 결코 명백히 드러나지 않는 초월론적 관념론과 버클리적인 관념론 사이의 이러한 구별들은 괴팅겐 논평의 직접적인 결과이다. 그렇지만 이 구별들과 더불어 『프롤레고메나』에서의 초월론적 관념론에 대한 새로운 일반적 정식화를 찾아내는 것이 가능한데, 그것은 『비판』 제1판에서는 눈에 띄지 않는바, 그것도 역시 괴팅겐 논평에 대한 반응이다.[32] 요컨대 『비판』의 제1판이 초월론적 관념론을 감각의 대상들이 단지 현상들일 뿐이지 사물들 자체가 아니라는 주장으로서 정의하는 데 반해,[33] 『프롤레고메나』는 그것을 감각의 대상들이 사물들 자체의 현상들이라는 주장과 동일시한다. 『비판』의 제1판에서는 암시조

---

31 칸트 그 자신이 말하듯이 버클리는 모든 선험적 원리들을 감각 인상들로 환원하는 경험주의자다. *Werke*, IV, 375를 참조.

32 이것은 Erdmann, *Kants Kriticismus*, pp. 91-95에서 에르트만에 의해 최초로 주목되었다.

33 *KrV*, A, 491.

차 되지 않는 현상들의 영역에 대한 이러한 재정의는 『프롤레고메나』에서는 명시적으로 단언된다.[34]

괴팅겐 논평의 저자는 누구였던가? 심란해진 칸트에게 누가 그토록 많은 골칫거리를 안겨줄 수 있었던가? 칸트 자신은 『프롤레고메나』를 쓸 때 알지 못했다. 그러나 논평에 대한 자신의 대답을 마무리하면서 그는 저자가 자신의 모습을 드러낼 것을 요구하며 그의 익명성이 다만 책임과 공개적인 토론으로부터의 도피일 뿐이라고 주장했다. 불과 몇 달 후 칸트의 요구는 적절한 절차에 따라 충족되었다. 『프롤레고메나』가 출판된 지 몇 달 후인 1783년 7월에 칸트는 논평에 대한 책임을 짊어진 사람으로부터 편지를 받았다.[35] 그 편지는 다름 아닌 크리스티안 가르베 (1742-1798)로부터 온 것이었는데, 그는 가장 중요한 대중 철학자들 가운데 한 사람이자 그 시대의 가장 유명한 사상가들 가운데 한 사람이었다. 그 당시 가르베는 멘델스존과 함께 일반적으로 계몽의 지도적 인물로서 간주되었다. 다른 누구보다도 더 그는 영국의 사상, 특히 영국의 정치 경제학을 계몽의 주류로 소개한 데 대해 책임이 있었다. 가르베는 영국의 여러 고전들, 특히 스미스의 『국부론』, 버크의 『숭고와 아름다움의 이념의 기원에 관한 철학적 탐구』, 퍼거슨의 『도덕 철학의 원리』의 번역자였다. 칸트조차도 가르베에 대해 최고의 존경심을 지녔으며, 그를 바움가르텐 및 멘델스존과 함께 "그의 시대의 위대한 분석가들 가운데 한 사람"으로서 분류했다.[36] 그러므로 칸트에게는 괴팅겐 논평 배후에 가르베가 있다는 것이 놀라움으로서 다가왔음에 틀림없다. 그러한 저명

● ●

34 Kant, *Werke*, IV, 289.

35 1783년 7월 13일자의 칸트에게 보낸 가르베의 편지, Kant, *Briefwechsel*, 219f.

36 1776년 11월 24일자의 헤르츠에게 보낸 칸트의 편지, Kant, *Briefwechsel*, p. 148을 참조

한 사상가가 어떻게 그러한 저열한 논평의 저자일 수 있었을까?

칸트에게 보낸 편지에서 가르베는 『비판』에 대한 논평에 대해 책임을 인정했다. 그는 원래의 원고를 썼다. 그리고 그는 『괴팅겐 학술 공보』의 편집자가 자신이 적합하다고 본 대로 그것을 편집하는 것을 허락했다. 그러나 그럼에도 불구하고 가르베는 칸트 학자들을 괴롭히기를 결코 그치지 않은 조처로 그 논평의 출판된 판본과의 인연을 끊었다. "그것이 내 손으로부터 완전히 떠났다면 나는 슬픔을 가눌 수 없을 것이다"라고 [176]그는 칸트에게 이야기했다. 이름을 언급하지 않고서 가르베는 편집자가 자신의 원래의 논평을 "불구로 만들었다"고 항의했다. 원고는 관례적인 논평으로는 너무 길었고, 그래서 편집자는 여러 구절을 생략하고 다른 구절들을 압축했으며, 심지어는 몇 가지 그 자신의 구절들을 덧붙이기까지 했다. 가르베의 추정에 따르면 왜곡의 정도는 실제로 매우 컸다. 그는 칸트에게 자신의 원래 판본으로부터는 "단지 몇 구절만"이 출판된 판에 남았으며, 그것들은 자신의 원래 판본의 단지 10분의 1과 출판된 판본의 3분의 1을 형성할 뿐이라고 썼다.

가르베의 권리 포기 각서는 자연스럽게 매우 심각한 원작자 문제를 제기한다. 괴팅겐 논평에서의 칸트에 대한 악명 높은 비판에 대해 책임 있는 것은 누구인가? 가르베인가 아니면 편집자인 J. G. 페더인가? 페더는 원고를 편집함에 있어 가르베의 견해들을 과감하게 왜곡했는가 아니면 그것들을 그저 압축하기만 했는가?[37] 이 물음들은 그 논평의 역사적·

----

37 이것은 많이 논란되어 온 문제였다. 슈테른Stern은 그의 『칸트에 대한 가르베의 관계 Beziehung Garves zu Kant』에서 가르베가 논평을 포기함에 있어 실제로 정당화되며, 그것의 가장 악명 높은 테제들에 대한 책임이 있는 사람은 페더라고 논증한다(pp. 17-26을 참조). 슈테른의 테제는 Arnoldt, Kritische Exkurse, Schriften, IV, 12-25에서 아르놀트에 의해 비판되었다. 아르놀트는 페더가 문체적으로는 아니라 하더라도 최소한 철학적으로는 가르베의 원본을 단지 재현할 뿐이라고 논증한다. 버클리적인 관념론이라는 비난은 아르놀트가 보기에는 단순히 가르베로부터 인계받은 것이다.

철학적 중요성을 고려할 때 어느 정도 흥미롭다.

우선 필요한 것은 편집된 논평의 단지 3분의 1만을 썼다는 가르베의 주장은 엄청난 과장이라는 것을 지적하는 것이다. 편집된 판과 나중에 니콜라이의 『일반 독일 문고』에 게재된 가르베의 원본[38]을 비교해 보면 대립된 결론이 도출된다. 압축된 문장들과 사소한 문체적인 변화들을 포함해도 논평의 오직 3분의 1만이 페더에게서 유래한다.[39] 물론 우리에게 편집의 정도에 대한 어떤 관념을 제공하는 것 이외에 그러한 숫자들은 거의나 전혀 의미가 없다. 여전히 편집의 질에 관한 다음과 같은 결정적 물음이 남아 있다. 비록 페더가 논평의 3분의 1만을 썼다고 할지라도, 그는 실질적으로 가르베의 견해에 충실했던가?

비록 이 물음에 대한 대답이 복잡하고 어떠한 간단한 대답도 허락하지 않는다 할지라도, 어느 정도까지 그것은 "아니다"일 수밖에 없다. 우선 한 가지 이유는 편집된 논평의 어조가 원래의 것과 완전히 다르다는 점이다. 페더의 판본이 칸트를 혹평하는 곳에서 가르베의 원본은 그를 칭찬한다. 페더의 논평이 열띤 논박인 데 반해, 가르베의 것은 냉철한 요약이며 그에 대한 비판을 노골적으로 단언하기보다는 그것을 주의 깊게 제안한다. 그러나 훨씬 더 중요한 것은 페더가 가르베의 좀 더 흥미

• •

그리하여 슈테른과 아르놀트는 괴팅겐 논평의 원작자에 관한 정반대의 견해를 나타낸다. 슈테른은 본질적인 왜곡에 대한 옹호론을 주장한다. 아르놀트는 본질적인 충실성에 대한 옹호론을 개진한다. 뒤따르는 것에서 나는 그들의 입장들 사이의 중간 경로로 나아가고자 시도할 것이다.

38 *AdB*, supp. to 37-52(1783), 838-862를 참조 가르베가 원본을 출판을 위해 준비함에 있어 그것을 변경했을 수도 있다. 그러한 변경은 칸트를 달래고 자기의 권리 포기 각서를 확인하는 이점을 지닐 것이다. 그러나 가르베는 그것에 손대지 않았다고 주장한다. 1783년 7월 13일자의 칸트에게 보낸 그의 편지, Kant, *Briefwechsel*, 219ff.를 참조

39 이것은 텍스트들에 대한 아르놀트의 공들인 분석과 비교의 결과다. 그의 *Exkurse*, *Schriften*, IV, 9-11을 참조

로운 비판적 언급들 가운데 몇 가지를 억누른다는 점이다.[40] 가르베는 칸트의 건축술의 인위성을 거부한다. 그는 세 번째 이율배반에 대한 칸트의 해결책에 의문을 던진다. 그는 선험적 직관 형태들로서의 공간과 시간 개념에 반대하여 논증한다. 하지만 이것의 흔적이 페더 판에서는 나타나지 않는다. 그렇다면 오로지 이러한 이유들에서만 가르베는 논평과의 인연을 끊은 것에 대해 어느 정도 변명할 수 있었다.

하지만 만약 우리가 논평의 어조와 가르베의 누락된 언급들을 사상한다면, 두 논평의 비판적 입장이 대체로 동일하다는 것을 인정할 필요가 있다. 비록 가르베의 원작에 페더의 판본에는 없는 많은 비판이 존재한다 할지라도, 그 역은 사실이 아니다. 전반적으로 페더는 가르베의 기본적인 비판 노선을 문체적으로는 아닐지라도 철학적으로 재현한다. [177] 초월론적 관념론과 경험적 관념론 간의 문제의 여지 있는 구별, 칸트의 진리 기준의 불충분함, 그리고 칸트가 감각의 대상을 "우리 자신의 변양" 과 동일시한다는 주장— 이 모든 비판은 가르베의 원래 판본에서 명시적이다.[41] 페더가 행하는 것은 다만 그 비판들을 좀 더 논쟁적인 차림새 안에 넣는 것일 뿐이다. 그렇다면 칸트가 페더의 조작된 판본에 대해서 보다 원래의 것에 대해 좀 더 기뻐하지 않은 것은 거의 놀라운 일이 아니다.[42]

이러한 유사점들에도 불구하고 두 판본 사이에는 여전히 한 가지 중요

● ●
40 에르트만은 오직 이 억눌린 언급들만이 칸트에게 어느 정도 흥미로울 수 있었다고 주장한다. *Kants Kriticismus*, p. 99를 참조.

41 Garve, *AdB* 「논평」, pp. 850, 860을 참조.

42 최초의 피상적인 독서 후 칸트는 원래의 판본에 좀 더 호의적인 의견을 가졌다. 1783년 8월 22일자의 슐츠에게 보낸 칸트의 편지, Kant, *Briefwechsel*, p. 238을 참조. 하지만 하만의 나중의 보고에 따르면 칸트는 자신이 "얼간이처럼" 다루어졌다고 불평했다. 1783년 12월 8일자의 헤르더에게 보낸 하만의 편지, Hamann, *Briefwechsel*, V, 107을 참조.

한 차이점이 있다. 둘 다 초월론적 관념론과 경험적 관념론 사이의 칸트의 구별을 의심스러워한다 할지라도, 경험적 관념론을 버클리의 관념론과 동일시하는 것은 페더이다. 따라서 괴팅겐 논평의 가장 도발적이고 악명 높은 테제 — 칸트의 관념론과 버클리의 관념론의 동일성 — 는 가르베의 손이 아니라 페더의 손에서 유래한다. 가르베의 원본에는 버클리에 대한 단 하나의 언급도 없다. 그리고 페더 그 자신이 자기가 버클리에 관한 구절들을 추가했다고 고백했다.[43]

페더가 덧붙인 것을 가르베의 원래 판본에 대한 심각한 왜곡으로 만드는 것은 가르베의 '경험적 관념론'도 그의 '초월론적 관념론'도 버클리의 관념론과 같은 어떤 것이 아니라는 점이다. 그의 '초월론적 관념론'은 정신이 물질만큼이나 인식 불가능하다고 진술한다. 그리고 그의 '경험적 관념론'은 감각을 일으키는 대상들의 존재가 불확실하다고 주장한다. 이 두 입장은 명백히 버클리의 관념론으로부터 멀리 떨어져 있다. 가르베가 '경험적 관념론'으로 의미하는 것은 사실상 칸트가 '개연적 관념론'이라고 부르는 것, 즉 외적 대상들의 존재에 대한 회의적인 의심이다. 그러나 페더가 '경험적 관념론'에 의해 의미하는 것은 칸트가 '교조적 관념론'이라고 부르는 것, 즉 외적 대상들의 존재에 대한 부정이다. 따라

----

43   Feder, *Leben*, p. 119를 참조. 경험적 관념론을 버클리의 관념론과 동일시한 것이 페더였다는 것은 슈테른과 아르놀트가 놓친 결정적인 점이다. 그들은 둘 다 불합리한 추론에 대해 책임이 있다. 슈테른은 가르베가 칸트의 관념론과 버클리의 관념론을 동일시하지 않는다고 생각함에 있어 옳다. 그러나 그는 가르베가 초월론적 관념론과 경험적 관념론의 동일성에 대한 일반적 테제를 받아들이지 않는다고 암시하는 데서 잘못한다. 비록 가르베와 페더가 '경험적 관념론'에 대한 다른 이해를 가지고 있다 할지라도 그들은 둘 다 넓은 의미에서 이 테제를 고수한다. 역으로 아르놀트는 가르베가 페더의 일반적 테제를 받아들인다고 가정하는 데서 올바르다. 그러나 그는 이것이 칸트의 관념론과 버클리의 관념론에 대한 가르베의 동일시를 함의한다고 결론을 내리는 데서 잘못된 방향으로 간다.

서 초월론적 관념론과 경험적 관념론의 동일성에 관한 가르베와 페더의 논증들 사이에는 근본적인 차이가 존재한다. 요컨대 가르베가 초월론적 관념론이 사물들의 존재를 불확실하게 만든다고 주장하는 데 반해, 페더는 그것이 그것들의 존재를 부정한다고 주장하는 것이다.

6.4. 초기의 두 비판자: C. G. 셀레와 D. 티데만

가르베 사건 이후 『비판』은 여전히 "침묵에 의해 명예를 얻은" 것으로 보였다. 간단한 단평 이외에는 1782년에는 더 이상의 논평이 없었다. 그리고 1783년에는 전혀 논평이 없었다.[44] 어느 누구도 그러한 인상적인 두꺼운 책을 논평하는 것은 고사하고 읽을 시간과 정력 또는 관심을 가지지 않은 것처럼 보였다. 칸트는 훨씬 더 비관주의적으로 되었다. 제자인 요한 슐츠에게 보낸 편지에서 그는 자기가 "어느 누구에 의해서도 이해되지 못했다"고 불평했으며, 그의 모든 작업이 헛된 것이었다는 두려움을 표현했다.[45]

1784년에 이르러서야 겨우 『비판』에 걸려 있던 침묵이 마침내 깨졌다. 실제로 몇 가지 좋은 징조가 있었다. 『프롤레고메나』는 [178]그 당시의 가장 영향력 있는 잡지인 『일반 독일 문고』에서 철저하고도 공감적인 논평을 받았다.[46] 그리고 슐츠는 『비판』에 대한 해설을 출판했는데, 그것

· ·

44　GgZ 68(1782년 8월 24일)을 참조. 이 논평은 고타의 중요하지 않은 법원 관리인 에발트에 의해 작성되었다. 칸트가 거친 요약을 제공하는 것 이상을 하지 않은 그 단평에 기뻐했다는 것은 그의 비관주의의 신호다. 그에 대한 칸트의 반응에 관해서는 1782년 9월 17일자의 하르트크노흐에게 보낸 하만의 편지, Hamann, *Briefwechsel*, IV, 425-426을 참조.

45　1783년 8월 26일자의 슐츠에게 보낸 칸트의 편지, Kant, *Briefe*, X, 350-351을 참조.

은 모호함과 난해함에 대한 비난들 가운데 몇 가지를 가라앉힐 것을 약속했다.[47] 이 해설이 대중적인 성공은 아니었을지라도,[48] 그것은 적어도 호의적인 단평들과 논평들을 받았다.[49]

『비판』에 대한 최초의 실질적인 논평인 「형이상학의 본성에 대하여: 칸트 교수의 원칙들에 대한 검증을 위해」가 출간된 것도 1784년에 『헤센 학예 잡지』에서였다.[50] 이 논평의 저자는 다름 아닌 디트리히 티데만 (1748-1803), 즉 그 시대의 가장 저명한 철학사가이자 언어 기원 논쟁의 좀 더 중요한 참가자들 가운데 한 사람이었다. 티데만은 1776년부터 카셀에서 고전어 교수였지만, 그 후 1786년에 마르부르크에서 철학 교수로 지명되었다. 가르베와 페더와 마찬가지로 티데만은 비록 그가 그의 동료들보다 더 라이프니츠와 볼프에게로 기울어졌다 할지라도 본질적으로 경험주의자였다. 그는 실제로 괴팅겐 경험주의자들과 친밀하게 연관되어 있었으며 ― 그는 괴팅겐의 학생이었고 페더와 마이너스의 친구였다 ― 그래서 그가 칸트에 반대하는 그들의 캠페인에서 그들과 협력했을 개연성이 없지 않다.

오해들로 가득 차 있긴 하지만, 『비판』에 대한 티데만의 논평은 적어도 철저하고 엄격하며 공정한바, 그것은 몇 가지 흥미로운 반대를 제기

---

46 *AdB* 59/2 (1784), 332ff.를 참조. 이 논평의 저자는 H. A. 피스토리우스였다.

47 슐츠의 『해명*Erläuterung*』을 출판하는 데서의 칸트의 역할에 관해서는 Erdmann, *Untersuchungen*, pp. 102-111을 참조.

48 에르트만과 포어랜더는 둘 다 『해명』이 널리 읽힐 수 없었다고 주장한다. 비록 그것이 좋은 논평들을 받았을지라도, 그것의 충격은 베를린과 쾨니히스베르크를 넘어서서 감지되지 않았다. Erdmann, *Kants Kriticismus*, p. 112, 그리고 Vorländer, *Kant*, I, 288을 참조.

49 *GgZ* 12 (1784년 2월 11일), 95, 그리고 *AdB* 59/1 (1784), 322ff.를 참조.

50 *HB* I, 113-130, 233-248, 464-474를 참조. 비록 논문집이 1785년까지는 출간되지 않았을지라도, 개별적 작품들은 1784년에 따로따로 출판되었다.

하는 데서 성공한다. 티데만은 그의 논평에서 두 가지 본질적인 목표를 가지고 있는데, 그것들은 둘 다 경험주의적인 대중 철학자에게 특징적인 것들, 즉 선험적 종합의 가능성을 공격하는 것과 형이상학의 가능성을 옹호하는 것이다. 선험적 종합에 맞서 티데만은 수학적 판단들의 종합적 지위를 의심한 최초의 사람이다. 그것들은 만약 우리가 주어를 그것의 모든 세부 사항에서 분석한다면 하나같이 다 분석적이라고 그는 말한다.[51] 티데만은 또한 공간의 선험적 본성에 관한 칸트의 이론에 대해 어려운 물음을 제기한다. 우리는 하나의 장소를 다른 장소로부터 어떻게 구별할 것인가?[52] 절대 공간의 부분들은 그 자체에서 완전히 동일한 까닭에, 장소들을 점유하고 있는 사물들을 지시함으로써 그 장소들을 구별할 필요가 있다. 그러나 그러한 것은 후험적 지식을 포함한다. 형이상학을 옹호하여 티데만은 어떤 형이상학적 증명이 아무리 설득력 있다 할지라도 똑같이 설득력 있는 반정립에 대한 증명을 가지고서 그것의 신빙성을 떨어뜨릴 수 있다는 「이율배반들」에서의 칸트의 주장에 초점을 맞춘다. 칸트의 증명들은 그것들 자체가 형이상학적 논란의 대상이 되며, 그리하여 이율배반들은 형이상학의 파탄에 대한 논란의 여지없는 증명으로서 해석될 수 없다고 티데만은 언급한다.[53]

티데만 논평에 대한 칸트의 반응은 무엇이었는가? 그의 공식적인 반응은 적대적이었고, 실제로는 노골적으로 경멸적이었다.[54] 칸트는 티데만이 비판 철학이 직면한 문제에 대해 "전혀 모른다"고 불평했다. 그러나 의미심장하게도 칸트의 사적인 반응은 훨씬 덜 무시하고 훨씬 더 진지했

• •
51 같은 책, I, 115.
52 같은 책, I, 118-120.
53 같은 책, I, 473-474.
54 1786년 4월 7일자의 베링에게 보낸 칸트의 편지, Kant, *Briefwechsel*, p. 291을 참조.

다. 그는 그 논평에 대한 대답을 위해 약간의 대강의 메모를 썼는데,[55] 그것들은 모두 형이상학에 대한 티데만의 옹호를 공격하는 것이었다.

[179]티데만의 논평이 출간된 후 곧바로 또 다른 경험주의적인 비판자, 크리스티안 고틀리프 셸레(1748-1800)가 칸트에 반대하여 데뷔했다. 페더 및 티데만과 더불어 셸레는 괴팅겐과 연결되어 있었다. 그는 그곳의 학생이었고 초기에 경험주의적인 정신을 흡수했다. 그의 멘토인 존 로크와 마찬가지로 셸레도 직업상으로는 의사였으며, 그 성향에서는 철학자였다. 그는 그의 의학 저술들로 대단히 존경 받았으며, 프리드리히 2세의 주치의였다. 셸레는 또한 베를린 계몽주의자들과 연관되어 있었다. 그는 니콜라이와 멘델스존의 친우이자 아카데미의 동료이고, 베를린 사람들의 토론 클럽인 수요 협회의 회원이었다. 칸트 그 자신은 셸레를 높이 평가했던 것으로 보이는데, 그는 『비판』의 매우 소수의 증정본 가운데 하나를 그에게 보냈다.[56]

가르베 및 페더와 마찬가지로 셸레도 비판기의 칸트를 비난하는 만큼이나 전-비판기의 칸트를 존경했다. 『비판』은 그에게 커다란 실망이었다. 그것은 칸트의 초기 '경험주의'에 대한 배신이자 이성주의와 스콜라주의로의 전향인 것으로 보였다. "저는 경험으로부터 독립적인 철학이 존재한다는 이야기를 당신으로부터 듣고서 어찌할 바를 몰랐습니다"라고 셸레는 1787년 12월 29일에 칸트에게 써 보냈다.[57] 그가 보기에 선험적 종합에 관한 칸트의 교설은 생득적 이성주의의 관념들을 되살렸으며, 그리하여 새로운 스콜라 철학에 문을 열었다. 이성주의나 스콜라주의로

· ·

55   칸트의 *Reflexionen*, no. 5649, in *Werke*, XVIII, 296-298을 참조.

56   1781년 5월 1일자의 헤르츠에게 보낸 칸트의 편지, Kant, *Briefwechsel*, pp. 192-193을 참조.

57   Kant, *Briefe*, X, 516-517.

의 어떠한 회귀와도 싸우기로 결심한 셀레는 1784년에 칸트에 반대하는 격렬한 논박 캠페인에 착수했다.[58]

비록 셀레가 칸트를 심오하게 이해했다고 여겨질 수 없다 할지라도, 그의 논쟁적인 저술들은 폭넓은 주목을 받았다. 그것들은 당대의 문학에서 열띤 논의를 불러일으켰고, 칸트 철학을 둘러싼 최초의 논쟁들 가운데 하나의 발단이 되었다. 1787년에 당시의 주요한 물음들 가운데 하나는 '셀레의 경험주의'를 받아들일 것인가 아니면 '칸트의 순수주의'를 받아들일 것인가가 되었다.[59] 비록 셀레에게 비방하는 자들이 있었을지라도, 그는 또한 자신의 제자들도 가졌다.[60] 그리고 그는 H. A. 피스토리우스에게서 강력한 옹호자를 지녔다.[61] 칸트 그 자신은 나이와 학문상의 의무들로 인해 그렇게 하지는 못했지만 셀레에게 대답을 쓸 것을 고려했다.[62]

칸트에 반대하는 셀레의 캠페인은 티데만의 것과 동일한 목표들을 갖고 있었던바, 즉 선험적 종합의 가능성의 신빙성을 제거하고 형이상학

---

58 칸트의 이름을 언급하지 않고서 그에게 이의를 제기한 셀레의 논문 「증명의 시도」는 『베를린 월보』 1784년 12월호에, 따라서 티데만의 『헤센 학예 잡지』 논평 이후에 게재되었다. 『월보』의 8월호와 10월호에는 셀레의 나중의 칸트 비판의 서곡인 다른 두 논문, 「유비적 추론 방식에 대하여」와 「유비적 추론 방식의 좀 더 상세한 규정」이 게재되었다. 두 논문은 귀납의 가능성을 옹호하는데, 셀레는 그것을 칸트가 오해했다고 느꼈다.

59 셀레는 Schmid, *Wörterbuch*의 제2판에 붙인 부록에서 슈미트에 의해, Born, *Versuch*, pp. 64-65와 98-99에서 보른에 의해, 그리고 Schultz, *Prüfung*, I, 86, 129에서 슐츠에 의해 공격당했다. 셀레는 또한 Mendelssohn, "Ueber Selles reine Vernunftbegriffe", in *Schriften*, VIII, 101-102에서 멘델스존에 의해 비판되었다.

60 셀레에 대한 옹호인 Ouvrier, *Idealismi*를 참조.

61 피스토리우스는 「칸트의 순수주의와 셀레의 경험주의」, *AdB* 88 (1788), 104ff.에서 셀레를 옹호했다.

62 1792년 2월 24일자의 셀레에게 보낸 칸트의 편지, Kant, *Briefwechsel*, pp. 558-559를 참조.

의 가능성의 정당성을 입증하는 것이었다. 하지만 그의 첫 번째 목표에서 셀레는 티데만보다 훨씬 더 급진적이었다. 그는 선험적 종합 인식뿐만 아니라 **모든** 선험적 인식의 가능성에 반대하여 논증했다. 셀레에 따르면 모든 지식은 경험으로부터 유래하며 경험을 통해 정당화된다. 분석 명제들조차도 그것들의 진리를 경험에 빚지고 있는데, 왜냐하면 그것들은 경험으로부터의 추상인 모순율에 토대하기 때문이다.[63] 칸트에 반대하는 초기 논문에서 셀레는 모든 지식이 경험에서 유래한다는 증명을 가지고서 자신의 급진적 경험주의를 방어하고자 시도했다.[64] 칸트는 재빠르게 [180]그러한 기획의 자기 논박적인 본성을 지적했다. 그것은 이성이 존재하지 않는다는 것을 이성에 의해 증명하는 것과 마찬가지였다.

생득 관념들의 모든 자취를 없애기를 간절히 바란 셀레는 선험적 인식 일반뿐만 아니라 또한 특수한 선험적 종합 인식을 공격했다.[65] 그는 두 가지 이유에서 선험적 종합을 비판했다. 첫째, 티데만이 주장했듯이 선험적 종합은 만약 우리가 주어를 충분히 분석하게 되면 분석적인 것으로 만들어질 수 있다. 그리고 둘째, 선험적 종합 배후의 기본적 전제 — 즉 보편성과 필연성을 지니는 판단들이 존재한다는 것 — 는 단적으로 거짓이다. 셀레는 보편성과 필연성이 존재한다면 칸트는 선험적 종합의 존재를 추론할 수 있는 모든 권리를 지닌다는 것을 인정했다. 그러나 그는 여전히 이 전제를 부인했다. 모든 종합적 지식은 경험에 토대하며, 이런 이유에서 그것은 보편성과 필연성을 결여한다고 그는 주장했다.

비록 셀레가 경험주의자였을지라도, 그는 여전히 칸트의 비판에 대항하여 형이상학의 가능성을 옹호하기를 간절히 바랐다. 대부분의 대중

63 Selle, *Grundsätze*, pp. 15, 51, 63, 88을 참조.
64 Selle, "Versuch eines Beweises", in Hausius, *Materialien*, I, 99를 참조.
65 Selle, "Versuch eines Beweises", in *Materialien*, I, 105; 그리고 *Realite et Idealite*, *PA* I/1, 83-84.

철학자들과 마찬가지로 그는 형이상학을 자연 도덕과 종교를 위한 기초로 바라보았으며, 따라서 그것을 투쟁 없이 포기하고자 하지 않았다. 셸레는 지식에 대한 모든 주장은 경험에서 정당화되어야 한다는 칸트의 요구에 동의했다. 그러나 그는 여전히 그러한 정당화가 형이상학에서 가능하다고 생각했다. 그는 칸트가 너무 성급하게 형이상학에서의 경험적 검증의 가능성을 배제하는데, 그 까닭은 다만 그가 인위적으로 그 경계를 한정하고 그것을 단순한 감각 지각, 즉 반성 없이 감각에 주어지는 것에 제한하기 때문이라고 불평했다.[66] 그러나 셸레는 경험이 벌거벗은 감각 지각보다 훨씬 더한 것에 존립한다고 주장했다. 또한 우리의 자기 인식이나 반성이 존재하는데, 그것은 지각으로부터 깔끔하게 분리될 수 있는 것이 아니라 그것의 구성적인 요소이다. 그러므로 셸레가 보기에는 경험적인 것과 형이상학적인 것, 초월론적인 것과 초월적인 것 사이에는 확고한 구분선이 존재하지 않는다. 우리의 형이상학적 관념들을 정당화하기 위해 우리는 다만 그것들이 어떻게 우리 경험의 구성적 요소들인지를 보여주기만 하면 된다.

6.5. 로크주의의 우두머리, J. G. 페더

경험주의적인 대중 철학자들의 지도자는 J. G. 페더(1740-1821), 괴팅겐 논평의 악명 높은 편집자였다. 비록 거의 완전히 잊혔다 할지라도 페더는 그 당시의 유명인이었다. 그는 대중 철학의 창시자들 가운데 한 사람으로서 계몽에서 개척자적인 역할을 했다. 그는 또한 그 당시 독일

---

66   이러한 논증 노선은 *Idealite et Realite*, PA I/1, 123-125, 119, 83f.에서 가장 명확하게 나타난다.

에서 가장 진보적이고 명망 있는 대학이었던 괴팅겐의 철학 교수로서 힘과 명성을 누렸다. 적지 않은 계몽주의자들, 가르베, 티텔, 마이너스, 티데만 그리고 바이스하우프트가 그의 영향 하에 들어왔다. 페더는 계몽의 지도적 인물들과 잘 연결되어 있었다. 그는 니콜라이와 멘델스존 그리고 테텐스의 친구였다. 그리고 볼프적인 스콜라주의의 신망을 떨어뜨리는 데 이바지한 것으로 그는 레싱과 람베르트로부터 많은 찬사를 받았다. [181]그리고 그의 생동감 있고 대중적인 문체 덕분에 그의 교과서들은 매우 성공적이었던바, 여러 판을 거쳤을 뿐만 아니라 독일의 거의 모든 대학의 강단에 오를 수 있었다.[67] 가르베와 마찬가지로 페더도 프랑스와 영국의 계몽주의를 독일에 소개하는 데 중요한 역할을 했다. 그는 『새로운 에밀』을 썼는데, 그것은 루소의 고전을 가정교사*Hofmeister*를 위해 좀 더 실용적인 것으로 만들기 위해 기획되었다.[68] 그는 또한 애덤 스미스의 『국부론』에 대한 독일의 최초의 논평을 썼는데, 그는 그 작품을 즉각적으로 고전으로서 인정했다.

페더가 칸트와 다투게 될 것은 불가피했다. 괴팅겐 논평에 대한 칸트의 격렬한 공격 후에 그리고 가르베가 논평의 저자임을 부인한 후에 페더에게 칸트 앞에서 공개적으로 자신의 논거를 논증하라는 압력이 쏟아졌다. 칸트는 이미 페더가 논평을 편집한 것에 책임이 있다고 짐작했다.[69] 그리고 그의 가까운 동맹자 C. G. 쉬츠가 그에게 모든 문제를

••

67 페더의 영향력 있는 교과서들에 관해서는 Wundt, *Schulphilosophie*, pp. 290-292, 306-307을 참조. 칸트 자신은 페더의 *Grundriss der philosophischen Wissenschaften*을 사용했는데, 그가 그것을 선호한 까닭은 그것의 철학적 내용 앞에 철학사에 대한 스케치가 놓여 있었기 때문이다.

68 이것은 젊은 헤겔에게 중요한 텍스트였다. 그에 대한 이 책의 영향에 관해서는 Harris, *Hegel's Development*, pp. 24, 26, 51, 53, 79, 175를 참조.

69 1783년 8월 7일자의 가르베에게 보낸 칸트의 편지, Kant, *Briefwechsel*, p. 225.

밝혔을 때 그의 추측은 곧 확인되었다.[70] 그리하여 공개적 논쟁을 위한 무대가 설치되었다. 그리고 말할 것도 없이 양측은 예상대로 스스로의 입장을 취했다. 칸트는『베를린 월보』를 위해 페더에 대한 논박을 쓰기로 계획했지만,[71] 친구들의 충고와『실천 이성 비판』을 완성해야 할 긴급한 필요가 그를 막았다. 페더로서는 비판 철학에 맞서 전면적인 캠페인을 시작하기로 결정했다. 그는 1788년에『비판』에 대한 일반적 논박인『공간과 인과성에 대하여: 칸트 철학의 검토를 위해』를 쓰는 것으로 시작했다. 그리고 나서 친구인 크리스티안 마이너스의 협력을 얻어 그는 새로운 저널인『철학 문고』를 편집했는데, 그것의 주된 목표는 칸트주의의 부풀어 오르는 밀물을 저지하는 것이었다.[72]

그러한 노력에도 불구하고 칸트에 반대하는 페더의 캠페인은 비참한 실패였다.『공간과 인과성』은 페더가 상상한 칸트에 대한 영향을 전혀 지니지 못했다.[73] 그리고 수요가 없었던 탓에『문고』는 겨우 몇 호만 발행된 후 중단되었다. 칸트의 점증하는 인기 때문에 페더의 명성은 극적으로 퇴조했다.[74] 학생들은 그의 강의를 떠났다. 그는 심지어 괴팅겐에서 자기의 자리를 포기하도록 강요받기까지 했다. 그것은 슬프지만 사실이었다. 칸트의 명성은 오직 그의 반대자들의 희생을 치르고서만 떠오를 수 있었다.

----

70 1784년 7월 10일자의 칸트에게 보낸 쉬츠의 편지, Kant, *Briefwechsel*, p. 255.

71 1786년 6월 11일자의 칸트에게 보낸 비스터의 편지, Kant, *Briefwechsel*, p. 304.

72 Feder, *Leben*, pp. 123-124.

73 Feder, *Leben*, p. 190을 참조. 여기서 페더가 염두에 두고 있는 영향——『비판』의 제2판에서「관념론 반박」을 덧붙인 것——은 오로지 괴팅겐 논평의 결과였을 가능성이 훨씬 더 많다.

74 페더 자신이 자기의 퇴조를 칸트의 점증하는 인기 탓으로 돌렸다. 그의 *Leben*, p. xiv를 참조.

페더의 『공간과 인과성』은 경험주의적인 대중 철학자들의 칸트를 반대하는 캠페인에서 하나의 고전이다. 그 서문은 칸트에 대한 경험주의자의 일반적 태도에 대한 훌륭한 요약을 제공한다. 칸트에 대한 페더의 주된 불평은 그의 "교조적 방법"이다. 페더에 따르면 칸트의 철학은 어떠한 완전히 전개된 형이상학보다도 좋지 않다. 비록 칸트가 실제로 이성주의 형이상학의 결론들에 대한 날카로운 비판자라 할지라도, 그는 결코 그 방법론으로부터 벗어나는 데 성공하지 못한다. 그는 단순히 이 방법들을 그 자신의 초월론적 철학으로 옮길 뿐이며, 그리하여 다른 모든 형이상학과 마찬가지로 그것도 가능한 경험의 한계를 초월한다. 칸트의 치명적 오류는 페더가 보기에 '경험적 철학'에 대한 그의 경멸이다. 경험적 철학은 [182]지식의 능력에 논증적 방법을 적용하는 것이 아니라 그것을 자연의 법칙들과 관찰과 실험의 원리들에 따라 설명한다.

『공간과 인과성』은 실제로 칸트의 「감성론」에 반대하는 경험주의자들의 캠페인에서 중심 텍스트였다. 그것은 칸트의 공간·시간론에 대한 그들의 모든 반대 논증을 모아 명확히 제시하는바, 칸트의 「감성론」을 둘러싼 초기 논쟁의 바로 그 중심에 놓여 있었다.[75]

「감성론」에 대한 페더의 공격은 공간의 선험적 지위에 대한 칸트의 논증들에 집중된다. 이 논증들은 특히 명확하고 그럴듯해 보이기 때문에, 페더는 그것들을 선험적 관념들에 대한 칸트의 일반적 이론의 시험 사례로서 간주한다. 그래서 페더는 칸트의 이론에 대한 반박이 그 자신의 경험주의의 우월성을 증명해 주기를 희망했다.

페더는 공간의 선험적 본성에 대한 칸트의 이론에 대해 본질적으로 세 가지 이의 제기를 지닌다.[76] (1) 공간이 선험적인 까닭은 그것이 우리

---

75 『공간과 인과성에 대하여』는 Schaumann, *Aesthetik*, pp. 29ff.와 Schultz, *Prüfung*, I, 16ff., 87ff., 99ff., 123에서 논의되었다.

외부의 사물들을 지각하는 필요조건이기 때문이라는 칸트의 논증은 판단과 인식을 혼동한다. 우리가 크기와 모양 및 위치를 판단하기 전에 공간의 표상을 지니는 것은 실제로 필요하다. 그러나 우리가 어떤 시각적 경험을 갖기 전에 그것을 가지는 것은 필요하지 않다. 거리를 판단하거나 심지어 자기 자신을 외부 대상과 구별할 수조차 없는 아이의 지각을 고려해 보라. 이 예는 공간의 표상이 우리가 크기와 모양 및 위치를 판단하는 법을 배우기 전에 경험에서 생겨난다는 것을 제시한다.[77] (2) 공간이 선험적인 것은 공간이 없는 표상을 갖는 것이 불가능하기 때문이라는 칸트의 주장은 불합리한 추론이다. 생각될 수 없는 것 또는 우리의 표상들에 필요한 것이 필연적으로 선험적인 것은 아니다. 말들은 완벽히 딱 들어맞는 사례이다. 그것들은 모든 사유에 필요하다. 그러나 그것들은 학습되지 생득적이지 않다.[78] (3) 기하학의 명제들이 보편성과 필연성을 지녀야 한다면 공간이 선험적이어야만 한다는 칸트의 주장은 잘못된 전제, 즉 모든 경험적 명제가 오직 개연적이고 우연적일 뿐이라는 전제로부터 고통 받고 있다. 만약 이 전제를 받아들이게 되면 우리는 실제로 기하학의 확실성을 보장하기 위해 공간의 선험적 지위를 받아들여야만 한다. 하지만 우리는 그것을 거부해야만 하는데, 왜냐하면 어떤 경우에는 경험으로부터 보편적이고 필연적인 명제를 도출하는 것이 가능하기 때문이다. 이것은 내가 어떤 것이 달리 있을 수 없다고 느끼고 다른 모든 사람이 동일한 상황에서 동일한 느낌을 지니는 경우이다.[79]

우리는 페더의 비판들을 어떻게 생각해야 할 것인가? 그의 세 번째

• •
76 *KrV*, B, 38-40을 참조.
77 Feder, *Ueber Raum und Causalität*, pp. 17-20.
78 같은 책, p. 24.
79 같은 책, pp. 24, 27.

이의 제기는 취약한데, 왜냐하면 그것은 경험적 전제로부터 보편적이고 필연적인 결론을 도출하고자 하는 그의 받아들이기 어려운 시도에 의거하기 때문이다. 칸트는 페더에게 단지 나와 다른 모든 사람이 하나의 사건이 필연적이라는 느낌을 갖기 때문만으로는 그 사건 자체가 필연적이라는 것이 따라 나오지 않는다고 대답할 것이다. 그의 다른 이의 제기들은 그 과녁을 빗나가는데, 왜냐하면 그것들은 칸트가 갖고 있지 않은 가정, 즉 공간이 선험적인 표상 또는 생득적 관념이라는 가정을 향해 있기 때문이다.[80] [183]중요한 것은 칸트가 마치 공간이 다른 것들과 동등한 직관의 하나의 종류이거나 한 것처럼 공간이 표상이나 관념이라고 생각하지 않는다는 점을 파악하는 것이다. 그는 공간을 감각이나 고유한 직관으로부터 구별하기 위해 그것을 명시적으로 "직관의 형식"이라고 부른다. 그리고 그러한 "표상의 형식"은 표상이 아니라 "표상들을 서로 관계시키는 힘"이다.[81] 페더가 이 점을 인식했더라면 그는 결코 칸트와 다투지 않았을 것인데, 그 까닭은 무엇보다도 우선 그가 공간이 표상을 수용할 수 있는 능력이라는 의미에서 생득적이라는 것을 인정하기 때문이다.[82]

『공간과 인과성』은 칸트의 「감성론」에 대한 공격일 뿐만 아니라 또한 괴팅겐 논평의 옹호이기도 하다. 페더는 이제 자신이 칸트의 관념론과 버클리의 관념론을 동일시한 것의 정당성을 입증하려고 시도한다. 『프

---

80 페더는 자신의 칸트와의 주된 논쟁점은 공간이 선험적 표상 또는 생득적 관념이 아니라는 것이라고 말한다. *Raum und Causalität,* pp. 4-5, 16을 참조.

81 *KrV,* B, 34-35를 참조. 하지만 칸트는 여전히 언어의 약간의 느슨함에 대해 책임이 있으며, 페더의 오독은 실제로 이러한 이유들에서 변명될 수 있다. 비록 칸트가 공간을 고유한 직관으로부터 구별하기 위해 '직관의 형식'이라고 부른다 할지라도, 그는 또한 계속해서 그것이 마치 단지 특별한 종류의 직관일 뿐인 것처럼 그것을 '순수 직관'이라고 부르기도 한다. 그는 또한 때때로 공간을 '표상'이라고도 언급한다.

82 Feder, *Raum und Causalität,* pp. 4-5, 16.

롤레고메나』에서의 괴팅겐 논평에 대한 칸트의 대답을 숙고한 후에도 그는 여전히 그것이 주된 쟁점에 영향을 미치지 않는다고 주장한다.[83] 비록 칸트가 대상들이 '우리 바깥에' 또는 '우리에게 외부적으로' 존재한다고 말함으로써 경험에서의 대상들에 대해 '경험적 실재성'을 승인하길 원한다 할지라도, 이것은 그를 관념론의 혐의로부터 벗어나게 해주지 못한다. 그가 '우리 바깥에' 또는 '우리에게 외부적으로' 존재하는 대상들에 의해 의미하는 것은 다만 그것들이 공간 내에 존재한다는 것일 뿐이다. 그러나 페더는 어떠한 관념론자라도 결코 이것을 논박하지 않을 것이라고 주장한다. 실제로 칸트 자신의 생각에 따르면 '공간 내의 존재'는 '의식에서 독립적인 존재'를 의미할 수 없는데, 왜냐하면 칸트 자신이 공간은 다름 아닌 의식의 형식일 뿐이라고 말하기 때문이다. 그래서 단지 공간 안에서의 대상들의 존재를 인정하는 것만으로는 칸트는 자신의 관념론을 버클리의 관념론으로부터 구별하는 데 실패한다.

자신의 공격을 밀어붙이는 페더는 칸트가 자신의 관념론이 경험을 가상으로 환원시키지 않는다는 이유로 자기의 관념론을 버클리의 관념론과 구별하는 것은 쓸모없다고 논증한다. 이것은 마찬가지로 경험이 가상이 아니라고 주장하는 버클리에게 불공정하다고 말해진다. 모든 관념론자는 법칙에 대한 일치라는 일정한 기준에 의해 의식 내에서의 실재와 가상을 구별한다. 따라서 이 이 이유에서도 칸트의 관념론과 버클리의 관념론 사이에는 아무런 차이가 없다.

비록 이것들이 공정한 요점들이라 할지라도, 그것들은 『프롤레고메나』에서의 칸트의 대답을 온전히 정당하게 다루지 못한다. 페더는 버클리의 관념론과는 달리 자신의 관념론이 사물 자체의 존재를 긍정한다는 칸트의 요점에 충분한 주의를 기울이지 않는다. 단지 각주에서만 페더는

83 같은 책, pp. 48-51, 56-57, 107-108.

이 문제에 대한 칸트의 관념론과 버클리의 관념론 사이의 명백한 불일치를 인정한다.[84] 그리고 나서 우리가 단지 사물들 자체의 현상들만을 알 수 있다고 하는 칸트에게 완전한 동의를 표현하고 있는 그를 발견하는 것은 당황스럽다. 페더는 칸트가 사물 자체의 존재를 긍정할 권리를 지니지 않는다고 논증함으로써 칸트와 버클리의 관념론을 다시 융합시키려고 시도조차 하지 않는다. 독자는 또다시 페더가 칸트의 입장을 검토하는 데 좀 더 조심스러웠다면 무엇보다도 우선 결코 그에게 싸움을 걸지 않았을 것이라는 인상을 지니게 된다. 페더가 칸트의 부주의한 언어에 관해서보다 더 많이 불평할 것을 갖고 있지 않다고 말할 때 그것은 전혀 놀라운 것으로서 다가오지 않는다. "칸트는 [184]만약 그가 현상들이 사물들 자체의 현상들이라는 것을 의미한다면 그것들이 '우리 안의' 표상들 이외에 아무것도 아니라고 말해서는 안 된다."[85] 그것은 잘 취해진 요점이다. 그러나 그것은 칸트 입장의 실질에 영향을 미치지 못한다.

페더는 또한 버클리의 경험주의가 그로 하여금 실재와 가상을 구별하기 어렵게 한다는 칸트의 논증을 무시한다. 물론 버클리는 의식 내부에서 실재와 가상을 구별하기를 원하며, 페더가 말하듯이 규칙성이라는 일정한 기준에 의해 그렇게 하려고 시도한다. 그러나 칸트의 요점은 버클리의 경험주의가 그의 좋은 의도를 좌절시킨다는 것인데, 왜냐하면 그것은 그로 하여금 경험의 규칙성이 다름 아닌 객관성을 위해 요구되는 필연성을 제공하지 않는 습관과 연상에 존재할 뿐이라는 것을 인정하도록 강요하기 때문이다.

그렇다면 결국 관념론에 대한 페더의 비난은 『프롤레고메나』에서의 칸트의 대답에 맞서지 못한다. 그러나 우리가 곧 보게 되듯이 이것은

• •
84 같은 책, p. 64n.
85 같은 책, pp. 66-67, 64n.

문제의 끝이 아니다. 페더가 멈춘 곳에서 다시 시작하고자 하고 더 강력한 논증들을 지닌 다른 경험주의자들이 있었다. 칸트는 그렇게 쉽게 자유롭게 될 수 없었다.

6.6. 페더의 동아리: A. G. 티텔과 A. 바이스하우프트

칸트에 대항한 페더의 전투에서 그의 가장 강력한 동맹자는 카를스루에의 철학 교수이자 그 후 예나의 신학 교수인 고틀로프 아우구스트 티텔(1739-1816)이었다.[86] 티텔은 1780년 이전의 볼프주의의 요새인 예나에서 철학적 교육을 받았지만, 결국 그는 페더 경험주의의 매력에 사로잡히게 되었다.[87] 그러나 티텔의 위대한 영웅은 로크였던바, 그는 칸트에 맞서 로크를 옹호하기 위해 대단히 애썼다. 1790년에 이르러 그는 『로크의 인간 지성론』, 즉 칸트 '이성주의'의 위험한 인기와 싸우기 위해 고안된 로크에 대한 해명을 발표했다.

티텔은 독창적 사상가가 아니었을지라도 확실히 날카로운 비판자였다. 칸트에 대한 그의 두 개의 논박——『칸트 씨의 도덕 개혁에 대하여』(1786)와 『칸트의 사유 형식들 또는 범주들』(1787)—— 은 초기 반-칸트주의 논문들 가운데 최선의 것들에 속한다. 칸트는 『칸트의 도덕 개혁』에서의 비판들에 대해 우려했던바, 그는 심지어 『베를린 월보』를 위해 응답을 쓰려고 할 정도로 우려했다.[88] 그러나 들어가는 나이와 비판

---

86 티텔의 경력의 세부적인 것들에 관해서는 그의 "Etwas von meinem Leben", in Tittel, *Dreizig Aufsätze*, pp. viiff.를 참조.

87 티텔에 대한 페더의 영향은 그의 *Logik: Nach Herrn Feders Ordnung* (1783)의 내용과 제목으로부터 명백하다.

88 1786년 6월 11일자의 칸트에게 보낸 비스터의 편지, Kant, *Briefwechsel*, p. 304를

프로젝트를 완성해야 하는 긴급한 필요로 인해 ——『실천 이성 비판』과 『판단력 비판』이 여전히 저술되어야 했다 —— 칸트는 결국 논박을 포기하기로 결정했다.[89] 그 결과 티텔은 『실천 이성 비판』의 서문에서 각주로 밀려났다.[90] 하지만 칸트 이후 철학사는 티텔을 그렇게 쉽게 무시할 수 없다. 그는 칸트에 대한 고전적 비판들 가운데 몇 가지, 즉 범주표의 인위성과 정언 명령의 공허함 그리고 범주들의 경험에 대한 적용 불가능성을 정식화한 최초의 사람들에 속했다.

티텔의 『칸트의 도덕 개혁』은 한 해 전에 출간된 『윤리 형이상학 정초』에 대한 논박이다. 티텔의 [185]독설에 찬 소책자의 목적은 칸트의 신비학에 맞서 행복주의를 옹호하는 것인바, 칸트의 그것은 순수한 의무라는 무언가 '신비적인' 이상을 위해 행복이라는 솔직한 원리를 희생시키는 것으로 고발된다.[91] 티텔의 테제는 칸트의 의무를 위한 의무 개념이 공허할 뿐만 아니라 그 행위를 위해 감성적 동기를 요구하는 인간 본성에 반한다고 하는 것이다.[92] 이것은 분명히 의미심장한 주제이며, 칸트에 대한 실러와 헤겔의 나중의 비판을 예상한다.

티텔의 비판의 주된 과녁은 칸트가 인간을 예지계와 현상계로 구분하는 것이다. 하만이나 헤르더와 마찬가지로 티텔도 이 이원론을 순수하게 지적인 구별의 물화로서 거부한다. 그러나 그는 또한 그것을 다른 흥미로운 이유들로 인해 견지할 수 없다고 생각한다. 그는 이 이원론이 칸트로 하여금 이성을 경험 너머 저편의 신비적인 해명 불가능한 영역에

• •
　　 참조
89　1787년 6월 25일자의 쉬츠에게 보낸 칸트의 편지, Kant, *Briefwechsel*, p. 320을
　　 참조
90　Kant, *Werke*, V, 8.
91　Tittel, *Kants Moralreform*, p. 6.
92　같은 책, pp. 9-10, 90-93.

정립하도록 한다는 점에서 칸트의 '신비주의'의 원천이라고 말한다.[93] 칸트는 모든 자연주의적 설명을 현상의 영역에로 추방할 때 우리의 이성성의 발전에 대한 과학적 설명——예를 들어 로크의 "있는 그대로의 역사적 방법"에 따르는 설명——의 가능성을 파괴한다.

행복주의에 대한 티텔의 옹호는 본질적으로 정언 명령이 공허하다는 이제는 고전적인 것이 된 논증에 존립한다. 정언 명령은 오직 유용성에 대한 고려들을 은밀하게 도입함으로써만 준칙의 도덕성을 규정한다고 그는 주장한다.[94] 오직 보편적 자연법칙일 수 있는 그러한 준칙만을 의지해야 한다는 원리는 그러한 준칙에 따라 행위하는 모든 사람들의 결과들에 대한 평가를 전제한다. 다시 말하면 칸트는 단지 위장한 규칙 공리주의자일 뿐이다. 자신의 요점을 증명하기 위해 티텔은 칸트의 유명한 예들을 모두 살펴보고 준칙의 도덕성이 그 결과들의 가치에 의해 결정된다고 논증한다. 예를 들면 '나는 갚는다는 거짓 약속을 하고서 돈을 빌려야 한다'가 칸트의 기준에 따라 도덕적 준칙이 될 수 없는 까닭은 단순히 그것의 보편화가 돈을 빌려주는 기관을 파괴할 것이기 때문일 뿐이다.[95] 칸트의 도덕 개혁 전체는 단순한 정식에 의지한다고 티텔은 결론짓는데, 왜냐하면 칸트의 정언 명령은 단지 이미 현존하고 완벽히 적합한 유용성 기준의 재정식화일 수 있을 뿐이기 때문이다.[96] 정언 명령이 단연코 어떤 의미를 지닌다면 그것은 결국 그 결과들이 보편적 자연법칙들로서 유익할 그러한 준칙들에 따라서만 행위하라는 정식으로 귀결된다.

칸트를 짜증나게 하고 그로 하여금 『실천 이성 비판』 서문에서 티텔에

••
93   같은 책, pp. 20-21.
94   같은 책, pp. 14-15, 33, 35-36.
95   같은 책, pp. 33-34.
96   같은 책, p. 35.

게 대답하도록 한 것은 이러한 '형식주의'라는 비난이었다. 그러나 칸트는 티텔의 비판의 요점을 놓쳤다고 말하지 않으면 안 된다. 그는 그것을 정언 명령이 도덕의 원리들을 발견할 수 없다는 주장으로서 해석함으로써 그것을 하찮게 보이게 만들었다. 그리고 나서 칸트는 자신의 기준의 목적이 이미 잘 알려진 이 원리들을 발견하는 것이 아니라 단지 정당화하는 것일 뿐이라고 설명하는 데 어려움을 겪지 않았다. 하지만 티텔의 비판의 요점은 바로 정언 명령이 도덕의 원리들을 정당화할 수 없다는 것이다. 이것은 확실히 칸트가 편리하게 무시하기로 선택한 훨씬 더 심각한 이의 제기다.

[186]『칸트의 도덕 개혁』이 출간된 지 겨우 1년 후인 1787년에 티텔은 『칸트의 사유 형식들 또는 범주들』을 출판했다. 짧고 명확하며 잘 논증된 이 소책자의 주된 과녁은 『순수 이성 비판』의 두 개의 매우 어렵고 논쟁적인 부분들, 즉 형이상학적 연역과 초월론적 연역이다.

티텔은 형이상학적 연역, 즉 판단의 형식들로부터의 범주들의 도출을 다짜고짜 일축한다. 나중의 많은 비판자들과 마찬가지로 그도 범주들에 대한 칸트의 조직과 그의 건축술 일반을 완전히 자의적이고 인위적이라고 생각한다.[97] 비록 칸트가 범주들을 체계적으로 판단의 형식들로부터 도출한다고 주장한다 할지라도 그의 방법은 여전히 '광상곡적인rhapsodic[긁어모으는]' 것인데, 왜냐하면 판단 형식들에 대한 그의 조직 그 자체가 자의적이기 때문이다. 칸트는 범주들을 분류하는 데서 이성의 객관적 질서를 찾고 있다고 주장하지만 사실 그는 다만 자신이 그것들에 부과하는 순서를 재발견하고 있을 뿐이다. 티텔은 특히 자신의 범주 목록이 사유의 가능한 모든 형식을 포함한다는 칸트의 주장에 이의를 제기한다. 우리는 사유의 가능한 모든 형식을 남김없이 다 열거할 수 없는데, 왜냐

• •
97 Tittel, *Kantische Denkformen*, pp. 44, 94.

하면 개념은 경험으로부터의 추상에 지나지 않는바, 우리는 그것이 무엇을 가져올지 예측할 수 없기 때문이라고 그는 논증한다.[98]

티텔은 초월론적 연역에 대해 오직 두 가지 비판적 언급만을 행하지만, 그것들은 둘 다 진지한 주목을 받을 만하다. 첫째, 그는 범주들이 아주 일반적이어서 그것들이 어떻게 경험에 적용되는지 말할 수 있는 기준이 있을 수 없다고 이야기한다.[99] 범주 그 자체에는 그것이 특수한 경우들에 어떻게 적용되는지를 규정하는 것이 아무것도 없다. 그리고 경험에는 범주가 과연 그것에 적용되는지를 보여주는 것이 아무것도 없는데, 왜냐하면 지각은 사건들의 항상적인 연접 이상의 아무것도 드러내지 않기 때문이다. 그러면 우리는 범주들이 우리 경험의 필요조건들이라는 것을 어떻게 알 수 있는가? 그것들은 어떻게 경험에 대해 구성적일 수 있는가? 둘째, 티텔은 그가 해결 방법을 알지 못하는 비일관성을 본다. 요컨대 칸트는 선험적 개념들이 오직 가능한 경험의 영역 내에서만 의미를 지닌다고 진술한다. 그러나 그는 또한 우리 지각에서의 어느 것도 선험적 개념의 보편성과 필연성을 드러내지 못한다고 말한다. 그 점은 다음과 같은 물음을 제기한다. 만약 그것들과 지각 사이에 그러한 불일치가 존재한다면 어떻게 이 개념들은 자기의 의미를 경험으로부터 얻어내는가? 회의주의자는 그것들이 전혀 의미를 지니지 않는다고 결론지어야 할 것이다.

페더의 동아리에서 또 다른 주목할 만한 인물은 아담 바이스하우프트(1748-1830)이다. 바이스하우프트는 일루미나티*Illuminati*— 정치 개혁과 계몽의 대의에 바쳐진 비밀 협회 — 의 창시자이자 지도자로서 가장 잘

• •
98 같은 책, pp. 10-11.
99 같은 책, pp. 34-35.

알려져 있지만, 그는 또한 좀 더 영향력 있는 경험주의적인 대중 철학자들 가운데 한 사람이었다.[100] 예수회원으로서 교육받았지만 바이스하우프트는 주로 페더의 실천 철학의 영향 때문에 곧 계몽의 대의로 전향했다. 바이스하우프트는 페더가 자신을 [187]"수도원 생활의 어둠"으로부터 구해냈으며 자기는 스스로의 사고방식 전체를 그에게 빚지고 있다고 관대하게 인정했다.

가르베 스캔들이 터지고 페더가 칸트에 대한 전쟁을 선포했을 때, 바이스하우프트는 그의 스승의 깃발 주위에 모였다. 페더의 『공간과 인과성』이 출간된 것과 같은 해인 1788년에 바이스하우프트는 칸트에 대한 공격을 개시하여 칸트에 대한 자그마치 세 개의 논박서, 즉 『칸트의 시간과 공간 개념에 대한 의심』, 『인간적 인식의 근거와 확실성』 그리고 『칸트의 직관과 현상』을 출판했다. 바이스하우프트의 논박은 그 당시 파문을 일으켜 칸트의 친구들을 괴롭히고 그의 적들을 기쁘게 했다.[101] 칸트는 바이스하우프트에 의해 제기된 위협에 대해 다양한 사람들로부터 경고 받았지만, 논쟁에 대한 자신의 금지 조치로 인해 반격에 나서지 못했다.

칸트에 대한 바이스하우프트의 공격 목표는 괴팅겐 논평에서의 관념론 비난을 옹호하는 것이다. 바이스하우프트의 중심 테제는 칸트 철학이 완전한 '주관주의', 다시 말하면 우리의 일시적인 의식 상태로부터 독립적인 모든 실재에 대한 부정으로 끝난다는 것이다. 이 주관주의는 바이스하우프트가 평가하기로는 칸트 철학의 **근본 오류** 또는 귀류법이다.[102]

• •
100 일루미나티 형성에서의 바이스하우프트의 역할에 관해서는 Epstein, *Genesis*, pp. 87-100을 참조.
101 칸트의 제자들은 서둘러서 얼마간의 논문들과 책들로 그의 옹호에 나섰다. 예를 들어 Born, *Versuch*, pp. 21-55; Schultz, *Prüfung*, I, 85-86, 95-96, 144-145; 그리고 *ALZ* 3 (1788), 10ff.에서의 익명의 논문을 참조.

바이스하우프트는 왜 칸트의 체계가 주관주의의 잘못을 범한다고 생각하는 것인가? 그는 자신의 논거를 확립하기 위해 커다란 노력을 기울이지만, 결국 그의 논박 전체는 다음과 같은 점들로 귀결된다. (1) 칸트는 우리가 현상들 이외의 아무것도 알지 못한다고 진술한다. 그러나 그는 또한 이 현상들이 단지 "우리 안의" 표상들일 뿐이라고 말한다.[103] (2) 사물 자체의 존재에 대한 칸트의 믿음은 그의 비판적 원리들과 양립할 수 없으며, 그리하여 이 원리들에 계속해서 충실하기 위해서는 그는 총체적 관념론을 받아들여야만 한다.[104] (3) 칸트는 객관성이 다름 아닌 규칙에 대한 표상의 일치에 존립한다고 생각한다. 그러나 이 조건이 충족되더라도 그 표상이 실재 그 자체에 상응하지 않는 것이 가능하다.[105] (4) 칸트는 인과성 원리가 사물들 그 자체에 적용될 수 없는 단지 지성의 주관적 규칙일 뿐이라고 주장한다. 그러나 이것은 우리가 표상들의 원인이나 기원을 알기 위해 우리의 표상들 바깥으로 결코 벗어날 수 없다는 것을 함축한다.[106]

이 모든 점들이 올바르고 칸트가 비난받고 있듯이 잘못이 있다고 가정한다 하더라도, 그것은 여전히 주관주의에 잘못된 것이 무엇인가라는 물음을 남긴다. 바이스하우프트는 보통 주관주의를 받아들이는 것의 도덕적·종교적 결과들을 지적한다. 그러나 그는 또한 완전한 주관주의는 자기 논박적이라고 하는 좀 더 철학적인 이의 제기도 갖고 있다.[107] 모든 지식이 오직 현상에 대해서만 참이라고 주장하는 철저한 주관주의자는

● ●
102 Weishaupt, *Gründe und Gewissheit*, p. 34.
103 같은 책, pp. 119-120.
104 같은 책, pp. 62-63, 125-126.
105 같은 책, pp. 20-21, 107, 157, 164.
106 같은 책, pp. 171-172.
107 같은 책, pp. 73-74, 158-159, 201-202.

그 자신의 이론에 관해서도 똑같은 것을 말해야 할 것이다.

일반적으로 칸트의 관념론에 반대하는 바이스하우프트의 캠페인은 가르베나 페더를 넘어선 진보였다. 가르베가 그때그때마다의 언급들에 호소하고 페더가 부주의한 논박에 의지했던 데 반해, 바이스하우프트는 체계적이고 엄격한 조사에 종사했다. 칸트 이후 철학의 역사를 전체로서 고려하면 [188]바이스하우프트의 저술들은 매우 명확하고 실제로 뚜렷한 입장을 차지한다. 그것들은 칸트에 대한 관념론 혐의를 입증하려는 가장 단호하고 공들인 시도를 나타낸다.

하지만 칸트에 대한 바이스하우프트의 논박에는 몇 가지 심각한 단점들이 존재한다. 그는 반복해서 지식은 다름 아닌 사물 자체와의 상응을 요구한다고 주장했다. 그러나 그 경우 그는 그러한 요구가 성취될 가능성이 없다는 칸트의 논증을 무시했다.[108] 그는 경험주의에 대한 충성을 맹세했다. 그러나 그러고 나서 그는 경험을 넘어선 추론을 허용하지 않는다고 해서 칸트를 책망했다. 하지만 가장 나쁜 것은 바이스하우프트가 『프롤레고메나』와 『비판』의 제2판에서 관념론이라는 비난에 대한 칸트의 대답을 결코 자세히 검토하지 않았다는 점이다.

6.7. 선한 목자 피스토리우스

아마도 칸트에 대한 경험주의적인 비판자들 가운데 가장 날카로운 사람이자 칸트 자신에 의해 가장 존경받는 이는 헤르만 안드레아스 피스토리우스(1730-1795), 북부 독일의 뤼겐섬에 있는 포저비츠의 목사였다. 비록 칸트가 티텔과 티데만에 대해서는 경멸 이외에 아무것도 갖지 않았

••
108 *KrV*, A, 105.

을지라도, 그는 피스토리우스에 대해서는 최고의 존경을 지녔다.[109] 『실천 이성 비판』 서문에서 그는 지혜로운 목사에게 멋진 찬사를 바쳤다. 자신의 다른 비판자들과는 달리 피스토리우스는 "진리를 사랑하고 예리하고 따라서 존경을 받을 만하다"고 칸트는 말했다.[110] 실제로 칸트가 보기에 "『비판』에 대한 가장 무게 있는 이의 제기들" 가운데 몇 가지를 행한 것은 피스토리우스였다.[111] 칸트는 이 비판들을 아주 진지하게 받아들여 "다름 아닌 바로 실천 이성에 대한 상세한 비판은 그것들 배후의 오해들을 한쪽으로 치워 놓을 수 있다"고 확신했다. 실제로 『실천 이성 비판』의 많은 부분은 피스토리우스에 대한 위장된 논박이다. 페더와 가르베가 『순수 이성 비판』의 제2판에 대해 의미했던 것, 바로 그것을 피스토리우스는 『실천 이성 비판』에 대해 의미했다.

비록 그가 동시대인들에게조차도 모호한 인물이었다 할지라도, 피스토리우스는 니콜라이의 『일반 독일 문고』를 위한 논평자로서 영향력 있는 위치를 지니고 있었다. 1784년부터 1794년까지 피스토리우스는 이 저널을 위해 칸트의 친구들과 적들의 많은 작품들은 말할 것도 없고 칸트의 작품들 거의 모두를 논평했다. 이 논평들은 익명이었기 때문에 ─ 그것들은 단지 머리글자 "Rg", "Sg", "Zk" 또는 "Wo"로만 표시되었다[112] ─ 피스토리우스는 그가 받아야 할 모든 인정을 받지 못했다.[113] 그리하여 우리는 칸트의 동시대인들의 작품이나 서신들에서 그에 대한

• •
109 『최후 유고』, *Werke*, XXI, 416에서의 피스토리우스에 대한 칸트의 찬사를 참조
110 Kant, *Werke*, V, 8.
111 같은 책, V, 6.
112 Parthey, *Mitarbeiter*, pp. 20-21을 참조
113 하지만 피스토리우스는 어느 정도 인정을 받았다. 예니쉬는 칸트에게 그가 "많은 지지자들"을 갖고 있다고 말했다. 1787년 5월 14일자의 칸트에게 보낸 예니쉬의 편지, Kant, *Briefwechsel*, p. 316을 참조

언급을 거의 발견하지 못한다.

『순수 이성 비판』에 대한 피스토리우스의 반응은 대부분의 측면에서 경험주의적인 대중 철학자들에 대해 전형적이었다. 그것에서 전형적이지 않은 것은 다만 칸트의 입장에 대한 그의 더 커다란 이해와 그것을 공격하는 그의 좀 더 커다란 미묘함뿐이다. [189]가르베와 페더 그리고 바이스하우프트와 마찬가지로 피스토리우스도 칸트를 관념론이라고, 즉 모든 실재를 꿈, 표상들의 한갓된 놀이로 해소시킨다고 고발한다.[114] 그는 칸트의 관념론과 버클리의 관념론을 딱 잘라 동일시하는 페더의 실수를 피한다. 그러나 그는 여전히 만약 일관적이라면 칸트의 관념론은 실제로 버클리의 관념론보다 더 좋은 것이 아닐 거라고 주장한다. 피스토리우스에 따르면 칸트의 체계에는 오로지 현상들만이 존재한다——하지만 그것들은 실재적인 어떤 것의 현상들이나 실재적인 어떤 것을 위한 현상들이 아니다. 그것들은 실재적인 어떤 것의 현상들이 아닌데, 왜냐하면 그것들이 사물 자체를 나타낸다고 가정하는 것은 지식의 한계에 관한 칸트의 가르침을 위반하는 것이기 때문이다. 그리고 그것들은 실재적인 어떤 것을 위한 현상들이 아닌데, 왜냐하면 칸트의 초월론적 자아는 존재하는 실체가 아니라 오직 표상들의 순수하게 형식적인 통일만을 가리키기 때문이다. 그렇다면 칸트가 우리에게 남기는 것은 오로지 표상들——즉 나타내는 주체나 나타내지는 대상이 없는 표상들뿐이다.

피스토리우스는 『비판』에서 내감이 오로지 현상들에 대해서만 우리에게 지식을 주는 데서 외감과 동등하다는 것을 특히 역설적이라고 생각한다.[115] 만약 우리가 우리 자신을 사물들 자체로서 알지 못한다면, 우리

· ·
114 Pistorius, "Schultz's *Erläuterung*", in Hausius, *Materialien*, I, 158-159.
115 Pistorius, "Kant's *Prolegomena*", in Hausius, *Materialien*, I, 148.

는 우리의 표상들을 단지 현상들로서만 안다. 그러나 이 표상들이 이번에는 단지 사물들 자체의 현상들일 뿐이기 때문에, 우리가 알고 있는 모든 것은 현상들의 현상들이다. 피스토리우스는 자기가 여기서 칸트를 이해하지 못한다고 솔직하게 고백한다. 그리고 그는 만약 현상들에 대한 모든 지식도 역시 오직 현상일 뿐이라면 어떻게 현상들이 가능한지를 설명해 줄 것을 그에게 요구한다.[116]

중요한 것은 피스토리우스가 페더나 바이스하우프트와는 달리 자신의 관념론 비난을 『비판』 제2판에서의 「관념론 논박」에 대항하여 옹호한다는 점이다. 경험주의자들은 처음으로 관념론 비난을 피하고자 하는 칸트의 가장 중요한 시도에 직면한다. 『비판』 제2판에 대한 논평에서 피스토리우스는 「논박」을 『비판』의 중심 교설과 일관되지 않는 것으로서 공격한다.[117] 그는 즉시 칸트로 하여금 딜레마에 직면하게 한다. 그는 칸트가 '공간 내의 대상들의 실재'라는 것으로 무엇을 의미하는지 묻는다. 만약 그가 단지 공간 내의 그것들의 존재, 즉 그것들이 우리의 '내부'가 아니라 '외부'에 있다는 단순한 사실을 의미한다면, 그는 존슨 박사의 돌을 부정하지 않는 것과 마찬가지로 공간 내의 대상들의 존재를 부정하지 않는 관념론자를 반박하지 못했다. 하지만 만약 칸트가 의식에서 독

116 칸트가 이 요청에 주의를 기울였는지 여부는 불분명하다. 그러나 그가 그렇게 했다는 몇 가지 징후가 존재한다. 『실천 이성 비판』의 서문에서 칸트는 『순수 이성 비판』에 대한 이의 제기들을 논의하는 가운데 우리가 우리 자신을 오직 현상들로서만 안다는 자신의 "이상한 주장"을 옹호할 필요를 언급한다(*Werke*, V, 6을 참조). 그리고 『비판』의 제2판에 대한 서문에서 칸트는 「감성론」에서의 자신의 시간(즉 내감) 이론에 대한 이의 제기들에 대해 언급한다. 실제로 제2판(B, 67-8)에 추가된 "내적 촉발"에 관한 구절은 피스토리우스에 대한 대답일 가능성이 있다. 드 블레샤우베르는 칸트가 『형이상학적 원리』에 붙인 부록에서 피스토리우스에게 대답하기를 원했다고 추측한다. 여기서 그는 1785년 9월 13일자의 쉬츠에게 보낸 칸트의 편지에 호소하고 있다. De Vleeschauwer, *La Deduction transcendentale*, II, 581을 참조.

117 *AdB* 81/2 (1781), 349-352를 참조.

립적인 대상들의 존재를 의미한다면, 그는 단적으로『비판』과 모순된다. 이것은 사물들 자체에 대한 지식을 금지하는 그의 비판적 제한들뿐만 아니라 공간이 현상, 즉 직관의 선험적 형식 이외에 아무것도 아니라고 주장하는「감성론」과도 충돌한다. 피스토리우스에 따르면「논박」과「감성론」사이에는 노골적인 모순이 존재한다.「논박」은 시간 내의 우리 자신에 대한 우리의 의식이 우리 외부의 사물들에서 객관적 기초를 지닌 다고 단언하는 데 반해,「감성론」은 시간에 대한 모든 표상이 주관적이 며 실재 그 자체에 아무런 토대를 지닌다고 주장한다.

[190]비록 피스토리우스가『순수 이성 비판』의 날카로운 비판자이었을 지라도, 그는 주로 칸트의 윤리학에 대한 비판으로 기억되고 있다. 특히 칸트에게 그토록 뚜렷한 영향을 끼쳐 그로 하여금『실천 이성 비판』의 여러 부분에서 자기 자신을 옹호하도록 한 것은『정초』에 대한 (1786년 에 출판된) 그의 논평이었다. 피스토리우스는『정초』에 대한 많은 이의 제기들의 개요를 제시했으며, 그 가운데 네 가지는 칸트로부터 대답을 받기에 충분할 만큼 중요했다. 칸트의 대답들과 더불어 이 이의 제기들 의 각각을 살펴보자.

(1) 피스토리우스는 먼저 도덕성의 순수하게 형식적인 기준(요컨대 보편화 가능성)의 충분함에 의문을 제기한다.[118] 우리는 의지가 선한지 아닌지를 알기 위해 먼저 선한 것, 의지의 대상을 구체적으로 명시해야 만 한다. 의지의 ─ 법칙을 위해 행위하고 의무를 위해 의무를 수행하는 ─ 순수한 형식은 의지의 도덕성을 확립하기에 충분하지 않은데, 왜냐 하면 누군가는 법칙을 위해서 행위하면서도 여전히 도덕적으로 악한

• •
118 Pistorius, "Kants *Grundlegung*", in Hausius, *Materialien*, III, 114-115. Bittner, *Materialien*, pp. 162-163에서『실천 이성 비판』에 대한 논평을 참조.

법칙에 따라 행위할 수 있기 때문이다. 따라서 의지의 도덕성을 판단하기 전에 법칙의 내용, 즉 그것이 과연 행복에 도움이 되는지를 아는 것도 필요하다.

『실천 이성 비판』 서문에서 칸트는 이 이의 제기를 명시적으로 언급하고 자기가 그에 대한 충분한 대답을 제공했기를 희망한다.[119] 그는 이 이의 제기에 광범위하게 응답하여 「분석론」의 두 번째 부분을 그것에 의해 제기된 문제에 바쳤다.[120] 응답에서 칸트는 자신이 무엇이 선하거나 악한지를 결정하기 전에 도덕성의 기준을 규정한다는 것을 인정하고, 그는 이것이 관습적인 도덕 이론에 비추어 역설적인 것으로 보일 수밖에 없음을 수긍한다. 그는 자신의 절차를 "실천 이성에 대한 비판적 검토에서의 방법의 역설"이라고 부르기까지 한다. 그럼에도 불구하고 칸트는 다음과 같은 이유들에서 스스로를 옹호할 수 있다. 만약 그가 자신의 탐구를 선의 개념에 대한 분석으로 시작하고 그로부터 도덕성의 기준을 도출했다면, 그는 이미 행복주의자에 대한 자신의 소송을 포기했을 것이다. 왜냐하면 도덕 법칙에 선행하여 무엇이 선하거나 악한지를 규정하는 것은 단지 무엇이 즐겁거나 고통스러운지를 식별하는 것인바, 그것은 엄격하게 공리주의적 숙고이기 때문이다. 그러나 칸트는 그의 탐구의 바로 그 목표가 도덕성의 순수하게 형식적인 기준의 가능성을 발견하는 것이라고 우리에게 이야기한다. 그리고 바로 그 가능성이 규정되어야 하는 것을 배제하는 것은 철학적 방법의 모든 규칙에 위배될 것이다.

하지만 필요한 것은 피스토리우스에 대한 칸트의 대답이 요점을 놓친다는 것을 인정하는 것이다. 피스토리우스는 선의 개념을 가지고서 시작하는 것이 공리주의적 계산을 들여온다는 것을 의심하지 않는다. 그의

119 Kant, *Werke*, V, 9.
120 같은 책, V, 59-65, 특히 63-65.

요점은 형식적 기준이 충분하지 않다는 점을 고려하면 그러한 계산을 도입할 필요가 있다는 것이다. 칸트는 이 요점에 반대하여 아무것도 제시하지 못하며, 단지 도덕 법칙이 모든 공리주의적인 숙고로부터 떨어져서 규정될 수 있다는 자신의 확신을 되풀이할 뿐이다. 하지만 이것은 다만 피스토리우스가 의문을 제기하는 믿음일 뿐이다.

(2) 피스토리우스의 두 번째 반대는 [191]과연 이성이 혼자서 행위를 위한 유인이나 동기를 제공할 수 있는가 하는 해묵은 어려운 물음을 제기한다.[121] 그는 우리가 행위를 위한 동기와 유인을 가져야만 한다고 주장하지만, 이성이 그러한 것을 우리에게 제공할 수 있다는 것을 부정한다. 피스토리우스에 따르면 어떠한 감성적 욕구나 관심도 지니지 않는 완전히 이성적인 존재는 전혀 행위하지 않을 것이다. 그가 표현하듯이 의지로 하여금 법칙에 따라 행위하도록 동기를 부여하는 의지와 법칙 사이의 어떤 '세 번째 표상'이 존재해야만 한다. 그리고 그러한 세 번째 표상은 욕구의 대상이어야만 한다.

이 이의 제기에 대한 칸트의 대답은 다름 아닌 도덕적 유인에 대한 그의 이론, 즉 「분석론」의 세 번째 부분이다.[122] 칸트는 행위를 위한 어떤 동기나 유인이 있어야만 한다고 인정한다. 그러나 그는 행위를 위한 동기를 시인하는 것이 그 사실 자체에 의해 감성적 동기를 승인하는 것이라는 것을 부인한다. 칸트는 도덕 법칙이 행위를 위한 그 자신의 유인을 제공하는데, 왜냐하면 그것은 독자적인 도덕적 느낌을 낳기 때문이다. 법칙에 대한 이러한 존중은 감성으로부터가 아니라 도덕 법칙 그 자체로

121 Pistorius, "Kants *Grundlegung*", in Hausius, *Materialien*, III, 230-231.
122 Kant, *Werke*, V, 72-106, 특히 75-76. 비록 칸트가 이 부분이 피스토리우스에 대한 대답이라고 말하지 않는다 할지라도, 그것은 분명히 『정초』에 대한 그의 논평에서의 이의 제기들에 대답한다. 유인에 대한 이론은 실제로 『실천 이성 비판』에 대해 특징적인바, 『정초』에서는 출현하지 않는다.

부터 유래한다.

(3) 피스토리우스의 세 번째 이의 제기는 칸트의 정언 명령이 행복의 원리와는 달리 모두에게 똑같이 이해될 수도 없고 또 모두에 의해 똑같이 적용될 수도 없다고 주장한다. 그것은 소수의 엘리트, 요컨대 전문적인 철학자들에 의해서만 이해되고 적용될 수 있다. 하지만 행복의 원리는 이 문제를 피한다. 모든 사람이 그것을 이해하고 있으며 그것을 특수한 경우들에 적용하는 법을 알고 있다.[123]

이러한 종류의 이의 제기는 대중 철학자들만큼이나 이론과 실천 사이의 간격을 극복하고자 열망한 칸트를 불안하게 만들었다. 만약 피스토리우스의 이의 제기가 타당하다면, 칸트의 도덕 원리는 계몽의 수단으로서, 대중 일반을 위한 이성적 행위 지침으로서 완전히 비효과적일 것이다. 「분석론」의 세 번째 명제에 대한 "주해"에 나타나는 피스토리우스에 대한 칸트의 대답은 준칙이 보편화될 수 있는지의 여부는 "가르침 없이 가장 일반적인 이해에 의해 구별될 수 있는" 간단한 문제라는 것이다.[124] 그러고 나서 칸트는 이 비판을 피스토리우스에게로 되던진다. 그는 이해할 수 없고 적용될 수 없는 것은 행복의 원리인데, 왜냐하면 사람들의 욕망의 그 모든 차이와 상이한 상황에서의 행위의 상이한 결과들은 보편적 명령을 전개하는 것이 불가능하게 만들기 때문이라고 논증한다.

(4) 칸트를 가장 불안하게 만드는 것은 의심할 바 없이 피스토리우스의 네 번째 이의 제기였다. 피스토리우스는 칸트의 도덕 이론이 『순수이성 비판』에 따르면 불가능해야 할 사물들 자체에 대한 지식을 요구한다고 논증한다.[125] 칸트가 그러한 지식을 전제하는 두 측면이 존재한다.

---

123 Pistorius, "Kants *Grundlegung*", in Hausius, *Materialien*, III, 237.

124 Kant, *Werke*, V, 27-28.

125 Pistorius, "Schultz's *Erläuterung*", in Hausius, *Materialien*, I, 173ff.

첫째, 그는 인간이 예지적 행위자, 예지적 원인*causa noumenon*인바, 행위할 수 있는 그의 힘은 현상적 질서의 자연적 인과성에 의해 규정되지 않는다고 가정한다. 그러나 피스토리우스는 만약 우리가 아는 모든 것이 현상이라면, 사람이 예지적인 것으로서 존재한다는 것도 우리가 어떻게 아는 것인지 묻는다. 우리의 모든 자기-지식은 아마도 오직 현상으로서의 우리 자신에 대해서일 뿐이다. 둘째, 칸트는 [192]자유의 개념을 선행하는 원인에 의한 규정 없이 인과 연쇄를 시작할 수 있는 힘으로서 정의한다. 그러나 그러한 정의는 이미 지식에 대한 칸트적인 한계를 넘어선다고 피스토리우스는 주장한다. 왜냐하면 힘의 개념은 인과적 개념이고, 시작의 개념은 시간적인 개념이기 때문이다. 따라서 정의는 인과성 범주와 내감의 형식, 즉 시간을 예지계에 적용할 것을 요구한다. 그러나 그것은 『순수 이성 비판』에 따르면 분명히 금지되어 있다.

칸트는 이 이의 제기에 대한 답변에 『실천 이성 비판』의 한 부분 전체를 바친다.[126] 범주들을 경험 너머로 확장하는 실천 이성의 권리는 "비판의 수수께끼"라고 불린다. 그러나 칸트는 여전히 여기서의 비일관성은 단지 그렇게 보이는 것일 뿐이라고 주장한다. 비록 『비판』이 범주들에 따라 예지계를 알 수 있는 가능성을 배제한다 할지라도, 그것은 범주들에 따라 예지계를 사유하거나 생각할 가능성을 금지하지 않는다. 이제 실천 이성이 경험 너머로 범주들을 확장할 때, 그것은 우리에게 예지계에 대한 지식을 준다고 주장하지 않는다. 그것은 다만 우리로 하여금 그것을 단지 사유하거나 생각하도록 이끌 뿐이다.

우리가 자유의 가능성을 생각할 권리를 지닌다고 가정하면, 우리는 그 실재성을 어떻게 확립할 것인가? 피스토리우스는 비록 그가 자유의 실재성을 확립하는 어떠한 방법도 이론적일 것이고 따라서 지식에 대한

---

126 Kant, *Werke*, V, 50-57.

『비판』의 제한을 위반한다고 주장할지라도 우리에게 그러한 권리를 승인할 수 있을 것이다. 그러나 칸트는 이 이의 제기에 대한 대답을 준비하고 있는데, 그것은 실제로『실천 이성 비판』의 중심적인 가르침들 가운데 하나이다.[127] 칸트에 따르면 우리는 자유의 실재성을 직관에 범주를 적용하는 것에 의해서가 아니라 도덕 법칙에 대한 우리의 인식을 통해 아는데, 그것은 우리에게 자연의 현상적 질서와는 다른 질서에 속하는 존재로서의 우리 자신에 대한 의식을 부여한다. 범주들은 우리에게 무엇이 사실인지에 대해서만 지식을 제공하지만, 도덕 법칙은 우리에게 무엇이 사실이어야 하는지를 이야기해준다. 그리고 우리가 어떤 것을 해야 한다는 단순한 사실은 우리가 자연적 질서에 제한되지 않고서 행위할 수 있는 힘을 가지고 있다는 것을 보여준다.

----

127 같은 책, V, 31-34.

볼프주의자들의 복수

7.1. 볼프주의 캠페인의 주도 동기

『순수 이성 비판』의 출판 이래로 길고도 다사다난한 7년의 세월이 흘렀음에도 불구하고, 볼프주의자들은 아직도 그들의 교조적 선잠에서 깨어나 칸트에 대한 반격을 개시하지 못했다. 1787년에 칸트는 지적인 무대에서 확고히 자리 잡은 인물이었다. 그는 여러 대학에서 영향력 있는 제자들을 갖고 있었다. 라인홀트의 대중적인 『칸트 철학에 관한 서한』이 출간되었다. 그리고 친-칸트 저널인 『일반 문예 신문』이 여러 해 동안 유통되었다. 볼프주의자들이 대표한 거의 모든 것을 비판한 칸트는 대중적으로, 위험하게 대중적으로 되고 있었다. 그러나 1787년에 볼프주의자들은 여전히 곧 닥쳐올 듯한 이 무시무시한 위협에 대처하기 위해 거의 아무것도 하지 못했다. 소수의 비판적 언급들이 이런저런 교과서에 덧붙여져 나타났지만 그 이상은 아니었다.[1]

볼프주의의 경종이 1788년에 몇 차례 울렸다. 볼프주의자들이 칸트에

----

1 두 개의 예외적인 작품, 울리히의 *Institutiones*(1785)와 플라트너의 *Aphorismen*(1784년 판)이 있었다.

대한 그들의 논박을 출판하기 시작한 것은 이 해였다. 1788년에 J. G. E. 마스의『이성의 이율배반에 관한 서한』과 J. F. 플라트의『단편적 기고문』그리고 J. A. 울리히의『엘레우테리올로기』가 출간되었으며, 그것들은 모두 볼프주의적인 반격의 강력한 무기였다. 그러나 그 밖의 어떤 일, 전체로서의 볼프주의 캠페인에 대해 더 커다란 의미를 지닌 어떤 일이 1788년에 일어났다. 이것은 J. A. 에버하르트의『철학 잡지』, 즉 전적으로 볼피아나 요새의 방어에 바쳐진 저널의 출판이다.[2]『잡지』의 선언된 목표는『일반 문예 신문』의 친-칸트적인 정서에 맞서는 것이었다.[3] 그것이 존재했던 4년 동안『잡지』는 지칠 줄 모르고『신문』과 싸웠다. 욕설에는 욕설로, 논평에는 반대 논평으로, 그리고 이의 제기에는 답변으로 맞섰다.

『신문』이 그 배후에 상당한 재능을 갖고 있었다면—K. L. 라인홀트, C. 슈미트, J. 슐츠 및 C. G. 쉬츠—『잡지』도 동등한 자원을 자랑할 수 있었다. 에버하르트를 뒷받침하는 것은 뛰어난 지적 능력을 지닌 사람들, J. G. E. 마스, J. S. 슈밥, J. F. 플라트 그리고 G. U. 브라스트베르거였다. 그리고 때때로 [194]『잡지』는 L. 벤 다비드와 K. G. 케스트너와 같은 저명한 수학자를 모집하여 칸트의 수학 이론에 대한 자기의 비판에 권위를 더했다. 그리하여 두 개의 대등한 집단이 서로 대립하여 전투 준비를 마쳤다.

2   『잡지』는 그것에 반격하기 위해 계획된 또 다른 친-칸트 저널, 즉 J. G. 보른과 J. H. 아비히트에 의해 편집되는『새로운 철학 잡지』(라이프치히, 1789)를 낳았다. 『잡지』가 1792년에 접은 후 그것은『철학 문서고』(1792-1795)에 의해 대체되었는데, 그것도 에버하르트에 의해 편집되었으며『잡지』와 동일한 목표를 지녔다.

3   Eberhard, "Vorbericht", PM I/1, iii-x와 그의 "Ausführlichere Erklärung", PM III/3, 333ff.를 참조.

칸트에 반대하는 볼프주의 캠페인은 그것의 로크주의 상대자에 못지 않게 자기의 일반적 주제들과 반복되는 주도 동기들 그리고 공통의 비판들을 지닌다. 이 주제들과 비판들은 로크주의자들보다 볼프주의자들 사이에서 훨씬 더 빈번하고 명확하게 발견되거나 아니면 어떠한 경험주의자들도 원리에서조차 그것들을 진술하지 않을 것이라는 의미에서 볼프주의 캠페인에 대해 특징적이다. 이러한 일반화에 대한 예외들에도 불구하고, 볼프주의자들이 『잡지』를 통해 훨씬 더 한목소리로 행동했다는 단순한 이유 때문에, 로크주의자들보다 볼프주의자들에 관해 일반화하는 것이 덜 어렵다.

그러면 일반적 개관을 위해 이 공통 주제들을 간략하게 요약해 보자. 우리는 이 주제들이 특히 『잡지』에서 발견되지만, 그것들은 또한 볼프주의자들의 다른 저술들에서도 발견된다는 점을 염두에 두어야 한다.

(1) 아마도 칸트에 반대하는 볼프주의 캠페인 전체의 일반적 주제는 비판이 철저하고 일관된다면 필연적으로 교조주의로 귀결된다는 것이다. 회의주의와 교조주의 사이에는 가운뎃길이 존재하지 않는다. 그리고 만약 회의주의에서 벗어날 수 있으려면 우리는 교조주의를 옹호해야 한다.[4]

비록 볼프주의자들이 참된 비판이 교조주의로 이어진다고 주장했다 할지라도, 그들은 또한 칸트의 손에서 비판이 필연적으로 회의주의로 끝난다고 논증했다. 이성의 조건과 한계에 대한 칸트의 잘못된 분석은 만약 일관되게 전개된다면 우리가 아무것도 알 수 없다는 것을 함축한다.

4   예를 들어 *PM* I/l, 28과 IV/1, 84ff., 그리고 *PA* I/2, 37-38을 참조. 에버하르트는 이러한 견해에 대한 가장 활기찬 대변인이었으며, 그가 자신의 『교조적 편지들』에서 칸트에 대한 논박을 요약하는 것은 바로 그러한 용어들로 이루어진다. *PA* I/2, 37ff.를 참조. 그러나 동일한 견해가 또한 J. S. 슈밥의 『수상 논문』, pp. 78ff.에서 표현되고 있다.

볼프주의자들은 칸트적 비판의 회의적인 결과들에 대한 논증들 전체를 갖고 있었다. 그러나 그것들 가운데 가장 공통된 것은 칸트의 비판이 유아론으로 이어지는데, 왜냐하면 그것이 모든 지식을 오로지 우리의 표상들로만 이루어지는 현상들로 제한하기 때문이라는 것이다. 그러므로 칸트의 비판은 우리 자신의 의식의 원 내부에 우리를 가두며, 그래서 우리는 우리 자신의 순간적인 표상들 이외에 아무것도 알지 못한다.[5]

그래서 로크주의자들과 마찬가지로 볼프주의자들도 역시 칸트의 관념론에 대해 주장되는 유아론적 결과들을 피하기를 원했다. 그러나 중요한 것은 볼프주의자들이 다른 탈출 경로를 선택했다는 것을 파악하는 것이다. 볼프주의자들은 로크주의자들처럼 감성적 세계에서의 일정한 형식의 실재론에 대해 찬성 논증하는 것이 아니라 초감성적 세계에 대한 이성적 지식을 지지했다. 오직 그러한 지식만이 유아론을 피한다고 그들은 주장했는데, 왜냐하면 경험주의는 만약 일관된다면 외부 세계와 다른 정신들에 대한 모든 지식을 부정하기 때문이다. 그러므로 볼프주의자들은 경험주의의 회의적 결과들을 입증했다고 하여 흄을 칭찬했다.[6] 흥미로운 것은 전반적으로 보아 그들이 [195]흄의 회의주의의 도전에 대해 로크주의자들보다 훨씬 더 높이 평가했다는 점에 주목하는 것이다.

(2) 분석적인 것과 종합적인 것을 구별하는 칸트의 기준은 아주 오래되고 심리학적이며 쓸모가 없다. 그것은 칸트가 주장하듯이 새로운 발견이 아니라 오래된 것인데, 왜냐하면 라이프니츠가 이미 그것을 잘 알고 있었기 때문이다. 그것이 심리학적인 까닭은 그것이 술어가 "주어에 포함된 생각"을 "확장"하는가 아니면 "설명"하는가에 토대하기 때문이다.

5 　예를 들어 Eberhard, *PM* I/1, 28-29와 I/3, 264-265; Schwab, *Preisschrift*, pp. 121-122, 그리고 Flatt, *Beyträge*, pp. 78-79를 참조.

6 　Eberhard, *PA* I/2, 80과 *PM* I/1, 26; Flatt, *Beyträge*, pp. 4-7, 64; 그리고 Platner, *Aphorismen*, 단락 699를 참조.

그리고 그것은 특정한 경우들에서 어떤 판단이 분석적인지 아니면 종합적인지를 규정하기에는 너무 모호하다는 점에서 쓸모없다. 하나의 판단이 분석적인지 종합적인지는 또한 칸트의 기준에서는 상대적인 문제일 것인데, 왜냐하면 모든 것이 누군가가 주어에 대해 우연히 갖게 된 생각에 달려 있기 때문이다.[7]

선험적으로 분석적인 것과 선험적으로 종합적인 것을 구별하기 위해서는 심리학적 기준보다는 엄격하게 논리적인 기준이 필요하다. 이 판단들 사이의 구별은 그것들의 진리를 지배하는 논리적 원리들 사이의 구별이어야 한다. 선험적 분석 판단들은 모순율에 의해 지배된다. 그리고 선험적 종합 판단은 충족 이유율에 의해 규정된다. 그러므로 선험적 분석 판단과 선험적 종합 판단의 구별은 논리적 진리와 비논리적 진리의 구별로 파악되어서는 안 된다. 왜냐하면 두 종류의 판단은 모두 논리적 진리의 형식들이기 때문이다.

칸트의 분석적-종합적 기준에 대한 볼프주의자들의 공격은 칸트 이후의 철학에 대한 그들의 좀 더 가치 있는 기여들 가운데 하나다. 그들은 이 쟁점을 처음으로 공개했다고 평가받을 만하다. 그들과 칸트주의자들 사이에서 칸트의 기준의 목적과 독창성 그리고 타당성에 관한 격렬한 논쟁이 발발했다.[8]

(3) 수학의 명제들은 종합적이 아니라 선험적으로 분석적이다. 그것들은 그것들의 진리에 대한 선험적 직관을 요구하지 않지만, 원리적으로 모순율에 의해 참인 동일성의 진술들로 환원될 수 있다. 비록 수학, 특히 기하학이 때때로 직관들에 의지하지만, 이것들은 그 명제들의 진리를

7   Eberhard, *PM* I/3, 307ff.; II/2, 129ff.; 그리고 Maass, *PM* II/2, 186ff.를 참조. 여기서 예외는 울리히인데, 그의 *Institutiones*는 칸트의 구별을 받아들인다.
8   이 논쟁의 상세한 것들에 관해서는 Eberstein, *Geschichte*, II, 171ff.를 참조.

위해서는 결코 필요하지 않다. 오히려 그것들은 단지 연역적 연쇄의 진리를 즉각적으로 이해할 수 없는 우리의 제한된 지성을 위한 보조물일 뿐이다. 하지만 만약 우리가 신의 무한한 지성을 갖고 있다면, 우리는 어떠한 선험적 직관도 요구하지 않을 것이다.[9]

(4) 수학의 명제들이 선험적으로 분석적인 데 반해, 형이상학의 명제들은 선험적으로 종합적이다. 그러나 형이상학적 명제의 선험적 종합의 지위는 그것들의 진리가 이성에 의해 결정될 수 없다는 것을 의미하지 않는다. 선험적 종합 판단의 구별되는 용어들 사이의 연결 고리는 칸트가 가정하듯이 선험적 직관이어야 하는 것이 아니다. 그것은 지성의 더 높은 법칙, 즉 충족 이유율일 수 있다.[10]

(5) 형이상학은 수학과 동일한 정도의 확실성을 획득할 수 있다. 수학은 [196]선험적 직관에 접근할 수 있기 때문에 자기의 진리를 입증할 수 있는 우월한 위치에 있지 않다. 형이상학과 수학 둘 다의 진리는 오로지 순수 이성에만 의지한다.[11]

(6) 칸트의 경험적 의미 기준은 형이상학에서 부적절하다. 어떤 추상 개념의 의미는 다른 추상 개념들에 의해 완벽하게 정의될 수 있지만 경험적 용어로는 설명될 수 없다. 추상적 개념들의 경험적 정의 불가능성으로부터 따라 나오는 것은 다만 그것들이 **경험적** 의미를 지니지 않는다는 것이다. 그것들이 전혀 의미를 지니지 않는다는 것이 따라 나오는 것은 아니다.[12]

---

9   Eberhard, *PM* II/2, 169-170과 II/3, 322ff.; Eberhard, *PA* I/1, 126ff.; Maass, *PA* I/3, 100ff.; Schwab, *PM* III/4, 397ff.; L. David, *PM* IV/3, 271ff.와 IV/4, 406ff.; 그리고 Kästner, *PM* II/4, 391ff., 403ff., 420ff.를 참조.

10   Eberhard, *PM* II/2, 129ff.와 I/3, 370ff.; Maass, *PM* II/2, 222ff.; 그리고 Schwab, *PA* II/1, 117ff.

11   Eberhard, *PM* II/3, 316과 Schwab, *Preisschrift,* pp. 133, 139-140.

408

(7) 범주들에 대해 초월한 타당성을 승인하는 것은 허용될 뿐만 아니라 또한 필요하기도 하다. 경험의 조건을 설명하기 위해서는 범주들을 경험 너머로 확장해야 한다. 그리하여 칸트는 경험의 기원을 설명하기 위해 사물들 자체에 인과성 범주를 적용해야 한다. 이것은 초월적인 것과 초월론적인 것 사이에 확고한 구분선이 있을 수 없다는 것을 의미한다.[13]

(8) 이성의 원리들은 단지 사유의 법칙들인 것이 아닌바, 그것들은 칸트가 암시하듯이 단지 의식의 보편적이고 필연적인 형식들인 것이 아니다. 오히려 그것들은 훨씬 더한 것들이다. 요컨대 그것들은 존재의 법칙들, 즉 단지 가능한 모든 의식에 대해서뿐만 아니라 의식 내의 표상들이든 의식 바깥의 사물들 자체든 가능한 모든 사물에 대해 참인 법칙들이다.[14]

그러므로 우리가 대상이 개념을 따른다고 하는 관념론과 개념이 대상을 따른다고 하는 실재론 사이에서 선택해야 한다고 가정하는 것은 잘못이다. 이들은 칸트가 『비판』에서 진지하게 숙고하는 유일한 선택지들이다. 그러나 참된 것이게 되는 세 번째의 가운데 선택지가 존재하는바, 그것은 개념과 대상이 서로 독립적이지만 어떤 공통의 구조나 일반적 법칙들에 의해 서로 합치된다는 선택지다. 이 일반적 법칙들은 순수하게 주관적인 것이나 순수하게 객관적인 것이 아니라 모든 존재의 일반적

··
12   Eberhard, *PM* I/3, 269-272, 280-281; Flatt, *Beyträge*, pp. 80-81과 Ulrich, *Institutiones*, 단락 177, 309. 플라머는 칸트의 기준을 받아들이지만, 그것을 정당화할 수 있는 그의 능력에 대해서는 의심한다. *Aphorismen*, p. ii를 참조.

13   Eberhard, *PA* I/2, 39ff.; Flatt, *Beyträge*, pp. 15ff., 80-81; Platner, *Aphorismen*, 단락 701; Ulrich, *Institutiones*, 단락 177, 309; 그리고 Schwab, *Preisschrift*, p. 124.

14   Eberhard, *PM* II/4, 468-473; Schwab, *Preisschrift*, pp. 118ff.와 *PM* IV/2, 195ff.; 그리고 Maass, *PM* II/2, 218ff.

법칙들인 논리의 법칙들이다. 그리하여 우리의 사유는 사물들에 일치하는바, 그 까닭은 역으로 우리의 사유와 사물들이 둘 다 동일한 공통의 구조와 동일한 일반 법칙들, 요컨대 논리의 법칙에 따르기 때문이다.[15]

볼프주의자들은 논리적 법칙들의 존재론적 지위에 대한 자신들의 주장을 자신들과 칸트의 근본적인 차이로서 바라보았다. 예를 들어 에버하르트에 따르면 비판과 교조주의는 경험주의를 부인하고 이성의 원리들의 선험적 기원을 긍정하는 데서 하나이다. 그것들 사이의 유일한 차이점은 비판에 따르면 이 원리들이 단지 의식에 대해서만 타당한 데 반해, 교조주의에 따르면 그것들이 사물들 일반에 대해 타당하다고 하는 것이다.[16]

(9) '이성의 자연적 가상'과 같은 것은 존재하지 않는다. 이성이 스스로를 기만한다면, 우리는 심지어 그 자신의 망상들을 발견할 수조차 없다. 이율배반들은 이성과 그 자신과의 충돌이 아니라 이성과 상상력과의 충돌이다.[17]

(10) 숙명론을 피하기 위해 초월론적 자유를 요청하는 것은 필요하지 않다. [197]자유와 결정론은 서로 완벽하게 양립 가능하다. 더 나아가 칸트의 초월론적 자유 이론은 범주들에 대한 그의 제한과 양립할 수 없는데, 왜냐하면 그것은 사물들 자체에 대한 인과성 범주의 적용을 요구하기 때문이다.[18]

• •
15   Eberhard, *PM* II/3, 244-245와 *PA* I/2, 85-86; Schwab, *PM* IV/2, 200-201; Maass, *PM* II/2, 218; 그리고 Flatt, *Beyträge*, pp. 94ff.

16   Eberhard, *PA* I/4, 85ff.

17   Maass, *Briefe*, pp. 12ff.와 여러 곳; Schwab, *Preisschrift*, p. 123; Flatt, *Beyträge*, pp. 162ff.; 그리고 Platner, *Aphorismen*, 단락 703을 참조.

18   Flatt, *Beyträge*, pp. 150-151, 165ff.; Schwab, *PA* II/2, 1ff.; 그리고 Ulrich, *Eleutheriologie*, 여러 곳.

(11) 실천 이성은 이론 이성에 대해 우위를 지니지 않는다. 우리는 단순히 우리가 그 존재를 믿어야 하기 때문에 어떤 것의 존재를 믿을 권리를 지니지 않는다. 칸트의 실천적 신앙은 주관주의적인데, 왜냐하면 그것은 사물들 자체에 대해서가 아니라 우리에 대해 타당한 신에 대한 믿음을 허용하기 때문이다.[19]

7.2. 혁명 대 반동

비록 볼프주의자들이 많은 간계와 정열 및 에너지를 들여서 칸트에 대항하여 싸웠을지라도, 그들이 지는 싸움을 하고 있다는 것은 처음부터 명확했다. 그들은 우선 첫째로 칸트에 대항한 자신들의 캠페인을 수세적인 기반 위에서 시작했다. 더욱더 나쁜 것은 그들이 시대의 정신에 대항하여 헛되이 투쟁하고 있었다는 점이다. 사태의 슬픈 진실은 볼프주의자들이 지나가는 시대의 유물이었다는 것인바——그들은 스스로의 심정의 핵심 속에서 그것을 알았다.[20] 그들은 오랜 질서의 늙어가는 파수꾼, 요컨대 군주제와 성직자 그리고 귀족 계급이 여전히 지배하고 있는 앙시앵 레짐의 유럽이었다.[21] 물론, 볼프주의자들은 개혁자이자 계몽주의자들이

---

19 Eberhard, *PA* I/3, 94와 I/4, 76ff.; Platner, *Aphorismen*, 단락 704; Schwab, *Preisschrift*, pp. 126ff.; 그리고 Flatt, *Briefe*, pp. 13ff.와 여러 곳.

20 예를 들면 자신의 철학이 시대와 맞지 않다는 것을 인정하고 있는 에버하르트의 *Dogmatische Briefe*, *PA* I/2, 72-74를 참조. 또한 Schwab, *Preisschrift*, p. 3에서의 유사한 고백도 참조.

21 이러한 가치들에 대한 볼프주의적인 옹호에 대해서는 프랑스 혁명에 대한 온건한 반동의 고전적 진술인 에버하르트의 *Ueber Staatsverfassungen und ihre Verbesserungen*을 참조. 이 작품의 역사적 의미에 대한 평가에 대해서는 Epstein, *Genesis*, pp. 492-493을 참조.

었다. 그러나 그들은 또한 부끄러운 줄 모르는 엘리트주의자들이었다. 그들은 위로부터의 통치에 대한 필요를 확고히 믿었다. 그리고 그들은 밑으로부터의 대중의 의지를 깊이 두려워했다. 민주주의는 그들에게는 저주였고, 혁명은 범죄였다. 그들의 바로 그 정부 모델은 오랜 현 상태, 즉 프리드리히 2세의 자비로운 전제 정치였다.[22]

이제 형이상학은 현 상태에 대한 볼프주의의 옹호에서 필수적인 역할을 수행했다. 그들은 형이상학을 정치적 질서와 안정을 위한 이론적 전제 조건으로서 바라보았는데, 왜냐하면 그것은 신과 섭리와 불사성에 대한 믿음을 위해 필요한 정당화를 제공했기 때문이다. 이 믿음은 모든 도덕적·정치적 행동을 위해 필요한 유인과 보장으로서 간주되었다.[23] 비록 엘리트 계층이 물론 자신들의 의무를 더 잘 알고 의무 그 자체를 위해 모든 것을 다할지라도, 대중은 정치적 구속에 머무르기 위해 초자연적인 처벌에 대한 두려움과 초자연적인 보상에 대한 희망을 필요로 했다. 그러한 희망과 두려움이 없다면 그들은 법에 순종하려는 모든 내적 동기를 잃을 것이고, 그 궁극적인 결과는 무정부주의일 것이다. 그리하여 형이상학의 가능성은 단지 철학적인 쟁점이 아니라 또한 정치적인 쟁점이기도 했다. 따라서 형이상학의 가능성을 공격하는 것은 공적 질서의 바로 그 기초를 훼손하는 것이었다. 그것은 실제로 무정부주의 자체에 면허증을 부여하는 것이었다.

이미 빈사 상태의 라이프니츠-볼프학파에 대한 치명적인 타격은 칸트의 『비판』이 아니라 프랑스 혁명과 함께 다가왔다. 혁명에 대한 열광으로 가득 찬 젊은 세대는 오랜 형이상학을 다름 아닌 앙시앵 레짐의 버팀

• •
22 *PM* I/2, 235에서의 프로이센에 대한 에버하르트의 찬사를 참조.
23 Mendelssohn, *Jerusalem, Schriften zur Aesthetik und Politik*, II, 395-396과 Eberhard, *Staatsverfassungen*, I, 130-131, 141을 참조.

목으로서 일축했다.[24] 오랜 형이상학이 [198]칸트에 의해서든 어떤 다른 철학자에 의해서든 잘못된 것으로 증명되었던 것은 아니었다. 오히려 더 이상 그러한 형이상학에 대한 필요가 존재하지 않다는 것을 보여준 것은 정치적 사건들이었다. 신과 섭리와 불사성에 대한 믿음은 정치적 승인으로서의 자기의 영향력을 상실하기 시작하고 있었다. 만약 모든 사람이 스스로를 다스릴 수 있다면, 신이 그들을 다스릴 무슨 필요가 있을 것인가? 만약 사람들이 세상을 스스로의 도덕적 목적에 따르게 할 수 있다면, 거기에 섭리에 대한 무슨 필요가 있을 것인가? 그리고 만약 그들이 이 세상에서 스스로를 행복하게 할 수 있다면, 그저 어떤 내세에서의 행복을 약속할 뿐인 불사성에 대한 무슨 필요가 있을 것인가? 일단 이러한 믿음들의 정치적 필요가 의문의 대상이 되자마자 형이상학을 수행할 바로 그 동기가 사라졌다. 1789년 이후에 볼프주의 스타일의 논증들에 대한 필요를 주장한 사람은 즉각적으로 자신의 정치적 색채를 드러냈다. 그는 변화를 거부하는 오래된 것의 종, 앙시앵 레짐의 옹호자였다.

볼프주의자들이 칸트를 "오랜 자코뱅"이 지지하는 것으로 알려진 프랑스 혁명과 결부시킨 것은 실제로 중요하고 확실히 놀랍지 않은 일이다.[25] 따라서 칸트에 대한 그들의 비판은 프랑스에서의 사건들에 대한 그들의 반응의 본질적인 부분이 되었다. 볼프주의자들은 형이상학에 대한 칸트의 비판이 궁극적으로 사회 질서의 완전한 붕괴를 초래할 회의주의와 무신론으로 이어질 것이라고 확신했다. 혼란과 테러의 유혈 사태 후 볼프주의자들은 자신들이 전적으로 정당화되었다고 느꼈다.[26] 민주주

• •

24 이러한 반응은 튀빙겐 신학교의 경우에 특히 명확했으며, 특히 잘 기록되어 있다. 혁명에 대한 학생들의 열광적인 수용과 그에 뒤이은 오랜 형이상학에 대한 거부에 관해서는 Fuhrmanns, *Schelling, Briefe und Dokumente*, I, 16ff.를 참조.

25 Eberhard, *PA* I/4, 74-76과 I/2, 72-74를 참조.

의가 중우 정치를 의미하며 인류가 야만에 빠지지 않도록 하기 위해서는 형이상학이 필요하다는 생생한 증거가 여기에 있었다. 1790년대 초에 볼프주의적인 정신에게 가장 화급한 물음은 독일이 과연 프랑스의 피비린내 나는 도정을 뒤따를 것인가 하는 것이었다.[27] 볼프주의자들은 그리 되어서는 안 된다는 단호한 입장이었다. 따라서 칸트에 반대하는 그들의 캠페인은 1790년대에 줄곧 새로운 에너지와 진지함을 획득했다.[28] 결국 위태로운 것은 철학 학파였을 뿐만 아니라 또한 사회의 바로 그 구조였다.

만약 볼프주의자들에 대한 칸트의 결정적인 승리를 설명하는 어떤 단일한 요소가 존재한다면, 그것은 논란의 여지없이 프랑스 혁명이다.[29] 칸트의 펜이 할 수 없었던 것을 단두대가 그를 위해 행했다. 칸트 철학과 혁명 사이의 연관성은 젊은 세대에게 극도로 강력한 호소력을 지닌 것으로 입증되었다.[30] 프랑스의 정치적 혁명은 독일에서의 철학적 혁명으로 추상적 정식화를 발견하는 것으로 보였다. 칸트의 윤리학에서 그토록 눈에 띄는 역할을 수행하는 자율의 원리는 혁명 배후의 평등주의적 요구를 표현할 뿐만 아니라 또한 정당화하기도 하는 것으로 보였다. 하지만

· ·

26 Eberhard, *PA* I/4, 40ff., 그리고 *Staatsverfassungen*, I, 85-86과 II, 51ff.

27 Eberhard, *Staatsverfassungen*, I, 3-6에서의 「예비적 언급」을 참조.

28 따라서 1792년에 『문서고』가 『잡지』의 뒤를 따랐다. 그리고 마스와 슈밥은 추가적인 논박들을 출판함으로써 자신들의 노력을 배가시켰다.

29 1790년대에 칸트 철학이 지닌 인기의 주된 원천이 혁명이었다는 것은 이미 그의 동시대인들에게 명확했다. 예를 들어 Feder, *Leben*, p. 127과 Nicolai, *Abhandlungen*, I, 260-261을 참조.

30 이 점은 확실히 젊은 셸링과 헤겔에게 있어 사실이었다. 예를 들어 Fuhrmanns, *Briefe und Dokumente*, II, 63-64, 66-67에서 1795년 2월 4일자의 헤겔에게 보낸 셸링의 편지와 1795년 4월 16일자의 셸링에게 보낸 헤겔의 편지를 참조. 또한 같은 책, II, 74에서 헤겔이 에버하르트의 『잡지』와 『문서고』의 소멸에 대해 느낀 자신의 기쁨을 표현하는 1795년 8월 30일자의 셸링에게 보낸 헤겔의 편지도 참조.

대조적으로 볼프주의자들은 한 다발의 고루한 반동주의자들처럼 행동했다. 자유의 행진을 촉진하는 대신 그들은 그것을 방해하는 데 열중하고 있는 것으로 보였다. 형이상학을 부활시키고자 하는 그들의 시도는 다름 아닌 앙시앵 레짐을 복구하고자 하는 음모인 것으로 나타났다. 그리하여 이러한 대조를 고려하면 1790년대에 자유주의적 성향을 지닌 젊은이들에게 있어 결정은 이미 이루어졌다. 칸트주의와 볼프주의 사이의 선택은 혁명과 반동 사이의 선택이었다.

[199]7.3. 볼프주의의 형이상학 옹호

1790년대에 형이상학이 인기가 없는 것, 다가올 자신들의 절멸에 대한 볼프주의자들의 고통스러운 자기 인식, 칸트의 『비판』에서 그들에 대해 던져진 수많은 가공할 만한 이의 제기들, 이 모든 것은 우리를 흥미롭고도 중요한 물음으로 이끈다. 요컨대, 볼프주의자들은 그러한 압도적인 역경에 맞서 어떻게 자기 자신을 정당화하고자 했던가? 그들은 형이상학의 가능성을 어떻게 방어하고자 했는가? 그들은 칸트의 많은 비판에 실제로 어떻게 대답했던가?

이 물음에 대한 대답은 당연히 복잡하며 어떠한 손쉬운 일반화도 허락하지 않는다. 각각의 볼프주의자들은 물론 형이상학의 가능성에 대한 그 자신의 논증들과 칸트의 이의 제기에 대한 그 자신의 응답들을 갖고 있었다. 그럼에도 불구하고 형이상학을 되살리려는 시도에서 근본적인 역할을 수행한 여러 저명한 볼프주의자들에 의해 공유된 두 가지 일반적 이론이 존재했던바, 그것은 선험적 종합과 논리의 객관성에 대한 그들의 이론들, 즉 『잡지』와 『문서고』에서 에버하르트와 마스 그리고 슈밥에 의해 개진된 교설들이다.[31] 이 이론들이 그들에게 아주 중요했기 때문에,

그리고 또한 볼프주의적 반동의 중심 기관인 『잡지』와 『문서고』에서 가장 눈에 잘 띄는 자리를 차지했기 때문에, 그것들은 여기서 별도로 고려될 만하다.

칸트에 따르면 형이상학의 운명은 선험적 종합의 가능성이라는 쟁점에 달려 있다. 세계에 관한 보편적이고 필연적인 판단들을 위한 어떠한 경험적 증거도 없다면, 어떻게 그 판단들을 행하는 것이 가능한가? 선험적 종합 판단의 서로 구별되는 용어들 사이에 필연적 연관이 존재하는 것은 어떻게 가능한가? 이 물음들은 형이상학의 가능성에 대한 칸트의 탐구를 위한 출발점이다. 그러나 얼마간은 놀랍게도 그것들은 또한 볼프주의자들을 위한 출발점이기도 한데, 그들은 그 문제에 대한 칸트의 정식화에 대해 결코 의문을 제기하지 않는다.[32] 볼프주의자들은 만약 존재론적인 의미를 지녀야 한다면 형이상학적 판단들은 종합적이어야만 한다는 데 대해 칸트에게 동의한다.[33] (그렇지 않고 분석적이라면, 이 판단들은 공허하고 형식적인 진리들일 것이다.) 그들은 또한 형이상학적 판단들이 선험적이라는 것, 즉 그것들이 보편적이고 필연적이며 따라서 경험에 의해 정당화될 수 없다는 것에 대해 칸트와 의견을 같이한다. 볼프주의자들은 헤르더와 같이 형이상학을 자연 과학에 토대하도록 하

····
31 전자의 이론을 위한 표준 전거들은 Eberhard, *PM* I/3, 307ff.와 II/2, 129ff.; Maass, *PM* II/2, 186ff.; 그리고 Schwab, *PA* II/1, 117ff.이다. 그리고 후자의 이론에 대해서는 Eberhard, *PM* II/3, 244-245와 *PA* I/2, 85-86; Schwab, *PM* IV/2, 200-201; 그리고 Maass, *PM* II/2, 218을 참조.

32 이것은 모든 선험적 진리들을 선험적으로 분석적인 것으로 환원했을 라이프니츠에 대한 볼프주의자들의 충성을 고려하면 놀라운 일이다. 예를 들어 Leibniz, "Primae Veritates", in Couturat, *Opuscles*, pp. 518-523을 참조. 볼프주의자들은 선험적으로 분석적인 것으로의 환원을 형이상학의 경우가 아니라 오직 수학의 경우에서만 고려하고자 했다.

33 예를 들어 Eberhard, *PM* I/3, 326-327 and II/3, 318을 참조.

고자 하지 않는다. 더더군다나 그들은 로크주의자들과 같이 보편성과 필연성을 경험으로부터 도출하고자 하지 않는다. 따라서 볼프주의자들에게 있어 형이상학의 문제는 칸트주의자들에 못지않게 선험적 종합의 문제이다.

이러한 합의점에도 불구하고 볼프주의자들은 하나의 근본적인 요점, 즉 선험적 종합의 진리 조건에서 칸트주의자들과 의견이 다르다. 그들이 보기에 이 조건들은 칸트주의자들이 가정하듯이 선험적 직관에서가 아니라 오로지 순수 이성에서만 발견될 수 있다. 다시 말하면 수학과 형이상학은 둘 다 순수한 이성을 사용하는 한에서 타당한 선험적 종합 판단을 제공한다는 것이다.

[200]볼프주의자들은 선험적 분석 판단과 선험적 종합 판단의 구별에 토대한 선험적 종합에 관한 그들 자신의 이론을 통해 이러한 대담하고 위안을 주는 결론에 도달했다. 에버하르트와 마스 그리고 슈밥에 따르면 이 판단들 사이의 구별은 기본적으로 그것들의 진리를 지배하는 상이한 원리들 사이의 구별이다.[34] 선험적 분석 판단의 진리가 모순율에 의해 지배받는 데 반해, 선험적 종합 판단의 진리는 충족 이유율에 의해 규정된다. 이것은 또한 선험적 판단의 술어의 종류들 사이의 구별로서 정식화되기도 한다.[35] 선험적 분석 판단의 술어가 주어의 본질을 '표현'하거나 그 '안에 포함되어' 있는 데 반해, 선험적 종합 판단의 술어는 그것 '안에 근거지어져' 있거나 그에 '의해 규정'된다.

그런데 에버하르트와 마스 및 슈밥은 그 진리가 오로지 이성에 의해서만 규정될 수 있다는 것은 모든 선험적 판단의 일반적 특징이라고 주장한다. 이것은 선험적 분석 판단의 경우로부터 명백하다. 그러나 에버하르

• •
34 Eberhard, *PM* I/3, 326과 *PA* I/2, 55-56; 그리고 Maass, *PM* II/2, 196-197.
35 예를 들어 Eberhard, *PM* II/2, 137-138을 참조.

트와 마스 그리고 슈밥은 그것이 선험적 종합 판단에 대해서도 못지않게 참이라고 주장한다. 주어와 술어 사이의 연관이 유효한지 여부를 알아보기 위해 우리는 주어가 술어를 위한 '충분한 이유'인지를 알아보아야 한다. 우리는 주어에 대한 더 나아간 분석을 통해 이를 수행하는데, 그 분석은 우리에게 주어가 그 술어를 함축하는지 아닌지를 알려주기에 충분해야 한다.[36] 그리하여 선험적 종합 판단의 서로 구별되는 용어들을 결합하는 것은 선험적 직관이 아니라 이성의 더 고차적인 원리, 요컨대 충족 이유율이다.[37] 이 원리는 주어가·술어를 위한 충분한 이유라면, 즉 주어의 개념이 술어를 수반하면 술어가 필연적으로 주어에 대해 참이며 역으로는 아니라고 진술한다.

선험적 종합에 대한 이러한 이론의 전략적 가치는 상당하다. 그것은 형이상학적 판단들이 존재론적 의미와 선험적 결정 가능성을 둘 다 지닌다는 것을 보장한다. 그 이론은 형이상학적 판단들의 진리를 모순율로 환원하지 않는 까닭에 형이상학적 판단들에 종합적 지위를 부여한다. 따라서 그것들의 존재론적 의미가 보장된다. 그러나 동시에 그것은 구별되는 용어들을 충족 이유율, 즉 이성의 더 고차적인 원리에 따라 연결하기 때문에 형이상학적 판단들의 선험적 결정 가능성도 제공한다. 이 이론에 따르면 선험적 종합 판단의 진리를 규정하기 위해 필요한 것은 다만 그 주어가 술어를 위한 충분한 이유인지를 파악하는 것뿐이다. 그리고 이렇게 하기 위해 필요한 것은 단지 주어를 분석하는 것뿐인바—그렇다면 그것은 대체로 지극히 편리한 교설이다. 그것은 볼프주의자들이 순전히 선험적인 고안에 의해 사물들에 관한 진리를 알 수 있다는 것을 의미한다.

----

36   Eberhard, *PM* II/2, 137-138.

37   Maass, *PM* II/2, 222-224와 Eberhard, *PM* I/2, 328-329.

이러한 선험적 종합의 이론은 형이상학에 대한 볼프주의의 옹호에 필요하지만 그것을 위해 충분하지는 않다. 그것은 혼자서는 [201]형이상학적 판단들의 초월적 차원, 즉 단지 의식에 대해서뿐만 아니라 사물들 자체에 대해서도 참이라는 그것들의 주장을 정당화하지 못한다. 현재 상태 그대로는 여전히 충족 이유율, 즉 선험적 종합 판단의 주된 원리가 단지 우리에 대해서, 즉 현상들에 대해서 참일 뿐, 사물들 자체에 대해서는 그렇지 않다는 것이 가능하다. 그래서 볼프주의적인 선험적 종합의 이론을 인정하더라도 지식에 대한 칸트의 한계는 여전히 적용될 수 있다.

볼프주의의 논리학 이론이 구조를 위해 다가오는 것은 바로 이 지점에서이다. 볼프주의자들은 논리의 객관성에 대한 열렬한 옹호자이며— 그와 마찬가지로 칸트의 심리학주의 및 주관주의로 보이는 것에 대한 열렬한 비판자이기도 하다. 그들은 논리학의 원리들이 오직 현상들에 대해서만 참이라고 주장하는 것은 자기 논박적인데, 왜냐하면 그러한 증명은 단지 현상들로서뿐만 아니라 또한 사물들 자체로서의 우리에 대해 참이어야 하기 때문이라고 논증한다.[38] 이미 논의되었듯이 볼프주의자들은 논리학의 원리들이 '사유의 법칙들'이 아니라 모든 존재의 법칙들이며, 이 법칙들은 사물들이 현상들이든 사물들 자체이든, 즉 예지계이든 현상계이든 '사물들 일반'에 대해 참이라고 주장한다. 선험적 판단은 우리가 생각하는 방법 덕분에가 아니라 사물들의 본질이나 가능성 덕분에 참이다. 그것은 주어의 본질이 술어를 수반한다면 참이다. 그리고 그러한 수반은 우리가 어떻게 생각하게 되든지 간에 참이거나 거짓이다. 그러고 나서 볼프주의자들은 이 이론을 전제로서 사용하여 실재에 상응하는 우리의 사유에는 아무런 문제도 없다고 논증한다. 사유

<hr />

38   Maass, *PM* II/2, 220; Schwab, *PM* IV/2, 195ff.; 그리고 Eberhard, *PM* II/4, 468-473.

와 실재가 모두 논리의 법칙들을 따라야 하기 때문에, 우리는 사유가 실재에 부합한다(그리고 역으로도 마찬가지다)고 확신할 수 있다. 왜냐하면 개념과 대상 모두가 공통의 논리 구조를 공유하기 때문이다.

이러한 논리 이론을 선험적 종합의 이론에 덧붙이는 것은 형이상학적 판단들의 초월적 의미를 확보하는 것으로 보인다. 다음의 점들을 숙고해 보라. 선험적 종합의 이론에 따르면 형이상학적 판단들의 진리는 논리의 원리들에 토대하기 때문에, 그리고 논리의 이론에 따르면 논리의 원리들은 사물들 일반에 대해 참이기 때문에, 형이상학적 판단들은 사물들 일반에 대해 참이라는 것이 따라 나온다. 어쨌든 그러한 것이 볼프주의자들이 칸트에게 던진 추론의 일반적 노선이다.

아무리 전략적일지라도 그리고 아무리 중요하다 할지라도, 결국은 이 결합된 이론이 볼프주의자들에게 그들이 원하는 모든 것을 제공한다는 것은 여전히 의심스럽다. 비록 우리가 그들의 선험적 종합의 이론을 인정한다 할지라도 그리고 비록 우리가 그것을 뒷받침하는 논리 이론을 수긍한다 하더라도, 우리는 형이상학을 위한 충분한 기초를 전혀 제공하지 못한다. 결국 이 이론은 고전적 이성주의의 판단 이론과 동일한 어려움을 겪고 있다. 그것은 가능성과 현실성, 개념과 존재 사이의 레싱의 넓고 추한 도랑을 뛰어넘을 수 없다.[39] 우리가 선험적 종합 판단들의 진리를 그 주어들에 대한 순수한 분석에 의해 알 수 있다고 가정한다 하더라도 그리고 [202]주어와 술어 사이의 연관이 현상들에 대해서뿐만 아니라 사물들 자체에 대해서도 유효한 영원한 진리라고 가정한다 하더라도, 우리에게는 여전히 선험적 종합 판단이 과연 실재에 적용되는지 여부에 대한 물음이 남아 있다. 여기 눈앞에 놓여 있는 문제는 극복 불가

39 3.2절을 참조

능한 만큼이나 간단하다. 선험적 종합 판단이 참인지 아닌지를 알기 위해 (그 이론에 따라서) 필요한 것은 오직 주어가 술어를 포함하는지를 알기 위해 그것을 분석하는 것뿐이다. 추론은 주어가 존재하는 어떤 것을 가리키든 아니든 간에 참이거나 거짓이다. 그러나 만약 우리가 이 추론이 과연 단지 추상적 본질들이나 가능성들 사이에서뿐만 아니라 현실 속의 사물들 사이에서도 유효한지를 알고자 한다면, 무엇보다도 우선 그 주어가 존재하는지 여부를 아는 것이 필요하다. 다시 말하면 필요한 것은 주어가 지시 대상을 갖는지 여부를 아는 것이다. 그러나 우리가 이것이 사실인지 여부를 어떻게 규정할 수 있을까? 이것은 분명히 중요한 물음이다. 그러나 그것은 또한 에버하르트와 마스 그리고 슈밥이 그에 대해 어떠한 간단한 대답도 갖고 있지 못한 물음이기도 하다.[40] 그리고 이 물음에 대답하려고 하면 할수록 우리는 그만큼 더 우리가 경험을 참조해야 한다는 칸트의 독창적인 요점이 지니는 힘을 파악하기 시작한다.

선험적 종합에 대한 볼프주의의 이론에 부착되어 있는 또 다른 기본적 난점은 그것의 주된 전제, 즉 선험적 분석과 선험적 종합의 구별에 관계된다. 이 구별은 칸트 자신에 의해 공세적으로 공격당했는데, 그는 충족 이유율만으로는 판단의 이 두 부류를 구별할 수 없다고 논증했다.[41] 술어

---

40 공정하게 하자면 에버하르트는 자신의 영원한 진리들이 오직 가언적일 뿐이라는 점을 인정한다. 예를 들어 *PM* II/2, 138-139와 I/3, 330-331을 참조. 그것은 너무나 기본적이어서 그조차도 놓칠 수 없는 요점이다. 그러나 또한 주목할 만한 것은 에버하르트가 논리적 진리가 그 사실 자체에 의해 초월론적 진리라고 말한다는 점이다. 예를 들어 *PM* I/2, 156-157을 참조. 문제의 핵심에는 에버하르트가 자기 고백한 '플라톤주의', 즉 모든 논리적 진리를 신의 정신 속의 영원한 진리들로서 물화하는 그의 경향이 놓여 있다. 예를 들어 *PA* I/4, 50-51을 참조.

41 Kant, *Ueber eine Entdeckung*, *Werke*, VIII, 241-242를 참조. 여기서의 칸트의 논증은 러브조이에 의해 라이프니츠와 볼프를 옹호하는 그의 고전적 논문에서 완전하게

가 주어의 '결과'라거나 주어가 술어의 '근거'라는 단순한 규정은 칸트가 보기에 불충분하다. 어떤 의미에서 술어가 주어의 결과인지 또는 어떤 의미에서 주어가 술어의 근거인지 묻는 것이 필요하다. 만약 주어를 정립하고 술어를 부정하는 것이 모순을 야기한다는 의미에서 술어가 주어의 결과라면, 우리는 다시 모순율로 돌아와 우리의 손에 또 다른 분석 판단을 가진다. 하지만 술어가 모순율에 따라 주어로부터 따라 나오지 않는다면, 그 판단은 에버하르트가 말하듯이 실제로는 종합적이다. 그러나 그 경우에 우리에게는 여전히 어떤 의미에서 술어가 주어의 결과이며, 모순율에 의해서가 아니라면 어떤 의미에서 판단이 타당한 것인가 하는 당혹스러운 물음이 남겨져 있다. 이것은 물론 처음부터 선험적 종합의 문제 —— 즉 에버하르트의 이론이 해결하도록 고안된 바로 그 문제다.

선험적 종합에 대한 볼프주의의 이론의 난점들은 우리가 에버하르트와 그의 지지자들이 오직 명목상으로만 그것에 충실하다는 것을 깨닫자마자 증폭되기 시작한다. 여러 경우에 에버하르트와 마스 그리고 슈밥은 선험적 분석과 선험적 종합의 구별을 흐릿하게 만든다. 그들은 부지불식간에 선험적 종합의 종합적 지위를 훼손하며, 그래서 그것은 궁극적으로 결국 함축적 형태의 선험적 분석에 다름 아닌 것으로 되어버린다. 그리하여 한 곳에서 에버하르트는 [203]충족 이유율을 모순율로부터 연역하기 위해 열심히 노력한다.[42] 하지만 그러한 연역이 성공한다면, 그것은 선험적 종합이 또한 모순율로 환원될 수 있기도 하다는 것을 의미한다. 다른 곳에서 에버하르트는 형이상학의 명제들이 동일률의 예들에 지나

• •

　　평가되거나 이해되지 못하고 있다. Lovejoy, "Kant's Antithesis of Dogmatism and Criticism", *Mind* (1906), 191-214를 참조.

42　Eberhard, *PM* I/2, 165-166.

지 않는 더 고차적인 공리들로부터 원리적으로 도출될 수 있다고 명시적으로 말한다.[43] 그리고 또 다른 곳에서 그는 수학과 철학이 모두 동일한 정도의 확실성을 획득할 수 있는데, 왜냐하면 그것들은 둘 다 모순율에 의해 지배되고 있기 때문이라고 분명히 진술하고 있다.[44]

하지만 그들 자신의 이론에 대한 볼프주의자들의 불충실은 우리가 그들이 직면한 딜레마를 고려하자마자 쉽게 설명될 수 있다. 한편으로 그들은 충족 이유율을 모순율로부터 연역함으로써 이 이유율에 모든 칸트적이고 흄적인 이의 제기에 면역성을 지니는 논쟁의 여지가 없는 기초를 줄 수 있기를 원했다. 그러한 연역은 또한 볼프주의자들이 결코 포기할 수 없었던 좋아하는 이성주의적인 주제, 즉 철학적 진리와 수학적 진리의 동일성을 입증할 것이다. 다른 한편으로 그들은 충족 이유율을 연역하고 싶어 하지 않았는데, 왜냐하면 그들은 단지 막연하게만일지라도 그러한 연역이 선험적 종합을 선험적 분석으로 환원시킨다는 것을 인식했기 때문이다. 그 경우 모든 형이상학적 판단은 분석적이 되어 그 존재론적 의미를 상실한다. 따라서 볼프주의자들은 어렵고 고통스러운 선택, 즉 확실성과 공허함이냐 아니면 불확실성과 공허하지 않음이냐에 직면했다. 첫 번째 선택지 쪽으로 기울어질 때 그들은 선험적 종합에 대한 자신들의 이론을 배반했다. 두 번째 선택지 쪽으로 기울어질 때 그들은 그것에 계속해서 충실하게 남았다. 그러나 볼프주의자들은 결코 이쪽으로나 저쪽으로 확고한 결정을 내리는 것의 결과들에 감히 직면하고자 할 수 없었다.

• •
43   Eberhard, *PM* II/2, 157.
44   Eberhard, *PM* II/3, 338.

7.4. 칸트 편에서의 가시, J. A. 울리히

칸트에 대한 가장 영향력 있는——그리고 확실히 가장 논쟁적인——볼프주의 비판자들 가운데 한 사람은 J. A. 울리히(1746-1813)였다. 18세기의 마지막 30년 동안 울리히는 독일의 문화적 삶의 중심인 예나에서 철학 교수라는 중요한 자리를 갖고 있었다. 그 세대의 아주 많은 철학자들과 마찬가지로 울리히는 라이프니츠-볼프주의 학교에서 키워졌으며, 그의 초기 저술들은 라이프니츠에 대한 명확한 공감을 드러낸다.[45] 비록 그가 정통 볼프주의자는 아니었을지라도 울리히는 결코 자신의 학교 교육의 영향력을 떨쳐버리지 못했다. 칸트에 대한 열광의 물결이 예나를 엄습한 1790년대, 그 흥분된 시절 동안 울리히는 반대 의견을 지니는 반동적 인물, 변화를 거부하는 옛 인물들의 마지막 고독한 대표자가 되었다.

따라서 울리히가 칸트의 최초의 대변인들 가운데 하나였다는 것을 알게 되는 것은 놀라운 일이다. 『순수 이성 비판』이 출간되었을 때 그는 전향을 겪었다. 그는 "『비판』은 진정한 철학의 참되고 [204]유일한 암호를 포함한다'고 선언했다고 전해진다.[46] 울리히는 실제로 독일에서 칸트에 관해 강의한 최초의 철학자들 가운데 하나였거니와, 그는 확실히 예나에서 그렇게 한 첫 번째 사람이었다.[47] 일찍이 1785년 가을에, 즉 라인홀트가 그 무대에 도착하기 오래전에 울리히는 『비판』을 형이상학에 관한 자신의 강의에 통합시켰다. 칸트는 당연히 자기를 위한 울리히의

45 Ulrich, *Erster Umriss einer Anleitung in den philosophischen Wissenschaften*을 참조.
46 1788년 3월 1일자의 칸트에게 보낸 라인홀트의 편지, Kant, *Briefwechsel*, p. 343을 참조.
47 1785년 9월 20일자의 칸트에게 보낸 쉬츠의 편지, Kant, *Briefwechsel*, pp. 266-267을 참조.

노력을 인정했다. 그는 자신의 철학에 대해 그러한 고위의 존경할 만한 교수가 강의하는 것에 기뻐했으며, 그런 만큼 굳이 울리히를 고무하기 위해 『정초』의 매우 소수의 증정본들 가운데 하나를 그에게 보냈다.[48] 칸트 쪽으로의 울리히의 초기 기울어짐은 많은 이들이 그의 교과서들 가운데 하나를 오랫동안 기다려온 칸트의 작품으로 오인할 정도로 컸다.

하지만 울리히가 칸트 철학으로 완전히 전향한 적이 있는지는 대단히 의심스럽다. 칸트에 관한 그의 주요 작업인 『논리학과 형이상학 요강 *Institutiones logicae et metaphysicae*』(1785)은 칸트에 대해 아주 비판적인바, 여러 가지 점들을 두고서 그에 대해 아주 비판적이어서 그것은 제자의 연구로 생각될 수 없다. 우리가 이 작업을 면밀히 검토하게 되면, 울리히가 칸트로 전향한 것은 부분적으로는 이기적이고 전술적이라는 결론에 저항하기가 어렵다. 『요강』에서 그는 칸트를 그 자신의 형이상학적 목적을 위해 이용했다. 울리히는 『비판』이 어떤 미래의 형이상학—특히 그가 막 전개한 네오-라이프니츠주의적인 형이상학에 대한 서설이라고 생각했다.

칸트에 대한 울리히의 인정은 실제로 매우 단명했다. 라인홀트의 대단히 대중적인 『칸트 철학에 관한 서한』과 『순수 이성 비판』에 관한 그의 엄청나게 성공적인 입문적 강의는 울리히로부터 각광을 훔쳐갔다. 칸트에 관한 떠오르는 권위는 더 이상 울리히가 아니라 라인홀트가 될 것처럼 보였다. 울리히는 라인홀트가 일약 성공을 거둔 것에 대해 부러워했고 그 자신의 청중을 잃어버려 쓰라려 했으며 칸트의 추종자들의 무비판적인 충성에 회의적이었던바, 그리하여 그는 곧바로 칸트에 대한 스스로 공언한 적으로 변했다.[49] 그러고 나서 그는 예나에서 칸트의 증대되는

48 1785년 4월 21일자의 칸트에게 보낸 울리히의 편지, Kant, *Briefwechsel*, p. 263을 참조.

영향력과 싸우기 위해 자기가 할 수 있는 모든 것을 다했다. 그는 하루에 여섯 번 강의를 해야 했으며——칸트에 대한 반박에 모든 것을 바쳤다. 당대의 보고들로부터 판단할 때 이 강의들의 어조는 독설로 가득 차고 명예를 훼손하는 것이었다.[50] 그것들 가운데 하나의 결론에서 울리히는 도전적으로 선언했다. "칸트여, 나는 네 편의 가시가 될 것이고, 나는 너의 전염병이 될 것이다. 헤라클레스가 약속하는 것을 그는 할 것이다."[51]

이것들은 공허한 위협이 아니었다. 헤라클레스의 고투의 장점이 무엇이든 그것은 최소한 칸트를 보복 조치로 밀어 넣는 데 실패하지 않았다.

울리히의 『논리학과 형이상학 요강』은 칸트의 비판을 라이프니츠의 형이상학과 화해시키고 종합하려는 시도이다. 울리히가 보기에 칸트의 비판은 형이상학을 파괴하지 않았다. 오히려 그것은 형이상학에게 새롭고 좀 더 안전한 기초를 약속한다. 그러나 울리히가 염두에 두고 있는 것은 확실히 칸트가 인정하는 종류의 형이상학이 아니다. [205]그것은 칸트가 「방법론」에서 권고하는 규제적 건축술이 아니라 「변증론」에서 비난하는 교조적 사변이다.

칸트에 대한 울리히의 비판 요지는 오로지 비판 철학이 철저한 교조적 형이상학을 그 자신 내부로 통합하는 경우에만 일관되고 완전하다고

• •
49 1787년 10월 12일자와 1788년 1월 19일자와 3월 1일자의 칸트에게 보낸 라인홀트의 편지, Kant, *Briefwechsel*, pp. 328, 339, 343을 참조. 또한 1787년 12월 5일자의 칸트에게 보낸 베링의 편지, Kant, *Briefe*, X, 507도 참조.
50 1787년 10월 12일자의 칸트에게 보낸 라인홀트의 편지, Kant, *Briefwechsel*, p. 328을 참조.
51 1788년 1월 19일자의 칸트에게 보낸 라인홀트의 편지, Kant, *Briefwechsel*, p. 339를 참조.

하는 것이다. 울리히는 『비판』의 개념적 장치의 많은 것을 채택한다. 그리고 그는 칸트의 공간·시간 이론, 예지계와 현상계 및 수학적 지식과 철학적 지식 사이의 구별들과 같은 『비판』의 중심 교설들 가운데 많은 것에 동의한다. 그러나 그는 그의 근저에 놓여 있는 형이상학적 의도들을 드러내는 한 가지 중대한 측면에서 칸트로부터 벗어난다. 요컨대 그는 지성의 범주들과 이성의 이념들은 경험에 제한되는 것이 아니라 사물들 자체로 확장할 수 있고 우리에게 그것들에 대한 지식을 제공한다고 주장하는 것이다. 이것은 칸트에게 맞서 울리히가 주장하는 것의 주된 요점인데, 그것을 그는 『요강』에서 상이한 여러 각도로부터 옹호한다.

범주들을 경험에 제한하는 것에 대항한 울리히의 주된 논증은 우리가 예상할 수 있듯이 초월론적 연역에 집중되는 것이 아니라 경험의 유추에 집중된다. 두 번째 유추와 관련하여 울리히는 인과성 범주가 오로지 경험에 대한 것보다 훨씬 더 광범위한 적용을 지닌다고 논증한다.[52] 그것은 시간상의 사건들뿐만 아니라 또한 예지적이든 현상적이든 존재하는 모든 것에 적용된다. 그 범주는 이러한 더 넓은 의미를 지녀야만 하는데, 왜냐하면 우리는 왜 어떤 것이 시간 속에서 발생하는가 하는 것뿐만 아니라 또한 왜 그것이 시간 속에 있든 아니든 그것이 존재하는 그대로 존재하는가를 묻기 때문이다. 실제로 우리는 만약 우리가 또한 존재하는 모든 것의 원인에 대해 물을 수 없다면 시간 속의 사건들의 원인에 대해 물을 수 없을 것이다. 인과성 범주가 이러한 좀 더 넓은 의미를 지니기 때문에, 사물들 자체가 경험의 원인이라고 가정하는 것은 허용될 수 있다.

첫 번째 유추에 관해서도 울리히는 실체 범주의 초월적 사용을 옹호한다.[53] 그는 경험의 기원을 설명하기 위해서 우리는 그러한 사용을 허용할

---

52   Ulrich, *Institutiones*, 단락 177, 309.

수밖에 없다고 논증한다. 현상들의 영역은 변화하는 표상들로 이루어지기 때문에 그것들의 변화의 어떤 원인이 존재해야만 한다. 그리고 그 원인은 실체, 즉 이러한 변화들의 영속적인 주체이어야만 한다. 울리히는 이 실체가 통각의 통일성의 '나' 이외의 다른 것이 아니라는 견해를 지지하는 것으로 보인다.[54] 그러나 그는 우리가 이 '나'를 사물 자체로서 안다고 주장한다. '나는 생각한다'는 우리에게 현상들로서가 아니라 사물들 자체로서의 우리 자신에 대한 의식을 준다고 그는 말한다. 왜냐하면 '나'는 모든 표상들이 그에 대한 현상들인 것인바, 무한 퇴행을 초래함이 없이는 그것도 역시 단지 하나의 현상일 수는 없기 때문이다.[55]

울리히의 『요강』은 만약 그것이 『일반 문예 신문』에 게재된 그에 대한 호의적인 논평의 대상이 아니었더라면 아마도 칸트에 의해 무시되었을 것이다.[56] [206]논평이 익명이었긴 하지만 칸트는 저자가 그의 가까운 친구이자 제자이고 『비판』에 대한 첫 번째 해설의 저자인 요한 슐츠임을 알았다.[57] 슐츠가 저자인 것을 알게 된 칸트는 그 논평과 『요강』에 주의를 기울여야 했다.

논평에서 슐츠는 칸트에 대한 울리히의 끈질기고 불편부당한 비판에

<hr>

53 같은 책, 단락 317.
54 같은 책, 단락 236, 239.
55 같은 책, 단락 238-239.
56 *ALZ* 295 (1785), 297-299를 참조.
57 1785년 11월 13일자의 칸트에게 보낸 쉬츠의 편지, Kant, *Briefwechsel*, p. 274를 참조 언뜻 보기에 칸트의 그토록 가까운 제자인 슐츠가 그러한 비판적 논평을 써야 했다는 것은 놀라운 일이다. 겉보기에 그 논평은 칸트를 당황시켰고 거의 슐츠와의 단절을 야기할 뻔했다. 하만은 야코비에게 1786년 4월 9일에 그 논평이 칸트와 슐츠의 긴급 회합으로 이어졌으며 그 성과는 칸트에게 받아들여질 수 있었다고 써 보냈다. Hamann, *Briefwechsel*, VI, 349를 참조

대해 그를 칭찬하고, 자신이 울리히의 의심들 가운데 많은 것을 공유하고 있다고 진술한다. 하지만 그는 울리히가 매우 중요한 한 가지 점에서 실패했다는 것을 주시한다. 즉 그는 초월론적 연역을 고찰하지 않았다는 것이다. 이것이 바로『비판』의 핵심이거니와, 울리히는 범주들을 경험에 제한하는 것에 반대하는 자신의 논거를 입증하기 위해서 그것을 검토하는 것이 온당했을 것이라고 슐츠는 올바르게 강조한다. 칸트가 범주들을 경험에 제한하는 것 배후의 원리들을 규정하는 것은 연역인바, 울리히가 이 원리들을 검토하는 것은 필요하다. 그러한 심각한 결점에도 불구하고 슐츠는 울리히의 혐의를 풀어준다. 연역을 고찰하지 않은 것은『비판』의 이 부분의 어려움을 고려하면 너무나도 이해할 만한 것으로 여겨진다. 비록 연역이『비판』의 가장 중요한 부분일지라도, 그것은 또한 가장 모호한 부분이기도 하다. 그리하여 슐츠는 연역이 진지하게 재작성을 필요로 한다고 넌지시 말하는데 — 이는 칸트가 무시할 수 없는 암시였다.

비록 슐츠가 연역에 대한 적절한 취급이 단일한 논평의 범위를 훨씬 넘어선다고 인정한다 할지라도, 그는 지나치는 김에 한 가지 비판을 행하지 않을 수 없다. 연역의 목적은 선험적 종합 개념들이 경험의 필요조건임을 보여주는 것이라고 그는 쓴다. "그러나 여기서 경험은 무엇을 의미하는가?"라고 그는 조바심 내며 묻는다. 슐츠는 칸트가 얼버무린다고 비난한다. 때로는 경험은 칸트가 '지각의 판단들'이라고 부르는 것으로 구성되며, 때로는 그가 '경험의 판단들'이라고 부르는 것으로 이루어진다. 하지만 어느 경우이든 연역은 그 요점을 증명하지 못한다. 한편으로 만약 칸트가 선험적 종합 개념들이 지각의 판단들의 필요조건이라고 생각한다면, 그는 거짓을 진술하고 있다. 왜냐하면 선험적 종합 개념들을 적용함이 없이 경험적 판단을 내리는 것이 가능하기 때문이다. 만약 우리가 단순하게 "태양이 비치면 돌이 따뜻하다"고 말한다면, 우리는 태양의 열과 돌의 따뜻함 사이에 보편적이고 필연적인 연관이 존재한다고 주장하고 있지 않다. 다른 한편으로 만약 칸트가 선험적 종합 개념들이 경험의 판단들의 필요조건이라고 생각한다면, 그는 동어 반복을 언명하고 있다. 사건들 사이의 보편적이고 필연적인 연관을 진술하는 판단(예를 들어 '태양의 열이 돌의 따뜻함의 원인이다')이 선험적 종합 개념들을 요구한다는 것을 부정하기는 어렵다. 그러나 중요한 것은 이러한 좀 더 평범한 요점이 우리의 지각이 보편적이고 필연적인 연관을 경험에 돌리기 위한 어떤 증거를 우리에게 제공한다는 것을 부인하는 회의주의자들에 맞서는 칸트를 도와주지 않는다는 점에 주목하는 것이다. 그래서 연역은 거짓이거나 사소한 것으로 나타난다. 슐츠가 보기에는 그러한 것이 [207]연역이 직면해 있는 딜레마다. 하지만 슐츠는 여전히 주의 깊게 이 딜레마가 반드시 치명적인 것은 아니라고 말한다. 그럼에도 불구하고 그는 칸트에게 해명을 요구한다.

칸트는 결국 『일반 문예 신문』 논평에 대해 알게 된 것을 다소 미덥지 못하고 눈에 띄지 않는 장소, 즉 그의 『자연 과학의 형이상학적 원리』(1786)의 서문에 붙인 각주에 받아들였다.[58] 하지만 칸트 전집의 그러한 잘 알려져 있지 않은 한 구석은 사실 무언가 중요한 의미를 지니는데, 왜냐하면 여기서 칸트는 초월론적 연역의 목적과 주장에 대해 반성하고 있기 때문이다. 칸트는 명확하고 설득력 있는 연역이 없이 비판 철학이 약한 기초 위에 세워져 있다는 슐츠의 주장에 초점을 맞추는 것으로 시작한다. 하지만 이 주장은 놀라운 반응과 더불어 맞아들여졌다. 이의 제기를 피하기 위해 칸트는 연역의 중요성을 끌어내리는 것으로 보인다. 그는 연역이 "『비판』의 근본 명제", 즉 "우리 이성의 사변적 사용은 가능한 경험 너머로 확장될 수 없다"는 명제를 확립하기 위해 필요하지 않다고 명시적으로 진술한다. 칸트에 따르면 연역이 우리에게 이야기해 주는

58 Kant, *Werke*, IV, 474n.

것은 선험적 종합 개념들이 경험의 필요조건이라는 사실이 아니라 다만 어떻게 그러한가 하는 것뿐이다. 그러므로 연역의 문제 — 어떻게 선험적 종합 개념들이 경험에 적용되는가? — 는 『비판』의 일반적 결론, 즉 선험적 종합 개념들이 가능한 경험에만 적용된다는 것을 위해 필요하지 않다. 비록 연역이 이 결론을 설명하는 데서 유용하다 할지라도, 여전히 그것이 그러한 결론을 확립하기 위해 필요한 것은 아니다.

『비판』 전체의 짐을 초월론적 연역 위에 놓는 대신 칸트는 그것의 근본 원리가 독립적으로 확립될 수 있다고 주장한다. 그는 그것이 다음의 세 가지 명제로부터 증명될 수 있다고 논증한다. (1) 범주표는 지성의 모든 개념을 남김없이 다 드러낸다. (2) 지성의 개념들은 직관의 선험적 형식들, 즉 공간과 시간의 매개를 통해서만 경험에 적용된다. 그리고 (3) 이 선험적 직관들은 현상의 형식들, 요컨대 가능한 경험의 형식들 이외에 아무것도 아니다. 칸트는 오로지 이 세 가지 요점들로부터 지성의 모든 개념이 오직 가능한 경험에만 적용될 수 있다는 것이 따라 나온다고 주장한다.[59]

이러한 새로운 증명을 구성했으면서도, 그리고 연역이 그러한 결론을 확립하기 위해 필요하지 않다고 논증했으면서도 칸트는 연역을 다시 쓰기로 결심한다. 그는 마치 슐츠의 요점을 파악했지만 그것을 인정하려고 하지 않는 것처럼 보인다. 그는 이제 자신이 연역에 대한 좀 더 단순하고 좀 더 강력한 해명, 즉 판단에 대한 정의 이외에 아무것도 요구하지 않는 해명을 염두에 두고 있다고 말한다.[60] 칸트는 "가장 가까운 기회"를 취하여 연역의 첫 번째 판본의 "결함을 바로잡을" 것을 확약한다. 그렇다면 여기서 우리는 연역의 두 번째 판본을 쓰겠다는 칸트의 운명적인

---

59   같은 책, IV, 475.
60   같은 책, IV, 476. *KrV*, B, 140-141, 단락 19를 참조.

결심을 가지는바 —— 이는 『일반 문예 신문』 논평에 대한 직접적인 응답이다.

하지만 『자연 과학의 형이상학적 원리』에서 칸트가 연역을 격하시키는 것으로 보이는 것은 그에게 문제를 만들어냈다. 이제 그는 [208]연역에 대한 아무런 일관된 입장도 갖고 있지 못한 것처럼 보였다. 그는 『원리』에서 연역이 비판 철학의 기초에 대해 필요하지 않다고 명시적으로 진술한다면, 『비판』에서는 연역이 "반드시 필요하다"고 명확하게 선언한다.[61] 이 명백한 모순은 라인홀트에 의해 칸트의 주목을 끌게 되었는데, 라인홀트는 그에게 문제를 명확히 할 것을 요구했다.[62]

칸트는 그의 논문 「철학에서 목적론적 원리의 사용에 대하여」의 끝에서 이 모순을 다룬다.[63] 여기서 칸트는 연역이 '필요하다'는 두 가지 의미 사이에서 말끔하고 깔끔한 구별을 행한다. 그것은 경험 내부에서 선험적 종합 인식의 가능성을 논증하는 긍정적 목적을 위해서는 필요하다. 하지만 범주들이 우리에게 가능한 경험을 넘어선 지식을 제공하지 않는다는 것을 보여주는 부정적 목적을 위해서는 그것은 필요하지 않다. 이 후자의 목적을 위해서는 단지 범주의 개념에 포함되어 있는 것을 설명하는 것만으로 충분하다는 것이다. 생각건대 범주가 감각 경험에서 주어진 대상 없이 우리에게 지식을 줄 수 없다는 것은 이 개념으로부터 따라 나올 것이다.

우리는 이 구별이 과연 라인홀트의 모순을 피하는 것인지, 그리고 연역이 그러한 부정적 목적을 위해 필요한지 아닌지에 대한 물음을 제쳐놓을 수 있다. 비록 칸트가 이러한 문제들에 관해 올바르다고 할지라도,

----

61   *KrV*, B, 121.
62   1787년 10월 12일자의 칸트에게 보낸 라인홀트의 편지, Kant, *Briefwechsel*, p. 329.
63   Kant, *Werke*, VIII, 183-184.

그는 여전히 연역의 중요성을 격하시키고 있다. 왜냐하면 어째서 부정적 목적이 긍정적 목적보다 비판 철학의 기초에 더 중요해야 하는 것인지 물을 수 있기 때문이다. 『원리』에서의 칸트의 얼버무리는 움직임과 관련해 아주 놀라운 것은 그가 비판 철학의 '기초'를 형이상학에 관한 그것의 부정적 가르침과 동일시한다는 점이다. 그러나 그렇게 함에 있어 그는 자신의 철학의 또 다른 핵심 과제, 즉 흄적인 회의주의에 대한 자연 과학의 정당화의 중요성을 소홀히 취급하고 있다. 그 과제는 칸트에게 부인할 수 없을 정도로 중요하며, 연역은 명백히 그것을 위해 필요하다. 그렇다면 자신에 대한 비판자들의 압박 하에서 칸트는 비판 철학을 형이상학을 제한하는 부정적인 기획으로서 파악했던 것이다. 비판 철학은 회의주의에 맞서 자연 과학의 가능성을 방어하는 긍정적인 과업이 아니라는 것이다.

『요강』은 칸트로부터의 응답을 불러일으키는 울리히의 유일한 작품이 아니었다. 울리히가 약 2년 후인 1788년에, 즉 그의 반-칸트 광란의 정점에서 쓴 논박도 못지않게 도발적이었다. 이것은 그의 『엘레우테리올로기 또는 자유와 필연성에 대하여』, 즉 『일반 문예 신문』에서 칸트의 친구이자 동맹자인 C. J. 크라우스에 의해 논평된 소책자였다.[64] 크라우스는 사실 칸트의 지시 하에 그리고 칸트의 초고를 바탕으로 논평을 썼다.[65]

『엘레우테리올로기』에 대한 논평은 흥미로운 문서인데, 왜냐하면 그것은 초월론적 자유라는 칸트의 난해한 교설을 옹호하고 명확히 하기

64 이 논평은 Kant, *Werke*, VIII, 453-460에 있다.

65 칸트의 본래의 초고는 *Werke*, XXIII, 79-81에 재현되어 있다. 크라우스 논평에서의 칸트의 역할은 파이힝거에 의해 그의 「자유에 관한 칸트의 지금까지 알려지지 않은 논고」, *Philosophischen Monatshefte* 16 (1880), 193-208에서 처음으로 설명되었다.

때문이다. 그것은 [209]양립주의, 즉 종종 그 자신의 좀 더 비타협적인 견해에 대한 올바른 대안으로서 여겨지는 입장에 대한 반박을 담고 있다.

울리히의 『엘레우테리올로기』는 기본적으로 자유와 결정론이 양립할 수 있다는 고전적인 볼프주의 입장에 대한 옹호다. 칸트의 초월론적 자유 개념에 맞서 울리히는 그 자신의 '필연성의 체계'를 새긴다. 그가 보기에 자유는 자연 세계를 초월하는 것이 아니라 그것과 연속적이다. 그것은 실제로 유기체적, 역학적, 화학적 힘들의 직접적 산물이다.[66] 그러나 그러한 자연적 필연성은 자유를 파괴하지 않는다고 울리히는 말한다. 우리는 우리의 행위에서 결정될 수 있으면서도 그것을 하고 싶어 한다. 우리는 우리의 욕구에 따라 행위할 수 있는 힘을 지니기 때문에 자유롭다.[67]

결정된 행위가 원하는 행위와 양립할 수 있다는 공통의 요점을 만든 울리히는 자유를 단순히 우리의 욕구에 따라 행위할 수 있는 힘과 동일시하는 공통의 잘못을 회피한다. 그는 자유가 또한 우리의 도덕적 인식에 비추어 우리 자신을 개선하고 완전하게 만들 수 있는 힘을 포함하며, 그리하여 우리는 우리의 직접적인 욕구를 통제하고 좀 더 고차적인 도덕적 목적을 위해 행위할 수 있다고 주장한다. 자유는 "우리의 실천적 지식의 완전화 가능성"을 포함하며, 그리하여 우리는 비록 오늘 잘못 행위할 수 있을지라도 만약 우리가 선을 행하고 노력하기로 결심한다면 여전히 내일 올바르게 행위할 수 있다.[68]

울리히는 자신의 일반적 입장과 일치하여 결정론이 도덕 및 종교와 양립할 수 있다고 주장한다. 결정론자는 우리의 도덕적 의무를 폐기하기

• •
66 Ulrich, *Eleutheriologie*, 62.
67 같은 책, pp. 8-11.
68 같은 책, pp. 10-11, 31, 37.

보다는 재해석한다. 울리히는 비록 우리가 행위할 때에 다르게 행할 수 없다 할지라도 우리의 의무는 여전히 유효하다고 논증한다. '당위'는 확실히 다르게 행할 수 있는 가능성을 함축하지만, 현재나 행위할 때에 다르게 행할 수 있는 가능성을 함축하지 않는다. 그것은 다만 우리가 더 좋게 행하기로 결심하고 우리의 성격을 개선한 미래에 다르게 행위할 가능성만을 함축한다. 그러므로 '너는 다르게 행할 수 있었다'와 같은 표현에 대한 적절한 해석은 '너는 미래에 더 좋게 행해야 할 것이다'이 다.[69]

울리히에 대한 칸트의 대답의 요지는 그의 결정론이 모든 결정론과 마찬가지로 숙명론으로 환원된다는 것이다. 다시 말하면 그것은 '그가 다르게 행할 수 있었다'는 표현에 대한 어떠한 이해 가능한 독해도 허용할 수 없기 때문에 모든 도덕적 의무를 부정해야만 한다는 것이다.[70] 울리히가 보지 못하는 것은 엄격한 결정론이 지금, 즉 의무가 요구하는 순간에 다르게 행위할 수 있는 힘을 파괴할 뿐만 아니라 미래에 다르게 행위할 수 있는 힘도 파괴한다는 것이라고 칸트는 논증한다. 다시 말하면 현재의 행위와 미래의 행위의 필연성 사이에는 아무런 구별도 없는 것이다. 칸트는 울리히에게 다음의 날카로운 물음을 제기한다. 만약 과거의 모든 것이 미래를 결정한다면 어떻게 미래에 달라지는 것과 다르게 행하는 것이 가능한 것인가? 도덕적 의무에 대한 울리히의 설명에 있어 매우 중요한 성격의 완전화 가능성도 현재의 불완전한 성격을 가지고서 여기서 지금 행위할 수 있는 힘에 못지않게 결정론의 희생물이다. 우리가 우리의 성격을 완전하게 할 것인지의 여부는 우리에게 행사되는 원인들에 달려 있다. 모든 자기-개선은 성격의 어떤 결의와 더불어 시작되어

••
69   같은 책, pp. 10-11, 37.
70   Kant, *Werke*, VIII, 457-458.

야만 한다. [210]그러나 그 결의는 또 다른 원인들에 의해 결정될 것이며, 그것은 무한히 이어진다. 따라서 우리가 칭찬하거나 책임을 물을 무슨 권리를 지닌다는 말인가?

초월론적 자유 개념에 대한 필요를 강조하는 가운데 칸트는 자신이 본능적 강제와 장기간의 자기-이해관계의 차이를 무시하고 있지 않다고 열심히 지적한다.[71] 그는 단순히 이러한 아주 진부한 구별을 고려하지 못하기 때문에 초월론적 자유를 요청하고 있는 것이 아니다. 오히려 그는 비판 철학이 울리히가 우리 자신을 억제하고 좀 더 고차적인 이해관계에 따라 행위할 수 있는 우리의 능력에 관해 말할 때 언급하고 있는 현상을 수용할 수 있다고 주장한다. 이것은 칸트가 '비교적 자유'라고 부르는 것, 즉 최초의 원인의 '절대적 자유'가 아니라 본능보다는 계몽된 자기-이해관계에 따라 행위할 수 있는 힘이다. 그럼에도 불구하고 그러한 자유를 인정한 칸트는 그것이 우리의 도덕적 의무에 대해 충분하지 않다고 주장한다. 우리의 계몽된 자기-이해관계에 따라 행위할 수 있는 힘은 미래에서든 현재에서든 다르게 행위할 수 있는 힘을 뜻하지 않는다.

칸트에게 특히 골칫거리인 울리히의 한 가지 이의 제기가 존재한다. 이것은 일련의 사건들을 시작하는 힘과 그 힘을 특정한 시점들에 적용하는 것을 구별하는 것이 필요하다는 울리히의 논증이다.[72] 울리히는 비록 우리가 그 사건들의 연쇄가 시작되는 이유를 묻지 못할 수 있다 할지라도, 우리는 우리의 힘이 왜 다른 시점이 아니라 바로 한 시점에 적용되는지 그 이유를 물을 수 있어야만 한다고 말한다. 그러나 이것은 결정론자에게 발판을 제공하기에 단적으로 충분하다고 그는 생각한다. 만약 우리가 힘의 적용을 위한 어떤 이유가 존재한다는 것을 부정한다면 의지의

• •
71   같은 책, VIII, 456.
72   Ulrich, *Eleutheriologie*, pp. 33-35.

행위는 자의적이고 우연의 문제다. 그러나 만약 우리가 그 적용을 위한 이유가 존재한다는 것을 긍정한다면 우리는 결정론으로 되돌아간다.

연쇄를 시작하는 힘과 그 적용을 울리히가 구별하는 것을 인정하면서도 칸트는 왜 힘이 다른 경우들에서가 아니라 어떤 경우들에 적용되는지에 대한 설명을 요구하는 것은 부당하다고 생각한다. 그러한 요구는 현상적 세계와 예지적 세계 사이의 경계를 혼란스럽게 하고, 어떠한 설명도 가질 수 없는 곳에서 설명을 추구할 것이다. 칸트는 그 자신의 이론이 자유의 개념에 많은 신비적 요소를 들여온다는 것을 인정한다. 그러나 그는 이것이 우리가 도덕을 구할 수 있으려면 지불해야만 하는 대가라고 생각한다. 실제로 칸트가 보기에 양립 가능주의 이론은 그 자신의 것보다 더 많은 신비를 들여온다. 자유와 필연성의 양립 가능성의 파악 불가능성은 단순한 자유의 파악 불가능성보다 훨씬 더 나쁘다.

7.5. 튀빙겐의 스크루지, J. F. 플라트

튀빙겐의 형이상학 교수(1785년부터)와 그 후에는 신학 교수(1792년부터)인 J. F. 플라트(1759-1827)는 철학적 역사에서 부러워할 만한 자리를 차지하지 못했다. 그는 연대기에 뭔가 [211]고루한 사람이나 반동가로서 기록되었다. 플라트는 계몽의 자연 종교가 이미 오래전에 현 상태가 된 시대에 실정 종교를 대표하는 그의 비타협적인 입장으로 가장 많이 기억되어 왔다. 튀빙겐의 원로 교수이자 이른바 구-튀빙겐 성서 비판학파의 창설자인 C. G. 슈토르의 제자로서[73] 플라트는 성서의 문자 그대로

---

73 슈토르의 신학과 그 역사적 배경에 관해서는 Henrich, "Historische Voraussetzungen von Hegels System", in *Hegel im Kontxt*, pp. 51-61과 Pfleiderer, *The Development*

의 진리와 계시의 권위에 대한 미묘하고도 정교한 최후의 방어를 수행했다. 그는 역사적 연구와 문헌학적 비판의 새로운 도구를 근본적으로 뒤집어 그것을 성서의 초자연적 내용을 훼손하는 것이 아니라 뒷받침하기 위해 사용했다. 칸트의 실천적 신앙의 교설은 비슷한 방식으로 이용되었다.[74] 실정 종교의 모든 기본 교리들—삼위일체와 부활 그리고 성육신—이 실천 이성의 필요한 요청들로서 선언되었다. 실정 종교에 대한 그러한 옹호는 1790년대에 절망적으로 시대착오적인 것으로서 간주되었다. 그리고 많은 비판자들은 근대적인 문헌학적·역사적 방법의 이러한 사용을 그것의 본래적인 의도의 왜곡으로서 바라보았다.

플라트는 만약 그가 튀빙겐 신학교에서의 매우 불만스러워 하는 세 학생의 불운한 교사라는 사실이 아니라면 그러한 호의적이지 않은 평판을 결코 획득하지 않았을 것이다. 그들은 그의 필수 강좌에 격렬히 반응했고,[75] 나중의 그들의 판단에서 인정사정이 없어[76] 그들의 옛 선생의 이름 위에 어두운 그림자를 드리우고 있었다. 그러한 명성을 쌓아올리거나 깨트릴 수 있는 그러한 힘을 지녔던 이 학생들은 누구일 수 있었던가? 그들은 그 누구도 아닌 바로 셸링과 헤겔 그리고 횔덜린이었다. 그야말로 가공할 만한 재판정이었다! 1788년부터 1793년까지 셸링과 헤겔 그리고 횔덜린은 충실하게지만 마지못해 플라트의 형이상학과 신학 및 심리

* *
    of Theology in Germany since Kant, pp. 85-87을 참조.

74   칸트의 도덕 신학을 슈토르가 편향적으로 사용하는 것에 관해서는 Storr, *Bemerkungen über Kants philosophische Religionslehre*의 여러 곳을 참조.

75   플라트의 강의에 대한 헤겔과 횔덜린의 출석에 관해서는 Harris, *Hegel's Development*, pp. 72-74, 83-84, 88, 94-95, 74n을 참조. 그리고 셸링의 출석에 관해서는 Fuhrmanns, *Briefe und Dokumente*, I, 19-26을 참조.

76   예를 들어 1794년 12월 24일자의 셸링에게 보낸 헤겔의 편지, 1795년 1월 6일자의 헤겔에게 보낸 셸링의 편지, 그리고 1795년 1월 말의 셸링에게 보낸 헤겔의 편지, Fuhrmanns, *Briefe und Dokumente*, II, 54-55, 56-57, 61을 참조.

학에 관한 강의들, 즉 자주는 칸트에 대한 비판과 실정적 신학에 대한 옹호를 포함한 강의들에 출석했다. 그렇다면 세 명의 학생들이 자신들의 선생을 반동가로서, 즉 실제로 칸트와 라인홀트 그리고 피히테의 새로운 철학적 이념들에 대한 장애로서 보기 시작한 것은 이상한 일이 아니다. 그들은 특히 칸트의 도덕 신학에 대한 플라트의 편향적인 사용을 싫어했는데, 그들에게 그것은 칸트의 비판적 목표의 왜곡이자 교조주의를 뒷문으로 몰래 들여오는 비열한 시도인 것으로 보였다.[77] 셸링의 『교조주의와 비판주의에 관한 서한』(1795)은 슈토르와 플라트의 사이비-칸트적인 도덕 신학에 대한 은밀한 공격이었다.

그러나 만약 나이든 플라트가 이러한 평판을 받을 만하다면, 동일한 것이 젊은 플라트에 대해서는 말해질 수 없다. 그의 이름을 그토록 많이 더럽힌 슈토르의 시대착오적인 도덕 신학에 봉사하는 날들 이전에 플라트는 칸트에 대한 예리하고도 많은 존경을 받는 비판자였다.[78] 그는 『튀빙겐 학술 공보』를 위해 칸트에 관한 수많은 논평들과, 두 개의 높이 평가되고 많이 논의된 논박, 즉 『개념의 규정과 연역 및 인과성의 원칙들에 관한 단편적 기여』(1788)와 『종교의 도덕적 인식 근거에 관한 서한』(1789)을 썼다. 종교를 옹호하기 위해 칸트의 실천 이성을 사용하는 대신에 이 초기 작품들은 신앙을 실천적 근거들에서 정당화하려는 바로 그 시도를 공격한다.[79] 젊은 플라트의 [212]목표는 볼프적인 자연 신학을

• •
77 슈토르와 플라트의 도덕 신학에 대한 젊은 헤겔과 셸링의 비판에 관해서는 Düsing, "Die Rezeption der kantischen Postulatenlehre", *Hegel-Studien Beiheft* 9 (1973), 53-90 을 참조.

78 플라트에 대한 현대의 평가에 관해서는 Eberstein, *Geschichte*, II, 233과 Maass, *PM* I/2, 186-187을 참조.

79 1793년 10월 27일자의 칸트에게 보낸 편지에서 플라트는 자신이 신의 존재에 대한 그의 도덕적 증명의 가치를 평가하기를 배웠다고 말할 때 자신의 초기 입장으로부터의 변화를 보여주고 있다. Kant, *Briefe*, XI, 461을 참조.

되살리는 것이었으며, 특히 칸트의 비판에 대항하여 우주론적 논증을 옹호하는 것이었다.[80] 플라트 경력의 이러한 초기의 반-칸트적 단계는 칸트 이후 철학의 역사에 자기의 이름을 새겼던바, 그렇게 무시되어 왔던 만큼 여기서 우리의 주목을 받을 만하다.

『튀빙겐 공보』에서의 칸트에 대한 플라트의 논평은 자신의 성가신 비판자에 대해 전혀 커다란 존경을 지니지 않았던 칸트에게 끈질긴 골칫거리였다.[81] 칸트에 대해 비일관성을 고발하는 것은 플라트의 습관이었다. 그리고 마치 자신의 비판자에게 자기가 그러한 단순하고도 엄청난 결함의 잘못을 범할 수는 없다는 것을 상기시키기라도 하듯이 칸트는 『실천 이성 비판』에서 "일관성은 철학자의 최고의 의무다"라고 썼다.[82] 플라트는 그의 논평에서 칸트에 대한 두 가지 악명 높은 비판을 행했다.[83] 첫째, 그는 칸트가 도덕 법칙을 자유로부터 연역하고 나서 자유를 도덕 법칙으로부터 연역하는 악순환에 사로잡혀 있다고 논증했다. 둘째, 그는 칸트가 만약 예지적 동인에 대한 이해 가능한 설명을 가지고자 한다면 범주들에 대한 자신의 제한과는 반대되게 예지적 자아에 인과성의 범주를 적용해야 한다고 주장했다.

이 두 비판은 모두 칸트를 불안하게 했으며, 그는 『실천 이성 비판』에서 그것들에 대해 대답했다.[84] 첫 번째 비판에 대한 칸트의 대답은 자유가

••

80 플라트의 논문 "Etwas über die kantische Kritik des kosmologischen Beweises des Daseyns Gottes", *PM* II/1, 93-106을 참조.

81 『윤리 형이상학』의 「서문」, *Werke*, VI, 207에서의 플라트에 대한 칸트의 경멸적인 대답을 참조. 또한 1786년 5월 13일자의 야코비에게 보낸 하만의 편지, Hamann, *Briefwechsel*, VI, 309도 참조. 여기서 하만은 "그의 『도덕』에 대한 튀빙겐 논평"에 대한 칸트의 불쾌감에 관해 보고하고 있다.

82 *KpV, Werke*, V, 24.

83 *TgA*, 1786년 5월 13일자와 1786년 2월 16일자를 참조.

실제로 도덕 법칙의 존재 근거^{ratio essendi}이긴 하지만 도덕 법칙은 자유의 인식 근거^{ratio cognoscendi}라는 것이다. 두 번째 비판에 대한 그의 대답은 범주에 따라 대상을 사유하는 것과 인식하는 것 사이의 구별이다.

플라트의 『단편적 기여』는 자연 신학에서 인과성 원리의 초월적 사용에 대한 옹호다. 이 연습의 요점은 칸트의 비판으로부터 우주론적 논증을 구출하는 것이다. 울리히와 마찬가지로 플라트는 인과성 원리가 경험 너머로의 그것의 확장을 정당화하는 논리적 의미를 지닌다고 논증한다.[85] 칸트는 만약 시간에서의 선행과 연속이라는 모든 관념이 제거된다면 원인과 결과 사이에 아무런 구별도 없을 것이라는 근거에서 인과성 원리의 의미가 경험적이라고 주장한다.[86] 그러나 플라트는 비록 시간을 사상한다 하더라도 우리는 여전히 원인과 결과를 구별할 수 있다고 대답한다. 원인은 그로부터 결과가 뒤따르는 근거이며 그 반대는 아니라는 것이다.[87] 우리는 원인과 결과를 구별하기 위해 충족 이유율을 사용할 수 있다. 그리고 이 원리는 시간 내의 사건들뿐만 아니라 사물들 일반에도 적용된다.

『종교의 도덕적 인식 근거에 관한 서한』은 칸트의 도덕 신학에 대한 날카로운 공격이다. 여기서 플라트는 칸트의 도덕 이론 배후의 근본 전제, 즉 도덕적 관심이나 '이성의 필요'에 토대하여 믿음들을 정당화할 수 있다는 것을 비판한다. 플라트는 어떠한 관심이나 필요도 그것들이 아무리 도덕적이거나 이성적이라 하더라도 믿음을 정당화하기에 결코

84 *KpV*, "Vorrede", *Werke*, V, 4n, 5-6을 참조. 이 두 번째 이의 제기에 대한 칸트의 대답은 피스토리우스에 대한 대답이기도 하다.

85 플라트는 『기여』에서 울리히를 자주 인용한다. 해리스에 따르면 플라트는 『요강』을 자기의 몇몇 강의의 토대로서 사용했다. *Hegel's Development*, p. 78을 참조.

86 *KrV*, B, 301.

87 Flatt, *Beyträge*, p. 12.

충분하지 않은데, 왜냐하면 그것은 언제나 믿음의 거짓과 양립할 수 있기 때문이라고 논증한다.[88] 우리는 참이 아닌 것을 믿는 것에 대한 관심이나 필요를 지닐 수 있다. 우리의 종교적 믿음들을 정당화하기 위해 우리는 [213]이론 이성에게 칸트가 빼앗아버린 모든 오랜 권리를 되찾아 주어야만 한다. 플라트는 자기의 책의 주된 교훈을 다음과 같이 요약한다. "이론 이성의 날개가 잘라 내지게 되면 실천 이성은 자기의 날개를 펴고 초감각적인 것에로 날아갈 수 없다."[89]

플라트에 따르면 칸트의 도덕 신학은 칸트가 확립하는 데 실패하는 다음의 두 가지 명제에 의존한다.[90] (1) 도덕은 우리가 최고선의 가능성뿐만 아니라 또한 그것의 실재성, 즉 행복과 도덕적 응보 사이의 조화를 믿기를 요구한다. (2) 최고선은 오직 우리가 그것을 창조하고 유지하는 신을 믿을 때에만 가능하다. 플라트는 이 명제들이 전체로서의 칸트 체계와 양립할 수 없거나 그로부터 따라 나오지 않는다고 논증한다.

플라트는 첫 번째 명제에 대해 두 가지 반대 의견을 제기한다. 첫째, 그것은 도덕 법칙이 자기의 독특한 감성을 지니는 인간에 대해서만 구속력이 있다는 칸트의 주장과 양립할 수 없다.[91] 만약 이 주장이 참이라면 도덕 법칙은 우리에 대해서만 타당하며, 우리는 그로부터 어떤 것의 객관적 존재를 추론할 권리를 지니지 않는다. 우리가 말할 수 있는 것은 다만 우리가 유한한 존재로서 도덕 법칙과 그로부터 따라 나오는 모든 믿음들이 우리에 대해 필요하도록 구성되어 있다고 하는 것뿐이다. 그러나 우리는 이로부터 그 믿음들이 실재 그 자체에 대해 참이라고 추론할

• •
88   Flatt, *Briefe*, pp. 18-19.
89   같은 책, p. 13. *PM* II/1에서의 플라트의 논문, 106을 참조.
90   Flatt, *Briefe*, pp. 14-15.
91   같은 책, pp. 15-16.

수는 없다. 둘째, 이 명제에 대한 칸트의 논증은 선결 문제 미해결의 오류다. 그는 우리가 최고선을 실현해야 할 의무를 지니기 때문에 또한 그것의 존재를 믿을 의무를 지니며, 그러한 믿음은 우리 의무의 이행의 필요조건이라고 논증한다. 그러나 논증의 전제는 그 결론의 진리를 전제한다. 우리는 우리가 이미 최고선의 실현 조건들이 유효하다는 것을 알지 못한다면 최고선을 실현할 의무를 지닌다고 가정할 수 없다.[92]

칸트 도덕 신학의 두 번째 명제도 전체로서의 그의 체계와 일관되지 않는다고 플라트는 논증한다. 칸트의 원리들에서는 신을 최고선 배후의 지배하는 행위자로서 생각하는 것은 허용될 수 없는데, 왜냐하면 그것은 인과성 범주를 예지적 세계에 적용할 것을 요구하지만, 그것을 칸트는 분명히 금하기 때문이다.[93] 그리고 칸트의 원리들에서는 신을 도덕과 행복 사이의 조화의 원인으로서 생각하는 것은 필요하지 않다. 왜냐하면 최고선은 유한한 행위자들 자신의 활동 결과일 수도 있기 때문이다.[94] 그리하여 칸트 자신은 『순수 이성 비판』에서 만약 모든 사람이 도덕이 자기에 대해 요구하는 것을 행한다면, 그는 자신과 그 밖의 모든 사람의 행복의 창조자가 될 것이라고 말한다.[95] 신이 최고선의 원인이라고 가정한다 하더라도 칸트가 신이 무조건적이고 독립적인 존재라고 추론하는 것은 가능하지 않다.[96] 왜냐하면 그것은 무조건적인 것을 조건들의 연쇄로부터 추론하는 것일 터이지만, 그것도 역시 칸트의 체계에 따라서는 허용될 수 없기 때문이다. 물리 신학적 논증에 반대하는 칸트의 모든 논증은 필요한 부분만 약간 수정하여 그 자신의 실천적 증명에 적용된다.[97]

• •
92 같은 책, pp. 30-36.
93 같은 책, pp. 52-54.
94 같은 책, pp. 58-59.
95 *KrV*, B, 837-838.
96 Flatt, *Briefe*, pp. 64-65.

아주 대강의 것이기는 하지만 이러한 것이 칸트에 대한 플라트의 초기 논박의 골자다. [214]의심할 여지없이 그의 논박에 대해서는 여전히 많은 것이 요구된다. 『기여』는 인과성에 대한 칸트의 취급을 비판적으로 검토한 것이라고 주장한다. 그러나 그것은 두 번째 유추의 논증을 분석조차 하지 않으며, 범주들에 따라 대상을 사유하는 것과 인식하는 것 사이의 칸트의 지극히 중요한 구별을 무시한다. 『서한』은 칸트의 입장에 대한 조야한 정식화로 고통 받고 있다. 그리고 종이로 만든 용을 세워놓은 후 그것을 때려 부수는 데 어려움을 겪지 않는다. 그럼에도 불구하고 모든 것을 고려해 볼 때 플라트는 그 후 대단히 무시된 칸트 철학의 두 영역을 날카롭고 주의 깊게 검토했다고 평가받을 만하다. 그 이전의 어느 누구도 칸트의 도덕 신학이나 인과성 이론을 그토록 상세하게 그리고 그토록 주의 깊고 치밀하게 검토하지 못했다. 플라트의 논박들은 결코 슐체와 마이몬의 나중의 작업들과 동등하지 않다. 그러나 그것들은 적어도 올바른 방향으로 나아가는 발걸음이었다. 그래서 칸트에 대한 그의 초기 논박에 관한 한 플라트는 결국 그다지 반동적이지 않았다.[98]

7.6. 플라트너의 메타-비판적 회의주의

칸트에 대한 이성주의 비판자들 가운데 가장 저명한 사람 중에 라이프 치히 대학의 의학 및 생리학 교수인 에른스트 플라트너(1744-1818)가 있었다. 칸트가 명성을 얻기 전에 플라트너는 독일에서 가장 중요한 철

●●
97 같은 책, pp. 72-79. 칸트는 물리 신학적 논증에 반대하여 그것은 신의 무한성이 아니라 단지 비교적인 선만을 추론할 수 있다고 논증한다.

98 Düsing, "Rezeption", p. 58n이 지적하듯이, '요청론'에 대한 셸링의 초기 비판은 플라트의 그것과 유사성을 보여준다.

학자들 가운데 한 사람으로 여겨졌다.[99] 그는 종종 람베르트와 칸트 그리고 테텐스와 함께 언급되었다.[100] 플라트너는 대중 철학 운동의 바로 그 선봉에 서 있었고, 그의 『인간학』과 『철학적 아포리즘』은 그것의 고전들에 속했다. 그는 우아하고 재치 있으며 세련된 강의로 유명했는데, 그의 강의는 대중적이고 영향력이 있었다. 그의 초기 학생들 가운데는 K. L. 라인홀트가 있었는데, 그는 플라트너를 통해 처음으로 칸트에 대해 배웠다.[101] 그러나 플라트너의 평판은 1790년대 초에 칸트 철학이 아주 인기 있게 되었을 때 악화되었다. 플라트너는 새로운 메타-비판적 회의주의를 전개하는 것으로 칸트의 영향력에 맞서 열심히 싸웠다. 그러나 이것은 그에게 그의 이전의 영광의 아무것도 가져다주지 못했다.

초기 플라트너는 분명히 대중 철학 운동의 경험주의 진영보다는 이성주의 진영에 속한다. 그의 초기 저술들은 라이프니츠에 대한 뚜렷한 빚을 보여주는바, 그는 심지어 "라이프니츠 체계의 가장 중요한 개량자들 가운데 한 사람"으로서 간주되기까지 했다.[102] 예를 들어 『철학적 아포리즘』의 초기 판본(1782-1784)에서 플라트너는 라이프니츠적인 인식론과 심리학을 상세히 설명하고, 그것을 칸트의 이의 제기들에 맞서 옹호한다.[103] 그는 또한 형이상학이 과학이 될 수 있는 가능성을 주장하며,[104] 회의주의에 대한 반박을 시도하기까지 한다.[105] 그러나 전적으로는 아니

• •
99   Eberstein, *Geschichte*, I, 434를 참조.
100 예를 들면 멘델스존의 『아침 시간』에 대한 서론, Mendelssohn, *Schriften*, III/2, 3을 참조.
101 1789년 7월 20일자의 라인홀트에게 보낸 하이덴라이히의 편지, *Reinholds Leben*, p. 344를 참조.
102 Eberstein, *Geschichte*, I, 434.
103 Platner, *Aphorismen* (1784), 단락 855, 866, 873.
104 같은 책, 단락 719.
105 같은 책, 단락 792-810.

지만 부분적으로 칸트의 자극 아래 플라트너는 좀 더 회의적인 입장을 향해 움직이기 시작했다.[106] 칸트는 그로 하여금 사물들 자체에 대한 지식의 불가능성에 대해 확신하도록 했으며, 그의 초기 입장의 많은 것을 수정하고 재고하게 만들었다. 『철학적 아포리즘』의 후기 판본(1793)에서 플라트너는 [215]형이상학의 가능성을 포기하고 회의주의의 필연성을 주장하는데, 회의주의를 그는 "철학에서 유일하게 일관된 관점"이라고 선언한다. 회의주의를 향한 이러한 움직임에도 불구하고 플라트너는 그의 이전의 라이프니츠적인 충성의 많은 것을 결코 완전하게 포기하지 않았다. 그의 후기 철학은 그의 새로운 회의주의와 양립 가능한 라이프니츠 철학의 특징들, 예를 들어 라이프니츠의 것과 거의 동일한 이성주의 심리학을 유지했다.

플라트너의 철학적 평판은 주로 단일한 하나의 책, 즉 그의 유명한 『철학적 아포리즘』에 토대했다. 이것은 실제로는 하나의 책이 아니라 단일한 제목을 달고 있는 여러 책인데, 왜냐하면 그것은 다양한 판본들에서 아주 많은 급격한 개정을 겪었기 때문이다.[107] 이전 판들이 라이프니츠적인 인식론과 심리학을 설명하는 데 반해, 나중의 판들은 신칸트주의적인 회의주의를 개진한다. 플라트너는 비판 철학을 고려하기 위해 1793년에 『철학적 아포리즘』의 완전히 개정된 세 번째 판을 출판했다.

• •
106 플라트너에 대한 칸트의 영향은 셀리고비츠에 의해 기록되었다. Seligowitz, "Platners Stellung zu Kant", *Vierteljahrschrift für wissenschaftliche Philosophie* 16 (1892), I, 85-86을 참조.
107 제1부의 초판은 1776년에 출간되었고, 제2부의 초판은 1782년에 출간되었다. 그리고 제1부의 개정 재판은 1784년에 출간되었다. 이 1784년 판은 칸트에 대한 몇 가지 흥미로운 비판을 행하지만, 대체로 그것은 여전히 플라트너의 오랜 라이프니츠적인 입장을 표현하고 있다. 제1부의 세 번째의 완전히 개정된 판은 1793년에 출간되었다. 이것은 칸트 이후 철학을 위한 가장 중요한 판이다. 제2부의 두 번째의 완전히 개정된 판은 1800년에 출판되었다.

이 제3판은 칸트의 친구들과 적들 사이에 광범위한 논의를 불러 일으켰다.[108] 칸트에 대한 플라트너의 비판은 그에게 커다란 존경을 가져다주었던바, 그는 일반적으로 무시될 수 없는 인물로서 간주되었다.[109] 라인홀트는 플라트너의 새로운 회의주의에 대한 반격을 집필했으며,[110] 또 다른 저명한 칸트주의자인 F. G. 보른은 플라트너의 이의 제기들에 대답을 행했다.[111] 하지만 가장 중요한 것은 『철학적 아포리즘』이 18세기의 마지막 10년 동안 예나에서 사실상의 교과서가 되었다는 점이다. 입문 강의에서 『철학적 아포리즘』에 대해 비판하고 논평하는 것은 확립된 전통이 되었다. 피히테와 슈미트 그리고 라인홀트는 모두 『철학적 아포리즘』을 사용했다. 물론 우리가 그러한 열렬한 칸트주의자들로부터 기대할 수 있듯이 『철학적 아포리즘』은 해명보다는 오히려 사격 연습을 위해 사용되었다. 그럼에도 불구하고 그것은 피히테와 라인홀트가 고심해서 쓴 작품들을 위한 배경을 형성하기 때문일 뿐이라면 칸트 이후 철학에서 중요한 텍스트로 남아 있다.[112]

칸트 이후 철학에 대한 플라트너의 주된 공헌은 그의 새로운 회의주의 또는 그가 '회의적 비판'이라고 부르는 것이다. 그의 두 회의주의적인 동시대인인 마이몬과 슐체와 더불어 플라트너는 칸트 이후 회의주의의

• •
108 이 논의의 상세한 것에 관해서는 Eberstein, *Geschichte*, II, 386-394를 참조.

109 예를 들어 Schad, *Geist der Philosophie*, pp. 241ff.를 참조할 수 있는데, 거기서 그는 플라트너를 길게 인용하고 있다. 칸트의 비판자들에게 결코 관대하지 않았던 아디케스조차도 플라트너의 비판이 "철두철미 날카롭다"고 인정한다. 그의 *Bibliography*, pp. 41ff.를 참조.

110 Reinhold, "Ausführlichen Darstellung des negativen Dogmatismus", in *Beyträge*, II, 159ff.를 참조.

111 Born, *Versuch*, pp. xi-xiv. 1788년 10월 6일자의 칸트에게 보낸 보른의 편지, Kant, *Briefe*, X, 547을 참조.

112 플라트너에 대한 피히테 강의의 상세한 것에 관해서는 Lauth & Gliwitsky, "Einleitung" to Fichte, in *Gesamtausgabe*, II/4, v-vi, 23-25를 참조.

부흥에 큰 공적이 있다고 상당한 평가를 받을 만하다. 칸트 이후 회의주의의 부활은 마이몬과 슐체 그리고 플라트너의 삼총사에 기인한 것이라고 종종 말해져 왔다.[113]

플라트너의 새로운 회의주의는 다음과 같은 두 개의 본질적인 테제로 이루어져 있는데, 그것들은 둘 다 칸트를 겨냥하고 있었다. (1) 칸트는 흄을 논박한 것이 아니라 다만 흄에 맞서 선결 문제 미해결의 오류를 범했을 뿐이다.[114] (2) 칸트가 형이상학에 대해 행하는 모든 비판은 똑같은 정도로 그 자신의 인식론에 적용된다. 하지만 회의주의를 되살리려고 시도하는 가운데 플라트너는 단순히 흄을 떠올리기만 하는 것이 아니다. 오히려 그는 자신의 회의주의를 새로운 기초, 즉 칸트적인 비판 위에 쌓아 올린다. 마이몬과 슐체의 것과 마찬가지로 플라트너의 회의주의는 메타-비판적이다. 그것의 출발점은 칸트의 비판이다. 그러나 그 다음으로 그것은 비판을 그 자신에게로 돌리는 데서 한걸음 더 나아간다. 그리하여 플라트너는 지식에 대한 '교조적' 비판과 '회의적' 비판을 구별한다.[115] 회의적 비판은 칸트의 [216]교조적 비판과는 달리 비판 그 자체의 한계와 힘을 조사하고 비판한다. 플라트너에 따르면 칸트는 회의주의의 본성을 완전히 오해했다. 그는 그것을 이성의 힘에 대한 선행하는 비판 없는 이성에 대한 불신으로서 정의한다.[116] 그러나 플라트너는 참된 회의주의가 비판에 토대한다고 응수한다. 그것은 그 자신의 힘에 대한 비판 앞에서 내빼지 않는 일관된 비판의 필연적 결론이다.

비록 그의 회의주의가 분명히 그 어조와 정신에서 반-칸트적이라 할

113 예를 들어 Eberstein, *Geschichte*, II, 366ff.를 참조.
114 Platner, *Aphorismen* (1793), 단락 699.
115 같은 책, 단락 694, 696, 705.
116 *KrV*, B, 791, 795-796.

지라도, 플라트너는 여전히 자신이 스스로를 칸트의 적으로 생각하지 않는다는 것을 열심히 주장한다.[117] 그는 실제로 자신이 칸트 철학의 근본적인 것들에 동의한다는 점을 애써 강조한다. 칸트 철학의 두 가지 주요 원리는 또한 그 자신의 철학의 두 가지 주요 원리라고 플라트너는 쓰고 있다.[118] 이 원리들은 첫째, 사물들 자체에 대한 지식은 있을 수 없다는 것, 둘째, 모든 철학은 상식과 도덕 그리고 경험에서의 자기의 기초로 돌아가야만 한다는 것이다. 플라트너는 칸트에 못지않게 우리가 신앙에 여지를 남기기 위해 지식을 부인해야 한다는 것을 긍정한다.[119]

하지만 플라트너가 자신이 칸트의 '철학'이라고 부르는 것에 동의하는 데 열정적이라면, 그는 또한 자신이 칸트의 '체계' 또는 '교설'이라고 부르는 것에 대해 주저 없이 동의하지 않는다.[120] 그는 칸트의 '체계' 또는 '교설'을 그가 자신의 주요 원리들을 그에 의해 증명하려고 시도하는 방법들과 논증들로서 정의한다. 플라트너에 따르면 이 방법들과 논증들은 바로 형이상학자의 그것들만큼이나 교조적이다. 칸트의 교조주의는 그가 지식의 능력 전체를 알며 그 힘과 한계를 완전히 확실하게 규정한다고 상정할 때 특히 명백하다고 플라트너는 주장한다. 그러나 지식에 대한 참된 비판은 회의적인데, 왜냐하면 그것은 우리가 우리의 지식 능력을 확실하게 알 수 없는 것은 사물들 자체를 확실하게 알 수 없는 것과 마찬가지라는 것을 인정하기 때문이라고 플라트너는 논증한다. 플라트너는 1792년 5월 19일자의 크리스티안 프리드리히 아우구스텐부르

··
117 Platner, *Aphorismen* (1793), p. vi의 주석. 1789년 6월 14일자의 칸트에게 보낸 라인홀트의 편지, Kant, *Briefwechsel*, p. 405를 참조.
118 Platner, *Aphorismen* (1793), p. vi.
119 그럼에도 불구하고 플라트너는 칸트의 도덕 신학에 대한 날카로운 비판자다. 예를 들어 *Aphorismen* (1793), 단락 704를 참조.
120 Platner, *Aphorismen* (1793), pp. viiiff.

크 왕자에게 보낸 편지에서 자신의 칸트 비판을 다음과 같이 요약했다. "결국 그렇다면 인간 사유가 바로 그것이 설명해야 할 세계만큼이나 수수께끼라는 것을 인정하는 것이 더 현명하고 더 온건하지 않겠습니까? ……… 칸트는 자기가 인간 정신의 내적 본질을 알고 있으며 — 그리하여 인간 정신이 아무것도 알지 못한다는 것을 증명할 수 있다고 착각하고 있습니다. 그러나 어떤 상정이 더 주제넘은 것이겠습니까? 인간 정신을 헤아리기를 원하는 것이겠습니까, 아니면 세상을 헤아리고 싶어 하는 것이겠습니까?"[121]

칸트에 대한 플라트너의 논박은 실제로 그가 칸트의 '교조주의'를 폭로하려고 시도할 때 최선의 상태에 있다. 우리는 그의 가장 흥미로운 이의 제기들을 다음과 같이 요약할 수 있을 것이다. (1) 사물들 자체에 대한 칸트의 부정적 진술들은 형이상학자의 긍정적 진술들만큼이나 교조적이다. 예를 들어 사물들 자체가 공간과 시간 안에 존재하지 않는다는 부정적 진술은 그것들이 공간과 시간 안에 존재한다는 긍정적 진술과 마찬가지로 지식에 대한 칸트의 한계를 침범한다. 왜냐하면 칸트가 말하듯이 만약 우리가 사물들 자체에 관해 아무것도 모른다면, 실제로 그것들이 공간과 시간 안에 존재하는 것은 가능하다. 공간과 시간이 감성의 선험적 형식들이라는 단순한 사실로부터 필연적으로 [217]그것들이 또한 사물들 자체의 속성이 아니라는 것이 따라 나오는 것은 아니다.[122] (2) 칸트는 우리의 모든 지식이 경험에 제한된다는 것을 증명하려고 하는 그의 시도에 있어 너무나도 성급하고 교조적이다. 그러한 증명은 만약 주의 깊게 한정되지 않는다면 자기 논박적인바, 왜냐하면 그것은 경험에

121 "Platner's Briefwechsel", in Bergmann, *Platner*, p. 324를 참조. 1792년 5월 19일자의 루이제 아우구스타에게 보낸 플라트너의 편지, 같은 책, pp. 325-327도 참조.
122 Platner, *Aphorismen* (1793), pp. xi-xii.

의해 정당화될 수 없기 때문이다.[123] (3) 우리는 우리의 선험적 개념들이 지성의 산물이며 우리의 도덕적 행위들이 예지적 자유의 산물이라고 확실하게 말할 수 없다. 우리가 아는 모든 것에 있어 그것들이 우리에게 작용하는 사물들 자체의 결과일 가능성이 있다. 현상적 세계의 엄격한 인과성은 실제로 예지적 세계에 자기의 대응물을 지닐 수도 있다.[124] (4) 칸트는 만약 자기가 흄을 논박했다고 생각한다면 잘못 생각하는 것이다. 그의 초월론적 연역이 증명하는 것은 다만 **만약** 우리가 규칙적이고 질서 정연한 경험을 가진다면 그것은 범주들에 따르는 것이 필요하다는 것뿐이다. 그러나 그것은 여전히 흄이 우리가 그런 경험을 가진다는 것을 부인할 여지를 남기고 있다.[125]

칸트의 '교조적' 비판에 대한 이러한 장황한 불평을 들은 후 우리는 당연히 플라트너에게 그가 그 자신의 '회의적' 비판을 어떻게 정당화하는지 물어볼 수 있을 것이다. 자기 반박의 스퀼라와 교조주의의 카뤼브 디스 사이에서 회의주의를 조정하는 것은 무엇인가? 플라트너는 이 물음에 대해 매력적이고도 근본적인 대답을 갖고 있다.[126] 회의주의는 회의주의자가 아무것도 긍정하거나 부정하지 않기 때문에 전적으로 논박될 수 없다고 그는 주장한다. 회의주의자는 어떠한 믿음도 지니지 않기 때문에 자기 자신을 논박하거나 교조적일 수 없다. 플라트너는 회의주의가 일련의 믿음들로 이루어진다거나 특수한 이론적 입장이라고 가정하는 것은 그에 대한 커다란 오해일 것이라고 말한다. 회의주의는 교리나 이론이 아니라 다만 태도나 성향일 뿐이다. 그것은 우리가 모든 믿음을

··
123 같은 책, p. xiii.
124 같은 책, 단락 700.
125 같은 책, 단락 699.
126 같은 책, 단락 705-706, 710.

완전한 무관심과 초연함을 지니고서 바라보는 정신의 틀이다. 회의주의자는 자신이 단적으로 인격적이고 주관적인 방식으로밖에는 자기의 태도를 정당화할 수 없다는 것을 알고 있다. 회의주의는 그에게 정신의 독립성과 냉정함을 부여하는바, 그것은 그를 위한 충분한 정당화이다.

플라트너의 인격적 회의주의는 18세기 철학에서 이성의 권위 문제에 대한 가장 근본적인 대답들 가운데 하나를 표현한다. 만약 플라트너에게 있어 모든 비판이 회의주의로 끝난다면, 모든 회의주의는 완전한 주관주의로 끝난다. 그는 자기의 회의주의가 다름 아닌 개인의 태도(개별적 인간의 사유 방식*die Denkart des einzelnen Mannes*)일 뿐이라고 주장한다. 그리하여 칸트에 의해 철학에 주어진 비판적 방향은 철저한 주관주의로 끝맺는다. 결국 우리는 그러한 극단적 회의주의를 주창하는 데서의 플라트너의 용기와 일관성에 감탄할 수 있을 뿐이며──그러고 나서 이것이 실제로 비판이 향하고 있는 것이었는지 의심스러워 할 수 있을 뿐이다.

7.7. 에버하르트 논쟁

1788년은 칸트 철학의 역사에서 새로운 단계이다. 이제 칸트가 주로 라인홀트의 『서한』과 쉬츠의 『신문』 덕분에 대중적인 인정을 얻었기 때문에, 비판 [218]철학을 훨씬 더 광범위한 규모에서 옹호하는 문제가 발생했다. 성공보다 더 적들을 불러오는 것은 아무것도 없다. 이 점에서 1788년은 결정적인 해였다. 이 해는 반동의 해, 즉 칸트에 대한 활발한 논박 캠페인의 시작이었다. 기이하게도 마치 계획에 의한 것처럼 칸트를 반대하는 모든 세력이 하나의 같은 해에 스스로를 조직하기 시작했다. 1788년은 페더와 마이너스가 로크주의자들의 대변지인 『철학 문고』를 시작한 해이다. 그러나 그 해는 또한 에버하르트가 볼프주의자들의 기관지인 『철학 잡지』를 시작한 해이기도 하다. 이 두 저널이 공언한 목표는 비판 철학의 증대되는 영향력과 싸우는 것이었다. 같은 해에 출현한 두 저널은 칸트에 대한 진지한 도전을 나타냈던바, 이제 칸트는 두 전선에서의 전쟁에 직면했다.

이 두 저널들 가운데 칸트는 『문고』보다 『잡지』에 의해 더 위협당하고 있다고 느꼈다. 그는 『문고』에 대답하는 것에는 신경 쓰지 않았던데 반해 『잡지』를 공격하는 것에는 비상한 노력을 기울였다. 친구들의 충고에 반하여,[127] 그리고 논쟁에 관여하지 않기로 한 그 자신의 결심에 반하여[128] 칸트는 에버하르트에 대한 무게 있는 논박을 쓰는 어려움을 감수했다. 이것이 바로 그의 『새로운 모든 이성 비판은 오랜 비판에 의해 쓸모없게 될 것이라는 발견에 대하여』인데, 그것은 1790년 4월에, 즉 『판단력 비판』과 동시에 출판되었다. 『발견』은 실제로 칸트 후기의 가장 커다란 논쟁적인 작품이다. 그러나 칸트의 분노는 여기서 멈추지 않았다. 자신의 논박을 쓰는 것에 더하여 칸트는 자신의 동맹자들인 라인홀트와 슐츠에게 에버하르트를 공격하도록 격려하고 그들에게 상세한 지침을 보냈다.[129] 『잡지』에 대한 칸트의 열정적인 반대는 그와 같이 늙고 바쁜 사람에게서 그러한 활동의 분출을 기대하지 않았던 그의 친구들에게조

---

127 1789년 4월 9일자의 칸트에게 보낸 라인홀트의 편지, Kant, *Briefwechsel*, p. 375를 참조.

128 1789년 5월 19일자의 라인홀트에게 보낸 칸트의 편지, Kant, *Briefwechsel*, p. 393을 참조. 여기서 칸트는 시간과 나이라는 흔히 있는 이유들로 에버하르트에 대한 투쟁을 삼간다. 하지만 『판단력 비판』이 완성되었을 때 칸트는 자기의 결심을 깨고 싸우기로 결정했다. 1789년 9월 21일자의 라인홀트에게 보낸 칸트의 편지, Kant, *Briefwechsel*, p.417을 참조.

129 1789년 5월 12일자와 19일자의 라인홀트에게 보낸 칸트의 편지들, Kant, *Briefwechsel*, pp. 377-393과 1789년 6월 29일자와 8월 2일자의 슐츠에게 보낸 칸트의 편지들, 같은 책, pp. 465-466을 참조.

차 놀라운 일이었다.

왜 칸트는『잡지』를 공격하는 그러한 수고를 감수했던 것일까? 비록 이 저널이 그에 대한 명백한 위협을 나타냈을지라도, 그리고 비록 그것이 그를 독창성을 결여하고 있다고 고발하는 데서 그에 대해 매우 심각한 비난을 행했을지라도, 그러한 요인들은 여전히 칸트를 전투에 끌어들이기에 충분하지 못했다. 그리하여『잡지』가 처음 출간되었을 때 칸트는 싸우기를 거절했으며, 이 과제를 자신의 제자들에게 맡겼다. 그렇다면 왜 칸트는 자기의 마음을 바꿨던가? 그 대답은 아마도 칸트의 제자들이 볼프주의자들에 맞서 벌이는 승산 없는 전투에 놓여 있을 것이다.[130] 칸트의 동맹자들, 즉 A. W. 레베르크와 K. L. 라인홀트 가운데 어느 쪽도 볼프주의자들에게 그야말로 파괴적인 대답을 주지 못했다.[131] 그와 반대로 에버하르트와 그의 영리한 동료들인 마스와 슈밥은 칸트주의자들을 수세로 몰아넣는 설득력 있는 반격을 시작하는 데 성공했다.[132] 사실 레베르크는 절망 속에서 조난 신호를 보내 칸트의 도움을 간청했다.[133] 볼프주의자들이 우위를 점하기 시작하고 있는 것으로 보였다. 그래서 전선에서 들려오는 이러한 울적한 소식을 감안하면 칸트에게는 논쟁에 관여하지 않겠다는 자신의 이전의 결심을 깨뜨릴 충분한 이유가 있었다. 이제『판단력 비판』이 사실상 완성되었기 때문에 그는 또한 싸움에 참여할 시간과 에너지를 갖고 있었다.[134]

130 에버슈타인에 따르면 칸트의 친구들과 적들 사이의 모든 소규모 충돌은 단 하나의 명확한 결과를 산출했다. 그것은 볼프주의자들이 패배하지 않았다는 것이다. *Geschichte*, II, 165-180에서의 이 싸움에 대한 그의 상세한 설명을 참조

131 Rehberg, *ALZ* 90 (1789), 713-716과 Reinhold, *ALZ* 174-175 (1790), 577-597을 참조.

132 레베르크에 대한 에버하르트의 대답, *PM* II/1, 29ff.와 라인홀트에 대한 그의 대답, *PM* II/2, 244ff.를 참조.

133 Rehberg, *ALZ* 90 (1789), 715.

134 비록『판단력 비판』과『발견』이 동시에 출간되었을지라도,『판단력 비판』은 칸트가

『잡지』에 대한 칸트의 반응은 비판 철학의 역사에서 획기적인 사건이다. [219]이것은 라이프니츠-볼프학파에 대한 칸트의 마지막 공격, 자신의 가장 오랜 적과의 최종 결산이었다.[135] 전장에서 포연이 걷힌 후 칸트는 동시대인들의 눈에 명백한 승리자로 등장했다. 볼프주의자들은 단지 대중의 마음에서라면 완전히 그 경로가 정해졌다.[136]

그래서 칸트의 승리와 볼프주의자들의 패배 이야기를 간단히 하고자 한다. 그것은 우리가 먼저 그의 가장 만만찮은 적수인 J. A. 에버하르트의 전술과 논증들을 살펴볼 것을 요구한다.

『잡지』의 편집자인 에버하르트는 칸트에 대한 볼프주의적 반동의 명목상의 대표였다. 이성주의 대중 철학자들은 경험주의자들이 페더 뒤에 섰던 것처럼 에버하르트 주위에 모여들었다. 에버하르트에게 볼프주의자들 사이에서의 그러한 지휘 역할을 부여한 것은 그의 철학적 통찰력이 아니라——그는 기껏해야 2급의 볼프주의자였다——그의 사회적 지위였다. 에버하르트는 독일에서 볼프주의의 탄생지이자 요새인 할레의 형이상학 교수였다. 그는 또한 베를린 계몽에서의 저명한 인물로서 안성맞춤의 모든 친구들 및 관계들을 지니고 있기도 했다. 에버하르트의 작품들 가운데 둘이 주목을 끌고 그에게 약간의 명성을 가져다주었다. 그것은 『새로운 소크라테스의 변명』(1772)과 베를린 아카데미 경연에서 수상한 『사유와 감각의 일반 이론』(1776)이었다. 그렇다면 그 당시 에버하르트

••

『발견』 작업을 시작할 무렵에는 이미 실질적으로 완성되어 있었다. 1789년 10월 2일자의 라가르드에게 보낸 칸트의 편지, Kant, *Briefwechsel*, p. 417을 참조.

135 나중의 『진보』도 라이프니츠-볼프학파를 논의한다. 그러나 여기서 칸트는 논쟁을 포기하는바, 그의 관점은 좀 더 역사적이다.

136 『발견』의 충격에 관해서는 1790년 10월 14일자의 칸트에게 보낸 야흐만의 편지, Kant, *Briefwechsel*, p. 484를 참조. 또한 Vorländer, *Kant*, I, 342와 Eberstein, *Geschichte*, II, 231-232도 참조.

는 유명 인사였다. 그가 칸트를 공격했을 때 사람들은 귀 기울이지 않을 수 없었다.[137]

비록 어떤 커다란 철학적 재능을 소유하지 못했긴 하지만 에버하르트는 논란의 여지없는 하나의 기술을 갖고 있었다. 그는 학문적 논란에 추문의 분위기를 더하는 방법을 알고 있었다. 단지 칸트를 반박하는 것이 아니라 그를 불신하게 만드는 것이 에버하르트의 목표였다. 그는 독창성에 대한 칸트의 주장에 구멍을 내고, 그리하여 비판 철학이 지닌 가장 강력한 호소력들 가운데 하나인 것으로 입증되고 있었던 그 철학을 둘러싼 새로움의 불빛을 어둡게 만들고 싶어 했다. 에버하르트는 이러한 방식으로 칸트를 깎아내리기 위해 순수 이성 비판의 기획이 이미 라이프니츠에게서 발견될 수 있었다는 충격적이고 도발적인 주장을 개진했다.[138] "라이프니츠의 비판은 칸트의 비판의 모든 것을 담고 있으며, 게다가 그것은 우리에게 훨씬 더 많은 것을 제공한다"고 그는 고함쳤다.[139] 이성 비판을 가장 넓은 의미에서 이성의 힘과 한계에 대한 어떤 분석으로서 해석하면서 에버하르트는 라이프니츠가 오래전에 그러한 기획에 착수했다고 주장했다. 그는 특별히 라이프니츠의 『신-인간 지성론』을 염두에 두었는데, 거기서 라이프니츠는 엄밀하게 비판적인 것은 아니라

* *
137 에버슈타인에 따르면 칸트는 그때 "깊이 사유하는 세계 현안"이라는 명성을 지니고 있던 에버하르트를 무시할 수 없었다. Eberstein, *Geschichte*, II, 166을 참조.
138 이 주장은 종종 잘못 전해졌다. 그리하여 토넬리는 에버하르트가 "칸트의 견해는 전적으로 라이프니츠에게서 유래되었으며, 그것은 교조주의의 특수한 형식이라고 주장했다'고 말한다. *Encyclopedia of Philosophy*, II, 449에서의 그의 논문 "Eberhard"를 참조. 그러나 에버하르트는 결코 그렇게 강한 주장을 하지 않았으며, 언제나 칸트의 견해와 라이프니츠의 견해 사이에는 차이가 존재한다고 주장했다. 더더군다나 에버하르트는 아디케스가 그의 *Bibliography*, p. 87에서 시사하고 있듯이 칸트가 표절을 했다고 비난하고 있지 않다.
139 Eberhard, *PM* I/1, 26.

하더라도 폭넓게 인식론적인 과제들에 관여하고 있다. 에버하르트는 만약 우리가 먼저 비판의 기획을 이성의 한계에 관한 어떤 특정한 결과나 결론들과 동일시하지 않는다면 비판 철학자라고 하는 칭호에 대한 라이프니츠의 권리에 대해 이의를 제기할 수 없다고 논증했다. 그러나 그러한 동일시는 다름 아닌 선결 문제 미해결의 오류일 뿐이다.[140] 에버하르트가 보기에 칸트의 비판과 라이프니츠의 비판은 그것들의 목표나 방법에서가 아니라 오직 그 결과에서만 서로 구별된다. 그리고 그 결과에서의 중요한 차이점은 단순히 칸트의 비판이 [220]사물들 자체에 대한 지식의 가능성을 부정하는 데 반해, 라이프니츠의 비판은 인정한다는 것일 뿐이다. 사물들 자체에 대한 지식은 라이프니츠의 비판이 우리에게 칸트의 것을 넘어서서 제공하는 유혹적인 여분의 것이다.

언뜻 보기에 에버하르트는 칸트의 독창성에 이의를 제기함에 있어 단지 인신공격식의 주장을 하고 있는 것으로 보인다. 그러나 더 깊은 수준에서 그의 논증은 칸트에 반대하는 볼프주의 캠페인 전체의 핵심 메시지를 담고 있다. 즉 비판은 만약 그것이 일관되고 철저하다면 형이상학을 훼손하는 것이 아니라 뒷받침한다는 것이다. 다시 말하면 에버하르트는 칸트가 라이프니츠보다 진보를 나타내는 것이 아니라고 말하고 있는 것이다. 볼프주의자들은 '교조주의'라는 칸트의 비난으로 인해 분명히 걱정하게 되었는데, 왜냐하면 그것은 그들이 너무나 자기만족적이어서 자기 자신의 전제들을 검토할 수 없다는 것을 함축하고 있었기 때문이다. 칸트는 비판 철학이 자기-반성의 좀 더 고차적이고 좀 더 복잡한 수준 위에 서 있으며, 교조적 선잠에 빠져 있는 라이프니츠가 결코 꿈꾸어 본 적이 없는 이성의 한계와 힘에 대한 자기-인식을 가지고 있다고 암시했다. 라이프니츠에게도 이성 비판이 있다고 주장함으로써 에버

••
140 같은 책, I/1, 23.

하르트는 그 제안에 교묘하게 대처한다. 그는 라이프니츠도 칸트만큼이나 자기반성적이었다고 암시한다. 사실 에버하르트가 보기에 라이프니츠는 칸트보다 더 자기반성적인데, 왜냐하면 그는 이성에 대한 좀 더 철저하고 정확한 검사를 통해 사물들 자체를 인식할 수 있는 가능성에 관한 자기의 결론에 도달하기 때문이다. 그래서 라이프니츠보다 더 앞으로 나아갔다고 하는 칸트의 주장을 깔끔하게 역전시켜 에버하르트는 라이프니츠가 칸트보다 더 앞서 있다고 반박한다.

라이프니치의 이성 비판의 존재에 대한 자신의 논거를 논증하고 나서 에버하르트는 우리가 어떤 비판을 선택할 것인가 하는, 즉 라이프니츠의 비판인가 아니면 칸트의 비판인가의 물음을 제기한다. 물론 우리가 예상하는 대로 에버하르트는 대단히 강하게 라이프니츠 쪽으로 결정한다. 그러나 그가 이러한 선택에 대해 제시하는 아주 흥미로운 이유가 있다. 이 비판들 사이에서 선택하는 데 있어 결정적인 문제는 흄의 관념론을 회피하는 것이라고 그는 말한다.[141] 에버하르트는 흄의 관념론을 모든 철학에 대한 핵심적인 도전으로서 바라본다. 하나의 철학은 오직 그것이 흄의 경험주의의 위험한 결과, 즉 유아론을 피하는 한에서만 성공적이라고 그는 생각한다. 하지만 이 결과는 일단 우리가 지각의 직접적 대상이 관념이라고 하는 로크의 원리를 받아들이게 되면 회피하기가 쉽지 않다. 에버하르트에 따르면 오로지 흄만이 이 원리를 그것의 궁극적인 결론, 즉 그것이 외부 세계이든 신이든 다른 정신들이든 아니면 심지어는 자아이든 우리의 관념들로부터 독립적인 모든 실재에 대한 부정으로까지 가져갈 용기를 지녔다. 실제로 에버하르트가 야코비와 마찬가지로 흄의 관념론을 허무주의적인 용어들로 그려내는 것은 흥미롭다. 그는 흄이 목숨을 건 도약을 "절대적 무의 왕국"으로 데려갔다고 쓰고 있다.[142] 그래

• •
141 같은 책, I/l, 26.

서 야코비와 같은 경건주의자뿐만 아니라 에버하르트와 같은 볼프주의자에게 있어서도 철학의 귀류법은 니힐리즘이다.

이러한 기준을 고려하면 에버하르트는 우리에게 있어 선택이 이미 이루어졌다고 생각한다. 우리는 칸트를 선택할 수 없는데, 왜냐하면 그는 흄의 관념론을 회피하는 것이 아니라 포용하기 때문이다. 칸트는 모든 지식을 현상으로 제한하기 때문에 그리고 이 현상을 다름 아닌 "우리 자신의 주관적 변양"에 지나지 않는 것으로서 이해하기 때문에 [221]분명히 흄의 유아론을 시인했다.[143] 에버하르트는 우리에게 이제 라이프니츠의 비판의 커다란 장점은 그것이 그러한 극단적인 결론을 회피하는 것이라고 확언한다. 라이프니츠는 흄의 의식의 원환으로부터 벗어나는데, 왜냐하면 그는 감각의 영역을 초월하는 예지적 실재에 대한 지식을 우리에게 제공하는 순수한 선험적 개념들의 영역을 드러냈기 때문이다.[144] 그래서 비록 우리가 감각들로부터 받아들이는 모든 지식이 칸트와 흄이 주장하는 대로 다름 아닌 현상들일 뿐일지라도, 우리에게는 여전히 우리를 마야의 베일 너머로 이끌고 순수하게 가지적인 사물들 자체의 영역을 관통하는 선험적 개념들이 남겨져 있다.

에버하르트의 『잡지』의 주된 목적은 칸트적인 비판의 공격에 맞서 라이프니츠와 볼프의 유산을 옹호하는 것이었다. 이것이 의미했던 것은 에버하르트가 형이상학의 가능성 또는 그가 정의한 대로 하자면 예지계나 사물들 자체에 대한 이성적 지식의 가능성을 옹호해야 했다는 것이다. 그러나 에버하르트가 이 섬세하고 어려운 과제를 실행한 성급하고 엉성

142 같은 책, I/1, 17.
143 같은 책, I/1, 28과 113, 264-265.
144 같은 책, I/1, 19-20.

한 방식은 다만 그가 정당성을 입증하고자 하고 있던 전통을 위한 논거를 손상시켰을 뿐이다.

(7.3절에서 검토된) 선험적 종합에 대한 그의 이론과는 별도로 형이상학에 대한 에버하르트의 옹호는 다름 아닌 라이프니츠-볼프주의 전통으로부터의 이미 지겨워진 두 가지 논증으로 이루어진다. 첫 번째 논증은 대중적인 볼프주의의 소일거리, 즉 충족 이유율을 모순율로부터 증명하는 것에 탐닉한다. 라이프니츠와 마찬가지로 에버하르트도 충족 이유율을 형이상학의 기초의 부분으로서 간주한다. 그는 이 원리가 없다면 우리 감각의 직접적인 대상 이상의 것을 아는 것이 불가능할 것이라고 말한다. 신과 영혼 그리고 전체로서의 우주의 존재에 관한 추론을 행하는 것은 부당하리라는 것이다.[145] 그러나 이 원리가 명백한 분석적 진리가 아닌 까닭에, 그리고 그것이 흄과 같은 회의주의자들에 의해 공격당해 왔던 까닭에, 에버하르트는 그것을 정당화하는 데 문제가 존재한다는 것을 인정하지 않을 수 없다. 그럼에도 불구하고 그는 이 문제가 적절한 증명을 구성함으로써 극복될 수 있다고 주장한다. 만약 우리가 이 원리에 대한 부정이 모순을 수반한다는 것을 보여줄 수 있다면, 그것을 반박하는 사람도 누구나 그 모순을 인정해야 할 것이다. 그래서 볼프와 마찬가지로 에버하르트는 교과서의 볼프주의 논증을 사용하여 그러한 증명을 구성하려고 나아간다.[146] 만약 우리가 어떤 것이 이유를 지닌다는 것을 부정한다면, 그 논증은 계속해서 우리가 그 어떤 것이 속성 p뿐만 아니라 그와 마찬가지로 속성 비-p를 동시에 지닐 수 있다고 가정해야 할 것이라는 것으로 이어진다. 그러나 어떤 것이 동시에 P와 비-P 둘 다일 수 있다는 것을 인정하는 것은 자기모순을 범하는 것이다.[147]

145 Eberhard, *PM* I/2, 161ff.
146 Wolff, *Werke*, II/1, 17-18, 단락 31.

에버하르트의 두 번째 논증은 본질적으로 라이프니츠의 모나드론의 반복이다. 에버하르트는 모나드론이 초월론 철학 그 자체의 내재적 필연성이라고 논증하고자 시도한다. 만약 우리가 좋은 초월론 철학자이고 경험의 필연적 조건들을 규정할 수 있어야 한다면, [222]우리는 우리의 감각을 분석하여 그것들을 분리 불가능한 점들인 그것들의 궁극적인 구성 요소들로 해부해야 한다고 그는 논증한다. 이 점들이 감각에 현상하는 모든 것의 필연적 조건인 까닭에, 그것들은 현상적이 아닌 예지적 실체들이다. 그리하여 이성이 자기의 경험의 근거들을 분석했을 때, 그것은 실질적으로 현상계로부터 예지계로 넘어갔다. 따라서 에버하르트에게는 초월론적인 것과 초월적인 것 사이에 어떠한 확고한 구분선도 존재하지 않는다. 감각의 조건들에 대한 어떠한 분석도 즉각적으로 형이상학이 된다. 자기의 감각들을 그 궁극적인 예지적 구성 요소들로 분석할 수 있는 이성의 능력은 이성이 사물들 자체를 알 수 있다는 것을 증명하며, 그리하여 형이상학의 가능성을 증명한다.

에버하르트에 대한 칸트의 대답인 『발견에 대하여』(1790)는 철학적 논박의 걸작이다. 수사학적으로 칸트의 작품은 비슷한 장르의 작품인 레싱의 『반-괴체』의 화려한 불꽃놀이와 비교되지 않는다. 『비판』의 동일하고 복잡하며 장황하고 밀도 있는 산문이 여전히 만연해 있다. 그럼에도 불구하고 엉성하고 극단적인 추론에 대한 논쟁적 폭로로서의 칸트의 작품은 비할 데 없는 것인바, 독보적인 기술로써 에버하르트 논증의 약점을 드러낸다.

칸트의 논박 대부분은 형이상학의 가능성을 위한 에버하르트 논증에 대한 대답으로 이루어진다. 칸트는 충족 이유율에 대한 에버하르트의

147 Eberhard, *PM* I/2, 163-164.

증명을 처리하는 데 어려움을 겪지 않는다.[148] 그는 에버하르트를 의도적으로 이 원리의 두 가지 의미를 뒤섞고 있다고 비난한다. 거기에는 '모든 명제는 이유를 지닌다'라는 논리적 의미가 존재하며, 또한 '모든 것은 원인을 가진다'라는 초월론적 의미가 존재한다. 비록 첫 번째 의미를 모순율로부터 증명하는 것이 가능하다 할지라도, 두 번째 의미에 대해 그렇게 하는 것은 가능하지 않다. 에버하르트는 이 어려움을 '모든 것은 이유를 지닌다'라고 하는 의도적으로 모호한 원리의 정식화를 통해 극복하려고 시도하는데, 거기서 '모든 것'은 이유를 지니는 명제를 가리킬 수도 있고 아니면 원인을 지니는 사물을 가리킬 수도 있는 것이다. 에버하르트 증명의 세부적인 것들에 대해 논평하고 나서 칸트는 그것이 명백히 불합리한 추론이라고 지적한다. 충족 이유율에 대한 부인은 어떤 것이 동시에 A와 비-A 둘 다일 수 있다는 것을 함축하는 것이 아니라 단지 그것이 비-A 대신에 A일 수 있거나 그 역일 수 있다는 것만을 함의한다. 하지만 자기 모순적인 것은 두 번째가 아니라 첫 번째 선택지일 뿐이다.

칸트는 에버하르트가 모나드론으로 귀환한 것이 논증에 있어 비슷한 모호성을 겪고 있다고 생각한다.[149] 감각에 대한 분석을 통해 예지적 실체들의 존재를 증명하려고 시도하는 가운데 에버하르트는 '비감각적' (*nichtsinnlich*)이라는 단어의 두 가지 서로 다른 의미를 혼동한다. 비감각적인 것은 우리의 감각적 힘의 현재 상태를 고려할 때 우리가 식별하거나 의식할 수 없는 현상적인 어떤 것일 수도 있다. 또는 그것은 [223]비록 우리의 의식적이고 감각적인 힘이 무한히 확대되더라도 어떠한 가능한 경험에도 주어질 수 없는 예지적인 어떤 것일 수도 있다. 이제 에버하르

· ·
148 Kant, *Werke*, VIII, 193-198.
149 같은 책, VIII, 207-225, 특히 207ff.

트는 우리가 감각을 첫 번째 종류의 비감각적인 실체들로 분석할 수 있다고 주장하는 데서 옳다. 그러나 그는 이것이 두 번째 종류의 비감각적 실체들에 대한 증명이라고 추론하는 데서 잘못이다. 칸트는 우리가 현상에 대한 분석을 통해 발견하는 것은 다만 더 많은 현상일 뿐이라고 주장한다. 우리는 비록 우리의 현재의 감각적 힘이 무한히 확대된다 하더라도 현상계 배후의 예지계에 결코 도달하지 못한다. 중요한 것은 여기서 칸트가 현상들을 좀 더 단순한 단위들로 분석할 수 있는 가능성을 부인하지 않으며, 결코 과학의 경계를 제한하지 않는다는 점에 주목하는 것이다. 그리하여 그는 뉴턴이 빛을 입자들로 분석하는 것을 찬성하며 언급한다.[150] 칸트가 논박하는 것은 그러한 어떤 과학적 분석이 우리에게 예지적 실체를 제공한다고 하는 것이다.

칸트가 행하는 논박의 나머지 부분은 에버하르트의 다양한 이의 제기들에 대한 활기찬 대답으로 이루어진다. 칸트는 의미에 대한 자기의 경험적 기준이 임의적이라는 에버하르트의 제안을 특히 신속하게 일축한다.[151] 그것은 결코 임의적이지 않다고 그는 주장하는데, 왜냐하면 그것은 초월론적 연역의 전제가 아니라 결론이기 때문이라는 것이다.[152] 그래서 만약 에버하르트가 이 기준을 논박하기를 원한다면, 그는 연역의 추론에서 잘못을 찾아야만 한다. 그러나 여기서 칸트는 자신이 연역이 그러한 결과를 위해 필요하지 않다고 말했던 『자연 과학의 형이상학적 원리』에서의 연역에 대한 그 자신의 격하를 무시한다.[153] 이 점과 관련한 에버하르트에 대한 칸트의 대답은 다시 우리에게 그가 어쨌든 연역에 대한

• •
150 같은 책, VIII, 205.
151 Eberhard, *PM* I/3, 269-272, 280-281을 참조.
152 Kant, *Werke*, VIII, 188-189.
153 같은 책, IV, 474n.

일관된 태도를 지니고 있었는가 하는 의구심을 남기고 있다.

선험적 종합에 대한 그의 기준에 대해 에버하르트가 비판하는 것에 응답하여[154] 칸트는 자신의 기준이 에버하르트의 기준의 문제들을 회피한다고 간단히 논증한다. 에버하르트의 분석성의 기준——즉 술어가 주어의 본질에 필연적으로 속하는 것을 주장한다는 것——은 그것이 불충분하다는 근거에서 거부된다.[155] 선험적 분석 판단과 선험적 종합 판단은 둘 다 주어의 본질에 속하는 것을 주장하는 술어를 갖는다고 칸트는 말한다. 따라서 분석적인 것과 종합적인 것을 구별하는 또 다른 요인을 추가할 필요가 있는바, 그것이 바로 이미 『비판』에서 정립된 기준, 즉 술어가 이미 주어의 개념에서 생각되고 있는 것보다 더 많은 것을 포함하는가 아닌가 하는 기준이다.

라이프니츠가 이미 이성 비판을 가지고 있었다는 에버하르트의 도발적인 주장에 대해 칸트는 뭐라고 말해야 했을까? 이 비난에 대한 칸트의 대답은 전술적 천재의 타격이다. 그는 유명한 세계 현안이 그러한 목적을 지니고 있지 않았다는 것을 보여주고자 하는 의도를 가지고서 라이프니츠의 텍스트를 헤치며 나아가기를 꺼려하지 않는다. 그것은 단지 그의 실망을——더 나쁘게는 그의 불안을 드러낼 뿐일 것이다. 오히려 칸트는 정반대의 것을 행한다. 그는 여러 가지 방식으로 라이프니츠의 이념들이 실제로 『비판』을 선취한다는 것을 보여준다.[156] 그리하여 라이프니츠의 충족 이유율은 규제적 이념으로서 해석된다. 그리고 그의 예정 조화는 지성과 감성 사이의 상호 작용을 설명하는 발견적 원리로서 간주된다. 그러한 180도 변화는 즉각적으로 [224]에버하르트를 수세로 몰아넣는다.

154 Eberhard, *PM* 1/3, 307-309, 326을 참조.

155 Kant, *Werke*, VIII, 229, 232.

156 같은 책, VIII, 246-251.

이제 라이프니츠는 에버하르트 편이 아니라 칸트 편에 서 있다. 동시에 칸트는 독창적이지 않다는 에버하르트의 비난에 대해 걱정할 필요가 없다. 비록 라이프니츠가 자신의 이념들을 예시한다는 것을 기꺼이 인정한다 할지라도, 칸트는 라이프니츠가 그것들을 단지 조야하게 선취하고 있는 데 지나지 않다고 암시한다.

하지만 결국 에버하르트에 대한 칸트의 승리는 엄밀하게 논쟁적인 한에서다. 만약『발견에 대하여』가 논박으로서 성공이라면, 그것은 여전히 철학으로서는 실패다. 그것을 관통해 헤치며 나아가길 꺼려하지 않는 어느 누구도『비판』의 수수께끼 같은 부분들에 대한 많은 조명을 발견하지 못할 것이다. 확실히 몇 가지 흥미롭고 유익한 구절이 존재한다.[157] 그러나 전반적으로 그 작품은 실망스러운데, 왜냐하면 그것은『비판』을 에버하르트의 이의 제기에 비추어 명확히 하지 않기 때문이다. 그리하여 칸트는 선험적 종합에 대한 자신의 기준을 설명하지 않는다. 또한 그는 자신의 의미 기준을 옹호하지도 않는다. 각각의 경우에서 우리는『비판』의 명확화를 바라고 있을 때 다시 단순하게『비판』의 참조를 지시받을 뿐이다. 이것은 칸트가 자신의 논박을 쓸 때의 목적을 고려하면 너무나도 이해할 만하다. 그의 최우선 과제는『비판』을 명확히 하는 것이 아니라 자신의 반대자를 영예롭지 못하게 하는 것이었다. 칸트는 목표를 달성했다. 그러나 그것은 다만 그의 철학을 대가로 치르고서 이루어졌을 뿐이다.

• •
157 잘 알려진 두 구절이 존재한다. 하나는 칸트가 현상들이 사물들 자체의 것들인바, 사물들 자체가 그것들의 근거라고 말하는 구절이다(*Werke*, VIII, 215). 또 다른 하나는 칸트가 생득 관념을 단적으로 거부하고 단지 획득의 선험적 활동만이 존재한다고 주장하는 구절이다(*Werke*, VIII, 221-222). 비록 이 구절들이 종종 인용된다 할지라도 여기에는 주의 깊은 독자가 이미『비판』으로부터 얻을 수 없었던 것은 거의 존재하지 않는다. 첫 번째 요점에 관해서는 *KrV*, B, xxvi, 55, 60을 참조. 두 번째 것에 관해서는 *KrV*, B, 1, 117-119를 참조.

7.8. 볼프주의 캠페인의 결과

비록 볼프주의자들이 칸트에 대항한 전투에서 패했을지라도 그리고 비록 그들이 패배 이후에 철학적 무대로부터 사라졌을지라도, 그들의 투쟁은 헛된 것이 아니었다. 그들은 1790년대 초에, 즉 칸트 철학이 모든 반대를 밀어붙일 준비가 되어 있는 것으로 보였을 때에 칸트주의자들을 수세로 몰아붙였다. 칸트주의자들은 더 이상 모든 비판을 오해로서 일축할 수 없었는데, 그것은 볼프주의 캠페인 이전의 공통된 전술이었다. 그리고 그들은 볼프주의의 이의 제기들에 응답하여 자신들의 견해를 명확히 하고 정의하지 않을 수 없었다.[158] 이 점은 특히 선험적 종합의 기준과 공간·시간 이론에 적용된다.[159]

이러한 일반적 결과와는 별개로 우리는 또한 볼프주의 캠페인이 특정 사상가에게 미친 영향도 감지할 수 있다. 이 사상가들 가운데 가장 중요한 이는 칸트 자신이었다. 에버하르트와의 논쟁은 에버하르트에 대한 논박이 시사하는 것보다 그에게 훨씬 더 큰 영향을 주었다. 예를 들어 회고적인 『진보』를 보게 되면 우리는 칸트가 그 정신에서 분명히 에버하르트적인 형이상학 개념을 비판하고 있는 것을 발견한다.[160] 이 작품을 관통하여 칸트는 그의 인식론과 라이프니츠의 그것 사이에 아무런 차이도 없다는 에버하르트의 교활한 암시와 씨름하고 있다.

볼프주의 캠페인의 영향을 받은 또 다른 사상가는 라인홀트이다. 비록

• •
158 그리하여 니콜라이는 칸트에 반대하는 에버하르트 캠페인의 하나의 결과가 그것이 비판 철학을 둘러싼 권위의 분위기를 타파한 것이었다는 데 주목했다. Nicolai, *Gedächtnisschrift*, p. 41을 참조.
159 예를 들어 에버하르트에 맞서 거의 전적으로 이 교설들을 옹호하는 데 바쳐져 있는 Schultz, *Prüfung*의 제2부를 참조.
160 Kant, *Werke*, XX, 260.

그가 볼프주의자들과의 논쟁 동안 충성스럽게 칸트 옆에 서 있었다 할지라도, 라인홀트도 칸트의 방어력에 관해서는 계속되는 의심을 지니고 있었다. 그리하여 1790년에 그는 그의 『기여』에서 현재 상태 그대로의 비판 철학이 여러 가지 비판에 취약하다고 논증하는데 ─ 그가 염두에 두고 있는 비판들은 [225]『잡지』의 이곳저곳에서 곧바로 나온다.[161] 비록 라인홀트가 이 비판들이 치명적이라고 믿지 않는다 할지라도, 그는 그것들에 대한 적절한 대답을 위해서는 비판 철학의 기초 전체를 다시 생각해 볼 필요가 있다고 생각한다. 그러나 볼프주의 캠페인에 가장 많은 충격을 받은 사상가는 아마도 C. G. 바르딜리였을 것인데, 그의 '논리적 실재론'은 1800년경에 많은 논쟁의 주제가 되었다. 바르딜리의 교설을 위한 영감은 칸트의 심리학주의에 대한 볼프주의자들의 비판에서 나왔다.[162] 오로지 논리학만이 우리에게 칸트적인 의식의 원환에서 벗어나는 길을 제공한다는 에버하르트의 논증은 실제로 칸트에 대한 바르딜리의 이후 공격의 요지이다. 라인홀트는 이 논증에 의해 대단히 설득당한 까닭에 그는 결국 비판 철학을 완전히 포기하고 바르딜리와의 동맹을 형성했다.[163]

칸트 이후 철학에 대한 볼프주의자들의 가장 중요한 기여는 궁극적으로 그들이 고전적인 형이상학적 전통을 호전적으로 다시 주장한 것에 놓여 있었다. 이것은 칸트주의의 확산 이후에 형이상학의 정신이 소멸에 다가가는 것으로 보였을 때 그것을 살려냈다. 볼프주의자들은 실제로

· ·
161 Reinhold, *Beyträge*, I, 288-294, 323-326, 329를 참조.
162 그리하여 바르딜리는 그의 주저인 『제1논리학 개요』를 "독일에서 스콜라 철학적 이해의 구제자들"에게 바치는데, 그들 가운데는 헤르더와 슐로서 그리고 니콜라이와 누구보다도 가장 두드러지는 자로서 에버하르트가 있었다.
163 비판 철학으로부터 벗어나는 라인홀트의 움직임에 관해서는 Lauth, "Reinhold's Vorwurf", in Lauth, *Philosophie aus einem Prinzip*, pp. 225-276을 참조.

칸트 이후의 형이상학의 부활을 위한 지반을 준비했다. 그들의 가장 중요한 교설들 가운데 몇몇이 셸링과 헤겔 그리고 쇼펜하우어의 형이상학적 체계들에서 다시 나타난다. 칸트의 실천적 신앙에 대한 그들의 불만과 신앙의 이론적 정당화에 대한 그들의 주장, 비판 철학이 자기의 비판적 한계를 넘어서서 형이상학적으로 되어야만 그 철학이 일관되고 완전하다는 그들의 논증, 그리고 오직 사물들 자체에 대한 이성적 지식만이 칸트 관념론의 유아론적 결과를 회피할 것이라는 그들의 주장—이 모든 주제는 헤겔과 셸링의 초기 저술들과 라인홀트의 이후의 저술들에서 반복된다. 하지만 볼프주의자들이 칸트 이후의 세대에게 건네준 가장 중요한 교설은 논리에 대한 그들의 이론이었다. 논리의 원리들이 주관적인 것도 객관적인 것도 아니라 사물들 일반에 대해 타당하다는 그들의 주장은 헤겔의 『논리학』과 셸링의 동일성 체계를 선취하고 있다.

라인홀트의 근원 철학

8.1. 라인홀트의 역사적 의의

칸트 이후 철학사에서 가장 중요하고 확실히 가장 영향력 있는 인물들 가운데 하나는 칼 레온하르트 라인홀트(1758-1823)이다. 비록 그의 영향이 주로 칸트 이후 시기 내에서, 그것도 심지어는 오직 1790년대 초를 통해서만 느껴졌다 할지라도, 중요한 것은 그의 역사적 의의가 이러한 좁은 경계를 넘어선다는 것을 파악하는 것이다. 라인홀트는 근대 철학사에서 거의 인정받지 못했긴 하지만 중심적인 자리를 차지한다. 그는 인식론을 메타-인식론적인 기초 위에서 다시 생각하고 재건하는 최초의 철학자다. 그는 실제로 일반적이고 체계적인 메타-인식론적인 이론을 전개한 최초의 사상가다.

우리가 라인홀트에게서 근대 철학사에서 처음으로 발견하는 것은 인식론적 전통이 문제가 있다는 날카로운 인식이다. 라인홀트는 한 가지 매우 중요한 물음을 제기했다. 왜 칸트의 인식론은 데카르트와 로크 그리고 흄의 그것과 마찬가지로 제1철학이 된다고 하는 그것의 이상에 있어 그토록 명백하게 실패했던가? 왜 인식론적 전통 전체는 철학을 과학으로 만든다고 하는 그것의 웅대한 포부에 있어 성공하지 못했던가?

라인홀트에 따르면 데카르트와 로크, 흄과 칸트 그들 자신이 주로 책임을 져야 한다. 그들은 단순히 인식론의 가능성을 당연한 것으로 여겼다. 그들은 그것의 문제와 방법 및 전제들과 관련해 충분히 자기반성적이지 못했다. 그 결과 인식론은 심리학 및 형이상학과 혼동되게 되었고, 그리하여 그것들을 탐구하는 것이 바로 인식론의 목적이었던 가정들에 충실하게 되었다.

인식론의 위기에 대한 라인홀트의 응답은 그의 유명한 근원 **철학** *Elementarphilosophie*, 그의 이른바 별명 없는 철학(*Philosophie ohne Beynamen*)이었다. 근원 철학에서 라인홀트는 인식론을 확고한 메타-인식론적 기초 위에서 재건하는 데 착수함으로써 인식론은 마침내 제1철학이라는 자기의 이상을 실현할 수 있었다.

그렇지만 라인홀트에게 있어 근원 철학이 왜 그렇게 중요했던가? 인식론이 확고한 기초 위에 세워지는 것이 왜 문제가 되었던가? [227]라인홀트는 자신의 근원 철학을 계몽을 그것의 임박한 붕괴로부터 구할 수 있는 유일한 수단으로서 바라보았다. 오로지 그것만이 이성의 권위에 대한 계몽의 쇠약해 가는 신뢰를 회복할 수 있다고 그는 믿었다. 비록 라인홀트가 자신의 철학적 경력을 대중 철학자로서 시작했다 할지라도, 그는 곧바로 계몽이 직면하고 있는 핵심 문제가 이성의 원리들을 실행하는 것이 아니라 그것들을 발견하는 데 놓여 있다는 것을 깨달았다. 오직 이 원리들이 명확하고 의심할 여지없이 확립되어 있는 경우에만 이성은 도덕과 종교 그리고 국가를 위한 확고한 기초를 제공할 수 있을 것이다. 물론 이러한 원리들을 발견할 수 있는 유일한 수단은 인식론을 통해서, 즉 이성의 능력에 대한 엄격하고도 철저한 조사를 통해서였다. 그러나 라인홀트는 오랜 인식론의 부패한 관행이 이 목표를 촉진하기보다는 오히려 방해했을 뿐이라고 확신했다. 그것은 이성의 첫 번째 원리들을 발견하기보다는 형이상학적 논란과 심리학적 사변의 수렁에 빠져들게 되었다. 따라서 인식론의 개혁은 절박하게 필요한 것으로 보였다. 오직 그것만이 이성의 첫 번째 원리들의 발견을 보장할 것이다. 그리고 오직 그것만이 도덕과 종교 그리고 국가를 위한 확고한 기초를 제공할 것이다.

칸트를 넘어서는 라인홀트의 주된 발걸음은 비판 철학이 메타-비판적 기초 위에서 다시 확립되어야 한다는 그의 주장이다. 칸트에 대한 라인홀트의 불만의 원천과 칸트에 대한 그의 비판의 총합은 칸트가 충분히 자기반성적이거나 자기비판적이지 않다는 것이다. 라인홀트가 보기에 칸트는 자기가 초월론적 지식을 획득하는 원리와 절차를 탐구하는 데 실패했다. 그러나 라인홀트는 우리에게 이러한 실패가 전체로서의 비판적 기획에 대해 매우 심각한 결과를 지닌다고 경고한다. 그것은 비판 철학의 바로 그 기초가 극히 불안정한 상태에 놓여 있다는 것을 의미한다. 초월론적 반성의 원리와 절차에 대한 의식이 없다면 우리는 그것들에 기초한 이론의 진리에 대한 어떠한 보장도 지니지 못한다. 우리는 오랜 형이상학자들에 못지않게 맹목적이고 교조적인 방식으로 나아간다. 그러므로 칸트 철학은 새로운 기초 위에 세워질 필요가 있는바, 그것은 그러한 기초를 오직 초월론적 지식의 조건과 한계에 대한 일반적인 메타-비판적 이론을 통해서만 획득할 것이라고 라인홀트는 결론지었다.

새로운 메타-비판적 기초에 대한 라인홀트의 요구는 칸트 이후 철학의 전개에 결정적인 영향을 미쳤다. 그것은 관심의 새로운 중심, 새로운 문제틀을 창조했다. 만약 우리가 1790년대 초의 칸트주의자라면, 주된 물음은 더 이상 어떻게 칸트를 그의 적들에 맞서 옹호할 것인가 하는 것이 아니라 비판 철학을 어떻게 내부로부터 새로운 기초 위에서 재건할 것인가 하는 것이었다. 그리하여 관심의 중심은 외적인 방어로부터 내적인 개혁으로 이동했다. 새로운 기초에 대한 라인홀트의 요구는 실제로 피히테와 셸링 그리고 헤겔의 출발점이었다. 비록 그들이 그러한 기초의 본성에 관하여 라인홀트에게 동의하지 않았을지라도, 그들은 그것이 필요하다는 그의 주장을 받아들였다.

[228]라인홀트의 메타-비판적 방법론——초월론 철학의 고유한 방법에 관한 그의 이념들——은 광범위한 영향력을 얻었고, 칸트 이후 세대에게 있어 사실상 규준적인 것이 되었다. 특히 그의 세 가지 이념은 피히테와 셸링 그리고 헤겔에 의해 동화되었다. (1) 철학은 체계적이어야 한다는 요구, (2) 철학은 단일하고 자명한 첫 번째 원리로 시작해야 한다는 주장, 그리고 (3) 오직 현상학만이 제1철학의 이상을 실현할 수 있다는 주장이 그것들이다. 비록 첫 번째 주제가 이미 칸트에게 함축되어 있긴 하지만, 라인홀트는 그것을 명시적으로 만들었고 그것을 크게 강조했다. 두 번째 주제는 피히테와 셸링의 초기 방법론적 저술들에서 출현한다.[1] 하지만 헤겔은 그의 『차이 저술』에서 이 전통으로부터 벗어났다.[2] 그리고 세 번째 주제는 셸링의 『초월론적 관념론의 체계』와 헤겔의 『정신 현상학』에서 열매를 맺었다. 라인홀트의 선례에 따라 이 두 작품은 현상학적 방법론을 실천하는바, 다시 말하면 그것들은 모든 전제를 제쳐놓고 의식을 기술하고자 시도한다. 실제로 때때로 라인홀트가 근대 현상학의 아버지라고 말해져 왔다.[3]

그렇다면 1790년대 초의 비판 철학의 역사를 이해하기 위해 우리는 먼저 라인홀트를 고찰해야만 한다. 1789년에서부터 1793년에 이르는 시기에 라인홀트는 사실상 비판 철학을 위한 최고의 대변인으로서 칸트를 대체했다. 실제로 비판 철학을 그토록 대중적으로 만든 것은 칸트가 아

---

1 Fichte, "Ueber den Begriff der Wissenschaftslehre", in *Werke*, I, 38ff., 그리고 Schelling, *Ueber die möglichkeit einer Form der Philosophie ueberhaupt, Werke*, I/1, 45-73을 참조.

2 Hegel, *Werke*, II, 35ff.를 참조.

3 이러한 주장은 Cassirer, *Erkenntnisproblem*, III, 33ff., 그리고 Klemmt, *Elementarphilosophie*, pp. 58-68에 의해 개진되어 왔다.

니라 라인홀트였다. 그의 『칸트 철학에 관한 서한』은 칸트의 『프롤레고메나』가 몇 년 동안에도 할 수 없었던 일을 거의 하룻밤 만에 해냈다. 칸트가 『서한』의 출판을 허락한 후에 라인홀트는 칸트에 대한 최고의 해설자로서 명성을 얻기 시작했다. 그러나 더욱더 중요한 것은 라인홀트가 또한 비판 철학을 위한 확고한 기초를 확립했다는 그의 주장에서도 성공적이었다는 점이다. 1790년대 초에는 근원 철학이 실제로 비판 철학의 최종적이고 엄격하며 체계적인 형식이라는 것이 일반적으로 받아들여졌다. 마치 라인홀트가 코페르니쿠스적 전회 배후의 원리들, 즉 칸트가 단지 모호하게만 감지한 원리들을 참으로 파악한 것처럼 보였다.

　라인홀트의 성공의 징후들은 풍부했던 만큼이나 눈부셨다. 예나에서의 그의 강의는 언제나 가득 채워졌으며, 그의 제자들에 의한 많은 작품들이 출간되어 그의 근원 철학을 옹호하고 발전시켰다.[4] 『일반 문예 신문』은 점진적으로 친-칸트 저널에서 친-라인홀트 저널로 진화했다. 모든 라인홀트의 작품들에게는 호의적인 평론이 주어졌으며, 그의 철학에 대한 옹호와 논의는 칸트 철학보다 우선했다. 같은 시기에 라인홀트의 제자인 F. G. 푸엘레보른은 또 다른 친-라인홀트 저널인 『철학사 잡지 *Beyträge zur Geschichte der Philosophie*』를 창간했는데, 이 잡지는 근원 철학을 철학의 정점, 제1의 **영원한 철학**의 최종적 실현으로서 묘사했다. 라인홀트의 적들마저도 그들 자신의 부정적인 방식으로이긴 하지만 그에게 마땅한 존경을 바쳤다. 1790년대 초에 그들은 [229]칸트보다 라인홀트를 공격하기 시작했다.[5] 라인홀트에 대한 비판에 우선권이 주어진 것은 그

..
4　참고 문헌에서 코스만, 피르너, 고에스, 베르더만, 피스벡 그리고 아비히트에 의한 작품들을 참조.
5　그리하여 에버하르트의 『문서고』는 자기의 주요 논문들을 칸트가 아니라 라인홀트를 위해 남겨 두었다. 그리고 슐체는 그의 유명한 『아이네시데무스』에서 의도적으로 자신의 시간과 에너지의 대부분을 라인홀트의 근원 철학을 공격하는 데 들였는데,

것이 비판 철학의 가장 강력한 지점에서 그것을 공격하는 것으로서 간주되었기 때문이다.

라인홀트의 부상은 그의 별이 떠오를 때만큼이나 빠르게 떨어진 1790년대 중반까지 줄어들지 않고 계속되었다. 전환점은 1794년이었다. 바로 이 해에 근원 철학에 대한 많은 비판의 누적된 힘이 소기의 효과를 발휘하여 라인홀트의 가장 충실한 학생들 사이에서 의심의 씨앗을 뿌리기 시작했다. 피히테가 예나의 무대에 도착하여 라인홀트로부터 세상의 주목을 훔친 것도 같은 해였다. 마치 자신의 전성기가 끝났다는 것을 알았다는 듯이 라인홀트는 예나로부터 킬로 물러섰는데, 거기서 그는 더 이상 철학적 무대의 중심에 있지 않았다.

8.2. 라인홀트의 칸트와의 초기 다툼

비록 라인홀트가 자신의 명성을 칸트의 제자로서 성취했다 할지라도 그의 나중의 선생과의 첫 만남은 충분히 흥미롭게도 거의 전적으로 적대적이었다. 『독일 메르쿠르』 1785년 2월호에 실린 익명의 기사 「『독일 메르쿠르』 편집자에게 ***의 목사가 씀」에서 라인홀트는 헤르더의 『이념』 제1부에 대한 칸트의 부정적인 논평에 대한 반박 논평을 썼다.[6] 그 당시 괴테와 빌란트 그리고 헤르더로 이루어진 바이마르 동아리의[7] 새로

  • 그것을 그는 비판 철학의 최종적이고 체계적인 형식으로서 간주했다.

6   *TM* 2 (February 1785), 148-173을 참조.

7   보통 그 동아리와 결부되는 실러는 겨우 1787년 여름에야 그 동아리의 부분이 되었다. 그 무렵 라인홀트는 이미 칸트로의 전향자였다. 실제로 실러를 칸트에게 소개한 것은 라인홀트였다. 실러에 대한 라인홀트의 관계에 관해서는 Abusch, *Schiller*, pp. 128, 141을 참조.

운 멤버인 라인홀트는 그 동아리의 관심 및 이상들 가운데 몇몇과 자기를 동일시했다. 그는 헤르더의 『이념』을 "문학적 지평에서 보기 드문 현상"이라 여겼으며, 헤르더가 심지어 그의 "독특한 역사 철학"으로 "새로운 학문"을 발견했다고까지 생각했다. 그렇지만 바이마르의 많은 사람들처럼 라인홀트도 칸트의 논평이 헤르더를 대단히 부당하게 다루었다고 느꼈다. 그래서 잘못을 바로잡을 것을 맹세하며 라인홀트는 칸트에 맞서 헤르더를 옹호할 것을 자청했다. 그의 반박 논평은 칸트와 헤르더 사이의 논쟁의 역사에서 흥미로운 장으로서 칸트의 비판에 대한 바이마르 동아리의 반응을 나타낸다.

칸트의 논평에 대한 라인홀트의 주된 불만은 칸트가 헤르더의 책을 부적절하고도 불공정하게 전통적 형이상학의 증명과 엄밀함의 기준에 따라 평가한다는 것이다.[8] 8개월 후에야 겨우 『비판』에 대한 연구를 시작할 수 있었던 라인홀트에 따르면 칸트는 형이상학적 전통의 전형적인 대표자, 무미건조한 볼프주의자이다. 그는 역사 철학이 형이상학에서 사용되는 정의와 증명의 선험적 방법을 적용하기를 기대한다. 따라서 그는 『이념』에서의 "정확성과 엄밀함의 결여"에 대해 불평한다. 하지만 라인홀트가 보기에 그러한 기준은 역사의 연구에 완전하게 적용될 수 없다. 역사는 선험적인 증명과 정의에 의해서가 아니라 오직 후험적인 관찰과 조사에 의해서만 알려질 수 있는 대량의 우연적인 사실들로 이루어져 있다. 헤르더가 전통적 형이상학의 방법과 개념들을 피하는 것은 바로 이 점을 알고 있기 때문이라고 라인홀트는 말한다. 헤르더는 연역적으로 개념들을 [230]사실들에 적용하여 그 사실들을 무언가 프로크루스테스의 침대에 강제로 집어넣는 것이 아니라 사실들 자체로 나아가 그것들로부터 귀납적으로 자신의 개념들을 도출했다. 물론 칸트가 불평

---

8   Reinhold, *TM*, pp. 162ff.

하듯이 헤르더는 종종 유추와 추측에 의존한다. 그러나 라인홀트는 그러한 것이 어떠한 경험적 분과에서도 기대될 수 있다고 항변한다.

헤르더의 경험적 방법을 칸트가 제대로 평가하지 못한 것은 '힘' 개념에 대한 그의 반대에서 특히 분명히 드러난다고 라인홀트는 지적한다.[9] 이 개념이 불가사의한 성질을 상정한다는 칸트의 주장은 그것의 가설적이고 발견적인 기능을 무시한다. 헤르더의 또 다른 지지자인 포르스터와 마찬가지로 라인홀트도 이 개념의 목적이 그렇지 않으면 순수하게 기계론적인 용어로 설명될 일정한 현상들의 독자적인 필수적 원인을 지시하는 것이라고 논증한다.[10] 따라서 헤르더의 개념은 경험적 연구를 인도하는 데서 실재적인 가치를 지니는데, 왜냐하면 그것은 우리에게 우리의 기계론적 설명이 끝났다고 말해주기 때문이다. 그리고 나서 라인홀트는 기민하게 그에 더하여 칸트가 헤르더의 개념을 공격하는 것은 무엇보다도 우선 그가 심-신 관계의 정통적인 이원론적 모델을 고수하기 때문일 뿐이라고 암시한다.

『이념』에서의 헤르더의 방법론에 대한 라인홀트의 옹호는 단적으로 형이상학의 방법론 일반에 대한 그의 폭넓은 관심사의 본질적 부분이다. 그는 단적으로 경험을 미리 파악된 틀에 강제로 밀어 넣는 전통적 형이상학의 선험적 방법을 거부한다. 그 대신 그는 후험적 방법을 주창하는데, 그것은 경험을 그 자체로 검토한 후 그로부터 자기의 개념을 도출해야 한다. 라인홀트는 사유와 경험, 사변과 삶 사이의 간격을 극복하게 될 것은 오로지 그러한 후험적 방법뿐이라고 주장한다.

「목사가 씀」은 라인홀트의 철학적 발전에서 흥미로운 문서인데, 왜냐

••
9   같은 책, pp. 161-165.
10   5.7절을 참조

하면 그것은 그에 대한 바이마르 동아리의 영향을 드러내기 때문이다. 비엔나에서의 초기 몇 년 동안 라인홀트는 대중 철학자, 계몽의 투사로서 그 대의를 옹호하기 위해 수많은 논문을 썼다.[11] 그렇지만 바이마르에 도착한 후에 라인홀트는 바이마르 동아리의 마법에 빠지기 시작했는데, 그 이념들 가운데 많은 것은 낭만주의 운동을 준비했다. 라인홀트가 이 그룹에게서 배운 낭만주의적 주제들 가운데 몇몇은 비판 철학에 대한 그의 나중의 변형에서 중요한 역할을 수행했다.

라인홀트의 초기 논문에서 바이마르 동아리의 영향을 드러내는 두 가지 측면이 존재한다. 첫째, 라인홀트는 통일성에 대한 추구, 인간의 모든 측면을 하나의 전체로서 바라보는 관심, 그리고 인간 본성의 모든 이원론적 개념들에 대한 경멸을 그들과 공유한다. 이 주제에 대한 라인홀트의 공감은 헤르더의 힘 개념에 대한 그의 옹호로부터 명백한데, 그 개념의 목적은 정신적인 것과 자연적인 것의 통일적인 개념을 발견하는 것이다. 비록 라인홀트가 나중에 이 개념의 형이상학적 함축들에 관한 칸트의 경고에 주의를 기울이지만,[12] [231]그는 결코 자신의 전체론적 이상들을 포기하지 않는다.[13] 둘째, 전통 형이상학에 대한 라인홀트의 비판과 사유와 경험의 간격을 극복하는 새로운 형이상학에 대한 그의 요구는 독창적인 것이 아니라 단지 괴테와 헤르더 그리고 셸링이 애호하는 주제를 반복할 뿐이다.

바이마르 동아리에 대한 이 두 가지 빚은 모두 근원 철학의 발전에서 분명히 드러난다. 라인홀트의 전체론적 이상은 그를 단일한 원천, 즉 칸트의 분열된 모든 능력의 공통의 뿌리에 대한 탐구로 이끌었다. 그리

• •
11   이 초기 논문들 가운데 몇 가지가 Reinhold, *Schriften*에 중판되어 있다.
12   Reinhold, *Versuch*, pp. 203ff.를 참조.
13   Reinhold, *Briefe*, I, 147ff.를 참조

고 전통 형이상학에 대한 그의 비판은 직접적인 경험의 사실들에 대한 기술을 위해 모든 형이상학적 개념들을 괄호칠 것을 요구하는 근원 철학의 현상학적 방법을 위한 기초를 제공했다. 그리하여 바이마르 동아리에 대한 라인홀트의 빚은 둘 다 낭만주의가 어떻게 비판 철학의 변형에서 강력한 힘이 되었는지를 보여준다.

칸트는 라인홀트의 반박 논평에 빠르게 대답했다. 「목사가 씀」이 출간된 지 겨우 한 달 후에 『일반 문예 신문』은 라인홀트에 대한 그의 짧고 활기찬 반격을 출판했다. 자신의 응답을 쓰는 가운데 칸트는 자기의 적수가 라인홀트라는 것을 잘 알고 있었으며, 그를 헤르더의 바이마르 동아리와 결부시켰다.[14] 하지만 그는 이 '목사'가 곧 자기의 가장 중요한 제자가 될 것이라는 것을 거의 알지 못했다.

라인홀트에 대한 칸트의 대답은 그의 논평에서 적용된 기준과 절차에 대한 옹호다. 칸트는 자기가 정통 볼프주의자라는 라인홀트의 암시를 부인하며, 그에게 자신들이 경험 영역을 떠나는 형이상학의 무용성에 관해 동의하고 있다고 확언한다. 그는 자신이 역사에서 증명과 정의의 스콜라 철학적 기준을 요구하고 있지 않았다고 주장한다. 그는 확실히 엄밀함과 주의 그리고 정확함을 요구했다. 그러나 이것들은 또한 경험적 탐구의 덕목이기도 하다. 만약 인류의 역사를 위한 자료가 형이상학에 의해 제공될 수 없다면, 그것은 또한 인간 해부학에 관한 헤르더의 무모한 사변에 의해서도 공급될 수 없다고 칸트는 말한다.[15] 오히려 그것은 인간 성격을 드러내는 유일한 것은 인간 행동에 대한 주의 깊고 엄밀한

---

14 1785년 2월 18일자의 칸트에게 보낸 쉬츠의 편지, Kant, *Briefwechsel*, p. 261을 참조

15 Kant, *Werke*, VIII, 56.

연구에 의해서만 발견될 수 있다. 칸트는 또한 경험적 탐구에서 추측과 유추의 사용을 폄하하고자 하지 않는다고 항의한다. 하지만 그가 반대한 것은 그러한 추측과 유추로부터 끌어내진 형이상학적인 결론들이었다.

라인홀트에 대한 칸트의 신속한 대답은 칸트가 그의 비난을 매우 심각하게 받아들였다는 것을 시사한다. 실제로 칸트가 형이상학적 정통이라는 그 모든 비난을 떨쳐 버리는 것은 헤르더에 반대하는 그의 캠페인에 있어 중요했다. 왜냐하면 그 비난은 헤르더에 대한 그의 입장, 즉 헤르더적인 것뿐만 아니라 볼프주의적인 변양도 포함한 모든 형이상학이 불가능하다는 입장을 왜곡했기 때문이다. 칸트는 매우 실제적인 위험을 다루고 있었다. 사실 바이마르 동아리 구성원들 사이에는 칸트가 상습범적인 볼프주의자, 즉 모든 것을 삼단 논법적인 형식으로 구속하길 원하는 오랜 학파의 이성주의자라는 일반적 인상이 존재했다.[16] 그러므로 라인홀트에 대한 칸트의 빠른 응답은 시의적절하고 전략적인 조치였던바, 그의 적수들이 헤르더에 대한 그의 비판을 가리지 못하게 하는 것이었다.

8.3. 라인홀트의 『서한』과 비판 철학에로의 전향

라인홀트에 대한 칸트의 대답으로부터 겨우 6개월 후인 1785년 가을에, 그리고 범신론 논쟁의 바로 그 절정에 라인홀트는 『순수 이성 비판』에 대한 자신의 운명적인 연구를 시작했다. 칸트의 대작에 대한 그의 관심은 『일반 문예 신문』에 게재된 『비판』의 발췌에 자극을 받았다.[17]

• •
16 헤르더와 그의 친구들 사이에서 칸트의 논평에 대한 반응에 관해서는 Gulyga, *Kant*, p. 170을 참조. 또한 1785년 1월에 빌란트에게 보낸 헤르더의 편지, Herder, *Briefe*, V, 102-103을 참조.
17 *ALZ* 179 (1785년 7월 30일), 125-128.

『비판』에 대한 라인홀트의 연구 결과는 더 이상 극적일 수 없었다. 그것은 비판 철학으로의 완전한 전향이었다. 칸트에 대한 날카로운 비판자는 열정적인 제자가 되었다. 실제로 라인홀트의 전향의 열정은 그가 "두 번째 임마누엘을 위한 길을 준비하기 위해 광야에서의 목소리가 될" 부름을 받았다고 느끼는 그러한 것이었다. 라인홀트는 비판 철학에 대한 옹호, 즉 대중을 다가올 철학에서의 혁명에 대해 준비시키는 변론을 쓰기로 결심했다. 이 결심은 곧바로 구체적 형식을 취했다. 『칸트 철학에 관한 서한』은 1786년 8월부터 『독일 메르쿠르』에 연재되었다.

무엇이 비판 철학에로의 라인홀트의 갑작스러운 전환을 야기했던가? 칸트의 적대자가 거의 하룻밤 사이에 주창자가 되는 이러한 돌연한 180도 전환은 왜 일어났던 것인가? 짧은 논문에서,[18] 그리고 칸트에게 보내는 편지에서[19] 라인홀트 자신이 자기의 전향 이유를 설명했다. 1785년의 음울한 가을에 그는 심각한 지적 위기로 고통 받고 있었는데, 그는 그 위기를 어떤 대가를 치르고서라도 해결하기 위해 몸부림쳤다. 그의 머리와 가슴은 갈등하고 있었다. 그의 가슴은 그를 신과 불사성 그리고 섭리의 존재에 대한 신앙으로 이끌었다. 그러나 그의 머리는 그에게 소중히 간직한 믿음들을 의심하도록 강제했다. 라인홀트가 찾고 있던 것은 이성적 불신과 비이성적 믿음 사이의 어떤 가운뎃길이었다. 그리하여 그는 『스피노자에 관한 서한』에서 야코비에 의해 묘사된 바로 그 딜레마에 사로잡혔다.

이제 라인홀트가 칸트의 철학에서 본 것은 이 딜레마의 극단들 사이의 가운뎃길이었다. 칸트의 실천적 신앙 교설은 신과 불사성 그리고 섭리에

18   Reinhold, "Schicksale", in *Versuch*, pp. 53ff.를 참조.
19   1787년 10월 12일자의 칸트에게 보내는 라인홀트의 편지, Kant, *Briefwechsel*, pp. 326-327을 참조.

대한 믿음의 이성적 정당화, 즉 형이상학의 불안한 사변적 이성이 아니라 도덕 법칙의 안전한 실천적 이성에 토대한 정당화를 제공했다. 칸트의 실천적 신앙은 그의 가슴의 요구를 만족시켰는데, 왜냐하면 그것은 그의 종교적 믿음들을 도덕 법칙의 필연성으로서 정당화했기 때문이다. 동시에 그것은 그의 머리의 요구도 충족시켰는데, 왜냐하면 그것은 도덕 법칙이 순수 이성 그 자체의 요구라는 것을 확립했기 때문이다.

　[233]라인홀트의 『서한』의 주요 목표는 충분히 겸손해 보인다. 그것은 "독자로 하여금 그 자신을 위해 비판 철학을 연구하도록 초대하고 격려하며 준비하는 것"이다.[20] 라인홀트는 그것이 철학의 체계가 아니라 오직 문자로만 이루어지며, 그래서 우리는 '논증들'이 아니라 오직 '제안들'만을 기대해야 한다고 경고한다. 더 나아가 『서한』은 칸트의 『비판』의 주요 원리들에 대한 해명이나 주해가 아니다. 라인홀트가 하려고 하는 것은 다만 『비판』의 결과들 가운데 몇몇을 설명하고 최근의 철학과 신학 그리고 윤리에 대한 그것들의 관련성을 보여주는 것일 뿐이다. 이러한 절차는 『비판』의 좀 더 나은 대중적 수용을 위한 기반을 준비할 것이라고 라인홀트는 생각하는데, 왜냐하면 그것은 당대 문화의 문제들에 대한 비판 철학의 관련성을 보여줄 것이기 때문이다. 하지만 중요한 것은 그러한 겉으로 겸손해 보이는 목표가 사실은 대중 철학자로서의 라인홀트의 웅대한 전략, 즉 이론과 실천, 철학과 대중의 삶 사이의 간격을 메우는 것의 부분이라는 점에 주목하는 것이다.[21]
　비록 『서한』이 명시적으로 자서전적이진 않을지라도, 그것은 실제로

20　Reinhold, *Briefe*, I, 11-13.
21　라인홀트의 초기 논문인 "Gedanken über Aufklärung", *TM* 3 (1784년 7월), 4ff.를 참조.

는 대단히 개인적인 문서로서 비판 철학에로의 전향에 대한 라인홀트의 이유들을 진술하고 있다. 그것의 주된 관심사는 무엇보다도 우선 라인홀트로 하여금 칸트를 연구하도록 동기를 부여한 바로 그 문제, 즉 이성이 신과 섭리 그리고 불사성의 존재에 대한 믿음을 정당화할 수 있는가 하는 것이다. 라인홀트의 목표는 이 물음에 대한 유일하게 만족스러운 대답으로서 칸트의 실천적 신앙 교설을 설명하고 옹호하는 것이다. 이런 저런 형식으로 원래의 편지들 가운데 거의 모두인 8개가 이 주제에 초점을 맞추고 있다.[22]

종교에서의 이성의 한계에 대한 물음을『서한』의 주된 관심사로 삼는 데 있어 라인홀트는 확실히 시사적인 쟁점을 떠올렸다. 1750년대 이래로 이 쟁점은 독일에서 철학적 논의를 지배해 왔다.[23] 철학적 무대는 바로 이 물음을 둘러싸고 두 개의 서로 대립하는 진영으로 분열되었다. 한 진영은 이성이 신과 섭리 그리고 불사성의 존재를 증명할 수 있으며 계시와 성서는 단지 알레고리나 신화일 뿐이라고 주장하는 '이성주의자' 또는 '신해석 제창자'로 구성되어 있었다. 다른 진영은 신과 섭리 그리고 불사성의 존재가 단지 신앙의 문제일 뿐이며, 신앙은 오직 이성에 반대

• •
22 『서한』에는 두 가지 판본이 있었다. 제1판은 1786년에 시작하여『독일 메르쿠르』에 연재되어 출간되었다. 제2판은 단행본으로 출판되었지만 두 권으로 나왔다. 제1권은 1790년 4월에, 제2권은 1790년 10월에 나왔다. 제1판과 제2판 사이에는 중요한 차이들이 존재한다. 제2판은 새로운 편지들을 추가할 뿐만 아니라 또한 제1판에서의 단락들을 변화시켜 근원 철학에 대한 언급들을 도입하고 있기도 하다. 이러한 중요한 변화들에 주목하는『서한』의 비판본이 없다는 것은 유감스러운 일이다. 1923년의 슈미트에 의한『서한』의 재발간본은 제1판과의 차이점들에 주목하지 않은 채 제2판을 단순히 재현하고 있다. 이 판본이 여전히 쉽게 접근할 수 있는 유일한 것이기 때문에 여기서는 그것을 인용한다. 하지만 원래의 1786년 판과의 중요한 모든 변화가 주목될 것이다.
23 이 논쟁과 그에 대한 당파들의 상세한 것들에 관해서는 Hettner, *Geschichte*, I, 349-374 와 Beck, *Early German Philosophy*, 12장을 참조.

되거나 그로부터 독립적인 계시와 성서에만 토대할 수 있다고 주장한 '경건주의자' 또는 '신앙주의자'로 이루어져 있었다. 이 논란은 마침내 1785년 여름에 범신론 논쟁과 더불어 정점에 이르렀다. 이성주의자와 경건주의자 사이의 모든 쟁점은 멘델스존의 죽음과 야코비의 계시를 둘러싼 스캔들에서 극화되었다. 라인홀트가 비판 철학의 강점을 입증할 수 있는 그야말로 올바른 순간과 올바른 문제를 선택한 것은 확실히 그 편에서의 전술적 천재의 솜씨였다. 18세기 후반의, 특히 1785년의 폭풍우가 몰아치는 여름의 어느 누구도 [234]이성주의와 경건주의 사이의 열띤 논쟁에 대한 새로운 해결책을 무시할 수는 없었다 — 비록 그 해결책이 쾨니히스베르크의 거의 망각된 교수에 의해 제안되었다 할지라도 말이다.

칸트에 대한 라인홀트의 변론은 순수 이성 비판을 위한 그의 프로그램의 옹호와 더불어 시작된다. 오직 순수 이성 비판만이 이성주의자와 경건주의자 사이의 논쟁을 해결할 수 있는 입장에 있다고 라인홀트는 주장한다. 자신의 요점을 증명하기 위해 그는 논쟁이 교착 상태에 이르렀다는 것을 보여준다.[24] 이성주의자는 경건주의자를 납득시킬 수 없는데, 왜냐하면 경건주의자는 언제나 그의 가장 정교하고 미묘한 논증들에 허점을 찾아낼 수 있기 때문이다. 역으로 경건주의자는 이성주의자를 설득할 수 없는데, 왜냐하면 이성주의자는 언제나 최근의 문헌학적 및 역사적 연구를 통해 계시와 성서의 권위에 의문을 제기할 수 있기 때문이다. 라인홀트는 이제 이러한 교착 상태가 근본적인 쟁점을 분명하게 볼 수 있게 했다고 생각한다. 경건주의자는 이성주의자가 이성에 대해 너무 많이 기대한다고 고발하며, 이성주의자는 경건주의자가 이성에 대해 너

••
24   Reinhold, *Briefe*, I, 83-84, 99-100.

무 적게 기대한다고 비난한다. 각 편이 다른 편이 이성의 참된 본성을 이해하지 못한다고 주장하기 때문에, 논란 전체는 이성의 한계는 무엇인가라는 물음으로 바뀐다. 그렇다면 논란을 해결할 수 있는 유일한 방법은 이성 그 자체의 능력에 대한 조사이다.[25] 그러한 탐구는 논쟁에서 앞으로 나아갈 수 있는 유일한 발걸음이다. 신의 존재에 대한 특수한 증명들에 찬성하거나 반대하여 논증하는 것에 의해 그것을 해결하고자 하는 것은 단지 뒷걸음질 치는 것일 뿐인데, 왜냐하면 그러한 논증들은 다만 과연 그러한 증명이 가능한가 하는 좀 더 중요한 이차적인 물음을 전제할 뿐이기 때문이다.

이제 순수 이성 비판을 위한 이러한 기획은 한갓된 이상, 경건한 희망이 아니라고 라인홀트는 독자들에게 이야기한다.[26] 사실 그것은 5년 전에 출판되었지만 여전히 많은 인정을 받지 못한 책에 의해 실현되었다. 라인홀트는 이 책을 "철학적 정신의 가장 위대한 걸작"이라고 부르며, 그것이 자신의 머리와 가슴을 모두 만족시키는 방식으로 자기의 의심을 해결했다고 선언한다. 이 놀랄 만한 책——순수 이성의 복음——은 『순수 이성 비판』이라는 제목이 붙여져 있다.

칸트의 순수 이성 비판을 위한 프로그램을 옹호한 후 라인홀트는 칸트에 대한 자신의 변론을 대담하게 한 걸음 더 앞으로 끌고 간다. 이성의 능력에 대한 탐구 덕분에 칸트는 이성주의와 경건주의 사이의 갈등에 대한 유일하게 가능한 해결책을 발견했다고 그는 논증한다. 칸트는 이 극단들 사이의 가운뎃길, 즉 양 당파의 부당한 주장을 파괴하면서 그들의 정당한 요구를 만족시키는 타협점을 발견했다. 라인홀트는 우리가

••
25 1790년 판에서 라인홀트는 "표상의 새로운 이론을 통해"라는 구절을 끼워 넣었으며, 그리하여 비판 대신에 자신의 근원 철학을 주창하고 있다.
26 Reinhold, *Briefe*, I, 92-93.

신의 존재에 대한 믿음에서 이성은 어떤 역할을 수행하는가라는 물음을 분석할 때 칸트의 해결책이 지닌 참신함이 분명히 드러나게 된다고 말한다.[27] 이 물음은 다음과 같은 두 가지 더 나아간 물음으로 나뉜다. 첫째, 신의 존재는 이성에 의해 그리고 신앙을 불필요한 것으로 만드는 논증들에 의해 인식될 수 있는가? 그리고 둘째, 만약 신의 존재가 인식될 수 없다면, 이성에 의해 정당화되지 않는 신에 대한 신앙이 존재할 수 있는가? 이성주의자는 [235]첫 번째 물음에 긍정적으로 대답하고, 경건주의자는 두 번째 물음에 그리한다. 그러나 비판 철학의 새로운 가운뎃길은 두 물음 모두에 부정적으로 대답한다. 이성주의자에 맞서 비판 철학은 이론 이성이 신의 존재를 증명할 수 없다는 것을 보여준다. 그리고 경건주의자에 맞서 비판 철학은 신앙이나 감정이 아닌 오로지 실천 이성만이 신의 존재에 대한 믿음을 허용한다는 것을 보여준다. 이 해결책은 양 당파의 근거 없는 주장을 파괴한다. 이성주의자는 신의 존재에 대한 자기의 논증을 내던지고 신앙의 필요성을 받아들여야만 한다. 그리고 경건주의자는 **목숨을 건 도약**에 대한 자기의 요구를 포기하고 이성의 규율에 복종해야만 한다. 그러나 동시에 그것은 그들의 정당한 주장을 공평하게 평가한다. 이성주의자는 신에 대한 믿음이 이성적이라는 데서 올바르다. 그리고 경건주의자는 이 믿음이 형이상학에 의해 증명될 수 없다고 한 데서 정당하다. 하지만 이성주의자와 경건주의자 모두가 빗나가는 곳은 이성이 단지 이론적 능력일 뿐이며, 종교에서 이성의 역할은 신의 존재에 대한 증명에 국한되어 있다는 그들의 공통 전제에 놓여 있다. 그들은 모두 신의 존재에 대한 믿음의 참된 기초가 실천 이성에 놓여 있다는 것을 보지 못한다.[28]

· ·
27   같은 책, I, 100-101.
28   같은 책, I, 100-101, 118-119, 132.

이성주의와 경건주의 사이의 논쟁에 대한 칸트의 기여를 제시한 라인홀트는 칸트가 야코비와 멘델스존 사이의 논쟁이 벌어지기 4년 전에 이미 그것을 해결했다고 선언할 만큼 확신하고 있다.[29] 야코비의 입장과 멘델스존의 입장은 둘 다 낡아버렸다고 라인홀트는 쓰고 있는데, 왜냐하면 그것들은 모두 다름 아닌 형이상학적 교조주의의 가능성을 전제하기 때문이다. 멘델스존은 이성이 신의 존재를 입증한다고 생각하는 데 반해, 야코비는 그것이 신의 비존재를 증명한다고 생각한다. 그러나 각각의 경우에 그들이 이러한 결론들을 받아들이든 거부하든 이성은 라이프니츠주의적이거나 스피노자주의적인 형이상학의 증명과 등치되고 있다. 야코비와 멘델스존 사이의 갈등은 정확히 우리가 비판 철학에 따라 기대하는 바로 그것이라고 라인홀트는 주장하는데, 왜냐하면 비판은 이론 이성이 이성의 한계를 초월할 때마다 이율배반에 빠지며, 그리하여 이론 이성이 신의 존재를 (멘델스존과 더불어) 증명할 수도 있고 그와 마찬가지로 (야코비와 더불어) 반증할 수도 있다는 것을 보여주기 때문이다.[30] 하지만 야코비와 멘델스존이 모두 보지 못하는 것은 이론 이성이 아니라 도덕 법칙의 실천 이성에 토대한 이성적 신앙이 존재한다는 것이다. 그들은 잘못되게도 이성이 이론 이성에 의해 남김없이 다 드러난다고 믿으며, 그래서 그들은 그릇되게도 신에 대한 믿음이 맹목적 신앙이나 교조주의에 이르지 않을 수 없다고 결론짓는다.

그의 우아하고 생생한 문체와 그 당시 격렬하게 벌어지고 있던 범신론 논쟁에 대한 비판 철학의 관련성을 설명하는 그의 전략 덕분에 라인홀트의 『서한』은 성공을 거두었다. 거의 즉각적으로 라인홀트는 자신의 목

••
29 같은 책, I, 120-121.
30 같은 책, I, 123.

적, 즉 비판 철학에 대한 대중의 인정을 성취했다. 칸트의 한 친구의 증언으로부터 판단할 때 실제로 일반 대중에 미친 『서한』의 영향은 [236] 매우 컸다. "『메르쿠르』에 실린 당신의 철학에 관한 편지들은 너무도 놀라운 선풍을 불러 일으켰습니다. 야코비의 행적들과 『결론들』 그리고 이 편지들 이래로 독일의 모든 철학적 두뇌들이 당신에 대한 가장 활기 넘치는 공감으로 일깨워진 것으로 보였습니다. 친애하는 교수님께."[31]

『서한』의 힘으로 라인홀트는 예나 대학에서 교수직을 얻었다. 그 후 그는 비판 철학에 관한 입문적 강의들을 행하기 시작했는데, 그것들은 많은 청중을 끌어들였다. 주로 라인홀트 덕분에 예나 대학은 독일에서 칸트주의의 중심으로서의 그 명성을 획득하기 시작했다.

비판 철학을 위한 그의 노력을 고려하면 라인홀트는 자연스럽게 칸트와의 우호적인 관계를 갈망했다. 그러나 「목사가 씀」에서의 칸트에 대한 라인홀트의 날카로운 비판 이후에 자신의 오랜 적대자와의 서먹서먹한 분위기를 깨기는 쉽지 않았다. 그럼에도 불구하고 라인홀트는 자신의 어색함을 극복하고 자존심을 굽히고서는 때맞춰 1787년 10월 12일에 칸트에게 편지를 썼다.[32] 그 편지에서 라인홀트는 반박 논평을 자기가 썼음을 고백하고 "열심 있는 목사"의 "비철학적 철학함"에 대해 사과했다. 그러나 동시에 라인홀트는 『서한』이 자기의 저작임을 자랑스럽게 밝혔다. 칸트가 이 논고에 만족했다고 가정하면, 라인홀트는 칸트가 자신을 라인홀트가 이해했다고 공개적으로 진술해 주었으면 하는 미묘한 요청을 행한 셈이었다. 그러한 진술은 자기가 칸트의 합법적 상속자이자

· ·
31 1787년 12월 10일자의 칸트에게 보낸 예니쉬의 편지, Kant, *Briefwechsel*, p. 315를 참조. 『서한』의 충격에 관해서는 또한 1787년 10월 12일자의 칸트에게 보낸 라인홀트의 편지, Kant, *Briefwechsel*, p. 327과 1790년 12월 10일자의 라인홀트에게 보낸 바게센의 편지, Baggesen, *Briefwechsel*, I, 5-6을 참조.

32 Kant, *Briefwechsel*, pp. 325-329.

대변인이라고 하는 라인홀트의 주장에 필요한 공식적인 승인을 제공할 것이다.

칸트는 물론 『서한』에 만족하지 않을 수 없었으며, 잘못을 범한 목사를 용서하게 되어 너무나도 행복했다. 1787년 12월 28일과 31일에 칸트는 라인홀트에게 답신을 보내 그를 격려하고 칭찬하며 감사를 전했다.[33] 그는 『서한』이 "아름답고" "훌륭하며" "철저함과 우아함의 그 조합에서 능가할 수 없다"고 생각했다. 칸트는 만족하여 라인홀트에게 『서한』이 "우리 영역에서 갈망되는 모든 효과를 가지는 데 실패하지 않았다"고 말했다. 그는 실제로 라인홀트의 요청을 완전히 기꺼이 받아들이고자 했다. 『메르쿠르』의 1788년 1월호에 게재된 『철학에서 목적론적 원리의 사용에 대하여』의 말미에서 칸트는 『서한』에 대한 자신의 공식적인 축복을 표명했다.[34] 그는 라인홀트의 "사변적, 실천적 이성의 공동의 대의에 대한 공헌"을 인정했으며, 예나 대학에서의 그의 임명을 "그 유명한 대학에 이익이 되지 않을 수 없는 획득"으로 환영했다.

라인홀트가 칸트에 대한 웅변적이고 대중적인 해설자인 데 만족했던 이즈음은 그들 관계의 평온한 나날이었다. 그러나 이러한 나날은 지속될 수 없었다.

8.4. 근원 철학을 향한 도정

라인홀트는 칸트를 위한 단순한 대변인으로서 오랫동안 만족하며 머물 수 없었다. 그의 전향으로부터 약 2년 후 칸트에 대한 그의 관계는

••
33   같은 책, pp. 333-336.
34   Kant, *Werke*, VIII, 183-184.

[237]또 다른 극적인 변화를 겪었다. 『서한』에서 라인홀트는 칸트의 충실한 해설자일 뿐인 것에 행복했다. 하지만 1787년 가을 무렵 그는 자신이 칸트의 창조적인 재해석자가 되는 것이 필요하다고 느꼈다. 그는 이제 자기가 비판 철학의 '정신'을 칸트 그 자신보다 더 잘 이해하고 있다고 선언했다. 실제로 라인홀트는 비판 철학의 범위 너머로 움직이기까지 했다. 그는 그 자신의 철학적 프로그램, 즉 순수 이성 비판이 단지 그것의 결과일 수 있을 뿐인 그러한 것을 구상했다. 라인홀트는 비판 철학이 새로운 기초, 그것도 칸트가 결코 상상하지 못한 기초 위에서 재구축되어야 한다고 확신하게 되었다.

칸트에 대한 라인홀트의 관계에서의 이러한 변화는 왜 일어났던 것인가? 왜 라인홀트는 비판 철학이 과감한 개혁을 필요로 한다고 생각했던가? 비판 철학에 무슨 문제가 있어 그것이 완전히 새로운 기초를 요구했던 것인가? 1789년에 쓰인 회고적인 논문에서 라인홀트는 자기를 운명적인 결론에로 이끈 추론의 연쇄를 이야기했다.[35]

1787년 가을에 예나에서 교수직을 맡은 후 그는 『비판』에 관한 몇몇 입문적 강의를 행하기로 결정했다. 칸트 철학의 기본을 설명하는 가장 좋은 방법에 대해 반성하면서 라인홀트는 칸트의 옹호자와 비방자의 모든 저술을 찾아보았다. 그러나 이 작품들에 대한 광범위한 독서는 실망스러운 것으로 입증되었다. 라인홀트는 칸트의 가장 중요한 이념들 가운데 몇 가지에 대한 해석이나 그 진리에 관해 아무런 합의도 찾을 수 없었다. 한편으로 칸트의 적대자들은 그를 완전히 오해했다. 그리고 그들의 모든 이의 제기는 그들 자신이 만든 난점들로 향해 있었다. 다른 한편 칸트의 주창자들은 그들의 적대자들이 결코 허용하지 않을 전제들에 자신을 바쳤다. 그리고 그들은 자신들의 모든 설명을 단지 소수의

35 Reinhold, "Schicksale", in *Versuch*, pp. 51ff.를 참조.

전문가들에게만 이해될 수 있는 기술적인 용어로 장식했다. 칸트의 동맹자들과 적들의 저술을 더 많이 연구하면 할수록 라인홀트는 더욱더 그들 사이의 갈등이 교조주의자들 사이의 오랜 논쟁들만큼이나 해결 불가능하다고 확신하게 되었다.

비판 철학의 '운명'에 대한 라인홀트의 관심은 완전히 정당했다. 칸트의 친구들과 적들 사이의 격렬한 논쟁, 그의 가장 기본적인 개념들에 관한 그들의 동의의 완전한 결여는 비판 철학에 관한 몇 가지 매우 심각한 물음을 제기했다. 만약 칸트가 주장했듯이 비판이 이성의 보편적 원리들을 소유하고 있었다면, 왜 그것에 관해 아무런 합의나 만장일치가 존재하지 않는가? 그리고 만약 칸트가 마찬가지로 주장했듯이 비판이 철학자들 사이의 논쟁을 해결할 수 있었다면, 왜 그것은 다름 아닌 알력만을 불러 일으켰던 것인가? 그렇다면 1780년대 후반 무렵 칸트가 자신의 철학에 대해 행한 웅대한 주장은 그에 대한 대중의 수용과 모순된 것으로 보였다. 칸트가 예언한 철학적 천년 왕국은 출현하지 않았다.

이제 라인홀트가 1787년 가을에 직면한 것은 이러한 위기였으며, 그것은 그로 하여금 비판 철학이 개혁을 심각하게 필요로 하고 있다고 확신하게 했다. 그는 이 위기의 궁극적 원천이 공감하지 않는 대중이 아니라 비판 철학 그 자체에 놓여 있다고 믿었다.[36] [238]비난을 받아야 할 것은 비록 그것이 분명히 해로운 역할을 했다 할지라도 단지 『비판』의 무미건조한 해명과 지독하게 고통스러운 문체만이 아니었다. 훨씬 더 잘못된 것은 칸트의 원리들의 모호함이라고 라인홀트는 논증했다. 칸트는 그가 아직 정의하지 않은 몇 가지 기본적인 개념들을 전제했다. 『비판』의 진리와 의미에 대한 논란들이 벌어졌던 것은 다만 대립되는 의미들이 이러한 정의되지 않은 기본적인 개념들로 읽혀 들어왔기 때문일 뿐이었다.

36 같은 책, pp. 49-50, 62-65.

따라서 만약 이러한 논란들이 중단되어야 한다면 『비판』의 기본적 개념들로 돌아가서 그것들에 대한 명확한 정의들을 제공하는 것이 필요했다. 그리하여 라인홀트의 과제는 더 이상 단순히 비판 철학을 해명하는 것이 아니라 바로 그 기초를 다시 생각하는 것이었다.

라인홀트는 특히 비판 철학을 둘러싼 모든 논란에 대해 책임이 있는 하나의 개념이 있다고 주장했다. 그것은 표상(*Vorstellung*) 개념이었다.[37] 칸트는 이 개념을 정의하지 않았으며, 독자는 그것이 사용되는 소수의 흩어져 있는 경우들로부터 그것의 의미를 추측하도록 남겨졌다. 그러나 그것은 『비판』이 그것을 기본적인 방식으로 전제하기 때문에 가장 기초적인 중요성을 지닌다고 라인홀트는 주장했다. 첫째, 그것은 다양한 종류의 표상들, 요컨대 지성의 개념들, 이성의 이념들, 감성의 직관들의 유이다. 둘째, 비판의 목적은 지식의 조건과 한계를 분석하는 것이다. 그러나 지식의 개념은 표현의 그것에 달려 있다. 따라서 지식의 조건과 한계에 관한 많은 논란들은 오직 표상의 개념에 대한 선행하는 분석을 통해서만 해결될 수 있다.

라인홀트가 1787년 가을 언젠가 "표상 능력에 대한 새로운 이론"을 전개하기로 결정한 것은 이러한 이유 때문이었다. 그의 주된 관심사는 『비판』에서 가정되지만 결코 정의되지 않은 표상의 개념을 분석하는 것이었다. 표상의 개념이 지식의 개념보다 더 일반적이고 또 그에 의해 전제되기 때문에, 라인홀트는 자신의 표상 이론이 지식의 이론——그리고 특히 칸트의 『비판』에서 정립된 선험적 종합 인식의 이론에 선행한다고 주장했다. 따라서 라인홀트는 자신의 새로운 이론이 비판 철학의 기초를 제공하고 그 전제들을 정당화하며 또 그 전제들을 제공하고 그 용어들을 정의할 것이라고 믿었다. 그리하여 칸트의 가장 웅변적인 대변

---

37 같은 책, pp. 63-67.

자들 가운데 하나가 그의 가장 대담한 해석자들 가운데 하나가 되었다.

새로운 표상 이론을 전개하려는 라인홀트의 다짐은 곧 『인간의 표상 능력에 관한 새로운 이론의 시도』로 열매를 맺었다. 라인홀트의 모든 작품들 가운데 『시도』가 아마도 가장 중요할 것이다. 라인홀트가 자신의 철학 배후의 이상들을 설명하는 것은 여기에서이며, 그가 아주 공들여서 『비판』의 모든 결과를 연역하는 것도 여기에서이다. 비록 그 교설들 가운데 많은 것이 수정이나 확장을 겪었지만, 『시도』는 라인홀트 이론의 본체를 제시한다.

[239]그 중요성에도 불구하고 『시도』는 라인홀트의 초기 철학에 대한 확정적이거나 공식적인 진술이 아니다. 그것은 라인홀트의 첫 번째 원리인 유명한 '의식의 명제'(*Satz des Bewusstseins*)를 포함하지 않는다. 그것은 또한 라인홀트 사상의 칸트적인 단계에 대해 그토록 특징적인 근원 철학의 개념을 정식화하지도 않는다. 라인홀트는 『시도』에서의 교설들의 대부분을 수정한 『철학자들의 지금까지의 오해의 시정을 위한 기여』(1790년)에서야 비로소 이 이념을 만들어내고 자기의 첫 번째 원리를 개진했다. 『기여』는 표상 이론에 대한 라인홀트의 공식적이고 최종적인 진술, "근원 철학의 주요 계기들에 대한 새로운 서술"을 포함한다.

근원 철학에 관한 라인홀트의 주요한 저술들은 1789년에서 1794년까지 겨우 5년의 시기에 걸쳐 있다.[38] 근원 철학에 관한 그의 다른 주된 작품들은 『철학적 앎의 기초에 대하여』(1791년), 『서한』의 제2권(1792년), 그리고 『기여』의 제2권(1794년)이다. 『기초』는 근원 철학에 대한

----

38 비록 라인홀트가 1796년 말까지 근원 철학에 관한 작업을 계속했을지라도, 주요한 모든 저술들은 1794년에 예나로부터 떠난 후 중단된다. 1797년에 라인홀트는 공식적으로 그 자신이 피히테의 제자라고 선언했다.

라인홀트의 선언이자 그의 작업에 대한 최고의 입문이다. 『서한』의 제2권은 도덕 및 정치 철학 영역으로의 여행인바, 근원 철학에 비추어 칸트의 도덕 이론을 수정하고 설명하고 있다.

라인홀트의 근원 철학에 대한 칸트의 반응은 어떠했던가? 그는 자신의 철학을 위한 새로운 기초를 제공하고자 하는 라인홀트의 시도에 대해 어떻게 생각했던가? 그러한 물음들은 라인홀트에 대한 칸트의 관계뿐만 아니라 또한 『비판』 그 자체에 대한 칸트의 나중의 태도를 이해하기 위해서도 중요하다. 만약 우리가 그것들에 대답할 수 있다면, 그것들은 더 나이든 칸트가 과연 『비판』의 기초에 만족했는지에 관해 약간의 빛을 비쳐줄 것이다.

불행히도 이 물음들은 직접적인 대답을 허용하지 않는다. 의도적으로 칸트는 라인홀트의 기획에 대한 자신의 견해를 결코 명시적으로나 공식적으로 진술하지 않았다. 라인홀트는 다시 칸트의 승인을 얻기를 희망하며 반복적으로 그의 의견을 줄 것을 요청했다.[39] 그러나 이 요청들은 무시되었다. 칸트는 언제나 얼버무렸고 판단을 영원히 미루었다. 그는 자신이 라인홀트의 작업을 연구할 힘이나 시간을 가지지 못했으며, 이것이 자기로 하여금 믿을 만한 판단을 형성하지 못하게 했다고 답변했다.[40]

칸트가 얼버무린 것에 대한 이유들은 헤아리기가 어렵지 않다. 단지

··
39 1789년 6월 14일자와 1793년 1월 21일자의 칸트에게 보낸 라인홀트의 편지, Kant, *Briefwechsel*, pp. 403, 622를 참조. 아마도 1790년 5월에 쓰인 또 다른 편지는 상실되었다. Kant, *Briefe*, XI, 181을 참조. 그러나 이것은 1791년 9월 21일자의 라인홀트에 대한 칸트의 답신으로부터 판단할 때 비슷한 요청을 담고 있었음에 틀림없다. Kant, *Briefwechsel*, p. 525를 참조.

40 1789년 12월 1일자, 1791년 9월 21일자, 1792년 12월 21일자의 라인홀트에게 보낸 칸트의 편지들, Kant, *Briefwechsel*, pp. 425, 525, 615를 참조. 이 서신 교환의 상세한 것들에 관해서는 Klemmt, *Reinholds Elementarphilosophie*, pp. 149-167을 참조.

『비판』에 대한 대중적인 해명일 뿐인 『서한』을 승인하는 것과 그것의 새로운 기초라고 주장한 근원 철학을 보증하는 것은 전혀 다른 일이었다. 만약 칸트가 라인홀트의 기획에 대해 공식적인 승인을 부여한다면, 그의 철학은 라인홀트의 철학에 의해 빛을 잃게 될 것이다. 그 경우 라인홀트는 비록 그가 칸트가 완전히 이해하거나 승인할 수 없는 것을 말한다 하더라도 칸트를 대신해 말할 수 있는 권위를 획득할 것이다. 하지만 칸트는 [240]라인홀트의 기획을 단순히 부인할 수는 없었다. 만약 그가 라인홀트에게 등을 돌리고 그의 모든 지지를 부인하게 되면, 그것은 그의 가장 헌신적이고 재능 있는 동맹자들 가운데 하나와의 단절을 의미할 것이다.[41] 그래서 칸트는 모든 사람이 그러한 곤경에서 하는 일을 했다. 라인홀트의 작업에 대한 판단은 되풀이해서 미루어졌다.

칸트의 얼버무림에도 불구하고 그가 라인홀트의 기획을 환영하지 않았다는 강력한 암시가 존재한다. 1791년 9월 21일자의 라인홀트에게 보낸 편지에서 칸트는 자신의 지나치게 열심인 친구에게 찬물을 끼얹었다.[42] 비록 『비판』의 현재의 기초를 분석하려는 시도를 거부하지는 않았을지라도 그는 그것이 필요하다고 생각하지 않았다. 더더군다나 그는 『비판』이 새로운 기초를 필요로 한다고는 믿지 않았다. 그는 자신의 원리들의 **결과들**에 대한 좀 더 명확한 전개를 보길 원한다고 인정했다. 그러나 그는 자신의 추종자들이 원리들 그 자체의 "추상적 수정을 수행하는 것"을 바라지 않았다. 칸트는 비판의 기초에 만족한 것으로 보인다.

● ●
41 칸트가 라인홀트의 지지를 원했고 단절을 피하기를 간절히 바랐다는 것은 1788년 3월 7일자와 1791년 9월 21일자의 라인홀트에게 보낸 그의 편지들로부터 명백하다. Kant, *Briefwechsel*, pp. 349-350, 525-526을 참조.

42 Kant, *Briefwechsel*, pp. 526-527을 참조. 또한 1791년 11월 2일자의 베크에게 보낸 칸트의 편지, Kant, *Briefwechsel*, p. 537을 참조. 여기서 칸트는 라인홀트 이론의 "모호한 추상"에 대해 불평하고 있다.

8.5. 라인홀트의 칸트 비판과 근원 철학의 목표

비록 라인홀트가 지속적으로 칸트의 승인을 구했을지라도, 그는 그를 비판하기를 주저하지 않았다. 실제로 라인홀트가 그 자신의 근원 철학을 전개하면 할수록 칸트로부터의 그의 비판적 거리는 그만큼 더 커졌다. 1789년『시도』는 칸트에 대한 비판을 거의 담고 있지 않다. 그러나 1790년『기여』는 칸트에 대한 포괄적인 비판을 포함한다.[43] 그리고 1791년『기초』는 근원 철학과 비교하여 칸트 입장의 약점을 끈질기게 강조한다. 그래서 1786년에 라인홀트가 단지 칸트에 대한 대중적인 해명을 쓸 수 있었을 뿐이라면, 1790년에 그는 그에 대한 사실상의 논박을 썼다. 물론 이러한 비판적 입장이 아니라면 라인홀트는 자신의 독창성과 칸트로부터의 독립성을 주장할 수 없었다.

칸트에 대한 라인홀트의 모든 비판은 두 개의 주된 고발, 즉 칸트가 학문(*Wissenschaft*)에 대한 그 자신의 이상이나 비판(*Kritik*)에 대한 그 자신의 이상을 충족하지 못한다는 것을 중심으로 돌고 있다. 우리는 이 두 가지 요점을 하나의 문장으로 요약할 수 있다. 요컨대 칸트는 자신의 철학을 확고한 과학적이고 비판적인 기초 위에 두지 못했다는 것이다. 그러므로 라인홀트의 칸트 비판은 엄격하게 내재적이다. 그는 그를 그 자신의 이상에 비추어 평가한다. 라인홀트가 보기에 비판 철학의 기본적인 문제는 그것의 이상과 실천, 그것의 목표와 성과 사이의 불일치이다.

라인홀트가 자신의 칸트 비판에서 전제하는 학문의 이상은 칸트 그 자신에 의해 분명히 표현되어 있다.『순수 이성 비판』에 따르면 학문은 단일한 이념을 중심으로 조직되고 그로부터 도출된 완전한 체계에 존립

---

43 「순수 이성 비판에 대한 표상 능력 이론의 관계에 대하여」, *Beyträge*, I, 263ff.를 참조.

한다.[44] 그러한 체계는 완전히 선험적일 것인바, 거기서는 모든 명제가 하나의 원리에서 연역된다.

『기여』와『기초』둘 다의 주요 주제는 비판 철학이 [241]이러한 이상을 실현하지 못한다는 것이다. 그것은 전혀 체계적이지 않은데, 왜냐하면 그것의 방법이 '종합적'이 아닌바, 다시 말하면 그것은 전체의 이상에서 시작하여 그 부분들의 필연적 질서를 엄밀한 선험적 연역을 통해 규정하지 않기 때문이라고 라인홀트는 비난한다.[45] 오히려 그 방법은 '분석적'이다. 그것은 부분들로부터 시작하여 임의적인 귀납을 통해 전체의 이념에 도달한다.

라인홀트는 칸트의 범주의 형이상학적 연역을 칸트의 되는 대로의 방법론이라는 점에서 뚜렷한 사례로서 인용한다. 그는 칸트가 범주들을 하나의 원리로부터 연역하지 못하고 그것들을 단순히 판단의 다양한 형식들로부터 긁어모을 뿐이라고 불평한다. 연역에는 왜 범주표가 완전하고, 왜 그것이 질과 양 그리고 관계의 형식들로 조직되어야만 하는지를 우리에게 이야기해 주는 것이 아무것도 존재하지 않는다고 그는 단언한다.[46]

라인홀트에 따르면 비판 철학의 학문의 이상을 저버리는 것은 단지 그것의 방법만이 아니다. 그것은 또한 그것의 좁은 범위 내지 제한된 주제이기도 하다. 비판 철학이 참으로 체계적이지 않은 까닭은 단적으로 그것이 충분히 포괄적이지 않기 때문이다. 그것은 지식의 다양한 능력에 대한 탐구를 조직할 전체의 이념을 구상조차 하지 못한다. 그것은 단지 표상의 특정한 종류들——감성의 직관들과 지성의 개념들 그리고 이성의

• •
44   Kant, *KrV*, B, 673, 861-862, ix, xxxv. *Werke*, IV, 468-469를 참조.
45   Reinhold, *Fundament*, pp. 72-75; *Beyträge*, I, 263-264.
46   Reinhold, *Beyträge*, I, 315-316.

이념들——을 조사할 뿐, 표상 그 자체의 개념을 고찰하지 못한다. 비판이 자기의 다양한 표상 종들의 유를 탐구하지 못하는 까닭에, 그것은 또한 그것들의 체계적 구조나 그것들이 전체 속에서 서로 어떻게 관련되어 있는지도 파악하지 못한다.[47] 더욱더 나쁜 것은 비판이 그토록 참담하게 표상의 능력을 지식과 욕구의 능력들로 나눔으로써 그 능력들의 공동의 원천이나 통일에 대한 시야를 잃어 버렸다는 점이다.[48]

라인홀트가 보기에 칸트는 자신의 학문의 이상만큼이나 비판의 이상을 만족시키는 데도 다가가지 못한다. 칸트의 비판의 이상은 제1철학, 즉 지식에 대한 주장을 먼저 조사하지 않고서 그러한 주장에 스스로를 맡기지 않는 무전제적인 인식론이다.[49] 그러나 라인홀트는 칸트가 이 이상을 처음부터 배신한다고 주장한다. 그는 자신이 조사하지 않은 채 지식의 조건과 한계를 규정하기 위해 사용하는 전제들에 스스로를 맡긴다.

비판 철학의 가장 중요한 검토되지 않은 전제는 칸트의 경험 개념이라고 라인홀트는 믿는다.[50] 이 개념은 사건들을 지배하는 법칙들이 존재한다거나 지각들 사이에 필연적 연관들이 존재한다는 가정에 존립한다. 라인홀트의 독해에 따르면 초월론적 연역은 이 개념을 전제하지만 그것을 증명하지는 않는다. 그것은 경험의 개념에서 시작하여 선험적 종합 개념들이 그것의 필요조건이라는 것을 보여준다. 그러나 그것은 그러한 경험이 존재한다는 것을 증명하지 못한다. 이 논증은 오직 우리가 우선 칸트의 경험 개념을 받아들이는 한에서만 중요하다고 라인홀트는 논평

· ·
47   Reinhold, *Fundament*, p. 76; *Beyträge*, I, 267.
48   Reinhold, *Beyträge*, I, 267-268. 라인홀트는 판단의 능력을 언급하지 않는데, 왜냐하면 『판단력 비판』이 아직 출간되지 않았기 때문이다.
49   Kant, *KrV*, B, 25-26, 788-789; A, xii.
50   Reinhold, *Beyträge*, I, 281.

한다. 그러나 회의주의자가 부정하는 것은 바로 이 개념이다. 비록 [242] 그가 선험적 개념들이 지각들 사이의 필연적 연관의 조건이라는 것에 동의할지라도, 회의주의자는 그러한 연관이 존재한다는 것을 의심하고, 그 대신에 지각은 다름 아닌 항상적인 연접으로 이루어진다고 가정한다. 그렇다면 칸트의 경험 개념의 정당화는 비판 철학의 제한된 경계를 넘어서서 그 첫 번째 원리를 좀 더 고차적인 원리로부터 연역할 것을 요구한다고 라인홀트는 결론짓는다.

비판 철학의 또 다른 기본 전제는 그것의 지성과 감성 사이의 이원론이라고 라인홀트는 논증한다.[51] 비록 이 이원론이 올바르다고 생각한다할지라도 라인홀트는 칸트가 그것을 수용하기 위한 설득력 있는 근거를 제공하지 못한다고 불평한다. 지성과 감성 사이에 단지 정도의 차이만이 존재한다고 주장하는 완고한 볼프주의자는 이 이원론에 대한 칸트의 주된 논증—즉 수학에서의 선험적 종합 판단의 존재에서 허점을 찾아내는 데 어려움을 겪지 않을 것이다. 그는 어떤 선험적이고 종합적인 수학적 판단이 존재한다는 것을 부인할 것이며, 따라서 그는 모순율로 환원될 수 없는 직관의 독자적인 형식들이 존재한다는 주장을 일축할 것이다. 볼프주의자에 따르면 수학의 판단들은 단지 겉보기에 종합적으로 보일 뿐이다. 그것들의 분석적 성격은 그 용어들에 대한 좀 더 조심스러운 정의를 통해 명백해진다.

비판 철학의 또 다른 정당화되지 않은 전제는 이성이 사물들 자체를 인식할 수 없다는 교설이라고 라인홀트는 주장한다.[52] 이성이 현상을 넘어서서 사물들 자체를 인식할 수 있다고 주장하는 볼프주의자는 『비판』의 어떠한 일반적 논증으로도 논박될 수 없다. 「분석론」과 「감성론」

• •
51   같은 책, I, 288-294.
52   같은 책, I, 323-326, 329.

은 기껏해야 지성과 감성의 형식들을 가능한 경험에로 제한할 뿐이다. 그러나 그것들은 비슷한 제한이 또한 이성에도 적용된다는 것을 증명하지 못한다. 볼프주의자는 이성의 어떠한 이념도 가능한 경험 내에서 제시될 수 없다는 칸트의 요점을 기꺼이 인정할 것이다.[53] 그러나 그는 따라서 이 이념들이 내용을 지니지 않는다는 칸트의 결론을 받아들이지 않을 것이다. 오히려 그는 경험이 그러한 이념들의 참이나 거짓을 측정하기에 부적합한 기준이라고 주장할 것이다. 「변증론」은 다름 아닌 이성의 이념들에 대한 귀납적 탐구와 이성주의의 몇몇 논증에 대한 무작위적인 논박을 제공할 뿐이다. 이율배반과 다의성 및 오류 추리에서의 칸트의 논박이 아무리 설득력 있다 할지라도 그것은 전체로서의 이성주의적인 기획의 실패가 아니라 기껏해야 개별적인 논증들의 약점을 보여줄 뿐이다.

라인홀트의 근원 철학의 목표는 칸트의 이상과 실천 사이의 불일치를 극복하는 것이다. 그것은 비판 철학이 확고한 학문적이고 비판적인 기초 위에 놓이도록 칸트의 학문과 비판의 이상을 실현하고자 시도한다.

근원 철학은 이 이상을 단순하지만 [243]대담한 절차에 따름으로써 실현한다. 즉 그것은 모든 믿음과 전제를 중지하고 의식의 소여에 토대한 단일하고 자명한 첫 번째 원리에서 시작하는 것이다. 그 경우 『비판』의 모든 전제 — 선험적 종합의 독자적인 본성, 사물 자체의 인식 불가능성, 열두 범주의 필연성, 지성의 형식들과 감성의 형식들 사이의 구별 — 는 엄격하게 이 원리로부터 연역된다. 그러므로 근원 철학은 『비판』이 멈춘 곳에서 시작될 것이다. 『비판』에서 전제인 것은 근원 철학에서 결론이다.[54]

••
53 여기서 라인홀트는 에버하르트와 마스 그리고 슈밥의 논증들을 염두에 두고 있다. 7.1절을 참조

라인홀트는 이러한 근본적 절차가 칸트의 비판과 학문의 이상을 만족시킨다고 확신한다. 그것은 칸트의 비판의 이상을 성취하는데, 왜냐하면 그것은 오로지 그것이 자명한 첫 번째 원리의 필요조건이라고 제시된 한에서만 그 체계에 대한 믿음을 받아들이기 때문이다. 그것이 또한 학문의 이상을 충족시키는 까닭은 그러한 원리가 비판 철학의 모든 결과를 하나의 통일된 체계로 조직하기 때문이다.

비록 근원 철학의 목표가 칸트의 이상을 실현하는 것일지라도, 그로부터 라인홀트가 단지 순수 이성 비판을 위한 칸트의 본래적인 프로그램을 수행하기를 원할 뿐이라는 것이 따라 나오는 것은 아니다. 근원 철학의 프로그램은 비판과 동일한 것이 아니다. 그리고 라인홀트가 그러한 비타협적인 방식으로 칸트의 이상을 실현하려고 시도한다는 단순한 사실은 그로 하여금 순수 이성 비판을 위한 칸트의 본래 프로그램을 확장하도록 강요한다. 라인홀트는 『기초』와 『기여』를 통해 근원 철학과 칸트의 비판 사이의 차이를 주장한다. 칸트는 근원 철학의 프로젝트를 구상조차하지 못했으며, 더더군다나 그것을 위한 기초를 제공하지도 못했다고 라인홀트는 주장한다.[55]

그렇다면 근원 철학과 칸트의 비판 사이의 기본적인 차이점들은 무엇인가? 만약 우리가 라인홀트의 복잡하고 긴 논의를 그것의 가장 기본적인 본질적 요소들로 환원한다면 두 가지 중요한 차이점이 드러난다.[56] 첫째, 근원 철학은 비판보다 좀 더 일반적이다. 그것의 목표는 더 폭넓으며 그것의 주제는 더 광범위하다. 비판의 주된 목표가 단지 철학의 한 부분——요컨대 형이상학——을 위한 기초를 정립하는 것이지만, 근원

• •
54   Reinhold, *Fundament*, pp. 72-75; *Beyträge*, I, 295.
55   Reinhold, *Fundament*, p. 72.
56   Reinhold, *Fundament*, 62-63, 71; *Beyträge*, I, 268-276.

철학의 핵심 관심사는 철학의 모든 부분을 위한 기초를 확립하는 것이다. 더 나아가 비판의 목적이 선험적 종합 인식의 가능성을 조사하는 것이라면, 근원 철학의 목표는 인식 일반의 가능성뿐만 아니라 또한 표상이나 의식 그 자체의 가능성도 조사하는 것이다. 둘째, 비판은 분석적-귀납적 방법을 채택하는 데 반해, 근원 철학은 종합적-연역적 방법을 적용한다. 칸트는 감성과 지성 그리고 이성의 모든 선험적 형식들에 대한 귀납적 탐구를 제공한다. 그러나 그는 결코 그것들을 단일한 첫 번째 원리나 의식 일반의 가능성으로부터 도출하지 않는다. 그리하여 비판 철학은 근원 철학을 위한 모든 자료나 데이터를 제공한다. 그러나 그것은 그것에 그 방법이나 형식을 제공하지는 않는다.

일반적으로 라인홀트는 비판 철학을 [244]철학이 자기의 단일한 보편적 체계를 위한 모든 자료를 서서히 모아온 그 분석적 도정에서 철학의 마지막 단계로서 간주한다. 그렇지만 근원 철학과 함께 철학사의 새로운 시대가 시작된다. 철학은 마침내 그런 체계를 위한 전체의 이념을 발견하고, 시대를 통해 점진적으로 수집되어온 그 모든 부분들을 연역할 수 있는 입장에 있다. 라인홀트는 이 새로운 종합적 출발점이 코페르니쿠스 혁명의 참된 시작이라고 선언한다. 물론 칸트는 이 혁명을 약속한다. 그러나 그는 그의 되는 대로의 분석적 방법으로 인해 그것을 참답게 성취하지 못한다. 오직 자기의 종합적 방법을 지닌 근원 철학만이 오랫동안 기다려온 이 혁명을 개시한다고 주장할 수 있다.[57]

8.6. 라인홀트의 방법론

· ·
57   Reinhold, *Fundament*, xiv, 72.

라인홀트는 근원 철학이 무엇보다도 우선 철학뿐만 아니라 모든 인간 지식의 첫 번째 원리들의 철학이기를 의도한다. 라인홀트 자신은 이것을 근원 철학의 결정적인 특징이라고 생각한다. 예를 들어 『기여』에서 그는 근원 철학이 존재론, 논리학 또는 심리학이 아니라 모든 철학과 인간 지식의 기초인 원리들의 체계라고 명시적으로 진술한다.[58] 실제로 근원 *Elementar*이라는 용어는 첫 번째 원리들의 철학을 함의한다. 칸트적인 용법에 따르면 하나의 원리나 개념은 만약 그것이 어떤 다른 원리나 개념으로부터 도출될 수 없다면 근원적이다.[59] 『비판』은 「원리론Elementarlehre」과 「방법론」으로 나누어지는데, 거기서 「원리론」은 앎의 다양한 능력들, 즉 이성과 감성 그리고 지성의 첫 번째 원리들을 다룬다.

첫 번째 원리는 만약 그것이 모든 지식의 첫 번째 원리일 수 있으려면 어떤 조건들을 충족시켜야만 하는가? 이 물음은 라인홀트를 대단히 사로잡았으며, 그의 방법론적 저술들의 대부분은 이 주제에 초점을 맞추고 있다.[60] 라인홀트는 철학의 첫 번째 원리를 발견하는 것에로 향한 가장 중요한 단계가 그 필요조건들을 정확하게 명시하는 것이라고 생각한다.

만약 우리가 라인홀트의 산발적이고 복잡한 논의를 그 본질적인 요점들로 환원한다면, 첫 번째 원리(*Grundsatz*)의 4가지 주요 조건이 존재한다. (1) 그것은 다른 모든 참된 명제를 위한 기초, 충분하고 필요한 근거여야만 한다. 모든 참된 명제는 그것으로부터 또는 그것의 귀결로부터 도출될 수 있을 것이다. (2) 그것의 용어들은 정확하고 자명해야만 한다.

58 Reinhold, *Beyträge*, I, 344.
59 Kant, *KrV*, B, 89.
60 이 주제에 관한 가장 중요한 작품은 『기여』 제1권의 두 번째 논문, 「철학의 가장 일반적인 첫 번째 원칙의 속성들을 규정하고자 하는 욕구에 대하여」와 같은 권의 다섯 번째 논문, 「엄밀학으로서의 철학의 가능성에 대하여」이다. 또한 『시도』의 첫 번째 책의 제1부도 중요하다.

그렇지 않고 만약 그것들이 다른 명제들을 통해 정의되어야 한다면, 정의항의 용어들이 또다시 정의되어야 할 것이고 계속해서 무한히 그리되는 무한 퇴행이 발생한다. (3) 첫 번째 원리는 최고의 일반성을 지닌 것이어야만 하는바, 그리하여 그 용어들은 다른 모든 것이 단지 그것의 종들일 뿐인 가장 보편적인 개념들이다. 만약 그것의 용어들이 가장 보편적인 것이 아니라면, 그것들이 그 밑에 놓여 있고 그것들의 공통의 의미나 유적인 의미를 규정하는 무언가 더 고차적인 개념이 존재할 것이다. 따라서 원리는 첫 번째 원리가 아닐 것이다(왜냐하면 그 용어들이 [245]무언가 더 고차원적인 원리를 지닌 용어들에 의해 해명될 수 있을 것이기 때문이다). (4) 첫 번째 원리는 또한 자명하거나 직접적인 진리이어야만 한다. 더 정확하게 하자면, 그것은 참된 것으로 발견될 어떠한 추론도 요구할 수 없다. 왜냐하면 모든 논증의 첫 번째 원리로서 그것은 그 자체로 논증될 수 없기 때문이다. 그러므로 첫 번째 원리에 대한 증명은 그것이 논증할 수 있는 학문 바깥에 놓여 있어야만 한다.

이 마지막 속성에 토대하여 라인홀트는 첫 번째 원리의 본성에 관한 중요한 결론을 끌어낸다.[61] 요컨대 그것은 논리적 정식이나 개념 또는 정의일 수 없는 것이다. 모든 개념화나 정의는 직접적인 진리를 파괴하는데, 왜냐하면 그것은 설명되거나 정의되어야 할 현상에 관한 잘못들과 상충되는 해석들의 가능성을 들여오기 때문이다. 그렇다면 철학의 첫 번째 원리는 개념이나 정의 또는 정식이 아니라 자기 현시적인 사실, 즉 더 이상의 어떠한 설명이나 정의도 요구하지 않는 직접적인 사실에 대한 기술이어야만 한다.

우리가 이러한 모든 조건을 충족시키는 첫 번째 원리를 발견했다고

---

61   Reinhold, *Beyträge*, I, 357-358.

가정하더라도 우리의 손에는 여전히 매우 심각한 문제가 남아 있다. 첫 번째 원리는 철학의 다른 모든 명제를 어떻게 '도출' 또는 '연역'하는가? 연역의 방법은 무엇이고, 그것은 실제로 어떻게 가능한가?

불행히도 라인홀트는 자신의 연역 방법에 충분한 주의를 기울이지 않으며, 『기여』에서 그저 몇 가지 간단한 설명을 제공할 뿐이다.[62] 여기서 그는 첫 번째 원리가 명제들을 연역하는 연쇄의 연쇄를 정립하는 것이 가능하다고 태평스럽게 가정한다. 그 경우 모든 명제는 직접적으로나 매개적으로 첫 번째 원리로부터 도출된다. 라인홀트는 이러한 연역의 연쇄를 유와 종의 계층 구조를 따라 나아가는 점진적인 진행으로서 간주하는데, 거기서 명제들의 최초의 수준은 최고의 유의 종들이며, 두 번째 수준은 이 종들의 차이들 등등이다. 그는 이 계층 구조를 따라 연속적으로 나아가는 것의 중요성을 강조하며, 그리하여 어떠한 수준도 그에 선행하는 모든 수준들을 관통하기 전에는 도달되지 못한다. 이 규칙을 따르지 않는 것은 체계 속으로 불필요한 모호함이 들어오도록 한다는 것을 의미한다.

그러나 이러한 단순하고 겉보기에 결함 없어 보이는 방법은 사실 매우 어려운 문제를 제기한다. 가장 보편적인 개념을 포함하는 첫 번째 원리가 좀 더 종적인 개념을 담고 있는 어떤 더 저차적인 명제들을 연역할 수 없는 것처럼 보인다. 보편적이고 무규정적인 전제가 종적이고 규정적인 결론을 가질 수 없다는 것은 단순하고 논리적인 요점 —— 그러나 이성주의에 대한 칸트의 투쟁에서 결정적인 요점 —— 이다.[63] 다시 말하면 유의 종들은 유 그 자체로부터 추론될 수 없는 것이다. 라인홀트는 이 점을 무시할 수 없는데, 왜냐하면 그는 특수한 것을 보편적인 것으로부터나

• •
62   같은 책, I, 115-117, 358-362.
63   *KrV*, B, 337-338을 참조.

구체적인 것을 추상적인 것으로부터 도출하는 것이 오류라는 데 대해 칸트에게 동의하기 때문이다.[64] 그럼에도 불구하고 라인홀트는 첫 번째 원리가 최고의 보편성을 지닌 것이자 다른 모든 명제의 연역을 위한 토대이어야 한다고 주장한다. [246]그러므로 라인홀트는 딜레마에 직면해 있다. 그는 모든 용어가 좀 더 고차적인 용어들로부터 연역되는 엄격한 체계를 구축하려는 시도를 포기하거나 아니면 보편적인 것으로부터 특수한 것을 추론하는 단순한 오류를 범하게 되는 것이다.

그러면 라인홀트는 어떻게 이 딜레마로부터 벗어나고자 하는가? 아니나 다를까 그는 이 문제를 인식하고 그에 대한 해결책을 찾고자 한다.[65] 유 그 자체로부터 유의 종들을 도출하는 것은 가능하지 않다는 것을 인정하면서 라인홀트는 "도토리가 떡갈나무를 포함하는 것처럼" 자기의 첫 번째 원리가 그 밑의 명제들을 포함한다고 가정하는 것은 터무니없다고 진술한다. 그는 이 명제들이 첫 번째 원리에 포섭되지만 그 안에 있지는 않다고 말한다. 이 점을 지적한 후 라인홀트는 그 어려움을 하나의 명제의 '질료'와 '형식'을 구분함으로써 해결하려고 한다. 명제의 질료는 그 용어들의 의미로서 정의되는 데 반해, 형식은 판단에서의 그것들의 연관으로서 이해된다. 그런데 비록 첫 번째 원리가 명제의 질료를 연역할 수는 없다 할지라도, 그것은 그 형식을 연역할 수 있다. 라인홀트는 이 구별이 자신의 딜레마를 해결한다고 확신한다. 첫 번째 원리가 명제의 질료를 도출하지 못하기 때문에 보편적인 것으로부터 종적인 것을 연역하는 오류는 존재하지 않는다. 그리고 첫 번째 원리가 형식을 도출하기 때문에 체계적 통일과 엄격함이 보장된다.

비록 초기의 그럴듯함을 지닌다 할지라도 라인홀트의 해결책은 실제

64   Reinhold, *Fundament*, p. 96.
65   Reinhold, *Beyträge*, I, 115-117.

로는 당면한 문제를 벗어나지 못한다. 종적인 것을 유적인 것으로부터 연역하는—칸트가 부르는 대로 하자면 순무로부터 피를 짜내는— 오래된 오류는 비록 첫 번째 원리가 단지 명제의 형식만을 연역한다 하더라도 다시 발생한다. 첫 번째 원리의 개념들이 최고의 보편성을 지닌다고 가정하더라도, 그것은 하나의 사물에 좀 더 종적인 속성이 돌려지는 좀 더 저차적인 명제들의 형식(즉 주어와 술어 사이의 적절한 연관)을 규정할 수 없다. 예를 들면 '빨강은 색이다'라는 고차적인 명제의 형식으로부터 '빨강은 스펙트럼의 가장 굴절이 적은 끝에 있는 색이다'라는 저차적인 명제의 형식을 연역하는 것은 가능하지 않을 것이다. 여기서 다시 오랜 유—종 규칙이 작용하게 된다. 비록 유에 대해 참인 모든 것이 또한 종에 대해서도 참이라 할지라도, 종에 대해 참인 모든 것이 또한 유에 대해서도 참이라는 것은 사실이 아니다. 왜냐하면 종이 유로부터 구별되는 것은 정확히 바로 그에 대해서는 참이지만 유에 대해서는 그렇지 않은 많은 사실들이 존재하기 때문이다. 그러므로 그 형식이 첫 번째 원리로부터 연역될 수 없는 대단히 많은 수의 명제들, 요컨대 하나의 사물에 좀 더 종적인 속성을 돌리는 모든 명제들이 존재할 것이다.

문제를 복잡하게 만드는 것은 라인홀트가 철학의 체계에 대해 첫 번째 원리는 명제의 내용에 관해 어떠한 것도 연역할 수 없다는 자신의 규칙과 일관되지 않는 또 다른 요구를 한다는 점이다. 이것은 철학의 체계가 그 의미가 첫 번째 원리에 의해 완전히 규정되지 않고 또 그것에 의존하지 않는 개념들을 받아들여서는 안 된다는 그의 요구이다.[66] [247]그가 이러한 요구를 행하는 까닭은 오직 그것만이 체계의 개념들이 완벽하게 정확한 의미를 지닐 것이라는 것을 보장하기 때문이다. 만약 그것들이 첫 번째 원리나 그것으로부터 도출된 명제들을 통해 정의될 수 없다면,

• •
66   같은 책, I, 358-360.

그것들의 의미는 모호할 것이고 서로 충돌하는 해석들에 열릴 것이다. 따라서 모든 엄밀함과 철학 체계에 대한 보편적 동의를 획득할 수 있는 가능성은 희생될 것이다. 그래서 오래된 딜레마가 새로운 모습으로 다시 효력을 발휘한다. 만약 첫 번째 원리가 명제의 내용을 규정하지 않는다면, 철학의 체계는 모호하고 엄밀하지 않을 것이다. 그러나 만약 첫 번째 원리가 내용을 규정한다면, 그것은 일반적 전제로부터 특정한 결론을 도출하는 논리적 오류를 범한다.

8.7. 라인홀트의 현상학적 기획

근원 철학은 단지 첫 번째 원리들의 철학인 것만이 아니다. 이것은 그에 대한 필요하지만 충분하지는 않은 기술이다. 근원 철학의 특징적인 면모를 완전히 묘사하기 위해서는 우리는 단지 그 형식, 즉 첫 번째 원리들의 방법론뿐만 아니라 그 내용, 즉 그 첫 번째 원리들의 특정한 본성을 고려해야만 한다. 결국 볼프의 존재론은 또한 첫 번째 원리들의 철학이라고 여겨지기도 한다. 그러나 라인홀트는 그것이 그 자신의 근원 철학의 이념에서는 여전히 멀다고 주장한다.[67]

근원 철학은 근대적 용어를 사용하자면 '의식의 현상학'이기도 하다. 그것은 자기의 경력을 "표상의 새로운 이론"으로서 시작했던바, 그 주된 과제는 "의식 일반" 또는 "표상 그 자체"를 기술하고 분석하는 것이었다. 이 새로운 표상 이론은 말의 엄밀한 의미에서의 '현상학'이었다. 그것은 의식의 기원에 관한 모든 심리학적·형이상학적 사변을 포기하고 자기 자신을 의식 그 자체의 현상을 기술하는 것으로 제한했다. 1790년에,

67   같은 책, I, 134-136.

즉 『기여』에서 라인홀트는 이 현상학을 근원 철학에로 통합한다. 『기여』에 따르면 철학의 첫 번째 원리는 정의나 개념이 아니라 의식의 사실이다.[68] 근원 철학은 의식에서 나타나는 것에 대한 중립적이고 무전제적인 기술로써 시작해야만 한다.

그렇지만 왜 의식의 현상학인가? 왜 라인홀트는 철학이 오직 현상학으로서만 무전제적이고 자명한 출발점을 가질 수 있다고 생각하는가? 현상학을 위한 라인홀트의 논증은 근대 데카르트 전통에 대한 옹호와 더불어 시작된다. 자기 이전의 데카르트, 로크, 버클리 그리고 흄과 마찬가지로 라인홀트는 철학의 출발점을 의식에서 본다.[69] 이 입장을 위한 그의 논증은 다소간에 고전적인 것이다. 그는 회의적 의심을 벗어난 유일한 사실이 내가 표상들을 지닌다는 것이라고 주장한다. 비록 회의주의자가 자신의 표상들이 단일한 자기 동일적인 주체에 속하는지를 의심할 수 있을지라도, 그리고 비록 그가 또한 그것들이 외적 대상과 상응한다는 것도 의심할 수는 있을지라도 여전히 [248]그가 의심할 수 없는 하나의 사실이 존재한다. 그것은 그가 표상들을 지닌다는 것이다. 표상들의 존재에 대한 그의 부정은 자기 논박적이다——왜냐하면 그러한 부정은 표상 그 자체에 해당하기 때문이다. 그러므로 철학의 출발점은 의식으로부터 떨어져서 그에 선행하여 존재하는 주체와 대상 자체에서 발견될 수 없다. 왜냐하면 우리가 직접적 지식을 가지는 것은 오직 그것들에 대한 우리 자신의 의식일 뿐이기 때문이다. 주체와 대상에 대한 우리의 모든 지식은 오직 매개적일 뿐인바, 우리의 의식적인 상태나 표상들로부터의 추론이다.

비록 라인홀트가 철학의 출발점이 의식 내에 놓여 있다는 데카르트

••
68   같은 책, I, 143.
69   같은 책, I, 144, 162. *Versuch*, p. 66도 참조.

전통의 논증을 받아들인다 하더라도, 그는 중요한 측면에서 그 전통으로부터 벗어난다. 실제로 라인홀트는 다만 전통적 인식론의 실패에 대한 기나긴 반성 후에야 제1철학이 현상학이라는 결론에 도달했다. 현상학은 그에게 전통적 인식론의 모든 결점에 대한 유일한 해결책으로 보였다.[70] 『시도』의 앞의 많은 절들에서 라인홀트는 고전적 인식론을 철저한 비판에 종속시킨다.[71] 이 비판은 실제로 그 책 전체의 가장 유익하고 흥미로운 측면들 가운데 하나이다. 라인홀트의 커다란 장점과 미덕은——그의 표상 이론의 약점에도 불구하고——그의 메타-인식론적인 또는 메타-비판적인 인식의 정교한 수준이다. 칸트 이후 철학의 참된 정신에서 라인홀트는 인식론이 그 자신의 방법과 전제들을 검토해야만 한다고 주장한다. 데카르트와 로크 그리고 칸트가 지식의 조건들에 대한 탐구에서 전제하고 있는 것이 라인홀트에게 있어서는 문제가 되고 새로운 좀더 고차적인 탐구의 주제가 된다.

라인홀트는 전통적 인식론의 정확한 출발점에 대한 공격에서 시작하여 그 인식론을 비판한다.[72] 출발점이 의식 내부에 놓여 있다는 전통에 동의함에도 불구하고 라인홀트는 그것이 의식 내의 어디에서 시작해야 하는가와 관련하여 그 전통에 동의하지 않는다. 라인홀트는 철학이 지식의 조건과 한계에 대한 검토에 자기 자신을 한정하기보다는 의식 일반의 조건과 한계에 대한 탐구에서 시작해야 한다고 주장한다. 만약 철학이 의식 내부의 어딘가에서 시작해야 한다면, 그것은 모든 의식 상태 배후의 일반적이고 공통된 원리에서 출발해야만 하거니와, 그것이 바로 표상의 개념이다. 전통적 인식론이 표상의 개념에 앞서 지식의 개념을 탐구

••
70 동일한 것이 『정신 현상학』「서론」에서의 헤겔에게도 사실인 것으로 보였다. 현상학을 위한 헤겔의 논증은 라인홀트의 것과 많은 유사점을 보여준다.

71 Reinhold, Versuch, bks. I; IV, 1, 2; 그리고 II, 6-15를 참조.

72 Reinhold, Beyträge, I, 357-358; Versuch, 189-190.

할 때 그것은 중대한 실수를 저지른다고 라인홀트는 단언한다. 그러한 것은 자기의 지식 개념을 모호하고 기초가 없는 것으로 남겨 두는데, 왜냐하면 그 개념은 좀 더 일반적인 표상 개념을 전제하기 때문이다. 모든 지식이 표상이지만 그 역은 아니라고 한다면, 표상 개념이 지식의 개념에 앞서 탐구되어야 한다. 따라서 근원 철학은 일차적으로 표상의 이론이며 단지 이차적으로만 지식의 이론이다. 근원 철학을 평범한 인식론에 대립된 것으로서의 현상학으로 만드는 것은 실제로 의식 그 자체의 본성에 대한 이러한 관심이다.

[249]의식 일반을 탐구하지 못하는 전통적 인식론의 실패는 라인홀트가 보기에 그것의 결함들 가운데 단지 하나일 뿐이다. 또 다른 심각한 단점은——비록 그것이 모든 형이상학을 피하고 바로 그 가능성을 탐구한다고 주장한다 할지라도——그것이 너무 성급하게 형이상학에 착수한다는 점이다.[73] 표상의 능력에 대한 탐구에서 시작하여 주관과 객관에 대한 형이상학적 지식의 가능성을 규정하는 것이 아니라 그것은——예를 들어 주관과 객관이 정신적인가 아니면 물리적인가 하는——주관과 객관에 관한 형이상학적 이론들에서 시작하고 나서 이 이론들을 지식 능력의 본성을 규정하기 위해 사용한다. 따라서 전통적 인식론은 바로 자기가 탐구해야 할 것을 전제하는 악순환에 사로잡혀 있다.

'의미론적 상승'이라는 근대적 개념을 선취하는 『시도』에서의 두드러지게 선견지명이 있는 한 구절에서 라인홀트는 형이상학에 대한 전통적 인식론의 성급한 확언이 완전히 구별되는 두 가지 물음을 구별하지 못하는 것에서 기인한다고 진술한다.[74] 첫 번째 물음, 즉 '지식의 조건들은 무엇인가?'는 우리 판단의 진리 조건들에 관한 엄밀하게 논리적인 물음

• •
73 Reinhold, *Versuch*, pp. 177-181, 202-209.
74 같은 책, pp. 179-180.

이다. 그것은 어떤 것이 그 밑에 존재하는 법칙들에 관한 것이 아니라 존재하는 것에 대한 지식을 지배하는 법칙들에 관한 것이다. 이러한 의미에서의 지식의 능력에 관해 이야기하는 것은 다만 특정한 종류의 지식을 지배하는 법칙들에 대한 은유일 뿐이다. 두 번째 물음, 즉 '지식의 주체는 무엇인가?'는 지식을 지니는 주체의 본성에 관한 형이상학적 물음이며, 실재에 대한 지식을 지배하는 법칙들에 관한 것이 아니라 실재 그 자체에서의 어떤 것을 지배하는 법칙들에 관한 것이라고 라인홀트는 설명한다. 이러한 의미에서의 지식의 능력에 관해 이야기하는 것은 문자 그대로 주체의 어떤 속성이나 성질에 대해 언급하는 것이다. 라인홀트는 이 물음들을 혼동한 것이 심각한 오류, 즉 지식의 법칙들의 실체화, 판단의 진리 조건들의 물화를 야기했다고 주장한다.[75]

라인홀트에 따르면 전통적 인식론의 또 다른 기본적인 잘못은 그것이 '이성', '지성', '지식' 그리고 '표상'과 같은 자기의 용어들을 조심스럽게 정의하지 않았다는 점이다.[76] 자기의 용어들의 정확한 의미를 규정하기보다는 오히려 그것은 단순히 일상 언어에서 발견된 대로의 그것들의 느슨한 의미에 의지한다. 그 경우 이성과 지성 또는 표상의 조건들과 한계들에 관한 논란이 발생하는데, 그 까닭은 단순히 대립하는 당파들이 이 개념들에 상이한 의미를 부여하기 때문일 뿐이다. 일반적으로 라인홀트는 로크의 선례를 따라 철학적 논란들의 원천을 일상 언어의 모호함과 불명료함에서 본다.[77]

자신의 현상학을 확고한 기초 위에 정립하기 위해 라인홀트는 『시

• •
75   같은 책, pp. 180, 206.
76   같은 책, pp. 157-158.
77   Reinhold, *Fundament*, pp. 90-93.

도』의 제2부를 자신의 탐구의 주제를 조심스럽게 정의하는 것으로 시작한다. 그는 의식의 순수한 현상이 모든 형이상학적이고 심리학적인 사변과 구별될 수 있도록 그것을 정확하게 기술하기를 원한다. [250]라인홀트는 오직 그 주제에 대한 정확한 정의만이 현상학이 모든 근거 없는 형이상학적 전제로부터 최종적으로 벗어날 수 있도록 해줄 것이라고 생각한다.

라인홀트는 처음에 자기의 주제를 '표상 능력'(*Vorstellungsvermögen*)으로서 정의한다.[78] 의식의 현상학은 의식 일반의 능력으로서 이해되는 표상 능력에 대한 탐구이다. 그러나 정확하게 '표상 능력' 또는 그 점에 대해서라면 '의식 일반'이란 무엇을 의미하는가? 너무도 중요한 이 물음에 대답하기 전에 라인홀트는 표상 개념 그 자체에 관해 두 가지 기본적인 구별을 할 필요가 있다고 생각한다.[79] 첫 번째 구별은 표상의 내재적 조건과 외재적 조건의 구별이다. 내재적 조건들은 표상 내에서 현상하며 그 현상으로부터 분리될 수 없다. 외재적 조건들은 표상 내에서 현상하지 않으며 그 현상으로부터 분리될 수 있다. 라인홀트는 주관과 객관을 외재적 조건들에 포함시키는데, 왜냐하면 그것들은 표상 내에서 현상하지 않고 그것으로부터 분리될 수 있기 때문이다. 두 번째 구별은 표상의 더 좁은 의미와 더 넓은 의미의 구별이다. 더 좁은 의미는 단지 표상의 일반적 개념, 즉 모든 표상이 공통적으로 지니는 것일 뿐인바, 표현의 특정한 종류들 사이의 모든 차이들을 배제한다. 더 넓은 의미는 표상의 일반적 개념으로 표상의 특정한 종류들 사이의 모든 차이를 포함한다.

그러고 나서 라인홀트는 '표상 능력'이라는 용어의 세 가지 의미를

- -
78 Reinhold, *Versuch*, pp. 195-227. 이 구절들에서 라인홀트는 '표상 능력'이라는 관용구의 다양한 의미를 구별한다.
79 같은 책, pp. 199-202, 212, 218-219.

구별하는데, 그것들 모두는 이 구별들을 사용한다.[80] 첫째, 더 넓은 의미에서의 '표상 능력'이 존재한다. 이것은 더 넓은 의미에서의 표상의 내재적 및 외재적 조건, 즉 모든 종류의 표상을 위한 두 조건을 포괄한다. 이것은 이 용어가 전통적으로 사용된 의미인데, 거기서는 표상 능력에 대한 탐구가 표상의 특정한 몇 가지 종류의 주관과 객관을 연구하는 것을 의도해 왔다. 둘째, 더 좁은 의미에서의 '표상 능력'이 있다. 이것은 단지 더 넓은 의미에서의 표상의 내재적 조건들만을 포괄하는데, 그러한 의미에서의 표상은 필연적으로 특정한 종류의 표상들에서 나타난다. 셋째, 가장 좁은 의미에서의 '표상 능력'이 존재한다. 이것은 더 좁은 의미에서의 표상의 내재적 조건들만을 포함한다. 그것은 필연적으로 모든 특정한 종류의 표상들을 사상한 표상 일반이나 표상 그 자체에서 나타나는 것을 가리킨다.

라인홀트는 자기의 현상학의 주제가 표상 능력의 가장 좁은 의미라고 진술한다.[81] 다시 말하면 그 주제는 표상 그 자체의 내적 조건들이다. 그의 탐구는 표상의 외재적 조건들이나 표상의 어떤 특정한 형태에 관여하지 않는다. 오히려 그 주제는 다만 의식 내부에 현재하는 것의 필연적 조건일 뿐이며——[251]단지 의식의 이런저런 형식이 아니라 의식 그 자체이다. 라인홀트가 때때로 정립하는 대로 하자면, 그는 '단순한 표상'(blosse Vorstellung), 즉 그 외재적 조건들로부터 따로 떨어진 표상 그 자체, 그리고 특수한 표상들의 특정한 본성과는 별도의 표상 일반의 본성을 검토하기를 원한다.

그렇게 자신의 이론을 표상의 내재적 조건에 제한함으로써 라인홀트는 자신의 탐구로부터 주관과 객관의 본성에 관한 형이상학적 물음들을

●●
80   같은 책, pp. 195-200, 특히 217-220.
81   같은 책, p. 207.

배제할 것을 목표로 삼는다.[82] 주관과 객관은 단지 표상의 외재적 조건들일 뿐이라고 그는 말하는데, 왜냐하면 표상은 비록 그 객관이 존재하지 않는다 하더라도, 그리고 비록 그것이 다른 주관에 속한다 하더라도 발생할 수 있을 것이기 때문이다. 라인홀트는 만약 표상의 이론이 표상의 본성을 주관과 객관으로부터 규정하고자 시도한다면 그것은 심각하게 빗나가게 된다고 주장한다. 우리는 주관과 객관을 우리가 그것들에 대해 지니는 표상으로부터만 알 수 있으며, 그리하여 표상의 본성을 주관과 객관의 본성으로부터 추론하는 것은 덜 확실하고 간접적으로 알려진 것을 좀 더 확실하고 직접적으로 알려진 것 앞에 놓는 것이다. 더 나아가 주관과 객관에 대한 지식은 구별되는 한 부류의 표상들로 이루어지는바, 이것들은 표상의 이런저런 종들로 환원될 수 없는 표상 일반의 개념을 설명하기에 충분할 수 없다.

라인홀트는 또한 자신의 이론을 표현의 내재적 조건들로 제한함으로써 자기가 표상의 기원이나 발생의 문제를 고민할 필요가 없다고 생각한다. 표상의 원인들도 그것의 외재적 조건들에 속하는데, 왜냐하면 의식에서 현상하는 것은 비록 그 원인들이 다르더라도 동일할 수 있기 때문이다. 그리하여 새로운 표상 이론의 주제는 표상의 원인이 아니라 그 내용이다.

라인홀트는 종종 자신의 현상학적 탐구의 순수하게 논리적인 본성을 역설한다. 자신이 탐구하고 있는 것은 표상의 개념이며, 그것은 표상의 주체나 원인들에 대한 형이상학적이거나 심리학적 탐구와 아무런 관계도 없다고 그는 강조한다.[83] '표상의 본성은 무엇인가?'라는 물음은 그에게 있어 가장 좁은 의미에서의 표상 개념에 대해 무엇이 생각되어야만

* *
82 같은 책, pp. 200-206, 222.
83 같은 책, pp. 213-214, 221.

하는가를 의미하는바, 다시 말하면 그는 의식에 나타나는 것의 논리적으로 필연적인 조건들을 알고 싶어 한다. 전통적 인식론에서의 주요한 잘못은 그것이 논리적 물음들을 발생적 물음들로부터 구분해내는 데 실패한 것이라고 라인홀트는 주장한다. 그것은 표상 개념의 논리적 속성들을 영혼의 형이상학적 속성들로 실체화한다. 새로운 표상 이론은 표상들의 인과적 조건이 아니라 논리적 조건을 다루는 개념적인 탐구이다. 그리하여 라인홀트는 "여기서 우리의 관심은 결코 표상이 무엇인가 하는 것이 아니라 표상에 대한 우리의 가능하고 필연적인 개념들에서 무엇이 생각되어야만 하는가 하는 것이다"라고 쓰고 있다.[84]

자신의 주제에 대한 라인홀트의 신중한 정의는 비록 꼼꼼하고 형식적인 것으로 보일 수 있을지라도 [252]초월론 철학 일반에서 극도로 중요한 역할을 수행한다. 라인홀트의 현상학적 프로그램은 『시도』에서 아주 정확하게 설명되어 있듯이 칸트의 초월론 철학의 심각한 방법론적 문제에 대한 해결책으로서 파악되어야 한다. 이것은 초월론적 철학이 가능한 경험의 조건들과 한계들을 초월함이 없이 어떻게 그것들을 탐구하는가 하는 문제이다. 초월론 철학은 초월론적인 것(가능한 경험의 필연적 조건들에 대한 탐구)과 초월적인 것(어떤 가능한 경험에서 확인될 수 없는 형이상학적 사변) 사이의 경계가 매우 세밀하기 때문에 언제나 다시 형이상학에 빠질 위험이 있다. 칸트 그 자신은 자기의 초월론 철학이 가능한 경험의 비판적 한계 내에 머물러야만 하며, 엄격하게 그 스스로를 가능한 경험의 필연적 조건들을 분석하는 데 제한해야만 한다고 강조한다. 하지만 그는 그것이 이것을 어떻게 해야 하는지 그리고 그것이 형이상학에 빠지는 것을 어떻게 피해야 하는지를 결코 상술하지 않는다.

이것은 바로 라인홀트가 그의 현상학을 가지고서 채우고자 하는 방법

론적 빈틈이다. 그는 초월론 철학이 자기 자신을 의식에 나타나는 것의 필연적 조건에 대한 설명에 한정할 때에만 자기의 고유한 한계 내에 머문다고 논증한다. 이것은 실제로 『시도』의 제2부에서의 라인홀트의 공들인 구별들의 요점이다. 이 구별들은 초월론적인 것과 초월적인 것 사이의 칸트적인 구별에 대한 주의 깊은 상세한 설명으로서 파악되어야 한다. 라인홀트는 초월론 철학이 표상 그 자체의 내적 조건들을 탐구하는 현상학이 될 때에만 비-초월적인 것으로 남는다고 이야기하고 있다.

이 지점에서 라인홀트의 근원 철학 배후의 일반적인 전략이 명확히 시야에 들어오게 된다. 그의 목표는 다름 아닌 비판 철학을 위한 현상학적 기초를 세우는 것이다. 라인홀트는 의식 내부에서 나타나는 것에 대한 논리적 분석에서 시작함으로써 비판 철학의 모든 결과와 전제를 연역하고 체계화하고자 한다. 비판 철학은 오직 그 결과들이 의식 일반이나 표상 그 자체의 필연적 조건들임이 입증되는 한에서만 확고한 기초를 발견할 것이라고 그는 단언한다.

지금 우리 앞에 놓여 있는 유일한 물음은 라인홀트가 과연 이 웅대한 포부에서 성공하는가 하는 것이다. 그렇다면 이제 고유한 근원 철학에 대한 검토로 돌아가 보자. 우리는 곧 라인홀트가 과연 스스로가 설정한 높은 이상을 성취했는지 보게 될 것이다.

8.8. 라인홀트의 의식의 명제와 새로운 표상 이론

라인홀트는 『기여』의 「새로운 서술」의 맨 처음 문장에서 단도직입적으로 자신의 첫 번째 원칙을 진술한다. "의식에서 표상은 [253]주관에 의해 주관과 객관으로부터 구별되며 동시에 양자에 관계지어진다."[85] 웅대하게 '의식의 명제'(der Satz des Bewusstseins)라는 세례명이 주어진

이 상투적이고 곤혹스러운 진술이 다름 아닌 철학의 첫 번째 원칙이라고 라인홀트는 우리에게 확언한다.

하지만 이 원칙이 진술되자마자 그 의미에 관한 심각한 물음들이 제기된다. 주관이 표상을 주관과 객관에 '관계짓고', '그것을 그것들로부터 구별한다'고 말하는 것은 무엇을 의미하는가? 특히 주관은 어떻게 표상을 그 자신과 객관에 관계짓고 그것을 그 자신과 객관으로부터 구별하는가? '관계지우다'와 '구별하다'는 용어는 결코 자명하지 않으며, 확실히 라인홀트가 첫 번째 원칙의 용어들이 그래야 한다고 말하는 만큼 정확하지 않다. 훨씬 더 나쁜 것은 라인홀트가 자신의 요점을 자명하고 더 이상의 설명을 필요로 하지 않는 것으로서 간주하여 그것들의 의미에 대한 설명을 거의나 전혀 제공하지 않는다는 점이다.

비록 라인홀트의 원칙이 처음 읽을 때 참을 수 없을 만큼 모호하다 할지라도 그의 초기의 몇몇 텍스트를 검토함으로써 그것에 상당히 정확한 의미를 부여하는 것은 가능하다. 『기여』에서의 표상 이론의 개략적인 정식화는 좀 더 명확하고 상세한 『시도』에서의 초기 정식화를 전제한다.[86] 예를 들어 라인홀트가 '관계짓다'(beziehen)에 의해 의미하는 것은 그의 초기의 분석에 비추어 볼 때 훨씬 더 이해 가능해진다. 주관은 오직 표상을 지니는 누군가가 있는 한에서만 그것이 가능하다는 의미에서 표상을 그 자신에게 '관계짓는다'. 주관 없는 표상은 불가능한데, 왜냐하면 표상 개념은 어떤 것이 누군가에 대해 표상된다거나 어떤 것을 표상하는 누군가가 존재한다는 것을 함축하기 때문이다. 다시 말하면 소유자 없는 표상은 있을 수 없는 것이다. 역으로 주관은 표상을 그 객관에 '관계짓는데', 왜냐하면 표상은 오직 그것이 표상하는 어떤 것이 있는 한에서

85 Reinhold, *Beyträge*, I, 168ff.

86 Reinhold, *Versuch*, pp. 232-234, 236-237, 256.

만 가능하기 때문이다. 객관을 지니지 않으면 표상은 어떤 것을 표상할 수 없으며, 따라서 그것은 전혀 표상이 아니다. 실제로 표상들은 그것들의 서로 다른 객관[대상]들에 의해서만 식별되고 서로 구별된다.

라인홀트가 '구별하다'(unterscheiden)로 의미하는 것도 표상에 대한 초기의 분석을 살펴본 후에 더 분명해진다.[87] 주관은 표상 그 자체가 단지 표상되는 것일 수 없다는 의미에서 표상을 그 대상으로부터 구별한다. 대상의 표상을 표상으로 만드는 무언가가 있어야만 한다. 자기의 대상과 구별될 수 없는 표상은 그것을 표상하기를 그친다. 역으로 주관은 표상을 그 자신으로부터 '구별하는데', 왜냐하면 주관은 표상하는 자가 표상 그 자체와 동일한 것이 아니라는 것을 알기 때문이다. 비록 주관이 자기가 표상하는 모든 것이 그 자신일 뿐이라고 믿는 철학적 에고이스트라 할지라도 그는 여전히 자기 자신에 대한 자기의 표상을 자기 자신과 구별해야 한다. 따라서 '관계짓기'와 '구별하기'에 의해 라인홀트는 주관이 스스로가 논리적으로 표상 및 그것의 대상에 연관되거나 그것들로부터 구별될 수 있다는 것을 발견한다는 것을 의미한다. [254] 그러므로 의식의 명제는 어떤 의식 행위의 세 가지 항——표상과 표상하는 자 그리고 표상되는 사물——이 존재한다는 것과 이것들이 논리적으로 서로 구별되지만 분리될 수 없다는 것을 진술한다.

그러나 두려울 정도로 모호한 용어들인 '주관'과 '객관' 그리고 '표상'은 무엇을 의미하는가? 이 단어들 역시 만약 첫 번째 원칙이 완전히 자명할 수 있으려면 정확하게 정의되어야 한다. 라인홀트는 『기여』에서 자기의 용어들에 대한 명확한 정의를 제공한다.[88] 자신의 현상학적 지침을 엄격하게 고수하는 가운데 그는 자기가 주관과 객관 또는 표상의

• •
87   같은 책, pp. 200-201, 235-238.
88   Reinhold, *Beyträge*, I, 146-147, 168.

어떠한 특정한 개념도 전제하지 않으며, 이 용어들을 의식의 명제에서 표현되는 것과 같은 서로에 대한 그것들의 관계를 통해 정의한다고 주장한다. 그리하여 표상은 다름 아닌 주관에 의해 주관 및 객관으로부터 구별되고 또 그것들에 관계지어지는 것일 뿐이다. 주관은 다름 아닌 표상하는 자 또는 그 자신을 표상과 그 객관으로부터 구별하고 또 그것들에 관계짓는 것일 뿐이다. 그리고 객관은 다름 아닌 표상되는 것 또는 주관에 의해 표상과 그 주관으로부터 구별되고 또 그것들에 관계지어지는 것일 뿐이다.

중요한 것은 라인홀트가 또다시 그의 현상학적 원리들에 충실하게 자신의 첫 번째 원칙을 표상에 대한 정의로서가 아니라 의식의 사실에 대한 기술로서 간주한다는 점을 인식하는 것이다.[89] 이 사실은 표상을 그 자신 및 객관에 관계짓고 또 그것을 그것들로부터 구별하는 두 가지 활동을 수행하는 주관으로 이루어진다. 그렇지만 이 활동들을 '사실' (Tatsache)이라고 부르는 것은 무엇을 의미하는가? 라인홀트는 그 활동들이 마치 모든 표상에 대해 의식적으로든 잠재의식적으로든 실제로 발생하는 것처럼 그것들이 현실적 사건이라고 의미할 수 없다. 그러한 주장은 거짓이거나 검증될 수 없다. 만약 이 행위들이 의식적으로 발생한다고 말해진다면 그것은 거짓이다. 그리고 그것들이 잠재의식적으로 일어난다고 말해진다면 그것은 검증될 수 없다. 그렇다면 라인홀트가 의미해야만 하는 것은 그것들이 가능한 사건들이며, 그리하여 그것들이 마치 칸트의 '나는 생각한다'가 어떠한 표상에도 수반될 수 있어야만 하는 것과 꼭 마찬가지로 의식의 가능성을 위해 발생할 수 있어야만 한다고 하는 것이다. 물론 주관이 이 활동들을 수행할 수 있어야만 한다는 것은 경험적 필연성이 아니라 논리적 필연성이다. 요컨대 의식의 사

---

89   같은 책, I, 143-144, 168. *Fundament*, pp. 78-81도 참조.

실은 현실적 사건이 아니라 가능한 사건이며, 그 가능성은 경험적 필연성이 아니라 논리적 필연성인 것이다. 그러므로 의식의 명제는 오직 주관이 (논리적으로) 표상을 그 자신과 대상으로부터 구별할 수 있고 또 그것을 그것들에 관계지을 수 있는 한에서만 표상이 (논리적으로) 가능하다고 진술한다.

좀 더 역사적인 맥락에서 보면 라인홀트의 의식의 명제는 칸트의 통각의 통일 원리를 발전시키거나 해명하고자 하는 시도이다. 칸트와 마찬가지로 라인홀트도 표상이 자기의식의 가능성을 필요로 한다고 믿는다. 『기여』에서 그는 심지어 칸트의 통각의 통일이 **결국** 철학의 첫 번째 원칙이라고 인정하기까지 한다(비록 [255]그가 자신이 그것을 표상 일반으로 확대해야 할 때 칸트는 그것을 감각 직관에 제한한다고 생각한다 할지라도 말이다).[90] 그러나 라인홀트는 칸트보다 한 발걸음 더 나아가고자 하는데, 왜냐하면 그는 주관이 자기의 표상에 대해 자기의식적일 수 있어야만 하는 **방식**을 명시하고자 하기 때문이다. 다시 말하면 그는 '나는 생각한다'가 가능한 모든 표상을 수반할 수 있는 조건들을 알고 싶어 하는 것이다. 그러므로 라인홀트의 논제는 다음과 같다. 만약 주관이 자기의 표상이 그 자신 및 그 대상과 어떻게 분리될 수 없고 또 어떻게 구별되는지를 의식할 수 없다면, 그의 표상은 (칸트의 언어를 사용하자면) "그에게 아무것도 아니거나 기껏해야 꿈"이다.[91]

자신의 첫 번째 원칙을 진술하고 그것과 관련하여 주관과 객관 그리고 표상을 정의한 후 라인홀트는 표상의 본성을 해부하기 시작한다. 그의

• •
90 *Beyträge,* I, 305-308. 라인홀트에게는 미안하지만, 칸트는 그의 원리가 가능한 모든 표상에 대해 적용되도록 그것을 정식화하고 있다. *KrV,* B, 132를 참조.
91 *KrV,* B, 132.

첫 번째 기본 명제는 표상이 두 가지 구성 요소로 이루어지며, 그것들의 통일과 분리가 표상의 본성을 형성한다고 하는 것이다.[92] 이 구성 요소들은 표상의 형식(*Form*)과 내용(*Stoff*)이다. 형식은 표상을 그 대상에 '관계'하게(그로부터 분리될 수 없게) 만드는 것이다. 그리고 내용은 표상을 그 대상에 '관계'하게 만드는 것이다.

요약하자면, 두 개의 서로 구별되는 구성 요소들로 이루어지는 표상에 대한 라인홀트의 논증은 다음과 같은 형식을 취한다. 표상은 주관과 객관에 관계되고 또 그것들로부터 구별되는 것이기 때문에 그리고 주관과 객관은 서로로부터 구별되기 때문에, 표상은 두 개의 요소로 이루어져야 하는바, 그 가운데 하나는 표상을 주관에 관계짓고 또 그로부터 구별하며, 다른 하나는 그것을 객관에 관계짓고 또 그로부터 구별한다.[93]

하지만 이 논증은 조금도 설득력이 없으며 표상에 대한 라인홀트의 분석 전체를 약한 기초 위에 놓는다. 비록 표상이 서로 구별되는 것들에 대해 서로 구별되는 관계 속에 서 있을지라도, 그로부터 그것이 서로 구별되는 구성 요소들로 이루어져야 한다는 것이 따라 나오는 것은 아니다. 왜냐하면 하나의 분리 불가능한 것이 서로 구별되는 것들에 대해 서로 구별되는 관계들 속에 서 있을 수 있는바, 예를 들면 하나의 수학적 점이 한 점의 동쪽과 다른 점의 서쪽에 위치할 수 있기 때문이다. 심지어는 라인홀트의 논증으로부터 표상이 주관과 객관에 대해 서로 다른 관계들 속에 서 있다는 것도 따라 나오지 않는데, 왜냐하면 하나의 동일한 관계가 서로 구별되는 것들 사이에 있을 수 있기 때문이다. 하지만 좋든 나쁘든 간에 라인홀트는 이러한 지독하게 취약한 논증으로부터 비판 철학의 중요한 전제, 즉 선험적 종합 인식의 형식과 내용 사이의 구별을

---

92 Reinhold, *Beyträge*, I, 180.
93 같은 책, I, 181-183.

이미 연역했다고 주장한다. 그러나 칸트가 이 구별을 선험적 종합 지식으로 제한하는 곳에서 라인홀트는 그것이 표상 그 자체의 필연적 조건이라고 생각한다.

좀 더 정확하게 라인홀트에 따른 표상의 형식과 내용이란 무엇인가? 표상의 내용은 그것이 표상하는 것이라고 그는 설명한다. 그것은 또한 하나의 표상을 다른 표상으로부터 구별하는 것이기도 한데, [256]왜냐하면 서로 구별되는 것들을 표상하는 표상들은 결코 동일하지 않기 때문이다.[94] 역으로 표상의 형식은 서로 다른 내용을 가진 서로 다른 모든 표상을 표상으로 만드는 바로 그것이다.[95] 그것은 그것들의 내용을 표상으로 만드는 그것인바, 그리하여 그것은 어떤 것을 표상하며, 그래서 그것은 단지 객관 그 자체일 뿐인 것이 아니다. 라인홀트는 또한 형식이란 표상을 주관에 '관계짓는' 것인 데 반해 내용이란 그것을 객관에 '관계짓는' 것이라고 진술함으로써 형식과 내용을 대비시킨다. 이제야 그는 단지 논리적으로만 '의존한다'거나 '필요로 한다'를 의미하는 이 단어의 본래의 의미를 넘어서기 시작한다. 이제 내용은 그것이 객관을 '표상'하거나 그에 '대응'한다는 의미에서 객관에 '관계'한다. 그리고 형식은 그것이 주관에 의해 '산출'되거나 '만들어진다'는 의미에서 주관에 관계한다.

라인홀트는 표상의 내용과 객관을 구별하는 것의 중요성을 강조한다.[96] 내용은 표상이 없으면 존재할 수 없는 데 반해, 객관은 그것 없이 존재할 수 있다. 내용은 객관에 '대응'하거나 그것을 '표상'하는 것인 까닭에, 그것은 객관 그 자체와 동일할 수 없다. 라인홀트는 내용과 객관 사이의 이러한 구별이 일상적 지각으로부터의 몇 가지 예를 살펴봄으로

● ●
94   같은 책, I, 184-185. *Versuch*, p. 230을 참조.
95   *Beyträge*, I, 183. *Versuch*, p. 235를 참조.
96   Reinhold, *Versuch*, pp. 230-232. *Beyträge*, I, 183을 참조.

써 명백해진다고 논증한다. 만약 내가 먼 거리에서 나무를 지각한다면 나의 표상의 내용은 내가 그 나무의 종이나 그 가지의 숫자를 모르는 까닭에 모호하다. 그러나 내가 그 나무에 접근하면 그 내용은 좀 더 정확해져 나는 그 나무의 종과 그 가지의 숫자를 알게 된다. 따라서 객관이 동일한 것으로 머문다 하더라도 표상의 내용은 변화한다. 라인홀트는 표상의 내용과 객관 사이의 이러한 구별이 제일 중요한 것인데, 왜냐하면 표상의 내용을 그 객관과 혼동하는 것은 사물들에 대한 표상들과 사물들 자체 사이의 너무도 중요한 구별을 무시하는 것이기 때문이라고 주장한다.

하지만 라인홀트가 내용과 객관을 구별하는 것은 그것이 해결하는 것보다 더 많은 난점들을 창조한다. 그것은 표상의 두 가지 차원을 형성함으로써 표상의 본성을 애매모호하게 만든다. 표상의 내용이 이미 '그것이 표상하는 것'으로서 기술되었기 때문에 표상은 그 내용을 표상해야 한다. 그러나 라인홀트는 또한 표상의 내용이 그 객관을 표상한다고 진술한다. 그렇다면 표상이 그 내용을 표상한다는 것과 내용이 다시 그 객관을 표상한다고 하는 표상의 두 가지 차원이 존재한다.

그렇지만 훨씬 더 나쁜 것은 라인홀트가 표상의 내용이 그 객관을 '표상한다'거나 그에 '대응한다'고 주장하는 심각한 비일관성에 사로잡혀 있다는 점이다.[97] 왜냐하면 그는 칸트의 초월론적 연역의 노선을 따라 표상들이 그 대상들을 '비춘다'거나 '닮았다'고 또는 '그린다'고 이야기하는 것은 커다란 오류라고 논증하기 때문이다.[98] 이러한 언어는 우리의 표상들이 그것들로부터 떨어져 존재하는 대상에 대응하는지 보기 위해 그것들을 벗어나는 것이 가능하다고 잘못 제시한다고 그는 쓰고 있다.

---

97 *Versuch*, pp. 231-232. *Beyträge*, I, 182를 참조.

98 *Versuch*, pp. 240-241.

[257]하지만 라인홀트 자신은 표상의 내용이 그 대상에 '대응한다'거나 그것을 '표상한다'고 진술함으로써 이러한 오류에 사로잡힌다. 이것은 표상이 어떤 의미에서 그 대상과 닮았다는 것을 함의한다. 그러나 우리가 이것을 알 수 있는 유일한 방법은— 불가능한 일이지만— 우리의 표상들을 벗어나 그것들을 대상 그 자체와 비교하는 것에 의해서이다. 그리하여 근원 철학은 초월론적 연역의 인식론을 어떤 좀 더 고차적인 원리로부터 연역하기보다 표상들이 어떻게든 사물들 자체를 표상하거나 비춘다고 가정함으로써 바로 그 정신을 침해한다.

이미 이 지점에서, 즉 표상을 그 형식과 내용으로 단순하게 분석하는 것을 통해 라인홀트는 『비판』에서의 칸트의 결론들 가운데 또 다른 것, 즉 사물 자체에 대한 지식이 있을 수 없다는 것을 연역한다고 자랑한다.[99] 그러나 라인홀트는 사물 자체에 대한 지식이 있을 수 없다는 칸트의 주장을 사물 자체에 대한 표상이 있을 수 없다는 좀 더 일반적인 주장의 특수한 경우일 뿐이라고 생각한다. 라인홀트에 따르면 표상의 바로 그 본성은 사물 자체를 아는 것은 고사하고 그것을 표상하는 것의 가능성도 배제한다.

라인홀트는 사물 자체의 단순한 개념도 표상이기 때문에 사물 자체의 표상이 존재하지 않을 수 없다는 이의 제기를 빠르게 일축한다.[100] 이이의 제기는 '표상'이라는 용어에서의 모호함을 이용한다고 그는 논증한다. 사물 자체의 단순한 개념은 그것이 규정적이고 개별적인 존재하는 사물을 표상한다는 의미에서의 표상이 아니다. 그것은 실제로 표상이지만, 다만 어떤 규정적인 사물이 아니라 단지 사물들 일반을 표상하는

---

99   같은 책, pp. 244-255. *Beyträge*, I, 185-187을 참조.

100 *Versuch*, pp. 247-248.

지성의 일반적 개념일 뿐이다. 그러므로 이 이의 제기는 지성의 이러한 일반적 개념을 규정적인 존재하는 사물의 표상과 융합하며, 그리하여 사물 자체의 표상 불가능성에 대해 이야기하는 것은 자기 논박적인 것으로 보인다. 그러나 사물 자체의 표상 가능성을 부인함에 있어 라인홀트는 자신이 단지 규정적인 존재하는 사물들의 표상들만을 배제하고 있다고 주장한다. 문제가 되는 것은 오직 이러한 의미의 표상일 뿐인데, 왜냐하면 우리에게 존재하는 어떤 것에 대한 지식을 줄 수 있는 것은 오직 이러한 표상들뿐이기 때문이다.

이러한 이의 제기를 자기의 길로부터 제거한 후 라인홀트는 사물 자체의 표상 불가능성에 대한 자신의 논증을 개진한다. 우리는 그의 논증을 다음과 같이 바꿔 표현할 수 있을 것이다. 표상의 내용은 만약 내용이 의식에 들어갈 수 있으려면 그 형식에 순응해야 한다. 하지만 표상의 형식에 순응함으로써 내용은 그것이 자기 스스로 지니고 있지 않은 정체성을 획득하며, 그리하여 그것은 형식으로부터 분리될 수 없게 된다. 따라서 내용은 더 이상 대상 그 자체, 즉 의식에 나타나기 전에 그리고 [258]형식의 적용에 앞서 존재하는 대로의 대상을 표상할 수 없다.[101] 다시 말하면 사물 자체는 형식을 지니지 않는 어떤 것이다. 그러나 모든 표상은 형식을 필요로 한다. 따라서 그것은 형식을 지니지 않는 것, 즉 사물 자체를 표상할 수 없다.

하지만 이 논증은 만약 우리가 '표상의 형식'에 대한 라인홀트의 정의를 엄격하게 따른다면 설득력이 없다. 만약 그의 초기의 정의에 따라 형식이 다만 의식적인 것을 의식적이지 않은 것으로부터, 즉 어떤 것의 표상을 사물 그 자체로부터 구별하는 것일 뿐이라면, 형식에 순응함에 있어 내용이 더 이상 대상 자체를 표상할 수 없다고 하는 것이 따라

●●
101 같은 책, p. 433.

나오지 않는다. 왜냐하면 여기서 '형식에 순응한다'는 것은 다만 내용이 의식 속으로 들어간다는 것을 의미할 뿐이며, 단순히 의식으로 들어가는 것은 내용이 대상 자체를 표상하는 것을 방해하지 않기 때문이다. 순수한 의식 일반으로서의 표상의 형식이 반드시 그 내용의 규정적인 특징들 가운데 어떤 것을 변화시키는 것은 아니다. 그렇다면 특히 형식에는 표상의 내용을 변화하게 만들거나 그것을 조건짓는 어떤 것이 존재해야만 한다. 그러나 라인홀트의 초기 정의는 그것이 무엇이어야만 하는지를 명시하지 않는다.

그러므로 라인홀트의 논증은 형식이 내용의 규정적인 특징들을 변화시킨다는 취지의 추가 전제를 필요로 한다. 이 전제는 실제로 라인홀트가 표상하는 주관은 활동적인바, 자기가 표상하는 것을 창조하고 조건짓는다고 은밀히 가정할 때 그에 의해 제공된다.[102] 주관이 활동적이기 때문에 표상의 내용은 형식에 순응함에 있어 변화를 겪는다. 이것은 표상의 내용이 사물 자체를 닮거나 표상할 수 없는 기본적인 이유이다. 내용은 활동적 주관에 의해 제공되고 그 내용을 변화시키고 규정하며 조건짓는 형식에 순응해야 한다.

하지만 라인홀트의 추가 전제가 과연 그 자신의 현상학적 지침들에 따라 허용될 수 있는지는 의심스럽다. 이 지침들은 인식론자가 주관에 관해 어떠한 가정도 할 수 없으며, 표상의 기원에 관해서는 더더욱 그럴 수 없다고 진술한다. 그러나 사물 자체의 표상 불가능성을 증명하기 위해 라인홀트는 주관이 활동적이지 수동적이지 않으며, 그것이 표상의 형식의 원천 내지 원인이라고 가정해야 한다. 그리하여 그는 이러한 가정들이 표상의 내적 조건들에 대한 분석을 훨씬 넘어선다는 점에서 그의 이론의 본래적인 엄격하게 현상학적인 경계를 이미 넘어섰다.

••
102 같은 책, pp. 240, 231-232.

사물 자체를 근원 철학에 도입한 라인홀트는 그것에 그것이 비판 철학에서 수행하는 것과 동일한 과제를 부과한다. 칸트와 마찬가지로 라인홀트는 표상들의 내용의 기원을 설명하기 위해 사물 자체를 요청한다. 그는 표상 능력이 그 표상의 내용을 창조할 수 없기 때문에 표상에게 이 내용을 주기 위해 그것에 작용하는 어떤 원인이 있어야만 하며, 그 원인은 사물 자체라고 논증한다.[103] 그러나 사물 자체의 전통적 역할을 유지함에 있어 라인홀트는 [259]지식과 표상의 한계에 관한 자신과 칸트의 비판적 가르침과의 그것의 심각한 비일관성을 인식하지 못하는 것으로 보인다. 칸트가 말하듯이 만약 우리가 사물 자체를 알 수 없다면, 그리고 라인홀트가 말하듯이 만약 우리가 실제로 그것을 표상할 수 없다면, 사물 자체가 우리의 표상들의 내용의 원인이라는 주장된 사실을 우리가 알거나 심지어 표상하는 것이 어떻게 가능한 것인가? 그래서 라인홀트는 사물 자체에 대한 야코비의 비판에 대해 대답하기보다 그저 칸트의 잘못을 반복할 뿐이다. 이것은 곧 근원 철학에 대한 불만족의 가장 깊은 원천들 가운데 하나로 입증될 것이다.

사물 자체의 표상 불가능성에 대해 논증한 후 라인홀트는 표상의 본성에 대한 분석을 진행한다. 그는 이제 묻는다. 표상이 형식과 내용으로 구성된다고 한다면 그것이 형식과 내용을 지니는 것의 필요조건은 무엇인가?

라인홀트는 표상이 서로 구별되는 형식과 내용을 가지기 위해서는 그것들이 서로 구별되는 원천에서 유래해야만 한다고 논증한다.[104] 형식과 내용 사이의 구별은 그것들이 둘 다 공통의 원천에서 발생한다면

• •
103 같은 책, pp. 248-249.
104 같은 책, p. 256. *Beyträge*, I, 189를 참조.

불가능하다. 표상의 형식은 주관에 의해 산출되어야 한다. 그리고 내용은 객관에 의해 산출되어야 한다. 내용은 주어져야 하는데, 왜냐하면 표상하는 주관은 자기의 표상들을 무로부터 창조할 수 없기 때문이다. 칸트와 마찬가지로 라인홀트는 주관이 제한된 창조적 능력을 지닌다고 생각하는데, 그것은 주관의 표상들의 원천이 그 자신 바깥에 있어야만 한다는 것을 의미한다.[105] 라인홀트는 또한 만약 주관이 스스로가 표상하는 모든 것을 창조한다면 그것은 그 자신의 투사 이외에 아무것도 아닐 것이며, 그리하여 주관과 객관 사이에는 더 이상 구별이 존재하지 않을 것이라고 논증한다.[106] 우리가 이미 보았듯이 이 구별은 표상 그 자체의 필요조건이다. 역으로 표상의 형식은 주관에 의해 산출되어야 한다. 왜냐하면 만약 형식이 내용에 덧붙여 주어진다면, 표상은— 불가능한 일이지만— 의식 바깥에 존재할 수 있을 것이고 그리하여 소유자 없는 표상이 될 것이기 때문이다.[107]

여기서도 또다시 라인홀트가 그의 현상학적 원리들을 위반하고 있는 것처럼 보인다. 표상의 형식은 산출되고 내용은 주어진다고 말할 때 그는 표상의 기원이나 원인에 대해 사변함으로써 의식 그 자체의 한계를 초월하는 것으로 보인다. 그러나 라인홀트는 이러한 이의 제기에 대한 대답을 준비하고 있다.[108] 그는 내용의 주어짐과 형식의 산출은 표상의 내적 조건들이라고, 즉 그것들은 의식 내에 표상이 출현하기 위한 논리적으로 필연적인 조건들이라고 주장한다. '산출'과 '주어짐'에 대해 이야기하는 것은 인정될 수 있듯이 인과적 개념들을 도입하는 것이다. 그러

• •
105 *Versuch*, pp. 258-261. *Beyträge*, I, 190을 참조.
106 *Versuch*, p. 257.
107 같은 책, pp. 258-259.
108 같은 책, pp. 262-263.

나 표상의 가능성을 파악하기 위해서는 이 개념들을 사용할 필요가 있다.

그러나 만약 이것들이 개념적 연관들이라면 그것들이 과연 타당한 것들인지의 물음이 남는다. 우리는 여기서 왜 형식이 주관에 의해 산출되어야만 하는지를 물을 수 있을 것이다. [260]만약 객관이 표상의 형식을 창조한다면, 그것은 표상이 ─ 불가능한 일이지만 ─ 의식 외부에 존재해야 한다는 것을 함의하지 않는다. 형식의 모든 속성은 비록 그것들이 오직 의식 내부에서만 나타난다 할지라도 객관에 의해 산출될 수 있을 것이다. 그리고 왜 내용이 객관에 의해 산출되어야만 하는가? 이 단계에서 라인홀트는 관념론에 대항하여 어떤 압도하는 논증을 전개하지 못했다. 더 나아가 관념론은 지금까지 그에 의해 확립된 주관-객관 이원론과 완벽하게 양립할 수 있다. 그 이원론은 단순히 모든 표상이 표상하는 자와 표상되는 것으로 이루어진다고 진술할 뿐이다. 그러나 관념론자는 이러한 구별을 인정할 것이며 다만 표상되는 것이 어떤 외재적 실재에 대응한다는 것만을 부정할 것이다.

표상의 형식이 산출되고 그 내용이 주어진다는 것을 최소한 그 자신이 만족할 정도로 규정한 라인홀트는 전체로서의 표상의 능력에 대한 몇 가지 좀 더 일반적인 연역을 행한다.[109] 이 연역들은 그에게 매우 중요한데, 왜냐하면 그것들은 아마도 비판 철학의 몇 가지 더 나아간 결론을 내어줄 것이기 때문이다.

라인홀트는 먼저 표상 능력이 능동적 능력과 수동적 능력으로 이루어져야 한다고 연역한다. 표상의 내용이 주어지기 때문에 표상의 능력은 수용성의 능력, 즉 표상의 내용을 받아들이는 힘에 존립해야 한다. 이러한 수용성의 능력은 수동적인 방식으로 행동해야 하는데, 왜냐하면 그것

109 같은 책, pp. 264-265, 267-270, 279-282.

은 단지 주어진 것을 받아들일 뿐이기 때문이다. 역으로 표상의 형식은 산출되기 때문에 표상의 능력은 자발성의 능력, 즉 그것에 작용하는 선행하는 원인 없이 형식을 산출하는 능동적인 힘에 존립해야 한다.

그러고 나서 라인홀트는 계속해서 이러한 수동적·능동적 능력들에 필요한 몇 가지 또 다른 특징을 연역한다. 그는 자신이 이 능력들의 '형식'이라고 부르는 것, 즉 그것들의 활동에 특징적인 것을 기술하고자 시도한다.[110] 수용성의 형식은 잡다한 것을 받아들이는 능력에 존립하는데, 왜냐하면 표상의 내용은 다수의 서로 구별되는 대상들로 이루어지기 때문이다. 이 내용이 잡다한 것이어야 하는 것은 표상들이 오직 그것들의 내용에 의해서만 서로 다르기 때문이다. 그러나 그것들의 내용은 오로지 그것이 서로 구별되는 특징들을 지니는 다수의 서로 구별되는 대상들에 대응하는 한에서만 구별될 수 있다.[111] 동시에 활동의 형식은 통일을 산출하는 능력이어야 하는데, 왜냐하면 표상들의 형식은 그 내용이 무엇이든 모든 의식에 대해 동일한 것이기 때문이다. 다시 말하면 자발성의 형식은 표상의 형식이 그것의 통일성인 까닭에 종합에 존립하는 것이다. 그리고 이 통일은 오직 그 다양성을 통일하는 활동성인 종합을 통해서만 잡다한 것 속에서 창조될 수 있다.[112]

표상 능력이 필연적으로 잡다한 것을 받아들이는 수동적 능력과 종합적 통일을 산출하는 능동적 능력으로 나누어진다고 논증함에 있어 라인홀트는 물론 [261]『순수 이성 비판』에서의 칸트 자신의 이원론적인 전제들 가운데 몇 가지, 특히 감성과 이성 사이의 그의 이원론을 정당화하고자 시도하고 있다. 하지만 중요한 것은 라인홀트의 수용적 능력과 자발

• •
110 같은 책, pp. 277-278.
111 같은 책, pp. 284-285.
112 같은 책, pp. 267-270.

적 능력이 아마도 단지 특정한 종류의 표상들, 요컨대 지성의 경우에서의 개념들과 감성의 경우에서의 직관들에 대해서가 아니라 표상 일반에 대해 타당하다는 것에 주목하는 것이다.

자발성과 수용성의 필연적 특징들 가운데 몇 가지를 자세히 설명하는 가운데 라인홀트는 그의 표상 이론 전체에 대한 또 다른 중요한 이의 제기로 방향을 돌린다. 이 이의 제기는 표상 이론이 사물 자체의 표상을 금지하지만 요구한다고 말한다.[113] 표상 이론의 단적인 장점들 가운데 하나는 그것이 표상의 본성을 조심스럽게 정의함으로써 사물들에 대한 표상들과 사물들 그 자체의 혼동을 방지한다는 점이다. 실제로 『시도』의 서문에서 라인홀트는 이러한 혼동의 원천을 드러내고자 하는 열망이 자신의 이론 전체 배후에 놓여 있는 근본적인 동기라고 설명한다.[114] 그러나 불가피하게 물음이 발생한다. 그것은 표상에 속하는 것과 대상 그 자체에 속하는 것을 구별하는 것이 — 불가능한 일이지만 — 우리의 표상들 밖으로 벗어나는 것 없이 그리고 대상 자체를 순수하게 보는 것 없이 어떻게 가능한가? 하는 물음이다. 실체화를 비판함으로써 표상의 이론은 칸트의 비판주의의 정신에 충실하게 머문다. 그러나 이 오류를 방지하는 사물 자체의 표상을 요구함으로써 그것은 가장 조야한 교조주의에 다시 빠져든다.

이러한 이의 제기에 대해 라인홀트는 표상에 속하는 것과 대상 그 자체에 속하는 것을 구별하기 위해서는 실제로 표상 그 자체와 구별되는 것으로서의 대상에 고유한 것에 대한 표상을 지니는 것이 필요하다고 대답한다. 그러나 그는 곧바로 그러한 표상이 반드시 사물 자체의 것일 필요는 없다고 덧붙인다.[115] 오히려 오직 수용성과 자발성의 형식들에

113 같은 책, pp. 293-295.
114 같은 책, pp. 62-63.

대한 순수한 표상, 즉 어떤 주어진 대상과는 별개로 이 형식들 자체의 표상만을 지니는 것이 필요하다. 수용성과 자발성의 형식들에 대한 순수한 표상에 필요하지 않은 모든 것을 빼버리고 난 후에야 표상의 능력에 속하는 것과 대상 그 자체에 속하는 것을 구별하는 것이 가능하다. 그 경우 자발성과 수용성의 순수한 표상에 필요하지 않은 모든 것은 대상 그 자체에 속한다. 그리하여 표상의 '주관적' 내용과 '객관적' 내용 사이에 구별이 존재한다. 주관적 내용은 지성과 감성의 형식들에 속하는 것이다. 그리고 객관적 내용은 주어진 대상에 속하는 것이다.

자신의 객관적 내용의 개념을 옹호하려고 시도하면서 라인홀트는 표상의 객관적 내용이 전체로서의 표상 능력에게 없어서는 안 되는 것이라고 논증한다.[116] 그것은 여러 가지 중요한 역할을 한다. 첫째, 그것은 표상 능력을 활동하도록 자극하기 위해 필요하다. 단순한 공허한 [262]형식들 그 자체, 자발성과 수용성의 능력들은 오직 그것들이 그에 작용하기 위해 주어진 어떤 것을 지니는 한에서만 어떤 것을 표상한다. 그리고 그것이 표상의 객관적 내용이다. 둘째, 객관적 내용은 또한 주관이 자기의 표상 능력에 대해 자기의식적이게 되기 위해서도 필요하다. 주관은 오직 자기의 산물들을 통해서만 자기의 자발성과 수용성을 알게 된다. 그러나 산물들을 가지기 위해 그것은 그에 작용할 수 있는 주어진 자료를 가져야만 하며, 그것이 또다시 객관적 내용이다. 셋째, 표상의 객관적 내용은 우리에게 우리의 표상 능력과는 따로 떨어진 외부 세계의 실재를 확신시킨다. 이 모든 측면에서 라인홀트의 객관적 내용 개념은 1794년의 『학문론』에서 그토록 중요한 역할을 수행하는 피히테의 '충격·장애'(*Anstoss*) 개념의 선구자이다.

• •
115 같은 책, pp. 293-295.
116 같은 책, pp. 295-300.

이러한 객관적 내용 개념에 호소함으로써 라인홀트는 관념론에 대한 칸트의 반박을 강화하려고 시도한다.[117] 그는 우리가 우리 자신의 표상들에 대해 확신할 수 있는 만큼 우리 자신에 대해 외재적인 대상들의 존재에 대해 확신할 수 있다고 주장한다. 이러한 까닭은 우리의 표상에 대해 객관적인 내용이 있기 때문인바, 그것은 자기 인식의 필요조건이다.

이러한 모든 단적인 장점들에도 불구하고 라인홀트의 객관적 질료 개념이 그로 하여금 그의 본래적인 어려움으로부터 벗어나게 하는지는 의심스럽다. 그러한 개념이 교조적인바, 라인홀트가 표상에 부과하는 모든 한계를 초월한다는 것을 파악하기는 쉽다. 왜냐하면 만약 표상의 형식이 라인홀트가 진술하듯이 가능한 모든 표상에게 필요하다면 객관적 내용의 표상조차도 형식에 순응해야 하고, 그리하여 객관이 홀로 표상에 기여하는 것에 대한 표상은 단적으로 있을 수 없기 때문이다. 객관적 내용 그 자체를 보기 위해 표상의 형식을 추상하는 것은 단적으로 가능하지 않다. 왜냐하면 그러한 추상은 라인홀트가 가능한 모든 의식에 대해 보편적으로 타당하다고 주장하는 표상의 형식들에 순응할 수 없기 때문이다. 실제로 바로 이러한 근거들에서 라인홀트 그 자신은 이미 표상의 순수한 내용에 대한 표상이 존재할 수 없다고 논증했다.[118] 이러한 순수한 객관적 내용의 표상은——마땅히 그래야만 하듯이 참으로 형식을 지니지 않는 것으로 생각한다면——다름 아닌 불가능한 것, 즉 표상 불가능한 사물 자체의 표상에 이를 뿐이다. 따라서 라인홀트는 이제 심각한 딜레마에 사로잡혀 있다. 그는 형식을 지니지 않는 표상들이 존재한다는 것을 인정하거나 아니면 표상의 객관적 성분을 주관적 성분으로부터 구별하려는 시도를 포기해야 한다. 첫 번째 선택지는 사물 자체의 표상

117 같은 책, pp. 299-302.
118 같은 책, p. 276.

을 허용한다. 그리고 두 번째 선택지는 표상의 실체화의 근원을 발견하고자 하는 시도를 포기한다. 하지만 어느 경우이든 근원 철학은 형이상학적 교조주의에 반대하는 자기의 캠페인에서 실패한다.

우리는 이제 라인홀트의 『시도』의 제2부, 즉 고유한 '표상의 이론'의 종결에 도달했다. 표상의 개념에서 시작하여 [263]그것의 필요조건들을 도출함으로써 라인홀트는 자기가 비판 철학의 가장 중요한 결론들 가운데 몇 가지, 즉 사물 자체의 인식 불가능성, 형식과 내용의 구별, 자발적 능력과 수용적 능력 사이의 이원론, 그리고 관념론 반박을 연역했다고 생각한다. 그럼에도 불구하고 우리는 라인홀트가 이러한 결과들을 단지 자신의 현상학적 출발점을 넘어서고 의식의 한계를 초월함으로써만 획득한다는 것을 살펴보았다. 표상의 객관적 내용이 그 대상에 대응한다고 가정함에 있어, 표상의 원인들인 활동적인 주관과 객관을 요청함에 있어, 그리고 사물 자체에 원인의 범주를 적용함에 있어 라인홀트는 의식 자체 내에서 검증할 수 없는 가정들에 스스로를 맡긴다. 따라서 근원 철학의 이상과 실천 사이에는 심각한 간격이 발생한다. 그것의 특정한 연역들은 곳곳에서 그것의 현상학적 지침을 배반한다. 근원 철학에서 라인홀트는 칸트의 작업에서의 이상과 실천 사이의 불일치를 극복하기를 의도한다. 그러나 아이러니는 그가 자기 자신의 또 다른 똑같이 혼란스러운 불일치를 정립함으로써만 그렇게 한다는 점이다.

8.9. 근원 철학의 위기

『시도』의 제3부의 끝에서 라인홀트는 그의 표상 이론을 위한 새롭고 위험한 분야로 나아간다. 그는 이제 자신의 표상 이론의 범위를 넘어서는 것으로 보이는 정신의 능력, 즉 욕구 능력(*Begehrungsvermögen*)을 성찰하기 시작한다.[119] 욕구 능력의 현존은 라인홀트의 표상 이론에 심각한 문제 — 사실상 라인홀트로 하여금 자신의 이론을 포기하도록 강요할 만큼 심각한 문제를 제기한다. 표상의 이론은 본질적으로 단일 능력 이론인바, 표상 능력이 다른 모든 능력이 그것의 발현들일 뿐인 정신의 단일한 능력이라고 진술한다. 그러나 이 단일 능력 이론은 표상 능력과 구별되는 것으로 나타나는 욕구 능력을 수용하는 데서 어려움을 지닌다. 욕구를 라인홀트 이론의 전제 위에서 설명하는 데 두 가지 눈에 띄는 어려움이 존재한다. 첫째, 표상 능력은 표상들에 따라 행위할 수 있는 힘을 수반하지 않는다. 그러나 욕구는 그러한 힘이다. 따라서 욕구는 표상의 어떤 종으로 환원될 수 없다. 둘째, 욕구는 표상 다음에 생겨나는 능력이 아닌데, 왜냐하면 우리가 선에 대해 의식하지만 그에 따라 행위하기를 선택하지 않는 의지의 약함의 가능성이 존재하기 때문이다.[120]

이러한 난점들에 더하여 욕구 능력을 설명하는 문제는 특히 라인홀트에게 당혹스럽다. 사태의 진리는 좋은 칸트주의자로서 그가 욕구 능력을 표상 능력으로 환원하기를 원하지 않는다는 점이다. 만약 그가 칸트 철학의 '정신' — 실천 이성의 우위에 대한 교설 — 에 충실할 수 있으려면, 그는 [264]실천 이성의 자율성, 즉 이론 이성과는 별개로 의지의 규정 근거가 될 수 있는 그것의 힘을 긍정해야 한다. 그리고 실제로 『서한』의 제2권에서 라인홀트는 그 스스로 의지가 선에 대한 지식과는 독립적으로 도덕 법칙에 따라 행위하거나 행위하지 않을 것을 선택할 수 있다는 의미에서 자유롭다고 열정적으로 논증한다.[121]

• •

119 "Grundlinien der Theorie des Begehrungsvermögens", in *Versuch*, 560ff.를 참조.
120 이러한 난점들은 볼프의 단일 능력 이론에 대한 뤼디거와 크루지우스의 논박에서 이미 지적된 바 있었다. Beck, *Early German Philosophy*, pp. 300, 401을 참조.
121 Reinhold, *Briefe*, II, 499-500, 502.

그래서 라인홀트는 다시 심각한 딜레마에 사로잡히게 된다. 만약 욕구를 표상 능력으로 환원한다면 그는 실천 이성의 자율성을 부정하고 비판 철학의 '정신'을 배반하게 된다. 그러나 만약 욕구를 표상 능력으로 환원하지 않는다면 그는 자신의 단일 능력 이론을 포기하고 실천 이성과 이론 이성, 의지와 지성 사이의 칸트의 이원론을 인정해야 한다. 하지만 표상 이론의 요점은 바로 모든 것을 포괄하는 단일한 이론에서 그러한 이원론들을 극복하는 것이었다. 따라서 라인홀트가 직면해 있는 일반적 문제는 다음과 같다. 실천 이성의 자율성뿐만 아니라 단일 능력 이론을 유지하는 것은 어떻게 가능한가?

이것은 라인홀트가 『시도』의 끝에서 직면하고 그것의 결론 절인 「욕구 능력의 개요」에서 해결하고자 시도하는 문제이다. 여기서 라인홀트는 의지를 표상 능력으로 환원하지 않으면서 자신의 단일 능력 이론을 보존하기 위해 노력한다. 그의 해결책은 보기 드문 180도 변화를 나타내는데, 그 결과는 근원 철학에 대해서뿐만 아니라 피히테의 학문론에 대해서도 일차적인 중요성을 지닌다. 라인홀트는 볼프처럼 욕구가 표상 능력으로부터 발생하도록 '욕구를 지성화하는 것'이 아니라 정반대되는 도정을 취한다. 그는 표상이 욕구 능력으로부터 유래하도록 '표상에 생명을 부여한다.' 그리하여 그는 욕구 능력이 모든 표상을 창조하는 힘이라고 말한다. 표상 능력 혼자서는 단지 표상의 가능성을 위한 조건들만을 부여한다. 그러나 욕구 능력은 그것들의 존재를 위한 조건들을 제공한다. 욕구 능력은 표상의 두 구성 요소에 상응하는 두 가지 충동, 즉 질료 또는 내용을 향한 충동(*Trieb nach Stoff*)과 형식을 향한 충동(*Trieb nach Form*)으로 이루어진다.[122] 따라서 라인홀트에게 있어 욕구 능력은 표상

••
122 여기서 라인홀트의 구별은 『미적 서한』에서의 실러의 나중의 형식 충동과 소재 충동 사이의 구별을 선취하며, 아마도 그에 영향을 주고 있을 것이다. Schiller, *Werke,*

능력의 토대로서 모든 표상의 본질적 구성 요소들을 창조한다. 이러한 대담한 테제는 그로 하여금 단일 능력 이론을 보존하고 단적으로 욕구를 영혼의 기본적인 단일 능력으로 삼음으로써 욕구의 자율성을 유지할 수 있도록 해준다.

비록 라인홀트의 새로운 욕구 이론이 그로 하여금 자신의 딜레마를 극복하게 한다 할지라도, 그것은 또한 그에게 원래의 표상 이론을 포기하도록 강요한다. 만약 라인홀트가 자신의 단일 능력 이론과 욕구의 독립성을 유지하고자 한다면, 그의 단일 능력은 더 이상 이전에 생각되었듯이 표상이 아니라 욕구이다. 그렇다면 물음이 발생한다. 왜 표상 능력이 아니라 욕구 능력을 근원 철학의 기초로서 탐구하지 않는 것인가? 왜 근원 철학은 [265]이론 이성이 아니라 실천 이성에 대한, 즉 표상이 아닌 의지에 대한 탐구에서 시작하지 않는 것인가? 이것은 바로 피히테가 근원 철학을 밀어붙일 수 있었던 방향이다. 그의 **학문론**은 욕구 능력에서 시작하는 근원 철학이다.

라인홀트가 『시도』의 끝에서 발견한 것은 비판 철학의 '정신'과 자신의 표상 이론의 근본적인 양립 불가능성이다. 라인홀트의 단일 능력 이론은 칸트 철학의 바로 그 핵심인 칸트적인 실천 이성의 교설에 모순된다. 그러나 이것은 라인홀트가 칸트 철학을 배반하는 유일한 측면이 아니다. 실제로 라인홀트의 이론을 위한 영감이 이성주의 전통 ── 칸트가 필사적으로 싸운 바로 그 전통 ── 에서 나온다고 생각하기 위한 훌륭한 이유들이 존재한다. 표상 능력을 정신의 단일한 기본적 능력으로서 정립함에 있어 라인홀트는 ── 아마도 잠재의식적으로 ── 그의 이성주의 선구자인 볼프의 발자취를 따라 간다. 볼프에 따르면 정신은 단일한 활동적인 힘, *vis repraesentativa* 또는 표상력에 존립한다.[123] 볼프는 정신의

• •
XX, 344-347을 참조

모든 활동을 그것의 표상력에 돌리는데, 그 힘은 지각, 상상력, 기억, 지성 또는 의지와 같은 모든 정신적 기능에서 나타난다. 볼프의 단일 능력 이론은 물론 그의 이성주의 인식론의 단적으로 필수적인 부분이다. 만약 정신의 모든 힘이 그토록 많은 형식들의 표상들이라면, 그것들은 모두 최소한 원리적으로는 이성에 의해 분석될 수 있을 지적인 내용을 지닌다.

볼프에 대한 라인홀트의 숨겨진 빚은 그가 볼프의 이성주의로—따라서 칸트가 비난하는 바로 그 교조주의로 다시 빠지고 있는 것은 아닌지 하는 심각한 물음을 제기한다. 그러한 의혹은 실제로 피하기 어렵다. 중요한 것은 칸트가 볼프의 단일 능력 이론에 대한 혹독한 반대자였음을 회상하는 것이다.[124] 그는 볼프의 심리학에 대한 길고 격렬한 투쟁 끝에야 비로소 정신에 대한 그 자신의 삼분법—지성과 의지 그리고 판단력—에 도달했다.

볼프의 것과 같은 환원주의적인 심리학은 확실히 칸트가 그토록 유지하기를 열망했던 정신적 기능의 독립성을 파괴하는 것으로 보인다. 만약 의지와 감성적[미학적] 즐거움이 표상 능력의 형식들에 지나지 않는다면 실천 이성과 판단력은 자율적일 수 있는 것이 아니라 지성이나 이해력의 몇 가지 형식들로 환원된다. 따라서 라인홀트의 것과 같은 단일 능력 이론에 토대하여 비판 철학의 모든 결과를 통합하고 체계화하는 것은 불가능해 보인다. 그러한 체계화는 오로지 칸트가 비판 철학을 위해 결정적인 것으로서 바라보았던 능력들 사이의 그 모든 구별을 지움으로써만 성공한다.

123 Wolff, *Vernünftige Gedanke*, *Werke* II/1, 469, 555, 단락 755-756, 894를 참조.
124 볼프 이론의 영향력과 그에 대한 칸트의 투쟁이 지닌 역사적 의의에 관해서는 Beck, *Early German Philosophy*, pp. 268-269를 참조.

제9장

술체의 회의주의

9.1. 슐체의 역사적 의의와 영향

근원 철학은 눈부시지만 짧은 경력의 운명을 지니고 있었다. 비록 그것이 예나에서의 철학적 무대를 1789년부터 라인홀트의 출발과 피히테의 도착의 해인 1794년까지 지배했다 할지라도, 그것의 운명은 그것이 그 명성의 정점에 도달하기 전에도 이미 정해져 있었다. 라인홀트가 『기여』의 두 번째 권에서 한참 근원 철학의 마무리 작업을 하고 있는 동안, 그것의 기초 전체가 호기심을 끄는 한 논쟁적인 저작의 출판에 의해 물음에 던져졌다. 이 작품은 익명으로 1792년 봄에 『아이네시데무스, 또는 예나의 라인홀트 교수에 의해 제공된 근원 철학의 기초에 대하여』라는 기묘한 제목을 달고 출간되었다. 긴 제목이 암시하듯이 『아이네시데무스』는 주로 라인홀트의 근원 철학, 특히 『기여』의 제1권 세 번째 논문에서의 그에 대한 새로운 해명에 대한 검토였다. 그러나 그것은 또한 칸트 자신에 대한 지속적이고 야만적인 공격이기도 했다. 『아이네시데무스』는 실제로 칸트적인 형식의 것이든 라인홀트적인 형식의 것이든 상관없이 비판 철학 일반에 대한 전면전의 선포였다. 그것은 비판 철학의 모든 "교조적 주장"을 파괴한다고 주장한 새롭고도 급진적인 회의주의의 복음을 설교했다.

『아이네시데무스』의 저자는 한동안, 실제로 그 책이 갈채를 받은 후 적어도 1년 동안 수수께끼로 남아 있었다. 몇몇 독자들은 저자의 정체에 대한 열광적인 추측에 빠져 들었다. 그리하여 칸트 이후 철학의 최초의 서지학자인 K. G. 하우지우스는 저자가 "유명하고 날카로운 라이마루스"라고 짐작했다.[1] 다른 독자들은 단순하게 무지에 스스로를 맡겼다. 예를 들어 피히테는『아이네시데무스』에 대한 그의 유명한 논평에서 저자를 그 책의 제목으로 가리켜야 했다. 한동안 그는 대중에게 그저 "아이네시데무스"로서만 알려졌다.

결국 알고 보니『아이네시데무스』의 저자는 헬름슈타트 대학의 그 당시 거의 알려지지 않았던 철학 교수인 고틀로프 에른스트 슐체(1761-1833)였다. 아무리 무명이었을지라도 슐체는 [267]자기 뒤에 지극히 존경할 만한 경력을 지니고 있었다. 비템베르크 대학의 학생으로서 그는 크루지우스의 가까운 제자인 F. V. 라인하르트에게서 공부했다.[2] 라인하르트에 대한 그리고 궁극적으로는 크루지우스에 대한 슐체의 빚은 중요한데, 왜냐하면 그것은 슐체를 크루지우스로부터 발원하는 독일 주의주의 전통 내에 확고하게 자리 잡게 하기 때문이다. 슐체는 또한 괴팅겐의 페더의 동아리와 연관되어 있었는데, 그 연관은 실제로 매우 친밀한 정도여서 그는 페더의 딸과 결혼했다.[3] 헬름슈타트 대학이 해체된 1810년

---

1   Hausius, *Materialien,* p. xxxix를 참조. 하우지우스는 헤르만 라이마루스의 아들이자 악명 높은 *Wolffenbüttel Fragmente*의 저자인 요한 라이마루스를 지시하고 있다.

2   슐체에 대한 라인하르트의 영향에 관해서는 Wundt, *Schulphilosophie*, pp. 296, 337-338을 참조. 분트에 따르면 라인하르트는 크루지우스로부터 쇼펜하우어로 직접 이어지는 독일 주의주의 전통에서의 잃어버린 고리이다.

3   1794년 7월 23일자의 라인홀트에게 보낸 페더의 편지, Reinhold, *Leben*, p. 380을 참조.

에 슐체는 괴팅겐의 교수가 되었으며, 거기서 그는 그의 삶이 다할 때까지 가르쳤다.

슐체가 명성을 얻은 주된 이유는 그의 『아이네시데무스』였고 또 여전히 그러하다. 이 책은 1790년대 초의 철학적 무대에 주목할 만한 영향을 미쳤다. 그것은 악명 높은 문제작, 난공불락으로 보이는 비판의 요새에 대한 최초의 일반적으로 인정된 위협이 되었다. 가장 완고한 칸트주의자들 이외에 모두는 그것에 의해 도전을 받았다. 그리고 처음으로 그들은 자신들에 대한 비판자들 가운데 한 사람을 존중하지 않을 수 없었다.[4]

1790년대의 거의 모든 사람이 — 칸트의 친구든 적이든 — 『아이네시데무스』에게 멋진 헌사를 바쳤다. 하우지우스는 모든 반-칸트주의 논고들 가운데 『아이네시데무스』가 "논란의 여지없이 최고"라고 썼다.[5] 라인홀트의 저명한 제자인 G. G. 필레보른은 그 책이 "독일 철학에 대한 영광"이라고 말했으며, 심지어 그는 자기의 선생이 과연 그에 대한 설득력 있는 대답을 모을 것인지 의심하기까지 했다.[6] 피히테는 1793년 가을에 J. F. 플라트에게 편지를 쓰면서 『아이네시데무스』를 "우리 세기의 가장 주목할 만한 산물들 가운데 하나"라고 불렀다.[7] 이 책은 그를 완전히 당황스럽게 만들었고, 실제로 그로 하여금 칸트도 라인홀트도 철학을 확고한 기초 위에 확립하지 못했다고 확신하게 했다. 라인홀트의 가장 유능한 옹호자인 J. H. 아비히트도 『아이네시데무스』를 칭찬하고 자기 스승의 교설들을 수정할 필요가 있다고 인정했다.[8] 그리고 살로몬 마이

4   Eberstein, *Geschichte*, II, 385.
5   Hausius, *Materialien*, p. xxxix.
6   Fuelleborn, *Beyträge*, III (1793), 157-158.
7   1783년 11월/12월로 그 시기가 추정되는 Fichte, "Briefentwurf an Flatt", in *Gesammtausgabe*, III/2, 19.
8   Abicht, "Vorrede", in *Hermias*.

몬은 슐체의 책을 아주 진지하게 받아들여 그에 대한 상세한 대답인 『아이네시데무스에게 보내는 필라레테스의 서한』을 쓸 정도였다. 오직 라인홀트만이 감명 받지 않았다. 그는 슐체가 고의적으로 자기를 오해했다고 항의했다.[9] 하지만 라인홀트는 그 주위가 터진 댐처럼 홀로 서 있었다. 근원 철학이 독일의 철학적 무대에서 사라진 것은 주로 『아이네시데무스』 때문이었다.

하지만 슐체의 역사적 영향은 라인홀트의 동시대인들을 훨씬 넘어섰다. 1803년에 헤겔은 슐체의 『이론 철학 비판』, 즉 『아이네시데무스』에서의 칸트에 대한 비판을 세련되게 다듬어 체계화한 작품에 대한 광범위한 재-논평을 썼다. 물론 잘 알려져 있듯이 헤겔의 논평은 지독한 것이었다. 헤겔은 칸트에 대한 슐체의 해석이 지닌 많은 약점을 꿰뚫어 보았고 가차 없이 용서하지 않고 있었다. 몇 개의 악명 높은 구절에서 그는 슐체가 사물 자체를 단지 "눈 아래 있는 바위"로서만 이해할 수 있다고 말했다. 그리고 그는 그에게 특유한 풍자를 덧붙였다. "그리스도께서 돌을 빵으로 변형시켰다면 슐체는 이성의 살아 있는 빵을 돌로 변형시켰다."[10] 그럼에도 불구하고 우리는 그러한 날카로운 비판으로 인해 슐체가 헤겔을 위해 수행한 귀중한 변증법적 기능을 보지 못해서는 안 된다. [268]칸트에게 많은 빚을 지고 있는 많은 철학자들과 마찬가지로 헤겔은 슐체의 회의주의에 의해 도전받고 있다고 느꼈다. 그에 대해 이의를 제기하는 가운데 그는 철학과 회의주의 일반 사이의 적절한 관계를 정의하지 않을 수 없었다. 이러한 반성의 결론—참된 회의주의가 철학의 모든 체계에서 적극적 역할을 수행한다는 것—은 『정신 현상학』에서의 헤겔 변증법의 발전을 향한 중요한 발걸음이었다.[11]

••
9   Reinhold, *Beyträge*, II, 159ff.를 참조.
10 Hegel, *Werke*, II, 220.

슐체는 또 다른 유명한 철학자 아르투르 쇼펜하우어에게 좀 더 긍정적인 영향을 미쳤다. 1810년 괴팅겐 대학에서의 슐체의 학생인 쇼펜하우어는 슐체의 강의에서 영감을 얻어 자연 과학 연구를 포기하고 철학에 헌신하게 되었다. 젊은 쇼펜하우어가 빠르게 자기의 선생에 대해 비판적이게 된 것은 사실이다. 그의 강의 노트 난외주는 "수다", "난센스", "소피스트" 그리고 심지어는 "멍청이 슐체"와 같은 경멸적인 말들로 가득차 있다. 그러나 그러한 폭발은 쇼펜하우어의 젊음, 즉 좀 더 확고하고 강력한 인물로부터의 자신의 독립성을 주장해야 할 필요의 산물이었다. 자기 확신을 획득한 후년에 쇼펜하우어는 자신에 대한 슐체의 영향을 기꺼이 인정했다. 그는 특히 아리스토텔레스와 스피노자에 앞서 플라톤과 칸트를 읽으라고 하는 슐체의 충고에 대해 감사해 했는데—이러한 빚은 우리에게 쇼펜하우어 자신의 철학이 정신적으로 무엇에 충성하고 있는지에 관해 적지 않은 것을 말해준다. 『의지와 표상으로서의 세계』에서 쇼펜하우어는 언제나 칸트에 대한 슐체의 비판을 고려한다. 그리고 한 지점에서 그는 자기의 오랜 선생을 "칸트의 반대자 중 가장 날카로운 사람"이라고 찬양한다.[12] 실제로 쇼펜하우어의 철학 전반에 걸쳐 슐체의 영향의 뚜렷한 징후들이 존재한다. 명료성과 엄밀함에 대한 슐체의 고집, 지성에 대한 의지의 우위에 대한 강조, 철학적 체계들을 세계관의 형식들로 바라보는 그의 견해, 이 모든 것은 그 효과를 지녔다.

9.2. 슐체의 메타-비판적 회의주의

11 회의주의와의 헤겔의 초기 만남의 중요성에 관해서는 Buchner, "Zur Bedeutung", *Hegel-Studien, Beiheft* 4 (1969), 49-56을 참조.

12 Schopenhauer, *Werke*, II, 519.

슐체의 『아이네시데모스』는 새롭고 근본적 형식의 회의주의를 근대 철학에 도입하는데,[13] 그것의 본질이 그 책의 맨 처음에서 슐체에 의해 간결하게 진술되어 있다.[14] 슐체는 다음과 같은 두 가지 명제로 자신의 입장을 요약한다. 첫째, 사물들 자체의 존재나 속성에 관해 아무것도 확실하게 알려지거나 증명되지 않았다. 둘째, 지식의 기원과 조건에 관해 아무것도 확실하게 알려지거나 증명되지 않았다.

슐체의 회의주의에 새롭고 특징적인 것은 두 번째 명제이다. 이제 회의적인 의심에 빠지게 되는 것은 단지 사물 자체를 안다는 형이상학의 주장일 뿐만 아니라 또한 지식의 기원과 조건을 안다고 하는 인식론의 주장이기도 하다. 슐체는 회의적 의심을 철저하게 만드는데, 그리하여 그것은 메타-비판적이게 되어 우리의 일차적 믿음들뿐만 아니라 이차적 믿음들에도 적용되게 된다.

[269]슐체의 메타-비판적 회의주의는 근대적 회의주의가 데카르트와 흄의 저술에서 시작된 이래로 그것에 새로운 전환을 부여한다. 데카르트와 흄이 인식론을 자신들의 회의주의의 도구로서 사용하여 근거지어지지 않은 인식 주장들을 폭로하기 위해 지식의 조건들을 검토하는 데 반해, 슐체는 바로 이 도구에 의문을 제기하고 있다. 회의주의자는 이제 자기 일의 도구들에 대해 자기반성적이고 자기비판적이지 않을 수 없다.

비록 『아이네시데무스』가 인식론을 공격함으로써 근대 회의주의를 새로운 근본적인 방향으로 밀어 넣는다 할지라도, 슐체는 자기가 다만 회의주의의 고대적 형식을 근대의 철학적 세계로 다시 도입하고 있을 뿐이라고 생각한다.[15] 그가 『아이네시데무스』라는 제목을 선택한 것은

----

13 플라트너와 마이몬도 그러한 회의주의를 전개했다. 그러나 슐체가 그렇게 한 최초의 사람이다. 그의 『아이네시데모스』는 플라트너의 *Aphorismen*의 1793년 판과 마이몬의 『아이네시데모스에게 보내는 필라레테스의 서한』(1794)에 앞서 출간되었다.

14 Schulze, *Aenesidemus*, p. 18.

실제로 아주 적절하다. 아이네시데무스는 기원후 1세기 무렵의 퓌론주의의 가장 중요한 갱신자였다. 회의주의의 고대 역사가인 섹스투스 엠피리쿠스에 따르면 아이네시데무스는 아카데미학파의 회의주의자들을 위장한 교조주의자들로서 비판했는데, 왜냐하면 그들은 지식이 불가능하다고 교조적으로 가르쳤기 때문이다.[16] 그의 열 가지 논변은 감각이 사물 그 자체들에 대한 객관적인 지식을 제공할 수 없다고 논증했다. 그리고 그의 여덟 가지 논변은 원인 개념이 우리에게 사물들에 대한 객관적 지식을 줄 수 없다고 주장하면서 그 개념에 대한 이의 제기들을 개진했다. 이 모든 것은 슐체 자신의 입장을 선취한다. 지식의 가능성을 부정하는 것의 교조주의, 사물들 자체를 인식하는 것의 어려움, 그리고 원인 개념의 신뢰 불가능성 — 이것들은 모두 슐체 자신의 회의주의의 기본적 교의이다. 아이네시데무스가 이전에 아카데미학파의 회의주의자들과 싸우기 위해 퓌론주의를 갱신했던 것처럼 슐체는 비판 철학을 공격하기 위해 아이네시데무스를 다시 살려내고자 시도한다.

비록 슐체가 자신의 상당한 충성을 아이네시데무스에게 바치고 있지만, 슐체의 회의주의에 영감을 제공하는 또 다른 철학자가 존재한다. 바로 데이비드 흄이다. 하만 및 야코비와 마찬가지로 슐체도 흄을 이성의 허식적 요구들과 실제로 이성 비판의 드높은 주장들에 대한 위대한 파괴자로서 바라본다. 예를 들어 에버하르트의 『철학 잡지』에 대한 논평에서 슐체는 흄을 최근의 그의 반대자들에 맞서 옹호하면서 그들 — 테텐스, 페더, 에버하르트 그리고 칸트 그 자신 — 가운데 어느 누구도 흄의 회의주의의 도전을 충족시키지 못했다고 주장한다.[17] 그리고 『아이네시

••
15   고대 회의주의의 참된 정신을 재현한다는 슐체의 주장은 헤겔의 날카로운 이의
     제기에 부딪쳤다. 슐체에 대한 헤겔의 초기 논평, *Werke*, II, 222-223을 참조
16   Sextus Empiricus, *Outlines*, bk. I, 180-185, bk. III, 138.
17   Schulze, *AdB* 100/2 (1792), 419-452를 참조 이 논문은 Hausius, *Materialien*, I,

데무스』에서 슐체는 칸트가 흄을 반박한 것이 아니라 그에 대항해 다만 선결 문제 미해결의 오류를 범했을 뿐이라고 논증한다.[18] 그러고 나서 슐체와 더불어 칸트 이후 철학에서의 흄의 부활이 기세를 얻는다. 이제 캠페인에 무게를 더하는 것은 하만과 야코비뿐만 아니라 또한 슐체이다. 마이몬이 시류에 편승할 때 흄은 완전히 회복되어 칸트 이전과 마찬가지로 커다란 위협을 칸트 이후에도 제기한다.

슐체의 회의주의가 칸트를 향해 있긴 하지만 그것을 '반-비판적'이라고 기술하는 것은 오도하는 것일 것이다.[19] 중요한 것은 슐체의 회의주의와 칸트의 비판이 같은 지점에서 시작한다는 것을 인식하는 것이다. 슐체의 지도 원리는 『순수 이성 비판』에서 곧바로 취해진 것이다. "우리의 모든 믿음은 [270]이성의 자유롭고 공개적인 검토에 굴복해야만 한다."[20] 슐체는 이 원리를 자기 자신의 회의주의의 다름 아닌 핵심으로 간주하여 그것을 라인홀트의 근원 철학에 대한 검토의 모토로 삼고 있다. 그렇다면 슐체는 칸트와 마찬가지로 그리고 하만 및 야코비와 달리 이성의 주권, 즉 지식에 대한 어떠한 주장에 대해서도 최종적인 심판자라고 하는 이성의 권리를 믿는다. 그리하여 『아이네시데무스』의 서문에서 슐체는 회의주의자의 유일한 권위는 이성이며 인간의 가장 뛰어난 탁월함은 이 능력의 완전함에 존립한다고 선언한다.[21] 슐체는 실제로 회의주의가 이성과 불화하는 것이 아니라 이성의 유일한 일관된 입장이라고 애써 강조하고 있다.

• •

233-234에도 실려 있다.

18 Schulze, *Aenesidemus*, pp. 72ff.

19 Erdmann, *Versuch,* V, 506과, Kroner, *Von Kant bis Hegel,* I, 325가 그렇게 한다.

20 Schulze, *Aenesidemus*, p. 36과 Kant, *KrV,* A, xii 및 B, 766을 참조.

21 Schulze, *Aenesidemus*, p. ix.

칸트 비판자들 가운데 아주 많은 사람들과 마찬가지로 비판 철학에 대한 적대감을 표출하는 것이 아니라 슐체는 그것을 칭찬하고 옹호한다. 그는 이성을 자기의식을 향해 나아가는 길에서 한 발걸음 더 앞으로 내딛게 한 데 대해 비판 철학을 존경하며, 칸트 덕분에 라이프니츠와 볼프의 교조적인 형이상학적 이성주의로 되돌아가는 것은 있을 수 없다는 것을 깨닫는다.[22] 칸트에 대한 이러한 찬사는 때때로 가정되듯이 한갓된 의례적 인사말이 아닌데,[23] 왜냐하면 그것은 『비판』의 주요 원리에 대한 슐체의 깊은 충성에서 유래하기 때문이다. 그러나 칸트에 대한 슐체의 공감은 그 어디서보다 『일반 독일 문고』에 게재된, 에버하르트의 『철학 잡지』에 대한 그의 가혹한 논평에서 가장 명확히 드러난다.[24] 『잡지』 제1호에 실린 거의 모든 기사를 검토한 슐체는 사실상 거의 모든 반-칸트적인 논증에서 크게 벌어져 있는 구멍을 발견한다. 그는 칸트의 선험적 종합의 이론, 그의 공간·시간 개념, 그리고 사물 자체의 인식 불가능성에 대한 그의 논증을 옹호한다. 참된 칸트주의자와 마찬가지로 슐체도 칸트의 비판의 독창성을 강조하고 그것이 라이프니츠와 볼프의 이성주의보다 진보라고 주장한다.

슐체가 『아이네시데무스』에서 칸트에 대한 메타-비판에 착수하는 것은 바로 그가 칸트적 비판의 지지자이기 때문이다. 슐체는 자신의 메타-비판을 칸트의 비판의 필연적 결과로서 바라본다. 모든 믿음이 이성의

22   같은 책, pp. 23-24.

23   Erdmann, *Versuch*, V, 506이 그러하다.

24   Hausius, *Materialien*, I, 233-258을 참조. 이 논문은 유감스럽게도 학자들에 의해 무시되어 왔으며, 심지어 리베르트의 참고 문헌에도 나오지 않았다. 비록 그것이 익명으로 게재되었긴 하지만 슐체가 저자라는 것은 의심할 여지가 없다. 그것은 "Ru"라는 서명 아래 쓰여졌는데, 그것은 슐체의 사인이었다. Parthey, *Mitarbeiter*, pp. 20-21을 참조.

검토에 복종할 것을 비판이 요구하는 까닭에 그것도 역시 자기의 목적과 방법 그리고 논증들을 철저한 메타-비판에 종속시켜야만 한다. 만약 비판이 그 자신의 힘을 조사하기를 거부하면, 그것은 이성주의 형이상학자의 그것만큼이나 나쁜 교조주의에 빠지게 된다.[25]

슐체는 칸트적인 비판의 불가피한 궁극적 결과는 그 자신의 회의주의라고 주장한다. 만약 실제로 『아이네시데무스』의 단일한 중심 테제가 있다면 그것은 비판이 회의주의가 되어야만 한다는 것이다. 본질적으로 슐체의 논증은 만약 모든 비판이 메타-비판이 되어야만 한다면 모든 메타-비판은 회의주의가 되어야만 한다는 것이다.

슐체의 회의주의는 적잖이 자기 자신의 꼬리를 삼킨 뱀을 연상시킨다. 그것은 자기 파괴의 심각한 위험에 처해 있다. 슐체가 칸트의 비판에 대해 제기하는 모든 메타-비판적 물음은 언뜻 보기에도 그 자신의 회의주의에 적용된다. 실제로 슐체는 [271]지식의 기원과 한계에 관해 아무것도 확실하게 알려지거나 증명되지 않았다는 것을 어떻게 아는가? 그것들에 대해 아무것도 알려지지 않았다면 바로 그 사실에 의해 슐체는 그것들에 관한 지식의 결여에 관해 아무것도 알지 못해야 한다. 비판 철학자가 교조주의와 회의주의 사이의 가운뎃길을 발견해야 하는 것과 마찬가지로, 회의주의자는 자기 반박과 교조주의 사이의 미세한 경계를 걸어가야만 한다.

슐체는 자기의 근본적 회의주의를 정당화하는 문제에 대해 깊이 — 그리고 올바르게 — 우려하고 있다. 그가 『아이네시데무스』의 처음에서 회의주의자는 사물들 자체에 대해서든 지식의 능력에 대해서든 지식의 가능성을 부정하지 않는다고 말하는 것은 바로 이 위험을 피하기 위해서

25 Schulze, *Aenesidemus*, p. 34.

이다.[26] 참된 회의주의자는 그것을 부정하지 않는데, 왜냐하면 그는 그러한 부정도 교조적 단언이라는 것을 인정하기 때문이라고 슐체는 설명한다. 그는 자기 자신을 논박함이 없이 지식의 불가능성에 대한 지식을 주장할 수 없다는 것을 안다. 그래서 회의주의자는 지식의 불가능성을 긍정하기보다 단적으로 그 가능성에 대해 열린 마음을 유지한다. 그는 탐구의 진보와 더불어 언젠가는 사물들 자체와 지식의 능력에 대한 지식이 있을 수 있다는 것을 온전히 인정하고자 한다.

그렇다면 슐체에 대한 다음 물음은 도대체 왜 그가 회의주의자인가 하는 것이다. 만약 회의주의자가 지식의 가능성을 인정한다면, 그의 입장은 비회의주의자의 입장과 어떻게 다른가? 이 물음에 대답함에 있어 슐체는 먼저 역사로 대피한다. 그는 자신의 회의주의가 단적인 역사적 사실, 즉 사물들 자체나 지식의 능력에 대한 어떠한 지식이나 성공적인 증명도 지금 존재하지 않으며 지금까지 결코 존재한 적이 없다는 것에 의거한다고 대답한다.[27] 따라서 슐체는 자신의 회의주의의 주된 테제들을 그것들이 역사적 명제이도록 정식화한다. 그것들은 '…… 지식이 있을 수 없다'가 아니라 '…… 지식이 존재하지 않았다'고 진술한다. 그러므로 회의주의자는 한 가지 중요한 측면에서 교조주의자와 다르다. 즉 우리가 (언젠가 미래에 그렇게 될 뿐만 아니라) 지금 절대로 틀림없는 지식을 소유하고 있다는 것을 교조주의자는 긍정하고 회의주의자는 부인하는 것이다. 슐체에 따르면 철학사의 주된 가르침은 어떠한 체계나 학파도 논란의 여지없는 지식을 획득하는 데 성공한 적이 없다고 하는 것이다. 철학자들이 아무리 엄밀하고 양심적이었을지라도 그들의 논증들에서는 언제나 구멍이 발견되었다. 비록 경험이 우리에게 조심하라고 가르

26 같은 책, p. 15ff.
27 같은 책, p. 19.

친다 하더라도 슐체는 지식에 대한 모든 철학적 주장을 일축할 선험적 근거는 존재하지 않는다고 주장한다. 우리의 회의주의를 위한 유일한 토대는 철학적 역사의 빈약한 실행 기록이다.

하지만 자기 반박을 피하기 위한 슐체의 초기 노력이 성공할지는 의심스럽다. 역사에 대한 호소는 그것이 대답하는 것보다 더 많은 물음들을 제기하는 절망적인 몸부림이다. 한 가지 기본적인 물음은 슐체가 어떻게 어떠한 철학적 체계도 성공하지 못했다는 것을 아는가 하는 것이다. 이것은 슐체가 상상하는 것처럼 단순한 '사실'이 아니다. 하나의 체계가 성공인가 실패인가 하는 것은 사람들이 실제로 그 체계를 수용했는가 거부했는가 하는 것에 관한 간단한 역사적 쟁점이 아니다. 왜냐하면 그 수용과 거부에 관한 사실들의 어떠한 숫자도 [272]그것의 진리나 거짓을 규정하지 못하기 때문이다. 그래서 그 쟁점은 근본적으로 철학적인 것이다. 그러나 그 경우 다음과 같은 물음이 피할 수 없다. 과거의 철학적 체계들의 성공의 결여를 그렇게 논란의 여지없이 규정하는 기준은 무엇인가? 여기서 슐체는 극도로 대답이 부족하다. 그리고 철학의 어떠한 체계도 성공적인 적이 없었다고 주장하는 것은 어느 경우에도 극도로 교조적이다. 우리는 이제 칸트와 라인홀트에게서보다 플라톤과 아리스토텔레스에게서 무엇이 더 많이 잘못된 것인지를 알고 있는가? 만약 철학의 역사가 우리에게 무엇인가를 가르쳐 주었다면 그것은 확실히 어떠한 체계도 성공적이었는지 성공적이지 못했는지 성공적으로 판단되지 못했다는 것이다.

그렇지만 더 깊은 차원에서 슐체는 회의주의에 대한 자기의 역사적인 변호에 그다지 많은 중요성을 두지 않는다. 회의주의에 대한 그의 궁극적 정당화는 도덕적인 것이다. 그에게 있어 회의적인 의심을 정당화하는 것은 역사도 순수 이성도 아니라 도덕적 명령, 즉 우리가 우리의 인식 능력을 완성해야 한다는 요구이다.[28] 회의주의자에게 있어 기본적인 신조는 인간 이성의 완성 가능성이라고 그는 『아이네시데무스』의 서문에서 쓰고 있다.[29] 하지만 완성 가능성은 무한한바, 다름 아닌 무한한 노력, 끊임없는 탐구의 노고를 요구한다. 이제 슐체에게 회의주의의 주된 목적은 바로 그러한 노력을 촉진하는 것이다. 회의주의자는 자기의 물음과 의심을 통해 탐구의 정신을 유지하고 자극한다. 그는 교조주의를 무자비하게 공격하는데, 왜냐하면 그것은 이미 진리를 완전히 소유하고 있다는 주제넘은 추정으로 탐구의 억제를 위협하기 때문이다. 실제로 회의주의자로 하여금 이미 지식이 존재함에 틀림없다는 주장만큼이나 지식이 있을 수 없다는 주장도 의심하도록 강요하는 것은 바로 우리의 이성을 완성해야 한다는 이러한 도덕적 의무이다. 그가 이 두 가지 주장——'교조적 회의주의자'의 주장과 '교조적 형이상학자'의 주장——을 모두 부정해야만 하는 까닭은 단적으로 그것들이 탐구의 진보에 심각한 위협을 제기하기 때문이다. 그것들은 지식이 이미 획득되었거나 그것이 결코 획득되지 않을 거라고 추정한다. 어느 경우이든 탐구를 발전시킬 지점은 존재하지 않으며, 이성은 자기 자신을 완성시킬 모든 동기를 상실한다. 슐체는 우리에게 우리가 무엇보다도 피해야 하는 것은 이성의 게으름을 승인하는 교설이라고 경고하는바——그러한 교설은 교조적 형이상학자에 의해서와 꼭 마찬가지로 교조적 회의주의자에 의해서도 지지받는다.

9.3. 라인홀트에 대한 비판

28 이것이 슐체의 핵심적 요점이라는 것은 거의 무시되어 온 초기 저작인 『철학 연구의 최고의 목적에 대하여*Ueber den höchsten Zweck des Studiums der Philosophie*』, pp. 99-100, 115-116으로부터 명백하다.

29 Schulze, *Aenesidemus*, p. ix.

그 장황한 부제 ─ 예나의 라인홀트 교수에 의해 제공된 근원 철학의 기초에 대하여 ─ 에 충실하게 슐체의 『아이네시데무스』는 주로 라인홀트의 근원 철학에 대한 비판이다. 이 책의 거의 3분의 2는 라인홀트의 『기여』, 특히 라인홀트가 자기의 근원 철학의 첫 번째 원칙을 재정식화하고 있는 제1권의 세 번째 논문에 대한 상세한 검토에 바쳐져 있다. 슐체는 칸트보다 라인홀트에게 더 많은 주의를 기울이는데, 왜냐하면 그는 [273]근원 철학이 비판 철학을 위한 기초를 제공한다는 라인홀트의 주장을 받아들이기 때문이다. 그는 칸트가 자기의 기본적 전제들 가운데 몇 가지를 검토하지 않으며, 자기의 첫 번째 원칙을 명백히 하는 데 실패한다는 라인홀트의 주장에 전적으로 동의한다. 따라서 슐체는 근원 철학을 가장 강력한 지점에서의 비판 철학에 대한 공격으로서 간주한다. 만약 근원 철학이 붕괴된다면 더 한층 강력한 이유로 비판 철학이 붕괴된다는 것이다.

슐체의 라인홀트 비판은 그야말로 어김없이 논쟁을 발생시켜 슐체의 동시대인들과 그와 마찬가지로 근대 역사학자들 사이에서 대립적인 반응을 불러 일으켰다. 슐체가 라인홀트를 완전히 파괴했다고 주장하는 사람들이 존재할 뿐만 아니라,[30] 또한 그가 요점을 완전히 놓쳤다고 주장하는 사람들도 존재한다.[31] 그러나 정확하고 공정하며 균형 잡힌 유일한 견해는 이 극단들 사이에 놓여 있다.[32] 비록 슐체의 이의 제기들이 종종 라인홀트의 일반적 프로그램에 대한 오해로부터 유래할지라도, 그것들

* *

30 예를 들면 Windelband, *Geschichte*, II, 193; Hartmann, *Idealismus*, p. 18; 그리고 Kroner, *Von Kant bis Hegel*, I, 325를 참조.

31 라인홀트에 대한 가장 최근의 유능한 옹호자는 Klemmt, *Reinholds Elementarphilosophie*, pp. 347ff.이다.

32 슐체의 장점에 대한 좀 더 균형 잡힌 칭찬은 Cassirer, *Erkenntnisproblem*, III, 168과 Erdmann, *Versuch*, V, 501, 506에서 발견될 수 있다.

은 보통 라인홀트의 표상 분석에 불리한바, 사실상 그것들은 다름 아닌 근원 철학의 완전한 개정을 요구할 정도로 불리한 영향을 미치고 있다. 슐체의 성취에 대한 이러한 좀 더 온건한 견해는 그의 가장 중요한 논증들 가운데 몇몇에 대한 다음과 같은 논평으로부터 출현한다.

비록 슐체가 근원 철학의 목표들에 대한 날카로운 해석자와는 거리가 멀다 할지라도, 그는 라인홀트를 내재적으로 비판하여 그의 실천을 그 자신의 이상에 따라 평가하고자 진지하게 시도하고 있다. 슐체는 처음부터 자신이 몇 가지 기본적인 점들에서 라인홀트에게 동의한다고 선언한다. (1) 철학이 학문의 이상을 실현할 수 있으려면 그것은 단일한 첫 번째 원칙에 토대해야 한다. (2) 이 첫 번째 원칙은 모든 철학의 가장 일반적 개념인 표상의 개념을 표현해야만 한다. 그리고 (3) 의식의 직접적이고 논란의 여지없는 사실들이 존재한다.[33] 그러고 나서 슐체는 이 세 가지 점들 각각에 상응하여 다음과 같은 세 가지 물음을 제기한다. 의식의 명제는 실제로 철학의 첫 번째 원칙인가? 라인홀트는 표상의 개념을 정확하고 철저하며 명확하게 분석했는가? 그리고 라인홀트는 의식의 사실들을 엄격하게 기술하며 참으로 그 자신의 이론의 현상학적 한계 내에 머무르는가?

근원 철학에 대한 공개적이고 불편부당한 검토를 확실히 하기 위해 슐체는 자기의 비판 기준들을 명시적으로 펼쳐 보인다.[34] 그는 자신에게 강력하지만 선결 문제 미해결의 오류를 범하지 않는 비판을 보장하기 위해서는 오로지 두 가지 기준만이, 즉 의식의 사실들과 일반적 논리 법칙들만이 필요하다고 주장한다. 이러한 기준들을 적용하여 슐체는 두

---

33 Schulze, *Aenesidemus*, pp. 41-42.
34 같은 책, p. 34.

가지 명제를 받아들이는데, 그것들을 그는 명시적으로 진술한다. 첫 번째 명제는 우리 내부에 표상들이 존재하는데, 그것들은 그것들을 서로 관계시키고 또 서로 구별시켜주는 특징들을 지닌다는 것이다. 두 번째 명제는 진리의 필연적 기준이 논리인바, 사실 문제에 관한 모든 추론은 [274]오로지 이 규칙들에 따르는 한에서만 옳음을 주장할 수 있다고 하는 것이다. 슐체에 따르면 이 명제들은 논란의 여지가 없으며, 모든 회의주의자는 그 자신의 회의주의가 자기 논박적이어서는 안 된다면 그것들을 긍정해야 한다. 따라서 그것들은 근원 철학의 평가를 위한 확실하고 불편부당한 토대로서 안전하게 이바지할 수 있다.

이러한 예비적인 요점들을 개진한 후 슐체는 곧바로 근원 철학에 대한 자신의 상세한 논평으로 나아간다.[35] 그는 라인홀트의 첫 번째 원칙, 즉 의식의 명제에 대한 주의 깊은 검토에서 시작한다. 슐체는 첫 번째 주된 이의 제기와 더불어 대담하지만 단순한 주장을 행한다. 비록 그것이 참일지라도 의식의 명제는 철학의 첫 번째 원칙일 수 없다는 것이다. 그것은 그러한 지위를 얻을 수 없는데, 왜냐하면 그것은 필연적으로 더욱더 고차적인 원칙, 요컨대 모순율에 종속되어 있기 때문이라고 슐체는 논증한다. 그것은 모순율에 종속되어 있는데, 왜냐하면 그것은 어떤 명제와도 마찬가지로 긍정되는 동시에 부정될 수 없기 때문이다. 오로지 이러한 토대 위에서만 슐체는 의식의 명제가 철학의 첫 번째 원칙일 수 없다고 결론짓는다. 왜냐하면 라인홀트 그 자신에 따르면 철학의 첫 번째 원칙은 완전히 '자기 결정적'이어야만 하는바, 다시 말하면 그 진리는 어떠한 다른 원리에도 의존할 수 없기 때문이다. 하지만 우리는 방금 의식의 명제가 모순율의 진리에 의존한다는 것을 보았다.

1792년에 『아이네시데무스』가 출판되기 전에도 라인홀트는 오랫동

---
35   같은 책, pp. 45-47.

안 이러한 이의 제기를 인지하고 있었다. 실제로 그는 이미 1791년에 『기초』에서 그에 대한 대답을 정식화했는데,[36] 이 대답을 피히테는 아주 설득력 있는 것으로 생각하여 그것을 『아이네시데무스』에 대한 자신의 논평에서 반복했다.[37] 그 대답에서 라인홀트는 의식의 명제가 모순율을 준수해야만 하며 그것에 모순될 수 없다는 소극적인 의미에서 모순율에 종속되어 있다는 것을 인정한다. 그러나 그는 그것의 진리가 모순율로부터 따라 나온다는 적극적인 의미에서 의식의 명제가 그것에 종속되어 있다는 것을 부정한다. 다시 말하면 그 명제의 현실성이 아니라 오직 가능성만이 모순율에 의존하는 것이다. 그것의 진리나 현실성을 규정하기 위해 우리는 우리의 직접적인 경험을 참조해야 한다. 이제 라인홀트가 보기에 이러한 단서는 철학의 첫 번째 원칙이라는 그 명제의 주장에 전혀 해가 되지 않는다. 첫 번째 원칙은 그 가능성에서가 아니라 오직 그 진리나 현실성에서만 자기 규정적이거나 독립적일 필요가 있다. 이것은 그것이 또한 지식의 가능성을 위해서가 아니라 오직 현실성을 위한 토대로서 작용해야 한다는 단순한 이유 때문이다. 그리하여 슐체는 첫 번째 원칙의 요점을 놓친다. 그것은 모든 지식이나 **참된 믿음**을 위한 기초이지 그 무엇이든 그리고 참이든 거짓이든 모든 믿음을 위한 기초가 아닌 것이다.

의식의 명제의 가능성과 현실성 사이의 라인홀트의 구별을 인정함에도 불구하고 슐체는 라인홀트에 대한 거의 주목받지 못했지만 흥미로운 대답을 가지고 있다.[38] 이 명제는 지식의 현실성에 대해서도 첫 번째 원칙일 수 없다고 그는 주장하는데, 왜냐하면 그것은 그 밑에 속하는

36   Reinhold, *Fundament*, pp. 84-86.
37   Fichte, *Werke*, I, 5.
38   Schulze, *Aenesidemus*, p. 47n.

표상의 특정한 종류의 어떤 것도 규정하거나 연역할 수 없는 표상의 발생적 개념만을 포함하기 때문이다. [275]여기서 슐체는 우리가 유('이것은 색깔을 지닌다')의 진리로부터 종(예를 들어 '이것은 빨갛다')의 진리를 추론할 수 없다는 논쟁의 여지가 없는 논리적 요점에 의거하고 있다. 이것은 실제로 의식의 명제에 대해서뿐만 아니라 라인홀트의 연역적 방법 전체에 대한 중대한 이의 제기이다. 나중에 칸트 자신이 피히테의 『학문론』을 맹비난하는 가운데 바로 이 요점을 지적한다.

의식의 명제에 대한 슐체의 두 번째 주요한 이의 제기는 부정하기가 훨씬 더 어렵다. 그는 그것이 절망적으로 모호하고 불명료하다고 주장한다.[39] 첫 번째 원칙이 그래야 한다고 라인홀트가 말하듯이 자기 설명적이고 정확하기보다는 그것은 여러 가지 상이하고 심지어 상반되는 해석들을 허용한다. 이 점은 특히 '관계'와 '구별'이라는 용어들에서 사실이라고 슐체는 주장한다. 주관은 표상을 그 자신과 대상에 다양한 방식으로, 즉 그 부분들에 대한 전체로서, 그 원인에 대한 결과로서, 그 형식에 대한 질료로서, 그것이 의미하는 것에 대한 기호로서 '관계'시킬 수 있다. 그것은 또한 이 모든 관점에서 표상을 그 자신과 대상으로부터 '구별'할 수 있다. 하지만 라인홀트의 용법은 어떤 특수한 의미가 이 용어들로 읽혀 들여야 할지에 대해 어떠한 암시도 주지 못한다.

의식의 명제에 대한 슐체의 세 번째 이의 제기는 그것이 보편적이지 않은바, 의식의 가능한 모든 상태에 대해 타당하지 않다는 것이다.[40] 그는 직관(Anschauung)을 반대 사례로 인용하여 그것에 부합하지 의식의 몇 가지 상태가 존재한다고 주장한다. 직관이란 주관이 자기의식적이지 않고 자기의 모든 주의를 자기의 대상에 맞추어 이를테면 '그 속에서

39   같은 책, pp. 48-52.
40   같은 책, pp. 53-55, 65.

사라지는' 표상이다. 하지만 의식의 명제에 따르면 주관은 자기 자신을 자기의 표상 및 자기의 대상으로부터 구별해야 한다. 그러나 이것은 명백히 직관의 경우에는 적용되지 않는다고 슐체는 주장하는데, 왜냐하면 주관은 대상에 대한 자기의 표상을 대상 그 자체로부터 구별할 수 없기 때문이다. 자기의 직관에 대해 반성하자마자 주관은 그것을 파괴하는데, 왜냐하면 그는 대상에 대한 직접적인 관계에 있기를 중단하기 때문이다. 따라서 슐체는 의식의 명제가 기껏해야 의식의 많은 상태에 대해서 타당하지만 결코 모든 상태에 대해 타당하지는 않다고 결론짓는다.

이 세 가지 이의를 제기한 후 슐체는 의식의 명제의 일반적인 논리적 지위에 대해 두 가지 마무리 짓는 비판적 논평을 행한다.[41] 그는 먼저 그 명제가 종합적인바, 그 진리가 라인홀트가 말하듯이 '의식의 사실'에 달려 있다고 지적한다. 그 진리가 경험에 토대하기 때문에 그것은 필연적이거나 확실할 수 없다는 것이 따라 나온다. 모든 경험적 일반화와 마찬가지로 그것은 쉽사리 가능한 반증을 당하지 않을 수 없다. 두 번째 논평에서 슐체는 그 명제가 추상, 즉 유사하지만 환원 불가능하게 특수한 경험 사례들로부터의 일반화라고 진술한다. 따라서 우리는 언제나 주관과 객관 그리고 표상을 명제에 의해 생략되거나 정확하게 표현되지 않는 어떤 규정적 관계에서 발견한다. 더 나아가 추상은 언제나 임의적인 일, [276]즉 다른 것이 아니라 이것의 이런저런 측면의 선택이기 때문에, 의식의 명제도 임의적이라는 것을 인정할 필요가 있다. 그렇다면 이 두 가지 논평은 슐체로 하여금 근원 철학의 기초가 확실하고 필연적인 것이 아니라 단지 개연적이고 임의적이라는 포괄적이고 비판적인 결론에 이르게 한다.

그러나 슐체의 마무리 짓는 논평들은 의식의 명제에 대한 그의 피상적

---

41 같은 책, pp. 56-58, 63-64.

이고 그럴듯하지 않은 해석을 드러낼 뿐이다. 그는 그것을 단순한 경험적 일반화로서 읽는다. 하지만 좀 더 심원하고 그럴듯한 해석이, 그리고 실제로 슐체의 해로운 결론들 모두를 피하는 해석이 가능하다. 라인홀트 명제의 철학적 요점을 인식하기 위해서 우리는 그것을 경험적 사실에 대한 기술이 아니라 의식의 조건들에 대한 논리적 분석으로서 해석해야만 한다. 이러한 좀 더 논리적인 독해에 따르면 이 명제는 의식에서 일어나는 것을 기술하지 않는다. 오히려 그것은 만약 표상이 (논리적으로) 가능할 수 있으려면 일어날 수 있어야만 하는 것을 분석한다. 라인홀트 자신이 『시도』에서 주장하듯이 그의 표상 이론의 과제는 표상에 관한 사실들을 발견하는 것이 아니라 표상의 개념을 분석하는 것이다.[42] 물론 슐체가 관찰하고 있듯이 라인홀트는 자신의 첫 번째 원칙이 '의식의 사실'에 관한 것이라고 말한다. 그러나 '사실'을 현실적인 사건으로서 해석할 필요는 없다. 그것은 또한 가능한 것, 다시 말하면 만약 표상이 가능할 수 있으려면 일어날 수 있어야만 하는 것일 수도 있을 것이다. 의식의 명제에 대한 이러한 좀 더 논리적인 독해는 그것이 단지 개연적이고 임의적이라고 하는 슐체의 비판을 완전히 배제한다. 사실 그것이 개연적이고 임의적이지 않은 것은 어떤 논리적 분석이 그렇지 않은 것과 마찬가지다.

　의식의 명제 이후에 슐체의 논박의 다음 과녁은 표상 능력(*Vorstellungs-vermögen*)의 존재에 대한 라인홀트의 논증이다. 주로 『기여』의 좀 더 짧은 해명에 토대하고 『시도』에서의 좀 더 세심하고 긴 설명을 무시하는 슐체의 라인홀트 이론에 대한 해석에 따르면 라인홀트는 표상들 그 자체의 존재를 설명하기 위해 표상 능력의 존재를 요청할 필요가 있다고

<hr />

42　Reinhold, *Versuch*, pp. 213-214, 221.

논증한다. 표상들의 존재를 위한 어떤 원인이 존재해야만 하는바, 그것은 '표상 능력'의 개념에 의해 정식화된다.

이러한 조야한 해석으로 무장한 슐체는 표상 능력에 대한 라인홀트의 요청에서 결함을 찾는 데 아무런 어려움도 겪지 않는다. 그는 다음과 같은 반대 의견들을 개진한다. (1) 라인홀트가 표상들 그 자체의 원인인 표상 능력의 존재를 요청할 때 그는 비판 철학의 기본적인 원리, 즉 범주들이 단지 가능한 경험 내에서만 적용될 수 있다는 것을 침해하는 잘못을 범한다. 그는 '인과성'과 '현실성'의 범주를 자신이 경험 그 자체에 주어질 수 없다고 인정하는 표상 능력에 적용한다. 하지만 동시에 [277]그는 지성의 개념들이 단지 가능한 경험의 영역 내에서만 타당하다는 칸트의 주장을 연역하려고 시도한다. 그래서 바로 표상 능력의 존재를 요청함으로써 근원 철학은 그 자신의 현상학적 한계를 초월하는 잘못을 범한다.[43] (2) 표상 능력의 속성들을 표상들 자체의 속성들로부터 추론하는 라인홀트의 절차는 부당하다. 능력이 원인이고 표상들이 그 결과들이기 때문에 이 절차는 원인의 본성을 그 결과들에서 추론하는 데 의거한다. 그러나 그러한 추론은 모두 불확실한데, 왜냐하면 결과의 본성은 결코 논리적으로 원인의 본성에 관한 어떠한 것도 수반하지 않기 때문이다. 더 나아가 이 경우 귀납 추론을 위한 어떠한 토대조차 존재하지 않는데, 왜냐하면 그 능력이 실제로 표상들과 연관되어 있는지를 볼 수 있는 그 능력 자체에 대한 어떠한 경험도 존재할 수 없기 때문이다.[44] (3) 표상 능력에 대한 라인홀트의 요청은 그것이 설명해야 하는 것의 명칭을 단순히 바꿔 부르는 것일 뿐이기 때문에 어떠한 설명적 가치도 지니지 않는다. 그것은 다만 표상의 조건들이 무엇인지를 진술하지 않는 그 조건들에 대한 집합

43   Schulze, *Aenesidemus*, pp. 79-80.
44   같은 책, pp. 80-81.

적 용어일 뿐이다. 표상들을 설명하기 위해 이 개념을 도입하는 것은 물을 스펀지에 달라붙게 만드는 것이 스펀지의 흡수력이라고 말하는 것과 마찬가지다.[45] (4) 표상들을 창조하는 능력이 없다면 그것들이 생각될 수 없다는 라인홀트의 논증을 승인한다 하더라도, 그로부터 그러한 능력이 존재한다는 것이 따라 나오지 않는다. 우리가 생각하지 않을 수 없는 것은 존재하지 않을 수 없는 것을 위한 어떠한 증거도 아닌데, 왜냐하면 이성에서의 필연성을 존재에서의 필연성과 구별하는 것이 필요하기 때문이다.[46] 이것은 사실 「변증론」에서의 칸트의 가르침인데, 물론 라인홀트는 그것이 자신의 표상 이론에 나타날 때 그것을 단적으로 무시한다. 교조적 형이상학자와 마찬가지로 그도 사유의 조건들을 실체화한다. 무조건적인 것이 없으면 조건들의 연쇄가 파악될 수 없기 때문에 형이상학자가 무조건적인 것의 존재를 추론하는 것과 꼭 마찬가지로, 라인홀트는 표상 능력이 없으면 표상들이 파악될 수 없기 때문에 표상 능력의 존재를 연역한다. 슐체에 따르면 회의주의자는 표상들의 존재를 이해될 수 있게 하기 위해 표상 능력을 파악하는 것이 필요하다는 것을 부정하지 않는다. 그러나 그는 단순히 그러한 능력을 파악할 필요가 있기 때문에 그것이 존재한다는 결론을 끌어내기를 거부한다. 일반적으로 회의주의자는 우리가 생각해야만 하는 것과 존재하는 것 사이에 엄격한 선을 긋는다. 그리고 그의 임무는 철학자들——특히 위선적인 비판 철학자들——이 그것을 부주의하게 넘어가지 못하게 막는 것이다.

그러나 라인홀트는 여전히 이러한 일련의 이의 제기들에 맞서 그럴듯한 방어선을 지니고 있다. 그는 그것들이 표상 이론에 대한 또 다른 조야한 경험주의적 해석에 의거한다고 대답할 수 있다. 그것들은 잘못되게도

45 같은 책, pp. 81-82.
46 같은 책, pp. 76-78.

이 이론이 표상들의 존재 원인에 대한 일차적 탐구라고 전제한다. 하지만 이것은 또다시 그것이 표상 개념의 논리적 조건들에 대한 엄격하게 이차적 검토라는 『시도』에서의 명시적인 경고에 위배된다. 표상 능력은 [278]표상들의 존재의 원인이 아니라 그것들의 가능성의 조건들을 표현하는 구성물이다. 그러므로 슐체는 은유를 마치 그것이 문자적 진리인 것처럼 해석하는 잘못을 범한다. 그가 일차 이론에 반대하여 제기하는 모든 이의 제기는 완전하게 올바를 수 있을 것이다──그러나 라인홀트가 무엇보다도 우선 일차 이론을 배제하는 것은 바로 그가 이러한 어려움들을 알고 있기 때문이다.

슐체가 이러한 반응을 예상하여 그에 대한 반격을 준비하는 것은 라인홀트에 대한 슐체의 검토가 지니는 철저함의 징표이다.[47] 만약 근원 철학의 과제가 단지 표상 개념을 분석하는 것뿐이라면 그것은 진리에 대한 모든 관심을 잃어버리고 단순한 개념 유희가 된다고 그는 쓴다. 표상의 개념이 라인홀트가 제시하는 함의들을 지니는 것은 사실일 수도 있다. 이 개념에 대한 그의 분석은 정확하고 철저할 수 있다. 그러나 그것은 여전히 그 개념이 대상을 지니는지 여부에 대한 물음을 열어 놓는다. 개념들에 대한 단순한 분석은 철학에서 결코 충분하지 않다고 슐체는 주장하는데, 왜냐하면 철학의 과제는 실재를 아는 것이지 단지 그에 대한 우리의 개념화를 아는 것이 아니기 때문이다. 그러고 나서 슐체는 라인홀트로 하여금 고통스러운 선택에 직면하게 한다. 만약 그의 이론이 이차적이라면 그것은 단순한 말장난이다. 그러나 만약 그것이 일차적이라면 그의 이전의 모든 이의 제기가 그것에 적용된다. 따라서 라인홀트는 무관성 아니면 비정합성에 직면한다.

----

47 같은 책, pp. 170-174, 146-153.

슐체는 다음으로 라인홀트의 표상 이론의 세부 사항들을 고찰하기 시작하여 『기여』의 세 번째 논문에서 라인홀트에 의해 연역된 명제들의 각각에 대해 논평한다. 슐체의 논박이 논란의 여지없이 자기의 과녁을 맞히는 것은 여기에서다. 그것은 더 이상 슐체가 거의 틀림없이 잘못 해석하는 라인홀트의 일반적 프로젝트를 비판하는 문제가 아니라 라인홀트의 추론에서 약점들을 발견하는 문제이다. 이것은 슐체가 대단한 변증법적 기술을 가지고서 처리하는 과제이다. 비록 라인홀트의 첫 번째 원칙과 일반 프로젝트에 대한 그의 논박이 가벼운 손상을 끼친다 할지라도, 라인홀트 이론의 세부 사항들에 대한 그의 공격은 거의 아무것도 남겨 놓지 않는다.

슐체는 먼저 표상이 두 가지 서로 구별되는 요소인 질료와 형식으로 구성된다고 생각한다고 라인홀트를 비판한다.[48] 라인홀트는 구별되는 것들에 관계하는 것은 구별되는 구성 요소들로 이루어져야만 한다고 논증한다. 따라서 표상은 주관과 객관이라는 두 가지 것에 관계되기 때문에 두 가지 구성 요소로 이루어진다. 하지만 슐체에 따르면 이 논증 배후의 전제는 단적으로 거짓이다. 구별되는 것들과 관계하는 것이 반드시 구별되는 구성 요소들로 구성되는 것은 아닌바, 예를 들어 삼각형의 한 면은 다른 두 면과 관계하지만, 바로 그 사실에 의해 그것이 두 개의 구별되는 구성 요소들로 이루어지는 것은 아닌데, 왜냐하면 다른 두 면에 관계하는 것은 그 면 전체이기 때문이다.

라인홀트를 전적으로 공정하게 대하기 위해 슐체는 그의 논증에 대한 또 다른 그럴듯한 정식화를 제안한다.[49] 그는 라인홀트의 모호한 '관계' 개념을 인과적 연관으로서 해석할 것을 제시한다. 그 경우 표상은 [279]주

• •
48 같은 책, pp. 142-143.
49 같은 책, pp. 143-145.

관과 대상의 인과적 활동의 결과라는 의미에서 그것들에 '관계'한다. 관계 개념에 대한 그러한 독해는 라인홀트에게 겉보기에 좀 더 쉽게 방어할 수 있는 전제를 제공한다. 즉 구별되는 원인들의 결과인 것은 구별되는 측면들이나 구성 요소들로 이루어진다는 것이다. 그러나 놀랄 것도 없이 슐체는 라인홀트의 논증에 대한 이 버전도 거부한다. 좀 더 면밀히 조사해 보면 새로운 전제도 똑같이 잘못된 것으로 판명되는데, 왜냐하면 한 사물의 동일한 구성 요소나 측면이 구별되는 원인들의 결과일 수 있기 때문이다. 더 나아가 그 전제가 옳다고 가정한다 하더라도 라인홀트는 그의 선행하는 명제들 가운데 어느 것도 주관과 대상이 표상의 원인임을 증명하지 않는다는 점을 고려하면 자기의 이론의 이 단계에서 그것을 도입할 권리를 지니지 못한다.

하지만 라인홀트가 표상을 두 가지 구성 요소로 나누는 것이 옳다고 가정한다 하더라도 그것들을 질료와 형식으로 부르는 것은 임의적이라고 슐체는 단언한다.[50] 표상을 주체와 관계시키는 것은 형식이고, 그것을 대상과 관계시키는 것은 질료라고 라인홀트는 말한다. "그러나 왜 그래야 하는가?"라고 슐체는 묻는다. 이 관계들을 기술하기 위해 형식과 질료 사이의 구별을 도입하는 것은 너무도 자의적이어서 라인홀트는 이 용어들을 반대로 사용할 수도 있을 것이다. 만약 그가 '형식'을 대상에 관계하는 것으로서 '질료'를 주관에 관계하는 것으로서 정의한다 하더라도, 거기에는 아무런 모순도 존재하지 않는다. 일반적으로 인정되고 있듯이 형식이 주관에 관계한다고 말하는 것이 좀 더 그럴듯한 것은 주관이 자기의 경험 내용을 창조할 수 없다는 것이 상식의 사실이기 때문이다. 그러나 슐체는 근원 철학이 자기의 추론을 상식의 단순한 '사실' 위에 놓을 권리를 지니지 않는다고 올바르게 지적한다. 라인홀트는 근원 철학

50 같은 책, pp. 157-158.

이 오직 그 첫 번째 원칙에서 연역된 명제들만을 인정한다고 주장한다. 그렇다면 상식에 대한 의존은 무슨 까닭인가?

라인홀트로 하여금 표상을 무엇보다도 우선 형식과 내용으로 나누도록 유혹하는 것은 다름 아닌 그의 엉성한 언어라고 슐체는 시사한다.[51] 그는 표상이 두 가지 것, 즉 주관과 대상에 '관계'하기 때문에 두 가지 구성 요소로 이루어져야 한다고 생각한다. 그러나 표상이 주관과 대상에 '관계'한다는 의미를 좀 더 조심스럽게 검토한다면 그는 그것이 동일한 의미에서 그것들과 관계하는 것이 전혀 아니라는 것을 발견할 것이다. 표상은 실체에 대한 속성으로서 주관과 관계하는 데 반해(따라서 우리는 주관이 '표상'을 가진다고 말한다), 대상에 대해서는 지시되는 것에 대한 기호로서 관계한다(따라서 우리는 표상이 사물 그 자체를 '표현'한다거나 '상징'한다고 이야기한다). 슐체는 이 의미들을 구체적으로 명시하는 것이 극도로 중요하다고 주장하는데, 왜냐하면 이것은 주관과 대상에 관계하는 것이 단지 그것의 한 부분이나 측면이 아니라 표상 전체라는 것을 명백히 해주기 때문이다. 주관의 속성인 것은 표상 전체(형식과 질료)이며, 대상의 기호인 것은 표상 전체이다. 이러한 서로 다른 관계들을 설명하기 위해 형식과 질료 사이의 구별을 도입하는 것은 완전히 쓸모없다. 왜냐하면 형식과 질료는 둘 다 주관의 속성들이고 지시되는 것의 기호들이기 때문이다.

[280]9.4. 칸트에 대한 메타-비판

비록 『아이네시데무스』가 주로 라인홀트에 대한 논박이라 할지라도,

---

51   같은 책, pp. 161-166.

그것은 여전히 칸트에 대한 수많은 이의 제기들을 담고 있다. 이것들은 사실 슐체의 무기고에서 가장 중요한 이의 제기들이다. 라인홀트에 대한 논박이 비판 철학에 대한 단 하나의 정식화와 그것에서 상당히 취약한 것을 다루는 데 반해, 칸트에 반대하는 논증들은 비판 철학의 기획 전체에 관한 것들이다. 슐체는 궁극적으로 칸트가 역사적으로나 철학적으로 가장 중요한 인물이라는 것에 대해 어떠한 착각도 지니고 있지 않다.[52] 그는 칸트가 라인홀트 배후의 지도 정신이자 비판 철학의 진정한 아버지임을 너무도 잘 알고 있다.

슐체의 논박은 거의 비판 철학의 종언을 의미하지 않는다. 비록 그가 대답되지 않은 채 놔두어서는 안 되는 몇 가지 흥미로운 물음을 제기한다 할지라도, 그의 이의 제기들의 대부분은 요점을 놓치는 가운데 비판 철학에 대한 조야한 심리학적 해석에 토대하고 있다. 그럼에도 불구하고 칸트에 대한 슐체의 오독은 교훈적이다. 아무리 잘못 겨누어졌을지라도 그의 이의 제기의 도전장은 만약 비판 철학자가 초월론 철학의 목적과 방법 및 담론에 관해 명확히 할 수 있고자 한다면 그에게 필요한 시련을 제공한다. 만약 칸트의 학생이 슐체에게 어떻게 대답해야 할지 알지 못한다면, 그는 초월론 철학 그 자체의 이념을 이해하고 있지 못할 가능성이 있다.

우리는 칸트에 반대하는 슐체의 논증들을 '논변들tropes', 즉 단일한 논증을 포함하는 짧은 논쟁적인 단락들로 정립함으로써 그것들을 쉽게 요약할 수 있다. 슐체 자신은 고대의 회의주의자들, 특히 아이네시데무스 자신에 의해 선호되었던 그러한 해명을 진심으로 지지할 것이다.

(1) 경험의 기원과 조건에 대한 어떠한 설명도 지식에 대한 비판 자신의 기준을 침해하지 않을 수 없다. 왜냐하면 이러한 기원과 조건은 그것

••
52   같은 책, pp. 305, 319.

들이 경험에 선행해야만 할 때 경험 그 자체 내에서 나타날 수 없기 때문이다. 하지만 비판의 인식 기준에 따르면 오직 가능한 경험 내에서만 인식이 존재한다. 따라서 초월론적 탐구——경험의 기원과 조건에 대한 조사——의 바로 그 본성은 비판의 인식 기준을 위반한다. 그리하여 칸트는 자기의 인식 기준과 자신의 초월론적 탐구 사이에서 선택해야만 한다.[53]

(2) 비판 철학의 목적과 수단 간에는 중대한 불일치가 존재한다. 그것의 목적은 이성의 조건과 한계에 대한 보편적이고 필연적인 지식을 획득하는 것이다. 그러나 그 수단은 우리의 내적 경험에 대한 관찰과 반성이다. 만약 비판 철학이 그 자신이 스스로 부과한 가능한 경험의 한계 내에 머물러야 한다면 그러한 것이 그 수단이어야만 한다. 그러나 그러한 수단은 비판 철학의 야심찬 목적에 완전히 부적합하다. 흄 이래로 보편적이고 필연적인 지식을 언제나 특수하고 우연적인 경험으로부터 도출하는 것이 가능하지 않다는 것은 상투적인 일이다. 내가 나의 내적 경험에서 관찰하는 것이 반드시 다른 사람들의 그것에 있는 것은 아니다.[54]

[281](3) 칸트가 지식을 현상들에 제한하는 것도 약간의 수정을 거쳐 그 자신의 초월론적 탐구에 대해 적용된다. 이 제한은 자기-재귀적인데, 왜냐하면 지식의 기원에 대한 탐구는 가설에 따라 오직 현상들에만 적용될 수 있는 인과성 범주를 채택해야 하기 때문이다. 따라서 칸트의 초월론적 탐구는 사물 자체로서가 아니라 단지 현상으로서의 지식의 능력에 대해 타당하다. 그렇다면 여기서 다시 칸트의 탐구와 그의 인식 기준 사이에서 갈등이 생겨난다.[55]

· ·
53 같은 책, pp. 127-129. Schulze, *Kritik*, II, 578, 230-233, 563-569, 579-580을 참조.
54 Schulze, *Aenesidemus*, pp. 309-312.
55 같은 책, pp. 133-134.

(4) 칸트의 초월론적 연역은 흄을 반박하는 것이 아니라 다만 그가 의문시하는 것, 즉 인과율을 전제할 뿐이다. 연역은 범주들이 경험에 적용된다는 것을 다만 초월론적 주관이 자연의 입법자라고 가정함으로써만 증명한다. 그러나 이 주관이 자연의 입법자이며 그가 자연이 그에 순응하는 법칙들을 창조한다고 가정하는 것은 인과율의 적용을 전제하는데, 그것은 단지 흄에 맞서 선결 문제 미해결의 오류를 범할 뿐이다.[56]

중요한 것은 술체가 이것을 모든 인식론의 일반적인 문제로서 바라본다는 점에 주목하는 것이다. 그가 보기에 인식론은 악순환에 사로잡혀 있다. 그것은 무전제적인 제일 철학이라고 주장한다. 그러나 지식의 기원을 조사하기 위해 그것은 인과율을 전제해야 한다. 따라서 인식론의 기획 전체는 인과성에 대한 흄의 회의주의 때문에 순조롭게 출발할 수 없다.[57]

(5) 칸트의 초월론적 주관 개념은 불명료하다. 그리고 우리가 그것을 어떠한 의미에서――즉 사물 자체로서나 예지체로서 또는 초월론적 이념으로서――해석하든 간에 그것을 지식의 기원이나 원천으로서 생각하는 것은 이치에 맞지 않는다. 만약 그것이 사물 자체라면 우리는 그것에 인과성 범주를 적용할 수 없다. 하지만 만약 그것이 예지체라면 그것은 순수하게 가지적인 존재자이거나 경험의 형식적인 통일(즉 통각의 통일)이다. 그러나 첫 번째 경우에 우리는 또다시 인과성 범주를 경험을 넘어서서 적용한다. 그리고 두 번째 경우에 우리는 단순한 개념이나 추상적 통일이 경험의 질서를 창조한다고 가정한다. 마지막으로 만약 그것이 단지 초월론적 이념일 뿐이라면, 우리는 그것에 대해 구성적 가치를 주장할 수 없다. 왜냐하면 칸트 자신이 모든 이념들은 오직 규제적 타당성

56 같은 책, pp. 94-105.
57 같은 책, pp. 135-136.

만을 지닌다고 주장하기 때문이다.[58]

(6) 경험의 조건에 대한 칸트의 추론은 그 자신의 초월론적 가상을 창조한다. 칸트에 따르면 초월론적 가상은 우리의 사유의 필연적 조건이 실체화되고 사물들 자체의 필연적 조건과 혼동될 때 발생한다. 그러나 칸트 자신의 초월론적 연역은 바로 이 오류를 범한다. 왜냐하면 그것은 정신을 자연의 입법자로서 생각할 필요가 있기 때문에 정신이 자연의 입법자이어야만 한다고 추론하기 때문이다. 이것은 물론 불합리한 추론이다. 그러나 그것은 또한 바로 칸트가 이성주의 형이상학에 전가하는 오류이기도 하다. 그리하여 칸트가 형이상학의 주된 오류로서 간주하는 것은 『비판』의 근본 오류이다.[59]

(7) 칸트의 철학은 최소한 그것이 일관적일 때 '형식주의'에 이른다. 다시 말하면 그것은 모든 실재를 다름 아닌 "정신의 형식들과 결과들의 집합"으로 환원하는 것이다. [282]물론 『순수 이성 비판』의 제2판에서 칸트는 「관념론 반박」을 덧붙이고 있는데, 거기서 그는 자기의 철학을 버클리의 철학으로부터 구별하려고 시도한다. 그러나 이 시도는 두 가지 이유로 실패한다. 첫째, 그것은 기껏해야 공간 안에 존재하는 영속적인 것들이 존재한다는 것을 보여줄 뿐이다. 그러나 그것은 물질적 대상들의 존재에 대한 증명에 이르지는 못한다. 그리고 둘째, 만약 칸트가 — 그가 일관적이어야만 하듯이 — 자기의 철학에서 사물 자체를 제거한다면, 그것은 모든 실재를 의식의 영역 내에 놓는 것에 있어 버클리의 철학과 동일하다.[60]

(8) 칸트의 도덕 신학, 즉 신과 불사성의 존재에 대한 그의 실천적

58   같은 책, pp. 116-130.
59   같은 책, p. 307.
60   같은 책, pp. 295-296, 202-206.

신앙은 극도로 취약한 기초, 즉 선결 문제 미해결의 오류 위에 세워져 있다. 칸트는 만약 최고선을 실현하는 것이 도덕적 의무라면, 또한 신과 섭리 그리고 불사성의 존재를 믿는 것이 필요한데, 왜냐하면 그것들이 이러한 이상의 실현을 위한 필요조건이기 때문이라고 논증한다. '해야 한다'가 '할 수 있다'를 함축한다고 하는 단순한 요점 위에 자기의 논거를 놓으면서 칸트는 의무의 이행을 위한 조건들(신과 섭리 그리고 불사성에 대한 믿음)을 의무 그 자체(최고선에 따라 행위할 의무)로부터 추론한다. 이제 최고선의 이상이 이러한 조건들을 필요로 한다는 것을 승인한다 하더라도 칸트의 논증은 선결 문제 미해결의 오류를 범한다. 물론 만약 최고선을 실현하는 것이 의무라면, 그 의무에 따라 행위하기 위한 조건들도 지배적이어야만 한다는 것은 사실이다. 하지만 문제가 되는 것은 무엇보다도 우선 과연 최고선을 실현해야 하는 의무가 존재하는가 하는 것이다. 이것이 문제가 되는 까닭은 바로 이러한 조건들(신과 섭리 그리고 불사성)이 지배적이라는 것이 의심스럽기 때문이다.[61]

이 논증의 실패로부터 배워야 할 중요한 교훈이 존재한다. 실천 이성은 이론 이성에 대해 판결을 내릴 권리를 지니지 않는다는 것이다. 우리는 단순히 실천 이성이 그것을 명령한다고 해서 신과 섭리 그리고 불사성을 믿어서는 안 된다. 명령은 적어도 그 이행을 위한 조건이 존재하는지를 의심하는 것이 가능할 때는 반드시 의무로 되는 것이 아니다. 그래서 실천 이성이 이론 이성에 대해 우선권을 갖는다기보다는 오히려 그 역이 사실이다. 이론 이성이 실천 이성에 대해 우선권을 지니는데, 왜냐하면 그것이 명령의 이행을 위한 조건들이 지배적인지의 여부를, 따라서 명령이 실제로 의무로 되는 것인지의 여부를 결정하기 때문이다.[62]

· ·
61   같은 책, pp. 326-331.
62   같은 책, pp. 334-336. 또한 칸트의 『단순한 이성의 한계 안에서의 종교』에 대한

9.5. 슐체의 회의주의의 강점과 약점

우리는 이렇듯 그야말로 밀집대형을 이루고 있는 논증들에 대해 어떻게 생각해야 하는가? 반성해 보면 그것들은 그렇게 보이는 것만큼 인상적이지 않다. 그것들 가운데 거의 모든 것이 비판 철학에 대한 심리학적 해석으로 고통을 겪고 있다. 이 해석 배후의 주된 전제는 칸트의 초월론적 탐구가 다만 그 존재론적 지위가 다른 일상적 사물들(배와 신발 그리고 봉인용 밀랍과 같은)과 동등한 정신의 인식 능력에 대한 일차적인 심리학적 조사일 뿐이라는 것이다. 그리하여 '지식의 조건'을 아는 것은 어떤 자연적 사건을 설명하는 것이 그 원인을 아는 문제인 것과 마찬가지로 다양한 종류의 표상들의 원인이나 기원을 아는 것이다. 그러므로 인식론을 형이상학으로부터 구별하는 것은 그 담론 유형이 아니라 단지 그 주제일 뿐이다.

하지만 그러한 해석은 확실히 칸트의 초월론적 기획의 단순화이다. '주관적 연역'이 아무리 중요하다 하더라도『비판』에서의 칸트의 주된 목표는 정신의 능력에 대한 일차적 탐구가 아니라 사물들에 관한 선험적 종합 판단에 대한 이차적 탐구를 수행하는 것이다.[63] 그는 표상의 인과적 조건들이 아니라 선험적 종합 판단의 진리 조건들을 알고 싶어 한다. 이러한 의도는 칸트가 초월론적 연역과 경험적 연역을 구별하는 것뿐만 아니라 또한 권리 문제quid juris와 사실 문제quid facti를 구별하는 것으로부터도 명백하다.

하지만 칸트의 초월론적 기획의 이차적 지위는 슐체의 논박 대부분을

●●
슐체의 논평, *NAdB* 16/1 (1794), 127-163도 참조.

63 *KrV*, A, xvii를 참조. 거기서 칸트는 주관적 연역이 대단히 중요하긴 하지만 자신의 주된 목적에 본질적이지는 않다고 말한다.

무효화한다. 일차적 탐구와 이차적 탐구 사이에는 근본적인 논리적 차이가 존재하기 때문에 칸트가 일차적 명제들에 적용하는 모든 제한이 이차적 명제들에도 유효하다는 것이 반드시 따라 나오는 것은 아니다. 더 나아가 선험적 종합 판단에 대한 분석은 인과율을 요구하지 않는바, 그리하여 칸트는 흄에 맞서 선결 문제 미해결의 오류를 범하고 있지 않다. 그래서 결국 실체화의 잘못을 범하는 것은 슐체이지 칸트가 아니다. 그는 칸트의 이차적 담론을 마치 그것이 일차적 담론인 것처럼 바라보며, 그리하여 진리 조건들을 인과적 조건들과 혼동한다.

칸트에 대한 오해에도 불구하고 슐체의 논증들 가운데 많은 것은 나름의 장점을 지닌다. 만약 우리가 칸트에 대한 심리학적 독해를 따른다면 그것들 가운데 거의 모든 것이 완벽하게 타당하다. 따라서 슐체의 논박의 가치는 바로 그것이 초월론적 기획에 대한 그러한 독해의 결과를 지적한다는 점이다. 그것들은 실제로 비판 철학의 자기 실체화에 대한 강력한 해독제이다.

그러나 칸트에 대한 슐체의 심리학적 해석은 단지 그의 회의주의에 존재하는 심각한 약점들 가운데 하나일 뿐이다. 슐체는 또한 철저한 회의주의자가 의문을 제기하는 몇 가지 매우 교조적인 전제들에 스스로를 맡긴다. 이것들 가운데 첫 번째는 그의 진리 대응 기준인데, 그것은 하나의 표상이 의식에서 따로 떨어져 존재하는 대로의 대상에 대응하는 한에서만 그것이 참이라고 진술한다. 이 기준은 슐체의 회의주의의 일반적 전제들 가운데 하나로서 우리가 사물들 자체에 대한 지식을 가질 수 없다는 그의 결론을 위한 토대를 제공한다. 그리하여 슐체는 우리가 우리 자신의 표상들 밖으로 나와 그것들을 대상 자체와 비교할 수 없기 때문에 우리는 실재를 알 수 없다고 논증한다. 슐체는 또한 칸트와 라인홀트에 대한 비판에서도 이 기준을 적용하여 그들을 '형식주의'와 '주관주의'라고 비난하는데, 왜냐하면 그들은 그 기준을 만족시킬 수 없기 때문이다. 그러나 [284]칸트가 초월론적 연역에서 묻는 것은 바로 이 진리 기준이다. 연역의 핵심적 논증들 가운데 하나는 만약 대응 기준이 종합의 그것으로 대체된다면 회의주의를 위한 여지는 존재하지 않는다는 것이다. 슐체가 이 논증을 다루는 데 실패하는 것은 그의 논박과 그의 회의주의 일반의 주요한 약점이다.

슐체 회의주의의 두 번째 교조적 전제는 사물들 자체의 존재에 대한 그의 믿음이다. 하지만 철저한 회의주의자나 일관된 비판 철학자는 이 믿음에 의문을 제기해야 한다. 그러나 이것은 슐체 회의주의의 주된 조항들 가운데 하나 ── 즉 사물들 자체에 대한 지식이 없었다는 것 ── 를 불합리한 것으로 만들 것인데, 그 까닭은 단적으로 알아야 할 어떠한 사물들 자체도 없기 때문일 것이다.

하지만 슐체 회의주의의 세 번째 부당한 전제는 직접적인 의식의 사실들이 존재한다는 것이다. 비판 철학자는 모든 표상이 의식에 들어가기 전에도 개념화되어 있어야만 한다는 근거에서 이러한 소박한 가정에 의문을 제기하고자 할 것이다. 실제로 칸트가 야코비의 직접적 직관에 반대하여 내놓는 모든 논증은 **약간의 수정을 거쳐** 슐체의 이른바 사실들에 적용된다.

슐체의 회의주의의 약점들은 그의 뒤를 잇는 철학자를 운명적인 교차로에 남겨 두었다. 그는 좀 더 엄밀한 비판 철학을 개발하여 그것의 이차적 담론을 정의하고 초월적 존재자를 제거하며 모든 심리학적 언어를 추방할 수도 있었다. 아니면 그는 사물들 자체의 존재에 의문을 제기하고 의식의 사실들의 직접성을 부정하며 칸트적 개념의 경험에 대한 적용 가능성에 도전하는 좀 더 근본적인 회의주의를 전개할 수도 있었다. 물론 가장 대담한 ── 그리고 역설적인 ── 발걸음은 이 두 경로를 그 막다른 최후까지 뒤따라가는 것일 터이다. 그러한 것이 슐체의 계승자, 살로몬 마이몬의 운명이었다.

제10장

마이몬의 비판 철학

10.1. 마이몬의 역사적 의의와 그의 사상의 통일성 문제

1789년 4월 7일에, 즉 라인홀트가 『시도』를 완성하기 겨우 하루 전에, 그리고 칸트의 『판단력 비판』이 출판되기 거의 1년 전에 칸트의 오랜 학생이자 친구인 마르쿠스 헤르츠는 자신의 이전 선생에게 무거운 소포를 보냈다. 소포에는 헤르츠의 친구에 의해 작성된, 『순수 이성 비판』에 대한 비판적 논평이라고 주장하는 방대한 원고가 들어 있었다. 이 원고는 의심할 여지 없이 특이했다. 투박한 독일어로 쓰인 그것은 체계적 질서를 갖고 있지 않았다. 그것은 또한 자기반성적이어서 그 자신에 대한 방대한 주해를 담고 있었다. 그럼에도 불구하고 헤르츠는 그 내용에 대해 대단히 커다란 확신을 갖고 있었다. 동봉한 편지에서 헤르츠는 칸트가 그 원고를 읽어줄 것을 부탁하며 그것을 그에게 추천하고 그것이 출판에 앞서 그의 축복을 받게 되기를 희망했다. 66세이자 건강이 좋지 않았고 『판단력 비판』을 끝내기를 갈망하고 있던 칸트는 자기의 나이와 건강을 변명으로서 내세워 소포를 거의 되돌려 보낼 참이었다. 그러나 대충 훑어본 후 그는 원고의 질에 대해 확신하게 되어 여러 장을 꼼꼼히 읽고 긴 답변을 쓰지 않을 수 없다고 느꼈다. 1789년 5월 26일에 쓰인 헤르츠에게 보낸 회신에서 칸트는 이 원고에 대한 다음과 같은 의견을 제시했다. "…… 그러나 대충 훑어보고서 곧바로 저는 그것이 지닌 장점을 인식하고 저의 반대자들 가운데 어느 누구도 저를 그토록 잘 이해하지 못했을 뿐만 아니라 거의 어느 누구도 이런 종류의 심오한 탐구에서 정신의 그토록 많은 통찰력과 예민함을 주장할 수 없을 것이라는 것을 알 수 있었습니다."[1]

이 이상한 원고의 저자는 그 자신이 매우 이상한 인물이었다. 사실 폴란드-러시아계 유대인이자 랍비인 그는 너무도 미천한 환경 출신이었고 그 당시에는 베를린에서 불안정한 생활을 하고 있었다. 대학 교육을 결코 받은 적이 없는 그의 유일한 철학적 훈련은 탈무드 전통으로부터 나왔다. 그의 모국어는 히브리어와 리투아니아어, 이디시어와 폴란드어의 거의 이해할 수 없는 조합이었기 때문에 베를린에 도착했을 때 멘델스존과 같은 숙련된 언어학자만이 [286]그를 이해할 수 있었다. 그의 삶은 기나긴 고뇌의 이야기였다. 그는 항상적인 가난 속에 살았다. 그는 자기 뒤에 파탄된 결혼을 남겼다. 그는 비정통적 견해 때문에 자기의 공동체로부터 추방되었다. 그리고 여러 해 동안 그는 심지어 방랑하는 거지이기도 했다. 당연히 그는 거의 사교 능력이 없는 사람이었다. 그는 조야하고 순진하고 단순했으며, 자기의 급진적 견해를 표현함에 있어 종종 당황스러울 정도로 솔직했다. 그는 종종 술을 마시고서 자신의 비참함을 잊었기 때문에 대부분의 시간을 선술집에서 보냈는데, 거기서 그는 흔들리는 탁자 위에서 자신의 철학을 쓰고, 누구든 약간의 술을 사고서 그와 즐거운 대화를 나눌 수 있었다. 요컨대 이 인물은 18세기 베를린의 라모의 조카였다. 그러나 우리는 잊어서는 안 된다. 그는 또한 칸트가 자신의 최선의 비판자로서 간주한 사람이기도 했다. 이 사람은 살로몬 벤 요슈

••
1   Kant, *Briefwechsel*, pp. 396ff.

아, 또는 그가 12세의 스페인-유대계 철학자인 모제스 마이모니데스를 존경하여 스스로 그렇게 부르길 좋아했듯이 살로몬 마이몬이었다.

마이몬의 기이한 원고의 제목은 『초월론 철학에 관한 시론』인데, 그것은 칸트 이후 관념론의 역사에 대해 제1의적인 중요성을 지닌 작품이다. 마이몬의 『시론』을 읽지 않고 피히테와 셸링 또는 헤겔을 연구하는 것은 흄의 『논고』를 읽지 않고 칸트를 연구하는 것과 마찬가지다. 칸트가 흄의 회의주의에 의해 일깨워졌던 것과 마찬가지로 피히테와 셸링 그리고 헤겔은 마이몬의 회의주의의 도전을 받았다. 그들을 칸트적인 선잠으로부터 흔들어 깨운 것은 초월론적 연역에 대한 마이몬의 공격이었다. 마이몬에 따르면 연역 배후의 핵심 물음——선험적 종합 개념들은 어떻게 경험에 적용되는가?——은 칸트적인 전제들 위에서는 해결될 수 없었다. 칸트는 지성과 감성 사이에 메울 수 없는 이원론을 창조함으로써 선험적 종합 개념들이 경험에 상응하는 것이 불가능해졌다. 이 논증은 피히테와 셸링 그리고 헤겔에 대해 새롭고 만만찮은 과제, 즉 연역의 문제에 대한 좀 더 그럴듯한 해결책을 찾아야 하는 과제를 만들어냈다. 칸트와 마찬가지로 그들도 선험적 종합 인식의 가능성을 옹호하기를 간절히 바랐다. 그러나 그들은 칸트의 이원론을 고려할 때 그러한 지식이 가능하지 않다는 마이몬의 요점을 인정해야 했다.[2]

그러나 마이몬은 칸트 이후 관념론의 근본적인 문제들 가운데 하나를 제기한 것만이 아니다. 그는 또한 그 문제에 대한 일반적으로 받아들여

----

2   피히테와 셸링에 대해 마이몬의 논증이 지니는 중요성은 그들의 몇몇 초기 저술로부터 명백히 드러난다. 피히테의 「비교」(1795), *Werke*, II, 440-441와 셸링의 『논고』(1798), *Werke*, I, 288-289를 참조. 피히테는 마이몬에 대한 자신의 빚을 명시적으로 인정했다. 그는 라인홀트에게 보낸 편지에서 다음과 같이 쓰고 있다. "마이몬의 재능에 대한 나의 존경은 한이 없습니다. 나는 비판 철학이 그에 의해 전복되었다고 확고하게 믿고 있으며 그것을 증명하고자 합니다." Fichte, *Briefwechsel*, III/2, 282를 참조.

지는 해결책을 제안했다. 그의 『시론』에 따르면 비판 철학은 오직 형이상학적 전통의 기본적 주제들 가운데 몇 가지를 통합하는 한에서만 연역의 문제를 해결할 수 있다. 만약 선험적 종합 개념들이 경험에 적용될 수 있으려면 라이프니츠와 말브랑슈의 무한한 지성의 이념, 즉 우리의 유한한 지성 내에 현재하고 경험의 형식뿐만 아니라 내용도 창조하는 무한한 지성의 이념을 요청하는 것이 필요하다. 오로지 그러한 이념만이 연역의 문제를 해결한다고 마이몬은 논증하는데, 왜냐하면 오로지 그것만이 칸트의 문제가 있는 이원론을 극복하기 때문이다.

마이몬의 이 이론은 피히테와 셸링 그리고 헤겔에게 주목할 만한 충격을 주었는데, 그들은 모두 그 배후의 주된 원리를 받아들였다. 마이몬 덕분에 [287]칸트적인 초월론적 자아는 새로운 형이상학적 지위를 획득했다. 그것은 유한한 주관과 객관을 통합하여 모든 개인의 의식 내에 현재하는 단일한 보편적 주체가 되었다. 그리하여 마이몬의 무한한 지성은 피히테의 자아와 헤겔의 정신의 선구자이다.

『시론』에서 형이상학적 전통에 대한 마이몬의 옹호는 칸트 이후 철학의 역사에서 새로운 장을 열었다. 그것은 비판적 관념론으로부터 사변적 관념론에로의 결정적 이행을 나타낸다.[3] 칸트의 비판적 관념론과 대비하여 피히테와 셸링 그리고 헤겔의 사변적 관념론을 특징짓는 것은 이성주의 전통으로부터의 형이상학적 이념들의 재현이다. 칸트가 인간 지식의 한계에 대한 침해로서 금지한 것을 피히테와 셸링 그리고 헤겔은 비판 철학 그 자체의 필연성으로서 바라보았다. 그런데 마이몬은 이러한 변형 배후의 결정적 인물이었다. 비판 철학의 문제틀 내부로부터 형이상학적 이념들을 되살려냄으로써 그는 그것들에게 새로운 정당성을 부여하고 형이상학의 비판적 부활을 위한 가능성을 열었다.

• •
3   여기서 나는 Atlas, *Maimon*, 1ff., 331ff.를 따른다.

비록 마이몬의 역사적 중요성이 일반적으로 인정되고 논란을 넘어선 문제라 할지라도, 그의 철학에 대한 적절한 해석에 관해서도 동일한 것이 말해질 수는 없다. 마이몬의 철학은 모호하기로 악명 높으며, 여러 세대에 걸친 해석에도 불구하고 가장 기본적인 문제에 대한 어떠한 합의도 존재하지 않는다. 마이몬을 해석하는 어려움은 한편으로는 그의 모호성에서, 다른 한편으로는 그의 견해의 몇 가지 중요한 변화들에서, 그리고 무엇보다도 우선 그의 철학의 바로 그 구조에서 유래한다. 그의『전기』에서 마이몬은『시론』을 **연합 체계**Koalitionsystem라고 기술하는데, 이것은 실제로 전체로서의 그의 사유에 대한 적절한 기술이다.[4] 그의 철학은 이성주의와 회의주의 그리고 비판주의의 분명히 역설적으로 보이는 연합이다. 겉보기에 모순되는 이 요소들이 과연 정합되는지, 그리고 정합된다면 어떻게 그러한지가 마이몬을 해석할 때의 핵심적인 문제이다.

마이몬의 사유의 정합성 문제는 대체로 그가 과연 회의주의와 교조주의라는 극단들 사이의 비판적인 가운뎃길을 발견하는가 아니면 결국 이러한 익숙한 딜레마에 사로잡히는가 하는 쟁점으로 귀결된다. 이 쟁점은 분명히 마이몬 철학의 일반적 목적을 이해하는 데 필수적이다. 만약 그것이 이 딜레마로 끝난다면 그것의 목적은 칸트를 공격하는 것이다. 그러나 만약 그것이 가운뎃길을 발견한다면 그 목표는 칸트를 재구성하는 것이다. 이 쟁점의 중요성에도 불구하고 마이몬에 대한 해석에 관해서는 거의 동의가 존재하지 않는다.[5] 마이몬이 칸트를 파괴하기를 원했

••
4   Maimon, *Werke*, I, 557.
5   그리하여 쿤체와 에르트만은 회의주의를 마이몬의 최종적인 입장이라고 본다. Kuntze, *Die Philosophie Maimons*, p. 41과 Erdmann, *Versuch*, V, 536을 참조. 하지만 아틀라스는 마이몬의 철학이 교조주의인가 회의주의인가의 딜레마로 끝난다고 생각한다. Atlas, *Maimon*, pp. 16-18을 참조. 오로지 카시러만이 마이몬은 비록 개요에서이긴

는지 아니면 구원하기를 원했는지는 여전히 해결되지 않은 물음이다.

독자에게 마이몬의 **연합** 체계가 지닌 각각의 측면에 대한 일반적 입문을 제공하는 가운데 나는 또한 이 장에서 마이몬 사유의 내적 통일성 문제에 대한 해결책의 개요를 제시하고자 시도할 것이다. 나는 마이몬 철학에는 실제로 정합성이 존재하며, [288]그는 회의주의와 교조주의 사이의 비판적 가운뎃길을 정식화한다고 논증할 것이다. 하지만 인정할 필요가 있는 것은 마이몬이 자신의 생각에 일관성과 체계적 구조를 부여하는 중추적 이념들을 결코 조심스럽게 상론하지 않았다고 하는 것이다. 그의 철학에서의 많은 것들과 마찬가지로 이 이념들도 제안에 지나지 않았다. 그 이념들의 완전한 함의를 전개하는 것은 피히테, 즉 마이몬의 위대한 계승자에게 속했다.

10.2. 마이몬의 회의주의

그의 『철학적 서한집』에서 마이몬은 철학에 대한 자신의 중심 관심사에 대한 뜻깊은 진술을 행하고 있다.[6] 첫 번째 원칙에 대한 라인홀트의 요구에 대답하면서 마이몬은 철학에 대한 자신의 일차적인 관심은 우리의 모든 지식을 체계화하는 원칙들을 찾는 것이 아니라 과연 이 원칙들이 참인지 여부를 규정하는 것이라고 천명한다. 그에게 문제가 되는 것은 '원칙의 형식적 탁월성', 즉 그것이 명석하고 판명하며 우리의 모든 지식을 체계화하는지의 여부가 아니라 그것의 '실질적 진리', 즉 그것이 사실

할지라도 가운뎃길을 지니고 있다고 생각한다. Cassirer, *Erkenntnisproblem*, III, 103을 참조.

6   Maimon, *Werke*, IV, 263-264.

들에 적용되거나 그것들에 대응하는지의 여부이다. 그리하여 마이몬이 보기에 철학자가 제기할 수 있는 가장 중요한 물음은 사실 문제*quid facti?* — 어떤 사실이 원칙을 참으로 만드는가? 하는 것이다.

마이몬의 회의주의는 이러한 철학적 관심사의 직접적 결과이다. 마이몬에 따르면 회의주의자는 원칙의 형식적 덕목보다는 진리에 대해 일차적 관심을 지니는 철학자다. 회의주의자를 비판 철학자로부터 구별시켜 주는 것은 회의주의자가 언제나 사실 문제를 제기한다는 사실이라고 그는 『답사*Salomon Maimon's Streifereien im Gebiete der Philosophie*』에서 쓰고 있다.[7] 비판 철학자의 과제가 선험적 종합 개념들이 경험에 적용되는 필요조건들을 발견하는 것인 데 반해, 회의주의자의 과제는 이 조건들이 실제로 얻어지는지 여부를 규정하는 것이다.

마이몬의 회의주의의 중심 테제는 경험에 대한 선험적 종합 인식이 있을 수 없다는 것이다. 마이몬은 자신의 회의주의적인 사실 문제를 비판 철학에 적용하여 칸트의 선험적 종합 원칙들이 감각 직관에 적용된다는 어떤 증거가 존재하는지 물음을 제기한다. 그는 이 물음에 대해 분명하고 단호한 "아니오"로 대답한다. 그는 흄이 그랬던 것처럼 우리 감각의 모든 증거는 우리에게 구별되는 사건들 사이에서 단지 항상적인 연접을 보여줄 뿐 어떤 보편적이고 필연적인 연관성을 결코 보여주지 않는다고 논증한다. 슐체와 마찬가지로 마이몬도 흄의 회의주의에 매혹되어 칸트가 과연 자연 과학의 가능성을 흄의 의심으로부터 구해내는지를 의심한다. 그의 회의주의는 슐체의 것에 못지않게 칸트에 대한 흄적인 역습이다.

마이몬의 회의주의의 주된 과녁은 칸트의 초월론적 연역이다. 슐체와 마찬가지로 마이몬도 연역이 선결 문제 미해결의 오류로서 바로 흄이

7   같은 책, IV, 79-80.

의문시하는 것을 전제하고 있다고 주장한다.[8] 마이몬의 해석에 따르면 연역은 선험적 종합 원칙들이 [289]가능한 경험의 필요조건임을 증명하려고 시도하는데, 여기서 '경험'은 단지 서로 구별되는 표상들 사이의 우연적인 항상적 연접으로서가 아니라 그것들 사이의 보편적이고 필연적인 연관성으로서 이해되고 있다. 비록 마이몬이 연역의 논증, 즉 가능한 경험은 범주의 적용을 필요로 한다는 것을 인정하고자 함에도 불구하고, 그는 여전히 그 전제, 즉 가능한 경험이 존재한다는 것을 논박한다. 만약 우리가 우리의 감각 인상들을 자세히 검토한다면 우리가 발견하는 모든 것은 우연적인 항상적 연접들이라고 그는 주장한다. 마이몬은 문제를 다음과 같은 방식으로 정립한다. 칸트는 권리 물음에 대답한다. 어떤 조건들 하에서 선험적 종합 원칙들은 경험에 적용되는가? 그러나 그것은 사실 물음을 남겨 놓는다. 이 조건들은 실제로 사실인가?

초월론적 연역이 선결 문제 미해결의 오류라는 마이몬의 논증은 선험적 종합 원칙들이 경험에 적용될 수 있는 가능성을 여전히 열어 놓고 있다. 마이몬은 단지 연역의 이 전제에 대해 의문을 제기했을 뿐이다. 그러나 그는 그것을 반박하지 않았다. 그럼에도 불구하고 그의 회의주의는 여기서 멈추지 않는다. 그는 선험적 종합 원칙들을 경험에 적용하는 것이 불가능하다는 것을 보여주기 위해 고안된 추가적인 논증들을 가지고 있다. 마이몬의 주된 논증은 칸트가 자신의 선험적 종합 개념들이 후험적 직관들에 언제 적용되는지를 규정할 기준을 가질 수 없다고 하는 것이다. 다시 말하면 그는 이 개념들이 언제 적용되는지를 알 수 있는 방법을 전혀 지닐 수 없는데, 왜냐하면 그는 그것들이 적용되는 경우들을 그것들이 적용되지 않는 경우들로부터 구별할 수단을 갖고 있지 않기 때문이다. 이러한 기준이 없다면 이 개념들이 도대체 적용된다는 믿음을

••
8   같은 책, IV, 72-73; II, 186-187; V, 477-479; VII, 55-59.

위한 토대는 존재하지 않는다. 왜냐하면 만약 그것들이 어떤 특수한 경우에 적용된다는 것이 의심스럽다면 또한 그것들이 일반적으로 적용된다는 것도 의심스럽기 때문이다.

자신의 논점을 증명하기 위해 마이몬은 경험도 지성도 선험적 개념들을 후험적 직관들에 적용하기 위한 기준을 제공하지 않는다고 논증한다.[9] 한편으로 경험 그 자체에는 선험적 개념이 언제 경험에 적용되는지를 우리에게 말해주는 것이 아무것도 없다. 지각들의 우연적인 항상적 연접은 그 경험적 내용에서 그것들 사이의 보편적이고 필연적인 연관성과 동일하다. 또는 흄이 말하듯이 우리 감각의 모든 증거는 다만 사건들 사이의 우연적인 연접이 존재한다는 믿음을 정당화할 뿐이다. 다른 한편 선험적 개념에는 그것이 언제 경험에 적용되는지를 우리에게 말해주는 것이 아무것도 없다. 선험적 개념은 칸트의 용어들을 사용하자면 '대상 일반'에 적용되는데, 그것은 선험적 개념이 가능한 모든 대상에 적용될 수 있다는 것을 의미한다. 개념은 그것이 너무 일반적인 까닭에 단적으로 그것이 우리의 실제적 경험에서 특수하게 어떤 대상에 적용되는지를 명시하지 않는다. 예를 들어 인과성 범주는 다만 어떤 사건 B에 대해 보편적이고 필연적인 규칙에 따라 그에 선행하는 어떤 앞선 사건 A가 존재해야만 한다고 진술할 뿐이다. 하지만 우리의 실제적 경험에서 어떤 사건이 원인이고 따라서 비어 있는 변수 A의 역할을 채우는가를 결정하는 문제는 우리에게 남겨져 있다. 비록 어떤 사건이 인과성 범주에 따라 어떤 원인을 가질지라도, 그 원인이 무엇인지는 무규정적이다. 이 범주는 [290]어떤 사건에 대해 무한한 숫자의 원인들을 열어 놓는바, 예를 들면 그것은 불이 연기의 원인이라고 하는 것과 마찬가지로 연기가 불의 원인이라고 하는 것과도 양립할 수 있다.

• •
9   같은 책, II, 187-188, 370-373; V, 489-490.

자신의 입장을 강화하기 위해 마이몬은 또한 칸트가 『순수 이성 비판』의 "도식론" 장에서 범주들을 적용하는 문제에 대한 어떠한 해결책도 갖고 있지 못하다고 논증한다.[10] 우리로 하여금 선험적 개념들을 후험적 직관에 적용할 수 있게 해주는 것은 내감의 선험적 형식, 즉 시간이라고 칸트는 믿는다. 이 능력은 개념에 시간적 의의를 부여함으로써 개념의 적용을 규정한다. 예를 들어 원인의 범주는 원인이 선행하는 것이고 결과는 뒤따르는 것인 시간적 연속에 적용된다. 그러한 시간적 의의가 부여된 인과성 범주는 오직 불이 연기의 원인이라고 하는 것과 같은 일정한 연속들과만 양립하게 되지 그 역은 아닌데, 왜냐하면 불은 시간적으로 연기에 선행하기 때문이다. 그러나 마이몬은 이것이 여전히 충분한 기준은 아니라고 대답한다. 문제는 내 감각의 모든 증거가 이 범주의 적용을 보증하지 않는다는 점이다. 비록 내가 불이 연기에 선행하는 것을 항상적으로 관찰한다 할지라도 이것은 불과 연기 사이에 보편적이고 필연적인 연관성을 돌리는 인과성 범주의 적용을 정당화하지 못한다. 그렇다면 단지 우연적인 항상적 연접만이 있는 경우와 보편적이고 필연적인 연관성이 있는 경우를 구별하는 수단은 전혀 존재하지 않는다. 비록 칸트가 범주의 적용이 그것의 시간적 도식을 아는 것을 요구한다고 생각하는 것이 옳다 하더라도, 그가 이것이 범주의 적용의 충분조건이라고 결론짓는 것은 잘못인데, 왜냐하면 시간적 도식을 아는 것이 범주를 적용하는 것을 정당화하지는 않기 때문이다.

가능한 모든 탈출로를 차단한 마이몬은 「유추들」에서의 개별 범주들에 대한 칸트의 연역이 그로 하여금 범주들을 경험에 적용하기 위한 기준을 제공하는 데 더 가까이 다가서게 하지 못한다고 주장한다.[11] 예를

<hr />

10 같은 책, V, 191-192.
11 같은 책, II, 187-188.

들어 두 번째 유추에서 칸트는 지각들의 객관적 연속과 주관적 연속을 구별하는 기준을 수립하려고 시도하는데, 거기서 객관적 연속은 인과성 범주에 부합하지만 주관적 연속은 그렇지 못하다. 이 기준은 지각들의 연속의 비가역성이다. 만약 지각들의 연속(A, B)이 비가역적이고 그리하여 지각 B가 A를 뒤따라야만 한다면, 그 연속에게는 객관성을 돌릴 수 있으며 그리하여 (A, B)는 단지 나의 지각들의 우연한 순서가 아니라 사건들 그 자체의 순서이다. 그렇다면 칸트의 논증은 비가역적 연속(A, B)이 인과성 범주에 부합한다는 것이다. 그러나 마이몬은 이것이 단지 문제를 다른 단계로 밀어 넣을 뿐이라고 지적한다. 비록 칸트의 논증이 옳을 수도 있겠지만——지각들의 객관적 연속은 비가역적이고 인과성 범주에 속한다——, 그것은 지각들의 연속이 언제 비가역적인지를 어떻게 알 수 있는가 하는 문제를 해결하지 못한다. 우리의 경험 그 자체에는 표상 B가 언제나 A를 뒤따라야만 한다는 의미에서 지각들의 연속이 비가역적이라는 것을 보여주는 것은 아무것도 없다. 다시 말하면 우리의 경험이 우리에게 보여주는 것은 다만 [291]A 다음에 B의 항상적인 연접일 뿐인바, 그것은 그 연속을 인과성 범주 아래 포섭하기에 충분하지 않은 것이다. 그러므로 마이몬은 「유추들」이 인과성 범주가 언제 지각들의 연속에 적용되는지를 규정하기 위한 규칙을 지니지 못하는 판단 능력을 남겨 놓는다고 결론짓는다.

칸트가 선험적 종합 개념들을 경험에서의 특수한 경우들에 적용하기 위한 기준을 지니고 있지 못하다는 논증에 더하여 마이몬은 초월론적 연역의 가능성에 반대하는 또 다른 중요하고 훨씬 더 영향력 있는 논증을 가지고 있다. 선험적 개념들의 경험에 대한 적용을 막는 것은 또한 지성과 감성 사이의 칸트의 근본적 이원론이라고 그는 주장한다.[12] 나는 이미 이 논증의 역사적 의의에 주목한 바 있지만, 이제는 그것의 논리적 세부 사항을 살펴보기로 보자.

칸트가 지성과 감성을 두 개의 완전히 독립적이고 이종적인 능력으로 나누는 것은 유명하다. 이 능력들은 서로로부터 독립적인데, 왜냐하면 지성이 감성에서 도출되지 않는 선험적 개념들을 창조하는 데 반해, 감성은 지성에서 나오지 않는 직관들을 수용하기 때문이다. 그것들은 또한 이종적이기도 한데, 왜냐하면 지성은 순수하게 지적이고 활동적이며 공간과 시간을 넘어서 있는 데 반해, 감성은 순수하게 경험적이고 수동적이며 공간과 시간 안에 있기 때문이다. 마이몬에 따르면 칸트의 지성-감성 이원론은 데카르트의 심-신 이원론과 유사한바, 후자의 모든 문제는 약간의 수정을 거쳐 전자에 적용된다. 비록 더 이상 서로 구별되는 종류의 존재나 실체들—사고하는 정신과 연장된 육체—사이의 이원론은 존재하지 않는다 하더라도 이제는 의식 그 자체의 영역 안에 있는 능력들 사이에 똑같이 날카로운 이원론이 존재한다. 그리고 데카르트가 정신과 육체와 같은 독립적이고 이종적인 실체들이 어떻게 서로 상호작용하는지를 설명할 수 없는 것과 마찬가지로 칸트도 그러한 독립적이고 이종적인 능력들이 서로 어떻게 상호작용하는지를 해명할 수 없다.

이제 마이몬은 만약 지성과 감성이 서로 상호작용할 수 없다면, 지성의 선험적 개념들이 감성의 후험적 직관들에 적용되는 것은 거의 가능하지 않다고 논증한다. 칸트 자신에 따르면 선험적 개념들은 지성과 감성 사이에 가장 친밀한 상호작용이 존재하는 한에서만 경험에 적용된다. 지성은 경험의 형식을 산출하기 위해 감성에 작용해야 하는 데 반해("개념 없는 직관은 맹목적이다"), 감성은 지성의 개념들에 내용을 주기 위해 자기의 직관들을 제공해야 한다("직관 없는 개념은 공허하다"). 그러나 마이몬은 다음과 같이 묻는다. 만약 지성과 감성이 그렇듯 완전히 독립

••
12   같은 책, II, 62-65, 182-183, 362-364.

적이고 이종적인 능력들이라면 어떻게 그것들은 서로 상호작용할 수 있는가? 지성은 어떻게 비지성적이고 형식을 지니지 않는 것으로부터 지성적 형식을 창조할 수 있는가? 지성은 어떻게 자기의 통제 아래 있지 않은 것(주어진 것)을 자기의 통제 아래로 가져올 수 있는가? [292]지성의 순수하게 무공간적이고 무시간적인 활동이 어떻게 감성의 형식들에 의해 창조된 공간적이고 시간적인 세계에 실제로 작용할 수 있는가? 이 모든 물음들은 칸트의 본원적인 이원론을 고려하면 대답될 수 없다고 마이몬은 주장한다. 만약 지성이 자기의 법칙들에 따라 감성의 직관들을 창조하거나 감성이 자기의 법칙들에 따라 지성의 개념들을 산출한다면 선험적 개념들을 감각적 직관들에 적용하는 문제는 결코 존재하지 않을 것이다. 그러나 칸트는 이 두 가지 선택지를 처음부터 배제한다. 그는 라이프니츠가 직관들을 지성화하는 것은 로크가 개념들을 감각화하는 것만큼이나 잘못이라고 말한다. 그렇지만 만약 이 선택지들 가운데 어느 하나가 옳다면 애당초 선험적 개념들을 후험적 직관들에 적용하는 문제 전체가 발생하지 않을 것인데, 왜냐하면 그 문제는 지성-감성 이원론에 의해 창조되기 때문이다. 그리하여 마이몬은 초월론적 연역의 문제를 만들어내는 바로 그 이원론이 그것을 해결할 가능성을 방해한다고 언급한다.

마이몬 회의주의의 주된 결과는 비판 철학 그 자체의 맥락 내에서 회의적 의심의 도전을 다시 새롭게 한다는 것이다. 전통적 회의주의에 따르면 우리는 외부 세계에 대한 우리의 지식을 의심할 이유를 지니는데, 왜냐하면 우리는 우리 자신의 표상들이 과연 그것들로부터 따로 떨어져서 그것들에 앞서 존재하는 실재에 상응하는지를 보기 위해 그 표상들 바깥으로 벗어날 수 없기 때문이다. 슐체와는 달리 마이몬은 이러한 진리 기준——표상의 외부 대상과의 대응——이 그것을 명백히 부정하고 진리 기준을 의식 그 자체 내부에 두는 비판 철학에 대해 적용될 수 없다는 것을 올바르게 파악한다.[13] 그럼에도 불구하고 마이몬은 비록 우리가 비판 철학의 정신을 고수하여 대상에 상응하는 표상들에 대한 모든 이야기를 제거하고 진리 기준을 의식 그 자체 내에 둔다 할지라도 회의적 의심을 위한 새로운 토대가 생겨난다는 것을 보여준다. 진리가 표상들의 외부 대상과의 일치가 아니라 서로 구별되는 표상들 사이의 일치라고 가정한다 하더라도, 여전히 지성의 선험적 개념들과 감성의 선험적 직관들과 같은 이종적인 표상들이 어떻게 서로 상응할 수 있는가 하는 문제가 발생한다. 마이몬에 따르면 회의주의적인 문제가 되돌아오는 까닭은 단적으로 이러한 표상의 종류들 사이에 다리를 놓을 수 없는 그러한 이원론이 존재하기 때문이다. 이러한 이원론이 극복될 수 없는 것은 우리가 그렇듯 구별되는 표상들이 서로 어떻게 대응하는지에 대한 기준을 지니고 있지 않기 때문이거나 아니면 그것들이 서로 상호작용할 수 없는 그러한 이종적이고 독립적인 능력에서 유래하기 때문이다. 마이몬은 『답사』의 인상적인 한 구절에서 칸트의 곤경을 다음과 같이 요약하고 있다. "철학은 초월론적인 것으로부터 특수한 것에로의 이행을 가능하게 만드는 다리를 세울 수 없었다."[14] 중요한 것은 마이몬이 이러한 비판주의적인 결론에 도달하는 것이 칸트에 대한 내재적 비판에 의해서, 즉 비판 철학의 인식 기준에 충실하게 머무는 것에 의해서라는 것을 파악하는 것이다. 그리하여 [293]마이몬 회의주의의 궁극적인──그리고 매우 위협적인──메시지는 비판 철학이 그 자신의 용어로 정식화될 때에도 지식의 문제를 해결할 수 없다고 하는 것이다.[15]

* *
13 같은 책, V, 426-427.

14 같은 책, IV, 38.

15 칸트 자신은 이 요점을 놓친다. 마이몬의 『시론』에 대한 대답에서 칸트는 자기가 단적으로 의식의 영역 내에 머무름으로써 마이몬의 이의 제기를 극복할 수 있다고 논증한다. 그는 경험이 사물들 자체의 영역으로서 이해되는 한에서만 선험적 개념들과

10.3. 무한한 지성의 이념

우리가 마이몬의 연합 체계의 한 면, 즉 그것의 흄적인 회의주의를 검토했으므로 이제는 그것의 다른 면, 즉 그것의 라이프니츠적인 이성주의로 향할 때이다. 마이몬 철학의 이 측면은 칸트에게 그것의 회의주의만큼이나 커다란 도전을 제공한다. 마이몬은 칸트가 그 신빙성을 없애려고 그토록 애썼던 형이상학적 전통의 기본 주제들 가운데 몇 가지가 사실상 비판 철학 그 자체에 필요하다고 논증한다. 그러나 도대체 왜 마이몬은 그러한 대담한 주장을 행하는 것인가? 왜 그는 형이상학적 주제들이 비판 철학에 필요하다고 믿는 것인가?

형이상학적 전통에 대한 마이몬의 옹호는 그의 회의주의가 멈춘 곳에서 시작된다. 그의 회의주의에 따르면 연역 배후의 문제 전체——선험적 종합 개념들은 어떻게 경험에 적용되는가——는 오직 우리가 지성과 감성 사이의 칸트의 이원론을 인정하는 한에서만 발생한다. 하지만 만약 우리가 이 이원론을 부정한다면 문제가 사라지는데, 왜냐하면 그 경우에는 전적으로 이종적인 능력들 사이에서 무언가 신비적인 예정 조화를 요청할 필요가 없을 것이기 때문이다. 그렇다면 우리가 이 이원론을 부정한다고 가정할 때 우리에게는 단지 두 가지 대안, 즉 로크의 경험주의와 함께 "지성을 감각화하는 것"이나 라이프니츠의 이성주의와 함께 "감각들을 지성화하는 것"만이 남는다. 첫 번째 선택지가 단순한 경험적 일반화들로 환원될 수 없는 선험적 종합 원칙들의 존재를 해명하지 못하

경험 사이의 일치를 설명할 수 없다고 말한다. 하지만 만약 경험이 다름 아닌 현상들로 이루어진다는 것이 가정된다면 문제는 사라진다. 1789년 5월 26일자의 헤르츠에게 보낸 칸트의 편지, Kant, *Briefwechsel*, p. 397을 참조. 칸트의 대답은 선험적 개념들 및 후험적 직관들과 같은 서로 구별되는 종류의 표상들 사이의 일치를 설명하지 못한다.

기 때문에 우리는 두 번째 선택지를 받아들일 수밖에 없다.[16] 그러므로 라이프니츠 및 볼프와 더불어 지성이 완전히 활동적이며 경험의 형식과 내용의 원천이라고 가정하는 것이 필요하다. 이것은 감성이 칸트가 믿듯이 인식의 구별되는 원천이 아니라 볼프가 단언하듯이 지성의 혼란된 형식일 뿐이라는 것을 의미한다. 이러한 가정은 초월론적 연역의 문제를 완전히 해결한다고 마이몬은 주장하는데, 왜냐하면 순수하게 활동적인 지성은 자기의 경험에 대한 완전한 선험적 인식을 지니기 때문이다.[17] 그것에게는 그러한 인식이 보증되는데, 왜냐하면 (1) 그것은 자기의 경험을 창조하고, (2) 그것 자신의 지적 활동의 산물은 그 자신에게 완전히 투명하기 때문이다. 따라서 마이몬은 초월론적 연역의 문제에 대한 유일하게 가능한 해결책이 라이프니츠-볼프적인 형이상학으로부터 나온다고 결론을 내린다.

이러한 논증을 개진한 후 마이몬은 훨씬 더 근본적인 움직임을 보여 비판 철학 안으로 대담한 사변적 이념을 도입한다. 이것은 무한한 지성, 즉 모든 대상을 바로 그것들을 인식하는 행위 속에서 창조하는 **원형적 지성**intellectus archetypus의 고전적 이념이다.[18] 마이몬은 우리가 초월론적 연역의 문제에 대한 이성주의적 해결책을 받아들이자마자 그러한 이념을 요청하는 것이 필요하다고 주장한다. 일단 [294]우리가 지성은 경험의

••
16 마이몬은 경험주의에 대한 자신의 거부에 대해 선험적 종합의 환원 불가능성에 대한 그의 정통 칸트주의적인 믿음 이외에 다른 정당화를 제공하지 않는다. 그의 *Versuch*, II, 429-430을 참조.

17 Maimon, *Werke*, II, 62-65.

18 칸트 그 자신은 이 이념을 『판단력 비판』에서 도입한다. Kant, *Werke*, V, 401-410, secs. 76-77을 참조. 그러나 마이몬과 칸트는 아마도 서로 독립적으로 이 이념에 도달했을 것이다. 『시론』은 『판단력 비판』이 완성에 가까워지고 있던 1789년 4월까지 칸트의 손에 있지 않았다. 1789년 5월 12일자의 라인홀트에게 보낸 칸트의 편지, Kant, *Briefwechsel*, p. 385를 참조.

형식뿐만 아니라 내용까지도 창조한다고 가정하면, 우리는 또한 우리의 유한한 지성 내에 현재하는 무한한 지성의 존재를 요청해야 한다. 왜냐하면 자기가 인식하는 모든 것을 창조할 수 있는 힘을 지니는 것은 오직 무한한 지성뿐이기 때문이다. 그래서 엄밀하게 말하자면 감각 경험에서 사물들을 인식하는 것은 우리가 아니라 우리를 통해 그것들을 인식하는 신이다. 이것은 물론 우리가 신 안에서 모든 것을 인식한다고 하는 고전적인 형이상학적 이념의 되풀이일 뿐이다. 마이몬은 이 이념을 플라톤에게 돌리지만,[19] 그것의 좀 더 직접적인 원천은 스피노자와 라이프니츠 그리고 말브랑슈이다.

이러한 무한한 지성의 요청은——그것이 구성적 원리로서 읽혀진다면 ——마이몬을 철저한 형이상학적 이성주의에 내맡긴다. 이 요청은 모든 실재가 무한한 지성에 의해 이성적 법칙들에 따라 창조된다고 말하기 때문에 모든 것이 엄격한 논리적 필연성에 의해 지배될 것이라는 것이 따라 나온다. 각각의 특수한 사물의 본질은 완전히 이성적일 것이며, 그리하여 그것의 모든 속성은 그로부터 필연적으로 따라 나올 것이다. 비록 이 속성들이 우연적인 것으로 보일지라도, 그것들은 다만 사물들의 본질을 완전하게 파악할 수 없는 우리 자신의 유한한 지성의 제한된 관점으로부터만 그러하다. 하지만 만약 우리가 신의 무한한 지성을 지닌다면 우리는 이 모든 속성이 각각의 사물의 본질로부터 따라 나오는 것을 보게 될 것이다.

이러한 극단적인 이성주의는 마이몬으로 하여금 칸트의 판단 분류를 재고하게 만든다.[20] 만약 사물의 본질이 완전히 이성적이라면 궁극적으로는 어떠한 선험적 종합 판단들도 존재하지 않으며 모든 참된 판단은

••
19   Maimon, *Werke*, VII, 131.
20   같은 책, II, 175-179.

분석적일 것이다. 비록 몇몇의 선험적 판단들이 종합적인 것으로 보일지라도 그것은 다만 우리가 그것들의 주어를 완전하게 분석하지 않았기 때문일 것이다. 하지만 우리가 그것들을 완전히 분석한다면 그것들의 술어들은 필연적으로 따라 나올 것이다. 다시 말하면 모든 것의 본질을 창조하고 완벽하게 파악하는 신의 무한한 지성에게 있어 모든 판단은 분석적일 것이라는 것이다.

마이몬에 따르면 이러한 새로운 판단 분류는 선험적 종합이라는 칸트의 문제 — 구별되는 용어들 사이의 필연적 연관성이 어떻게 존재하는가? — 를 일정한 선험적 판단의 종합성이란 궁극적으로 다름 아닌 그것들의 함축적이고 불명료한 분석성일 뿐이라고 가정함으로써 완전히 해결한다. 그 경우 초월론적 연역의 신비적인 X — 구별되는 용어들을 필연적 연관성에로 함께 묶는 것 — 는 단적인 분석적 결합으로 해소된다.

마이몬 철학의 해석과 관련된 좀 더 까다로운 물음들 가운데 하나는 과연 마이몬이 무한한 지성의 이념에 대해 규제적 지위를 부여하는가 아니면 구성적 지위를 부여하는가 하는 것이다. 마이몬은 [295]웅대한 형이상학적 확언들을 행하는 것에 대한 그 자신의 꺼려함을 반영하여 이 물음에 대해 모호하고 상충되는 대답들을 제공한다. 초기의 『시론』(1789)에서 마이몬은 양면적이다. 처음에 그는 무한한 지성을 "최소한 규제적 이념으로서" 가정할 필요가 있다고 말한다.[21] 괄호 안에 들어 있는 이 문구는 무한한 지성의 존재에 스스로를 맡기는 것에 대한 그의 주저함을 보여준다. 하지만 이 구절에 대한 논평에서 마이몬은 자기가 이 이념에 '객관적 실재'를 돌린다고 명시적으로 진술한다.[22] 그러나 이

21 같은 책, II, 64.
22 같은 책, II, 366.

렇게 말하자마자 그는 또다시 의심에 시달리게 된다. 우리는 실재를 "그 자체로 고찰된" 이념이 아니라 오로지 "직관의 조건"으로서의 이념에게 만 돌려야 한다고 그는 쓰고 있다. 그 경우 마이몬은 직관의 조건들로서 의 지성의 개념들에 실재를 돌려야 할 필요가 있는 것과 마찬가지로 무한한 지성의 이념이 직관의 조건인 한에서 그것에도 실재를 돌리는 것이 필요하다고 설명한다. 그렇다면 그가 이 모호한 구절에서 말하고 있는 것으로 보이는 것은 우리가 이념 그 자체가 경험을 넘어선 초월적 존재자인 한에서는 그것에 실재를 돌릴 수 있는 권리를 지니지 않지만, 그것이 경험 그 자체의 초월론적 조건인 한에서는 그렇게 할 수 있는 모든 권리를 지닌다는 것이다. 이러한 조심스러운 양식으로『시론』은 무한한 지성의 이념에 구성적 지위를 부여하는 것으로 보인다.

그러나 조금 후 그의『사전』(1791)에서 마이몬은 이념의 구성적 지위 를 소홀히 취급하기 시작한다.[23] 그것은 탐구의 목표로서 좀 더 규제적인 역할을 떠맡는다. 무한한 지성은 그 대상이 더 이상 주어지는 것이 아니 라 완전히 창조되는 인식의 이상을 나타낸다. 마이몬은 그러한 이상을 탐구의 목표로서 규정한다. 그러나 그는 그것이 우리가 접근하지만 결코 달성하지 못하는 목표라는 것을 인정한다.

10.4. 미분 이론

23　같은 책, III, 186-187, 193을 참조. 좀 더 규제적인 독해를 향한 이러한 움직임이 칸트의『판단력 비판』의 영향 때문이라는 것은 가능한 일인데,『판단력 비판』은 물론 원형적 지성의 엄격하게 규제적 지위를 견지한다. 1789년의『시론』의 완성 후에 그리고 1791년의『사전』의 출판 전에 칸트는 마이몬에게『판단력 비판』의 사본을 보냈다. 1790년 5월 15일자의 칸트에게 보낸 마이몬의 편지, Kant, *Briefwechsel*, p. 462를 참조

비록 마이몬의 무한한 지성의 요청이 초월론적 연역에 대한 흥미로운 해결책을 제공한다 할지라도, 그것은 또한 그 자신의 심각한 문제들을 제기한다. 요청 배후의 기본적인 주장—초월론적 자아가 경험의 형식뿐만 아니라 내용도 창조한다는 것—은 단적으로 거짓인 것으로 보인다. 우리의 모든 일상적 경험은 이 주장이 허위임을 보여주는 것으로 보인다. 우리가 우리의 경험에서 지각하는 것은 우리가 그것을 지각할 때에 주어지는 것으로, 즉 우리의 의식 활동에서 독립적인 것으로 보인다. 예를 들어 내가 눈을 뜨면 나는 이 책상, 이 창문, 이 나무들과 건물들에 대한 나의 인식에서 선택의 여지를 지니지 않는다. 내가 보는 모든 것은 나의 의지와 상상력으로부터 단적으로 떨어져 다른 성질들이 아닌 바로 이 성질들을 지닌다.

나의 감각 경험의 이러한 소여성은 특히 감각적 현상의 독자적인 본성에 의해 확인되는 것으로 보인다. 나의 경험의 모든 감각 성질은 단순하고 원초적이며 어떠한 지적인 분석으로도 환원될 수 없는 것으로 보인다. 하나의 감각 성질을 또 다른 것으로부터—빨강을 파랑으로부터, [296] 달콤함을 시큼함으로부터, 거침을 부드러움으로부터—구별해 주는 것은 오로지 감각들에 의해서만 분간될 수 있는 것으로 나타난다. 이러한 감각 성질들의 **개체화 원리***principium individuationis*는 지성에게 이해될 수 없으며, 그래서 더 한층 강력한 이유로 그것의 창조일 수 없다. 실제로 칸트를 이성주의로부터 멀어지게 한 것은 무엇보다도 우선 감각 경험의 바로 이러한 주어지고 환원 불가능한 차원이다. 그래서 만약 마이몬이 형이상학적 이성주의의 그럴듯한 형식을 발전시킬 수 있으려면, 그는 이 문제를 해결할 수 있는 몇 가지 수단을 발견해야 한다.

믿음직하게도 마이몬은 이 어려움을 알고 있고 그에 대한 대답을 가지고 있다. 이것은 그의 유명한 미분 이론인데, 그것은 확실히 마이몬 철학의 가장 어렵고 모호한 측면들 가운데 하나이다. 그럼에도 불구하고 이 이론은 우리의 가장 상세한 주목을 받을 만하다. 바로 여기서 마이몬은 감각 경험의 명백한 소여성과 환원 불가능성이라는 고전적 문제—모든 이성주의와 관념론의 걸림돌—에 부딪쳐 그것을 관념론적이고 이성주의적인 원리들에 따라 해결하려고 시도한다. 마이몬이 지성과 감성의 간격을 완전히 메우고 그리하여 초월론적 연역 문제를 만족스럽게 해결했다고 주장할 수 있는 것은 분명히 그가 이 문제를 해결했을 때뿐이다.

마이몬의 미분 이론의 출발점은 『순수 이성 비판』에서의 내포적 크기에 대한 칸트의 논의이다.[24] 칸트에 따르면 감각의 순수 질료, 즉 감각의 선험적 요소와 대비되는 그것의 순수하게 후험적인 요소는 그것이 감각에 작용하는 세기의 정도로서 정의되는 내포적 크기에 존립한다. 이 크기는 0에서 무한대에 이르는 연속체에서 측정될 수 있는데, 여기서 0은 순수한 선험적 형식이고 무한대는 모든 형식에서 따로 떨어진 질료이다. 칸트는 그러한 내포적 크기가 공간과 시간에서의 모든 외연적 크기로부터 따로 떨어져서 파악되어야 한다고 주장한다. 외연적 크기는 직관의 선험적 형식들, 즉 공간과 시간에서 파생되며, 따라서 감각의 순수하게 후험적인 요소에는 적용되지 않는다. 그러므로 내포적 크기의 순수한 경우는 연장을 지니지 않는 점에 존립한다. 감각의 질료는 그러한 점들로 분석될 수 있는데, 그 점들은 주어진 강도를 산출하기 위해 연속체 위에서 증가되거나 감소될 수 있다.

칸트의 논의로부터 벗어나 마이몬은 감각 성질들이 단순하지 않고 복잡하다고, 즉 좀 더 기본적인 단위들로 분석될 수 있다고 제안한다. 이 단위들은 모든 의식의 기본 요소인 감각의 가능한 가장 낮은 정도의 강도로 이루어진다. 이 단위들의 추가는 의식의 정도를 증가시키고, 그것들의 삭감은 그것을 감소시킨다. 우리는 감각의 의식의 정도를 계속

---

24 Kant, *KrV*, B, 207-211.

해서 감소시킴으로써 그러한 단위들에 접근한다고 마이몬은 말한다. 하지만 이 단위들이 무한히 작기 때문에 감각의 분석은 그것들에 접근할 뿐 결코 도달하지 못한다. 그리하여 마이몬은 그것들을 '한계 개념' (*Gränzbegriffe*)이라고 부른다.[25]

비록 이 극소의 단위들이 더 이상 감각 그 자체들에 의해 규정될 수 없다 할지라도 그것들은 지성에 의해서는 정확히 규정될 수 있다고 마이몬은 [297]생각한다.[26] 그것들은 서로에 대한 자기들의 관계를 고정시킬 수 있기 때문에 그렇게 규정될 수 있다. 그것들의 관계를 표현하기 위해 미분 방정식, 즉 dx:dy = a:b 형식의 방정식을 정립하는 것도 가능한데, 그 방정식은 x와 y의 크기가 어떻든지 간에 a가 b와 함께 변화하듯이 x가 y와 함께 변화한다고 진술한다. 그렇다면 하나의 감각 성질을 다른 것과 구별하는 것은 그것의 산출이나 발생을 위한 규칙, 즉 그 기본적 단위들의 결합이나 집합을 위한 규칙이라고 마이몬은 주장한다. 그 경우 다양한 감각 속성들 사이의 모든 차이는 그것들의 산출 규칙들 사이의 차이들로부터 규정될 수 있을 것이다. 그리고 더 나아가 감각 속성들 사이의 모든 관계는 그것들의 산출 규칙들 사이의 관계들로부터 규정될 수 있을 것이다.

그렇다면 감각 성질에 특유한 것, 즉 그것의 개체화 원리는 지성이 '그것의 산출을 위한 규칙'을 명시할 수 있다면 지성에게 완벽하게 이해될 수 있다. 그러나 마이몬은 이것이 모든 지성에게 특징적인 것이라고 선언한다.[27] 대상을 이해하는 것은 그것이 그것의 좀 더 단순한 요소들로부터 어떻게 산출되는지 또는 그것이 그 구성 요소들의 결합 법칙을

• •
25   Maimon, *Werke*, II, 28n; VII, 211-212.
26   같은 책, II, 32.
27   같은 책, II, 33.

통해 어떻게 바로 그것인 바의 것이 되는지를 아는 것이다. 그러한 지성 개념은 마이몬이 되살리고자 하는 이성주의 전통에서 곧바로 나온다. 예를 들어 『인간 지성의 힘들에 대하여』에서 볼프 자신은 지성을 바로 그러한 용어들로 정의한다. "하나의 사물에 대해서는 그것이 어떻게 생겨났는지 또는 그것이 어떻게 바로 그것인 바의 것이 되었는지 이외에 다른 어떤 것도 생각될 수 없다. 이런 이유 때문에 우리는 하나의 사물이 어떻게 바로 그것인 바의 것이 되었는지를 파악할 때 그것의 본질을 이해한다."[28] 지성에 대한 이러한 볼프주의적인 정의를 고수함에 있어 마이몬은 칸트 자신의 지성 개념을 포기하지 않는다. 그는 단순히 그것을 볼프적인 용어들로 다시 정의할 뿐이다. 칸트적인 종합 규칙은 이제 직관의 산출 규칙이 된다.

마이몬은 '미분'이라는 용어의 두 가지 용법을 지니는데, 이 두 가지 의미는 부분적으로 그의 이론을 둘러싼 어려움과 혼란의 일부에 대해 책임이 있다. 하나의 의미에서 미분은 단순히 감각에 대한 분석의 가장 작은 단위이다.[29] 하지만 다른 의미에서 그것은 이 단위들 사이의 관계, 그것들의 결합의 규칙이다.[30] 이 두 번째 의미는 명백히 수학적 유추에 의존하는데, 마이몬은 이러한 유사점들을 분명히 하는 데 주저하지 않는다. 그는 미분을 (위에서 주어진) 미분 방정식을 위한 일반적 정식에 비유한다. 이 방정식이 특정한 곡선을 선과 점들로 분석함으로써 그것의 정확한 속성들을 표현하는 것과 마찬가지로 감각에 있어 미분은 좀 더 단순한 단위들로부터의 그것의 산출을 위한 규칙을 통해 그것의 구별되는 특성을 표현한다.

· ·
28   Wolff, *Werke*, I/l, 148, sec. 48.
29   Maimon, *Werke*, II, 352-353; VII, 215-216.
30   같은 책, II, 28n, 32-33.

그렇지만 미분 이론은 경험의 이성적 기원과 구조에 대해 무엇을 말해야 하는가? 그것은 경험의 소여성을 어떻게 설명하는가? 감각 성질의 발생을 위한 미분이나 규칙들은 단지 지성에 의해 이해할 수 있는 것만이 아니라 [298]또한 그것에 의해 정립되기도 한다고 마이몬은 말한다. 그러므로 다양한 모든 감각 성질은 지성의 법칙들의 그토록 많은 산물들이다. 따라서 마이몬은 중요한 구절에서 다음과 같이 쓰고 있다. "지성은 직관의 규정적 대상들 사이의 일반적 관계를 사유할 뿐만 아니라 또한 대상들을 관계들을 통해 **규정할 수 있는** 능력을 지닌다."[31] 여기서 마이몬은 칸트를 넘어서는 결정적인 발걸음을 내딛는다. 지성은 개념의 능력뿐만 아니라 또한 직관의 능력도 된다. 칸트의 모든 제한들에도 불구하고 마이몬은 칸트의 초월론적 자아에 사실상 지적 직관의 힘을 귀속시켰다.

『시론』에서 마이몬은 자신의 미분 개념을 명시적으로 경험의 발생을 설명하기 위해 사용한다. 그가 또 다른 중요한 구절에서 말하는 대로 하자면, "지성은 다양한 미분들 사이의 관계들로부터 그것들로부터 파생되는 감각적 대상들 사이의 관계들을 가져온다. 대상들의 이러한 미분들은 이른바 **예지체**/noumena이며, 그로부터 솟아나는 대상들은 **현상체**/phenomena이다."[32] 여기에서 미분 개념은 칸트의 사물 자체의 역할을 받아들인다. 그것은 감각적 잡다의 원인이다. 그러나 동시에 마이몬은 예지적인 것과 현상적인 것 사이의 칸트의 구별을 재해석한다. 그는 이 예지체가 존재자들이 아니라 감각의 기원에 대한 설명을 위한 원리들이라고 명시한다. "이 예지체는 대상의 발생에 대한 설명을 위한 원리들로서 지성의 규칙들에 따라 행위하는 이성의 이념들이다."[33] 따라서 예지체는 마이몬

31   같은 책, II, 356, 마이몬의 강조.
32   같은 책, II, 32.
33   같은 책, II, 32.

의 독해에서는 더 이상 현상체를 넘어서는 인식 불가능한 존재자들이 아니라 그것들을 지배하는 바로 그 법칙들이다.

물론 감각 경험이 지성의 구성이라고 주장함에 있어 마이몬은 그것이 여전히 주어지고 우연적인 것으로 나타난다는 것을 부정하고자 하지 않는다. 그는 이 현상체를 그로부터 칸트의 이원론적인 결론들을 끌어내지 않고서 설명하고 싶어 한다. 따라서 그는 감각 경험이 사실은 지성의 잠재의식적 활동에 의해 정립된다 할지라도 우리의 의식적 감성에 대해서는 실제로 주어지고 우연적이라고 가정한다. 그렇다면 우리가 우리의 경험을 우리의 지성에 의해 산출된 것으로서 보지 못하는 까닭은 단순히 우리가 그것의 활동을 의식하지 못하기 때문일 뿐이다. 마이몬은 이 점을 『시론』에서 다음과 같이 표현한다. 직관은 **규칙적**^{regelmässig}이지만 규칙 이해적^{regelverständig}이지는 않다.[34] 다시 말하면 감성의 주어지고 우연적인 경험은 지성의 혼란스러운 표상 이외에 아무것도 아닌 것이다. 하지만 철학자가 경험을 분석한다면 그는 그것의 겉보기에 주어진 것으로 보이는 감각 성질들이 사라지고 다름 아닌 지성의 명석하고 판명한 관념들을 남긴다는 것을 발견할 것이다. 여기서 마이몬은 일상적 의식의 경험적 관점과 철학자의 초월론적 관점 사이의 구별, 즉 피히테와 셸링 그리고 헤겔의 상투적인 것이 된 구별을 개략적으로 그려 보이고 있다.

미분 이론은 칸트적 지성의 역할을 또 다른 방향으로 확장한다. 지성은 이제 직관의 능력일 뿐만 아니라 [299]또한 이념들의 능력이다. 좀 더 칸트적인 용어로 하자면 이성뿐만 아니라 지성도 조건들의 연쇄에 대해 무조건적인 것을 추구한다. 따라서 칸트적인 이념들의 수와 종류를 의도적으로 늘리면서 마이몬은 자신의 미분을 '지성의 이념들' (*Verstandesideen*)이라고 부른다.[35] 그는 이것들이 지성의 개념들에 대해 무조건적인 것을

● ●
34 같은 책, II, 34-35.

추구하는 이성의 이념들(*Vernunftideen*)일 뿐만 아니라 또한 감각의 요소들에 대해 무조건적인 것을 추구하는 지성의 이념들도 존재한다고 말한다. 이성의 이념들이 표상들의 가장 완전한 종합을 위해 노력하고 그리하여 지성의 개념들에서 시작하는 데 반해, 지성의 이념들은 표상의 가장 완전한 분석을 위해 노력하며 그리하여 감성의 직관들에서 시작한다.[36] 마이몬은 우리가 이념들에서 이러한 구별을 행할 수 있는 것은 사유의 조건들의 총체성과 사유에 포섭될 수 있는 직관들의 총체성 사이에 명백한 차이가 존재하기 때문이라고 논증한다.[37]

마이몬은 지각의 능력인 동시에 이념들의 능력으로서의 지성의 이러한 확장된 역할이 선험적 종합 개념들을 후험적 직관들에 적용하는 문제에 대한 대답을 제공한다고 주장한다. 선험적 개념들은 더 이상──불가능한 일이지만──후험적 직관들에 직접적으로 적용될 필요가 없다. 오히려 그것들은 그 자체가 지성의 이념들인 그것들의 미분들에 적용된다.[38] 예를 들어 '빨강은 녹색과 다르다'라는 판단은 직접적으로 차이의 범주를 빨강과 녹색의 감각들에 적용하는 것이 아니라 범주와 감각들을 매개하는 그것들의 미분들에 적용된다. 그렇다면 완전히 이종적인 능력들 사이에서의 예정 조화를 창안할 필요가 존재하지 않는데, 왜냐하면 지성은 자기의 선험적 개념들을 오직 그 자신의 잠재의식적인 산물들에만 적용하고 있기 때문이다. 따라서 마이몬은 자기의 미분 이론을『순수이성 비판』의 도식론 문제에 대한 해결책으로서 보고 있다.[39]

• •
35 칸트는 마이몬이 이념들의 영역을 확장하는 것에 대해 이의를 제기한다. 1789년 5월 26일자의 헤르츠에게 보낸 그의 편지, Kant, *Briefwechsel*, pp. 399-400을 참조.

36 Maimon, *Werke*, 349-350, 75-83.

37 같은 책, II, 76.

38 같은 책, II, 32, 355-356.

39 같은 책, II, 64.

마이몬의 미분 이론에 대해 끊임없이 제기되는 문제들 가운데 하나는 과연 마이몬이 (극소 단위들로 이해되는) 미분들이 실재적인 존재자들이라고 생각하는지 아니면 사유의 단순한 허구들이라고 생각하는지를 규정하기가 어렵다는 것이다. 또다시 그는 무한한 지성의 경우에서처럼 양면적이다. 『시론』에 대한 언급에서 그는 그것들이 실재적인 존재자라는 견해로 기울어진다.[40] 그리하여 그는 '상징적' 무한과 '실재적' 무한을 구별하면서 미분은 후자의 경우라고 말한다. 상징적 무한은 하나의 대상이 접근할 수 있지만 자기 자신을 파괴하지 않으면 결코 달성할 수 없는 상태, 예를 들면 두 개의 평행선이 교차하는 점을 가리킨다. 그러나 이 개념은 단지 수학적 허구일 뿐인바, 그래서 그것은 어떤 존재론적 의의를 지니지 않는다고 마이몬은 단언한다. 하지만 실재적 무한은 언제나 어떤 주어진 크기보다 더 작거나 더 큰 '무규정적이지만 규정될 수 있는' 조건을 의미한다. 실재적 무한의 예로서 미분은 [300]존재론적 지위를 지니는데, 왜냐하면 실재적 무한은 비록 직관에 주어질 수 없다 할지라도 존재하는 대상으로서 생각될 수 있기 때문이다. 『시론』의 어딘가 다른 곳에서 마이몬은 무한히 작은 것의 존재를 명시적으로 가정하면서 그러한 가정이 수학적 이율배반들을 피하기 위해 필요하다고 주장한다.[41] 하지만 마이몬이 이전의 『시론』에서 미분의 존재에 자신을 맡긴다면, 그는 나중의 저술들에서는 그러한 모든 존재론적인 확언들을 피한다. 예를 들어 『논리학』과 『사전』에 따르면 엄격한 초월론 철학은 모든 초월적 존재자들, 특히 극소의 것들을 피한다.

---

40 같은 책, II, 349-356.
41 같은 책, II, 236-237.

10.5. 새로운 공간 · 시간 이론

비록 미분 이론이 감각 성질 배후에 지적인 구조를 정립한다 할지라도 그것은 지성과 경험 사이의 간격을 완전히 메우지 못한다. 거기에는 마이몬이 고려하지 못한 경험의 또 다른 기본적 차원, 즉 공간과 시간에서의 그것의 현상이 여전히 존재한다. 하지만 만약 마이몬이 경험의 모든 측면이 원리적으로 가지적이라고 주장하기를 원한다면, 즉 만약 그가 지성과 감성 사이의 이원론을 전적으로 극복하는 초월론적 관념론을 발전시키고 싶다면, 그는 관념론적인 만큼이나 이성주의적인 공간·시간 이론을 정식화해야 한다. 이 이론은 다음의 두 가지 테제를 옹호해야 한다. (1) 공간과 시간이 객관적 사물들이 아니라 의식의 선험적 형식들이라는 관념론적 테제. 그리고 (2) 그것들이 감성이 아니라 지성의 선험적 형식들이라는 이성주의적 테제. 마이몬은 바로 그러한 이론을 그의 『논리학』(1794)과 『비판적 탐구』(1797)에서 제시한다.

마이몬의 공간·시간 이론은 칸트와 라이프니츠의 결혼, 칸트의 초월론적 관념론과 라이프니츠의 이성주의의 종합이다. 그것은 공간과 시간이 사물들 자체의 속성들이 아니라 의식의 선험적 형식들, 경험의 초월론적 조건들이라는 칸트의 관념론적 테제를 받아들인다. 그러나 그것은 또한 공간과 시간이 원리적으로 분석 가능하고 사물들 사이의 관계와 거리 또는 간격의 집합으로 환원될 수 있다는 라이프니츠의 이성주의적 테제를 지지한다. 따라서 마이몬은 공간과 시간이 비논증적인바, 지성이 아닌 감성의 형식들이라는 칸트의 논증을 거부한다.

비록 마이몬이 공간과 시간이 의식의 선험적 형식들이라는 칸트의 이론을 채택한다 할지라도, 그는 그것들이 선험적일 수 있는 범위를 대폭적으로 제한한다. 공간과 시간은 **모든** 가능한 경험의 필연적 조건들이 아닌데, 왜냐하면 우리가 공간이 없는 감각을 가질 수 있기 때문이라고 그는 논증한다.[42] 자신의 요점을 증명하기 위해 마이몬은 그러한 감각의 가능성을 보여줄 수 있는 흥미로운 반례를 고안한다. 우리의 시야가 오로지 완벽하게 연속적이고 동종적인 감각으로만, 예를 들어 빨강의 단일 색조의 무한한 확장으로만 이루어진다고 생각해 보자. 그러한 [301]감각은 공간에서 나타나지 않을 것이라고 마이몬은 주장하는데, 왜냐하면 그것은 서로로부터 떨어져 있는 사물들을 보기 위해 요구되는 다양성을 결여하기 때문이다. 그것의 모든 점은 전적으로 동일할 것이며, 그리하여 그것의 외연적 크기는 무로 줄어들 것이다. 만약 우리가 동종적이고 연속적인 대상에 대해 공간 안에 존재하는 것으로서 생각한다면, 그 까닭은 다만 우리가 무의식적으로 그것 자신 바깥의 다른 대상들에 대한 그것의 관계들에 대해 생각하기 때문일 뿐이다. 예를 들어 우리가 그 모든 부분이 똑같은 강을 공간 안에 있는 것으로서 보는 까닭은 오직 우리가 그것을 우리로 하여금 그것을 구별되는 부분들로 나눌 수 있게 해주는 둑 위의 구별되는 대상들에 관계시키기 때문일 뿐이다. 그렇지만 강 너머에 어떠한 대상도 없다고 가정하면 그것의 모든 부분은 구별될 수 없을 것이고 그래서 그것은 공간에서 나타나지 않을 것이다. 그러고 나서 마이몬은 이 반례로부터 다음과 같은 중요한 반-칸트주의적인 결론을 끌어낸다. 즉 공간이 없는 감각이 있을 수 있기 때문에 공간은 감각이나 지각의 선험적 형식일 수 없다는 것이다.

이 반례를 가지고서 마이몬은 공간과 시간의 선험적 지위에 관한 칸트의 이론을 포기하는 것이 아니라 단지 한정할 뿐이다. 그가 보기에 그것들은 순전한 감각이 아니라 경험의 객관성의 필요조건들이다.[43] 공간과

••
42 같은 책, II, 18; IV, 283; V, 194-195.
43 같은 책, V, 184-186. 『시론』에 대한 언급에서 마이몬은 공간과 시간의 선험적 지위에 대한 칸트의 논증들 가운데 하나를 비판하며, 공간과 시간을 후험적인 것으로서 간주하는 것으로 보인다. *Werke*, II, 342를 참조. 그러나 단지 칸트의 추론에서 약점을

시간은 우리의 감각들의 사적이고 변화하는 순서를 사건들 그 자체의 순서와 구별하기 위해 필요하다. 우리가 대상을 우리에게 외재적인 것으로서, 즉 우리의 감각으로부터 독립적인 것으로서 표상하는 것은 다만 우리가 그것을 공간 안에서 우리의 육체로부터 따로 떨어진 어떤 것으로서 보기 때문일 뿐이다. 그리하여 칸트가 경험의 객관적 틀을 창조하는 데서 범주들에 할당하는 역할을 마이몬도 공간과 시간에 부여한다. 범주들뿐만 아니라 공간과 시간도 경험의 분석과 측정을 위해 필요하다.

자기 이론의 관념론적 구성 요소를 설명하는 데서 마이몬은 기본적으로 공간과 시간의 선험적 본성에 대한 칸트의 논증들을 되풀이한다. 비록 그가 이 논증들의 결론들을 한정한다 할지라도 그는 아주 드물게만 그것들에 의문을 제기한다. 하지만 자기 이론의 이성주의적 구성 요소를 옹호하는 데서 마이몬은 칸트와 직접 충돌하게 된다. 실제로 이성주의적인 공간·시간 이론을 되살리고자 하는 그의 시도에 대한 가장 커다란 도전은 칸트의 「감성론」이다. 「감성론」의 주된 목표들 가운데 하나는 공간과 시간의 개념적 본성에 대한 라이프니츠의 이론——즉 마이몬이 회복하고자 하는 바로 그 이론을 반박하는 것이다.

칸트의 「감성론」에 따르면 공간과 시간은 이성적 인식의 형식들이 아니라 그것을 제한한다. 그것들은 우리가 사물들 자체뿐만 아니라 또한 경험 그 자체의 형식에 대해서도 순수하게 지적인 인식을 획득하지 못하게 한다. 그것들이 그러한 인식을 금지하는 까닭은 그것들이 어떠한 이성적 존재에 대해서도 타당한 지성의 범주들이 아니라 수동적 감성을 소유하는 인간에 대해서만 타당한 직관의 형식들이기 때문이다. 그래서

••
지적하기 위해서만 의도된 이 구절은 전체로서의 마이몬의 입장에 대해 특징적이지 않다.

만약 모든 감수성이 제거되면 공간과 시간도 [302]사라질 것이다. 그리하여 라이프니츠의 신과 같은 순수하게 이성적인 존재는 공간과 시간에 대해 아무것도 모를 것이다.

칸트는 자신의 공간·시간 이론을 옹호함에 있어 『순수 이성 비판』과 『프롤레고메나』에서 다음과 같은 두 가지 논증을 개진한다.[44] (1) 공간은 그것의 부분들, 그것의 특수한 장소들로 분석될 수 없는 환원 불가능하게 단순한 표상이다. 공간 전체에 대한 관념은 모든 장소가 공간 안에서 인식되고 식별되어야 하기 때문에 그 부분들에 선행한다. 그러므로 이 관념은 직관이나 감성의 형식이어야만 한다. 왜냐하면 역으로 만약 그것이 개념적이라면 그것은 분할 가능하고 그 부분들로 분석될 수 있을 것이며, 그 부분들 각각은 논리적으로 그것에 선행할 것이기 때문이다. (2) 공간 내에는 오직 감각에게만 분명히 드러나고 지성을 통해 표현될 수 없는 구별들이 존재한다. 그러한 구별들은 특히 불일치하는 맞짝들의 경우에 명백하다. 여기서 두 대상은 그것들의 모든 속성에서는 완전히 동일하지만 공간적으로는 서로 일치하지 않는데, 예를 들면 나의 오른손과 거울에서의 그것의 상이 그렇다. 그렇지만 지성을 통해 표현될 수 있는 유일한 구별들은 속성들에서의 구별들이다.

라이프니츠의 공간·시간 이론을 부활시키는 가운데 마이몬은 예상대로 이 두 가지 논증에 대답한다. 그는 칸트의 첫 번째 논증의 근저에 놓여 있는 공간과 시간이 절대적이라는 전제에 의문을 제기함으로써 그것을 공격한다. 칸트에 따르면 공간과 시간 안에 아무것도 존재하지 않는다 하더라도 그것들을 홀로 표상하는 것이 가능하다는 의미에서 그것들은 절대적이다. 오로지 이 이유 때문에만 그것들은 모든 부분적

44 *KrV*, B, 93, 35-39, 43, 그리고 Kant, *Werke*, IV, 285-286을 참조. 동일한 논증들이 약간의 수정을 거쳐 시간에도 적용된다.

공간들과 시간들에 선행해야만 하며 따라서 그것들로 환원될 수 없다.[45] 마이몬은 이 전제를 불가 식별자의 동일성, 즉 라이프니츠가 언젠가 뉴턴에 반대해 인용한 바로 그 원리를 불러냄으로써 공격한다.[46] 논증은 다음과 같이 계속된다. 만약 공간과 시간이 절대적이라면 그것들은 완전히 연속적이고 동종적일 것이며 오로지 점들과 순간들과 같은 구별될 수 없는 부분들로만 이루어질 것이다. 하지만 불가 식별자의 동일성에 따르면 만약 두 개의 사물이 구별될 수 없다면 — 만약 그것들의 모든 속성이 동일하다면 — 그것들은 실제로 동일하다. 따라서 공간의 모든 점들과 시간의 모든 순간들은 단일한 점과 단일한 순간으로 붕괴할 것이다.[47]

불일치하는 맞짝에 대한 칸트의 논증에 대답하는 가운데 마이몬은 또 다른 라이프니츠적인 옹호, 즉 충족 이유율에 의지한다. 이 원리는 라이프니츠의 말을 사용하자면 단적으로 다음과 같이 말한다. "그 어느 것도 그것이 달리가 아닌 그래야 하는 이유가 없이는 일어나지 않는다."[48] 라이프니츠가 언젠가 뉴턴에 대항해 이 원리를 사용했던 것처럼 마이몬은 이제 그것을 칸트에 대항해 휘두른다. 칸트에 대한 마이몬의 대답의 핵심은 만약 두 대상이 단지 공간적·시간적으로만 서로 다르다면 이 원리가 침해된다고 하는 것이다.[49] 자기의 공간적·시간적 위치를 가지는 대상을 위한 충분한 이유가 존재해야만 하는바, 그 이유는 어떤 내재적 속성이나 다른 대상들에 대한 그것의 관계들에 존재한다. [303]공간과 시간의 두 개의 서로 다른 점에서 다른 대상들과 동일한 관계들을

• •
45   Kant, *KrV*, B, 35, 39, 43.
46   Leibniz, *Schriften*, VII, 372를 참조.
47   Maimon, *Werke*, V, 192-193, 196-197.
48   Leibniz, *Schriften*, VII, 356.
49   Maimon, *Werke*, V, 192ff.

지니는 두 개의 동일한 대상을 요청하는 것은 충족 이유율에 모순된다. 하지만 공간적·시간적 위치를 해명할 수 있는 어떤 (내재적이거나 관계적인) 속성이 존재해야만 하기 때문에 그리고 그 속성은 지성에 의해 이해될 수 있는 보편적인 것이기 때문에, 공간적·시간적 위치에 대한 어떤 개념적 설명이 언제나 존재할 것이라는 것이 따라 나온다.

마이몬에 따르면 공간과 시간은 우리의 경험적 지식이 여전히 불완전하다는 것을 우리에게 보여주는 기호로서 작용한다.[50] 만약 오직 공간적으로나 시간적으로만 다른 것으로 보이는 두 개의 명백하게 동일한 대상이 존재한다면, 그것은 우리가 그것들의 내적 본성에 대한 불충분한 지식을 갖고 있으며 우리의 탐구를 확대해야 한다는 것을 의미한다. 칸트가 우리에게 고하듯이 그것들의 공간적·시간적 위치들을 원초적인 것으로서 간주하는 것은 탐구의 진보를 막는 것이다. 바로 우리가 연구를 확대해야 할 때면 무지를 인정해야 한다. 실제로 여기서 마이몬의 메시지에는 깊은 아이러니가 존재한다. 『순수 이성 비판』에서 이율배반들에 대한 자신의 해결책에서 칸트는 순수 이성의 원칙들을 경험적 탐구의 한계를 확장하기 위한 지성에 대한 처방으로서 읽는 자기의 규제적 독해가 지니는 커다란 가치를 보고 있다. 그러나 마이몬은 묻는다. 칸트의 가르침의 정신은 여기서도 공간과 시간이 역시 대상들의 속성들의 결과들이 되도록 그것들에 대한 그러한 탐구를 확장시킬 것을 요구하지 않는가?

10.6. 비판적 가운뎃길

50 같은 책, V, 190-191.

우리가 마이몬의 연합 체계가 지니는 회의적·이성주의적 측면들을 검토했으므로 마치 그의 유일한 목표가 칸트를 공격하는 것인 것처럼 보일 수 있을 것이다. 왜냐하면 그의 체계의 이러한 두 측면은 칸트로 하여금 이중적인 도전에 부딪치게 하기 때문이다. 그의 회의주의는 칸트가 선험적 종합 개념들이 경험에 어떻게 적용되는지에 대한 문제에 대해 아무런 해결책도 지니지 않는다고 주장한다. 그리고 그의 이성주의는 이 문제가 오직 무한한 지성이라는 형이상학적 이념에 의해서만 해결될 수 있다고 주장한다. 따라서 칸트에게는 마치 회의주의와 교조주의라는 극단들 사이에 비판적인 가운뎃길이 존재하지 않는 것처럼 그러한 극단들의 딜레마가 제시되어 있는 것으로 보인다.

하지만 그러한 인상은 만약 그것이 마이몬의 모든 철학적 발전에 대해 일반화된다면 중대하게 오도하는 것일 것이다. 그의 나중의 작품들에서 마이몬의 목표는 칸트의 철학을 비판하는 것이 아니라 그것을 내부로부터 변형함으로써 그것이 모든 초월적 존재자들(예를 들어 사물 자체)로 순화되어 그 스스로 부과한 가능한 경험의 한계 내부에 머무르도록 하는 것이다. 비록 마이몬 철학이 초기 단계들에서 눈에 띄게 비판적이지는 않지만 그것은 곧바로 좀 더 비판적 방향으로 움직인다. 보다 철저한 비판주의로 향한 이 움직임은 실제로 초월론 철학에 관한 그의 작업들의 시작과 끝을 나타나는 해들인 1789년에서 1797년에 이르는 마이몬의 사유에서 가장 기본적인 변화다. 『시론』(1789)에서 [304]그는 자기의 연합 체계를 직설적이고 비타협적인 형식으로 제시한다. 우리는 회의주의 아니면 교조주의라는 딜레마에 남겨져 있으며, 많은 형이상학적 이념들은 구성적 지위를 부여받고 있다. 그러나 그 직후 『사전』(1791)과 『답사』(1793)에서 마이몬은 좀 더 비판적 정신을 보여준다. 그는 모든 초월적 존재자들을 제거한다. 그는 자기의 형이상학적 이념들에 규제적 지위를 부여한다. 그리고 가장 중요한 것은 그가 회의주의 아니면 교조주의의 딜레마에 대한 비판적 해결책을 정식화한다는 점이다.

마이몬이 자신의 비판적 가운뎃길의 개요를 처음으로 제시하는 것은 『사전』에서이다. 여기서 마이몬은 탐구의 무한한 진보의 개념——『순수 이성 비판』에서 칸트에 의해 정식화된 바로 그 개념——을 "사유의 보편적 이율배반"에 대한 해결책으로서 바라본다.[51] 이 이율배반에 따르면 모든 인간 사유의 두 가지 서로 충돌하지만 필요한 요구조건들이 존재한다. 한편으로 사유는 그 형식과 대비되는 주어진 것, 즉 질료를 가져야만 하는데, 왜냐하면 사유는 본질적으로 형식(지성의 규칙)을 질료(주어진 것)에 적용하는 데 존립하기 때문이다. 다른 한편 사유의 완성은 아무것도 주어지거나 질료적이지 않고 모든 것이 창조되고 순수한 형식일 것을 요구한다. 다시 말하면 우리 인간은 우리의 지성이 유한하고 무엇인가가 그것에 주어져야만 한다는 것을 인식해야 한다. 그러나 우리는 또한 우리의 지성을 완전하게 함으로써 그것이 인식하는 모든 것을 무한한 지성처럼 창조할 의무가 있다. 이러한 서로 충돌되는 요구는 둘 다 피할 수 없는 것이기 때문에 유일한 해결책은 우리가 끊임없이 우리 사유의 완성을 추구하는 것이다. 마이몬은 이성이 사유가 계속해서 증가하는 만큼 주어진 것이 지속적으로 감소하는 "무한자를 향한 진보"를 명령한다고 말한다. 여기서 무한한 지성의 이념은 탐구의 목표, 즉 우리가 접근할 수는 있지만 결코 달성할 수는 없는 이상이 된다. 이 이념은 이제 엄격하게 규제적인 지위를 획득한다. 그것은 원형적 지성의 존재를 기술하는 것이 아니라 그것을 우리의 지성에 대한 과제로서 규정한다.

『사전』에서의 이 구절을 좀 더 자세히 살펴보게 되면 우리는 이 이율배반의 테제와 안티테제가 교조주의와 회의주의를 나타내는 데 반해 해결책, 즉 탐구의 무한한 진보 개념은 비판주의의 입장을 나타낸다는

• •
51   같은 책, III, 186-187, 193.

것을 발견한다. 무한한 지성의 이념이 권리 문제(어떤 조건에서 선험적 종합 개념들이 경험에 적용되는가?)를 해결한다고 가정하면, 사실 문제(이 조건들이 사실상 유효한가?)에 대한 대답은 과연 무한한 지성이 존재하는지 여부에 달려 있다. 이것은 실제로 교조주의자와 회의주의자 사이의 주된 쟁점이다. 회의주의자는 그 존재를 부정하는 데 반해 교조주의자는 긍정한다. 하지만 이것은 또한 마이몬의 이율배반에서 주된 논쟁점이다. '교조적' 테제가 완전히 활동적인 사유를 요구함으로써 무한한 지성의 존재를 긍정하는 데 반해, '회의적' 안티테제는 지성과 감성 사이에 메울 수 없는 간격이 존재한다고 주장함으로써 그 존재를 부정한다.

이제 이 이율배반에 대한 마이몬의 해결책은 그 말의 고전적 의미에서 '비판적'이다. [305]그것은 논란되고 있는 원리를 구성적인 것이 아니라 규제적인 것으로서 간주함으로써 테제와 안티테제 둘 다의 공통된 가정을 부정한다. 사실 그러한 것은 『순수 이성 비판』에서 '수학적' 이율배반을 다루는 데서의 칸트의 전략이었다. 마이몬은 칸트의 전략을 단적으로 사실 문제로까지 확대하여 그것을 여기서 칸트의 이성 원리와 비슷한 역할을 수행하는 무한한 지성의 이념에 적용한다. 교조주의와 회의주의는 둘 다 무한한 지성의 이념이 구성적 지위를 지닌다고 가정한다. 그들 사이의 갈등은 다만 이 이념이 과연 참인가 거짓인가 하는 것일 뿐이다. 그래서 참된 칸트적 방식으로 마이몬은 이 이율배반을 무한한 지성을 규제적 원리, 즉 존재하는 것을 말하는 것이 아니라 그것을 탐구의 과제로서 규정하는 원리로서 바라봄으로써 해결한다. 이 과제는 다름 아닌 그에 의해 모든 우연성과 소여성이 사라지는 경험에 대한 완전한 설명 —즉 만약 우리의 지성이 사실상 무한하다면 우리가 가지게 될 설명이다.

마이몬의 탐구의 무한한 진보 개념은 회의주의와 교조주의라는 극단들을 성공적으로 회피한다. 그것은 회의주의를 벗어나는데, 왜냐하면 그것은·비록 우리가 무한한 지성이라는 우리의 목표를 완전히 달성하지는 못하더라도 적어도 점진적이고 지속적으로 그것에 접근한다고 주장하기 때문이다. 비록 회의주의자가 지성과 감성 사이에 영원한 이원론이 존재한다고 주장하는 것이 물론 옳다 할지라도, 그는 탐구의 진보가 그것들 사이의 간격을 결코 완전히 메우지는 못하더라도 끊임없이 줄여나간다는 것을 깨닫지 못한다. 그렇다면 회의주의자가 잘못된 방향으로 가는 곳은 만약 경험의 이해를 위한 조건들이 전부 존재하지 않는다면 그것들은 탐구의 노력을 통해 부분적으로 창조될 수 없다고 결론을 내리는 데서이다. 역으로 이 개념은 또한 교조주의의 함정도 피한다. 그것은 무한한 지성의 존재를 가정함으로써 일상적 경험을 초월하지 않는다. 그것은 단순히 그것을 탐구의 과제로 변형시킬 뿐이다. 그러므로 마이몬은 우리 유한한 존재가 탐구에서 아무리 멀리 진보할지라도 무한한 지성의 지위에 결코 이르지 못한다는 것을 전적으로 인정한다. 그래서 만약 회의주의자의 오류가 목표가 전적으로 실현 불가능하다고 생각하는 데 있다면, 교조주의자의 잘못은 그것이 이미 성취되었다고 가정하는 데 있다. 그러나 진리는 중간 어딘가에 놓여 있다. 우리는 탐구의 경계를 확장하기 위해 끊임없이 노력한다면 점진적으로 목표에 접근한다. 그렇다면 우리가 회의주의와 교조주의라는 극단들을 피하는지의 여부는 궁극적으로 우리의 의지, 즉 탐구를 확대하고자 하는 우리의 끊임없는 노력에 달려 있다.

비록 마이몬의 탐구의 무한한 진보 개념이 교조주의와 회의주의 사이의 가운뎃길을 제시한다 할지라도, 중요한 것은 그것이 또한 칸트의 체계에 근본적인 변화를 요구한다는 것을 아는 것이다. 이 개념은 지성과 감성 사이에 질적 이원론이 아닌 양적 이원론만이 존재한다는 것을, 그것들 사이의 구별이 종류가 아니라 정도에 있다는 것을 함의한다. 그것들 사이의 경계는 더 이상 고정되어 있는 것이 아니라 움직이며, 그래서 하나가 증가하면 다른 하나는 감소한다. [306]0에서 무한대에 이르는 등급을 설정하는 것도 가능한데, 거기서 0은 감성의 혼란스럽고 잠재의식적인 인식이며 무한대는 지성의 명확하고 자기의식적인 인식이다. 이것은 확실히 칸트의 원리들로부터의 일탈인데, 왜냐하면 『순수 이성 비판』에서 칸트는 감성이 인식의 독자적인 원천임을 명시적으로 주장하기 때문이다.[52] 그리하여 결국 칸트적인 체계는 그것의 두드러진 사실 문제의 해결을 위해 값비싼 대가를 치르는바, 다시 말하면 지성과 감성 사이의 절대적 이원론을 포기하게 된다. 아이러니하게도 마이몬이 비판 철학을 회의주의와 교조주의의 위험으로부터 구하는 것은 다만 그것에 오랜 라이프니치적인 양적 이원론을 다시 도입함으로써만 이루어진다.

그 장점이 무엇이든 마이몬의 비판적 길은 주목받지 않을 수 없었다. 그것이 가장 중요한 칸트 이후 관념론자들 가운데 한 사람, 즉 피히테에게 영향을 미쳤다는 것은 있음직하지 않은 일이 아니다. 그리하여 『학문론』(1794)에서 피히테는 유사한 이율배반을 구성하고 그것을 비슷한 방식으로 해결한다.[53] 이 사상가들 사이의 유일한 차이는 마이몬이 무한한 지성을 탐구의 목표, 즉 이론적 이상으로서 바라보는 데 반해, 피히테는 그것을 행위의 목표, 즉 실천적 또는 윤리적 이상으로서 간주한다는 점이다. 이러한 유사성은 무한한 추구라는 피히테의 유명한 개념이 마이몬에게서 빌려온 것이었는가 하는 물음을 제기한다.

10.7. 사물 자체의 제거

••
52   *KrV*, B, 60-61.
53   Fichte, *Werke*, I, 252ff., 270ff.

칸트의 철학으로부터 초월적 존재자들을 제거하려는 시도보다 마이몬의 비판적 정신을 더 잘 보여주는 것은 없다. 마이몬은 모든 형이상학적 사변을 자제해야만 하는 초월론 철학의 순수하게 내재적인 지위를 결코 고집하려고 하지 않는다. 그는 초월론 철학이 그것 자신의 인식기준에 충실하게 머물러야만 한다고 강조한다. 그리고 그것은 단순하게 말하자면 초월론 철학이 가능한 경험의 한계 내에 머물러 초월적 존재자들에 대한 모든 확언을 피해야만 한다는 것을 의미한다.

그러나 마이몬의 순수하게 내재적인 초월론 철학의 이상은 곧바로 만만찮은 문제, 즉 사물 자체에 부딪쳤다. 야코비의 유명한 비판 이후 사물 자체의 유령은 비판 철학에 계속해서 출몰했다. 그것의 존재를 긍정하고 부정하는 것 모두가 필요해 보였다. 경험의 기원을 설명하기 위해서는 그것을 긍정할 필요가 있었다. 그리고 가능한 경험 내부에 머무르기 위해서는 그것을 부정할 필요가 있었다. 라인홀트도 슐체도 이 끔찍한 딜레마로부터 칸트를 구해내는 데 가까이 다가가지 못했다. 라인홀트는 그것에 희생자가 되었다. 그리고 슐체는 그것을 논쟁점으로서 이용했다. 야코비의 비판의 힘을 무장 해제시키고 비판 철학의 내재적 지위를 회복하는 것은 마이몬의 운명이었다.

마이몬은 사물 자체가 칸트의 비판적 원리들과 양립할 수 없다는 데 대해 야코비에게 완전히 동의한다.[54] 그러나 그는 야코비보다 한 걸음 더 나아가기도 한다. 그는 사물 자체가 실제로 어떠한 설명적 가치도 지니지 못하며, 그리하여 무엇보다도 우선 그것을 요청하는 것은 쓸모없다고 논증한다.[55] 만약 사물 자체가 [307]경험의 기원을 설명한다면 그것은 다른 것들이 아닌 바로 이 표상들이 왜 감성에 주어져 있는지를 설명

54 Maimon, *Werke*, II, 145, 415; V, 429, 177; III, 185.
55 같은 책, II, 372.

해야 한다. 그리하여 만약 우리가 특정한 색깔과 크기의 집을 지각한다면, 그것은 이 색깔과 크기의 표상을 산출하는 것과 같은 방식으로 우리에게 작용하는 사물 자체가 존재하기 때문이다. 그러나 그러한 설명은 궁극적으로 공허하다고 마이몬은 주장한다. 그것은 단지 문제를 다른 단계로 밀어놓을 뿐이다. 왜냐하면 동일한 물음이 또다시 사물 자체에 대해 발생하기 때문이다. 왜 그것은 다른 것들이 아닌 이 표상들을 생산하기 위해 바로 이러한 방식으로 작용하는가?

그렇다면, 즉 사물 자체의 요청이 공허하다면 비판 철학은 경험의 기원에 대해 어떻게 말할 수 있는가? 마이몬은 이 물음에 대해 확고하고 단순한 대답을 가지고 있다. 그것은 아무것도, 전혀 아무것도 말하지 말아야 한다.[56] 만약 칸트가 자신의 비판적 원칙들을 고수해야 한다면, 그가 말할 수 있는 것은 다만 경험이 주어진 것이고 그 이상의 것이 아니라는 것이다. 그는 그 원인에 대해 사변할 수 없는데, 왜냐하면 그것은 인과성 범주의 초월적 적용에 이를 것이기 때문이다.

마이몬은 마치 우리의 표상들이 오로지 사물 자체에 상응하는 한에서만 참인 것처럼 사물 자체를 우리의 표상들의 대상으로서 요청하는 것도 심각한 잘못일 것이라고 논증한다. 그는 라인홀트가 사물 자체가 표상 내용의 '객관적 상관물'이라고 주장할 때 바로 이 잘못을 저지른다고 그를 비난한다.[57] 그러한 가정은 칸트의 비판적 원칙들에 대한 깊은 배신으로서 비난된다. 마이몬에 따르면 초월론적 연역의 정신은 진리가 의식의 영역 내부에서 설명될 것을 요구한다. 진리는 사물 자체에 일치하는 표상에 존재할 수 없는데, 왜냐하면 칸트가 가르치듯이 우리는 그러한 일치가 유효한지를 보기 위해 우리의 표상들 바깥으로 나갈 수 없기

• •
56   같은 책, IV, 415; V, 404-406, 412-413.
57   같은 책, IV, 226-227; V, 377-379; III, 472-476.

때문이다. 진리를 "표상과 그것 외부의 어떤 것과의 일치"로 보는 것은 확실히 넓은 의미에서 올바르다. 그러나 마이몬은 우리가 이 구절을 비판적 원칙들에 따라 해석해야만 한다고 주장한다. 표상 '외부에' 있는 것은 사물 자체가 아니라 규칙에 따라 결합된 표상들의 종합일 뿐이다. 전체는 특수한 표상들이 그것의 부분들일 뿐이라는 의미에서 그것들의 '외부에' 있다. 그 경우 하나의 표상은 그것이 규칙에 따라 필연적으로 결합된 표상들의 종합에 속할 때 대상과 '일치'한다.

그 경우 사물 자체에 대한 마이몬의 제거는 그로 하여금 경험의 주관-객관 이원론을 재해석하도록 만든다. 그러한 이원론이 존재한다는 것은 단적으로 사실이라고 그는 말하는데, 왜냐하면 경험에는 두 종류의 표상들, 즉 보편적이고 필연적이며 모든 사람에게 비슷하게 그리고 우리의 의지와 상상력으로부터 따로 떨어진 것으로 나타나는 것들과 사적이고 임의적이며 지각하는 자들마다 그리고 의지와 상상력에 따라 다른 것들이 존재하기 때문이다. 문제는 사물 자체를 보편적이고 필연적인 표상들의 원인이나 상관물로서 불러내지 않고서 이 이원론을 비판적 원칙들에 따라서 해석하는 것이다. 만약 우리가 비판적 원칙들을 엄격히 고수한다면 이 [308]이원론을 의식 그 자체 내부로부터 설명할 필요가 있다고 마이몬은 주장한다.[58] 주관-객관 이원론을 존재자의 구별되는 종류들——표상과 사물 자체——사이에 놓는 것이 아니라 그것이 표상의 구별되는 종류들 사이에 있도록 그것을 의식 그 자체 내에 놓을 필요가 있다. 마이몬은 이 점을 『논리학』에서 다음과 같은 요약하고 있다. "**구분 원리***Fundamentum divisionis*는 우리 인식의 원천이 아니라 내용에 있다."[59] 그리고 나서 마이몬은 이 규정에 따라 객관성과 주관성의 의미를 재해석한다. 우리의 경

••
58   같은 책, V, 176-177; II, 340-341.
59   같은 책, V, 177.

험에서 '객관적'인 것은 사물 자체가 아니라 범주들에 의해 그것에 부과된 보편적이고 필연적인 구조이다. 그리고 '주관적'인 것은 모든 표상의 정신-의존성이 아니라 그것들 가운데 일부의 가변성과 자의성이다.

비록 초월적 존재자로서의 사물 자체를 제거하고자 열심이지만 마이몬은 이 개념의 정당한 비판적 사용이 존재한다는 것을 인정한다. 그는 우리가 어떤 존재자의 존재를 확언함이 없이 그 개념을 우리 지성의 한계를 규정하기 위해 사용할 수 있다고 생각한다.[60] 비판적 사용에서 사물 자체는 우리의 지성에 대해 무한한 과제를 규정하는 규제적 원리로서 이바지한다. 이 과제는 다름 아닌 경험에 대한 완전한 설명일 뿐이며, 또는 칸트가 『판단력 비판』에서 이해하는 대로 하자면 자연의 모든 특수한 법칙들을 완전한 체계로 조직하는 것이다. 우리 지성의 목표는 아무것도 주어지거나 우연적이지 않도록 그리고 모든 것이 자기의 법칙들에 따르도록 모든 경험을 자기의 활동에 순응하도록 하는 것이라고 마이몬은 말한다. 그러한 규제적 원리로서 해석된 사물 자체는 예지체, 즉 만약 이 목표가 성취되고 모든 것이 지성의 활동에 따르게 된다면 결과하게 될 순수하게 지적인 존재자에 이른다. 따라서 마이몬의 용어들로 하자면 사물 자체에 대한 인식은 현상들 배후의 어떤 신비적 존재자에 대한 인식이 아니라 다만 "현상들에 대한 완전한 인식"일 뿐이다.

마이몬에 따르면 칸트가 사물 자체의 인식 불가능성에 대해 이야기할 때 그가 실제로 의미하는 것은 다만 우리 지성의 이상——현상들에 대한 완전한 인식——이 도달 불가능하다는 것일 뿐이다.[61] 우리가 사물 자체를 인식할 수 없다고 말하는 것은 다만 우리의 유한한 인간 지성이 경험

••
60 같은 책, III, 200-201.
61 같은 책, VII, 193.

의 모든 것을 자기의 법칙에 따르도록 할 수 없다는 것을 인정하는 것일 뿐이다. 그가 자주 사용하는 수학적 유비들 가운데 하나에서 마이몬은 사물 자체를 $\sqrt{2}$와 같은 대수의 상상적인 수들에 비유한다. $\sqrt{2}$가 특정한 수를 가리키지 않는 것처럼 사물 자체는 특정한 존재자를 지칭하지 않는다. 그리고 $\sqrt{2}$를 특정한 수들로 완전히 분석하는 것에 접근할 수 있지만 결코 달성할 수 없는 것처럼 현상들에 대한 완전한 인식도 접근할 수는 있지만 결코 달성할 수는 없다.

사물 자체의 개념을 규제적 원리로서 해석함에 있어 마이몬은 비판 철학의 문자는 아니라 하더라도 그 정신을 단적으로 지키고 있다. [309]칸트의 초월론적 변증론에 따르면 변증론적 가상은 규제적 원리의 실체화, 즉 지성의 이상이 존재자를 가리킨다는 가정에 존립한다. 예를 들어 수학적 이율배반들의 경우에 '조건지어진 것이 주어지면, 과제로서 조건들의 전체 연쇄를 추구하라'는 규제적 원리가 '조건지어진 것이 주어지면, 조건들의 전체 연쇄도 주어져 있다'로 읽혀진다. 마이몬은 이러한 비판적 교설을 단적으로 칸트 그 자신에게로 돌린다. 그는 사물 자체가 실재물을 가리킨다고 가정하는 것도 못지않게 변증론적 가상이라고 생각한다. 이것도 역시 규제적 원리, 요컨대 경험의 완전한 설명에 대한 지성의 이상을 실체화하는 것일 것이다.

10.8. 마이몬의 초월론적 논리학

비판 철학을 재구성하려는 마이몬의 시도는 사물 자체의 제거, 무한한 지성의 요청 또는 탐구의 무한한 진보 개념으로 끝나지 않는다. 마이몬이 비판 철학을 새로운 기초 위에 세우기 위해 애쓰는 또 다른 영역이 존재한다. 이것은 논리학 그 자체의 영역이다. 마이몬에 따르면 비판 철학은 칸트가 잘못되게도 완벽하고 완전한 학문으로서 인식하고 그릇되게도 자신의 초월론적 논리학을 위한 모델로서 사용하는 전통적인 아리스토텔레스 논리학에 더 이상 의거할 수 없다.[62] 오히려 전통적 논리학은 학문의 지위로부터는 멀리 있으며 형이상학에 못지않게 비판의 검토 아래 놓여야 한다.[63] 비판 철학은 다름 아닌 새로운 논리학, 즉 엄격하게 비판적 원칙들에 토대한 '사유의 새로운 이론'을 발전시켜야 한다. 따라서 마이몬은 그의 많은 정력을 그러한 논리학의 발전에 바친다. 그의 주요 저작들 가운데 둘, 즉 둘 다 1794년에 출판된『아리스토텔레스의 범주들』과『새로운 논리학 또는 사유의 이론의 시도』는 그의 새로운 사유 이론의 지침을 해명한다.

그렇지만 왜 새로운 논리학인가? 그렇듯 개혁을 긴급히 필요로 하는 전통적 논리학에 무엇이 잘못되었던가? 논리학을 완전하고 완벽한 학문으로서 묘사하는 칸트의 그림에 뒤집어 마이몬은 그것이 사실은 난장판에 다름 아니라고 주장한다. 그는 논리학이『순수 이성 비판』에서의 칸트 자신의 학문의 이상 즉 단일한 원칙을 중심으로 조직되고 그로부터 파생된 완전한 체계를 실현하는 것으로부터는 여전히 매우 멀리 있다고 지적한다. 마이몬은 이성의 체계적 통일에 대한 칸트의 믿음을 공유한다. 그러나 그는 전통적 논리학이 그 통일을 대표한다고 생각하지 않는다는 점에서 칸트와 다르다. 전통적 논리학의 이러한 실패는 특히 그것의 되는 대로의 방법에서 분명히 드러난다고 마이몬은 말한다.[64] 전통적 논리학자들은 판단과 삼단 논법의 모든 형식을 단일한 원칙에서 도출하기보다는 단순히 이 형식들을 일상 언어에서의 그것들의 사용으로부터 추상

• •
62   Kant, *KrV*, B, viii, 90.
63   Maimon, *Werke*, VII, 5; V, 466, 477.
64   같은 책, V, 23; VI, 4.

할 뿐이다. 그리하여 그들은 귀납적 조사를 위해 체계적 연역을 몰수당하며, 체계의 이상을 [310]일상 언어의 모든 변덕과 우연성에 넘겨준다. 이 모든 형식을 일상 언어로부터 추상한 후 전통적 논리학자들이 그것들을 조직하기 위해 하는 것은 다만 그것들을 일정한 일반적 규정들 아래 포섭하는 것일 뿐이다── 그것이 학문적이지 않은 것은 개론을 장과 단락으로 조직하는 것이 그렇지 않은 것과 마찬가지임에도 말이다. 체계적 전체의 부분들은 단지 일반적인 제목 아래 순서대로 배열되어서는 안 된다. 그것들은 또한 그것들의 본질적인 의미에서 서로 의존해야만 한다.

전통적 논리학에서의 학문적 엄밀함의 결여는 판단 형식들에 대한 그것의 잘못된 분류로부터 훨씬 더 명백해진다고 마이몬은 제시한다.[65] 몇몇 파생적 형식들이 잘못되게도 기본적인 것들로 파악되는 데 반해, 몇몇 기본적 형식들은 그릇되게도 파생적인 것들로서 간주된다. 가언적 형식은 그릇되게도 기본적인 것으로 고찰되는 파생적 형식의 완벽한 예이다. 가언 판단은 판단의 구별되는 형식이 아닌데, 왜냐하면 그것은 정언 판단들의 집합으로 완전하게 환원될 수 있기 때문이라고 마이몬은 논증한다. 예를 들면 'A가 B이면 C이다'는 'B인 A는 또한 C이기도 하다'의 좀 더 짧은 버전일 뿐이다. 문제가 되는 또 다른 경우는 선언 판단이다. 이것도 또다시 다수의 정언 판단들을 표현하는 단일한 정식에 지나지 않는다. 따라서 'A는 B, C 또는 D이다'라고 말하는 것은 다만 단순화된 형식으로 'A는 B, C 또는 D일 수 있다'라고 말하는 것일 뿐이다. 대조적으로 무한 판단은 잘못되게도 파생적인 것으로서 파악된 기본적인 것의 좋은 예이다.[66] 무한 판단은 종종 부정 판단의 한 형식으로서 분류된다. 그러나 그것은 사실은 독자적인 판단 형식이다. 비록 그것들이 유사한

* *

65 　같은 책, VI, 175-178, 163-164; V, 22, 115, 494.
66 　무한 판단의 자율성을 옹호함에 있어 마이몬은 칸트를 따른다. *KrV*, B, 97을 참조.

문법적 형식을 가지고 있다 할지라도, 부정 판단과 무한 판단은 다른 논리적 형식을 지닌다. 무한 판단은 'A는 B가 아니다[A는 비-B이다]'의 형식을 지니는데, 거기서는 B도 B의 부정도 A에게 돌려질 수 없다. 예를 들면 '덕은 정사각형이 아니다[덕은 비-정사각형이다]'에서 덕은 정사각형의 유나 비-정사각형(원형과 직사각형)의 유 아래에 속하지 않는다. 부정 판단은 'A는 B가 아니다'라는 동일한 문법적 형식을 지닌다. 그러나 여기서 B의 부정은 A에 돌려질 수 있는바, 예를 들면 '삼각형은 정사각형이 아니다.'

전통적 논리학에 대한 마이몬의 공격이 그로 하여금 『순수 이성 비판』에서의 칸트의 '형이상학적 연역'에 대해 극도로 비판적이게 만든 것은 놀라운 일이 아니다.[67] 마이몬에 따르면 범주들을 판단 형식들로부터 도출하는 것은 잘못인데, 왜냐하면 전통적 논리학이 판단 형식들의 체계적 분류를 결여하고 있기 때문이다. 그러므로 칸트의 범주 연역은 아리스토텔레스의 것에 못지않게 '광상곡적인[긁어모으는]' 것이다. 논리학에 토대한다는 단순한 사실은 바로 이 논리학이 체계적이지도 엄밀하지도 않기 때문에 그 연역을 체계적이고 엄밀한 것으로 만들지 않는다.

마이몬은 전통적 논리학의 문제들——체계적 통일성의 결여와 판단 형식들의 엉성한 분류——이 단일한 근본적 오류에서 생겨난다고 단언한다. 이것은 논리학이 완전히 자율적인 학문, 즉 그 원리들과 개념들이 어떤 다른 학문에 의한 설명을 필요로 하지 않는 자기 충족적인 의미를 지니는 학문이라는 믿음이다. 칸트학파와 라이프니츠-볼프학파는 둘 다 [311]이 믿음을 공유하고 있거니와, 그것은 실제로 계몽의 이성 신앙에 기본적이다. 마이몬이 보기에 그것을 그토록 의심스럽게 만드는 것은 논리적 형식들이 논리학 그 자체 내부에서 설명될 수 없는 잠재적이거나

• •
67   Maimon, *Werke*, V, 214-215, 462-470; VI, 3-7.

숨겨진 형이상학적 의의를 지닌다는 사실이다. 이러한 형이상학적 차원은 두 가지 방식 가운데 어느 것으로든 명백히 드러난다.[68] (1) 형이상학적 용어들을 이용하지 않고서 논리적 형식들의 의미나 기능을 설명하는 것은 불가능하다. 예를 들어 긍정하거나 부정하는 것은 어떤 사태의 '진리'나 '실재'를 정립하거나 정립하지 않는 것이다. 그러나 '진리'와 '실재'는 명백히 형이상학적 개념들이다. (2) 판단 형식들은 때때로 오도하는바, 우리로 하여금 경험에서의 사건들 사이에 어떤 필연적 연관성이 존재한다고 제시하는 가언적 판단 형식과 같은 잘못된 존재론적 확언을 하도록 유혹한다.

논리적 형식의 형이상학적 차원에 대한 마이몬의 주장은 그로 하여금 순수 논리학과 초월론적 논리학 사이의 관계에 대한 칸트의 그림을 뒤집도록 만든다.[69] 형식 논리학을 전제하는 것이 초월론적 논리학이 아니라 그 역이다. 초월론적 논리학은 형식 논리학에 선행해야 하는데, 왜냐하면 그것이 논리적 형식의 형이상학적 용어들과 확언들을 설명하고 비판하기 때문이다. 그러한 앞선 설명과 정당화가 필요하다고 마이몬은 주장하는데, 왜냐하면 오로지 그것만이 논리학이 존재론적으로 오도할 여지가 있는 형식들을 규범화하지 않고 그 용어들에 대한 문제가 있는 형이상학적 정의들을 통합하지 않는다는 것을 보증하기 때문이다.

순수 논리학에 대한 초월론적 논리학의 우선성에 대한 마이몬의 믿음은 칸트 이후의 사상 발전에 대해 몇 가지 중요한 결과를 지녔다. 이 믿음은 피히테와 셸링의 초기 방법론적 저술들의 기본 교의들 가운데 하나로 입증되었다. 그리고 그것은 실제로 헤겔 『논리의 학』의 전제들 가운데 하나였다. 물론 마이몬은 순수 논리학에 대한 초월론적 논리학의

---

68   같은 책, V, 468; VI, 159-161, 5-6.
69   같은 책, V, 23, 214-216.

우선성을 주장하는 최초의 칸트 이후 사람이 아니었다. 라인홀트도 역시 순수 논리학이 초월론적 논리학으로부터 도출되어야 한다고 생각했다.[70] 그럼에도 불구하고 그의 세 사람의 관념론적 후계자인 피히테와 셸링 그리고 헤겔에게 더 커다란 영향을 끼친 것은 라인홀트가 아니라 마이몬이었다고 하는 것이 훨씬 더 그럴듯하다. 라인홀트는 결코 몇 가지 강령적인 언급을 넘어서지 않는다. 그러나 마이몬은 전통적 논리학을 상세히 비판하며, 왜 순수 논리학이 초월론적 논리학에 의존하는지를 설명하고, 그의 후기의 거의 모두를 새로운 논리학의 발전에 바친다. 실제로 피히테와 셸링이 그의 『논리학』을 대단히 존경하는 것은 우연이 아니다.[71]

10.9. 규정 가능성 원리

논리의 개혁에 대한 마이몬의 요구, 형식 논리학에 대한 초월론적 논리학의 우선성에 대한 그의 주장, 그리고 칸트의 학문 이상(즉 단일한 원칙을 중심으로 조직된 체계)에 대한 그의 충성, 이 모든 것은 그에게 엄청난 과제를 부과했다. 그는 초월론적 논리학의 단일한 기본적 지침 원리를 발견해야 했다. [312]오직 그러한 원리가 발견될 때에만 초월론 철학은 판단과 삼단 논법의 모든 형식을 완전한 체계로 조직할 수 있을 것이다. 실제로 오직 그때에만 초월론 철학은 확고한 학문적 기초 위에 세워질 것이다.

그의 후기 저술들에서 마이몬은 자기가 실제로 그러한 원리를 발견했다

• •

70   Reinhold, *Fundament*, pp. 117-121.

71   Schelling, *Werke*, III, 221을 참조.

고 주장했다. 이것은 그의 이른바 규정 가능성 원리(*Satz der Bestimmbarkeit*)였는데, 그것을 그는 너무도 중요한 의미를 지니는 것으로 생각했다. 예를 들어 『아이네시데무스에게 보내는 서한』에서 그는 그것이 다름 아닌 철학의 첫 번째 원칙이며 따라서 라인홀트의 의식의 명제에 대한 계승자라고 선언한다.[72] 이 원리는 확실히 마이몬의 사유에서 몇 가지 중요한 역할을 수행한다. 그것은 범주들에 대한 그의 연역의 열쇠, 그가 선험적 종합적인 지식 주장들을 평가하는 기준, 그리고 이상적 언어의 구성을 위한 토대이다.

초월론적 논리학의 첫 번째 원칙으로서 규정 가능성 원리의 주된 목표는 실재 세계에 대해 어떤 판단들이 참이거나 거짓인지를 규정하기 위한 인식적 의미의 기준을 정식화하는 것이다. 그러므로 이 기준은 두 가지 과제를 지닌다. 그것은 참도 아니고 거짓도 아닌 것들(예를 들면 '덕은 빨갛다')에 대립하는 것으로서 어떤 판단들이 참이거나 거짓인지('물은 섭씨 0도에서 언다')를 규정하는 것과, 오직 형식적으로만 모든 가능적 세계에 대해 참인 것들('총각은 결혼하지 않은 남자다')에 대립하는 것으로서 어떤 판단들이 실재하는 세계에 대해 참일 수 있는지('총각은 소심하다')를 규정하는 것이다. 다시 말하면 그 기준은 실질적 의미(실재하는 세계에 대해 참이거나 거짓일 수 있는 명제의 능력)를 실질적 무의미로부터, 그리고 실질적 의미를 순수하게 형식적 의미로부터 구별해야만 한다.

마이몬 자신의 용어를 사용하자면 규정 가능성 원리의 목적은 '실재적 사유'를 '형식적'이고 '임의적'인 사유로부터 구별하는 기준을 정식화하는 것이다.[73] '실재적 사유'는 실재에 대해 참이거나 거짓인 판단들 또는

• •
72   Maimon, *Werke*, V, 367-370.
73   같은 책, V, 78-85.

우리에게 그것에 대한 지식을 줄 수 있는 판단들로 이루어진다. 그것은 모든 가능적 세계가 아니라 실재하는 세계에 관한 것이라는 점에서 '형식적 사유'와 다르다. 그렇다면 '형식적 사유'의 예들은 'A는 A다'와 같은 논리학의 법칙들이나 '삼각형은 세 변으로 이루어진 폐쇄된 도형이다'와 같은 분석 판단일 것이다. 실재적 사유와 형식적 사유는 둘 다 인식적으로 중요하거나 의미 있는 판단들로 이루어진다. 그러나 실재적 사유는 실질적으로 의미 있는 판단들로, 형식적 사유는 순수하게 형식적으로 의미 있는 것들로 이루어진다. 대조적으로 실재적 사유가 '임의적' 사유와 다른 것은 그것의 판단들이 참이거나 거짓인 데 반해 임의적 사유의 판단들은 그렇지 않다는 점에서이다. 임의적 사유의 예들은 '삼각형은 달콤하다'와 '나의 관념은 빨갛다'이다. 실재적 사유와 임의적 사유는 둘 다 비형식적이다. 그러나 실재적 사유는 실질적으로 의미 있는 판단들로, 형식적 사유는 실질적으로 의미 없는 판단들로 이루어진다.

마이몬에 따르면 '실재적 사유'나 실질적 의미의 원리를 정식화할 필요는 [313]순수 논리학의 부적절함으로부터 생겨난다.[74] 순수 논리학의 기본 원리, 즉 모순율은 단지 판단의 형식적 가능성만을, 다시 말하면 그것이 자기 모순적인지의 여부만을 규정한다. 그러나 형식적으로 가능한 모든 판단이 또한 실질적으로도 가능한 것은 아니다. 자기 모순적이지 않지만 여전히 실재에 대해 참이거나 거짓일 수 없는 많은 판단들, 예를 들면 '이 삼각형은 달콤하다', '이 개념은 1온스의 무게가 나간다'와 같은 판단들이 존재한다. 따라서 또한 판단의 **실질적** 가능성, 즉 그 용어들이 참이거나 거짓된 판단을 형성할 수 있도록 그것들이 의미론적으로 양립할 수 있는지 여부를 규정하는 기준이 존재해야만 한다. 그러한 기준의 정식화는 규정 가능성 원리의 과제다. 그래서 모순율이 판단의 형

• •
74   같은 책, V, 476, 212-213.

식에 대해 지니는 관계를 규정 가능성의 원리도 그 내용에 대해 지닌다. 그리고 모순율이 순수 논리학의 첫 번째 원리인 것과 마찬가지로 규정 가능성 원리는 초월론적 논리학의 첫 번째 원리다.

임의적 사유와 대비된 실재적 사유를 위한 기준이 존재할 수 있는 두 가지 가능한 의미에 의거하여 규정 가능성 원리에 대한 두 가지 가능한 독해가 존재한다. 비록 그 원리의 이 두 가지 버전이 마이몬에 의해 결코 구별되고 있지 않을지라도, 그의 텍스트는 그것들 각각에 대한 강력한 뒷받침을 제공한다.[75] 거기에는 약한 독해와 강한 독해가 존재한다. 약한 독해에 따르면 규정 가능성 원리의 목적은 어떤 술어들이 어떤 주어들에 귀속될 수 있는지를 규정하기 위한 의미론적 양립 가능성의 기준을 제공하는 것이다. 다시 말하면 그 원리는 참이거나 거짓인 실질적으로 의미 있는 술어들을 참이거나 거짓이 아닌 실질적으로 의미가 없는 술어들로부터 구별해야 하는 것이다. 예를 들어 그것은 '그 삼각형은 달콤하다'는 판단이 왜 의미가 없으며 '그 삼각형은 이등변이다'는 판단은 왜 의미가 있는지를 규정해야 한다. 그렇지만 좀 더 강한 독해에 따르면 그 원리의 목표는 주관적 지각이나 관념들의 단순한 연합과 대조되는 객관적 지식의 기준을 제공하는 것이다. 이 과제는 『프롤레고메나』에서의 칸트의 과제와 동일한데, 거기서 그는 '경험의 판단'('태양이 모래를 따뜻하게 한다')과 '지각의 판단'('나는 태양이 모래를 따뜻하게 한다고 느낀다')을 구별하는 기준을 찾아내고자 시도한다. 이 독해에서 그 원리는 용어들의 의미론적 양립 가능성뿐만 아니라 또한 판단이 객관적으로 참인지 여부나 주관적으로 참인지 여부도 규정한다. 그리하여 임의적 사고의 두 가지 부류가 존재하며, 규정 가능성 원리에 대한 독해

---

75   약한 독해에 대해서는 *Werke*, V, 494-495, 88-94를 참조. 그리고 강한 독해에 대해서는 같은 책, V, 488-489를 참조.

는 우리가 어떤 부류를 염두에 두고 있는가에 달려 있다. 첫 번째 부류는 그 용어들이 의미론적으로 양립 가능하지 않기 때문에 참이거나 거짓일 수 없는 판단들로 이루어진다. 두 번째 부류는 참이거나 거짓이고 그 용어들이 의미론적으로 양립 가능하지만 단지 주관적일 뿐 어떤 것을 실재 그 자체에 귀속시키는 데서 성공하지 못하는 판단들로 이루어진다. 약한 독해는 실재적 사고를 임의적 사고의 첫 번째 부류와 대조시키는 데 반해, 강한 독해는 그것을 두 번째 부류와 대조시킨다.

[314]마이몬의 규정 가능성 원리의 중심 테제는 만약 판단이 실재적 사유의 지위를 획득할 수 있으려면 그 용어들이 일방적이거나 비-상호적인 의존의 관계에 설 수 있어야만 한다는 것이다. 하나의 용어는 독립적이고 그 자신에 의해 파악될 수 있어야만 한다. 그리고 다른 용어는 다른 용어의 의존하고 오로지 그 다른 용어에 의해서만 파악될 수 있어야만 한다.[76] 예를 들어 'A는 B이다' 형식의 진술에서 A는 B로부터 독립적이어야만 하며 그리하여 그것은 B 없이 파악될 수 있다. 그러나 B는 A에 의존해야만 하며 그리하여 A 없이는 파악될 수 없다. 마이몬의 예들로부터 판단하면, 그러한 판단들의 범례들은 하나의 용어가 유이고 다른 용어는 그 종들 가운데 하나인 판단, 즉 '2는 수다', '빨강은 색이다'와 같은 판단들이다. 종들은 유 없이는 가능하지 않지만 유는 종이 없어도 가능하다.

마이몬은 그러한 일방적 의존이 형식적이거나 임의적인 사유와는 대조되는 실재적 사유의 독특한 특징이라고 주장한다. 다시 말하면 오로지 그 용어들이 그러한 관계에 서 있을 수 있는 판단만이 실재에 대해 참이거나 거짓인 것이다. 그 반대를 생각해 보라고 마이몬은 우리에게 요구

76 Maimon, *Werke*, V, 78-86.

한다. 그러한 일방적 의존성이 존재하지 않는 두 가지 경우를 생각해 보자. (1) 두 용어가 서로 독립적이고 그래서 A가 B 없이 파악될 수 있고 마찬가지로 B가 A 없이 파악될 수 있다고 가정하자. 이 경우에는 실재적 사유가 아니라 오직 임의적 사유만이 존재한다. 임의적 사유는 관념들의 한갓된 연합이나 용어들의 의미론적으로 무의미한 조합으로 이루어진다. 따라서 그 판단들의 용어들 사이에는 아무런 필연적 연관성이 존재하지 않는다. '삼각형은 달콤하다' 또는 '나의 관념들은 그 길이가 2인치다'와 같은 예들을 생각해 보라. 여기서 전자의 용어는 후자가 없어도 언제나 가능하며 그 반대도 마찬가지로 참이다. (2) 두 용어가 서로 의존하고 그래서 A가 B 없이 가능하지 않고 마찬가지로 B가 A 없이 가능하지 않다고 가정하자. 그러한 상호적이거나 쌍방적인 의존은 실재적 사유와는 대조되는 형식적 사유의 특징적 성질이다. 형식적 사유의 모든 판단은 그러한 상호 의존적 용어들을 지니는데, 왜냐하면 그것들은 모두 분석적 진리들, 즉 동일률 'A=A'의 사례들이기 때문이다.

마이몬은 규정 가능성 원리를 라이프니츠의 충족 이유율에 대한 해명으로서 바라본다.[77] 그는 A에 대한 B의 일방적 의존성이 있고 거기서 A는 B 없이 가능하지만 그 역은 가능하지 않을 때 A가 B의 충분한 이유라고 말한다. 그렇다면 규정 가능성 원리의 용어들은 근거와 귀결, 조건과 조건지어진 것으로 이해되어야 하는바, 여기서 독립적 용어는 근거와 조건이고 의존하는 용어는 귀결과 조건지어진 것이다. 그리하여 규정 가능성 원리가 실재의 인식을 위한 기준이라고 단언함에 있어 마이몬은 충족 이유율이 사실 문제의 인식을 위한 원리라고 하는 라이프니츠에게 동의하고 있다. 우리가 [315]'A는 B이다'라는 사태에 대한 지식을 갖고 있다고 가정하는 것은 또한 A가 B의 충분한 이유라고 가정하는 것이기

• •
77 같은 책, V, 78.

도 하다. 그러나 마이몬은 이것이 또한 결국에는 A와 B가 규정 가능성 원리에 의해 정식화되었듯이 서로 의존한다는 것을 단언하는 것이기도 하다고 덧붙인다.

마이몬은 규정 가능성 원리에 의해 지배되는 용어들을 '규정할 수 있는 것'(*Bestimmbare*) 및 '규정된 것'(*Bestimmte*)이라고 부른다. 규정할 수 있는 것은 좀 더 보편적인 용어이고 규정된 것은 좀 더 특수한 용어이다. 그렇지 않으면 규정할 수 있는 용어는 규정된 것이 단지 그 부분일 뿐인 전체이다.[78] 규정 가능성 원리에 따르면 규정할 수 있거나 보편적인 용어는 독립적인 것이고 규정되거나 특수한 용어는 의존적인 용어이다. 그렇다면 규정할 수 있는 것과 규정된 것은 서로에 대해 자기의 종들에 대한 유로서 관계한다. 비록 유가 자기의 종들 가운데 어떤 특수한 것 없이도 가능할지라도 그 종들의 각각은 유 없이는 가능하지 않다.

『논리학』과 『시론』 모두에서 마이몬은 규정할 수 있는 용어와 규정된 용어의 구별이 또한 주어와 술어 사이의 고유한 구별이기도 하다고 논증한다.[79] 주어는 독립적이고 규정할 수 있는 용어인 데 반해, 술어는 의존적이고 규정된 용어이다. 술어를 주어에 귀속시킴에 있어 우리는 우리의 주어 개념을 구체화하거나 규정된 것으로 만들고 있다고 마이몬은 진술한다. 그러므로 모든 술어는 구체화나 규정화에 존재한다. 그러고 나서 마이몬은 규정 가능성 원리를 두 가지 더 나아간 진술들로, 즉 주어-술어 판단의 주어에 관한 진술과 술어에 관한 진술로 나눈다.[80] 주어에 관한 진술은 그 주어가 독립적 용어이고 그 자산에 의해 파악될 수 있다고 단언한다. 술어에 관한 진술은 술어가 의존적 용어이고 오직 주어를 통

••
78   같은 책, V, 78-79.
79   같은 책, II, 84ff., 377-378; V, 78.
80   같은 책, V, 78.

해서만 파악될 수 있다고 단언한다. 주어와 술어 사이의 이러한 구별을 개진함에 있어 마이몬은 물론 데카르트와 스피노자의 초기 형이상학적 전통으로 되돌아가고 있을 뿐이다. 예를 들어 스피노자의 『에티카』에 따르면 주어·주체는 그 자신 안에서와 그 자신을 통해 파악되는 것인데 반해, 술어는 주어 안에서와 주어를 통해 파악되는 것이다.[81]

규정 가능성 원리는 만약 우리가 그것을 곧이곧대로 받아들이게 되면 오도할 가능성이 있다. 언뜻 보기에 그것은 유일한 참이거나 거짓인 판단이 하나의 독립적인 용어와 하나의 의존적인 용어로 이루어지며, 거기서 독립적 용어는 유이고 의존적 용어는 종이라는 것을 의미하는 것으로 보인다. 하지만 이러한 기준은 터무니없이 협소할 것인데, 왜냐하면 이 형식을 지니지 않는 참이거나 거짓된 판단이 분명히 많이 존재하기 때문이다. 그렇다면 만약 우리가 그러한 터무니없는 기준을 마이몬에게 귀속시키지 않아야 한다면 그의 규정 가능성 원리에 대한 좀 더 자비로운 독해를 제시할 필요가 있다. 좀 더 자세히 조사해 보면 마이몬이 의미하는 것은 다음과 같다. 참이거나 거짓인 어떤 판단은 그 주어가 그 술어가 단지 그것의 종일 뿐인 유에 속한다는 것을 — 반드시 진술하는 것은 아닐지라도 — 전제한다. [316]다시 말하면 술어를 주어에 귀속시키는 것은 오로지 술어가 그에 속하는 유가 주어에 대해 참인 한에서만 실질적으로 의미가 있다는 것이다.

이러한 좀 더 관대한 독해에 따르면 마이몬의 규정 가능성 원리는 판단의 문법적 형식이 아니라 논리적 형식에 관한 것이다. 그것은 모든 판단이 문법적으로 하나의 의존적 용어(종)와 다른 독립적 용어(유)를 포함해야 한다고 진술하는 것이 아니라 그것들이 논리적으로 그러한 용어들을 전제한다고 진술한다. 그러므로 참이거나 거짓인 모든 판단은

81   Spinoza, *Opera*, II, 45, def. III, pt. I.

주어가 그 유를 그리고 술어가 그 유의 종을 명시하는 논리적 형식으로 번역될 수 있어야만 하거니와, '이것은 빨갛다'는 '이 색깔은 빨갛다'로 번역될 수 있어야 한다. 여기서 술어는 비록 주어의 유가 이러한 규정된 종 없이 가능할 것일지라도 주어의 유 없이는 가능하지 않을 것이다. 이러한 순수하게 논리적인 요점을 염두에 두고서 우리는 규정 가능성 원리를 다음과 같은 방식으로 재정식화할 수 있을 것이다. 만약 판단의 술어가 주어의 유로부터 따로 떨어져 파악될 수 없다면 그리고 만약 주어의 유가 술어의 종으로부터 따로 떨어져 파악될 수 있다면, 그 판단 은 실질적으로 의미 있거나 실재 세계에 대해 참이거나 거짓이다. 만약 첫 번째 조건과는 반대로 술어가 주어의 유로부터 따로 떨어져 가능하 다면, 그 판단은 참이거나 거짓이 아니라 다만 단어들의 무의미한 조합 일 뿐이다. 예를 들어 '이 삼각형은 달콤하다'는 판단은 '달콤하다'는 술어가 삼각형이라는 유 없이도 가능하기 때문에 실질적으로 무의미한 데 반해, '이 삼각형은 이등변이다'는 판단은 '이등변'이라는 술어가 삼각형이라는 유가 없으면 가능하지 않기 때문에 의미가 있다. 그리고 만약 두 번째 조건과는 반대로 주어의 유가 술어 없이는 가능하지 않다 면, 예를 들어 '이 삼각형은 폐쇄된 세 변을 지니는 도형이다'와 같이 실재에 대해 참일 수 없는 형식적 동어반복 이외에 아무것도 존재하지 않는다.

이런 식으로 규정 가능성 원리를 재구성한 후에는 그것을 전개하는 데서의 마이몬의 철학적 목적을 헤아리는 것은 어렵지 않다. 그의 목표 는 의미론적 유형들이나 범주들의 이상 언어, 즉 라이프니치의 **보편 기호 학**characteristica universalis을 구성하는 것이다.[82] 규정 가능성 원리를 그 기준

· ·
82   그의 *Nachlass*에서 마이몬은 라이프니츠의 프로그램을 명시적으로 되살린다. *Werke*, VII, 649-650을 참조.

으로 사용함으로써 이 언어는 어떤 술어가 어떤 주어에 대해 술어화될 수 있는지를 규정하게 될 것이며, 그리하여 그것은 실재에 대해 참이거나 거짓일 수 있는 가능한 모든 유형의 판단들을 진술할 수 있게 될 것이다. 그러한 이상 언어는 하나의 술어가 다른 술어의 주어가 되고 그렇게 계속 이어지는 다수의 술어화 연쇄로 이루어질 것이다. 하나의 연쇄는 가장 규정 가능한 주어들, 즉 어떤 그 이상의 주어의 술어일 수 없는 것들로 시작될 것이며, 가장 규정된 술어들, 즉 어떤 그 이상의 술어들의 주어일 수 없는 것들로 끝날 것이다. 술어화의 연쇄에 따른 진전은 주어의 본성에 대한 좀 더 구체적인 규정으로 나아갈 것이다. 규정 가능성 원리에 일치하여 [317]하나의 연쇄의 주어는 그것의 각각의 술어가 없어도 파악될 수 있을 것이지만, 술어들 가운데 어느 것도 주어와 따로 떨어져 파악될 수 없을 것이다. 주어는 여러 가능한 술어들을 가지겠지만, 술어들은 하나의, 그리고 오직 하나의 주어만을 가질 것이다. 이 언어가 완성될 때 그것은 실재에 대해 참이거나 거짓일 수 있는 가능한 모든 유형의 판단들을 규정했을 것이며, 모든 참이거나 거짓인 판단은 술어화의 위계질서에서 명확한 위치를 할당받게 될 것이다. 판단의 궁극적 유형들은 모든 술어가 단지 그것의 종들과 종차들일 뿐인 그러한 유들에 의해 규정될 것이다. 그 경우 이 유들은 칸트 식의 범주들일 것이다. 그러한 이상 언어를 구성한 후 마이몬은 체계적인 초월론 철학이라는 칸트의 이상을 실현하게 될 것이다. 모든 범주는 단일한 원리, 즉 규정 가능성 원리로부터 엄밀하고도 체계적으로 도출될 것이다. 마이몬에 따르면 칸트는 그러한 체계의 구성을 위한 지도 이념을 발견하지 못했다. 그러나 이제 규정 가능성 원리 덕분에 그러한 원리가 마침내 이용될 수 있다.

10.10. 마이몬의 라인홀트와의 논쟁

1791년에 마이몬과 라인홀트 둘 다의 친구인 K. P. 모리츠는 최근에 출판된 마이몬의 『철학 사전』의 사본을 들고서 베를린으로부터 예나와 바이마르로 여행을 떠났다. 모리츠의 이 책을 들고 간 목적은 바이마르와 예나의 명사들에게 마이몬을 소개하는 것이었다. 그 당시 마이몬은 여전히 그의 베를린 친구들에게 수수께끼였다.[83] 그들은 그를 이해할 수 없었다. 그러나 그들은 또한 칸트가 그를 자신에 대한 최선의 비판가라고 생각한다는 것도 알았다. 따라서 모리츠는 마이몬이 적어도 한 사람은 그를 이해할 수 있을 것이라고 알았던 예나 문학 무대의 주목을 받을 수 있도록 하기로 결정했다. 그 사람은 칸트의 결정적인 해설자로 평판이 나 있었던 라인홀트였다. 모리츠는 적절한 절차에 따라 『사전』을 라인홀트에게 보여주었고, 그는 대단히 친절한 방식으로 대해 주었다. 라인홀트는 『일반 문예 신문』을 위해 그 책을 논평할 것을 약속했을 뿐만 아니라 또한 자기가 마이몬과 서신 교환을 하고 싶어 한다는 뜻도 밝혔다. 이것은 마이몬이 무시할 수 없는 제안이었다. 이것은 당대의 가장 중요한 칸트주의자에 맞서 자신의 견해를 남길 수 있는 기회였다. 모리츠의 방문 직후 마이몬은 라인홀트에게 편지를 써 칸트에 대한 자신의 우월한 지식을 증명하기 위해 간절히 애썼다. 그리하여 칸트 이후 철학의 역사에서 가장 신랄한 의견 교환들 가운데 하나가 시작되었다.

마이몬과 라인홀트의 격렬한 서신 교환은 여러 쟁점에 걸쳐 있지만, 아마도 가장 중요한 것은 라인홀트의 첫 번째 원칙, 즉 의식의 명제의 정당화에 관한 것일 것이다. 첫 번째 편지에서 마이몬은 라인홀트에게

---

83 마이몬에 대한 베를린 사람들의 태도에 관해서는 Altmann, *Mendelssohn*, pp. 361ff.를 참조.

이 원칙이 회의주의에 취약하다고 노골적으로 이야기한다. 그것은 '내가 이것을 어떻게 아는가?'라는 단순한 회의주의적 물음에 대답할 수 없다고 그는 주장한다. 물론 이 원리는 '의식의 사실'을 기술한다고 생각되었다. [318]"그러나"라고 마이몬은 라인홀트에게 묻는다. "당신은 그것이 사실을 기술한다는 것을 어떻게 아는 것입니까? …… 그리고 실제로 당신은 그것이 파생되고 매개된 것이 아니라 일차적이고 직접적인 사실을 기술한다는 것을 어떻게 아는 것입니까?"[84]

이러한 공격적이고도 어려운 물음들에 대한 라인홀트의 대답은 마이몬을 만족시키지 못했고, 그는 재빨리 자신의 서신 교환 상대방이 고의적으로 회피하고 있다고 암시했다. 첫 번째 답신에서 라인홀트는 자기의 첫 번째 원칙이 도덕과 종교에 대한 근본적 믿음들을 입증할 수 있었다고 자랑스럽게 진술한다.[85] "그러나 그것은 문제가 아닙니다"라고 마이몬은 조바심 내며 대답한다. "쟁점은 이 원칙이 다른 것들을 입증할 수 있는지 여부가 아니라 그것이 참인지 여부입니다."[86] 라인홀트는 우리가 거짓된 전제들로부터 참인 명제들을 연역할 수 있다는 것을 잊고 있는 것으로 보였다. 그를 꼼짝 못하게 하고자 하는 마이몬에 의한 또 다른 시도들 후에 라인홀트는 마침내 자신의 핵심적 요점을 진술한다. "모든 철학은 자명한 사실들로부터 시작해야만 하며, 이것들은 모든 증명의 토대이기 때문에 증명될 수 없습니다"라고 그는 쓴다.[87] 그러나 이러한 자세는 단지 마이몬의 분노를 증가시켰을 뿐이다. 그는 또다시 이것이 요점이 아니었다고 항의한다. "물론 모든 철학은 자명한 사실들로부터 시작해야

84 Maimon, *Werke*, IV, 213-214.
85 같은 책, IV, 219.
86 같은 책, IV, 224-225.
87 같은 책, IV, 258.

만 합니다"라고 그는 인정한다. "그러나 문제는 의식의 원리가 그러한 사실을 표현하는지 우리가 어떻게 아는가 하는 것입니다."[88] 결국 논쟁은 교착 상태에 도달했다. 라인홀트는 마이몬에게 의식의 명제가 사실을 표현한다는 것은 단적으로 사실이라고 확언했다. 그리고 그는 자신이 이것을 정당화하는 것은 자기 논박적일 것이라고 변호했다. 그러나 마이몬은 자기의 입장을 고수하고 라인홀트의 확언을 받아들이지 않았다. 그는 그것을 교조적인 것으로서 간주했다.

그러한 비생산적이고 험악한 의견 교환 후에 서신 교환이 상호적인 비난으로 악화된 것은 놀랄 만한 일이 아닐 것이다. 마이몬이 라인홀트를 회피하고 고상한 척한다고 고발한 데 반해, 라인홀트는 마이몬이 의도적으로 자기를 오해한다고 비난했다. 홧김에 그리고 라인홀트의 동의 없이 마이몬은 결국 그들의 서신 교환을 출판하여 누가 옳고 누가 그른지를 대중이 결정할 수 있게 하기로 결정했다.[89]

비록 교착 상태와 악감정으로 끝났지만 라인홀트와의 마이몬의 논쟁은 몇 가지 중요한 철학적 물음을 제기한다. 자명한 원칙들이 회의주의자들에게 자명하지 않다면 그것들에 호소하는 것에 무슨 가치가 존재하는가? 첫 번째 원칙들에 대한 충성은 언제 교조적이 되며, 그것들에 대한 의심은 언제 불합리하게 되는가? 가장 중요하게는, 비판 철학은 그것을 교조적인 것으로서도 회의적인 것으로서도 수립하지 않는 자명한 첫 번째 원칙들에 토대하는가? 마이몬의 기본적인 목표는 바로 그러한 첫 번째 원칙들이 존재하지 않는다는 것을 보여주는 것이었다.[90] 그는 첫

• •
88   같은 책, IV, 263.
89   서신은 1793년에 마이몬의 『철학 분야에서의 답사』에 실려 출판되었다.
90   이것은 회의주의와 교조주의 사이의 가운뎃길을 찾고자 하는 마이몬 자신의 시도에 모순되지 않는다. 마이몬은 가운뎃길이 존재하지만 그것은 어떤 자명한 첫 번째 원칙이 아니라 탐구의 무한한 진보라고 믿는다.

번째 원칙에 관한 논쟁이 어떻게 교조주의, 즉 자명성에 대한 라인홀트의 호소나 회의주의, 즉 그 자신의 끈질긴 물음으로 끝나는지를 분명히 보여주고 싶어 했다. 긴 각주에서 마이몬은 이 쟁점에 대한 자신의 일반적 입장을 명확히 설명한다.[91] 참으로 비판적인 철학은 자명성에 대한 모든 주장을 검토해야 한다고 그는 주장하는데, 왜냐하면 그것들이 숨겨진 의심스런 전제들을 포함하는 것은 언제나 가능하기 때문이다. [319]그러고 나서 마이몬은 멘델스존과 칸트 그리고 라인홀트가 어떻게 상식과 양심의 자명성 또는 의식의 사실들에 호소할 수 있었는지 이해할 수 없다고 고백한다. 이 철학자들은 비판에 대한 충성을 맹세한다. 그러나 비판의 첫 번째 요구는 자명성에 대한 주장을 포함하여 지식에 대한 모든 주장에 의문을 제기하는 것이다.

그들의 서신 교환이 중단된 후 마이몬은 라인홀트에 대한 자신의 입장에 대해 생각하기를 그치지 않았다. 나중의 작품들에서 그는 근원 철학에 대한 그의 가장 중요한 비판들 가운데 몇 가지를 덧붙여 자신의 입장을 명확히 하고 좀 더 다듬을 수 있었다. 논쟁의 열기는 심지어 마이몬이 그의 오랜 적수와의 몇 가지 광범위한 동의점들을 발견하기에 충분할 정도로 사라졌다. 『아이네시데무스에게 보내는 서한』에서 그는 자신이 두 가지 근본적인 요점에서 라인홀트에게 동의한다고 말한다.[92] 첫째, 그들은 모두 교조적 형이상학을 거부하고 비판의 필요성을 주장한다. 둘째, 그들은 둘 다 칸트가 순수 이성 비판을 위한 자기의 계획을 완벽하게 하거나 완성하지 못했다고 생각한다. 실제로 라인홀트는 너무도 믿음직스럽게도『순수 이성 비판』의 문자가 비판 철학 그 자체에 대한 마지

91   Maimon, *Werke*, IV, 25-55.
92   같은 책, V, 380-381; IV, 239도 참조.

막 단어라고 —— 무비판적으로 —— 믿는 교조적 칸트주의자들의 무리 전체를 일축한다고 마이몬은 드물게 보는 관대한 순간에 쓰고 있다. 그렇다면 라인홀트와 마이몬은 비판이 필요하다는 것과 비판 철학이 칸트에 의해 완성되지 않는다는 것에 동의하고 있다. 그러나 여기서 그들의 동의는 끝난다.

마이몬의 라인홀트와의 차이점들은 매우 기본적인 것들에서 시작된다. 그는 비판의 과제에 대한 라인홀트의 개념을 받아들일 수 없다. 라인홀트는 이 과제를 처음부터 잘못 파악하는데, 왜냐하면 그는 비판이 지식의 첫 번째 원칙들을 발견해야 한다고 생각하기 때문이라고 마이몬은 논증한다.[93] 그러나 마이몬의 좀 더 회의적인 견해에서 비판의 일차적인 목표는 이 원칙들을 비판하는 것이다. 비판 철학자가 무엇보다도 먼저 알고 싶어 하는 것은 과연 하나의 원칙이 우리의 믿음들을 조직하는지 여부가 아니라 과연 그것이 참인가 하는 것이다. 그리하여 라인홀트는 체계 형성에 대해 철학자의 좀 더 기본적인 의무, 즉 진리에 대한 탐구보다 우선권을 부여한다.

마이몬의 라인홀트와의 의견 차이들은 칸트의 비판적 프로그램의 구상뿐만 아니라 또한 그 실행 내지 실현에 관한 것들이기도 하다. 다시 말하면 비록 그가 비판 철학이 자명한 첫 번째 원칙을 찾아야 한다는 라인홀트의 주장을 받아들여야 할지라도, 그는 의식의 명제가 그 원칙이라는 그의 논증을 거부할 것이라는 것이다. 마이몬에 따르면 의식의 명제는 비판 철학의 첫 번째 원칙일 수 없는데, 왜냐하면 표상 개념은 칸트가 본래적이거나 근본적인 의식 상태로서 간주하는 것을 기술하지 못하기 때문이다.[94] "표상 개념에 대한 비판적 분석은 무엇일 것인가?"라고

••
93   같은 책, V, 447-448.
94   같은 책, V, 377-378; IV, 217-218.

마이몬은 묻는다. 만약 초월론적 연역을 상세히 검토하게 되면 우리는 표상이 [320]그러한 상태들의 종합적 통일의 부분인 의식 상태라는 것을 발견한다고 그는 말한다——그것은 규칙에 따라 그것들과 결합되어 있다는 것이다. 그렇다면 의식 상태는 오직 그것이 그러한 종합적 통일에 속하는 한에서만 대상을 '표상'하는데, 왜냐하면 그것의 대상은 사실상 단일한 대상의 관념을 형성하기 위해 이 구별된 상태들을 함께 결합하는 지성의 규칙 이외에 다른 것이 아니기 때문이다. 그런데 만약 우리가 표상에 대한 이러한 비판적 분석을 따라야 한다면——그리고 라인홀트는 확실히 칸트의 원칙들을 따르는 것처럼 행동하고 있다——, 표상이 의식의 본래적인 행위라는 믿음을 내버리는 것이 필요하다. 만약 그것이 본래적인 행위라면 그것은 단순하고 다른 것들로 분석될 수 없을 것이며, 다른 모든 것은 그것을 포함하는 용어로 분석될 수 있을 것이다. 실제로는 정반대가 사실이다. 그것은 좀 더 기본적인 다른 것들로 구성된 복잡한 행위이다. 가장 기본적인 행위는 의식 상태가 어떤 것을 표상할 수 있기 전에 현재해야만 하는 종합의 행위이다. 초월론적 연역에서 종합의 근본적인 역할을 지적하는 가운데 마이몬은 이전에 무시된 개념에 주의를 기울인다. 베크와 헤겔은 이 개념의 중요성을 강조함에 있어 그의 선례를 따라야 했다.

　라인홀트의 근원 철학에 대한 마이몬의 마지막 말은 '교조주의', 즉 어떤 칸트주의자에 대해서도 최악의 죄로 그를 고발하는 것이다. 비판 철학의 정신에 충실하기보다는 라인홀트는 초월적 사변에 종사하여 칸트가 그저 비난할 뿐인 형이상학을 다시 도입한다. 마이몬이 보기에 이러한 사변의 명확한 예는 주관과 객관이 표상의 형식과 내용의 원인들이라는 라인홀트의 논증이다.[95] 라인홀트 그 자신이 주관과 객관 그 자체는

95　같은 책, III, 474; V, 391-392.

어떠한 표상에도 주어질 수 없다고 말하기 때문에 그것들이 표상의 원인들이라는 그의 가정은 인과성 범주의 초월론적 적용에 해당한다. 마이몬이 강조하는 라인홀트의 교조주의의 또 다른 좀 더 명백한 예는 그의 사물 자체 연역이다.[96] 이 연역 배후의 주된 전제——표상의 내용이 그로부터 떨어져 있는 대상을 표현한다는 것——는 철저히 무비판적인 것으로 비난된다. 그것은 우리가——불가능한 일이지만——우리의 표상들이 사물들 자체에 대응하거나 그것들을 반영하는지를 보기 위해 그것들 바깥으로 나갈 수 있다고 가정한다. 그러나 이 가정은 불합리하며 초월론적 연역과 전적으로 상충된다고 마이몬은 말한다. 연역에 따르면 표상은 그 진리를 그것과 따로 떨어져 존재하는 사물 자체를 따름으로써가 아니라 지성의 종합 규칙들에 따름으로써 획득한다. 그리하여 우리는 의식 영역 안에 머무름으로써 진리의 개념을 설명할 수 있으며, 그래서 라인홀트가 그리하듯이 자기 바깥의 사물들을 반영하거나 닮아 있는 표상에 대해 이야기할 필요가 없다.

10.11. 마이몬 대 슐체

마이몬이 회의주의적인 동시대인 슐체를 발견하는 것은 그의 경력에서 나중의 일일 뿐이었다. 『아이네시데무스』가 철학적 무대에 등장한 것은 빨라도 1792년 4월, [321]즉 마이몬이 그의 성숙한 견해들 가운데 많은 것을 이미 제시한 텍스트들인 『시론』보다 2년 후 그리고 『사전』보다 1년 후였다. 하지만 슐체가 마이몬에게 적극적인 영향을 미쳤다는 점에 대해서는 거의 의심할 수 없다. 그는 마이몬으로 하여금 자신의

••
96   같은 책, IV, 226-227; III, 472, 475-476; V, 377-379.

입장을 설명하도록 강요했다. 그리고 그는 그로 하여금 초월론적 철학 일반의 목표와 담론을 명확히 하도록 자극했다. 『아이네시데모스에게 보내는 필라레테스의 서한』(1794)에서 마이몬은 『아이네시데무스』에 대한 대답을 쓰면서 슐체에게 적절히 경의를 표시했다. 이 서간체의 주석에서 필라레테스(마이몬)는 아이네시데무스의 회의주의에 대한 자신의 동의와 의견 차이를 표현하기 위해 아이네시데무스(슐체)에게 글을 쓴다.

마이몬의 『서한』의 역사적 의의는 칸트의 초월론적 담론의 논리에 대한 설명에 놓여 있다. 이 시기의 다른 어떤 작품 이상으로 그것은 칸트 담론의 이차적 본성을 분명히 하고 그것을 심리학 및 형이상학의 일차적 관심들과 대조시킨다. 칸트에 대한 초기 비판들 가운데 많은 것은 그의 기획에 대한 심리학적이거나 형이상학적인 오해에 의거했던바, 마이몬은 이러한 잘못된 해석을 꿰뚫어 본 데 대해 칭찬을 받을 만하다.

마이몬과 슐체 사이의 기본적인 쟁점은 바로 초월론 철학의 가능성에 관한 것이다. 슐체는 이 가능성을 공격하고 마이몬은 옹호한다. 슐체에 따르면 초월론 철학은 자기 논박적인 기획인데, 왜냐하면 그것은 악순환을 피할 수 없기 때문이다. 인식의 기원과 조건을 규정하기 위해 그것은 자기가 의문을 제기해야만 하는 바로 그 원리인 인과율을 적용해야 한다.

마이몬에게 이러한 이의 제기는 초월론 철학의 목표에 대한 오해를 드러낸다.[97] 초월론 철학의 일은 인식의 원인이나 기원에 대해 사변하는 것이 아니라 다만 인식의 내용을 분석하고 체계화하는 것일 뿐이다. 그것은 경험의 인과적 조건들이 아니라 그에 관한 우리의 판단들의 진리 조건들을 검토한다. 그리하여 초월론 철학은 엄격하게 이차적 탐구이다. 그것은 사물들 — 비록 그것들이 인식의 주관과 객관이라 하더라도 —

••
97   같은 책, V, 404-406, 412-413.

에 관한 것이 아니라 사물들에 대한 우리의 선험적 종합 인식에 관한 것이다. 따라서 마이몬은 술체의 순환이 회피될 수 있다고 결론짓는다. 초월론 철학자는 자신의 탐구를 순조롭게 출발시키기 위해 인과율에 몸을 맡길 필요가 없다.

마이몬은 칸트가 『비판』에서 심리학적인 언어를 사용한다는 것을 부정하지 않는다. 그러나 그는 그것을 선험적 종합 인식의 논리적 조건들에 대한 은유로서 해석한다.[98] 마이몬에 따르면 칸트가 정신을 인식의 원인으로서 보지 않는 것은 뉴턴이 중력을 물체들의 끌어당김의 원인으로서 간주하지 않는 것과 마찬가지다. 뉴턴의 중력 법칙이 다름 아닌 좀 더 특수한 법칙들에 대한 일반적 개념일 뿐인 것과 마찬가지로 칸트의 정신 개념은 인식의 다양한 형식들에 대한 일반적 개념에 지나지 않는다. 능력들에 관한 칸트의 모든 이야기는 정신적 힘들에 대한 문자 그대로의 기술이 아니라 논리적 가능성들을 표현하는 은유이다.

비슷한 근거들에서 마이몬은 [322]칸트의 초월론적 주관에 반대하는 술체의 논증에 이의를 제기한다.[99] 이 주관이 — 그것이 예지체이든 사물 자체든 아니면 이념이든 — 경험의 원인으로서 파악될 수 없다는 술체의 주장은 요점을 벗어나 있다. 칸트는 경험의 기원이 아니라 선험적 종합 판단의 진리 조건들을 설명하고자 한다. 더 나아가 술체는 잘못되게도 '예지체, 사물 자체 또는 이념'이라는 선언이 남김 없는 것이라고 가정함으로써 칸트의 선택지를 제한한다. 초월론적 주관은 이것들 가운데 어느 것도 아닌데, 왜냐하면 그것은 전혀 존재자가 아니기 때문이다. 오히려 그것은 다름 아닌 모든 표상의 형식적 통일, 결국 의식을 지니는 것의 필연적 조건일 뿐이다.

••
98 같은 책, V, 405; VII, v.
99 같은 책, V, 412-413.

비판 철학에 대한 옹호를 완성하기 위해 마이몬은 슐체의 논박의 가장 도전적인 부분들 가운데 하나인 관념론 반박에 대한 그의 비판으로 향한다. 그의 대답은 칸트 이후 문헌에서 칸트의 반박에 대한 최초의 옹호로서 역사적으로 흥미롭다.[100] 마이몬에 따르면 칸트의 관념론과 버클리의 관념론 사이에——사물 자체에 대한 일관성 없는 요청을 제외하면——아무런 차이도 없다는 슐체의 논증은 불합리한 추론이다. 비록 칸트와 버클리가 모두 의식에서 독립적인 사물들의 존재를 부인한다는 점에서 관념론자라고 할지라도 그들이 동일한 관념론을 공유한다는 것이 따라 나오는 것은 아니다. 따라서 칸트는 만약 그가 자신의 관념론을 버클리의 것과 구별하기를 원한다면 의식으로부터 따로 떨어져 있는 사물들의 존재를 증명할 필요가 없다. 오히려 그는 다만 표상의 두 부류 사이에 중요한 차이가 존재한다는 것을 지적할 필요가 있을 뿐이다. 색깔과 열 그리고 소리의 감각과 같이 지각자마다 다 다른 사적이고 임의적인 주관적 표상들이 존재한다. 그리고 누구나에게 있어 가능한 모든 경험을 위한 조건들인 보편적이고 필연적인 객관적 표상들이 존재한다. 마이몬의 해석에 따르면 칸트가 그의 반박에서 하려고 하는 것은 공간과 시간이 어떻게 표상의 첫 번째 부류가 아닌 두 번째 것에 속하는지를 보여주는 것이다. 칸트는 버클리의 관념론을 거부하는데, 왜냐하면 그것은 두 번째 부류를 첫 번째 것과 뒤섞어 공간과 시간을 색깔과 열의 감각들과 같은 임의적이고 사적인 것으로 보기 때문이다. 칸트의 관념론과 버클리의 관념론 사이의 차이는 이제 분명하다. 칸트는 객관적 표상과 주관적 표상을 구별하지만 버클리는 뒤섞는다.

『아이네시데무스』가 마이몬에 대한 커다란 도전이었던 것은 주로 그것이 그로 하여금 자신의 회의주의의 독창성을 옹호하도록 강요했기

••
100 같은 책, V, 434-437.

때문이다. 언뜻 보기에 그의 회의주의는 슐체의 것과 동일한 것이었다. 그것들은 둘 다 메타-비판적이고 인식을 경험에 제한했다. 그렇다면 마이몬의 입장에서 구별적인 것은 무엇이었는가? 마이몬은 자신의 회의주의가 슐체의 것보다 더 일관되고 철저하며 슐체가 상정한 전제들에 의문을 제기한다는 주장을 가지고서 이 물음에 자신 있게 대답할 수 있었다. 그리하여 그는 자신의 입장을 슐체의 '교조적 회의주의'와 대조시키기 위해 그것을 '비판적 회의주의'라고 불렀다. 마이몬이 보기에 슐체의 회의주의가 '교조적'인 것으로 남아 있었던 세 가지 측면이 존재한다. 첫째, 슐체는 경험과 이론, 사실과 해석 사이에 어떠한 명확한 경계선도 없기 때문에 '의식의 사실들'의 존재가 의심스러운데도 불구하고 그러한 사실들을 믿는 소박한 경험주의자였다. [323]둘째, 슐체는 진리 대응설에 의문을 제기함이 없이 그리고 초월론적 연역에서 그에 대한 칸트의 비판에 주목하지 않고서 그것을 고수했다. 셋째, 슐체는 마치 사물 자체가 일종의 존재자를 가리키는 것처럼 사물 자체의 교조적 개념을 전제했다. 우리가 과학의 진보와 더불어 사물들 자체에 대한 인식을 획득할 수 있다고 인정하는 가운데 슐체는 다만 사물 자체의 실재성에 대한 자신의 소박한 믿음을 드러냈을 뿐이다. 이러한 모든 근거에서 마이몬은 슐체의 회의주의가 그 자신의 것보다 더 교조적이라고 결론짓는 것이 정당하다고 느꼈다.

[324]결론

　1780년대와 1790년대 초반의 극적인 철학적 발전을 되돌아보게 되면 우리는 계몽이 극복할 수 없는 위기에 직면했다는 결론에 저항하기가 어렵다. 이성의 비틀거리는 권위에 대한 어떠한 구제책도 보이지 않는 것으로 보였다. 어느 누구도 야코비의 딜레마를 피할 수 없는 것으로 보였다. 멘델스존의 형이상학은 칸트의 『비판』의 이의 제기에 취약했다. 칸트의 실천적 신앙은 그에 대한 모든 공격 이후에 부적절해 보였다. 그리고 헤르더의 생기론은 새롭고 유망하긴 했지만 목적론에 대한 칸트의 중대한 이의 제기들에 대해 설득력 있는 대답을 제공할 수 없었다. 그런 이유에서 야코비의 딜레마는 그것을 야코비가 철학적 무대에 처음으로 밀어 넣은 1785년 여름에 그랬던 만큼이나 1790년대에도 커다란 도전이었다. 1790년대 초반에 이르면 이성적 니힐리즘과 비이성적 신앙주의 사이에서 선택하는 것이 필요해 보였다.

　이성의 운명은 1790년대 중반에는, 즉 라인홀트의 근원 철학의 패배 이후에는 훨씬 더 끔찍한 것으로 보였다. 라인홀트는 인식론에서의 개혁에 대한 긴급한 필요에 주목하게 했다. 그리고 그는 비판 철학이 새로운 기초를 필요로 한다고 가장 완고한 칸트주의자들을 제외한 모든 사람을 설득했다. 거의 모든 사람이 비판 철학은 오직 그것이 단일한 자명한 첫 번째 원칙 위에 세워졌을 때에만 안전한 기초를 가지게 될 것이라는 데 대해 그에게 동의했다. 그러나 라인홀트가 비판 철학이 그러한 기초를 필요로 한다고 거의 모든 사람을 확신시켰다면, 그는 근원 철학이 그 기초를 제공한다고 거의 어느 누구도 확신시키지 못했다. 슐체와 마이몬의 공격은 최소한 의식의 명제가 철학의 첫 번째 원칙일 수 없다는 것을 보여주었다. 좀 더 심각한 것은 자명한 첫 번째 원칙에 대한 라인홀트의 요구가 정당하긴 하지만 만족스럽지 않아 보였다는 점이다. 마이몬은 어떠한 첫 번째 원칙도 회의적인 물음에 취약할 것이라고 논증했다. 그리고 슐체는 그것이 사물 자체만큼이나 인식될 수 없을 것이라고 주장했다. 그리하여 근원 철학의 붕괴는 이성의 권위에 대해 매우 심각한 영향을 미쳤다. [325]첫 번째 원칙이 없다면 교조주의와 극단주의라는 극단들 사이의 가운뎃길은 없는 것으로 보였다. 그렇다면 1790년대 중반에는 모든 비판이 메타-비판적 회의주의로 기울어졌으며, 어느 누구도 그 추세를 뒤집을 수 없는 것으로 보였다.

이성의 권위에 대한 마지막 타격은 1790년대 초에 흄의 회의주의의 부활과 칸트의 초월론적 연역에 대한 환멸과 더불어 다가왔다. 라인홀트, 슐체, 마이몬, 플라트너, 울리히 그리고 티텔에 의한 연역의 비판들은 모두 동일한 충격적인 결론에 이르렀다. 칸트는 인과성에 대한 흄의 의심을 반박하지 못했다는 것이다. 충족 이유율을 경험에 적용하는 것에 대한 어떠한 명백한 정당화도 존재하지 않았다. 따라서 이성의 옹호자들은 그것이 자연의 모든 것을 설명할 수 있다는 스스로의 자랑스러운 믿음을 위한 토대를 지니지 못했다. 『프롤레고메나』에서 흄의 문제의 중요성에 대해 언급하면서 칸트는 진정한 판도라의 상자를 열었다. 어느 누구도 비판 이전의 교조적 선잠에 빠져들고 싶어 하지 않았다. 그러나 동시에 칸트가 그를 깨운 악몽을 어떻게든 치유한 것처럼 보이지 않았다. 물론『비판』은 인식의 문제를 변형시켰다. 그러나 그것은 그것을 해결하지 못했다. 문제는 더 이상 정신적 표상과 물리적 대상과 같은 서로 구별되는 존재자들이 어떻게 서로 일치할 수 있는지를 보여주는 것이 아니었다. 오히려 그것은 선험적 개념과 감성의 후험적 직관과 같은 이종적인 표상들이 서로 어떻게 일치할 수 있는지를 보여주는 문제였다. 이 이원론은 새로운 것이긴 하지만 더 다리를 놓을 수 있는 것이 아니었다. 그리하여 17세기의 형이상학적 이상주의에 대해서만큼이나 18세기의 계몽주의에 대해서도 중요했던 사유와 존재 사이의 일치에 대한 웅대한 요청은 산산조각 나버렸다.

하지만 이성에 대한 전망이 18세기 말에 암울해 보였다 하더라도 그것이 절망적인 것은 아니었다. 1790년대의 시작이 이성의 권위에 대한 가공할 만한 도전을 목격한 데 반해, 거의 2세기 전에 데카르트가 이성의 권위를 단언한 이래로 그것이 가장 휘청거리는 시점에 또한 그 부활을 향해 조용히 작용하는 힘들도 존재했다. 이 힘들은 실제로 1790년대 말에 17세기 중반의 활기차고 광범위한 형이상학적 사변에 필적하는 형이상학의 부활이 존재할 정도로 강력했다. 1800년 즈음에는 헤겔과 횔덜린의 절대적 관념론, 셸링과 슈테판스의 자연 철학, 바르딜리와 라인홀트의 논리적 실재론, 그리고 괴테와 노발리스 및 슐라이어마허의 신비적 범신론이 생겨났다. 형이상학의 이러한 복권은 이성의 주장들을 대담하게 다시 단언하는 것들, 즉 라이프니츠와 볼프 그리고 스피노자와 데카르트의 가장 확신 있는 주장들을 능가할 정도로 과감한 단언들을 동반했다. 거의 모든 이 새로운 형이상학적 체계들은 이성이 자명한 첫 번째 원리들을 소유하며, 그것은 우리에게 실재 자체에 대한 인식을 제공하고,

우리에게 우리의 본질적인 도덕적·종교적·정치적 믿음들을 위한 기초를 제공한다고 주장한다. [326]그것들은 계몽을 이성의 본성을 잘못 파악했다고 해서 날카롭게 비판한다. 그러나 그것들은 계몽의 가장 본질적인 믿음, 즉 이성의 권위로부터 벗어나지 않는다.

우리는 형이상학의 이러한 불사조와 같은 재생, 즉 그것의 임박한 붕괴에 직면하여 이렇듯 당혹스럽게 이성의 주장들을 다시 단언하는 것을 어떻게 설명할 것인가? 1790년대 후반의 형이상학의 부활이 기적으로 보인다면, 그것은 또한 단적인 필연성이었다. 칸트의 철학에 의해 제기된 위험과 어려움으로부터 벗어나는 하나의, 오직 하나의 탈출구만 존재했거니와, 그것은 형이상학의 잠자고 있지만 혼수상태에 있는 것은 아닌 정신을 다시 깨우는 것이었다. 이것은 이미 1790년대 초에 여러 가지 방식으로 분명했다. 첫째, 칸트의 실천적 신앙 교설에 대한 멘델스존과 플라트, 슐체와 비첸만의 논박들은 신앙에 대한 유일하게 방어 가능한 옹호가 또다시 도덕 법칙의 실천 이성보다는 형이상학의 이론 이성에서 나와야 할 것이라는 결론에 도달했다. 둘째, 칸트마저도 부인하지 않은 논리학의 객관성에 대한 볼프의 이론은 칸트의 유아론이라는 수렁으로부터 벗어나는 그럴듯한 길을 제공했다. 왜냐하면 비록 우리의 감각 인상들이 지각하는 자에 의존적이라 하더라도 논리학의 법칙들은 여전히 존재 일반에 대해 타당할 것이기 때문이다. 셋째, 울리히와 마이몬은 비판 철학이 오직 그 자신 내부에 형이상학을 통합함으로써만 자기의 내재적 문제들을 해결할 수 있다는 취지의 강력한 논증들을 개진했다. 마이몬에 따르면 오직 무한한 지성의 이념만이 지성과 감성 사이의 간격을 메울 수 있었다. 그리고 울리히에 따르면 인과성과 실체 범주의 초월적 적용만이 경험의 기원을 설명할 수 있었다. 넷째이자 마지막으로 하만과 야코비는 칸트가 『순수 이성 비판』에서 논증적 지식에 부과한 모든 제한에 종속되지 않는 좀 더 고차적인 직관적 형식의 지식이 존재한다고 제안했다. 그렇다면 『비판』의 모든 비판적 결과들이 단순히 이러한 새로운 형식의 지식에 호소함으로써 인정 ― 되고 회피 ― 될 수 있었다. 나중에 셸링과 헤겔은 이러한 지식을 형이상학의 새로운 기관으로 승격시키고 그것에 '지적 직관'이라는 세례명을 베푼다.

이러한 것이 1790년대 말에 형이상학의 부활을 향해 작용하고 있던 힘들이었던바, 그것들은 1790년대 초의 위기 후에 이성의 정당성을 입증하는 데 이바지했다. 그러나 중요한 것은 이 힘들이 19세기 초의 형이상학의 재생에 대한 완전한 설명을 제공할 수는 없는 단지 기여 요인들일 뿐이었다는 점을 파악하는 것이다. 수수께끼는 여전히 남아 있다. 칸트가 형이상학에 대해 1780년에 불가능하다고 선언한 후 왜 그것은 1800년에 필연성으로 보였던 것일까? 이것은 중요한 물음이며, 실제로 19세기 초에 칸트 이후 관념론의 부상을 이해하기 위한 핵심적인 물음이다. 그러나 그에 대답하기 위해서는 또 다른 한 권의 책이 필요할 것이다. 여기서 우리는 다만 18세기 말의 이성의 위기에 대한 증인이었을 뿐이다. 그 위기가 결국 어떻게 해결되었는가 하는 것은 또 다른 이야기다.

참고 문헌

1차 문헌

Abel, J. F. *Plan zu einer systematischen Metaphysik*. Stuttgart, Erhard, 1787.

—— *Versuch über die Natur der spekulativen Vernunft*. Frankfurt, 1787.

Abicht, J. F. *Hermias oder Auflösung der die gültige Elementarphilosophie betreffenden Zweifel*. Erlangen, Walther, 1794.

—— *Philosophisches Journal*. Erlangen, Walther, 1794-1795.

—— *Preisschrift über die Frage: Welche Fortschritte hat die Metaphysik seit Leibnitzens und Wolffs Zeiten in Deutschland gemacht?* Berlin, Maurer, 1796.

Baggesen, J. *Aus Jens Baggesen Briefwechsel mit K. L. Reinhold und F. H. Jacobi*, ed. K. and A. Baggesen. Leipzig, Brockhaus, 1831.

Bardili, C. B. *Briefe über den Ursprung der Metaphysik überhaupt*. Altona, Hammerich, 1798.

—— *Grundriss der ersten Logik gereinigt von den Irrthümern bisheriger Logiken überhaupt*. Stuttgart, Loflund, 1800.

—— *Bardilis und Reinholds Briefwechsel über das Wesen der Philosophie und Unwesen der Spekulation*, ed. K. L. Reinhold. Munich, Lentner, 1804.

Basedow, J. B. *Philalethie, Neue Aussichten in die Wahrheiten und Religion der Vernunft*. Altona, Iverson, 1764.

—— *Theoretisches System der gesunden Vernunft*. Altona, Iverson, 1765.

—— *Ausgewählte Schriften*, ed. H. Göring. Langensalza, Beyer, 1880.

Beck, J. S. *Einzig möglicher Standpunkt, aus welchem die kritische Philosophie beurteilt werden muss*. Vol. 3 of *Erläuternden Auszugs aus den kritischen Schriften des Herrn Prof. Kant*. Riga, Hartknoch, 1796.

Bendavid, L. "Deduction der mathematischen Prinzipien aus Begriffen: Von den Principien der Geometrie", *PM* IV/3 (1791), 271-301.

—— "Deduction der mathematischen Prinzipien aus Begriffen: Von den Prinzipien der Arithmetik", *PM* IV/4 (1791), 406-423.

Born, F. G. *Versuch über die ersten Gründe der Sinnenlehre*. Leipzig, Klaubarth, 1788.

—— "Ueber die Unterscheidung der Urteile in analytische und synthetische", *NpM* 1 (1789), 141-168.

—— *Versuch über die ursprünglichen Grundlagen des menschlichen Denkens und die davon abhängigen Schranken unserer Erkenntnis*. Leipzig, Barth, 1791.

Bornträger, J. C. F. *Ueber das Daseyn Gottes, in Beziehung auf Kantische und Mendelssohnischer Philosophie*. Hannover, Schmidt, 1788.

Borowski, L. E. "Darstellung des Lebens und Charakters Immanuel Kants", in *Immanuel Kant, Sein Leben in Darstellungen von Zeitgenossen*, ed. F. Gross. Darmstadt, Wissenschaftliche Buchgesellschaft, 1980.

Brastberger, M. G. U. *Untersuchungen über Kants Critik der reinen Vernunft.* Halle, Gebauer, 1790.

—— "Ist die kritische Grenzberichtigung unserer Erkenntnis wahr, und wenn sie ist, ist sie auch neu?" *PA* I/4 (1792), 91-122.

—— *Untersuchungen über Kants Critik der praktischen Vernunft.* Tübingen, Cotta, 1792.

Cäser, K. A. *Denkwürdigkeiten aus der philosophischen Welt.* Leipzig Müller, 1786.

Condillac, E. *Essai sur l'origene des connaissances humaines*, ed. J. Derrida. Auversur Oise, Galilee, 1973.

Crusius, C. A. *Die Philosophische Hauptwerke*, ed. A. Tonelli. Hildesheim, Olms, 1964.

Descartes, R. *The Philosophical Works*, ed. and trans. E. S. Haldane and G. R. T. Ross. Cambridge, Cambridge University Press, 1973.

Eberhard, J. A. *Neue Apologie des Sokrates.* Berlin, Voss, 1772.

—— "An die Herrn Herausgeber der Berlinerischen Monatsschrift", *PM* I/2 (1788), 235-241.

—— "Nachricht von dem Zweck und Einrichtung dieses Magazins", *PM* I/1 (1788), 1-8.

—— "Ueber die logische Wahrheit oder die transcendentale Gültigkeit der menschlichen Erkenntnis", *PM* I/3 (1789), 243-262.

—— "Ueber die Schranken der menschlichen Erkenntnis", *PM* I/1 (1788), 9-29.

—— "Ausführlicher Erklärung über die Absicht dieses Magazins", PM I/3 (1789), 333-339.

—— "Ueber das Gebiet des reinen Verstandes", *PM* I/3 (1789), 290-306.

—— "Ueber den Unterschied der Philosophie und Mathematik in Rücksicht auf ihre Sicherheit", *PM* II/3 (1789), 316-341.

—— "Ueber den Ursprung der menschlichen Erkenntnis", *PM* I/4 (1789), 369-405.

—— "Ueber den wesentlichen Unterschied der Erkenntnis durch die Sinne und den Verstand", *PM* I/3 (1789), 290-306.

—— "Ueber die apodiktischen Gewissheit", *PM* II/2 (1789), 129-185.

—— "Ueber die Unterscheidung der Urteile in analytischen und synthetischen", *PM* I/3 (1789), 307-332.

—— "Von den Begriffen des Raums und der Zeit in Beziehung auf die Gewissheit der menschlichen Erkenntnis", *PM* II/1 (1789), 53-92.

—— "Weitere Anwendung der Theorie von der logischen Wahrheit oder der transcendental Gültigkeit der menschlichen Erkenntnis", *PM* I/3 (1789), 243-262.

—— "Die ersten Erkenntnisgründe sind allgemein objektiv gültig", *PM* III/1 (1790), 56-62.

—— "Ist die Form der Anschauung zu der apodiktischen Gewissheit nothwendig?" *PM* II/4 (1790), 460-485.

—— "Ueber die Categorien, insonderheit über die Categorie der Causalität", *PM* IV/2 (1791), 171-187.

—— "Dogmatische Briefe", *PA* I/2 (1792), 37-91; I/4 (1792), 46-90; II/1 (1792), 38-69; II/3 (1792), 44-73.

—— "Ueber die Anschauung des inneren Sinnes", *PM* IV/4 (1792), 354-390.

—— "Vergleichung des Skepticismus und des kritischen Idealismus", *PM*

IV/1 (1792), 84-115.

—— *Ueber Staatsverfassungen und ihre Verbesserungen.* Berlin, Voss, 1794.

—— *Allgemeine Theorie des Denkens und Empfindens.* Berlin, Voss, 1796.

Ewald, J. L. *Ueber die kantische Philosophie mit Hinsicht auf die Bedurfnisse der Menschheit: Briefe an Emma.* Berlin, Unger, 1790.

Ewald, S. H. "Kritik der reinen Vernunft", *Gothaische gelehrte Zeitungen,* August 24, 1782.

Feder, J. G. H. *Der neue Emil oder von der Erziehung nach bewährter Grundsätzen.* Erlangen, Walther, 1768.

—— "F. H. Jacobis David Hume", *PB* 1 (1788), 127-148.

—— "Kants *Kritik der praktischen Vernunft", PB* 1 (1788), 182-188.

—— "Ueber den Begriff der Substanz", *PB* 1 (1788), 1-40.

—— *Ueber Raum und Causalität.* Frankfurt, Dietrich, 1788.

—— "Ueber subjektive und objektive Wahrheit", *PB* 2 (1788), 1-42.

—— *Logik und Metaphysik.* Göttingen, Dieterich, 1790.

—— *J. G. H. Feders Leben, Natur und Grundsätze.* Leipzig Schwickert, 1825.

Fichte, J. G. *Gesammtausgabe der bayerischen Akademie der Wissenschaften,* ed. R. Lauth and H. Jakob. Stuttgart, Fromann, 1970.

—— *Werke,* ed. I. Fichte. Berlin, de Gruyter, 1971.

Flatt, J. F. *"Grundlegung zur Metaphysik der Sitten* von Immanuel Kant", *TgA* 14 (February 16, 1786), 105-112.

—— *Fragmentarische Beyträge zur Bestimmung und Deduktion des Begriffs und Grundsätze der Causalität.* Leipzig, Crusius, 1788.

—— *Briefe über den moralischen Erkenntnisgrund der Religion.* Tübingen,

Cotta, 1789.

—— "Etwas über die kantische Kritik der kosmologischen Beweises über das Daseins Gottes", *PM* II/1 (1789), 93-106.

—— *Beyträge zur christlichen Dogmatik und Moral.* Tübingen, Cotta, 1792.

Forster, G. "Noch etwas über die Menschenrassen, An Herrn Dr. Biester", *TM* (October 1786), 57-86.

—— *Werke,* ed. G. Steiner. Frankfurt, Insel, 1967.

Franck, S. *Paradoxa,* ed. S. Wollgast. Berlin, Akademie Verlag, 1966.

Fuelleborn, G. G. *Beyträge zur Geschichte der Philosophie.* Züllichau, Fromann, 1791.

Garve, C. "Kritik der reinen Vernunft von Immanuel Kant", *GgA* 3 (January 19, 1782), 40-48.

—— "Kritik der reinen Vernunft von Immanuel Kant", *AdB*, supp. to 37-52 (1783), 838-862.

—— *Abhandlung über die Verbindung der Moral mit der Politik.* Breslau, Korn, 1788.

—— *Philosophische Anmerkungen und Abhandlungen zu Ciceros Büchern von den Pflichten.* Breslau, Korn, 1792.

—— *Versuch über verschiedene Gegenstände der Moral.* Breslau, Korn, 1801.

—— *Sämtliche Werke.* Breslau, Korn, 1801-1808.

—— *Ueber das Daseyns Gottes, Eine nachgelassene Abhandlung.* Breslau, Korn, 1807.

Goes, G. F. D. *Systematische Dartstellungen der kantische Vernunftkritik.* Nürnberg, Felssecker, 1798.

Goethe, J. W. *Werke, Hamburger Ausgabe*, ed. D. Kühn and R. Wankmüller. Hamburg, Wegner, 1955.

Goeze, H. M. *Etwas Vorläufiges gegen des Herrn Hofraths Lessings feindselige Angriffe auf unser allerheiligste Religion und auf den einigen Lehrgrund derselben, die heiligen Schrift.* Hamburg, Harmsen, 1778.

Goltz, A., ed. *Thomas Wizenmann, der Freund F. H. Jacobi in Mittheilungen aus seinem Briefwechsel und handschriftlichen Nachlässe, wie nach Zeugnissen von Zeitgenossen.* Gotha, Perthes, 1859.

Hamann, J. G. *Sämtliche Werke, Historisch-Kritische Ausgabe*, ed. J. Nadler. Vienna, Herder, 1949-1957.

────── *Briefwechsel,* ed. W. Ziesemer and A. Henkel. Wiesbaden, Insel, 1955-1957.

────── *Schriften zur Sprache*, ed. J. Simon. Frankfurt, Suhrkamp, 1967.

────── *Sokratische Denkwürdigkeiten*, ed. Sven-Aage Jørgensen. Stuttgart, Reclam, 1968.

Hausius, K. G. *Materialien zur Geschichte der critischen Philosophie.* Leipzig, Breitkopf, 1793.

Hegel, G. W. F. *Werke in zwanzig Bänden, Studien Ausgabe*, ed. E. Moldenhauer and K. Michel. Frankfurt, Suhrkamp, 1971.

Herder, C. *Erinnerungen aus dem Leben Johann Gottfried Herders.* Vols. 59 and 60 of *Gesammelte Werke*, ed. J. G. Müller. Stuttgart, Cotta, 1820.

Herder, J. G. *Sämtliche Werke*, ed. B. Suphan. Berlin, Weidmann, 1881-1913.

────── *Briefe, Gesammtausgabe*, ed. W. Dobbek and G. Arnold. Weimar, Bohlausnachfolger, 1979.

Heydenreich, K. *Natur und Gott nach Spinoza*. Leipzig, Müller, 1789.

—— *Originalideen über die interessantesten Gegenstände der Philosophie*. Leipzig, Baumgartmer, 1793-1796.

Hölderlin, F. *Sämtliche Werke*, ed. F. Beissner. Stuttgart, Cottanachfolger, 1946.

Hufeland, G. *Versuch über den Grundsatz des Naturrechts*. Leipzig, Göschen, 1785.

—— *Lehrsätze des Naturrechts und der damit verbundenen Wissenschaften*. Jena, Erben, 1790.

Hume, D. *A Treatise of Human Nature*, ed. L. A. Selby-Bigge. Oxford, Oxford University Press, 1958.

Jacobi, F. H. *David Hume über den Glauben, oder Idealismus und Realismus, ein Gespräch*. Breslau, Loewe, 1785.

—— *Wider Mendelssohns Beschuldigungen*. Leipzig, Goeschen, 1786.

—— *Werke*, ed. F. H. Jacobi and F. Köppen. Leipzig, Fleischer, 1812.

—— *Briefwechsel zwischen Goethe und Jacobi*, ed. M. Jacobi. Leipzig, Weidmann, 1846.

—— *Aus F. H. Jacobis Nachlass*, ed. R. Zoeppritz. Leipzig, Engelmann, 1869.

—— *Briefwechsel*, ed. M. Brüggen and S. Sudhof. Stuttgart, Holzborg, 1981.

Jakob, L. H. *Prüfung der Mendelssohnischen Morgenstunden oder aller spekulativen Beweise für das Dasein Gottes*. Leipzig, Heinsius, 1786.

Kant, I. *Briefe, Akademie Ausgabe*, ed. R. Reicke. Berlin, Reimer, 1912.

—— *Handschriftlicher Nachlass, Akademie Ausgabe*, ed. E. Adickes. Berlin,

Reimer, 1912.

—— *Grundlegung zur Metaphysik der Sitten*, ed. K. Vorländer. Hamburg, Meiner, 1965.

—— *Kritik der Urteilskraft*, ed. K. Vorländer. Hamburg, Meiner, 1968.

—— *Prolegomena zu einer jeden künftigen Metaphysik, die als Wissenschaft wird auftreten können*, ed. K. Vorländer. Hamburg, Meiner, 1969.

—— *Kritik der reinen Vernunft*, ed. R. Schmidt. Hamburg, Meiner, 1971.

—— *Briefwechsel*, ed. K. Vorländer. Hamburg, Meiner, 1972.

—— *Kritik der praktischen Vernunft*, ed. K. Vorländer. Hamburg, Meiner, 1974.

—— *Werke, Akademie Textausgabe*, ed. W. Dilthey, et al. Berlin, de Gruyter, 1979.

Kästner, A. G. "Ueber den mathematischen Begriff des Raums", *PM* II/4 (1790), 403-419.

—— "Ueber die geometrischen Axiome", *PM* II/4 (1790), 420-430.

—— "Was heisst in Euklids Geometrie möglich?" *PM* II/4 (1790), 391-402.

Kierkegaard, S. *Concluding Unscientific Postscript*, trans. D. Swenson and W. Lowrie. Princeton, Princeton University Press, 1941.

Kosmann, W. A. *Allgemeines Magazin für kritische und populäre Philosophie*. Breslau, Korn, 1792.

Kraus, J. "Eleutheriologie oder tiber Freiheit und Nothwendigkeit", *ALZ* 100/2 (April 25, 1788), 177-184.

Leibniz, G. W. *Opuscles et fragments inedits de Leibniz*. Paris, PUF, 1903.

—— *Die Philosophische Schriften*, ed. C. Gebhardt. Hildesheim, Olms, 1960.

Lessing, G. E. *Sämtliche Werke, Textausgabe*, ed. K. Lachmann and F. Muncker. Berlin, de Gruyter, 1979.

Locke, J. *An Essay concerning Human Understanding*, ed. P. Nidditch. Oxford, Oxford University Press, 1975.

Lossius, J. C. *Uebersicht der neuesten Litteratur der Philosophie*. Gera, Beckmann, 1784.

Maass, J. G. E. *Briefe über die Antinomie der Vernunft*. Halle, Francke, 1788.

—— "Ueber die transcendentale Aesthetik", *PM* I/2 (1788), 117-149.

—— "Ueber die höchsten Grundsätze der synthetische Urteile", *PM* II/2 (1789), 186-231.

—— "Ueber die möglichkeit der Vorstellungen von Dingen an sich", *PM* II/2 (1789), 232-243.

—— "Vorläufige Erklärung des Verfassers der Briefe über die Antinomie der Vernunft in Rücksicht auf die Recension dieser Briefe in der A.L.Z.", *PM* I/3 (1789), 341-355.

—— "Ueber den Beweis des Satzes des zureichende Grundes", *PM* III/2 (1790), 173-194.

—— "Beweis, dass die Prinzipien der Geometrie allgemeine Begriffe und der Sätze des Widerspruches sind", *PA* I/1 (1792), 126-140.

—— "Neue Bestätigung des Sätzes: Dass die Geometrie aus Begriffen beweise", *PA* I/3 (1792), 96-99.

Maimon, S. *Gesammelte Werke*, ed. V. Verra. Hildesheim, Olms, 1965.

Maupertuis, P. L. M. *Dissertations sur les Differns Moyens dont les hommes se sont servis pour exprimer leurs idees*. In *Oeuvres*, vol. 3, ed. G.

Tonelli. Hildesheim, Olms, 1965.

Meiners, C. *Grundriss der Geschichte der Menschheit*. Lemgo, Meyer, 1786.

—— *Grundriss der Seelenlehre*. Lemgo, Meyer, 1786.

Mendelssohn, M. *Schriften zur Philosophie, Aesthetik und Politik*, ed. M. Brasch. Hildesheim, Olms, 1968.

—— *Gesammelte Schriften, Jubiläumsausgabe*, ed. A. Altmann et al. Stuttgart, Holzborg, 1971.

—— *Aesthetische Schriften in Auswahl*, ed. O. Best. Darmstadt, Wissenschaftliche Buchgesellschaft, 1974.

Nicolai, F. *Geschichte eines dicken Mannes*. Berlin, Nicolai, 1794.

—— *Beschreibung einer Reise durch Deutschland und die Schweiz im Jahre 1781*. Berlin, Nicolai, 1796.

—— *Leben und Meinungen Sempronius Grundiberts, eines deutschen Philosophen*. Berlin, Nicolai, 1798.

—— "Vorrede" to J. C. Schwab's *Neun Gespräche*. Berlin, Nicolai, 1798.

—— *Ueber meine gelehrte Bildung*. Berlin, Nicolai, 1799.

—— *Philosophische Abhandlungen*, 2 vols. Berlin, Nicolai, 1808.

—— *Gedächtnisschrift auf J. A. Eberhard*. Berlin, Nicolai, 1810.

Nietzsche, F. *Sämtliche Werke, Kritische Studienausgabe*, ed. G. Colli and M. Montinari. Berlin, de Gruyter, 1980.

Novalis, F. *Werke*, ed. U. Lasson. Hamburg, Hoffmann and Campe, 1966.

Obereit, J. H. *Die verzweifelte Metaphysik zwischen Kant und Wizenmann*. 1787.

—— *Die wiederkommende Lebensgeist der verzweifelte Metaphysik*. Berlin, Decker, 1787.

—— *Beobachtungen über die Quelle der Metaphysik*. Meiningen, Hanisch, 1791.

Ouvrier, K. S. *Idealismi sic dicti transcendentalis examen accuratius una cum nova demonstrationis genere quo Deum esse docetur*. Leipzig, Crusius, 1789.

Pirner, J. H. *Fragmentarische Versuche über verschiedene Gegenstände*. Berlin, Kunze, 1792.

Pistorius, H. A. "Prolegomena zu einer jeden künftigen Metaphysik", *AdB* 59/2 (1784), 322-356.

—— "Ideen zu einer Philosophie der Geschichte der Menschheit", *AdB* 61/2 (1785), 311-333.

—— "Erläuterung von Herrn Prof. Kants Critik der reinen Vernunft", *AdB* 66/1 (1786), 92-103.

—— "Grundlegung zur Metaphysik der Sitten", *AdB* 66/2 (1786), 447-462.

—— "Metaphysische Anfangsgründe der Naturwissenschaften", *AdB* 74/2 (1786), 333-344.

—— "Critik der reinen Vernunft im Grundrisse", *AdB* 75/2 (1787), 487-495.

—— "Ueber die Quellen menschlichen Vorstellungen", *AdB* 74/1 (1787), 184-196.

—— "Grundriss der Seelenlehre", *AdB* 80/2 (1788), 459-474.

—— "Prüfung der Mendelssohnischen Morgenstunden", *AdB* 82/2 (1788), 427-470.

—— "Critik der reinen Vernunft im Grundrisse: Zweite Auflage", *AdB* 88/1 (1789), 103-122.

—— "Eleutheriologie", *AdB* 87/1 (1789), 223-231.

—— "Fragmentarische Beyträge zur Bestimmung und Deduktion des Begriffs und Grundsätze der Kausalität", *AdB* 88/2 (1789), 145-154.

—— "Gründe der menschlichen Erkenntnis und der natürlichen Religion", *AdB* 85/2 (1789), 445-449.

—— "Grundsätze der reinen Philosophie", *AdB* 88 (1789), 191-194.

—— "Kants Moralreform", *AdB* 86/1 (1789), 153-158.

—— "Plan zu einer systematischen Metaphysik", *AdB* 84/2 (1789), 455-458.

—— "Natur und Gott nach Spinoza", *AdB* 94/2 (1790), 455-459.

—— "Zweifel über die kantische Begriffe von Raum und Zeit", *AdB* 93/2 (1790), 437-458.

—— "Réalité et Idéalité des objets de nos connaissances", *AdB* 107/1 (1792), 191-219.

—— "Critik der reinen Vernunft: Zweite Ausgabe", *AdB* 117/2 (1794), 78-105.

—— "Versuch über die Transcendentalphilosophie", *AdB* 117/1 (1794), 128-137.

Platner, E. *Philosophische Aphorismen*. Leipzig, Sigwart, 1784. 완전 개정 제3판, 1794, in *Gesammtausgabe* of Fichte, *Werke*, II/4.

—— "Briefwechsel über die kantische Philosophie", in *Ernst Platner und die Kunstphilosophie des 18 Jahrhunderts*, ed. E. Bergmann. Leipzig, Meiner, 1913.

Rehberg, A. W. *Ueber das Verhältnis der Metaphysik zu der Religion*. Berlin, ylius, 1787.

—— "Kritik der praktischen Vernunft", *ALZ* 188/3 (August 6, 1788), 345-352.

—— "Philosophisches Magazin, Erste Stück", *ALZ* 10/1 (January 10, 1789), 77-80.

—— "Philosophisches Magazin, Zweites Stück", *ALZ* 168/2 (June 5, 1789), 713-716.

Reimarus, J. A. *Ueber die Gründe der menschlichen Erkenntnis und der natürlichen Religion.* Hamburg, Bohn, 1787.

Reinhold, K. L. "Die Wissenschaften vor und nach ihrer Sekularisation: Ein historisches Gemählde", *TM* (July 1784), 35-42.

—— "Gedanken über Aufklärung", *TM* (July 1784), 3-21; *TM* (August 1784), 122-131; *TM* (September 1784), 232-245.

—— *Herzenserleichterung zweyer Menschenfreunde in vertrauter Briefe über Johann Caspar Lavaters Glaubensbekenntnis.* Frankfurt, 1785.

—— "Schreiben des Pfarrers zu······ an den Herausgeber des T.M. über eine Recension von Herders Ideen zur Philosophie der Geschichte der Menschheit", *TM* (February 1785), 148-173.

—— "Ehrenrettung der Reformation gegen zwey Kapitel in des Hofraths und Archivars Herrn M. J. Schmidts Geschichte der Teutschen", *TM* (February 1786), 116-141; *TM* (April 1786), 43-80.

—— "Skizze einer Theogonie des blinden Glaubens", *TM* (May 1786), 229-242.

—— *Die Hebraischen Mysterien oder die älteste religiöse Freymauerey.* Leipizig, Göschen, 1788.

—— *Ueber die bisherigen Schicksale der kantischen Philosophie.* Jena, Mauke, 1788.

—— "Philosophisches Magazin, Drittes und Viertes Stück", *ALZ* 168/2

(June 5, 1789), 529-534.

—— *Versuch einer neuen Theorie des menschlichen Vorstellungsvermögen.* Prague, Widtmann and Mauke, 1789.

—— "Von welchem Skepticismus lässt sich eine Reformation der Philosophie hoffen", *BM* 14 (July 1789), 49-73.

—— *Beyträge zur Berichtigung bisheriger Missverständnisse der Philosophen.* Jena, Widtmann and Mauke, 1790-1794.

—— *Ueber das Fundament des philosophischen Wissens.* Jena, Widtmann and Mauke, 1791.

—— *Preisschrift über die Frage: Welche Fortschritte hat die Metaphysik seit Leibnitzens und Wolffs Zeiten in Deutschland gemacht?* Berlin, Maurer, 1796.

—— *Beyträge zur leichtern Uebersicht des Zustandes der Philosophie im Anfange des 19 Jahrhunderts.* Hamburg, Perthes, 1801.

—— *Briefe über die kantische Philosophie*, ed. R. Schmidt. Leipzig, Reclam, 1923.

—— *Schriften zur Religionskritik und Aufklärung*, ed. Zwi Batscha. Bremen, Jacobi, 1977.

—— *Korrespondenz*, 1773-1788, ed. R. Lauth, E. Heller, and K. Hiller. Stuttgart, Fromann, 1983.

Rink, F. T. *Mancherley zur Geschichte der metacriticischen Invasion.* Königsberg, Nicolovius, 1800.

Rousseau, J. J. *Sur l'inégalité parmi les hommes.* In *Oeuvres complètes*, Vol. 1. Paris, Armand-Aubree, 1832.

Schad, J. B. *Geist der Philosophie unserer Zeit.* Jena, Croker, 1800.

Schaeffer, W. F. *Auffällende Widersprüche in der kantischen Philosophie.* Dessau, Müller, 1792.

Schaumann, J. G. *Ueber die transcendentalen Aesthetik.* Leipzig, Weidmann, 1789.

Schelling, F. W. J. *Werke*, ed. M. Schröter. Munich, Beck, 1927.

—— *Briefe und Dokumente*, ed. H. Fuhrmanns. Bonn, Bouvier, 1962.

Schiller, F. *Werke, Nationalausgabe*, ed. J. Peterson and H. Schneider. Weimar, Bohlau, 1943-.

Schlegel, F. *Werke, Kritische Ausgabe*, ed. E. Behler. Munich, Thomas, 1964.

Schleiermacher, F. D. *Kritische Gesammtausgabe*, ed. H. Birkner and G. Ebeling. Berlin, de Gruyter, 1980-.

Schmid, C. G. E. *Critik der reinen Vernunft im Grundrisse.* Jena, Mauke, 1788.

Schopenhauer, A. *Sämtliche Werke*, ed. A. Hubscher. Wiesbaden, Brockhaus, 1949.

Schultz, J. *Erläuterungen über des Herrn Prof Kants Kritik der reinen Vernunft.* Köngisberg, Dengel, 1784.

—— "Institutiones logicae et metaphysicae", *ALZ* 295/4 (December 13, 1785), 297-299.

—— *Prüfung der kantischen Critik der reinen Vernunft.* Königsberg, Nicolovius, 1789-1792.

Schulze, G. E. *Grundriss der philosophischen Wissenschaften.* Wittemberg, Zimmermann, 1788-1790.

—— *Ueber dem höchsten Zweck des Studiums der Philosophie.* Leipzig,

Hertel, 1789.

———— "Ueber das philosophische Magazin", *AdB* 100/2 (1792), 419-452.

———— "Kritik der Urteilskraft", *AdB* 115/2 (1793), 398-426.

———— "Religion innerhalb der Grenzen der blossen Vernunft", *NAdB* XVI/l (1794), 127-163.

———— "Ueber eine Entdeckung nach der alle Kritik der Vernunft entbehrlich gemacht werden soll", *AdB* 116/2 (1794), 445-458.

———— *Kritik der theoretischen Philosophie.* Hamburg, Born, 1801.

———— *Encyklopädie der philosophischen Wissenschaften.* Göttingen, Bandenhock and Ruprecht, 1824.

———— *Aenesidemus oder über die Fundamente der von dem Herrn Professor Reinhold in Jena gelieferten Elementarphilosophie*, ed. A. Liebert. Berlin, Reuther and Reichhard, 1912.

Schwab, J. c. "Prüfung des kantischen Beweises von der blossen Subjektivität der Categorien", *PM* IV/2 (1791), 195-208.

———— "Vergleichung zweyer Stellen in Kants Schriften betreffend die möglichkeit der geometrischen Begriffe", *PM* III/4 (1791), 480-490.

———— "Ueber das zweyerley Ich und den Begriff der Freiheit", *PA* I/1 (1792), 69-80.

———— "Noch einige Bemerkungen über die synthetischen Grundsätze a prior in der kantischen Philo sophie", *PA* II/2 (1794), 117-124.

———— "Ueber den intelligibeln Fatalismus in der kritischen Philosophie", *PA* II/2 (1794), 26-33.

———— "Wie beweiset die kritische Philosophie, dass wir uns als absolut-frey denken müssen?" *PA* II/2 (1794), 1-9.

―――― *Preisschrift über die Frage: Welche Fortschritte die Metaphysik set Leibnitzens und Wolffs Zeiten in Deutschland gemacht hat?* Berlin, Maurer, 1796.

―――― *Neun Gespräche zwischen Christian Wolff und einem Kantianer über Kants metaphysische Anfangsgründe der Rechts und Tugendlehre.* Berlin, Nicolai, 1798.

―――― *Vergleichung des kantischen Moralprinzips mit dem Leibnitzisch-Wolffischen.* Berlin, Nicolai, 1800.

―――― *Ueber die Wahrheit der kantischen Philosophie.* Berlin, Nicolai, 1803.

Selle, C. G. "Von der analogischen Schlussart", *BM* 4 (August 1784), 185-187.

―――― "Nähere Bestimmung der analogischen Schlussart", *BM* 4 (October 1784), 334-337.

―――― "Versuch eines Beweises, dass es keine reine von der Erfahrung un-abhängige Vernunftbegriffe gebe", *BM* 4 (December 1784), 565-576.

―――― "Ueber Natur und Offenbarung", *BM* 7 (August 1786), 121-141.

―――― *De La réalité et de l'idéalité des objects de nos connaissances.* Berlin, Realbuchhandlung, 1788.

―――― *Grundsätze der reinen PhiLosophie.* Berlin, Himburg, 1788.

―――― *Philosophische Gespräche.* Berlin, Himburg, 1788.

Sextus Empiricus. *Outlines of Pyrrhonism*, trans. R. G. Bury. London, Heinemann, 1955.

Spinoza, B. *Opera*, ed. C. Gebhardt. Heidelberg, Winters, 1924.

Stattler, B. *Anti-Kant.* Munich, Lentner, 1788.

Stoll, J. G. *Philosophische Unterhaltungen, einige Wahrheiten gegen Zweifel und Ungewissheit in besseres Licht zu setzen, auf Veranlassung von*

Herrn Prof. Kants Kritik der reinen Vernunft. Leipzig, Sommer, 1788.

Storr, C. G. *Bemerkungen über Kants phiLosophische ReligionsLehre*. Tübingen, Cotta, 1794.

Süssmilch, J. P. *Versuch eines Beweises, dass die erste Sprache ihren Ursprung nicht vom Menschen, sondern allein vom Schöpfer erhalten habe*. Berlin, Realbuchhandlung, 1766.

Tetens, J. *Philosophische Versuche über die menschliche Natur und ihre Entwicklung*. Berlin, Reuther and Reichard, 1912.

Tiedemann, D. "Ueber die Natur der Metaphysik: Zur Prüfung Herrn Professor Kants Grundsätze", *HB* 1 (1785), 113-130, 233-248, 464-474.

—— *Geschichte der Philosophie*. Marburg, Akademisches Buchhandlung, 1791-1797.

—— *Theätet oder über das menschliche Wissen: Ein Beytrag zur Vernunftkritik*. Frankfurt, Varrentrapp and Wenner, 1794.

—— *Idealistische Briefe*. Marburg, Akademisches Buchhandlung, 1798.

Tilling, C. G. *Gedanken zur Prüfung von Kants Grundlegung zur Metaphysik der Sitten*. Leipzig, Büchsel, 1789.

Tittel, G. A. *Ueber Herr Kants Moralreform*. Frankfurt, Pfahler, 1786.

—— *Kantische Denkformen oder Kategorien*. Frankfurt, Gebhardt, 1787.

—— *Dreizig Aufsätze aus Literatur, Philosophie und Geschichte*. Mannheim, Schwan and Götz, 1790.

—— *Erläuterungen der theoretischen und praktischen Philosophie nach Herrn Feders Ordnung*. Frankfurt, Gebhardt and Kurber, 1791.

—— *Locke vom menschlichen Verstande*. Mannheim, Schwan and Götz, 1791.

Ulrich, J. A. *Notio certitudinis magnis evoluta*. Jena, Göllner, 1766-1767.

—— *Erster Umriss einer Anleitung in den phiLosophischen Wissenschaften*. Jena, Göllner, 1772.

—— *Institutiones logicae et metaphysicae*. Jena, Cröker, 1785.

—— *Eleutheriologie oder über Freiheit und Nothwendigkeit*. Jena, Cröker, 1788.

Visbeck, H. *Hauptmomente der Reinholdische Elementarphilosophie in Beziehung auf die Einwendungen des Aenesidemus*. Leipzig, Göschen, 1794.

Weigel, T. *Ausgewählte Werke*, ed. S. Wollgast. Stuttgart, Kohlhammer, 1977.

Weishaupt, A. *Kantische Anschauungen und Erscheinungen*. Nürnberg, Gratenau, 1788.

—— *Gründe und Gewissheit des menschlichen Erkennens: Zur Prüfung der kantischen Critik der reinen Vernunft*. Nürnberg, Gratenau, 1788.

—— *Ueber Materialismus und Idealismus*. Nürnberg, Gratenau, 1788.

—— *Zweifel über die kantische Begriffe von Zeit und Raum*. Nürnberg, Gratenau, 1788.

Werdermann, J. G. K. *Kurze Darstellung der Philosophie in ihrer neusten Gestalt*. Leipzig, Crusius, 1792.

Will, G. A. *Vorlesungen über die kantische Philosophie*. Altdorf, Monat, 1788.

Wizenmann, T. *Die Resultate der Jacobischer und Mendelssohnischer Philosophie von einem Freywilligen*. Leipzig, Göschen, 1786.

—— "An Herrn Kant von dem Verfasser der Resultate der Jacobischer und Mendelssohnischer Philosophie", *DM* 2 (February 1787), 116-156.

Wolff, C. *Herrn D. Buddens Bedencken über die Wolffische Philosophie.* Frankfurt, Andreaischen Buchhandlung, 1724.

—— *Gesammelte Werke*, ed. H. W. Arndt et al. Hildesheim, Olms, 1965.

Zöllner, J. F. "Ueber eine Stelle in Moses Mendelssohns Schrift an die Freunde Lessings", *BM* 7 (March 1786), 271-275.

Zwanziger, J. C. *Commentar über Herrn Prof. Kants Kritik der reinen Vernunft.* Leipzig, Beer, 1791.

—— *Commentar über Herrn Prof. Kants Critik der praktischen Vernunft.* Leipzig, Hischer, 1794.

2차 문헌

Abusch, A. *Schiller, Grösse und Tragik eines deutschen Genius*. Berlin, Aufbau, 1980.

Adam, H. *Carl Leonhard Reinholds philosophischer Systemwechsel.* Heidelberg, Winters, 1930.

Adickes, E. *German Kantian Bibliography.* Würzburg, Liebing, 1968.

Adler, E. *Der junge Herder und die deutsche Aufklärung.* Vienna, Europa, 1968.

Alexander, W. M. *Johann Georg Hamann.* The Hague, Nijhoff, 1966.

Allison, H. *The Kant-Eberhard Controversy.* Baltimore, Johns Hopkins University Press, 1973.

Altmann, A. *Moses Mendelssohn: A Bibliographical Study.* London, Routledge and Kegan Paul, 1974.

Arnoldt, E. *Kritische Exkurse im Gebiete der Kant Forschung.* Vol. 4 of *Gesammelte Schriften.* Berlin, Cassirer, 1908.

Atlas, S. *From Critical to Speculative Idealism: The Philosophy of Salomon Maimon.* The Hague, Nijhoff, 1964.

Baudler, G. *Im Worte Sehen, Das Sprachdenken Johann Georg Hamanns.* Bonn, Bouvier, 1970.

Baum, G. *Vernunft und Erkenntnis: Die Philosophie F. H. Jacobis.* Bonn, Bouvier, 1969.

Beck, L. W. *A Commentary on Kant's Critique of Practical Reason.* Chicago, University of Chicago Press, 1960.

—— *Early German Philosophy.* Cambridge, Harvard University Press, 1969.

—— *Essays on Kant and Hume.* New Haven, Yale University Press, 1978.

Bergmann, E. *Ernst Platner und die Kunstphilosophie des 18 Jahrhundert.* Hamburg, Meiner, 1913.

Berlin, I. *Vico and Herder.* London, Hogarth, 1976.

—— "Hume and the Sources of German Anti-Rationalism", in *Against the Current: Essays in the History of Ideas*, pp. 162-187. London, Hogarth Press, 1980.

Best, O. "Einleitung" to *Moses Mendelssohn, Aesthetische Schriften in Auswahl.* Darmstadt, Wissenschatliche Buchgesellschaft, 1974.

Bittner, R., and K. Cramer. *Materialien zu Kants Kritik der praktischen Vernunft.* Frankfurt, Suhrkamp, 1975.

Blanke, F. *Kommentar zu Hamanns Sokratische Denkwürdigkeiten.* Vol. 2 of *Hamanns Hauptschriften erklärt*, ed. F. Blanke et al. Gutersloh,

Bertelheim, 1956.

—— "Hamann und Luther", in *Johann Georg Hamann, Wege der Forschung*, ed. R. Wild, pp. 146-172. Darmstadt, Wissenschaftliche Buchgesellschaft, 1978.

Bollnow, O. F. *Die Lebensphilosophie F. H. Jacobis*. Munich, Fink, 1969.

Bruford, W. H. *Germany in the Eighteenth Century*. Cambridge, Cambridge University Press, 1935.

—— *Germany in the Eighteenth Century: The Social Background of the Literary Revival*. Cambridge, Cambridge University Press, 1965.

Buchner, H. "Zur Bedeutung des Skeptizismus beim jungen Hegel", *Hegel-Studien*, supp. 4 (1969), 49-56.

Büchsel, E. *Ueber den Ursprung der Sprache*. Vol. 4 of *Hamanns Hauptschriften erklärt*. Gutersloh, Mohn, 1963.

Cassirer, E. *Rousseau, Kant and Goethe*. Princeton, Princeton University Press, 1945.

—— *The Philosophy of the Enlightenment*. Princeton, Princeton University Press, 1951.

—— *Die nachkantische Systeme*. Vol. 3 of *Das Erkenntnisproblem in der Philosophie und Wissenschaft der neueren Zeit*. Darmstadt Wissenschaftliche Buchgesellschaft, 1974.

—— *Kants Leben und Lehre*. Darmstadt, Wissenschaftliche Buchgesellschaft, 1977.

Clark, T. *Herder, His Life and Thought*. Berkeley, University of California Press, 1955.

Copleston, F. *Wolff to Kant*. Vol. 6 of *A History of Philosophy*. London,

Burns and Oates, 1960.

De Vleeschauwer, H. J. *La Deduction transcendentale dans l'oeuvre de Kant.* Antwerp, de Sikkel, 1934.

—— *The Development of Kantian Thought.* London, Nelson, 1962.

Dilthey, W. "Johann Georg Hamann", in *Gesammelte Schriften*, ed. H. Nohl. Leipzig, de Gruyter, 1923, vol. 11, pp. 1-38.

Dobbek, W. *Johann Gottfried Herders Jugendzeit in Mohrungen und Königsberg*, 1744-64. Würzburg, Holzner, 1961.

Düsing, K. "Die Rezeption der kantischen Postulatenlehre in den frühen philosophischen Entwurfen Schellings und Hegels", *Hegel-Studien*, supp. 9 (1973), 95-128.

Eberstein, W. G. *Versuch einer Geschichte der Logik und Metaphysik bey den Deutschen.* Halle, Ruff, 1799.

Epstein, K. *The Genesis of German Conservatism.* Princeton, Princeton University Press, 1966.

Erdmann, B. *Kants Kriticismus in der ersten und zweiten Auflage der Kritik der reinen Vernunft.* Leipzig, Voss, 1878.

—— *Historische Untersuchungen über Kants Prolegomena.* Halle, Niemeyer, 1904.

Erdmann, J. *Die Entwicklung der deutschen Spekulation seit Kant.* Vol. 5 of *Versuch einer wissenschaftlichen Darstellung der Geschichte der Philosophie.* Stuttgart, Holzboorg, 1977.

Fischer, H. *Kritik und Zensur: Die Transcendentalphilosophie zwischen Empirismus und kritischen Rationalismus.* Erlangen, Höfer and Limmert, 1981.

Fischer, K. J. G. *Fichte und seine Vorgänger*. Vol. 5 of *Geschichte der neueren Philosophie*. Heidelberg, Winters, 1900.

Fuhrmanns, H. *Schelling, Briefe und Dokumente*. Bonn, Bouvier, 1962.

Gajek, B., ed. *Johann Georg Hamann, Acta des Internationalen Hamann-Colloquims in Luneberg 1976*. Frankfurt, Klostermann, 1979.

Gay, P. *The Enlightenment, An Interpretation*. New York, Norton, 1977.

German, T. J. *Hamann on Language and Religion*. Oxford, Oxford University Press, 1981 (in the series Oxford Theological Monographs).

Gross, F., ed. *Immanuel Kant, sein Leben in Darstellungen von Zeitgenossen*. Darmstadt, Wissenschaftliche Buchgesellschaft, 1980.

Gründer, K. *Die Hamann Forschung*. Vol. 1 of *Hamanns Hauptschriften erklärt*. Gutersloh, Bertelmann, 1956.

Grunwald, K. *Spinoza in Deutschland*. Berlin, Calvary, 1897.

Gueroult, M. *La Philosophie transcendentale de Salomon Maimon*. Paris, Alcan, 1919.

Gulyga, A. *Herder*. Frankfurt, Rodeberg, 1978.

—— *Immanuel Kant*. Frankfurt, Insel, 1981.

Guyer, P. *Kant and the Claims of Taste*. Cambridge, Harvard University Press, 1979.

Hammacher, K., ed. *Friedrich Heinrich Jacobi, Philosoph und Literat der Goethezeit*. Klostermann, Frankfurt, 1971.

Hampson, N. *The Enlightenment*. Harmondsworth, Penguin, 1968.

Harris, H. S. *Hegel's Development, Toward the Sunlight, 1770-1801*. Oxford, Oxford University Press, 1972.

Haym, R. *Die romantische Schule*. Berlin, Weidmann, 1906.

Hazard, P. *La Pensée Européenne au XVIIIeme Siècle.* Paris, Boivin, 1946.

Hebeissen, A. *Friedrich Heinrich Jacobi, Seine Auseindersetzung mit Jacobi,* in the series *Sprache und Dichtung,* ed. W. Heinzen et al. Berne, Haupte, 1961.

Heine, H. *Zur Geschichte der Religion und Philosophie in Deutschland.* Vol. 8 of *Sekulärausgabe,* ed. Renate Francke. Berlin, Akademie Verlag, 1972.

Heizmann, W. *Kants Kritik spekulativer Theologie und Begriff moralischen Vernunftglaubens im katholischen Denken der späten Aufklärung.* Göttingen, Vandenhoeck and Ruprecht, 1976.

Henrich, D. *Hegel im Kontext.* Frankfurt, Suhrkamp, 1967.

Heraeus, O. *Fritz Jacobi und der Sturm und Drang.* Heidelberg, Winters, 1928.

Hettner, H. *Geschichte der deutschen Literatur im 18. Jahrhundert,* 4th ed. Berlin, Aufbau, 1979.

Hinske, N., ed. *Ich handle mit Vernunft: Moses Mendelssohn und die europäische Aufklärung.* Hamburg, Meiner, 1981.

Hoffmeister, J. *Goethe und das deutschen Idealismus.* Leipzig, Meiner, 1932.

Homann, K. F. H. *Jacobis Philosophie der Freiheit.* Munich, Alber, 1973.

Im Hof, U. *Das gesellige Jahrhundert: Gesellschaft und Gesellschaften im Zeitalter der Aufklärung.* Munich, Beck, 1982.

Jørgensen, S. *Johann Georg Hamann.* Stuttgart, Metzler, 1967.

Kayserling, M. *Moses Mendelssohn, Sein Leben und seine Werke.* Leipzig, Mendelssohn, 1862.

Kiesel, H., and P. Munch. *Gesellschaft und Literatur im 18 Jahrhundert.*

Munich, Beck, 1977.

Klemmt, A. *Reinholds Elementarphilosophie.* Hamburg, Meiner, 1958.

Knoll, R. *Johann Georg Hamann und Friedrich Heinrich Jacobi.* Heidelberg, Winters, 1963.

Koep, W. "Johann Georg Hamanns Londoner Senel-Affäre, Januar 1758", *Zeitschrift für Theologie und Kirche* 57 (1960), 92-108; 58 (1961), 66-85.

—— *Der Magier unter Masken, Versuch eines neuen Hamannbildes.* Göttingen, Vandenhoeck and Ruprecht, 1965.

Kronenberg, M. *Geschichte des deutschen Idealismus.* Munich, Beck, 1909.

Kroner, R. *Von Kant bis Hegel.* Tübingen, Mohr, 1921.

Kuntze, F. *Die Philosophie des Salomon Maimons.* Heidelberg, Winters, 1912.

Lauth, R., ed. *Philosophie aus einem Prinzip: Karl Leonhard Reinhold.* Bonn, Bouvier, 1974.

Lepenies, W. *Das Ende der Naturgeschichte.* Suhrkamp, Frankfurt, 1978.

Levy-Bruhl, L. *La Philosophie de Jacobi.* Paris, Alcan, 1894.

Litt, T. *Kant und Herder als Deuter der geistigen Welt.* Leipzig, Quelle and Meyer, 1930.

Lovejoy, A. "Kant's Antithesis of Dogmatism and Criticism", *Mind* (1906), 191-214.

Löw, R. *Philosophie des Lebendigen, Der Begriff des Organischen bei Kant, sein Grund und seine Aktualität.* Suhrkamp, Frankfurt, 1980.

Lowrie, W. *J. G. Hamann, An Existentialist.* Princeton, Princeton University Press, 1950.

—— *A Short Life of Kierkegaard.* Princeton, Princeton University Press, 1970.

Mauthner, F. *Der Atheismus und seine Geschichte im Abendlande.* Stuttgart, Deutsche-Verlag, 1922.

Merker, N. *Die Aufklärung in Deutschland.* Munich, Beck, 1974.

Metzke, E. *J. G. Hamanns Stellung in der Philosophie des 18 Jahrhunderts.* Darmstadt, Wissenschaftliche Buchgesellschaft, 1967.

Meyer, H. M. Z. *Moses Mendelssohn Bibliographie.* Berlin, de Gruyter, 1965.

Minor, J. *Hamann in seiner Bedeutung für die Sturm und Drang.* Frankfurt, Rütten and Loening, 1881.

Nebel, G. *Hamann.* Stuttgart, Klett, 1973.

O'Flaherty, J. C. *Unity and Language: A Study in the Philosophy of Johann Georg Hamann.* New York, AMS Press, 1966.

—— *Hamann's Socratic Memorabilia: A Translation and Commentary.* Baltimore, Johns Hopkins University Press, 1967.

—— *Johann Georg Hamann.* Boston, Twayne, 1979.

Parthey, G. *Mitarbeiter an Nicolais Allgemeine deutsche Bibliothek.* Berlin, Nicolai, 1842.

Pascal, R. *The German Sturm und Drang.* Manchester, Manchester University Press, 1953.

Pfleiderer, O. *The Development of Theology in Germany since Kant,* trans. J. F. Smith. London, Sonnenschein, 1893.

Reicke, R. *Kantiana, Beitrage zu Immanuel Kants Leben und Schriften.* Königsberg, Theile, 1860.

Reinhold, E. *K. L. Reinholds Leben und literarisches Wirken*. Jena, Fromann, 1825.

Reininger, R. *Kant, Seine Anhänger und seine Gegner*. Reinhardt, Munich, 1923.

Riedel, M. "Historizismus und Kritizismus: Kants Streit mit G. Forster und J. G. Herder", *Kant-Studien* 72 (1981), 41-57.

Roger, J. *Les Sciences de la Vie dans la Pensée Française du XVIIIe Siècle*. Poitiers, Armand Colin, 1963.

Rosenkranz, K. *Geschichte der kantischen Philosophie*. Vol. 12 of *Kants Sämmtliche Werke*, ed. K. Rosenkranz and F. Schubert. Leipzig, Voss, 1840.

Royce, J. *Lectures on Modern Idealism*. New Haven, Yale University Press, 1964.

Salmony, H. A. *Hamanns metakritische Philosophie*. Basel, Evangelischer Verlag, 1958.

Schmid, F. A. *Friedrich Heinrich Jacobi*. Heidelberg, Winters, 1908.

Schoeps, J. H. *Moses Mendelssohn*. Königstein, Athenäum, 1979.

Scholz, H., ed. *Die Hauptschriften zum Pantheismus Streit zwischen Jacobi und Mendelssohn*. Berlin, Reuther and Reichard, 1916.

Schreiner, L. *Johann Georg Hamann, Golgotha und Scheblimini*. Vol. 7 of *Hamanns Hauptschriften erklärt*, ed. F. Blanke et al. Gutersloh, Bertelmann, 1956.

Seligowitz, B. "Ernst Plamers wissenschaftliche Stellung zu Kant in Erkenntnistheorie und Moralphilosophie", *Vierteljahrschrift für wissenschaftliche Philosophie* 16 (1892), 76-103, 172-191.

Skinner, Q. *The Foundations of Modern Political Thought*. Cambridge, Cambridge University Press, 1978.

Stern, A. *Ueber die Beziehung Garves zu Kant*. Leipzig, Denicke, 1884.

Stiehler, G. *Materialisten der Leibniz-Zeit*. Berlin, Deutscher Verlag, 1966.

Strauss, L. "Einleitung" to vol. III/2 of *Jubiläumsausgabe* of *Mendelssohns Schriften*, ed. A. Altmann, Stuttgart, Holzborg, 1971.

Taylor, C. *Hegel*. Cambridge, Cambridge University Press, 1975.

Timm, H. "Die Bedeutung der Spinozabriefe Jacobis", in *Die Philosophie F. H. Jacobi*, ed. K. Hammacher. Munich, Fink, 1969.

—— *Gott und die Freiheit: Studien zur Religionsphilosophie der Goethezeit*. Frankfurt, Klostermann, 1974.

Tonelli, A. "Eberhard", in *Encyclopedia of Philosophy*, ed. P. Edwards. New York, Macmillan, 1967.

Ueberweg, F. *Die deutsche Philosophie des XIX Jahrhunderts und der Gegenwart*. Berlin, Mittler, 1923.

Unger, R. *Hamanns Sprachtheorie im Zusammenhang seines Denkens*. Munich, Beck, 1905.

—— *Hamann und die Aufklärung*. Halle, Niemeyer, 1925.

Vaihinger, E. "Ein bisher unbekannter Aufsatz von Kant über die Freiheit", *Philosophischer Monatsheft* 16 (1880), 193-208.

Verra, V. "Jacobis Kritik am deutschen Idealismus", *Hegel-Studien* 5 (1969), 201-223.

Vorländer, K. *I. Kant, der Mann und das Werk*. Hamburg, Meiner, 1977.

Weber, H. *Hamann und Kant*. Munich, Beck, 1908.

Weischedel, W. *Streit um die göttlichen Dingen: Die Auseinandersetzung*

zwischen Jacobi und Schelling. Darmstadt, Wissenschaftliche Buchge-
sellschaft, 1967.

Wild, R., ed. Hamann, Wege der Forschung. Darmstadt, Wissenschaftliche
Buchgesellschaft, 1978.

Wilde, N. Friedrich Heinrich Jacobi: A Study in the Origin of German
Realism. New York, AMS Press, 1966.

Windelband, W. M. Die Blütezeit der deutschen Philosophie. Vol. 2 of Die
Geschichte der neueren Philosophie. Leipzig, Breitkopf, 1904.

Wolff, H. Die Weltanschauung der deutschen Aufklärung. Bern, Francke,
1949.

Wrescher, A. Platners und Kants Erkenntnistheorie mit besonderer
Berücksichtigung von Tetens und Aenesidemus. Leipzig, Pfeffer, 1892.

Wundt, M. Die deutsche Schulphilosophie im Zeitalter der Aufklärung.
Tübingen, Mohr, 1945.

Zeller, E. Geschichte der deutschen Philosophie seit Leibniz. Munich,
Oldenburg, 1875.

Zirngiebel, E. F. H. Jacobis Leben, Dichten und Denken. Wien, Braumüller,
1867.

찾아보기

■

ㅊ

옮긴이 후기

이 『이성의 운명——칸트에서 피히테까지의 독일 철학』은 Frederick
C. Beiser, *The Fate of Reason—— German Philosophy from Kant to Fichte*,
Harvard Uni. Press, 1987을 옮긴 것이다.

프레더릭 바이저(1949~)는 현재 영어권 세계에서 독일 관념론과 그
이전과 이후의 독일 철학사에 관한 지도적인 연구자들 가운데 한 사람이
다. 그는 찰스 테일러와 이사야 벌린의 지도 아래 옥스퍼드 대학에서
박사 학위를 취득했으며, 하버드와 예일, 펜실베이니아 등의 여러 대학
에서 가르쳤고, 현재는 시러큐스 대학의 철학 교수다. 그는 2015년 "오랫
동안 미국의 학생들에게 독일 철학을 가르친 공로로" 독일 정부로부터
독일연방공화국 대십자공로 훈장을 수여받았다.

그는 이 『이성의 운명』 이외에 『계몽, 혁명, 낭만주의: 근대 독일 정치
사상의 발생 1790-1800』(1992), 『이성의 주권: 초기 영국 계몽주의에서
이성성의 옹호』(1996), 『독일 관념론: 주관주의에 대한 투쟁 1781-1801』

(2002), 『낭만주의의 명령: 초기 독일 낭만주의 연구』(2004), 『철학자 실러: 재검토』(2005), 『헤겔』(2005), 『디오티마의 아이들: 라이프니츠에서 레싱에 이르는 독일의 미학적 이성주의』(2009), 『독일 역사주의 전통』(2011), 『후기 독일 관념론: 트렌델렌부르크와 로체』(2013), 『신칸트주의의 발생 1796-1880』(2014), 『헤겔 이후: 독일 철학 1840-1900』(2015), 『세계 고통: 독일 철학과 페시미즘 1860-1900』(2016) 등의 저자이자 『캠브리지 안내서: 헤겔』(1996), 『독일 낭만주의의 초기 정치 저술들』(1996), 『캠브리지 안내서: 헤겔과 19세기 철학』 등의 편집자이기도 하다.

『이성의 운명』은 바이저의 최초의 저작으로 칸트의 『순수 이성 비판』에서 피히테의 『학문론의 기초』에 이르는 사이 시기, 즉 근대 철학의 역사에서 가장 혁명적이고 풍부한 열매를 맺은 시기들 가운데 하나를 다루는 철학사학적 작품이다. 바이저는 이 『이성의 운명』에서 그 사이 시기에 전개된 스피노자 이해를 둘러싼 범신론 논쟁, 그리고 『순수 이성 비판』의 여러 쟁점들을 둘러싼 다양한 학파의 비판과 반비판을 재조명함으로써 이 시기의 철학자들이 근대 데카르트주의 전통의 두 가지 핵심적인 신조, 즉 이성의 권위 및 인식론의 우위와 결별했고, 또한 계몽의 퇴조와 칸트 철학의 완성 그리고 칸트 이후 관념론의 시작을 목격한 것을 그야말로 생생하게 펼쳐 보이고 있다. 그리하여 우리는 이 『이성의 운명』에서 야코비와 멘델스존의 범신론 논쟁이 그 이후의 철학사의 전개에 있어 얼마나 운명적인 의미를 지니는지, 『순수 이성 비판』에 대한 다양한 입장의 비판자들이 이후 칸트 철학의 발전과 칸트 이후 관념론의 전개에 어떠한 결정적인 영향을 미쳤는지 등을 새롭게 인식할 수 있다. 물론 우리는 『이성의 운명』을 접할 때 압도당하지 않을 수 없는데, 그 까닭은 우리가 무엇보다도 우선 그것이 다루는 과제의 방대함으로 인해 이전에는 전혀 시도된 적이 없는 작업을 만나기 때문이다. 그러나 또한 우리는 그것에 매혹당하지 않을 수 없는데, 그 까닭은 그것이 한 세대의 철학적 활동 전체를 그 다면적인 풍부함에서, 즉 그 활동의 주연들뿐만 아니라 다양한 개성의 조연들까지 포함하여 상세하게 제시함으로써 그 시대의 철학적 역사극을 되살려내고 있기 때문이다.

사실 우리는 독일 관념론 내지 독일 고전 철학을 네 명의 위대한 이름들, 즉 칸트, 피히테, 셸링, 헤겔만 가지고서는 충분히 이해할 수 없다. 네 명의 사상가들 가운데 하나가 다른 하나로 이어지고 그들의 상호 간의 밀접한 연관을 탐구하는 것이 첫눈에 보기에도 그에 대한 이해의 골자를 이룬다는 것을 충분히 납득한다 하더라도 말이다. 하지만 이 시대의 여러 『서한』들이 암시하듯이 이 네 사람은 그 사이에 거의 잊혔지만 그 당시에는 너무도 중요했던 대화 참여자들에 의해 함께 수행된 대단히 활발한 철학적 논의의 시대에 저술했다. 이 점을 소홀히 여긴다면 우리는 이 시대의 복잡하고 모순적인 별무리들(Konstellationen)의 전체를 눈에서 놓치고 네 명의 고립된 위대한 별들에 고착될 위험에 처하지 않을 수 없다.

이러한 상황에서 프레더릭 바이저의 지금 이 『이성의 운명』은 독일 관념론 내지 독일 고전 철학의 여러 측면들에 대한 최근의 연구 성과들을 하나의 통일적인 해석으로 통합하고자 하는 개척자적인 시도를 통해 독일 관념론에 대한 이해와 더 나아간 연구에 새로운 빛을 던진다. 바이저는 더 나아가 『이성의 운명』에 그치지 않고 『계몽, 혁명, 낭만주의』와 『독일 관념론』에서도 동일한 연구 노선에서 이 시대 독일 철학의 논쟁들과 그것들에 참여한 인간들의 전체상에 새로운 생명을 부여하고 있다. 바이저의 이러한 연구는 『독일 역사주의 전통』, 『후기 독일 관념론』, 『신칸트주의의 발생』, 『헤겔 이후』, 『세계 고통』 등이 보여주듯이 19세기의 독일 철학 일반으로도 확대됨으로써 19세기 독일 철학사에 대한 우리의 기존의 이해를 수정하고 풍요롭게 만들고 있다.

옮긴이는 2012년에 『헤겔』(헤겔총서1)과 2016년에 『헤겔 이후』(헤겔 총서6)를 출간할 때에 프레더릭 바이저의 학자로서의 지적인 성실함과 능란함 및 그의 설명의 명확함과 생생함에 감탄과 찬사를 표현한 바 있다. 그리고 기회 있을 때마다 사람들에게 바이저의 작품들이 지니는 '철학적 역사 소설'로서의 재미를 설득하고자 했다. 이제 이 『이성의 운명』도 마찬가지로, 아니 야심찬 철학사학자의 첫 작품으로서 그 어떤 것보다도 더하게 그 명확함과 재미를 구현해 보여준다. 물론 번역이 지니지 않을 수 없는 일면성과 옮긴이의 어쩔 수 없는 미숙함으로 인해 그것들을 온전히 전달하는 데서 일정한 제한성이야 있을 수밖에 없겠지만, 이제 옮긴이로서는 독자들도 이 『이성의 운명』에서 칸트 이후 피히테에 이르는 시대에 대한 명확하고도 생생한 이해를, 그것도 재미있게 읽는 즐거움과 더불어 획득할 수 있기를 바랄 뿐이다.

덧붙이자면, 바이저의 이 책이 들려주는 이 시대의 인식론적 및 형이상학적 위기 내지 '이성의 운명'은 칸트나 헤겔을 이해하고자 하는 사람들에게 절대적으로 결정적인 이야기일 뿐만 아니라 또한 상당히 일반적인 현대적 관심거리이기도 하다. 그것은 '로고스', '이성', '언어' 등을 둘러싼 현재의 철학적 논쟁들과 묘한 평행을 이루고 있다. 따라서 『이성의 운명』은 독일 철학 자체에 대한 어떠한 독자적인 관심도 지니지 않는 사람들에게도 많은 열매를 맺으며 읽힐 수 있을 것이다.

옮긴이는 지난 2009년 『헤겔사전』 출간 이후 계속해서 많은 작업을 도서출판 b와 함께 하고 있지만, 프레더릭 바이저의 경우에는 그의 작업이 지닌 가치와 중요성에 대한 이해를 그야말로 같이 하고 있다. 언제나처럼 b의 조기조 대표와 조영일 주간, 편집부의 백은주, 김사이, 김장미 선생, 기획위원회의 심철민, 이성민, 정지은 선생은 옮긴이의 작업에 이런저런 관심과 충고를 아끼지 않았지만, 특히 심철민 선생은 그 스스로도 『계몽, 혁명, 낭만주의』를 옮기는 작업을 마무리해 가고 있다. 이 작품의 조만간의 출간을 기대하며, 이제 우리 모두에게 행운이 함께 하기를 바랄 뿐이다.

눈부시게 밝아오는 2018년 새해 아침
백운호숫가 우거에서
이신철

• 지은이_ 프레더릭 바이저 Frederick Beiser, 1941-

프레더릭 바이저는 현재 영어권 세계에서 독일 관념론과 그 전후의 독일 철학사에 관한 지도적인 연구자들 가운데 한 사람이다. 그는 찰스 테일러와 이사야 벌린의 지도 아래 옥스퍼드 대학에서 박사 학위를 취득했으며, 하버드와 예일, 펜실베이니아 등의 여러 대학에서 가르쳤고, 현재는 시러큐스 대학의 철학 교수다. 그는 2015년 "오랫동안 미국의 학생들에게 독일 철학을 가르친 공로로" 독일 정부로부터 독일연방공화국 대십자공로 훈장을 수여받았다. 그는 이 『이성의 운명』 이외에 『계몽, 혁명, 낭만주의: 근대 독일 정치사상의 발생 1790-1800』(1992), 『이성의 주권: 초기 영국 계몽주의에서 이성성의 옹호』(1996), 『독일 관념론: 주관주의에 대한 투쟁 1781-1801』(2002), 『낭만주의의 명령: 초기 독일 낭만주의 연구』(2004), 『철학자 실러: 재검토』(2005), 『헤겔』(2005), 『디오티마의 아이들: 라이프니츠에서 레싱에 이르는 독일의 미학적 이성주의』(2009), 『독일 역사주의 전통』(2011), 『후기 독일 관념론: 트렌델렌부르크와 로체』(2013), 『신칸트주의의 발생 1796-1880』(2014), 『헤겔 이후: 독일 철학 1840-1900』(2015), 『세계 고통: 독일 철학과 페시미즘 1860-1900』(2016) 등의 저자이자 『캠브리지 안내서: 헤겔』(1996), 『독일 낭만주의의 초기 정치 저술들』(1996), 『캠브리지 안내서: 헤겔과 19세기 철학』 등의 편집자이기도 하다.

• 옮긴이_ 이신철

연세대학교 철학과를 졸업하고 건국대학교 대학원에서 철학 박사 학위를 받았다. 함께 지은 책으로는 『논리학』, 『진리를 찾아서』, 『주체사상과 인간중심철학』, 『한국철학의 탐구』, 『철학의 시대』 등이 있으며, 옮긴 책으로는 『순수이성비판의 기초개념』, 『우리는 어디로 가는가』, 『학문론 또는 이른바 철학의 개념에 관하여』, 『객관적 관념론과 그 근거짓기』, 『역사 속의 인간』, 『신화철학』, 『칸트사전』, 『헤겔사전』, 『맑스사전』, 『현상학사전』, 『니체사전』, 『헤겔』, 『철학자와 철학하다』, 『유대 국가』, 『헤겔의 서문들』, 『헤겔 정신현상학 입문』, 『현대의 위기와 철학의 책임』, 『헤겔과 그의 시대』, 『독일철학사』, 『트랜스크리틱』, 『헤겔 이후』 등이 있다.

바리에테 신서 21

이성의 운명

초판 1쇄 발행 | 2018년 1월 26일

지은이 프레더릭 바이저 | 옮긴이 이신철 | 펴낸이 조기조
펴낸곳 도서출판 b | 등록 2006년 7월 3일 제2006-000054호
주소 08772 서울특별시 관악구 난곡로 288 남진빌딩 302호 | 전화 02-6293-7070(대)
팩시밀리 02-6293-8080 | 홈페이지 b-book.co.kr / 이메일 bbooks@naver.com

ISBN 979-11-87036-34-0 93160
값 30,000원